中国土地年鉴

1996

YEARBOOK OF THE LAND OF CHINA

中国大地出版社
1996·北京

1995 年 5 月 13 日，江泽民总书记视察昆山经济技术开发区

1995年6月16日至19日，第一次全国耕地保护工作会议在江苏省扬州市召开，国务院副总理姜春云在这次会议上发表了重要讲话

姜春云副总理1995年6月16日参加全国耕地保护工作会议

1995 年 6 月 22 日，王丙乾副委员长在出席“6·25”土地日座谈会时欣然挥毫题词“加强法制建设，保护土地资源”

（摄影：夏俊）

1995 年 6 月 25 日，宁夏回族自治区土地管理局干部上街进行法律咨询活动，庆祝全国“土地日”

（摄影：苏斌）

为强化土地基本国策的舆论宣传，提高全民“十分珍惜和合理利用每寸土地，切实保护耕地”的自觉性，1995 年 6 月 18 日，广西壮族自治区土地管理局和南宁市土地管理局在广西电视台演播厅举办土地管理法律知识大奖赛，图为大奖赛决赛现场

（摄影：蓝慰康）

1995 年 6 月 6 日在国务院研究土地管理问题的总理办公会议上，李鹏总理指示国家土地管理局负责同志要对北京郊区、河北省土地撂荒和农田复耕情况进行航查。图为国家土地管理局领导检查京冀土地撂荒复耕情况

1995 年 7 月 30 日，国家土地管理局邹玉川局长参观东北亚金三角珲春市经济合作区，并对经济合作区的耕地保护和开发区土地利用等提出了要求

1995年2月22日至25日，全国土地管理厅局长会议期间，福建省委书记贾庆林、省长陈明义会见与会代表

（摄影：王岩）

1995年3月28日至31日，国家土地管理局在天津市召开现代企业制度中土地资产管理座谈调查会，邹玉川局长、李元副局长参加了调查座谈

（天津市土地局供稿）

1995年10月10日，全国小城镇地改会议在湖北省监利县召开。来自各省、自治区、直辖市的40多人参加了会议。会议充分肯定并推广了监利县和湖南大瑶镇"以地兴财、以地兴业、以业兴镇"的小城镇地改经验

（湖北省土地管理局供稿）

1995年10月在北京举办第八期

全国市（地）土地管理局局长培训班

1995年6月21日上午国家土地管理局李元副局长等有关单位领导和北京市、河北省土地管理局的同志一起，对京冀土地撂荒情况进行了航查

江苏省张家港市永久性基本农田保护区

江苏省吴江市平整后的综合示范区

1995 年 10 月邹玉川局长会见澳大利亚新南威尔士州国土资源部部长

1995 年 11 月刘文甲副局长访问韩国

995 年 12 月马克伟副局长与越南地政总局局长会谈

1995 年 5 月李元副局长率团访问新西兰

1 3 5
6
2 4 7

①河南省开封市尉氏县基本农田保护标志

②江苏省盐城市郊区义丰镇基本农田保护标志

③湖南省华容县基本农田保护标志

④广西桂林地区兴安县高尚乡堡里村基本农田保护片的标志碑，碑上的内容主要是基本农田保护守则和保护片示意图（摄影周光源）

⑤山西省运城市上郭乡基本农田保护标志

⑥福建省惠安县走马棣耕地保护区

⑦四川省南川市岭坝乡基本农田保护标志

依法保护基本农田
上郭乡基本农田分布图
促进农业稳步发展

保护耕地
就是保护我们的生命线
—江泽民

保农田百姓共庆
护耕地万民同乐

基本农田保护区

为认真贯彻土地基本国策，切实保护耕地，到 1995 年底，山东省各级土地利用总体规划和划定基本农田保护区工作全面完成。全省保护基本农田面积近 600 万公顷，占全省耕地面积的 85% 以上。图为莒县闫庄镇基本农田保护区现场

（山东省土地管理局供稿）

福建省同安县基本农田保护标志

浙江省杭州余杭市博陆镇基本农田保护标志

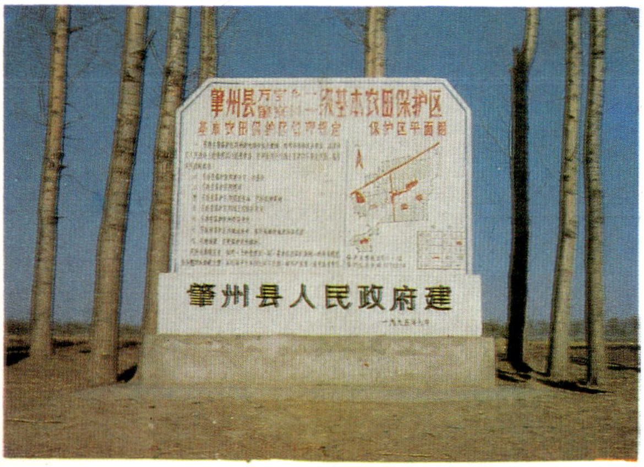

黑龙江省肇州县基本农田保护标志

甘肃省成县基本农田保护标志

全国土地管理宣传工作会议于1995年4月在湖南省岳阳市隆重召开，国家土地管理局邹玉川局长在开幕式上讲了话

1995年3月在福州召开全国土地管理综合统计汇总会

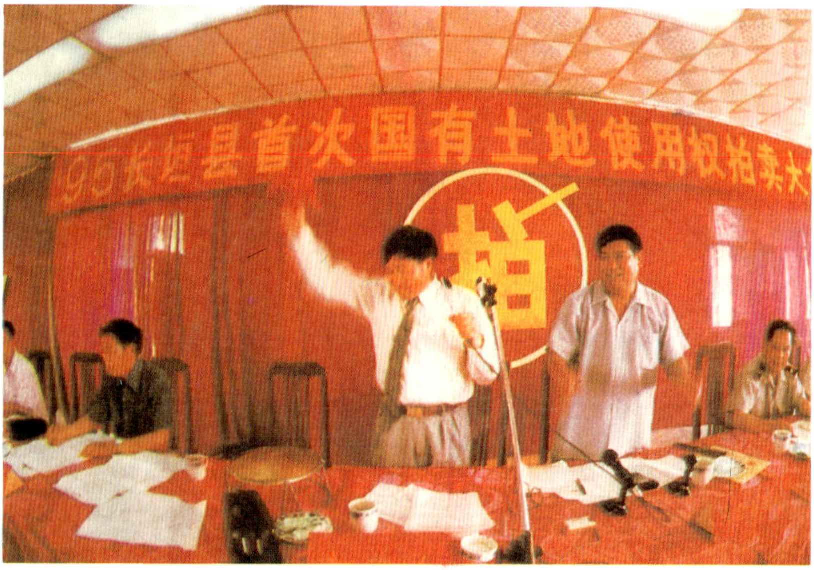

河南省长垣县首次土地使用权拍卖大会会场

福州市'95首次土地招商会

山西省长
治市填沟造地

湖南省攸县花
坪乡苏州村新开垦
的耕地

上海市金山县围海造出的良田

辽宁省本溪市太子河畔万人造地大会战

陕西省安康金矿土地复垦现场

湖北省土地监察队员的雄姿

南京市国土规划局成立了
由 25 人组成的土地监察大队

国家土地管理局令

[1995]第1号

《土地监察暂行规定》已经1995年6月7日国家土地管理局局务会议审议通过，现予以发布，自发布之日起施行。

局　长　邹玉川

1995年6月12日

1995 年北京市土地局对丰台区卢沟桥乡
52 起违法占地案件进行查处

福建省厦门市湖里区法院配合市土地局拆除
违法占地建筑

1987——1995年全国非农建设用地总量及耕地占用量变化图

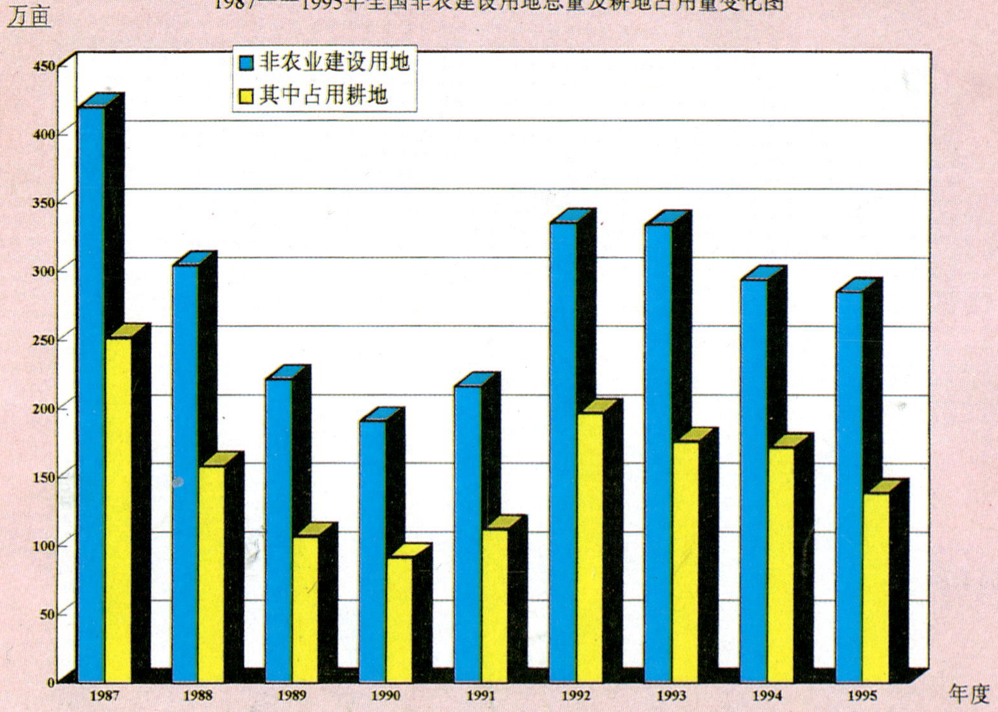

国家土地管理局成立十年来，各级土地管理部门依法加强土地管理工作，严格控制非农建设用地总量，使建设用地总量和耕地占用量在头四年中呈下降趋势，1992年一度出现“房地产热”、“开发区热”时，非农建设用地又有较大反弹，但由于国家及时采取有效措施，加强宏观调控，非农建设用地总量明显回落，今后，随着建设用地管理工作的不断加强，我国的土地资源将会得到更加有效的保护和合理的利用。

中国土地勘测规划院部分课题工作成果

中国土地报社出版、发行的报纸和杂志

中国大地出版社出版的部分图书

《新疆土地资源开发利用战略研究》获国家科技进步三等奖

（未署名的稿件由中国大地出版社供稿）

《中国土地年鉴》编委会名单

《中国土地年鉴》编辑部

参加《中国土地年鉴》编辑工作的其他编辑人员

（按姓氏笔画为序）

编　辑　说　明

一、《中国土地年鉴》是一部全面记载中国土地资源状况、土地利用与土地管理情况的综合性工具书，是国家土地管理局公报性、年史性出版物。无特殊情况，每年出版一卷。

二、《中国土地年鉴》所载内容，为国家土地管理局各业务司及所属单位和地方各省、自治区、直辖市及计划单列市土地管理部门提供并经部门领导审阅核签。《年鉴》内的各类资料，除加以说明的外，均未包括台湾省。

三、全国各省、自治区、直辖市按行政区划顺序排列。

四、《中国土地年鉴》(1996)反映1995年情况。在上卷基础上，根据本年度内的实际情况，增设了地方土地管理工作概况、社团工作和人物介绍等栏目。

五、《中国土地年鉴》(1996)收录的有关资料均以1995年底为时间界限。统计资料与国家土地管理局土地管理综合统计报表口径一致，具体各项指标内涵见附录部分的统计指标解释。

六、《中国土地年鉴》(1996)所用土地面积单位，基本依照中华人民共和国法定计量单位标准的要求以“公顷”为单位，在部分文章中仍保持了“亩”的用法。

目　录

重要文献·社论

业务综述

社 团 工 作

地方土地管理工作概况

典型经验

统计资料与专题分析

重要法规

科学理论研究

人 物 专 题

——“土地卫士”简介

大 事 记

(1995.1.1——1995.12.31)

附 录

重要文献·社论

一、党和国家领导人关于加强土地管理工作的讲话

江泽民同志关于土地管理工作的指示

我多次讲过，全国每年增加1000多万人口，耕地面积有减无增，对粮食问题，决不可掉以轻心。

近几年，有些沿海经济发达地区粮田面积大量减少，单产下降，靠从外地采购大量粮食过日子。这种状况必须迅速扭转。

（江泽民同志1995年2月27日在中央农村工作会议上的讲话节录）

我国人多耕地少，而且耕地还在逐年减少。因此，保护耕地的任务越来越紧迫。我们既要凭藉现有耕地解决现有人口的吃饭问题，还要对子孙后代负责，如果耕地保护不好，中华民族的生存和发展就会发生严重危机。珍惜和保持保护好耕地，必须作为关系国计民生、关系国家发展全局和民族安危的大问题大政策来对待，千万不可掉以轻心，否则我们就要犯永远无法弥补的历史性错误。

首先要保证粮田、棉田和其他主要农产品的种植面积，在此基础上，再来规划农村的多种经营问题。农业多种经营必须搞，而且要有一个大发展，并以此带动农副产品加工业和其他乡镇企业的发展。这样，才能即保证农副产品的有效供给，吃的穿的不出问题，又保证农民群众能够增收。有同志建议今后新的农副产品加工企业一般应该建在农村地区，而且大中城市已有的农副产品加工企业有些也应逐步向农村小城镇转移。我看这个建议有道理，值得重视和认真考虑。

在用地安排上，根据多年来的实践经验，一般原则应该是，平地的现有耕地种粮食、棉花等主要农产品，丘岗山地种果树和经济林，低洼沼泽地搞养殖业。对于工业用地和其他建设用地要严格控制，特别是不准随意占用耕地。这样才能把耕地保护好，合理加以利用。在保护耕地和合理利用土地方面，还需进一步作出政策规定和进一步立法。

（江泽民同志1995年3月23日在江西考察农业问题时的指示）

李鹏同志关于土地管理工作的指示

“为政之要，首在足食。”这是中国历代治国安邦的经验。保证12亿人口吃饭

穿衣问题，是我国改革、发展、稳定的基石。

这几年有些地方领导之所以不重视粮食生产，不增加农业投放，对滥占耕地制止不力，都与没有建立粮食分省责任制有直接关系。

我国人多地少，农业资源有限，依靠科技提高农业单产、增加总产，是农业发展的一条根本道路。

我国耕地还有潜力，粮食生产还可能有较大的增长，耕地复种指数可以进一步提高。大量中低产田还可以提高单产。我国还有数亿亩荒地尚未开垦，是农业发展的后备资源。

我国资源条件并不宽松，多数资源的人均占有量低于世界平均水平。这决定了我们的长远战略方针，应当是建立资源节约型的农业，即建立节水、节地、节粮的农业生产体系。

全社会都要节约用地。严格控制城市建设规模，控制各类开发区、乡镇企业、农民建房占地。建立严格的基本农田保护制度，落实到农户，落实到地块。

（李鹏同志 1995 年 2 月 27 日在中央农村工作会议上的讲话节录）

保护耕地，不要一般性号召，实的过硬措施有几条就几条。如：审批权限是耕地 1000 亩、2000 亩，违反了要严肃查处，登报公告，抓了典型国务院给你撑腰。中国土地资源非常少，非常宝贵，民以食为天，必须要保护。搞几条可以操作、可以检查，也可以处分的，真正有威慑作用的措施。

城市建设应该搞的少点。不要再去到外面占土地嘛！你们要是提出来冻结城市规模，我都同意。就冻结了不用，简而言之，一分土地都不占，要建工厂就把原来的破房子扒了盖。不抓住要害不行。

（李鹏同志 1995 年 6 月 6 日在第 70 次国务院总理办公会议上讲话节录）

耕地减少是一个严重问题，必须健全和严格执行耕地保护制度。各地都要尽快建立、划定基本农田和粮田保护区，城市建设和工业建设要尽可能利用非耕地。城市建设规模要严格控制在批准的规划范围之内，农村小城镇建设要以原有小城镇为依托，基本不占或少占耕地，量力而行，不要相互攀比。非农业占地必须控制在国家规定的数量以内，要求做到复垦的农田大于占用的耕地。明年要完成全国土地普查工作，并着手进行省、市、县勘界工作。

（李鹏同志 1995 年 12 月 5 日在中央经济工作会议上讲话节录）

李瑞环同志在湖南考察时关于土地问题的指示

人口问题、粮食问题、土地问题，是全国人民都要长期予以高度重视并努力解决的问题。我国耕地面积只占世界的7%，人均占有耕地又占世界人均数的1/4，而且这有限的耕地由于各种原因的占用现在逐步减少。发展农业，解决12亿人口的吃饭问题，前提性的条件是解决好土地问题。必须迅速扭转土地锐减的势头。要使全国人民都牢固树立十分珍惜和合理利用每一寸土地，切实保护耕地的基本国策观念，把解决好土地利用问题始终摆在党和政府的重要议事日程上。

农用土地的保护、利用和开发，是事关我国社会主义现代化建设的全局性、长远性、战略性的问题，必须予以高度重视。各级干部要切实加强领导，抓紧水毁工程的修复，安排好群众生产、生活。

(1995年8月)

朱镕基同志在中央农村工作会议上的讲话节录

特别要强调"稳定粮田面积"。你把土地都搞了开发区，撂荒了，早稻也不种，粮食产量锐减，原来能自给自足，现在大量外购，这怎么行？没有地区粮食平衡的思想就没有省长负责制。

(1995年2月27日)

邹家华同志写给全国土地管理厅局长会议的一封信

全国土地管理厅局长会议全体同志：

全国土地使用制度改革工作会议后，在全国各地认真贯彻党的十四届三中全会、四中全会和中央经济工作会议精神时，各级土地管理部门在各级党委、政府领导下把贯彻落实全国地改会议精神当作重要工作来抓，态度积极，措施有力，取得了较好的效果。通过这次会议希望大家认真总结前一段工作经验，继续以典型引路，进一步把耕地保护和深化土地使用制度改革工作抓好。

近几年来，从中央到地方，有越来越多领导同志对加强土地管理，保护耕地，深化土地使用制度改革日益重视，特别是江泽民总书记、李鹏总理等中央领导同志多次讲过这个问题，为加强土地管理和深化土地使用制度改革进一步指明了工作方向。这是抓好土地管理工作的重要条件。但是同时，我们也要看到，还有一部分领导同志，对于加强土地管理、保护耕地、深化土地使用制度改革的必要性、迫切性，认识不足，缺乏紧迫感，或者口头上承认这项工作重要，到了解决问题时，又变得不那么重要了，有的甚至不能依法行政。这些问题必须从根本上扭转。任何忽视土地管理、耕地保护和利用的领导者，都是缺乏战略眼光、缺乏远见的。各级政府及土地管理部门的领导同志一定要继续认真贯彻落实全国土地使用制度改革工作会议精神，要像抓好计划生育那样，抓好土地管理和耕地保护工作。

要切实把保护耕地作为深化土地使用制度改革乃至发展经济的基本前提。充分发挥土地利用规划和计划的作用。严格控制大中城市的外延式发展，引导小城镇集中发展，切实限制农业内部结构调整占用耕地。同时，认真抓好《基本农田保护条例》的落实，建立各级政府领导保护耕地目标责任制，从组织等各方面保证保护耕地的措施落到实处。

要继续规范和发展国有土地市场。高度垄断土地供应，在不断扩大土地有偿使用范围的同时，重点要积极鼓励盘活企业中的国有土地资产，为深化企业改革，建立现代化企业制度创造条件。按照建立统一市场的要求，加强土地使用权转让、出租、抵押的管理，严格履行土地出让合同和土地登记制度，对土地交易行为依法进行监督检查，确保土地税费的征收。

要加强对集体土地流转的管理。对集体所有的荒山、荒地的拍卖要加强管理和支持，做到兼顾社会、环境和经济三个效益。要严禁集体土地不经依法征用就从事房地产开发和转让活动，否则，保护耕地的措施将无法落实。

最后，希望你们在工作实践中，注意培养和锻炼一支政治强、业务精的干部队伍。从土地管理的实际需要出发，不断探索建立和完善加强土地管理体制，强化土地执法手段的新路子，以适应保护耕地、深化土地使用制度改革的需要。不辜负党和人民的重托，真正担负起党中央、国务院赋予你们的各项任务，努力把各项改革搞成功。

预祝会议圆满成功。

1995年2月21日

邹家华同志在纪念全国“土地日”五周年时发表署名文章

贯彻基本国策，切实保护耕地

今天是第五个全国“土地日”，宣传的主题是“土地与法制”。各级人民政府要广泛、深入地宣传贯彻《中华人民共和国土地管理法》、《中华人民共和国城市房地产管理法》和《基本农田保护条例》等法律、法规，严格依法办事，珍惜和合理利用土地，切实保护耕地。

人口多，人均土地少，耕地资源不足，是我国的基本国情。去年，我国人口增加1300多万人，耕地净减少600多万亩。一方面人口在增加，一方面耕地在减少，加剧了人口多和耕地少之间的矛盾。由于经济建设的需要，每年还要占用一部分耕地。因此，节约用地，切实保护耕地尤为重要。保护耕地就是保护我们的生命线，这关系到国家改革、发展和稳定的大局，关系到中华民族子孙后代的生存与发展。

党中央、国务院非常重视土地管理和耕地保护工作，作出过一系列重要的指示。各级人民政府必须把思想认识统一到党中央、国务院的指示精神上来，正确处理保护耕地和发展经济的关系，把保护耕地的工作提到重要的议事日程上来，在指导思想上要非常明确，发展各项事业、进行各项建设，都必须以切实保护耕地为前提。要建立保护耕地的各级行政领导任期目标责任制，严格控制各项建设和农业内部结构调整占用粮田、菜地。要认真划定基本农田保护区。要制止越权批地行为，严格依法审批非农业建设用地，坚决纠正滥用土地、乱占耕地的问题，严禁层层下放土地审批权限。要发挥土地利用总体规划和年度土地利用计划的宏观调控作用，坚持按计划用地，严格控制用地规模和用地数量。要坚持“节流”与“开源”并重的方针，重视耕地资源的开发、复垦工作，确保耕地面积的基本稳定。

各级人民政府要进一步深化土地使用制度改革，加强对土地资产的管理，规范土地市场，逐步形成运用市场优化土地资源配置的运行机制。国家要垄断土地一级市场，扩大国有土地有偿使用范围，有效利用企业和旧城区的国有土地，优化用地结构，提高土地利用效率，严禁对原划拨土地进行非法交易。加强对集体土地的管理，尽量减少非农业建设用地，尽可能不占耕地。对闲置的非农业建设用地要依法进行清理，严禁撂荒。

土地是十分宝贵的资源和资产，是人类赖以生存和发展的基础。各级人民政府要以全民族的根本利益、长远利益为重，深刻认识和理解加强土地管理、保护好现有耕地的重大现实意义和深远的历史意义，动员全社会的力量，全面贯彻土地基本国策，依法管理，严格管理，为我国社会主义现代化建设作出更大贡献。

(1995年6月25日)

邹家华同志关于土地管理工作的指示

城市土地国家所有，那么谁代表国家？我看只有中央政府。

我曾经同建设部的领导同志讲，小城镇要搞多大规模，要搞多少一定要有建设发展规划，同时应与土地利用规划相协调，也就是说，小城镇发展每年要占用多少土地，要做到平衡。

城镇规模也要有双制约的办法，一是在规划上要有个合理的标准，二是在土地供应上要控制住，哪个城市发展，规定只能是供应这些地。这可能会得到有效控制。

(邹家华同志1995年8月3日在听取国家土地管理局领导汇报时讲话节录)

要依法保护耕地，合理利用耕地。开垦宜农荒地，提高复种指数，稳定粮食播种面积，严格控制城市面积、开发区占地、小城镇建设和工业用地。

(邹家华同志在全国计划会议结束时的讲话节录)

姜春云同志
在中央农村工作会议上的讲话节录

从长远看，我国农业既面临人口增加、人民生活改善和工业化进程加快的巨大需求压力，又面临耕地减少、水资源短缺和基础设施薄弱等因素的严重制约，形势相当严峻。据统计，1978年到1994年全国耕地净减少6880万亩，而人口则增加了2.3亿，人均占有耕地由1.55亩减少到1.19亩。据有关部门预测，全国人口每年增加一千几百万，到本世纪末，将达到13亿。仅新增人口即需增加700多亿斤粮食。据统计，1949年至1985年，我国粮食年均增长7.42%，人口年均增长2.64%；1985年至1993年，粮食年均增长1.34%，人口年均增长1.51%，人口增长速度超过了粮食增长。

在实现工业化的进程中，即使采取坚决措施，实行计划生育、保护耕地，人口增加、耕地减少、水资源紧缺的趋势，也只能相对减缓，不可能完全扭转。

当前要特别注意确保粮食播种面积，调整结构不能再挤占粮田。目前粮食播种面积16.5亿亩，已经降到了警戒线，不能再减少了。

对“米袋子”，实行省长负责制，一是保护耕地，保证粮田面积，二是保证粮食产量稳定增加，三是建立地区粮食储备，四是建立粮食风险基金。

要建立和落实基本农田、粮田保护制度，严格控制非农业生产占用农田。调整农业结构，发展林果、畜牧、水产业要面向“四荒地”，不能再挤占粮田。

(1995年2月24日)

姜春云同志在全国耕地保护工作会议上的讲话

全国耕地保护工作会议，今天就要结束了。会上，国家土地管理局邹玉川同志作了关于加强保护耕地工作的报告，讲得很好。与会同志认真学习了江泽民总书记、李鹏总理等领导同志关于加强土地管理、切实保护耕地的重要指示，有14个单位作了典型发言，总结交流了经验。会议针对耕地保护工作存在的问题，研究了加强管理的措施。会议期间代表们还考察了江苏省扬州市辖4个县市，对他们加强土地管理、建立基本农田保护区的做法反映很好。希望各级政府、各行各业认真贯彻落实这次会议精神，把保护耕地的工作做得更加扎实有效。邹玉川同志对会议的情况作了简要汇报。这次会开得很好。下面我讲几点意见：

（一）充分认识保护耕地的极端重要性，提高执行土地基本国策的自觉性

人口多、人均土地少、耕地后备资源不足是我国的基本国情。加强对耕地的保护，不仅关系到农业的长期稳定发展，而且对整个国民经济持续、快速、健康发展有举足轻重的作用。党中央、国务院历来十分重视耕地保护工作，几年来，先后制定了一系列重大方针、政策，一再强调要加强土地管理，切实保护耕地。1986年，党中央发出《关于加强土地管理、制止乱占耕地的通知》；全国人大常委会颁布《中华人民共和国土地管理法》（以下简称《土地管理法》）；国务院第100次常务会议决定成立国家土地管理局，负责全国土地、城乡地政的统一管理；1991年，国务院确定每年6月25日，即《土地管理法》发布纪念日为全国土地日；1992年党中央、国务院发出《关于严格制止乱占、滥用耕地的紧急通知》；1994年发布《基本农田保护条例》，召开全国土地使用制度改革工作会议等。总之，自1986年以来，党中央、国务院对土地管理和耕地保护工作，一直抓得很紧。江泽民总书记多次强调：保护耕地“是事关社会主义建设全局的大事”，“涉及我们中华民族的生存问题，涉及我们整个社会的稳定问题。”“保护耕地就是保护我们的生命线”。李鹏总理指出：“为政之要，首在足食，这是中国历代治国安邦的经验。保证12亿人口吃饭穿衣问题，是我国改革、发展、稳定的基石。”在今年6月6日国务院总理办公会议研究土地问题时，李鹏总理指示，一定要研究制定出保护耕地、加强土地管理的硬措施，并要写进拟发的《中共中央、国务院关于深化土地使用制度改革，加强土地管理的决定》中。江泽民总书记和李鹏总理的这些指示很有针对性，切中要害，我们要认真学习领会，统一思想认识，坚决贯彻落实。

几年来，在党中央、国务院的领导下，在各级党委、政府及土地管理部门和有关部门的共同努力下，耕地保护工作取得了比较显著的成效，也探索出一些成功的经验。这要充分肯定。但问题仍然不少，形势还相当严峻。我国土地管理、耕地保护工作的情况，经过了几次反复。如果不是从中央到地方一起抓，各级土地管理部门和有关部门通过艰苦细致的工作，采取了一系列有效措施，耕地面积减少的情况可能还要严重得多。我国土地管理、耕地保护工作，在实践中探索了不少好的经验，建议把这些经验编辑成册，一直发到县及有关部门，在全国推广。同时要清醒地看到，合理开发、利用、保护土地资源，尤其是确保现有耕地面积不再减少，仍然是摆在我们面前的一项刻不容缓的艰巨任务。

建国初期，我国人均耕地大约为2.7亩，目前共有耕地14.3亿亩，人均不足1.2亩，仅相当于世界平均数的1/4。全国有1/3的省、市人均耕地不足1亩，其中广东、福建、浙江人均耕地在0.6亩以下。这是一个急剧的、非常大的变化。不得了啊！我国山地、沙漠比较多，可耕地面积比较少，目前，人口仍在持续增长，耕地还在不断减少，这一严峻形势令人担忧。

统计数字表明，建国初期，我国开荒造田面积超过基本建设占地面积，耕地逐年增加。1957年全国耕地面积增加到16.77亿亩，比1949年增加2.09亿亩。以后则逐年减少，到1986年全国累计减少耕地6.11亿亩，扣除开荒造田3.77亿亩，净减少耕地2.34亿亩。29年间平均每年减少耕地2170万亩，净减少耕地807万亩。“六五”期间全国共减少耕地8752万亩，开荒造田5063万亩，净减少3689万亩，平均每年减少耕地1720万亩，净减少737万亩。1985年全国耕地净减少1513.8万亩，是近十几年来减少耕地最多的一年。由于党中央、国务院采取了一系列重大措施制止乱占耕地，耕地净减少数曾有所下降，但近年来，耕地减少幅度又有回升。去年，全国耕地共减少近1100万亩，除了复垦增加部分耕地外，净减少600万亩。从1978年到1994年间，全国耕地净减少6880万亩，而人口则增加了2.3亿，人均占有耕地由1.55亩减少到1.19亩。据有关部门预测，全国人口每年增加1300～1400万，到本世纪末，将达到13亿人口。按我国目前生产力水平，再增加1个人，起码需要新增1亩地。没有1亩地，养活不了。到本世纪末，我国将新增1亿人口,但有什么办法做到新增1人增加1亩地呀！这个任务硬就硬在这里。这充分说明切实保护耕地,加强土地管理的重要性和紧迫性。如果不坚决遏制耕地锐减、人口剧增的势头,50年以后,我国人均耕地将降到0.6亩,这能保证我们吃饭吗？100年以后还能留给我们子孙后代多少耕地?！所以说,土地问题,事关中华民族的生存与发展,事关国家的前途和命运。正如江泽民同志所指出的,"我国人口多,耕地少,而且耕地还在逐年减少。因此,保护耕地的任务越来越紧迫。我们既要凭借现有耕地解决现有人口吃饭问题。还要对子孙后代负责。如果耕地保护不好,中华民族的生存和发展就会发生严重危机。珍惜和保护好耕地,必须作为关系国计民生、关系国家发展全局和民族安危的大问题大政策来对待,千万不可掉以轻心,否则,我们就要犯永远无法弥补的历史性错误"。"切实保护耕地,确保农业的稳定增长,确保十几亿人口的吃饭问题,这始终是一个战略问题,是全国发展中第一位的大问题,永远忽视和放松不得"。我们必须把认识统一到江总书记的指示上来。

在保护耕地问题上,我们务必要立足于全民族的根本利益、长远利益,立足于当代人和子孙后代的生存与发展,立足于国家和社会稳定的大局,深刻认识和理解加强土地管理、保护好现有耕地的重大经济意义、政治意义和社会意义,为了国计民生,为了社会的稳定,为了子孙后代,以强烈的责任感、使命感和紧迫感,以极大的决心、气魄和强有力的工作,把土地管理好,把耕地保护好。保护好耕地就等于保护我们的生命,保护民族的生存与发展。我们把这件大事抓好,将会成为国家、民族的功臣,如果抓不好,将会成为历史的罪人,上对不起祖宗,下对不起后代。所以,保护耕地,务必下大决心、拿出过硬的措施抓好。党中央、国务院如此重视,江总书记、李鹏总理之所以语重心长地反复强调,就是因为这个问题太重要了。现在到了敲警钟的时候了。如果再不惊醒,再不觉悟,再不下决心,就会危及我们国家民族的根本利益,就会造成无法挽回的历史性错误。我觉得这个问题,要广泛宣传,要号召全党、全社会学习党中央、国务院领导同志的指示,进一步统一认识。认识问题解决了,自觉性有了,土地管理、耕地保护工作才能落到实处。在保护耕地问题上,任何漠不关心,疏忽大意,不负责任,只顾眼前利益、局部利益,不顾长远利益、整体利益,以及损公肥私、失职渎职的思想行为,都是极其错误和有害的,必须坚决克服和纠正。

日本、韩国及台湾地区,用牺牲土地、耕地、农业为代价,搞了工业化。目前,韩国、日本及台湾所需粮食和农产品主要靠进口。这些国家和地区的人口少,他们用外汇买粮食、买农产品是可以的,而我国是12亿人口的大国,解决吃饭问题只能靠自己,不应该也不可能依靠进口,世界上也没有那么多粮食卖给我们。当然,我们一定要发展工业,实现工业化,但绝不能以牺牲耕地和农业为代价。对土地和农业要采取保护政策，要做到既实现现代化，又不削弱农业，尽量少占耕地、多利用非耕地办工业，确保农业持续增长，并使工业和农业相辅相成，共同发展。总之，我们各级政府、各行各业都要增强土地忧患意识、耕地保护意识，把思想认识统一到党中央、国务院的指示精神上来，积极主动地做好耕地保护工作。

(二)发展各项事业、进行各项建设要牢固确立保护耕地的指导思想

根据我国的国情，我们必须认真落实“十分珍惜和合理利用每寸土地，切实保护耕地”的基本国策。要既保吃饭，又保建设，既增产粮食，又增加收入，正确处理城镇与农村、工业与农业和农业内部各业用地的关系。发展各项事业，进行各项建设，要牢固确立保护耕地的指导思想。农业问题首先是土地问题。没有土地，就谈不上发展农业。要建设现代农业，必须有相当的土地资源，尤其是耕地作保障。国民经济的发展要以农业为基础，而农业的发展离不开土地这个基础。因此，必须严格控制各项建设和农业内部结构调整占用粮田、菜地。切实做到能不占耕地的坚决不占，能少占的决不多占，千方百计保护好耕地，特别是保护好高产稳产粮田。

然而，长期以来，确有一些地方和单位片面追求发展速度，没有很好贯彻甚至偏离了保护耕地的指导思想，大量占用耕地搞建设，调整农业内部结构过多地占用粮田发展多种经营，有很多教训值得汲取。一个地区的农业、工业、第三产业以及外向型经济要协调发展，但第一位的应该是农业。考核一个地区的经济工作不能光看速度，最终看它对整个国家的贡献和社会效益。发展国民经济，违背了保护耕地的指导思想，即破坏了生命线，是要受惩罚的。60年代初的3年困难时期，由于农业和粮食生产出了问题，使国民经济连续几年下滑。农业下来了，各行各业都会受到影响，这是历史的教训。大家知道，去年物价上涨，人民对此反映强烈。零售物价上涨22%，其中60%是粮食和农副产品价格上升的影响。由于农业比较利益低，农产品价格适当上涨是必要的，但短期内如此大幅度的上涨，也反映了我国农副产品供应偏紧。因为粮食生产已连续4年徘徊，去年粮食又减产240亿斤，这4年间，我们增加了5000多万人口。所以，农业问题，耕地保护问题，是一个事关国计民生的重大问题，我们一定要认真抓好。下面分析一下耕地减少的原因。

1.“房地产热”、“开发区热”，占用了大量耕地。近几年出现的“房地产热”、“开发区热”，使我国耕地减少的势头又有所回升。1989年我国耕地净减少数已被控制在297万亩，而1992年、1993年又分别上升到520万亩和484万亩。有些省市建设用地指标大量突破，建设占地成倍增长。仅1993年全国清理的2804个各级各类开发区中，有78%属于乱建，这些开发区的建设用地，游离于城市建设总体规划和土地利用规划之外，涉及土地面积1143万亩，几乎全是耕地。有的小城市，周围搞开发区，面积达100多平方公里，比市区大好多倍。这种“开发区热”，造成大量耕地被圈占，有些至今还晒在那里。

2. 大中城市继续外延式发展，小城镇急剧扩展，使大片粮田、菜地被占用。据北京、上海、天津、广州、武汉等10个大城市的统计，仅1990年至1992年的3年中就占用耕地108.7万亩。近几年来，有些城市像摊煎饼似地向四周外延扩展，每年都要占用几平方公里的土地。据统计，我国城市已由1978年的161个发展到目前的600多个；全国有建制镇1.62万个，乡政府驻地集镇4.25万个，共计5.8万多个。不少城市和集镇建设盲目发展，到处大兴土木，大量占用耕地，这样下去后果不堪设想！一些地方搞基础建设、城市建设，规模过大，标准过高，而且相互攀比。你的路宽，我比你更宽。这是一种很不好的风气。这样的建设不是从实际出发，不是根据需求，不是本着节约用地的原则。如果一个城市摊子铺得很大，着眼点放在向外延扩张，不重视旧城改造，面貌依旧脏、乱、差，我看这样的市长不是高明。如果说一个城市外延不大，尽量搞城市内涵改造，面貌一新，我看这样的市长才是好市长。现在有的地方不讲这个，因为城市外延式发展省钱省力，而内涵改造比较难。我们不能因为难，就不进行旧城改造。有的城市搞规划注重外延多少平方公里，面积扩大多少倍，细看它的建筑大多是二三层的，四五层算高的，相当多是平房，我看这样的城市建设不怎么样。随着经济的发展，大中小城市是要相应地扩大，现在的问题在于扩展得过快过大，外延大于改造，摊子铺得过大。尽管城市各项建设都有技术标准规定，但是执行得不好。按规定城市规划，每平方公里人口要在1万以上。10万人口的小城市，占地应是10平方公里，20万人口就20平方公里，如果再节省一点，还可以提高密度。现在不少地方不是这种情况。城市道路建设，一般的中等城市，主干道按规定应严格控制在45米左右，有的中小城市竟达到60～100米宽，这不是个别现象。当然，规划要留有余地，着眼长远，几十年不落后，我也赞成。但是，有的地方马路留得太宽，两边也没有什么建筑，宽宽的马路没有几辆车跑，浪费很大，起码浪费20年。对这个问题，既要留有发展余地，又要讲经济效益和社会效益。既要考虑发展，又要考虑我们就这么点耕地的现实。有的十几万人口的小城市，规划做到70平方公里。而且城市占用郊区的耕地大都是好地。这样发展下去，我们十几亿人口还要不要吃饭?！耕地是不可再生的资源，占1亩，就意味着少1个人的口粮！对这一点，我们每一个同志都要深思再深思！

3. 不少乡村集体、个人也不注意保护耕地。一是有些地方毁田建砖瓦窑的情况相当严重。二是农户超标准占地建房，有的一户二三处宅基地，特别是取消了农村宅基地超占费后，占地更多了。三是乡镇企业占地方面的浪费也很突出。乡镇企业的发展，为我们带来了巨大的经济效益和社会效益。功不可没，这一点要充分肯定。但是由于规划没有跟上，遍地开花，宽打宽用，搞“小而全”，占用了大量耕地，土地利用率很低。乡镇企业应提倡连片开发，集中建设，统一供水、供电、供暖，这样既节省投资，减少重复建设，又能节约用地。

4. 农业内部的结构调整过多地占用耕地、粮田。这是耕地、粮田减少的主要原因之一。据统计，从1987年至1994年全国因农业内部结构调整占用耕地4424.4万亩，占耕地减少总量的61.4%，其中有些是合理的，有不少是不合理的。近年来，农业内部调整占用耕地仍居高不下，每年都有600～700万亩的耕地被改为渔塘或栽树种果树等。有些地方调整农业内部结构，片面强调什么赚钱发展什么，忽视粮食生产，大片粮田改种为果树和其他经济作物。我们说，农业结构应当进行调整、优化，但一定要因地制宜，要适度，要在确保粮食稳定增长的前提下调整。调整的结果应当使粮、棉、油、林、牧、副、渔都得到发展，既增产又增收，做到结构合理，相互促进，良性循环。调整结构应着眼于提高复种指数，增加播种面积。现在全国的复种指数是156%，有些省(区、市)达到了200%～240%，不用说各地区都达到这种程度，如果在156%平均数的基础上能够提高10%，就相当于多出1亿亩耕地。通过提高复种指数，增加播种面积，促进农业结构调整。同时，要向"四荒"地进军。在保护生态环境的前提下，开发利用好"四荒"地。

5. 执法不严，乱下放土地审批权。对各地擅自下放土地审批权的问题，党中央、国务院曾专门发文纠正，许多地方执行得比较好，但仍有少数省(区、市)以地方立法的形式层层下放土地审批权，至今不作纠正，造成土地审批失控。有的地方前不久还在下放土地审批权。同时，不少建设项目用地该报批的不上报，不按法律规定的权限和程序审批的情况也相当严重。这是违法行为。省(区、市)不按规定报国务院，地区不按规定报省(区、市)，市县不按规定报地区，都是法律所不允许的，必须纠正。

上述问题的产生，原因是多方面的，从根本上讲是在指导思想上没有解决好建设与保护耕地的关系，没有解决好发展农村多种经营与保护耕地的关系。这是要着力加以解决的问题。全国各地、各行各业都要坚持在确保"米袋子"、"菜篮子"用地稳定和增长及为子孙后代生存发展着想的前提下，瞻前顾后，精打细算，有计划、有步骤地安排好各项建设用地。

首先，要处理好保护耕地与经济建设的关系。控制各项建设占地规模，把保护耕地作为经济发展的基本前提，不是要限制经济建设，而是为了确保经济的持续、快速、健康发展。目前我国经济正处在快速发展时期，随着工业化和城市化步伐的加快，适当占用一些耕地是难以避免的，也是必要的。但是我们面对人口增长的巨大压力，越是加快工业化和城市化进程，越要防止乱占滥用耕地，力求占地占得合理、经济、节省。"必须把粮田留给农业、留给后代"，要统筹兼顾，科学规划，尽可能利用非耕地搞建设，做到保护耕地与经济建设二者各得其所。农业是国民经济的基础，耕地则是基础的基础。保护耕地，使农业特别是粮食稳定发展，就为整个经济建设提供了坚实的基础；发展经济，又为保护耕地、强化农业创造了物质条件。我们要根据邓小平同志建设有中国特色社会主义的理论，在经济建设上避免一些国家和地区出现的以牺牲农业来发展工业问题，探索出一条既发展工业，又不牺牲农业的道路。

其次，要处理好种植业和林牧渔业的用地关系。农业内部各业用地的安排和结构的调整，必须在确保粮、棉、油、菜等基本农产品生产稳定增长前提下进行，防止盲目调整。大量占用耕地特别是粮田。调整农业结构，内涵上应有新的内容，认识上要有新的突破。不能一讲调整农业结构，就要占用粮田。在决不放松粮食生产的前提下，调整出一部分耕地发展多种经营，是必要的。这种调整就全国多数地区来说已经到了极限，不能再占用粮田发展果树和渔业。我们要规定一条，现有粮田不准再种果树，再挖鱼塘。发展林牧副渔业，要充分利用荒山、荒地、荒水、荒滩等非耕地资源，林果要"上山、下滩、进庭院。"同时，要重视利用粮食及其农副产品来发展养殖业、加工业、运销业及服务业，形成产业链，实现多次增值增利，提高农业的比较效益。粮食主产区应该充分利用粮食、农产品搞加工，发展乡镇企业，增值增利。要走专业化、农工商贸一体化，进入国际国内大市场这条路子。各地发展果树，一是要避免盲目性。农民现在种果树有积极性，要加以引导，种多少种在哪里要有统一规划，否则将来种多了卖不掉，价格下跌，就会造成很大的经济损失，农民会埋怨你，甚至骂你。二是果树面积在多数省(区、市)已经相当大了，当前的重点是放在科学管理、增加产量、改良品种、提高质量和效益方面，把现有的果树管好。有条件的地方，果树可以向山地、荒地发展。

总之，各方面的建设和发展农村多种经营，都要牢固确立保护耕地的指导思想，按照这一指导思想，处理好发展经济与保护耕地的关系。

（三）采取强有力措施，把保护耕地的工作落到实处

各级政府都要把保护耕地作为一项紧迫的、重大的任务，切实抓紧抓实抓好。当前，人口增长与土地减少的矛盾日趋突出，各级政府和土地管理部门决不能满足于一般号召，必须采取强有力的措施，包括采取行政、法律、经济和思想、组织保证等综合措施、手段，动真的，来实的，真正解决问题。

1. 严格实行行政首长责任制。各级党政领导干部要充分认识保护耕地问题的紧迫性，增强使命感和责任感，把这个问题郑重地提到各级党委和政府的重要议事日程，认真检查和解决本地区保护耕地工作中存在的问题。各级政府的一把手要对保护耕地负责，作为考核政绩的重要内容，并接受群众和社会的监督。对保护耕地成绩突出的，要给予表彰和奖励；对造成耕地严重浪费的，要追究领导责任。党政领导要支持土地管理部门的工作，充分发挥他们的职能作用。在土地审批上，要认真考虑土地管理部门的意见。政府要一支笔审批用地。土地管理部门要与规划部门搞好用地计划的衔接。对城市发展规模,对不符合节约用地要求的规划,土地管理部门要敢于发表意见,这是对国家负责,对人民负责,对子孙后代负责。

2. 加紧搞好划定基本农田保护区工作。国务院已于去年颁布了《基本农田保护条例》,关键是抓好实施,做好基本农田、粮田保护区的划定工作。各地要以土地利用现状调查实有耕地面积为基数,尽快建立、划定基本农田、粮田保护区。各地土地利用现状调查实有耕地面积数一般都明显高于过去的土地统计数,有多少算多少,要按实际数,要实事求是。基本农田保护区的划定工作,要在今明两年内完成。要建立严格的基本农田保护制度。基本农田保护区要具体落实到农户和地块,明确责任,严格管理。要将基本农田保护区的位置、界线和具体地块向社会公布,做到既便于检查,又便于群众监督。基本农田、粮田一经划定,就不得占用。对违反《基本农田保护条例》者,要依法严肃处理。

3. 强化规划控制管理。要依法搞好城市总体规划的组织编制修订工作,抓紧土地利用总体规划的编制和修订,强化控制管理。城镇与农村居民点的规划和建设都要坚持节约用地的原则。一是大中城市发展要走内涵发展为主的道路,控制外延式发展。新建项目应尽可能利用旧城区、老厂区改造,拆除旧房,提高容积率,向高层发展。二是小城市发展规模要严格限制。三是小城镇建设要合理布局,规模适度,不能滥设滥建。我国大中城市包括小城镇的规模到底控制到多少,占地应该有个限额,这些都要有明确规定。对过去审批的一些城市规划,要重新审核,凡用地宽打宽用的,应该按照节约用地的原则,重新修订。土地管理部门要参加城市规划的制定并发表意见。

4. 农村用地也要坚持节约的原则,不占或少占用耕地。乡镇企业要适当集中发展,有条件的地方应当统一规划、统一开发,充分利用公共设施,尽量利用废弃地、荒山、荒坡、滩涂等,不占或少占用现有耕地。要严格控制宅基地面积和数量。

5. 加强建设用地审批管理。这是节约用地、保护耕地的关键环节。各级政府、各行各业的建设用地都必须严格按照法律规定的程序和批准权限审批。具体地说,就是对列入国家计划的建设项目用地,凡符合规划和建设用地控制指标的,要简化手续,加快审批;对未列入国家计划的建设项目用地要从严审查,不符合规划和土地利用计划的,不予批准。这要由行政一把手或主管负责同志把关。土地审批应由土地管理部门提出审查意见,主管领导同志要尊重土地管理部门的意见。有的地方土地管理部门对土地审批问题提出的不同意见不被重视,甚至有的领导同志就说,是你大还是我大。这就是说究竟是权大还是法大?像这样的问题,就是藐视《土地管理法》。有了《土地管理法》,就要坚决地、严格地执行,依法办事,谁也没有权利违反。现在执法不严的问题不是个别现象,要认真解决。

这里需要强调，地方各级人民政府不得越权审批土地，不能化整为零变相审批土地，更不得将土地审批权层层下放。凡有上述违法行为的，要坚决予以纠正。否则，一经发现，要严肃查处。

6. 坚持“节流”与“开源”并重的方针。在保护现有耕地的同时，要加大土地开发、复垦的力度，实行占用耕地与开发复垦相结合。要有计划地搞好农业用地后备资源的开发。有关部门统计，我国尚有宜农荒地5亿亩，牧草地39亿亩，林地29.4亿亩，内陆水面5.39亿亩，沿海滩涂3000万亩，还有几百万平方公里的海域。我们要利用传统的和现代的科技手段，把一切可以利用的土地、水面资源有计划地尽可能地合理利用起来。要走“大农业”的路子，因地制宜，宜耕则耕，宜牧则牧，宜林则林，宜渔则渔。对后备资源的开发，要兼顾当前利益和长远利益，兼顾经济效益、社会效益和生态环境效益，切实避免盲目开垦、围湖造地、毁林造田、破坏生态环境。开发复垦要坚持“谁占用谁补偿，谁破坏谁复垦”和“谁开发复垦谁受益”的原则，多渠道筹集资金，加大土地开发、复垦的力度。各省(区、市)政府要负责本辖区占用耕地与开发、复垦面积的平衡，确保耕地面积的基本稳定，逐步增加稳产高产农田面积。在国家统一规划指导下，鼓励土地后备资源不足的地区与土地后备资源丰富的地区进行开垦荒地、农业综合开发等方面的合作。要重视保护林地和草地，充分发挥林业的生态屏障作用，继续开发宜林荒山、荒滩，抓好重点林业生态工程建设。切实抓好山区、沙区和草地的开发治理，保护生态，防止沙化。后备土地资源的开发要有计划、有步骤地进行，不能急功近利，要想得长远一点，沿海省份要合理开发利用海洋资源。海洋是个丰富的资源宝库，开发潜力极大。利用滩涂养殖，一般来讲，1亩滩涂养殖是10亩农田的产值。如果在深水里进行多层次养殖，1亩相当于40～50亩农田的收入。现在海产品价值很高，海水养殖，捕捞大有文章可做。我国有几百万平方公里的海域，把它利用起来，所创造的价值是不可估量的。

7. 切实加大土地管理的执法力度，强化土地执法监督。现在，我们国家保护耕地基本上做到了有法可依，但为什么乱占、滥用耕地的问题迟迟解决不了？一个很重要的原因就是执法力度不够，执法不严，一些违法行为没有得到应有的惩罚。要有效地加强对耕地保护，必须狠抓执法，真正做到有法必依，执法必严，违法必究，全面强化土地执法力度。对违法行为，要像查处经济案件一样，一查到底，严肃处理，谁犯法就处理谁，有的要公开曝光。

为了尽快解决当前保护耕地工作中的突出问题，今年下半年，各省(区、市)政府要对辖区内的各类建设用地的情况，进行一次全面、认真的检查。重点检查和纠正违法批地、闲置和撂荒的问题。对在建的各类开发区要全面进行检查、清理，凡是开发区搞得过多、规划面积过大的，要坚决撤并、核减。已划入开发区的耕地，在开工前应交农民继续耕种，不得荒废闲置；保留下来的也要坚决按项目批地。开发区对闲置撂荒的非农业建设用地要落实复耕措施和责任人，限期复耕。土地闲置撂荒一年以上的，要依法征收土地闲置费；两年以上的，依法收回土地使用权；违法批地和违法占地造成土地闲置撂荒，情节严重、纠正不力的，要从严处罚，追究当事人的法律责任。要抓一批大案、要案，一查到底，严肃处理。过去有些检查一完就“你们研究解决吧”，这不行。对一些违法而且情节严重的，要抓一批典型，严肃处理，公开报道。这一手不能软，要硬起来。这次检查清理工作，各省（区、市）政府要全面部署，精心组织，讲求实效，务必在年底前完成。检查清理的情况要写出专题报告，上报国务院。

同志们：土地管理事业是一个新兴的事业，土地管理队伍也是一支正在成长中的队伍。几年来，各级土地管理部门和广大干部职工在各级党委、政府的领导下，锐意改革，开拓进取，辛勤工作，取得了很大成绩。但同时也要看到工作上的差距和不足。党中央、国务院对土地管理战线的广大干部、职工寄予厚望，把保护耕地这一关系到国民经济发展全局和民族生存与发展的大事交给你们来完成，任务艰巨，责任重大。希望大家不辜负党中央、国务院的重托，自觉加强自身建设，提高素质，秉公执法，敢抓敢管，同有关部门密切协作，共同努力，把保护耕地和其他方面的工作做得更好。为社会主义现代化建设做出新的更大贡献。

（1995 年 6 月 19 日）

温家宝同志
在中央农村工作会议上的讲话节录

发展多种经营应当立足于开发利用山水资源，不能挤占粮田。保护农业首先要保护耕地，稳定增加粮田面积。这是我国农业和农村经济发展的根本所在，任何时候都不能放松。要落实基本农田保护区，确保粮食播种面积，提高单产，增加总产，实现增粮增收。

（1995 年 2 月 28 日）

陈俊生同志
在中央农村工作会议上的讲话节录

确保粮食有足够的种植面积。粮食生产的发展，一方面取决于单产水平的提高,另一方面也取决于足够的播种面积。播种面积好比是皮,粮食产量犹如毛,皮之不存,毛将焉附!播种面积不足不实,产量肯定要落空。

调整农业结构不能再挤占粮田。我国耕地资源极为有限,要倍加珍惜。前几年是各种开发区占地,现在又出现不少城市建设规模膨胀,农田栽果树、挖渔塘等占地的现象,一定要遏制住这种趋势,确保粮棉生产用地。不能一讲调整农业结构,就是少种粮食。70年代末、80年代初我们打破“以粮为纲”的框框,在决不放松粮食生产的前提下,调整出了一部分耕地发展多种经营,这种调整就全国多数地区来说已经到了极限,不能再无限制地调减粮食种植面积了。我们决不能搞“扩经缩粮”的战略。一些省份大量减少耕地面积,这同全国粮食实际上吃“大锅饭”是有关系的。今后,粮食问题由各省负责,自求平衡,这对保护耕地面积会有很大的促进作用。对调整农业结构这个概念内涵,要根据国情做点新的解释,即发展经济作物,发展多种经营,要跳出现有耕地这个小圈子,今后要面对整个国土资源,把重点放在非耕地资源的开发利用上,果树要上山、进庭院,不能再随意挤占宜粮耕地。同时,还要考虑多种经营的市场前景,避免由于盲目发展而造成损失。

(1995年2月28日)

二、邹玉川同志在全国耕地保护工作会议上的报告

落实基本国策　切实保护耕地
为加强农业促进国民经济发展服务

同志们：

全国耕地保护工作会议今天开幕了。在去年召开的中央经济工作会议、全国土地使用制度改革工作会议和今年初召开的中央农村工作会议、全国人大八届三次会议政府工作报告中都对如何在新形势下加强耕地保护工作，提出了明确的要求。为了认真贯彻落实这些会议精神，国家土地管理局决定召开全国耕地保护工作会议。这次会议的主要议题是：全面落实党中央、国务院关于加强耕地保护的重要决策，总结交流各地保护耕地的经验，研究部署保护耕地的任务和措施。下面我讲几点意见，供大家研究讨论。

(一)几年来耕地保护工作的进展情况

1986 年以前，在土地分散多头管理的体制下，我国耕地锐减的形势十分严峻，仅 1985 年就净减少耕地面积 1500 万亩。针对当时的紧迫形势，党中央、国务院采取了一系列法律、经济、行政的措施和体制改革等重大举措。在各级党委、人大、政府的领导和重视下，在有关部门的支持、配合下，各级土地管理部门始终将保护耕地作为一项中心工作，常抓不懈，使我国耕地面积锐减势头得到有效遏制。尽管 1992 年一度出现开发区热、房地产热，大量占用耕地现象又重新抬头，但由于党中央、国务院对此高度重视，土地管理部门积极贯彻中央各项方针政策，采取了一系列措施，从而使耕地面积减少势头初步得到了控制，耕地保护工作有了新的进展，取得了明显成效。

1．各级领导对保护耕地越来越重视，并列入了重要议事日程，使耕地保护工作有了新的进展。党中央、国务院关于耕地保护的一系列方针政策，以及中央领导同志的重要讲话、批示，使许多地方党委、政府领导深刻认识到，农业是国民经济的基础，耕地是基础的基础，从一定意义上讲，稳定了耕地面积，就稳定了农业；稳定了农业，国家整个经济发展就有了坚实基础。因此，保护耕地问题，确实是关

系到中华民族生存、发展和社会稳定的大问题，事关大局、意义深远。各级领导增强了保护耕地和依法管理土地的意识，普遍将保护耕地纳入了重要议事日程。一是党政领导带头宣传耕地保护工作的战略地位和重大意义，增强了广大干部群众的保护意识。如江苏、湖南、浙江、四川、新疆、吉林、福建、安徽、湖北、江西、内蒙、贵州、云南、河南、山东、河北等省、区党政领导紧紧围绕贯彻全国地改工作会议精神和国务院《基本农田保护条例》的实施，通过多种形式，宣传落实土地基本国策，切实保护耕地的重大意义，并联系各地人口不断增加，耕地不断减少的严峻形势，使大家统一认识，增强保护耕地的责任感和紧迫感，形成了上下共保的好局面。二是各级政府层层签订基本农田保护责任书，把耕地保护作为考核当地领导政绩的一项重要内容。福建是省长同各地、市政府一把手签订责任书；地市再同县长签，逐级签订直到乡镇。广东已签订责任书9万份，吉林等地也较早完成这项工作。三是把保护耕地，稳定耕地面积，摆到重要位置。江苏省把复垦耕地10万亩作为省政府每年要办的十件实事之一。宁夏一手抓保护农田，一手抓开发复垦，8年来共增加耕地面积280多万亩。四是明确职责范围，加强部门协调，形成保护合力。浙江等省成立了由省长挂帅，有关部门负责同志参加的基本农田保护领导小组，办公室设在土地管理部门，定期开会，分析研究保护耕地工作中的问题，采取措施，及时解决。这些事实说明，各级领导从战略高度认识保护耕地问题，增强上下共保意识，真抓实干，是推动耕地保护工作的关键所在。

2. 各级土地利用总体规划的编制和实施，在耕地总量控制方面发挥了积极作用。自1987年以来，各地都根据本地国民经济和社会发展需要，积极组织编制土地利用总体规划，并将保护耕地面积指标和农田保护区布局，作为规划的首要内容，对耕地进行宏观调控和重点保护。到目前为止，省级土地利用总体规划已完成了21个；市(地)级完成121个，占52%；县级完成规划的有910个，占45%。各级土地利用规划的编制和实施，对占用耕地实行总量控制和保护耕地面积起到了积极作用。一是根据规划控制指标，制定年度建设用地计划，将占用耕地作为计划的重要组成部分，纳入了国民经济和社会发展计划，下达到地方和各部门执行。从1987年开始这项工作以来，我国连续七年建设占用耕地控制在250万亩以内，比1985、1986两年分别下降46%和35%。二是土地利用总体规划确定的耕地保护目标和规划的基本农田保护区，为划定基本农田保护区提供了科学依据。三是土地利用总体规划合理确定了城镇和开发区建设用地规模和方向，并进行了严格控制，使城镇和开发区建设尽可能做到不占或少占耕地。同时，也为合理确定建设项目选址和用地审批提供了依据，有利于节约用地，保护耕地。辽宁省鞍山市通过土地利用总体规划和划定菜田保护区，修订了城市规划，合理确定了城市用地规模，引导城市建设向占用非耕地或劣质耕地方向发展。实践证明，哪里认真编制、落实土地利用总体规划，严格执行用地计划，那里的耕地利用和保护就搞得好，就能做到合理用地，节约用地，这是实施耕地宏观控制的重要手段。

3. 划定基本农田保护区工作取得较大进展，有效地保护了耕地。自1988年湖北省荆州地区率先开展划定基本农田保护区工作以来，在1989年5月我们国家土地管理局与农业部联合召开的全国基本农田保护现场会的推动下，全国各地普遍开展了试点工作。1990年5月，我局又与农业部联合向国务院报送了《关于在全国开展划定基本农田保护区工作的请示》。党中央、国务院对这项工作给予充分肯定和重视，并批转了这一请示，使划定基本农田保护区工作在全国各地普遍展开。1994年7月国务院颁布了《基本农田保护条例》，这是我国为进一步保护耕地采取的一项重要措施，使耕地保护工作纳入法制轨道，极大地推动了耕地的保护工作和基本农田保护区制度的建立。目前，全国有28个省、自治区、直辖市的2500多个县(市)开展了划定基本农田保护区工作，其中有1400多个县已完成了划区任务，使这些地区的70%以上的耕地得到了有效保护。江苏、浙江、河北、吉林、山西、广东、福建、山东八个省基本完成了划区任务。浙江保护2300余万亩，河北保护7500万亩，福建保护1500万亩，广东保护3000万亩，江苏省将90%的耕地划入了保护区，上海将15万亩菜地划入了保护区。

各级土地管理部门还在划定基本农田保护区的同时，狠抓落实，建立了一套管理制度。去年国务院《基本农田保护条例》颁布实施后，各地也相应制定了省级《条例》或办法。目前全国已有14个省制定了基本农田保护条例或办法，进一步从制度、法制上来规范和加强耕地保护工作。有的地方提出耕地保护要做到“五落实”:一是保护面积落实。把保护面积逐级分解，落实到地块，落实到农户，登记造册，建立档案，树立标志。二是保护目标管理落实。把保护农田纳入政府工作目标，实行目标管理，严格考核，奖惩分明。三是保护措施落实。省有《条例》、地县有布告、乡村有乡规民约，强化监督机制。四是保护责任落实。村、组、农户都要把保护责任明确到人，张榜公布，人人皆知，并层层签订责任状、责任卡。五是保护组织落实。建立各级农田保护工作领导小组，加强组织领导，经常监督检查，一级抓一级，层层落实。这些地方的做法和经验说明，扎扎实实做好基本农田保护区划定工作，把保护面积落实到地块和责任人，并强化管理措施，这是贯彻落实《基本农田保护条例》，保护耕地，稳定面积的重要保证。

4. 加快了土地开发复垦步伐，增加了耕地面积。几年来，宜农荒地的开发和废弃地的复垦工作越来越引起各地的广泛重视，并作为增加耕地面积和建设用地的一项重要措施。目前，许多省、自治区、直辖市都先后颁布了《土地开发复垦实施办法》，开展土地后备资源调查，制定开发复垦规划，增加资金投入，因地制宜，综合治理，取得了重大进展。据不完全统计，从1987年到现在，全国累计开发复垦土地4950多万亩，其中耕地3150多万亩，有效地提高了土地利用率，弥补了耕地不足。如江苏铜山、安徽淮北、河北唐山、河南平顶山、山西孝义、山东烟台等地，在开发复垦方面做了大量工作，取得了明显成效，每年都登上一个新台阶。

各地在建立开发复垦资金，制定开发复垦政策等方面作了一些有益的探索，推动了开发复垦工作。河北省规定，砖瓦窑生产占地或挖沙取土每亩收取500～1000元复垦押金；采矿按矿产物年产量每吨提取0.2～1元的复垦整治费。8年来河北省利用这些资金开发复垦耕地累计达170万亩。浙江省政府规定从土地出让金中，根据不同地类每亩提取4000～10000元的造地专项资金，用于土地开发复垦，增加耕地面积。广东省坚持收取土地复垦基金，开发复垦耕地153万亩。近几年还投入资金2亿多元，开展"灭荒复耕"工作，使近45万亩闲置、废弃地基本上得到复耕。许多地区还制定了"谁开发、谁使用、谁受益"政策性措施，鼓励企业、集体、群众投资投劳进行土地开发复垦。山西、江苏、河南、山东、安徽等地开展"以地换地"（用已复垦的土地换取待征用土地）和"临时用地"（改征用土地为临时用地，生产结束后复垦交还）的复垦试点，极大地调动了各方面的积极性，推动了土地复垦工作。山东莱芜市开展旧村改造，将232个旧村搬迁，集中连片，扩大耕地1万多亩。黑龙江、山西等地实行了拍卖荒山、荒地使用权，加快了开发土地的步伐，不仅提高了土地利用率，而且收到较好社会和生态效益。从这些实践来看，广开集资渠道，实行鼓励政策，动员社会力量，是增加土地投入，加大开发复垦力度的有效办法。

5．严格用地审批管理和执法检查，遏制了乱占滥用耕地现象。几年来，各地在加强建设用地审批管理工作中，采取了全程管理、指标控制、备案制度等一些行之有效的措施，从严管理，把好审批关，共核减耕地54万亩。

各地在加强执法检查，遏制乱占滥用耕地方面也做了大量工作。几年来，各级土地管理部门在党委、人大、政府支持下，加强了与公安、法院、纪检、监察机关的联系、合作，开展对非农建设占地清理，重点清理了越权批地、违法占地等案件，取得了良好的效果。近两年厦门经济特区采取有力措施共查处土地违法案件620多件，缴罚没款和收取土地闲置费5600多万元，收回违法用地330亩。今年初，四川成都国土部门按照市委、人大的部署，针对人民群众和社会各界反映十分强烈的土地荒芜问题，依法进行查处，收回土地使用权18宗共443亩，收取土地荒芜费100万元，使3600亩荒芜闲置土地得以复耕复种。事实说明，严格用地审批制度，加强执法检查，是切实保护耕地、规范地产市场的有力保障。

（二）充分认识耕地保护面临的严峻形势和存在问题

土地问题，特别是耕地问题，是我们国家的大问题，关系到我们民族的前途和命运，事关国民经济和社会发展稳定的重大的战略性问题。首先，我们要看到，人地矛盾越来越突出。人口多、耕地少，后备资源不足，是我们国家的基本国情。现在,全国已有三分之一的省、市人均耕地不足一亩。上海、广东、福建、浙江等省市人均耕地在0.6亩以下。目前,我国人口有12亿,人均占有耕地已减少到不足1.2亩。今后人口每年还要以1400万人左右递增,需要增加粮食110亿斤;如果今后每年耕地净减少仍像现在500万亩的速度发展,每年将减少粮食生产近40亿斤。照此推算,到2000年,全国将年减少200亿斤以上粮食生产能力。到本世纪末,人口将达到13亿,仅新增人口就需增加消费800多亿斤粮食。这样一减一增,就可以看出我国人地矛盾十分尖锐,我国面临着人口不断增加,耕地不断减少的双重压力,形势十分严峻。如果耕地保护措施不落实,开发复垦目标不能实现,人口与耕地逆向发展继续下去,可能连吃饭都成大问题。这样不但使我国经济持续增长缺乏牢固基础,而且也会带来粮食紧张,物价上涨等社会生活中的一系列问题,从而严重影响改革发展稳定的大局。

党中央、国务院对耕地保护工作非常重视,中央领导同志在多种场合都讲到耕地问题。江泽民总书记在第二次中央农村工作会议上指出,我们用占世界7%的耕地,养活了占世界22%的人口,这是一件很了不起的事情,这是一件奇迹。但我们要看到土地问题的潜在危险,这种危险表现在两个方面,一方面是人口增加,另一方面是耕地减少。如果不解决好,可能出大乱子,这并不是危言耸听,是客观事实。因此,我们要以对事业、对人民、对国家高度负责的责任感,重视土地问题。他还强调"保护耕地是事关社会主义建设全局的大事","保护耕地就是保护我们的生命线"。李鹏总理指出,我国人多地少,土地极其宝贵,发展房地产必须同加强城乡土地管理结合起来,坚持保护土地资源。朱镕基、邹家华、姜春云副总理等领导同志也多次强调十分珍惜和合理利用土地,正确处理好发展经济和保护耕地的关系,切实保护耕地的问题。各地在贯彻落实中央各项决策和指示方面,做了大量工作,取得了明显的成效。但我们也要清醒地看到,差距仍然很大,还存在不少问题。

1. 对保护耕地的重要性和紧迫性认识不深。一些同志对耕地问题认识不足,重视的不够,缺乏危机感和紧迫感。对保护耕地,口头上说起来重要,抓起来次要,占起来不要。一些地方耕地大幅度减少,有相当数量不是建设必须占用,而是盲目占用,宽打窄用,乱占滥用,甚至大量荒芜。一些地方缺乏全局观念和长远考虑,片面追求发展速度,什么来钱快就把地用来干什么,什么赚钱多就抓什么,重工轻农,重钱轻粮,盲目开发,低价卖地。这些不珍惜土地,用地大手大脚,乱占滥用行为,都是对保护耕地认识不深,国策国情观念淡漠的反映。

2. 保护耕地的措施不力。近几年来,各地在保护耕地方面采取了一系列措施,起到了积极作用。但是,现行的一些保护措施还不够有力,有些地方落实得也不够好,尚不能从根本上解决保护耕地问题。一是土地利用规划和计划的权威性不够，执行不力，削弱了对耕地的宏观控制能力。突出表现在大中城市继续无限制地外延式发展，小城镇发展带有盲目性，大量占用耕地。根据10个大城市建成区扩展情况的调查统计，从1990至1992年3年时间就占用耕地达110多万亩，城市出现了“摊煎饼”似地无限制向四周扩展。据统计，我国城市由1978年的161个，发展到目前的600多个，城市规模的扩大，占了大量的耕地。在全国1.25万个建制镇、4.25万个集镇中，也不同程度地存在扩大建设用地规模，大量占用耕地。二是一些地方在眼前利益的驱动下，出现了农业结构调整大量占用耕地栽林果、挖鱼塘现象，加剧了耕地面积的减少。有的甚至出现强迫农民毁农田、搞建设或栽果树。据统计，去年农业结构调整就占用耕地679.8万亩，占全年耕地减少总面积的63.4%，成为减少耕地的主要因素。

3. 集体土地的流转缺乏严格管理措施。近年来，各地在这方面做了不少工作，也总结了一些经验。但因现有的法律法规对集体非农用地流转管理规定不具体，不明确，制止自发交易有一定难度，集体土地流转秩序也比较混乱。一是集体非农业用地自发进入市场，不仅影响了政府对土地市场的调控，也不利于耕地保护。二是一些荒山荒地的拍卖和开发利用，因缺乏科学的规划和计划，加之政策法规不健全，政出多门，带有一定盲目性，有一哄而起的趋势。三是由于控制占用耕地的市场机制尚未形成，占用耕地搞建设所付出的成本远低于利用城镇存量土地成本，因而不少建设项目仍然大量占用耕地，而现有城市土地没有得到充分的挖潜和利用。

4. 土地执法难的问题没有得到根本解决。一是一些地方从局部和眼前利益出发，擅自下放土地审批权，乱设开发区、越权批地和非法出让土地使用权的问题难以从根本上得到纠正。有的省下放审批权至今还没有收回。有的地方出台的法规和政策与国家法律、法规不一致，造成执法混乱，甚至有的领导干部不依法办事或带头违法，这就加大了执法难度。二是各类违法占地、用地问题在一些地方仍然比较严重。据调查，近两年不按规定的权限和程序报批的情况相当严重，该报上级政府批准的用地项目，不是化整为零自己审批，就是根本没批就占用了。这是前一时期违法案件的突出问题，而且多数是政府行为。据了解，近两年来每年实际报国务院审批的项目，只占应报批的1/7。再有，就是对开发区或大面积的用地，不是在做好规划的前提下，按项目供地，而是一次性全部提供，往往造成因没有项目而大片土地荒废，再加上出让的土地投资者没有资金开发，造成的荒废土地也不少。据我们了解，有的省荒芜土地达10万亩甚至几十万亩。有的甚至弄虚作假非法将耕地当作荒地拍卖，将开发区转为墓地经营。三是有的地方农村宅基地面积超标现象相当严重。近年来取消宅基地超占费以来，失去必要的经济手段，只靠法律、行政手段，在实际工作中操作起来难度很大，加上有的干部带头多占，而有些群众认为占了是自己的，不占白不占，多占也白占，致使一些地方宅基地管理失控，并有越占越多的趋势。同时，村外建房村内空的问题也比较严重。

5. 土地开发复垦投入不足，政策不配套。从总体而言，我国土地开发复垦率仍然很低，据统计，我国土地复垦率约4%，远低于世界50%以上的平均水平。当前主要问题，首先是资金渠道不通畅。绝大部分地区没有专门资金用于土地开发复垦，投入不足，已成为制约我国土地开发复垦力度的主要因素。再就是土地开发复垦政策不配套，难以调动各方面力量和积极性进行开发复垦。因此，开发复垦目标难以实现，很难保证耕地面积基本稳定，促进农业生产发展。

这些问题说明，加强土地管理，强化耕地保护的任务还十分艰巨。各级土地管理部门必须继续深化改革，强化保护，狠抓落实，常抓不懈，切实抓出成效来。

（三）当前加强耕地保护工作的主要任务和措施

为实现中央提出的到2000年全国粮食总产达到5000亿公斤的目标，当前耕地保护工作的指导思想和主要任务是：长期坚持十分珍惜和合理利用每一寸土地，切实保护耕地的基本国策，按照中央确定的各省粮食自求平衡的原则，保持现有耕地面积的基本稳定，使全国耕地年净减少控制在300万亩以内，努力做到，粮食销区，要按照保证粮食自给率的要求，确保耕地面积；粮食产区，要按照每年外销商品粮不断增加的要求，确保耕地面积；国家粮、棉、油、糖、菜基地，也要按照国家总量平衡的要求，确保耕地面积，为加强农业，促进国民经济发展服务。

1. 切实加强领导，把保护耕地放到重要位置来抓。耕地保护是关系到我国经济发展和社会稳定的全局性工作，各级土地管理部门要真正把耕地保护放在首要位置来抓，列入重要的议事日程，扎扎实实做好保护工作。要积极争取党政领导的重视和支持，保证人员、机构、经费的落实，要广泛、深入、持久地开展国情、国策的宣传教育，增强上下共保意识。经组织部门批准，可通过举办书记、市（县）长、乡（镇）长等参加的耕地保护研讨班，在各级党校、干部培训学校开设耕地保护专业课程等形式，增强广大干部国情、国策观念，提高保护耕地、依法用地和依法管地的意识，切实解决有法不依、执法不严、违法不究的问题。

各地要按照《基本农田保护条例》规定，建立耕地保护领导任期目标责任制。这方面各地有许多好的经验，可以互相交流学习。去年，国家土地管理局党组经请示中共中央组织部同意将落实土地基本国策，加强基本农田保护、稳定耕地面积等内容写入《关于加强和改进县（市）党政领导班子政绩考核工作的若干意见》中，我们要贯彻这一文件精神，落实建立保护耕地的领导任期目标责任制。从今年开始，对批准下达的耕地保护面积指标、耕地占用控制指标、土地开发复垦计划等，请各级地方政府的主要领导层层签定责任书，并将执行结果作为考核政府领导任期目标和政绩的主要内容。在考核过程中，上一级土地管理部门要主动向同级人民政府全面汇报下一级人民政府耕地保护的情况，同时，还要将每年用地情况向同级组织部门报告。凡完不成耕地保护指标和开发复垦耕地任务的,建议不得给主要领导人表彰、奖励和晋级;超计划用地、造成耕地面积减少,或耕地撂荒、乱占滥用严重的,建议要追究其直接责任人和主要领导人的责任。对合理利用土地,保护耕地成绩突出的,要给予表彰和奖励。

2. 继续抓紧抓好土地利用总体规划的编制和实施工作,强化对耕地的宏观控制。今年,省级规划和56个开放城市的规划要争取全部完成,市、县级规划要完成80%左右;沿海、沿江、沿边及内陆开放地区乡镇规划也要加快进度,力争基本完成。已经完成规划的地区,要注重实施和完善;尚未完成规划的地区,要加强组织领导,加快编制进度。划定基本农田保护区要依据总体规划确定的土地利用结构、基本农田保护区规划布局和方向来进行。已经完成总体规划的地区,要抓紧做好保护区规划和划定工作;尚未开展总体规划,已完成划定保护区的,要进一步完善,上升为总体规划;总体规划和保护区划定都没有搞的,要结合起来同步进行。

要利用规划,控制和引导城镇建设、乡镇工业小区、农村宅基地建设。城镇规划应当受土地利用总体规划的制约。各级土地管理部门要积极参与城镇规划的制定,依据土地利用总体规划就城镇用地规模、布局和发展方向提出意见,对不符合土地利用总体规划的,要建议政府进行修订。上级土地管理部门要参与同级人民政府对下级城镇规划的审批工作。凡不符合土地利用总体规划的,要建议政府责成下级政府重新修订城镇规划。土地利用总体规划应当根据经济发展的要求,合理安排和严格控制乡镇工业小区,乡镇工业小区要尽可能集中连片,一般不得占用耕地。今后不得在总体规划确定的乡镇工业小区以外,批准乡镇工业用地;农村宅基地要充分利用村庄内闲散废弃土地,严格按法律、法规规定的标准审批用地。提倡经济发达地区,农民建房向公寓式发展。

要不断改进和加强用地计划管理,实施对耕地的计划控制。各地要按照土地利用总体规划确定的目标,认真研究编制"九五"土地利用中期计划和年度计划,切实保证本世纪末耕地面积基本稳定。

今年,全国建设用地计划为548万亩,其中占用耕地指标300万亩;土地使用权出让新征用耕地计划为40万亩。各地要严格执行,不得突破。在用地安排上,应优先保证能源、交通、水利等重点工程项目及国家产业政策需要重点扶持的其它项目用地。严格控制下列项目用地:别墅性质的高档住宅及度假村;单位面积建筑设计造价高于当地一般民用住宅、办公楼一倍以上的公寓、写字楼项目;建筑标准四星级(或相当于四星级)及以上的宾馆、饭店,至少今年不再批准用地。严禁提供新上高尔夫球场、仿古城、游乐宫等项目用地。各级土地管理部门要加强对计划执行情况的监督检查工作,并将计划执行情况于每年7月底和第二年1月底前，报上级土地管理部门。今后，凡没有计划指标的建设项目，一律不得批准用地；凡突破计划指标用地的，上级土地管理部门要报同级人民政府批准，公布批地文件无效，收回其土地使用权。

3. 加快基本农田保护区划定工作，对耕地实行特殊保护。各地要加强组织领导，搞好部门配合，因地制宜，制定方案，加快进度，力争今明两年全面完成基本农田保护区的划定工作。国家土地管理局将按照国务院《基本农田保护条例》的规定，会同农业部尽快制定下发《划定基本农田保护区技术规程》和《基本农田保护区工作要点》，就划定保护区有关问题作出规定。各地在划定保护区时，统一要求规划期到2010年，一律采用土地资源详查成果资料。过去按照统计数据划区的，要尽快修正，以便全国各地统一标准，规范管理；划定保护区不得降低保护等级，水利、交通设施、土壤等条件好，且能保证远期本地人口口粮和国家商品粮需求的耕地应当划为一级基本农田，长期不许占用；规划期内不得占用的，应划为二级。划定保护区要求先搞好规划，再具体到实地划区定界，明确位置、面积、等级、标志，将保护面积落实到地块和责任人。

基本农田保护区划定后，各地要严格按有关法律、法规，切实做好保护措施的制定和落实。一是要明确各级政府在基本农田保护中的责任，切实履行保护职责。要层层签订保护责任书，明确保护目标，奖惩措施。二是坚持基本农田地力保养和环保制度，提高地力，防止农田污染。三是各地要建立基本农田保护资金，把对基本农田保护区的投入放在农业投入的重要位置，以利于有效保护耕地。四是建立监督检查制度。土地管理部门要积极主动协助政府定期组织有关部门，或请人大代表对基本农田保护情况进行监督检查，对违法乱占滥用耕地的，要依法查处；对保护工作中存在的问题，要通过有关部门“会诊”，采取措施，及时解决。今年下半年国家土地管理局将商农业部组织全国基本农田保护情况大检查。五是严格控制占用基本农田保护区内耕地。除了能源、交通、水利、国防等国家重点建设项目，在选址时确实无法避开保护区而且必须经过严格批准外，其它建设项目及各类生产活动不得占用保护区内耕地。六是实行基本农田损失补偿制度，保证保护区耕地总量不减少。因建设确需占用基本农田的，用地单位或个人必须开垦相当数量和质量的耕地，对无条件开垦的，须按规定向政府缴纳耕地造地费，并用于开垦新的耕地。

4. 严格控制农业结构调整占用耕地，合理利用耕地资源。近几年农业结构调整占用了大量耕地，成为耕地减少的主要原因，必须采取措施，严格控制农业结构调整大量占用耕地的现象。各级土地管理部门要会同农业等部门，采取措施，坚决制止大量占用耕地栽林果、挖鱼塘。林果生产和水产养殖的发展要着眼于整个国土资源的开发利用，坚持林果上山，鱼塘下滩，把调整结构重点放在非耕地资源的开发利用上，不得再挤占良田。各地只有在确保人均耕地不少，粮食征购不减的前提下，才能进行有计划、合理地农业结构调整。国家土地管理局将商农业部尽快制定有关农业结构调整占用耕地的管理办法。今后，凡属于无计划进行农业结构调整的，土地管理部门要配合农业部门进行严肃查处，要追究领导责任，并限期复耕；不能复耕的，要征收造地费，用于开发复垦耕地；凡属有计划进行农业结构调整的，要参照建设用地审批权限，在征得农业部门同意后，由土地部门审查报政府审批。对未经批准擅自占用耕地搞农业结构调整的，要按违法用地，严肃查处。

5. 加大土地开发复垦力度，力争实现耕地面积基本稳定。据统计，全国待开发复垦耕地资源在 2 亿亩以上。根据国务院批准的《全国土地利用总体规划纲要》确定的指标和近年来耕地减少的实际情况，“九五”期间要求全国每年开发复垦耕地 950 万亩。近几年来，全国每年开发复垦面积仅在 600 万亩左右，差距还相当大。各地要切实加强领导，坚持“节流”与“开源”并举的方针，挖掘潜力，扎实工作。抓出成效。

(1)实行耕地补偿制度。今后，凡各类生产和建设占用或破坏耕地的，一律实行“占用多少，补偿多少”的原则。建设项目审批时，用地单位必须要有补偿耕地计划，自行开发复垦的，要缴纳复垦保证金；不能自行开发复垦的，要缴纳相当数量的土地开发复垦费(或造地费)。

(2)各地要建立土地开发复垦专项资金。按照取之于土、用之于土的原则，多渠道、多途径筹集资金：参照一些地方的做法，可以从耕地占用税、土地出让金等土地收益中提取适当比例；从有复垦任务的企业生产产品中，按产量提取一定数额的复垦费；从缴纳的耕地造地费中提取大部分等。同时，还要积极争取农业综合开发部门的支持，从农业综合开发资金中拿出一块用于土地开发复垦。在有条件的地方，可以参照一些地方土地管理“五统一”的做法，成立土地开发复垦公司或造地公司，具体承担土地开发复垦任务。

(3)提倡跨省区、跨行业的联合经营，异地开发。这既是增加耕地面积的有效途径，又是解决农业资源丰富地区农业投入严重不足和促进地区经济优势互补的好办法。近两年来，内地有 13 个省区市已在新疆累计投资 2 亿多元，开发建设了 100 多万亩棉花基地，既大面积开发利用了新疆土地资源，又使内地开辟了新的棉花基地，收到良好效果。

(4)要建立新的土地开发复垦运行机制。按照“谁开发复垦，谁使用受益”的原则，采取适当的倾斜和扶持政策，对开发复垦的土地通过在一定时期内减免农业税和集体提留等办法，鼓励单位和个人投劳投资。根据具体情况，鼓励企业在土地复垦过程中，实行“以地换地”、“临时用地”的做法，调动企业开发复垦的积极性。要加强“四荒”拍卖的管理，在深入调查研究的基础上，尽早制定管理办法，做到既要加快荒山荒地的开发利用步伐，又要防止农村土地的流转出现失控现象。

6. 进一步强化执法监督检查，抓紧各类闲置土地的清理。各级土地管理部门要争取各级党委、人大、政府对土地执法监督检查工作的重视和支持，并会同公安、法院、纪检等部门通过联合执法等多种形式，认真查处违法占地案件。对未批先占、少批多占、占而不建的，要采取措施，该收回的收回，该罚款的罚款；擅自下放审批权，滥设开发区，越权批地和非法出让土地的，土地管理部门可以报经同级人民政府批准，公告无效并注销其土地使用证。当前还要加强对农村宅基地的管理，对超标准占用宅基地的要依法予以收回或处以罚款。在今年内，各地要在宣传一批好典型的同时，配合有关部门抓几个大案要案，曝曝光，并依法严肃处理。为加强执法的有效性和严肃性，要改革土地监察体制，土地监察试行垂直或双重领导体制，效果好的应继续试点。各级土地管理部门要加强自身建设，要带头执法，勤政廉政，对执法犯法的行为要严肃查处。

各地要围绕耕地保护，抓紧开展各类闲置土地的清理。对批准使用或超过出让合同约定的动工开发期限满一年未动工建设的闲置土地，要依法征收土地闲置费，并限期动工开发建设。土地闲置满两年的，要依法收回土地使用权，重新安排使用。对原批准用地面积过大，造成部分土地闲置的，应报原审批机关复查，按有关规定予以核减。承包经营耕地荒芜一年以上的，应由农村集体经济组织收回另行发包。超过一个收获期未耕种的，要按规定缴纳相应的“农田闲置费”。所有闲置、荒芜的耕地能耕种的，在清查后必须全部复耕复种。

同志们，当前耕地保护工作面临的任务还是十分艰巨，我们既要看到困难和问题，又要看到有利的条件。中央经济工作、农村工作会议为耕地保护指明了方向，全国土地使用制度改革工作会议也提出明确的目标和任务，中央领导同志非常关心和重视耕地保护工作，作了许多重要的指示，各级党政领导对保护耕地、保护农田也越来越重视，广大农民珍惜土地、发展农业的积极性也越来越高涨，只要我们各级土地管理部门团结一致，增强信心，开拓进取，抓住机遇，乘势而上，就一定能够把保护耕地、保护农田的工作做深做好，为提高农业综合生产能力，促进国民经济持续、快速、健康发展作出贡献。

（1995年6月19日）

三、国家土地管理局 1995年土地管理工作要点

([1995]国土[办]字第1号)

1995年土地管理工作的指导思想和主要任务是:认真贯彻落实党的十四届三中、四中全会和中央经济工作会议精神,按照全国土地使用制度改革工作会议明确的原则、任务和目标,深化土地使用制度和土地管理体制改革,加快土地市场体系建设,积极为农业稳定发展和建立现代企业制度服务。重点是建立健全国家对土地市场的宏观调控机制,进一步落实土地基本国策,加强耕地保护;加强国有企业土地资产和集体土地管理,培育规范土地市场,制止国有土地资产流失;深化土地管理体制改革,强化国家对土地集中统一管理。加强土地立法、执法监察和政策研究工作,抓好机构队伍建设和各项业务基础工作,使各项工作逐步纳入法制化、规范化轨道。

(一)牢固树立土地的国情国策观念,十分珍惜和合理利用土地,切实保护耕地

提高对保护耕地重要性的认识。保护耕地是涉及中华民族生存和整个社会稳定的大问题。必须充分认识我国人口多、土地少、耕地后备资源不足的基本国情,将贯彻好"十分珍惜和合理利用每寸土地,切实保护耕地"的基本国策作为深化土地使用制度改革和发展经济的首要前提。坚持"一要吃饭,二要建设"的方针,正确处理发展经济与保护耕地的关系,严格控制农业用地转为非农业用地,坚决制止乱占滥用和撂荒耕地行为,控制耕地锐减的势头。全年非农业建设用地计划控制在30万公顷以内,其中耕地16万公顷,争取控制在14万公顷以内。开发复垦49万公顷,其中耕地17万公顷。

建立保护耕地的领导责任制,加快基本农田保护区划定工作,争取一两年内将全国应保护的耕地都保护起来。今年工作的重点是东、中部各省区,特别是城镇郊区。保护耕地的责任要落实,严格考核,奖优罚劣。坚持"节流"、"开源"并举,加强耕地的开发复垦工作,各级土地利用总体规划应包括土地开发复垦规划,抓好土地复垦示范区工作,有计划有步骤地搞好土地开发复垦,努力稳定耕地面积。保证耕地占用税和造地费等资金切实用于土地开发复垦和基本农田保护区的规划、管理。

(二)加大土地使用制度改革力度,进一步扩大土地有偿使用范围

严格贯彻执行《土地管理法》、《城市房地产管理法》和国务院第55号令,认真抓好全国土地使用制度改革工作会议精神的贯彻落实,抓住机遇,加大土地使用制度改革的力度。

逐步增加新增建设用地的出让比例。尽快确定行政划拨土地的适用范围,按照《城市房地产管理法》规定,将国家机关、军事、城市基础设施、公益事业用地和国家重点扶持的能源、交通、水利等项目及法律规定可以批准划拨使用土地的列出适用范围目录,从今年起对目录外的其他用地都要纳入出让或其他形式的有偿使用轨道。

继续加强原行政划拨土地的管理。清理土地使用权自发交易行为,加快划拨土地使用权的调查、登记、估价工作,查清原划拨土地使用情况。凡是划拨土地使用权转让、出租、抵押或改变用途的,要按法律规定办理有关手续,依法交纳土地使用权出让税费。对旧城改造中的划拨土地使用权,属于房地产开发用地,也要明确界定土地权属,评估地价,通过出让方式提供给开发者;对于行政划拨土地未改变权属,但用于经营的,要收取土地租金并逐步提高标准,使各种用途的经营性用地负担大体平衡,鼓励其走上出让轨道。

加强国有企业改造、改制或改组中土地使用权的处置审批与管理。总的原则是既促进企业盘活土地资产、转换经营机制,支持企业改革,又要符合土地使用制度改革的方向,保证国有土地资产的保值增值,壮大国有经济实力。要与财税、体改等部门密切合作,按照《清产核资中土地清查估价方案》的要求,完成全国国有企业清产核资中的土地清查估价工作,并在此基础上,做好土地资产量的统计工作。国有企业股份制改造中的土地使用权处置,分别不同情况,要采取以下几种不同的方式:一是企业补办出让手续,补交出让金;二是国家以租赁方式向改组企业提供土地使用权,每年收取年地租;三是国家以土地使用权作价入股,收取股息,对于那些特别困难的国有企业,不能按时交纳土地租金的,可采取挂帐的办法,明晰资产经营状况,以减少国有资产流失;对破产的国有企业,要协助政府将土地使用权收回再行出让,所得收入可优先用于安置职工,促进国有土地资产的盘活和重新配置,推进现代企业制度的建立。

建立集体农用土地有偿转让制度。适应农业生产发展的需要,集体农用土地在不改变用途的情况下,可以在集体经济组织内部有偿使用和转让。有计划、有组织地拍卖"四荒",加强规划,明晰产权关系,逐步建立登记发证制度,依法保护所有者、使用者的合法权益,确定权利、义务,做到合理利用土地,保持生态平衡。要切实防止一哄而起,借拍卖"四荒"之名,使农村土地管理失控。

(三)严格控制土地供应总量,加强和完善对土地市场的宏观调控,进一步培育规范土地市场

加强土地的规划、计划管理。对土地开发使用,要合理规划,严格管理,特别要注意保护耕地。加快土地利用总体规划的编制和实施,发挥规划对土地利用的"龙头"和调控作用。今年,省级规划和56个开放城市的规划要争取全部完成;市、县级规划要完成80%左右;沿海、沿边及内陆开放城市的乡(镇)规划也要加快进度,力争全部完成;其他乡、镇规划要结合划定基本农田保护区工作,完成70%以上。抓好土地利用总体规划的实施管理,使规划真正落到实处。要特别做好土地利用总体规划与城市建设规划的衔接工作,将小城镇建设规划、开发区发展规划、耕地保护规划等纳入到土地利用总体规划中,并不断增加规划的科学性、超前性和权威性。

抓紧检查土地利用计划的执行情况,着手研究编制"九五"土地利用计划。改进非农建设用地计划指标的制定办法,完善计划指标体系。各级土地管理部门都要大力抓好建设用地年度计划指标控制,根据本地需求情况,抓好计划落实,不得突破,使建设用地计划成为国家调控产业结构、地价和房地产市场的重要手段。

进一步加强建设用地的统一管理。做到土地管理部门一家管地,县级以上人民政府一支笔批地,纠正和制止多头管地、非法批地。加强建设用地的征用、开发、划拨和出让管理,有效制止以"预征"和规划为名变相违法批地行为。积极推广建设用地"五统一"管理模式,建立建设用地审批年度检查报告和审计制度。今年要集中力量进行一次执法大检查,重点查处一批越权批地、违法用地的土地违法案件。通过检查,健全制度,加强建设用地审批管理。要加强开发区用地审批管理,会同有关部门及时总结推广开发区用地管理的经验,立足存量求发展,提高土地利用效益。城市规划区内集体土地用于经营转为非农建设用地的必须征为国有,加强农村集体土地建设用地管理,集体土地用于农业建设的,必须依法报批。各类开发区用地要纳入当地政府统管体制中,限期收回下放的土地审批权。

垄断土地出让,管好土地转让,规范出让和交易行为。出让土地使用权必须事前公告,凡有条件竞价受让的必须采取拍卖、招标方式;无条件竞价受让的,方可采取协议方式。协议出让必须进行底价评估,经确定的底价,作为政府出让土地的最低控制价。按规定出让后,地块条件和地价必须及时向社会公告,接受社会监督。大力加强土地使用权流转的管理。严格执行土地出让合同,建立基准地价和标定地价定期公布制度。加强地价管理,健全土地登记和日常地籍管理制度,加强土地市场中介服务组织建设。

(四)深化土地管理体制改革,积极稳妥地进行土地管理领导体制改革的试点

进一步巩固和完善全国土地、城乡地政统一管理体制,强化管理职能。积极配合机构编制主管部门,做好省、地(市)、县机构改革工作,健全国家、省、地(市)、县(区)、乡(镇)五级管理机构,使土地管理部门在编制、人员、办公场所和设备等方面与所承担的任务和法律赋予土地管理的职能相适应。

深化土地管理体制改革的方向是土地由国家管理。要逐步改革土地管理的领导体制,在运用自下而上群众公开监督机制的同时,强化自上而下的监督检查机制。积极稳妥地进行垂直领导或双重领导体制的改革。目前,先努力做到省及省以下土地管理机构负责人的任免,要征得上级土地管理部门的同意。市、县在乡镇设立土地管理所,作为市、县土地管理部门的派出机构;市辖区土地管理局改为市土地管理局派出机构。国家今年拟选择一两个省,进行双重领导或垂直领导体制的试点,各地可以结合本地情况,积极进行这方面的改革。

(五)加强土地管理法制建设和政策研究工作,为改革提供政策、法律依据

当前重点要加快《城市房地产管理法》配套法规的起草论证工作,抓紧修改完善外商投资企业用地、土地登记、土地估价、土地违法案件处理和土地监察等法规,争取在年内出台,进一步开展有关《土地法》制定的重点、难点问题的专题攻关论证,尽快确定上报的送审稿。各地要紧紧围绕建立和培育土地市场体系的要求,加快制定规范和管理土地市场的配套法规,依法规范用地和市场行为,做到有法可依,有法必依,执法必严,违法必究。

土地管理部门负有土地行政执法的职能,要改革全国土地监察体制。总结国家土地管理局行使调查权和行政处罚权,上级政府土地管理部门行使执法否决权的经验,抓几个典型,推动这项工作的开展。继续开展"三无乡镇"活动,注重实际效果。今年要对全国开展"三无"乡镇活动比较好的市、县土地管理局和乡镇进行表彰。进一步加强与公安、法院、纪检、行政监察部门的联系与合作,采取联合执法的形式,强化执法手段。

进一步加强政策研究工作,政策研究工作要超前,特别是对一些涉及全局性、倾向性问题进行深入研究。

(六)围绕土地管理中心工作,继续做好地籍、统计、计划财务、科技、档案、国史和信访等各项业务基础工作

加强土地产权管理。力争上半年完成各级土地详查数据汇总工作,为国家制定"九五"规划提供准确的基准数据,并在完成详查工作的基础上,全面开展土地变更调查及土地统计工作。要将全面开展的清产核资工作同地籍调查、土地登记和土地估价结合起来,建立初始登记和变更登记制度,积极推动地籍管理各项工作的开展。加快城镇地籍调查进度,力争年底完成城镇地籍调查面积和发证工作的80%。加快县级以上城镇基准地价评估的步伐,力争全面完成地市级以上城市基准地价评估和80%县城以上城镇基准地价评估工作,为培育规范土地市场和建立产权明晰的现代企业制度服务。建立日常地籍管理制度和土地动态监测体系,及时反馈土地交易、土地价格等动态信息,实现在我国初步建立地籍管理制度的战略目标。

加强综合计划、科技、统计和财务工作。采取有效措施，切实掌握土地资源和土地市场信息，提高信息数据的及时性和准确性，为编制国民经济计划和加强宏观调控提供及时、准确的基础数据。广辟资金渠道，严格经费管理，提高资金的使用效益。编制好土地科技教育发展“九五”规划，继续做好土地科学研究和科技成果推广应用工作，切实组织好土地管理的重大科研课题研究，探索利用现代手段科学管理土地的途径，重点抓好土地管理新技术示范基地工作，力争今年在土地管理信息系统建设方面有较大的突破。加快办公自动化建设，初步建立全国计算机信息联网，为加强土地管理动态监测和信息传递提供条件。

加强土地管理外事、档案、信访和史志编研工作。继续发展对外合作与交流，积极发展与建立我国土地市场体系密切相关的项目，为学习借鉴港、澳、台及国外的土地管理经验创造机会和条件。进一步抓好土地管理档案的基础建设，逐步建立县以上土地管理档案馆，加速档案管理现代化步伐，充分发挥档案资源的社会效益和经济效益。重视运用信访渠道，了解土地管理工作中存在问题，积极为人民群众排忧解难，重点控制集体上访势态，推行逐级上访制度，充分发挥信访工作的信息、咨询、协调、监督作用。加强土地管理史志编研工作，健全编研体制，改变土地管理在国家省、市、县史志中缺、遗、漏的局面。

（七）加大土地管理宣传力度，不断提高宣传质量和层次

宣传的主要对象是各级决策者和立法、执法部门，宣传工作的主题是“土地与法制”，宣传的重点内容是土地管理法律、法规知识，土地基本国情、国策，保护耕地和企业转制中土地资产管理及土地管理工作重大方针政策。采取扎实有力的措施，不断增强宣传效果。加强与有关政策研究部门、决策参谋部门、综合经济部门、理论研究部门和新闻单位的联系，组织撰写有分量的文章和专题采访，开展深层次的宣传。在抓好日常宣传的同时，要集中精力抓好第5个土地日和几次大的宣传活动。充分利用各种新闻媒介，开展生动、新颖的宣传活动。将宣传工作与执法大检查等各项工作有机结合起来，抓住一些反面典型，在一些有影响的报纸和电视栏目上曝光。进一步办好《中国土地报》、《中国土地》、《中国土地科学》和《中国地政》，及时宣传土地管理的方针、政策。加强政务信息工作，利用现代化的手段，及时向各级领导汇报土地管理的重大问题。

（八）切实加强队伍建设，不断提高干部的政治和业务素质

积极组织广大干部职工认真学习党的十四届三中、四中全会精神，用邓小平同志建设有中国特色的社会主义理论武装头脑，提高贯彻执行党的基本路线和建立社会主义市场经济方针政策的坚定性和自觉性。切实加强党风和廉政建设，树立良好的行业风气，把反腐败斗争引向深入。坚持开展深入细致的思想政治工作，大力倡导努力学习，勤奋工作，严守纪律，团结协作，无私奉献的风气，大兴调查研究之风，转变工作作风全面推进机关建设，不断提高干部队伍的政治素质。

配合国家实施公务员条例，进一步做好土地管理系统岗位业务培训向公务员业务培训过渡衔接工作。逐步按《国家公务员暂行条例》的要求规范和管理机关干部。大力培养土地估价、规划、法律、计算机管理等高等专业人才，继续加强土地管理普通教育工作，采取多种培训形式，提高教学质量，全面提高队伍业务素质，适应市场经济和事业改革发展需要。

四、重要社论

万里国土万里春

载着丰收的喜悦，带着美好的祝愿，1995年第一轮朝阳从地平线上喷薄而出，祖国大地，迎来了20世纪90年代第六个美好的春天。

过去的一年，是中国土地管理事业硕果累累的一年。这一年，我国土地使用制度改革和管理运行机制发生了历史性的变化，党中央、全国人大和国务院为强化政府对土地的管理，采取了三项重大举措。年初，国务院批准了国家土地管理局的“三定”方案，再次明确了国家土地管理局负责全国土地、城乡地政统一管理的职能。7月5日，第八届全国人大常委会第八次会议审议通过了《中华人民共和国城市房地产管理法》，这部法律规定了土地管理部门在管理城市房地产工作中的重要职责，为其全权管理城乡土地进一步提供了充分的法律依据。尤其使我们倍受鼓舞的，是首次全国土地使用制度改革工作会议的胜利召开。这次会议认真总结了几年来我国土地管理事业建设和改革的成功经验；研究部署了在加快建立社会主义市场经济体制的新形势下，加强土地管理，深化土地使用制度改革的重大任务。党中央、国务院对这次会议非常重视，江泽民总书记等中共领导同志亲切接见了与会代表，并作了许多重要指示。这次会议已经作为一个重要的里程碑载入中国土地管理的史册。

短短一年里，就发生了上述三件大事，这是我们土地管理战线的一大幸事，也是中国改革、发展事业的一大幸事，也是亿万人民的一大幸事。这三件大事，凝聚了党和人民对国土的巨大关切，寄托着党和人民对土地管理事业的殷切期望。这三件大事，标志着1994年是中国土地事业的大丰收年，是预示着1995年我们的万里国土将拥有一个更美好的春天。

展望1995年，不久前结束的中央经济工作会议强调，要继续加强和改善宏观调控，抑制通货膨胀，保持国民经济发展的好势头。在贯彻这一精神中，各级政府特别是土地管理部门必须继续加强对土地特别是对耕地的保护，加强对土地的合理规划和使用，强化国家对土地的全权管理。当前首要的是必须加强和改善对土地市场的宏观调控。其主要任务是，控制土地供应总量，保持供求平衡，调整和优化土地利用结构，规范土地市场，保护公平竞争，合理分配土地收益。特别要强化国家对城镇土地一级市场的垄断，杜绝“房地产热”一度兴起时那种土地供应失控现象的出现。加强对耕地的保护，不仅关系到农业的稳定，而且关系到整个社会的稳定，这一直是土地管理工作的基本任务，因而一定要紧紧抓住，常抓不懈。各级土地管理部门一定要为政府当好参谋，认真贯彻国务院发布的《基本农田保护条例》，加快划定基本农田保护区的步伐，今明两年要完成划定工作，同时要制定相应法规和政策措施，把应该保护的基本农田都保护起来。

建立现代企业制度已成为当前深化经济体制改革的重要任务。土地作为国有企业最基本的生产要素和重要资产，在企业经营机制的转换以及企业资产的重组盘活中有着至关重要的作用。各地土地管理部门要积极配合现代企业制度的建立，因地制宜，会同有关部门抓好试点，摸索经验，尽快建立起适应现代企业制度需要的土地资产管理制度。保证国有土地资产保值 增值，防止流失或变相流失，努力促进试点企业的重组和资产盘活。

土地管理要法制化。1995 年是土地法制年，“土地与法制”是今年土地日的宣传主题。我们要以此为契机，大力宣传《土地管理法》和《城市房地产管理法》使依法管地、依法用地成为亿万人民的共识。为了配合《城市房地产管理法》的实施，我们要抓紧制定一系列与其配套的条例和规定，部门之间协调配合共同努力，以保证房地产市场的日臻规范化。

我国的土地使用制度改革正在深化。1994 年土地管理战线三件大事的发生，意味着土地行政执法部门的职责大大加重。一元复始，万象更新。在新的一年里，我们要努力学习，全面提高政治业务素质，深入调查研究，开拓创新，积极改革，依法行政，为建立和完善有效保护土地、合理利用土地的新的土地使用制度和管理体制而努力奋斗。

历经十余年的改革，使中国现代化的宏伟事业迎来了美好的春天，也使我国的土地管理事业迎来了美好的春天。让我们在深入改革中开拓土地管理事业的新局面，永葆万里国土的美好春光！

《中国土地报》1995 年 1 月 1 日元旦社论

抓住突出问题　加大改革力度

日前结束的全国土地管理厅局长会议，是深入贯彻去年全国土地使用制度改革工作会议精神的一次重要会议。这次会议围绕着两大主题进行：一是加强土地管理；切实保护耕地，二是深化土地使用制度改革。会议充分交流情况，认真分析形势，总结了去年的工作经验，明确了今年的方向和任务，取得了圆满的成功。

这次会议距去年的全国土地使用制度改革工作会议只有半年时间，由于各地认真传达贯彻去年那次大会的精神，扎扎实实抓落实，使我国土地管理各项工作取得新的重大进展，整个局面为之一新。实践证明，去年的全国土地使用制度改革工作会议在我国土地管理史上具有重要的里程碑意义，其会议精神是当前以至今后相当长的一个时期内我国土地管理事业的重要指针，我们要结合实际反复学习，深入领会，切实抓好落实。在深入贯彻会议精神中，我们特别要注意研究和解决深化改革过程中遇到的热点和突出的问题。这些问题大量存在于耕地保护工作和土地使用制度改革领域，成为阻挡我们前进的重大障碍，必须加大改革力度，采取切实有力的措施，认真加以克服。

现在有些地方一片一片的土地闲置不用。这个问题要引起各地重视，及时加以研究解决。各级土地管理部门要承担起这项任务。对于提供给建设单位的土地，有的建设单位及时开发建设了，有的没有及时开发，长期放在那里。各级土地管理部门应跟踪检查，主动做工作，对不能及时开发的土地，就要安排耕种，不能闲置，更不能撂荒。不然，各级政府有责任，土地管理部门也有责任。

保护耕地，关键是抓好《基本农田保护条例》的落实，这个问题要反复强调。一些地方提出保护口粮田的措施和做法值得推广。福建省提出力争做到口粮基本自给，这就了不起。做到自给很不容易。做不到自给，问题很多，不用说从国外购进粮食困难，就是国内调来调去的，也很不容易。

保护耕地，还有一条重要措施是抓好土地利用总体规划和城市规划的编制和落实。土地利用总体规划与城市规划要协调。城市规划，包括村镇建设规划要超前。通过土地的审批，也可以促进规划的制定。现在各类城市发展在规划上要有个标准。如哪类大城市、中等城市、小城市要发展到多少平方公里，一个城市的大小与人口的关系如何，城市人口平均占土地面积多少都要根据我国的国情明确规定。例如一个城市人均占土地100平方米，实际上只占了80平方米，那么还可以发展20平方米。如果现在只占了20平方米，那就还可以发展80平方米。总之，要有规划发展的标准，达到了标准的就不能再外延式地发展，没有达到标准的还可以按规划发展。否则，像现在许多城市盲目地发展扩大，占的都是城边的耕地、菜地。不用说城市增加几十倍、上百倍，就是增加10倍，就不得了。因此，城市规划首先要解决这个问题。当然，科学的规划制定了，土地管理部门在用地上要尊重和服从规划，没有规划就不批地，要互相促进，密切配合。

最近，一些材料反映集体土地的管理问题较多。由于市场经济的发展，土地资本化了。受经济利益的驱使，许多集体经济组织用集体土地与外商搞合作，他们根本不了解法律、法规是怎样规定的，就拿集体土地大肆进行转让活动，甚至直接买卖、出租土地使用权。这种情况现在有发展的趋势。几年来，各地在抓城市国有土地使用权出让和转让的管理方面，已经有了一套做法，积累了一定的经验。但对农村集体土地流转的管理抓得不够，了解不多，经验不足。我们在原则上应明确，农村集体土地在不改变用地性质的情况下依法流转是可以允许的，但从事房地产开发和经营活动，必须依法征为国有。为了加强集体土地的管理，应该搞个管理办法，使各地开展工作有章可循。

农村土地管理还有一个重要问题，就是要加强“四荒”地拍卖的管理。这是当前农村土地使用制度改革的一个热点。从有利于改革和发展农村经济的方向来看，应允许“四荒”地进入市场流动，但是，首先要界定荒山、荒地从哪儿到哪儿，坚持每年调查一次，对每宗地的面积、数量、权属变化情况都要登记造册。拍卖都必须按照规划和计划进行，经过审批，进行土地登记，核发证书，明确权利义务关系。否则，很有可能把低产田当荒山、荒地拍卖了，把国有荒山、荒地当集体荒山、荒地拍卖了。这个口子开不好，就会有个别人钻空子，从中渔利。所以，各地务必高度重视这项工作。拍卖荒山、荒地的工作，大部分是土地管理的内容，大量涉及的是土地问题，应由土地管理部门主管。各地要在政府统一领导下，由土地管理部门牵头，会同有关部门成立领导小组，各负其责，共同抓好这项工作。

当前土地管理工作遇到的热点和突出问题，当然不止上述所列。世界充满着矛盾，矛盾就是问题。改革是新旧体制的转换，千头万绪，矛盾错综复杂。改革每前进一步，都是发现问题、研究问题、解决问题的过程。尤其是热点和突出问题，既是阻碍我们工作前进的重大障碍，又是推动工作前进的重大突破口。今年是土地管理工作发展的关键一年。怎样深入？重要的一点，就是在贯彻落实党的十四届三中全会、四中全会、中央经济工作会议精神和全国土地使用制度改革工作会议精神中，进一步加大改革的力度，切实抓住并解决当前工作中的热点和突出问题，解决一些实实在在的问题，推动土地管理工作再上一个新台阶。

（《中国土地报》1995年2月25日社论）

制止违法批地用地

今天是全国土地日。自1991年设定这个纪念日起，历经了5个春秋，土地日从陌生到熟悉，已经深入亿万人心，成为全社会深切关注的一个重要纪念日。

今年的土地日的宣传主题是“土地与法制”。这个重要的主题，说明了土地与法制这两者之间的密切联系，向人们提出了如何加强法制建设，依法强化土地管理的重大课题。回顾我国近十几年的历史，不难发现，我国土地使用制度与土地管理体制的改革，一直是和土地法制建设同步进行的。近几年来，《土地管理法》和国务院制定的《城镇国有土地使用权出让和转让暂行条例》等8个行政法规和一系列法规性文件相继出台，加上国家土地管理局等制定的法规和规章，业已形成了一个与现阶段国民经济建设的土地管理工作相适应的土地法律体系框架。这些法律、法规对狠刹乱占滥用土地歪风，理顺土地管理秩序，产生了明显的作用。

法律是土地的保护神，而土地正在呼唤着法律。我国人多地少，耕地资源不足，而且人口不断增加，耕地却在大量减少，人地矛盾日益尖锐。问题是，当土地资源的危机向我们迫近时，有些同志却麻木不仁，无动于衷，批地用地依然大手大脚，毫不顾惜。近年来，乱占滥用耕地势头时有出现，违法用地的现象还很严重。究其原因，重要的一条就是法制的作用还没有完全到位。为了切实贯彻保护耕地的基本国策，各级土地管理部门必须在深化改革的同时，把土地法制建设摆在重中之重的位置。

市场经济是法制经济。土地当它从非市场化走向市场的时候，尤其要靠法律以强制性的力量来规范，通过严格的管理，使之活而不乱，运作有序。在致力于土地市场建设的同时，致力于土地法制建设，这应当是并行不悖的两项任务。只有两手一齐用力，抓住这两种建设，才能促使土地使用制度改革健康地发展。

土地法制建设，应当包括立法、执法、守法三个方面。当前我们面临的主要任务，也是这三个方面。首先，还要加快立法步伐，使土地法制体系日臻完善。当前更为紧迫的，是切实解决有法不依和执法难的问题。有了法律，不等于就是法制。现代意义上的法制，最基本的一点就是依法办事。现在土地法律已经不少了，但是违法批地、违法用地的现象仍然十分严重，有法不依的情况还大量存在。尤其是一些地方政府的某些领导，法制观念淡漠，不能依法治地，土地方面的行政违法事件屡禁不止。应当指出，行政违法行为比其他社会主体的违法行为危害更大，影响更坏，纠正更难。唯其如此，更应当引起高度重视。我们一定要明确，越权批地、擅自下放土地使用权、低价出让土地和违法用地等，都是严重的违法行为，为法律所不容。对于那些至今还对违法批地用地不以为然的领导干部，我们必须大喝一声：“赶快回到依法办事的轨道上来！”对于违法批地的行为，必须严肃查处，追究责任，给予应有的法纪处分，再也不能姑息了。为了改变目前执法难的问题，必须提高土地管理部门依法行政、严格执法监督的职能。只有强化行政执法部门的执法手段，才能对违法批地行为形成有力的约束。

为了让法制在土地上扎根，必须使土地法制意识在全社会扎根。因此，我们要充分利用各种宣传形式，广泛、深入、持久地宣传土地的国情国策国法，造成全社会学法、懂法、执法、守法，依法管好用好土地的风气。只有这样，人人遵守法律，人人监督执法，我国的土地管理才能完全走上法制轨道。

让法制在我们广阔的土地上深深扎根，让我们的土地上遍开社会主义现代化的绚丽花朵！

（《人民日报》1995年6月25日评论员文章）

让法制在土地上深深扎根

今天是全国第五个土地日。从1991年设定这个纪念日起，历经5个春秋，土地日从陌生到熟悉，已经深入亿万人心，成为全社会深切关注的一个重要节日。

中国古代的“土地日”称为社日。这一天，从帝王到百姓，都要向大地祈祝丰收，表示对土地的尊崇。千百年过去了，人民对土地挚爱之情传沿至今，人民与土地的关系却发生了根本的变化。过去，人民是土地的奴仆；如今，人民却成了土地的主人。今天，我们的人民是以主人翁的姿态来纪念这个意义非同寻常的土地日的。

今年土地日的宣传主题是“土地与法制”。这个重要的主题，说明了土地与法制这两者之间的密切联系，向人们提出了如何加强法制建设，依法强化土地管理的重大课题。回顾我国近十年的历史，不难发现，我国土地使用制度与土地管理体制的改革，一直是和土地法制建设同步进行的。这些年里，土地立法活动格外活跃。《土地管理法》和《城市房地产管理法》先后颁布，国务院制定的《城镇国有土地使用权出让和转让暂行条例》等8个行政法规和一系列法规性文件相继出台，加上国家土地管理局等制定的部门规章和各地制定的地方性法规及规章，业已形成一个与现阶段国民经济建设和土地管理工作相适应的土地法律体系框架。这些法律、法规，以代表人民意志的国家强制力出现，给土地管理带来了锐利的武器，使土地管理进入了有法可依的崭新阶段。随着土地执法工作的加强和全社会守法意识的提高，法制力量在土地上逐渐生根，越扎越深，对狠刹乱占滥用土地歪风、理顺土地管理秩序，产生了明显的作用。

法律是土地的保护神，而土地正在呼唤着法律。我国人多地少，耕地资源不足，而且人口不断增加、耕地却大量减少，人地矛盾日益尖锐。问题是，当土地资源的危机向我们迫近时，有人却麻木不仁，无动于衷，批地用地依然大手大脚，毫不顾惜。近年来，乱占滥用耕地的势头时有出现，违法用地的现象还很严重，究其原因，重要的一条就是法制的作用还没有完全到位。实践要求我们，为了切实贯彻土地的基本国策，为了实现土地管理事业的制度化和法律化，各级土地管理部门必须在深化改革的同时，把土地法制建设摆在重中之重的位置。

市场经济是法制经济。法制只能根植于比较发达的商品经济，而商品经济是不能没有共同规则、不能不以法制来保障的。不要法制，纯粹自由的市场经济，实际上并不存在。当市场一片混乱时，市场其实已不成其为市场。土地，作为一种特殊的商品，当它从非市场化走向市场的时候，尤其要靠法律以强制性的力量来进行限制和规范，通过严格的管理，使之活而不乱，运作有序。这在资本主义国家是如此，社会主义国家更是如此。在致力于土地市场建设的同时致力于土地法制建设，这应当是并行不悖的两项任务。只有两手一齐用力，抓住这两种建设，才能促使土地使用制度改革健康地发展。

土地法制建设，应当包括立法、执法、守法三个方面。当前我们面临的主要任务，也是这三个方面。首先，还要加快立法步伐，使土地法制体系渐臻完善。目前正在起草的《土地法》，是一部统一的全面调整各种土地关系的大法。我们要抓紧起草工作和论证工作，使这部法律早日问世。

当前更为紧迫的，是切实解决有法不依和执法难的问题。有了法律，不等于就是法制。现代意义上的法制，最基本的一点就是依法办事。现在土地法律已经不少了，但是违法批地、违法用地的现象仍然十分严重，有法不依的情况还大量存在。尤其是一些政府的主要领导，法制观念淡薄，不能依法治地，土地方面的行政违法事件屡禁不止。应当指出，行政违法行为比其他社会主体的违法行为，危害更大，影响更坏，纠正更难。唯其如此，更应当引起我们的高度重视。我们一定要明确，越权批地、擅自下放土地审批权、低价出让土地和违法用地等，都是严重的违法行为，为法律所不容。对于那些至今还对违法批地用地不以为然的领导干部，我们必须大喝一声："赶快回到依法办事的轨道上来!"对于违法批地的行为，必须严肃查处，追究责任，给予应有的法纪处分，再也不能姑息了。为了改变目前执法难的问题，必须在深化土地管理体制改革中，提高土地管理部门依法行政、严格执法监督的职能。只有强化行政执法部门的执法手段，才能对下级人民政府违法批地行为形成有力的约束。

为了让法制在土地上深深扎根，必须使土地法制意识在全社会深深扎根。因此，我们要充分利用各种宣传形式，广泛、深入、持久地宣传土地的国情、国策、国法，造成全社会学法、懂法、执法、守法，依法管好用好土地的气氛。只有这样，人人遵守法律，人人监督执法，我国的土地管理才能完全走上法制轨道。

让法制在我们广阔的土地上深深地扎根，让我们的广阔的土地上遍开社会主义现代化的绚丽花朵!

(《中国土地报》1995 年 6 月 25 日社论)

高举耕地保护旗帜

国家土地管理局确定，今年下半年土地管理工作的中心是落实保护耕地的措施，并明确提出，全年耕地净减少量力争比去年下降一半，即净减少数应控制在 300 万亩以下。这是摆在全国土地部门也是各级政府和全社会面前一项极为艰巨而紧迫的任务。完成这项任务，对于遏制去年耕地锐减的势头，开拓我国耕地保护事业的新局面，具有极为重大的意义。

高高举起耕地保护这面旗帜，紧紧抓住耕地保护这个中心，不仅是土地管理工作的当务之急，也是过去和今后相当长时期内，我国经济发展和土地管理工作面临的紧迫任务。这是由我国的基本国情和基本国策所决定的大道理、硬道理，是我们土地管理工作必须长期坚持的指导思想。

基本国策是一个国家赖以立国兴国的基础性施政方针，是一切国策中处于中心地位的国策，它影响其他国策，统率其他国策，因而是最重要的国策。土地是人类赖以生存的基本条件和宝贵资源,关系到国家和民族的生存与发展。我国人多地少,人地关系极为紧张,现在人口和用地量还在增加,而耕地却在减少,所以,党中央、国务院把"十分珍惜和合理利用每寸土地,切实保护耕地,"同计划生育、环境保护一起,列为基本国策。

1982年,国务院在全国人大提交的政府工作报告中首次提出:"十分珍惜和合理利用每寸土地,是我国必须长期坚持的一项基本国策。"1986年,党中央、国务院在加强土地工作的通知中,又把"切实保护耕地"增入这项基本国策,成为其中一项具体而突出的内容,从而使耕地保护提到具有根本战略意义的高度。

贯彻落实土地基本国策,是全民族的宏伟事业,更是土地管理部门的头等大事。土地管理部门工作千头万绪,但是耕地保护始终是我们工作的一个重点,是我们必须永远高举的一面旗帜。江泽民总书记在去年全国土地使用制度改革工作会议上指出:"搞好全国的土地管理工作,切实保护耕地,确保农业的稳定增长,确保十几亿人的吃饭问题,是全国发展中第一位的大问题,永远忽视和放松不得。"这里重点论述的"第一位的大问题",正是耕地保护问题。也正因为如此,我们才一直强调,发展各项事业、进行各项建设、建立我国土地使用制度和土地管理体制,都必须以切实保护耕地为基本前提和根本指导原则。

当然,有了土地基本国策,不等于就落实了土地基本国策。现在的问题恰恰在于,许多人并不是不承认土地基本国策的重要地位,并不是不懂得"有土斯有粮"、"民以食为天"这样的基本道理,但是每每在实际工作中,仍然要陷入以牺牲耕地来换取局部利益的错误。问题还在于,乱占滥用耕地的现象之所以屡禁不止,重要的原因是那些无视全局利益、握有一定权力而又无视法纪的领导干部在玩忽职守。他们大笔一挥,几十亩、几百亩甚至上千亩的良田。便被轻率地掘断田埂,推为白地,失去了耕作的条件。更令人气愤的是,其中大量耕地占而不用,长期闲置,甚至成为少数人待价而沽、渔取暴利的炒卖物。为什么耕地的宝贵价值人人皆知,而乱占滥用、浪费耕地的现象却有禁不止呢?这不能不引起我们的深思。

实践告诉我们,为了切实保护耕地,光喊口号、发文件还不行,必须有一套能执行、能检查、能处分的过硬措施,必须有一个系统严密的制度,必须有一个好的体制。例如,有些领导干部不是喜好靠大量出让土地显示政绩吗,那就用保护耕地的行政领导责任制来制约他们:由各级政府的一把手来对保护耕地负责,保护耕地成绩突出、合理利用土地资源的,给予表彰和奖励;对造成耕地严重浪费的,要依法追究直接责任人和主要负责人的责任。又如,有些领导干部不是喜好滥用职权、违法批地吗,那就用公告制度来制约他们:你可以违法乱批,我上级土地部门可以通过同级人民政府批准公告无效,行使否决权;不仅如此,还要严肃查处违法批地者,追究其法律责任。只有这样,实行一系列类似的强有力措施,才能煞住乱占滥用耕地的歪风,使土地基本国策真正得到贯彻落实。

保护耕地是一项宏伟的系统工程,任重道远,还有许多过细的工作要做。下半年,我们要把建设用地的清理和闲置土地的清查结合起来,在全国范围内开展查荒灭荒工作,让能恢复耕种的田地尽快披上绿装;我们要积极会同有关部门,加强农业结构调整管理,坚决刹往毁田捞钱、杀鸡取卵的歪风;我们还要建立专项资金,加强基本农田保护,加大土地开发复垦力度,力争尽早实现耕地增减基本平衡。总之,我们要通过综合治理,全力以赴,保证完成将今年耕地净减少数控制在300万亩以内的任务。

为贯彻高举耕地保护旗帜的方针,本报

从即日起推出"中国耕地万里行"大型系列报道。我们将以充实的报道，大力宣传切实保护耕地的基本国策，总结各地耕地保护的先进经验，讴歌保护耕地的先进事迹，鞭挞破坏和浪费耕地的反面典型，通过这次报道活动，为耕地保护这面旗帜增添绚丽的色彩!

让我们高举耕地保护旗帜，团结奋进，开创土地管理事业的新局面!

（《中国土地报》1995年7月12日社论）

迎接辉煌的新世纪

天高云淡，和风送爽，人民共和国的46周年华诞，随着大地又一个丰收的金秋，向我们迎面而来。

就在国庆前夕，中共十四届五中全会胜利闭幕。这次全会高度评价了改革开放以来特别是"八五"期间我国社会主义建设取得的伟大历史性成就，审议并通过了《中共中央关于制定国民经济和社会发展"九五"计划和2010年远景目标的建议》。全会提出了"九五"时期国民经济和社会发展的主要奋斗目标：全面完成现代化建设的第二步战略部署，2000年，在我国人口将比1980年增长3亿左右的情况下，实现人均国民生产总值比1980年翻两番；基本消除贫困现象，人民生活达到小康水平；加快现代企业制度建设，初步建立社会主义市场经济体制。2010年的主要奋斗目标是：实现国民生产总值比2000年翻一番，使人民的小康生活更加宽裕，形成比较完善的社会主义市场经济体制。这是鼓舞人心的目标。经过跨世纪15年的奋斗，我国社会生产力、综合国力、人民生活水平将再上一个大台阶，社会主义精神文明建设和民主法制建设将取得明显进展，为下个世纪中叶实现第三步战略目标，基本实现现代化奠定坚实的基础。党中央的《建议》，是指引我国人民胜利跨入21世纪的宏伟纲领。党中央的这次全会，在我们党的发展史上、在我们中华民族的振兴史上，都具有深远的意义。

群山飞歌，河川起舞。在这个欢庆的日子里，本报全体同仁谨向辛勤工作在土地管理战线上的广大干部职工致以节日的问候！让我们一起，庆贺共和国的又一个生日和又一程进步！庆贺党的十四届五中全会的胜利召开!

历史长河奔流不息，万里江山锦绣如画。46年来，特别是改革开放以来，我国社会主义建设创造了惊世的成就、辉煌的业绩。土地管理战线同其他战线一样，为推动社会主义现代化建设的顺利进行，作出巨大的贡献。

回首历程，我们是欣慰的。几度春秋，几番风雨。在改革年代新生的土地管理机构，从小到大，迅速成长。在党中央、国务院的领导下，我国的土地管理工作不断取得令人瞩目的成就。

始于80年代初的我国土地使用制度改革，改变了国有土地长期实行的无偿、无限期、单一行政划拨的制度，建立了市场配置土地资源的新型制度。土地基本国策和新的土地使用制度的确立，使我国80年代中期耕地锐减的势头得到遏制，全社会保护、珍惜、合理利用土地的意识得到增强，土地管理工作获得了全方位的进步。改革唤醒了市场，市场激活了土地。在土地资源资产并重的统一管理下，土地日益显现出启动、推动经济发展和促进社会进步的巨大效益。几千亿元的地产收益，为各地增加了巨额财政收入，在加快基础设施建设、刺激经济增长、吸引外资等方面，发挥了极为重要的作用。实践证明，土地使用制度改革符合我国经济发展的实际，符合我国发展社会主义市场经济的需要。新的土地使用制度，已经成为我国社会主义市场经济体制中的一种最基本的产权制度。

90年代，是我国土地管理事业在改革中转型的关键阶段。党的十三届七中全会，通过了《中共中央关于制定国民经济和社会发展十年规划和“八五”计划的建议》。这个《建议》，提出了我国90年代上半叶和整个10年的奋斗目标和基本指导方针，勾画了从1991年至2000年，我国实现社会主义现代化建设第二步战略目标的宏观伟蓝图。与此同时，对我国土地管理工作也相应提出了明确的要求，为我国土地管理事业的深化改革和全面建设进一步指明了方向。

“八五”的第一年，全国人大七届四次会议在关于国民经济和社会发展十年规划和“八五”计划纲要的决议中，将“合理利用土地”和“实行计划生育”、“保护环境”并列为基本国策。国务院第83次常务会议又决定，把每年的6月25日，确定为全国“土地日”。

“八五”的第四年，更是不平凡的一年。国务院批准国家土地管理局职能配置、内设机构和人员编制方案，关于土地管理的重要法律《城市房地产管理法》颁布实施。最为鼓舞人心的是，国务院召开了全国土地使用制度改革工作会议。这次会议，总结了土地使用制度改革和贯彻切实保护耕地的基本国策、培育规范土地市场的经验，研究部署了在加快建立社会主义市场经济体制的新形势下，深化土地使用制度改革，加强土地管理，切实保护耕地资源，建设社会主义土地市场体系等工作，成为我国土地管理史上一个重要的里程碑。

站在“八五”期末，追抚我国土地管理事业发展的新里程，我们既看到跨跃式的进步，也看到前进路上横着的一道道新课题。

“八五”这5年，土地管理的发展并不是一帆风顺的。面对着崭新的市场，我们陌生过，困惑过，一度出现过混乱，出现过失衡。1992、1993年的“房地产热”、“开发区热”，曾给土地管理造成了很大的冲击。在实行宏观调控措施之后，这种情况已经得到了扭转。但是，前两年过热的地产市场所造成的影响，还没有完全消除，依法培育、规范一个制度化、科学化、合理化的地产市场，仍然需要时日。重要的是，在过去不平凡的5年中，我们对土地管理任务的艰巨性有了进一步的认识。经历了起伏波动，我们变得更加成熟。更加理智。

“九五”计划和2010年远景目标，为我国人民又展示了一幅无限美好的宏图。“九五”是迎接新世纪的5年。中国人民做了百年的强国梦，将带着人民生活达到小康水平的成绩，作为发展中国家的经济大国，向新世纪进发。而下一个世纪的头10年，我们将再登上一个大台阶，开创基本实现现代化的新局面。站在新世纪的门坎前，有哪一个中国人能不为未来而激动而鼓舞呢！我们土地管理战线的每一位同志，都应当问一问自己：为了即将来临的“九五”，为了祖国的下一个世纪，我们能做些什么？

共和国正当年少，辉煌更在未来。我们坚信，只要广大土地管理工作者同全国人民一道，团结一致，齐心协力，开拓进取，不断创新，就一定会为“九五”、为未来书写出一卷卷壮丽的历史新篇章。

（《中国土地报》1995年10月1日国庆社论）

业务综述

1995年土地法制建设工作

1995年是土地管理工作深入贯彻执行“十分珍惜和合理利用每寸土地,切实保护耕地”这一基本国策,加强耕地保护工作,大力推进土地使用制度改革,培育和发展土地市场的重要一年。土地法制建设紧紧围绕土地管理工作的中心任务,加大土地立法力度,取得了一定进展,较好地发挥了法制对土地管理工作的保障作用。

(一)“两法”的起草有了新的进展

为社会广泛关注的《中华人民共和国土地法》,自1993年列入八届全国人大常委会立法规划和国务院1995立法计划以后,国家土地管理局加快了起草工作的步伐。在1994年成立专门班子组织有关专家、学者和有关省、市土地管理部门的同志对起草过程中涉及的立法难点问题进行专题攻关研究基础上,1995年根据研究成果,开始起草法律条文。经过一年努力,已完成《中华人民共和国土地法(讨论稿)》,拟尽快上报国务院审议。

人口多,人均土地少,耕地资源不足是我国的基本国情。随着人口的不断增加和经济建设的快速发展,我国耕地面积每年还在不断下降。耕地问题已引起了党中央、国务院领导同志的高度重视,明确提出:“保护耕地,就是保护我们的生命线。”我国土地管理工作的中心任务就是保护耕地。为了加大耕地保护力度,国家土地管理局领导提出要制定《中华人民共和国耕地保护法》,并向全国人大常委会环境资源委员会作了汇报,得到了大力支持。为此,1995年国家土地管理局组织力量开展了这部法律的调研、起草工作,经过积极努力,完成了这部法律的起草纲要。其立法指导思想是认真贯彻执行“十分珍惜和合理利用每寸土地,切实保护耕地”的基本国策,适应建立和发展社会主义市场经济体制和转变经济增长方式的需要,统筹兼顾农业与各项非农业建设用地、农业内部各项用地,加大耕地保护力度,在保持和不断提高耕地质量的基础上,稳定耕地面积,为农业发展和整个国民经济的发展发挥重要作用。纲要同时提出了起草这部法律的四条原则:一是强化各级人民政府,特别是中央政府对耕地保护的宏观调控能力的原则;二是占用耕地与造地挂钩的原则;三是加大耕地保护力度的原则;四是注意与其他法律,特别是与《中华人民共和国土地管理法》(以下简称《土地管理法》)和《土地法》衔接的原则。此外,纲要还提出了这部法律应建立的八项基本制度,即耕地总量控制制度;基本农田保护制度;耕地占用许可与占用耕地限额审批制度;耕地占补平衡制度;废弃耕地复垦制度;耕地面积变化监测与预警制度;监督检查制度;奖惩制度。根据这一思路,纲要提出了起草这部法律的框架结构,即第一章总则;第二章耕地总量控制;第三章基本农田划定;第四章耕地转用;第五章耕地开发与复垦;第六章耕地开发复垦基金;第七章监督与管理;第八章法律责任。

(二)“两法”的配套法规建设取得显著成绩

《土地管理法》和《中华人民共和国城市房地产管理法》以下简称(《城市房地产管理法》)是当前我国土地管理的两部最基本的法律。围绕这两部法律制定配套法规,是土地法制建设的重要任务之一,也是完善土地法律体系的重要方面。1995年国家土地管理局在这两部法律的配套法规建设方面做了大量卓有成效的工作,受到各级土地管理部门和社会各方面的广泛关注和重视。全年共有三个行政法规上报国务院审议;国家土地管理局制定颁布和国家土地管理局与国务院有关部门联合制定颁布了八个部门规章。这是自国家土地管理局成立以来制定颁布规章最多的一年。

——在涉外用地管理方面 根据《土地管理法》第五十五条规定,国家土地管理局与对外贸易经济合作部共同起草了《外商投资企业用地管理条例(送审稿)》,于1995年5月4日上报国务院审议。国务院法制局已将该《条例(送审搞)》印发国务院有关部门和地方人民政府征求意见,目前正在进一步协调、论证过程中。

——在土地使用权出让管理方面 为了加强国家对土地使用权出让的宏观调控和管理,根据《城市房地产管理法》第十条规定,国家土地管理局起草了《房地产开发用地年度出让土地使用权总面积方案的拟订与报批管理办法(送审稿)》,于1995年1月13日上报国务院审议。目前国务院法制局正在广泛征求各方面意见,组织进行协调、论证工作。

——在地价管理方面 为了规范地价评估程序、评估方法,加强地价和评价机构、评估人员的管理,国家土地管理局起草了《土地估价条例(征求意见稿)》。同时,根据《城市房地产管理法》第三十二条和第十二条规定,国家土地管理局于1995年1月13日向国务院上报了《基准地价和标定地价确定和公布办法(送审稿)》,并于1995年6月28日发布了《协议出让国有土地使用权最低价确定办法》,首次在我国建立了协议出让国有土地使用权最低价制度。

——在土地登记和土地权属管理方面 国家土地管理局对1989年11月18日颁布的《土地登记规则》作了补充和修改,于1995年12月28日重新颁布了修改后的《土地登记规则》,自1996年2月1日起开始施行。同时,在总结各地开展土地确权工作经验基础上,对1989年7月5日颁布的《关于确定土地权属问题的若干意见》进行了补充和修改,于1995年3月11日发布了《确定土地所有权和使用权的若干规定》,为解决历史遗留的土地权属纠纷提供了依据。国家土地管理局在1995年11月13日还发布了《土地权属争议处理暂行办法》,这是国家在处理土地权属争议方面的第一个程序立法,标志着这项工作步入了规范化、法制化的轨道,在各级土地管理部门引起了很大的反响,也受到了各级人民法院和广大人民群众的关注和重视。

——在土地监察方面 1995年加大了立法的力度。为了适应土地监察工作的需要,国家土地管理局于1995年6月12日发布了《土地监察暂行规定》,对土地监察机构和人员,土地监察职权,土地监察的内容和方式,土地监察制度等主要问题作了全面规定,是对近十年来土地监察工作的全面系统总结,特别是根据新的形势和任务要求,对土地监察体制改革问题作出了一系列规定,例如:"市、县人民政府土地管理部门可以对区、乡(镇)土地监察工作实行集中统一管理。""县级以上地方人民政府土地管理部门经同级人民政府批准,可以向下一级人民政府土地管理部门委派土地监察专员,检查指导土地监察工作。"与《土地监察暂行规定》相配套,国家土地管理局在1995年12月18日还发布了《土地违法案件查处办法》,对土地违法案件的管辖、受理和立案、调查和处理、送达和执行、查封、结案等作出了规定,规范了土地违法案件的办案程序,对提高办案质量和办案效率发挥了重要作用。

——在土地使用权抵押方面 根据《城市房地产管理法》和《担保法》的有关规定,1995年9月11日国家土地管理局发布了《农村集体土地使用权抵押登记的若干规定》,明确规定:"集体荒地土地使用权和乡村企业集体土地使用权可以设定抵押权,但必须依法向土地管理部门申请办理抵押登记，抵押合同自批准登记之日起生效。

——在特殊用地管理方面 继 1992 年国家土地管理局与铁道部联合制定颁布《铁路用地管理办法》之后，1995 年 7 月 24 日国家土地管理局与国家环境保护局又根据《土地管理法》、《环境保护法》和《自然保护区条例》的有关规定，制定颁布了《自然保护区土地管理办法》，自发布之日起施行。该办法针对自然保护区的特点，对自然保护区范围内的土地权属管理，建设用地管理，土地利用规划以及土地保护等作出了明确规定。

(三)地方土地立法步伐明显加快

随着社会主义市场经济的发展，土地的重要作用日益受到广泛关注和重视。经济的发展呼唤着土地法制建设，土地法制建设的完善又推动着经济的发展。为适应经济发展的需要，1995 年地方土地法制建设的步伐明显加快，并呈现出以下几个特点：

——耕地保护立法仍然是重点 由于近年来各地经济快速发展，造成耕地被大量占用，使人地矛盾以及建设用地与农业用地的矛盾日益尖锐，在有些地方耕地的大量减少已严重影响到农业生产发展，甚至影响到整个地方经济的发展。因此，加强耕地保护，使之法律化、制度化，就成为各方面关注的重点。1994 年国务院发布《基本农田保护条例》后，先后有北京、江苏、河北、山东、广东、福建、河南、青海、青岛、郑州等省、市制定颁布了地方性的基本 农田保护条例或者办法，1995 年又有吉林、云南、广西、贵州、长春四个省、自治区和市制定颁布了地方性的基本农田保护条例或者办法。山西省人民代表大会对 1990 年颁布的《山西省基本农田保护条例》进行了修改，并于 1995 年 7 月 20 日重新颁布施行。河南省在 1994 年颁布《河南省基本农田保护条例》的基础上，1995 年省人民政府又制定颁布了《河南省基本农田占用审批办法》。至目前为止，全国已有二十多个省、市、自治区制定颁布了地方性的基本农田保护或者耕地保护的法规、规章。

——土地监察立法的力度继续加大 如果说 1994 年海南、内蒙古和福建省厦门、福州，山东省淄博等省、区、市制定颁布了有关土地监察的地方性法规、规章，使地方土地监察立法有了一个良好开端的话，那么，1995 年土地监察方面的地方立法的力度继续加大，已成为地方立法的一个重要组成部分，不少省、市的人大、政府或者有关职能部门制定颁布了土地监察的地方性法规、规章或者规范性文件。例如：1995 年 6 月 14 日山东省第八届人民代表大会常务委员会第十五次会议审议通过了《山东省土地监察规定》；1995 年 9 月 29 日福建省人民代表大会常务委员会第十九次会议审议通过了《福建省土地监察条例》；1995 年 11 月 13 日深圳市第二届人民代表大会常务委员会第四次会议审议通过了《深圳市规划土地监察条例》；1995 年 6 月 5 日四川省重庆市人民政府发布了《重庆市土地监察暂行办法》；1995 年 8 月 3 日河北省土地管理局、河北省监察厅发布了《关于违反土地管理法律、法规行政处分的暂行规定》；1995 年 10 月 31 日青海省土地管理局、青海省监察厅发布了《关于违反土地管理法律、法规行政处分的暂行规定》等。

——土地市场立法在一些边远和内地经济不发达地区取得了突破性进展 由于历史的原因，长期以来我国一些边远和内地经济不发达地区土地立法，尤其是土地市场方面的立法一直十分薄弱，给这些地区的土地管理工作带来很大影响。随着社会主义市场经济的发展，近几年来这些地区的土地市场开始活跃，客观上要求加强土地市场的立法，用法律来引导、规范和保障土地市场的健康发展。1995 年是这些地区土地市场立法取得突破性进展的一年。1995 年 2 月 19 日新疆维吾尔自治区人民政府发布了《新疆维吾尔自治区城镇国有土地使用权出让和转让暂行办法》。1995 年 4 月 15 日西藏自治区第六届人民代表大会第十三次会议通过了《拉萨市城镇国有土地使用权出让和转让暂行办法》。1995 年 4 月 29 日江西省第八届人民代表大会常务委员会第五次会议审议通过了《江西省城市国有土地使用权出让和划拨管理条例》。1995 年 5 月 24 日宁夏回族自治区人民政府发布了《宁夏回族自治区城镇国有土地使用权出让和转让办法》。此外，1995 年黑龙江省人民政府还发布了《黑龙江省拍卖"五荒"资源使用权暂行规定》。这些都标志着在我国一些边远和内地经济不发达地区土地市场的发展步入了法制的轨道。

——土地登记和土地确权立法受到重视

1995 年 12 月 17 日吉林省第八届人民代表大会常务委员会第二十一次会议审议通过了《吉林省土地登记条例》；1995 年 11 月 30 日上海市第十届人民代表大会常务委员会第二十三次会议审议通过了《上海市房地产登记条例》；1995 年 4 月 26 日山东省济宁市人民政府发布了《山东省济宁市土地登记办法》；1995 年 2 月 6 日经河南省第八届人民代表大会常务委员会第十一次会议批准，郑州市人民代表大会常务委员会公布了《郑州市确定土地权属条例》。这些表明：随着社会主义市场经济的发展，强化土地登记和土地确权立法，依法保障土地权利人的合法权益，已受到了地方人大和政府的重视。

（唐世力）

1995 年地籍管理工作

1995 年是我国实施地籍管理工作发展战略、初步建立地籍管理制度的重要一年。全国地籍管理战线围绕贯彻《中华人民共和国城市房地产管理法》和全国土地使用改革工作会议精神，展开了地籍工作“八五”计划的最后攻坚，基本完成了计划规定的任务。为贯彻执行“九五”计划奠定了良好的基础。

(一)基本情况

1995 年 3 月 22 日在杭州市召开了全国地籍处长会议，会议研究部署了 1995 年地籍管理工作的主要任务：一是完成全国土地详查数据汇总；二是按照全国清产核资工作的总体部署，完成国有企业清产核资中的土地清查估价任务；三是认真贯彻《中华人民共和国城市房地产管理法》，加强土地变更登记和地价管理工作，加快城镇地籍调查、登记发证和地价评估工作的步伐；四是大力开展土地详查后的土地变更调查工作，建立健全日常地籍管理制度。

1. 土地详查

1995 年初，成立了全国土地详查汇总工作班子——全国汇总办公室，其在 1995 年的中心工作是完成全国数据汇总。

(1)县级调查。针对少数县级单位尚未完成调查任务的实际情况，采取了有力措施，使调查进度加快。1995 年 5 月全国 2843 个县级单位的调查任务如期完成。

(2)全国土地详查数据汇总。为完成土地详查数据汇总，对全国省级境界接边情况进行了摸底和分类排队。在全国汇总办公室统一部署下，各省(区、市)主动接触，普遍进行了接边。全国集中对各省接边中存在的较大的争议进行了协调，并对全国 65 条省界接边的数据和接合图表进行全面审核。

在解放军总参测绘局的支持下，涉及国界的 9 个省、区的土地管理部门对 129 个县(市)共 1520 幅不同比例尺详查底图上调绘的国界线进行了审核和修正，后报经外交部得到认可。海岸线、滩涂界线和岛屿面积的复核工作在海军航海保证部协作下，利用多年海洋测绘资料，由沿海 11 个省、区、市土地管理部门组织完成，沿海 164 个县(市)3047 幅详查底图的复核结果得到了海军航海保证部的认可。依据国界线、海岸线和岛屿复核数据计算出了全国土地总面积，并组织了有科研、院校和政府有关部门参加的全国土地面积计算方法论证会，与会专家认为计算方法正确科学，结果可靠。

在省级境界接边和国界、海岸线复核的基础上，进行了省、国家汇总。完成了全国 30 个省、区、市共 2843 个县级调查单位土地详查一、二级地类的计算机审核、汇总。并做了数据分析和总结报告。完成了 1995 年全国土地管理计划中关于土地详查数据汇总任务。

(3)地、市和省级汇总。根据地、市级、省级汇总中的薄弱环节，制定了编制 1/50 万图件的补充规定，颁布了图式图例，完成了部分省样图的审校。为了加快省级汇总的步伐，召开了全国土地详查汇总工作座谈会，研讨了汇总工作中存在的问题，提出了 1996 年底基本完成省级汇总应采取的措施。会后，各省普遍召开了汇总负责人会议，组成了省级汇总领导班子和工作班子，制定了工作计划，拟定了汇总技术方案。在省级汇总的同时，地(市)级汇总也有较大进展；全国 339 个地(市)级单位，已有 282 个完成了汇总，通过了省级验收。

2. 城镇地籍调查

1995 年城镇地籍调查按“西安会议”明

确的技术路线，有计划、按规程、依程序地开展，许多城市灵活运用《规程》规定的三种勘丈方法，并大力推广 GPS 和计算机辅助成图等新技术，从而加快了地籍调查的步伐。1995 年末，全国完成城镇地籍调查面积 21000 多平方公里，占全国城镇应调查总面积的 71%。其中 1995 年全年完成的调查面积占全国总面积的 22%，是开展城镇地籍调查 7 年以来最多的一年。

3. 土地登记

1995 年国家土地管理局重新颁布了《土地登记规则》和《确定土地所有权和使用权的若干规定》。明确了土地出让、转让、出租、抵押等行为的土地登记程序、办法和有关确定土地权属的政策。另外，还以局长令的形式发布了《土地权属争议处理办法》。

国家土地管理局依据《担保法》，起草并发布了《集体土地使用权抵押登记的若干规定》。对农村集体土地使用权，包括依法承包并经发包方同意抵押的荒山、荒滩等农村集体土地的使用权和抵押乡（镇）村企业厂房等建筑物涉及的使用范围的集体土地使用权的抵押登记，作了具体规定。1995 年，基本完成了全国土地登记工作的预期目标。登记、发证率大幅度提高，到年底共颁发国有土地使用证 1469 万本，占应发证数的 73%；颁发集体土地所有证 34 万本，占应发证数的 25%；颁发集体土地建设用地使用证 12858 万本，占应发证数的 61%。1995 年三项证书的颁发分别比 1994 年增加 19%、17% 和 12%。在重庆、青岛等 6 城市试点的基础上，进行了城镇日常地籍经验总结，草拟了"城镇日常地籍管理办法"。

4. 地价评估与地价管理

截止 1995 年底，全国完成了 400 多个城市、700 多个县城和 1700 多个建制镇的基准地价评估；土地管理系统的土地估价机构已有 1000 多个，其中由国家土地管理局批准建立的土地估价 A 级机构达 70 多家。为了加强地价管理，规范土地估价行为，建立符合社会主义市场经济需要的地价评估中介服务机构，国家土地管理局先后与国家工商行政管理局、与国家计划委员会联合下发了《关于对土地价格评估机构进行登记管理有关问题的通知》和《关于对具备土地价格评估资格的中介服务机构进行确认的通知》。明确了申请设立土地价格评估机构应具备的条件，并必须依法向工商行政管理部门申请登记，领取营业执照后，方可开业。同时，土地价格评估中介机构要按规定的程序提出资格确认的申请，经审核后，符合条件的予以确认，发给土地价格评估收费许可证，以规范房地产市场中介服务收费行为。

5. 国有企业土地资产管理

清产核资中的土地清查估价工作是国务院办公厅《关于进一步开展清产核资工作的通知》中规定的今年清产核资工作任务之一，是向国务院提交"一张表、两本帐"的一项重要基础工作。也是深化土地使用制度改革、加强国有土地资产管理，促进土地登记和地价评估工作的机遇。为此，国家土地管理局与财政部、国家国有资产管理局联合发出了《关于认真抓紧做好清产核资中土地清查估价工作的紧急通知》（财清字[1995]14 号），与国家计委、财政部联合下发了《关于规范清产核资中土地清查估价收费的紧急通知》（计价格[1995]2287 号）。国家土地管理局下发了《关于切实做好 1995 年清产核资中土地清查估价的通知》（[1995]国土[籍]字 59 号）。与全国清产核资办公室共同召开了各部委中央直属企业清查估价座谈会。

截止 1995 年底基本完成了全国 20 多万户国有企业清产核资中的土地清查估价和评估结果的确认工作。

针对企业股份制改造、企业破产、兼并等企业改制中有关土地登记、地价评估与管理等问题，举办了企业改制中土地登记与土地估价研讨班，以加强在企业改制中对地价含义、标准和土地资产处置标准等问题的研究。1995年完成了8宗由国家批准进行股份制改造上市企业的土地资产评估结果的确认工作，共确认土地资产总额22.9亿元。

6.土地统计与地籍管理信息系统

1995年一季度组织完成了1994年土地统计数据预报和年报汇总工作，完成了年内耕地变化情况的统计分析，同时还完成了1987～1994年土地统计数据集的整理和编印工作。

为了保持土地详查数据的现势性，加快在详查基础上的登记统计等日常地籍管理建设，1995年国家土地管理局发出全面开展土地变更调查工作的通知，加强了分片指导和技术培训，落实了中央财政补助经费。截止年底，全国有近1200个县级单位完成了土地变更调查，建立了土地统计台帐制度。

由于土地管理事业的发展，1987年颁布实施的土地统计报表制度已不适应工作需要。为此，地籍司草拟了适应土地市场需要和加强土地资源和资产并重管理的城乡土地统计报表制度，并在各省、区、市完成地籍调查的城镇试行。

1995年10月中国土地学会地籍分会在湖北省召开了地籍信息系统研讨会。会上交流了论文十余篇，举办了现场会2次，演示6场，充分显示了近几年各地在地籍信息管理上的快速发展，涌现出一批实用价值较高的软件系统。

（二）存在问题

1.城镇地籍调查进展不平衡，部分大城市地籍管理不适应深化经济体制改革的要求

经过几年的努力，城镇地籍调查面积已完成全国应调查面积的71%，但主要完成的是中小城镇的地籍调查，省会城市和大城市只有上海、成都、长春完成，北京等20多个大城市尚未开展或开展的面积不大。

2.以土地登记为核心的日常地籍管理制度的建设跟不上土地市场发展和企业改制的需要

随着土地市场的日益活跃，城镇土地权属转移日益频繁，变更登记虽然已引起重视，但对土地产权不同流转形式的变更土地登记工作未完全到位，还存在空白点。地价申报、公布制度尚不健全，地价评估中介服务行业管理措施不力，市场交易中缺乏公平、公开、公正的价格基础，国有资产流失的状况仍然不容忽视。城镇土地统计工作还很薄弱，缺少畅通、速达的统计信息，土地市场调控乏力。

在企业改制中，产权管理、地价评估等工作，有待进一步规范。针对不同企改形式，需要明晰土地上的有关权利和义务，规范登记程序，加快登记、发证步伐。

3.土地详查数据亟待统一调整到同一统计时点

根据国务院文件要求，必须加快完成全国详查后的变更调查工作，汇总出1996年同一时点的详查数据，并建立日常地籍管理制度，每年向国家和各级政府提供最新的土地统计数据。但从实际情况看，土地详查全国汇总虽已完成，但仍有一半以上的县级单位未开展变更调查。

4.地籍管理现代化建设滞后于土地管理形势的发展

多年来土地详查、城镇地籍调查等地籍管理业务积累了大量信息资料，为此，各地为适应工作需要编制了许多有关地籍信息的软件，针对这种状况，必须尽快建立地籍信息系统行业规范，完善现有软件，开发新的档次较高的软件，加快信息系统建设。

（国家土地管理局地籍管理司）

1995年土地利用管理工作

1995年，土地利用管理工作围绕着土地的集约利用与耕地保护这一中心任务，在加强土地利用总体规划的编制与实施，改善土地利用计划管理体制与方法，加快基本农田保护区的划定与建设，加大土地开发复垦力度与投入等方面，取得了明显成效，促进了整个土地管理事业的建设与发展。

(一)基本情况

1.各级土地利用总体规划编制进度加快，实施力度加大

据统计，到1995年底，全国省、地(市)级土地利用总体规划完成过半，县(市)级规划已基本完成，乡级规划正全面抓紧编制。山东、湖南、江苏、辽宁、天津等省(市)已全部完成了地、县级规划。吉林、上海、河北等省(市)全部完成县级规划。湖南、江苏、上海、吉林、山东等省(市)的乡级规划已完成80%以上。黑龙江、新疆等省(区)县、乡级规划同步进行，有的还结合划定基本农田保护区一步到位。江苏、湖南等省的许多地方在完成规划编制后，抓紧规划的实施管理，在加强土地管理中，认真按照土地利用总体规划的要求，积极保护现有耕地，合理安排各项建设长远和年度用地，使总体规划在土地利用宏观调控和微观管理过程中发挥了重要作用。

2.土地利用计划管理得到完善和加强，年度耕地占用数量明显减少

1995年，各类非农建设占用耕地计划为246万亩，通过严格计划管理，实际占用为138.6万亩，占计划的56.3%。全年自然灾害损毁耕地和农业结构调整减少耕地为967.7万亩，通过开发复垦新增耕地523万亩，这样1995年净减少耕地为538.3万亩，同1994年的658万亩相比，减少了11.4%。

3.耕地保护引起各级党政领导普遍关注和重视，基本农田建设步伐明显加快

到1995年底，全国有29个省(区、市)的2500多个县(市)开展了划定基本农田保护区工作，完成划区的县(市)2100多个，占全国县(市)总数的75%，全国已划定保护区面积14.06亿亩(详查数)。江苏、浙江、河北、吉林、山西、广东、福建、山东、湖南、广西、上海等省(区、市)基本完成了划区任务。浙江省耕地保护面积2300万亩，河北省保护面积7500万亩，福建省保护面积1500万亩，广东省保护面积3000万亩，湖南省保护面积4800万亩，江苏省将90%的耕地划入了保护区，上海市将15万亩菜地划入了保护区。许多地方在完成了规划和划区定界任务的同时，因地制宜地建立了占用耕地严格审批制度、基本农田保护制度和占用耕 地补偿制度。

4.土地开发复垦有了新的进展，实现开发复垦耕地大于建设占用耕地

1995年，全国累计开发复垦土地740万亩，其中耕地263万亩(大于各类非农建设占用耕地138.6万亩)，分别比1994年增加了90万亩和10万亩。为加快荒山荒地的开发利用步伐，1995年各地继续推行“四荒”土地使用权拍卖，据粗略统计，全国已有18个省(区、市)不同程度地开展了这项工作，累计拍卖面积已达2000多万亩。

(二)主要措施

1.重点开好全国耕地保护工作会议，并以此为契机，围绕耕地保护与土地合理利用，全面加强土地利用各项业务建设

1994年召开的中央经济工作会议、全国土地使用制度改革工作会议和1995年初召开的中央农村工作会议、全国人大八届三次会议，都对如何在新形势下加强耕地保护工

作提出了明确的要求。为了认真贯彻落实这些会议精神，落实党中央、国务院关于加强耕地保护的重要决策，总结交流各地保护耕地的经验，研究部署保护耕地任务和措施，1995年6月，国家土地局召开了第一次全国耕地保护工作会议。会议指出，为实现中央提出的到2000年全国粮食总产达到5000亿公斤的目标，一定要采取严格的耕地管制措施，按照中央确定的各省粮食自求平衡的原则，保护现有耕地面积的基本稳定。会议期间，姜春云副总理到会并发表了重要讲话。这次会议内容重要，经验丰富，规格高，效果好，极大地推动了全国耕地保护工作。会后，国家土地局组织编著了《耕地，我们的生命线——耕地保护政策与法规》一书，创刊了《土地利用信息交流》，推广交流各地土地利用管理和耕地保护的经验。同时，围绕这次会议内容，抓贯彻，抓落实，全面加强土地利用的各项业务建设。

(1)土地利用总体规划。土地利用总体规划担负着合理配置土地资源、切实保护耕地的重任。当前，特别要控制和引导城镇建设、乡镇工业建设以及农村宅基地建设的发展规模和方向，为此，国家土地管理局专门组织力量对全国24个大中城市的人口、规模、发展规划作了专题调研，通过计算城镇用地系数(城市占地规模增长速度与城市人口增长速度之比)，结果表明现在许多城市规模过大，占地太多。为此，国家土地管理局提出，今后在土地利用总体规划中，城市规模要双重制约，实行专项指标控制与城镇用地供应总量指标控制。在规划实施过程中，各级土地管理部门要参与城镇规划的制定，依据土地利用总体规划就城镇用地规模、布局和发展方向提出意见，对不符合土地利用总体规划的，要建议政府进行修订。合理安排和严格控制乡镇工业小区，乡镇工业小区要尽可能集中连片，一般不得占用耕地。不在总体规划确定的乡镇工业小区以外，批准乡镇工业用地；农村宅基地充分利用村庄内闲散废弃土地，严格按法律、法规规定的标准审批用地。提倡经济发达地区，农民建房向公寓式发展。此外，为了更好地掌握耕地资源与土地利用情况，在国家计委的支持下，国家土地管理局提出的关于土地利用动态监测建设项目已列入国家“九五”发展计划，项目的建成，将有利于土地利用管理工作的更好开展。

(2)土地利用计划。为加强土地利用管理，严格执行年度建设用地计划，1995年国家土地管理局明确指出，各地要严格执行计划指标，不得突破。在用地安排上，优先保证能源、交通、水利等重点工程项目及国家产业政策需要重点扶持的其他项目用地。严格控制下列项目用地：别墅性质的高档住宅及度假村；单位面积建筑设计造价高于当地一般民用住宅、办公楼一倍以上的公寓、写字楼项目；建筑标准四星级(或相当于四星级)及以上的宾馆、饭店，至少1995年不再批准用地。严禁提供新上高尔夫球场、仿古城、游乐宫等项目用地。同时要求各级土地管理部门加强对计划执行情况的监督检查，并将计划执行情况于每年7月底和第二年1月底前，报上级土地管理部门。今后，凡没有计划指标的建设项目，一律不得批准用地；凡突破计划指标用地的，上级土地管理部门要报同级人民政府批准，公布批地文件无效，收回其土地使用权。1995年召开了土地利用计划管理工作座谈会，重点研讨了在社会主义市场经济条件下，土地利用计划管理工作的地位、作用及深化完善土地利用计划管理工作的途径和方法，对部门协调中出现的问题统一了认识，明确了态度。为了更好地发挥计划的作用，从1995年开始，国家土地管理局在编报年度土地利用计划的同时，还根据国民经济和社会发展五年计划和长远规划，组织编报五年土地利用中期计划。在计划管理手段上，

1995年首次实现了微机化管理。

(3)基本农田保护。在加强基本农田保护区划定工作的同时,加强了《基本农田保护条例》的贯彻落实,并以此加快基本农田保护区制度的建设。1995年国家土地管理局要求,各地在划定保护区时,规划期统一到2010年,一律采用土地资源详查成果资料。过去按照统计数据划区的,要尽快修正。划定保护区不得降低保护等级,水利、交通设施、土壤等条件好,且能保证远期本地人口口粮和国家商品粮需求的耕地应当划为一级基本农田,长期不许占用;规划期内不得占用的,应划为二级。保护区划定后,各地要严格按有关法律、法规,切实做好保护措施的制定和落实。一是要明确各级政府在基本农田保护中的责任,切实履行保护职责。二是坚持基本农田地力保养和环保制度,提高地力,防止农田污染。三是要建立基本农田保护资金,把对基本农田保护区的投入放在农业投入的重要位置。四是建立监督检查制度。土地管理部门要积极主动协助政府定期组织有关部门,或请人大代表对基本农田保护情况进行监督检查,对违法乱占滥用耕地的,要依法查处。五是严格控制占用基本农田保护区耕地。除了能源、交通、水利、国防等国家重点建设项目,在选址时确实无法避开保护区必须经过严格批准外,其他建设项目及各类生产活动不得占用保护区内耕地。六是实行基本农田损失补偿制度,保证保护区耕地不减少。因建设确需占用基本农田的,用地单位或个人必须开垦相当数量和质量的耕地,对无条件开垦的,须按规定向政府缴纳耕地造地费,并用于开垦新的耕地。1995年,国家土地管理局经与农业部协商,联名起草了向国务院提交的《关于在全国开展基本农田保护检查的请示》,准备在下一年联合组织全国基本农田保护情况大检查。

(4)土地开发复垦。这是增加耕地面积的唯一途径。为了加大土地开发复垦力度,1995年国家土地局采取措施,一是实行耕地补偿制度。今后,凡各类生产和建设占用或破坏耕地的,一律实行占用多少,补偿多少原则。或企业自行复垦,或缴纳相当数量的土地开发复垦费。二是各地要建立土地开发复垦专项资金。该项资金可由一定数额的耕地占用税、土地出让金及耕地造地费构成。三是建立新的土地开发复垦运行机制,鼓励企业在土地复垦过程中,实行"以地换地"、"临时用地"做法。四是提倡跨省区、跨行业的联合经营,异地开发。针对我国土地开发复垦进展不平衡的状况,1995年的国家土地局在河南省灵宝市召开了我国中西部地区土地复垦现场经验交流会。会议结合中西部地区的自然经济特点,提出了该地区加强土地复垦的政策措施,特别是为了做好晋陕蒙接壤地区的土地复垦工作,国家土地局组织制定了接壤区土地复垦与整治规划,并作为国家"晋陕蒙接壤地区资源开发生态环境重建综合规划"的重要内容,现已经国务院批准实施。1995年重点对四川省凉山、攀枝花,福建省霞浦,浙江省萧山、温州以及安徽、山西、湖南、黑龙江、江苏等省大面积荒山荒滩土地开发项目进行了审批,并与有关部门探讨了开发资金渠道。

2.继续加强法律、法规建设,使土地利用管理依法有效,科学规范

1995年7月,国家土地管理局颁布《土地复垦技术标准》,对我国经济建设过程中,工矿企业采挖废弃土地、建设破坏废弃土地、工业排污破坏土地、水毁土地等的土地复垦作了具体技术规定。为做好基本农田的划定工作,调研、起草、拟定了《划定基本农田保护区技术规程》。针对农业结构调整大量占用耕地现象,制定了《农业结构调整占用耕地管理办法》。在召开专家会议与广泛征求意见后,完成了《土地利用总体规划条例》、《省级

土地利用总体规划审批暂行办法》（讨论稿）。在综合整理各部门与各地方的修改意见和在参加国务院法制局的协调会基础上，提交了《房地产开发用地年度出让土地总面积方案拟定与报批管理办法》（送审稿）。为适应市场经济与土地管理事业发展的需要，调研起草了《土地复垦条例》、《农用荒山荒地开发利用管理办法》。这些法律、法规的制定颁布实施将是土地利用管理管住管好的重要保证。

1995 年，国家土地局积极推荐了一些地方省市制定的法律法规。如广西、黑龙江、福建、河南、江苏、湖南等省（区）的基本农田保护条例实施办法，《山西省土地复垦规定实施办法》等。

3. 扩大试点、示范，探讨解决土地利用管理中的重点、难点问题

复垦资金不落实是我国土地复垦一直进展不快的重要原因。为了探讨资金渠道，证实土地复垦的综合效益，1995 年，国家土地管理局在淮北市、唐山市、铜山县三个重点采煤地区开展了高标准的采煤塌陷地土地复垦示范区的建设。三个示范区 3 年计划投资 6000 万元，复垦土地 3.88 万亩，其中建成高质量的耕地 2.47 万亩。项目建成后将会产生良好的社会、经济和生态效益，并对周围地区产生明显的辐射示范作用，推动采煤地区资源开采与社会经济的协调发展。为深化土地复垦管理，1995 年国家土地管理局将平顶山市、鸡西市、七台河市，广西平果铝业公司作为新的土地复垦试点，重点探讨在市场经济条件下，强化土地复垦管理的政策措施、企业生产与土地复垦同步进行、土地复垦的技术研究等。为研究解决土地复垦费问题，1995 年国家土地管理局还将安徽皖北矿务局列为土地复垦费专项试点单位，专门探讨土地复垦费的征收、使用、管理问题。

（三）存在问题

一年来，土地利用管理各项工作在取得明显成效的同时，尚存在一些问题和薄弱环节。目前，在宏观调控能力总量控制上，省级土地利用总体规划审批进度慢，制定实施办法的不多，土地利用规划和计划的权威性不够，执行不力，削弱了对土地利用的宏观调控能力。在耕地保护上，控制占用耕地的市场机制尚未形成，占用耕地搞建设所付出的成本远低于利用城镇存量土地成本。对农业结构调整大量占用耕地栽林果、挖鱼塘的现象，缺乏行之有效的管理措施。集体非农用地的开发、流转管理，规定不明确、不具体，秩序比较混乱。一些荒山、荒地的拍卖和开发利用，因缺乏科学地规划和计划，加之政策法规不健全，政出多门，带有一定盲目性，有一哄而起的趋势。许多企业土地复垦观念相当淡薄。对历史遗留下来的大量废弃土地，国家还缺乏必要的土地复垦扶持专项资金。在土地利用情况掌握上，信息不准确、不完整、不及时，反馈系统不健全，影响了土地利用管理工作的开展。

（四）1996 年土地利用管理工作的思路

根据国家土地管理局工作部署，1996 年土地利用管理工作的基本思路是，通过五个“加强”，做到“五个明显提高”。即，①加强规划的制约引导，在土地集约利用上要有明显提高。②加强计划调控力度，在控制供地总量能力上要有明显提高。③加强依法管制耕地，在稳定耕地总量上要有明显提高。④加强开发复垦管理，在增加新的耕地面积上要有明显提高。⑤加强深入调查研究，在土地利用管理水平上要有明显提高。

（刘明松）

1995年建设用地管理工作

1995年由于国家宏观调控经济的力度加大，全社会固定资产投资的增幅有明显回落，加之1994年全国耕地净减少量有较大幅度增加等原因，引起地方各级政府对保护耕地的措施日益趋强，建设用地的数量得到一定控制，建设用地的管理呈现出与往年明显不同的特点。

（一）建设用地审批工作的基本情况

1995年，经全国各级土地管理部门严格审查，报政府批准的各项非农业建设用地共计184366公顷，比1994年减少30701公顷，用地量下降了16.65%；其中批准占用耕地94075公顷，比1994年减少39062公顷，占用耕地数量下降了29%；在保障各项建设必需的用地的前提下，各级土地管理部门通过项目用地审查共核减土地近万公顷，其中耕地约占一半。

1995年，全国通过出让方式提供用地43403公顷，其中非农建设用地41678公顷，比1994年增加了1799公顷。出让用地占到非农业建设用地总量的25%，比1994年提高了5个百分点。出让金总额为420亿元（其中原划拨土地转让补交出让金24亿元），比1994年统计数减少220亿元。

1995年用于能源、交通、水利等项目的用地比例增加，仍占据主导地位，而房地产和开发区用地明显下降，用地结构逐步趋于合理。如湖北省1995年工业用地占18.6%，交通用地占23.3%，能源用地占9.5%，文教卫用地占13%，房地产只占5.1%，旅游用地占7.2%，其他用地23.3%。河北省1995年建设用地中，工业用地占27.1%，交通用地占21.1%，商业服务业用地占10.3%，公益事业用地占8.8%，农业建设用地占4.0%，旅游用地占0.5%，房地产及住宅用地占15.1%，其他用地占13.1%。从全国看，高档房地产、旅游度假区、高尔夫球场等用地得到了有效控制，下降幅度较大。

（二）1995年建设用地管理的新动向

1995年建设用地管理出现批管并重的新局面。1995年建设用地管理工作，认真贯彻落实中央农村工作会议、全国经济工作会议和全国土地工作会议的精神，依据国家土地管理局《关于全面清理非农业建设闲置土地的通知》和《关于进一步抓好闲置土地清理和各类建设用地检查的通知》的要求，对1992年以来的非农业建设闲置土地和建设用地审批、使用情况进行了全面的清理和检查，并取得了初步成效，据统计，全国共查出非农用建设闲置土地6万多公顷，其中耕地2.7万公顷，按照国家土地管理局和各省（区、市）政府的要求，各地认真抓了闲置土地的清查处理工作。其中，复耕耕地2.4万公顷，限期开发建设0.9万公顷；调整使用0.2万公顷；收回土地使用权0.4万公顷。在这次清理中，依法纠正和处理了一大批违法批地、违法用地行为，共查出违法批地2.9万宗，2.3万公顷，目前已处理1.9万宗，0.5万公顷，结案率分别占65.5%和21.7%；查出违法占地39.9万宗，6.5万公顷，已处理32.9万宗，4.6万公顷，分别占82.5%和70.8%在这次清理中，对农民弃耕撂荒现象也给予了制止，仅福建、安徽、广东、山东4省就查出农民撂荒耕地3.7万公顷，年内已复耕3.1万公顷，复耕率达95%。

在各级政府和土地管理部门领导的支持和统一组织下，各级建设用地管理系统积极抽调骨干人员，对省、市、县、乡、村进行了有组织、有目的、有成效的检查。通过这次清理检查，初步查清了土地闲置、耕地撂荒和违法批地、占地的数量的原因,并使多数问题得到解决。

小城镇建设用地管理取得突出进展。小城镇建设综合改革是当前我国经济体制改革的一项重要的内容,也是我国从农业国家向现代工业化国家过渡的必由之路,由于各地经济发展水平不同,小城镇建设发展和规模不可能一样。为了防止不顾条件一哄而起的现象,或借发展小城镇之名形成新的"开发热"和"圈地热",建设用地管理系统根据全国小城镇土地使用制度改革工作座谈会的精神,在开展小城镇地改时,始终坚持了下述原则:一是坚持珍惜土地、合理用地、保护耕地;二是坚持土地资源与资产并重管理;三是坚持土地有偿使用和政府垄断土地一级市场;四是坚持有利于经济发展和保持社会稳定以及因地制宜,稳步发展,注重实效。由于坚持了这几项原则,确保了小城镇建设用地的有序管理,使小城镇地改走向了健康发展的道路,不仅保护了耕地,而且为小城镇建设积累了资金。据了解,多数地区小城镇建设资金的50%以上来自"地改"中的土地收益。

土地市场健康发展。1995年随着《中华人民共和国城市房地产管理法》的正式实施,按法律规定的用地方式提供土地的工作逐步到位。中西部地区出让土地的幅数、面积增幅较大;东部地区由于前几年出让面积过大,在建项目较多,有部分土地尚待消化,出让土地面积有所减少,有些省份较1994年减少面积超过20%。从全国来看,出让总面积(不含农林项目)占到非农业建设用地总面积的25%,比1994年提高了5%,占国家建设用地总面积的34%,比1994年提高了4%。

1995年以来,国家将国有企业改革作为经济体制改革的重点,核心是建立以资产为纽带的公司体制,优化企业资产结构,改善企业经营管理机制。各级土地管理部门根据国有企业状况和产业政策及国家其他企业改革政策,区别不同性质和状况的企业,制定相应的土地管理政策。这些政策的出台,减少了国有土地资产流失,进一步整顿了土地市场秩序,促进了企业改革的健康发展。

建设用地审批管理日益法制化。针对前几年由于开发区热、房地产热和层层下放用地审批权等造成的大量土地闲置和浪费的现象,各省(区、市)都加强了对建设用地审批的管理,依法纠正了擅自下放的土地审批权,坚持按规划、按计划、按建设项目审批土地。

建设用地管理的基础工作得到加强。到1995年底,在有关部门的配合下,已经完成了14个行业的建设用地指标的编制工作,并由国家土地管理局、建设部批准施行;《建设项目用地勘测技术规程》已完成论证。

供地政策逐步量化和具体化。1995年根据《中华人民共和国城市房地产管理法》的原则规定和国家产业政策,具体明确了以划拨方式提供用地的对象和使用范围。国家土地管理局先后颁布了石油、天然气、民航、交通、铁路、水利、电力等行业的划拨用地项目目录。对外商投资企业用地,根据1995年6月国家计委等三部委经国务院批准颁布的《外商投资产业指导目录》,在有偿使用的基础上,分别采取了划拨和出让方式提供土地使用权。对列入鼓励类、但未形成竞争的投资项目,可以采取划拨或协议出让方式提供用地;对其他经批准的外商投资项目,将采取协议和招标出让的办法提供用地。

(三)存在的主要问题

依法行使建设用地审批管理的职能不够。一是违法用地和先用后报的问题仍未根本解决。据查,1995年全国发现土地违法案件24.9万件,涉及土地面积48200公顷,其中涉及耕地35800公顷,比前几年有所上升。特别是一些需报国务院审批的大中型建设项目,未批先用或先用后报的现象比较普遍。二是土地管理部门参与建设项目的前期工作不到位。根据《土地管理法实施条例》有关规定，在建设项目立项决策阶段应征求土地管理部门书面意见，但多年来用地问题仅作为水、电、交通等外部条件来看待，未摆在应有位置，更没有把土地作为调控固定资产投资的重要手段看待。三是建设用地审批管理的法规和制度有待修改和完善。近年来，国家土地管理局及各地为加强建设用地审批管理做了大量的工作，制定了一些法规和规定，但仍不能适应工作的需要。如在社会主义市场经济条件下，征地费用标准的确定、管理和使用，剩余劳动力的安置途径等问题，还有待对现行的《中华人民共和国土地管理法》及有关法规进行修改，并制定配套的法规。

市场配置土地的机制依然薄弱。一是表现在行政划拨用地规模依然较大，从全国来看，划拨土地占国家建设用地面积的比例为66%，有11个省、区、市超过70%；二是非市场因素对土地市场的影响依然很大，造成一些地方的土地市场价格扭曲；三是市场竞争尚未形成，协议方式出让土地仍占很大比重；四是市场信息不畅通，不能对政府和投资者提供有效便利的决策依据。

对农村集体建设用地、农村居民建房用地和农业结构调整占用耕地的管理在法律、法规和政策措施上滞后，农村集体土地以作价入股等方式买卖土地的现象在各地比较普遍，直接影响了土地市场的正常发育。农村居民建房用地，近年来管理放松，少数地方开始出现乱占滥用的苗头。农业结构调整对粮田的大量挤占已引起各方面的重视，但缺少管理的法规。

(四)1996年建设用地管理的工作重点

1.继续抓好建设用地审批管理

首先，要加强建设用地前期管理，把能否提供用地作为项目立项的重要条件。建设项目可行性研究评估和初步设计审查时，须有土地管理部门参加，并提出对项目用地的审核意见，同意供地的才能批准立项。其次，改进用地审批工作，完善用地审批的法规和规章。针对用地审批中存在的问题，国家土地管理局将修订、完善《建设用地审批管理规定》。为实现建设用地规范化、科学化，将研究制定《征地包干管理办法》、《建设项目用地勘测定界技术规程》，实行建设用地审批预报、备案、年检和通报制度，逐步实行建设项目用地定额管理制度。探讨改革大中型建设项目用地的审批办法。第三，积极推广工程建设中节约用地、保护耕地的经验。拟通过《中国土地报》等新闻媒介，开展以"节地工程"为主题的宣传，重点报道一批节约和保护耕地的好典型，重点放在建设用地多、节约用地潜力大的交通、水利、能源等行业。在全社会和各行业树立浪费土地可耻、节约用地光荣的新风尚，使土地基本国策在全社会得到真正落实。

2.扩大市场配置土地的范围

一是引导划拨土地使用权依法进入市场，实现有偿使用。针对在国家宏观调控指导下，扩大市场配置范围所遇到的问题以及新旧体制下取得土地使用权所造成的利益不平衡，一方面要加强对划拨土地使用权的管理，逐步提高和统一土地出让金的交纳标准；另一方面研究国家土地使用权租赁制度，制定租赁合同标准范本、租金标准和租期确定办法，1996年将对部分地区原划拨的商业性用地试行租赁使用制度。

二是根据国家对国有企业改革的要求和国有企业在改革中遇到的问题，对企业使用划拨土地转让或改变用途实行特别政策，使法律规定与现实情况相衔接，规范土地市场。

三是进一步推行小城镇土地使用制度改革，根据小城镇发展的客观要求和发展趋势，抓好11部委局共同确定的57个综合改革试点和国家土地局与国家体改委确定的10个小城镇土地使用制度改革试点；1996年完成

57个综合改革试点方案(土地管理与制度改革部分)的审批工作。

3.加强建设用地管理人员培训,提高队伍的政治素质和业务水平。

针对目前土地管理部门中建设用地审批人员变化较大、成分较新的特点,将在系统内开展党风和廉政教育,树立良好的职业道德和风尚,并通过多种形式的培训,提高业务水平。

(国家土地管理局建设用地管理司)

1995年土地监察工作

1995年土地监察工作的主要任务：一是开展土地监察体制改革试点；二是继续开展土地管理“三无乡镇”活动；三是查处土地违法案件；四是积极推进国家土地总监制的建立；五是完善土地监察制度；六是执法检查。在各级政府领导支持下，经过土地管理部门的努力，使这几项工作都取得了比较大的成绩。

（一）土地监察体制改革试点实现了阶段性目标

国家土地管理局1995年的重点工作之一是抓好土地监察体制改革试点。土地监察体制改革的目标，是建立起既符合我国国情，与土地管理工作相适应，又能体现土地监察性质和特点，保证土地监察职能充分发挥的有权威的组织领导机构，有强有力的执法手段，有健全的制度保证，有高素质队伍的土地执法监察体系。土地监察体制改革的内容，一是建立土地监察总监制；二是把土地管理部门的土地监察机构对下级土地管理部门内的土地监察机构仅为业务指导关系的管理体制，改变为一方面受本级土地管理部门领导，另一方面又受上级土地管理部门领导的管理体制；三是建立下级土地管理监察机构负责人的任免调动，需征得上级土地管理部门的同意的人事任免制度；四是建立土地违法案件查处实行分级管理的制度；五是实现土地监察的集体统一管理。为抓好试点，经过充分准备，1995年4月国家土地管理局在湖北省荆沙市召开了土地监察体制改革试点工作座谈会，会议讨论了《试点方案》，确定了福州市、荆沙市、牡丹江市作为国家土地管理局土地监察体制改革试点城市，经过反复论证、修改，国家土地管理局1995年4月27日印发了《土地监察体制改革试点方案》。根据试点工作需要，1995年8月，国家土地管理局又决定增加重庆市为土地监察体制改革试点城市。1995年10月24日，国家土地管理局在北京召开了第二次试点工作汇报会，会议认真总结了试点单位的经验，分析了试点中存在的难点问题，会后印发了会议《纪要》。经过各试点城市一年的努力，在当地政府的支持下，试点工作取得了阶段性成果。牡丹江市、荆沙市在机构的设置上有较大的突破。重庆市国土局通过抓土地监察体制改革，稳定了机构，加强了土地统一管理体制。福州市土地监察工作的集中统一管理，也在深度和广度上不断深化发展。土地监察体制改革试点有力地推动了全国的监察体制改革工作。湖北省土地局除了抓好荆沙市的试点外，还重点抓了鄂州市土地监察体制改革的试点，推广试点经验，并经省政府同意，向下一级土地管理局委派了土地监察专员。福建省通过省人大出台了《福建省土地监察条例》，明确赋予土地监察机构行政执行权，为解决土地执法难开辟了一条途径。据不完全统计，1995年全国已有四川、吉林、山西、辽宁、山东、广东、河北、浙江、河南、安徽、湖南、甘肃等省先后确定了本省的监察体制改革试点单位。

（二）土地管理“三无乡（镇）”活动成效显著

自1991年10月国家土地管理局在辽宁省锦州市召开的全国土地监察会上提出在全国开展土地管理“三无乡（镇）”活动以来，这项活动在全国发展很快，各地在经历了试点、推广经验两个阶段后逐步向面上展开。国家土地管理局提出的目标是：1995年达标的乡（镇）要达到全国乡镇的总数的30%至50%。为了使“三无乡（镇）”活动健康有序的向前发展，1995年初，国家土地管理局决定对全国开展土地管理“三无乡（镇）”活动达标的乡（镇）和先进县（市）进行表彰，提出了表彰的条件和标准，制定了抽样检查验收方案。1995年8月，国家土地管理局组织了四个检查组，分别赴黑龙江、吉林、陕西、甘肃、浙江、福建、四川、贵州8省，对其推荐到国家土地管理局进行评比表彰的模范乡镇和先进单位进行抽查，同时对各省上报到国家土地管理局进行表彰的单位名单在中国土地报上公布，并写了评论文章，公开让社会监督，收到了比较好的效果。据统计，到1994年底全国已有10999个乡（镇）连续3年实现了“三无乡（镇）”，占乡（镇）总数的23%。1995年10月31日，国家土地管理局下文对全国297个乡（镇）、55个县（市）进行了表彰，并颁发了奖牌。实践证明，开展土地管理“三无乡（镇）”活动，是加强基层土地管理工作的一项有力措施，提高了乡（镇）干部的土地管理意识，增强了土地管理的责任感，健全了乡（镇）土地管理网络，完善了土地管理的各项规章制度，同时也调动了广大群众的积极性，提高了全民的国土意识，树立依法、合理、节约用地的新风，降低了发案率，提高了结案率。

（三）查处重大土地违法案件，维护土地管理秩序

执法监察工作的重要内容之一是查处土地违法案件。各地土地执法部门在贯彻预防为主方针的前提下，对已发生的土地违法案件，坚决依法查处。据统计，1995年各级土地管理部门共查处各类土地违法案件24.89万件，绝大多数已依法处理并结案。国家土地管理局根据国务院领导的指示，配合中纪委、监察部处理了河北省清苑县非法向外商成片出让3000亩土地案。有力地促进了河北省的土地管理工作。11月，又派人员对河南省新郑市政府越权批地案进行了查处。通过对新郑案的查处，促使河南省政府下决心报请省人大收回了1992年省人大批准给郑州、洛阳、开封三个城市享有省级土地审批权的决定。1995年7、8月间，国家土地管理局分别收到邹家华副总理和刘济民副秘书长批转的两批有关乱占耕地的信访材料22件。其中刘济民副秘书长批转的8件，分别涉及浙江、福建、四川、陕西、广东五省，邹家华副总理批转的14件，分别涉及辽、闽、黑、苏、浙、川、鲁、鄂、京等九省（市），国家土地管理局根据国务院领导的指示精神，组织力量对这22件群众信访材料反映的土地违法问题进行调查核实。向国务院报送了《关于22件乱占耕地信访材料核查情况的报告》，汇报了22件信访材料反映的问题调查核实的情况和有关省、市对这些案件的处理情况，分析了近几年土地纠纷和土地案件急剧上升的原因，同时也提出了相应的措施。国务院领导对报告中反应的当前在土地管理中存在的土地违法问题高度重视，决定在全国予以通报，以引起各级领导对土地管理工作的重视。

（四）积极推进国家土地总监制的建立

为了实现土地监察工作的集中统一管理，强化对土地执法工作的领导，经过对有关部门强化行政执法的调查研究，并借鉴国外一些国家关于加强土地执法监督的经验，国家土地管理局提出了关于建立土地总监制度的设想。3月底，正式向国务院提出了《关于设立国家土地总监和委任国家土地监察专员的请示》，同时向中央编制委员会做了关于建立国家土地总监有关情况的汇报。建立国家土地总监制的基本设想，是由国务院任命国家土地管理局局长为国家土地总监，并任命副总监1至2人。同时设立国家土地监察专员和副专员若干名，由国家土地总监委任到各省、自治区、直辖市政府的土地管理部门，代表国家直接独立行使土地执法职权，不对当地政府和土地管理部门负责，直接对国家土地总监负责。设立国家土地总监，委派土地监察专员，可以最大限度地纠正目前存在的地方政府领导有法不依、越权批地的问题，强化上级政府对下级政府土地违法行为的约束力，使政府违法现象得到遏制。为促进土地总监制的建立，国家土地管理局决定并商中央统战部同意，首先在民主党派中聘请第一批特邀土地监察专员，这项工作正在进行中。

（五）完善土地监察制度，进一步规范土地监察工作

为进一步加强土地执法工作，1995 年 3 月 12 日国家土地管理局以局长第 1 号令形式发布了《土地监察暂行规定》，同时为了使土地管理部门内部办案工作规范化，于 1995 年 11 月 13 日，以局长第 3 号令形式，颁布了《土地违法案件处理办法》。1995 年 4 月 27 日，国家土地管理局政策法规与监督检察司下发了关于认真贯彻《土地监察暂行规定》的通知，要求各地认真贯彻执行，并在实践中进一步完善。1995 年各地进一步加快了土地监察制度建设的步伐，制定了许多行之有效的土地监察规定、办法，查处土地违法案件的若干规定、暂行办法等等。国家土地管理局先后转发了福建省和深圳市发布实施的地方性土地监察条例（或规定），转发了山东省土地管理局和省高级人民法院联合下发的《关于土地行政执法和行政诉讼若干问题的意见》，以及河北省土地管理局和省监察厅联合下发的《关于违反土地管理法律法规行政处分的暂行规定》，有力的推动了各地的土地执法监察工作。

（六）土地执法检查工作成效显著

1995 年土地执法检查工作取得了显著成效。一是各地根据国家土地管理局《关于全面清理非农业建设闲置土地的通知》，进行了非农闲置土地和各类建设用地的清理，国家土地管理局于 8 月下旬组成 5 个检查组，对广东、海南、上海、浙江、安徽、福建、山东、河南、湖北、四川等 10 个省进行了重点检查，据对 9 个省的统计（上海除外），共查出闲置的土地 56 万亩。二是按照省委、省人大、省政府的要求，结合对闲置土地的清理，进行土地执法大检查，他们是：辽宁、山东、湖北、福建、广东、广西、江西、陕西、山西、浙江、四川、天津、江苏、黑龙江、甘肃、吉林、湖南、内蒙古等 18 个省（区、市）。其中，陕西、广东、江西、河南、安徽、山东、吉林、四川、湖南、浙江等 10 个省，对 1992 年至 1994 年 3 年贯彻执行土地法律法规的情况进行了执法检查，共清查出各类土地违法案件 32 万多宗，土地面积 75 万亩，其中仅浙江、广东、广西三省（区）违法占用耕地就达 11.3 万亩。江苏省对 1993、1994 年两年各级政府执行土地法律、法规的情况进行检查，共查出各类违法用地 8010 宗，土地面积 5168.7 亩，耕地 34138.3 亩。山西、辽宁、天津、浙江、湖北、福建等省对 1995 年的土地执法情况进行了检查，共清查出各类土地违法案件 41627 宗，土地面积 115300 亩。

对在执法检查中发现的土地违法案件，各地本着边查边处理的原则，部分进行了处理。江苏省共处理违法用地 7068 宗，土地面积 40821 亩，处理的件数和土地面积分别占违法用地宗数和面积的 88% 和 79%。其中，补办用地审批手续 6582 宗，土地面积 34787.8 亩；收回土地使用权 331 宗，面积 3792.7 亩；拆除违法占地建筑物 476.5 亩，罚款 1670.3 万元；有关违法用地单位领导或责任人作出书面检查 1189 份，有 15 个受到经济处罚，其中副乡级以上干部 4 人；省、市、县对违法用地典型案件发出通报 167 份。山东省清查出土地违法案件 2.25 万宗，土地面积 14.6 万亩，依法处理 1.69 万宗，土地面积 6.6 万亩，依法收回土地 0.62 万亩，复垦 4.14 万亩，征收土地荒芜费 88 万元，收缴罚没款 2275 万元，有的地方还纬正了擅自下放的土地审批权。湖北省共清理砖瓦窑1054座，占地面积28203.45亩，依法处理529座，土地面积15605.55亩，有力地控制了砖瓦窑占地。

各地开展土地执法检查工作有以下几个特点：

一是地方各级人大、政府对开展土地执法检查工作高度重视。1995年开展土地执法检查的省(区、市)大多数是人大或政府部署和组织实施的，有的是根据省政府的要求，由土地管理部门会同有关部门进行的。湖南省人大城环委组织国土测绘局、省高院、省监察厅等单位，成立了土地执法检查组，对长沙、衡阳、岳阳三市的土地执法检查和自查情况进行了抽查。江西省人大常委会1995年9月1日发出《关于对全省贯彻执行〈中华人民共和国土地管理法〉情况进行检查的通知》，要求从9月至11月对全省贯彻《土地管理法》的情况进行检查。广东省人大早在1994年11月17日召开的八届第十一次会议就通过了《关于进一步加强耕地保护的决议》，要求省政府依法严肃查处乱占滥用耕地的违法行为。省政府及时将省人大通过的决议通知各地全面贯彻实施，从1995年初开始用了7个月的时间进行清理，取得了初步成效。福建、湖南、浙江、山西、陕西、辽宁、广西、四川、江苏、山东等省，在省政府的统一部署下，各级政府领导亲自抓，使1995年各地的土地执法检查工作不仅有形式，有内容，有声势，而且效果也比较好。

二是加强部门配合、组织严密。1995年土地执法检查工作得到了有关部门的大力支持和协助。如湖南省土地执法检查组由人大城环委组织省国土测绘局、省高院、省监察厅等单位组成；福建省土地执法检查小组由省土地局、省监察厅、省人大农经委、省高院等单位的负责人组成；广西自治区土地执法检查组由区土地局、区建设委员会、区财政厅、区农业厅、区物价局等单位组成。据了解，有的地方参加1995年土地执法检查的单位除土地管理部门外还有建委、纪委、监察、财政、物价、法院、计委、农办、法制局、农业、乡企等11个部门，这些部门在省人大或省政府的统一部署下，密切配合，共同完成土地执法检查任务。这是前几年各地开展土地执法检查所没有的，由于这些部门的积极参加，使1995年的土地执法检查工作更加扎实。

三是土地执法检查的内容多。1995年各地进行的土地执法检查，除抓好闲置土地清理和各类建设用地检查以外，还有其他的多项内容：第一是进行年度土地执法检查，如福建、湖北、天津、辽宁、山西、内蒙古等省(区、市)；第二是对岛屿对外批租、砖瓦窑、高尔夫球场进行专项执法检查，如浙江、广东两省；第三是对保护耕地情况进行执法检查，如山东、广东；第四是重点清理各类房地产开发公司用地、整顿土地隐形市场、清理城乡结合部和公路两旁用地，如湖南省；第五是对1991年以来各级政府贯彻执行《土地管理法》情况进行检查，如江西省；第六是对《土地管理法》和《城市房地产管理法》贯彻执行情况的执法检查，如广西壮族自治区。检查的内容多，涉及的范围广泛，是1995年土地执法检查工作突出的特点。

(国家土地管理局政策法规监察司)

1995 年土地管理教育工作

土地管理教育是土地管理事业和教育事业的重要组成部分，担负着为土地管理系统培养后备专门人才，全面提高队伍业务素质的历史使命。1995 年，土地管理教育工作认真贯彻和实施党中央提出的"科教兴国"的战略方针，积极推进岗位培训向公务员培训的过渡，大力促进普通专业教育和其他类型教育的全面发展，为土地管理教育顺利跨入"九五"时期奠定了坚实的基础。

（一）基本概况

1. 土地管理成人在职培训工作获得全面发展，有效地提高了队伍的整体素质。

自"八五"计划开始，土地管理系统根据国家有关精神，全面开展了以"干什么，学什么；缺什么，补什么"为主要内容的岗位培训。1994 年，按照国家推行公务员制度的要求和土地管理部门的实际，根据国家土地管理局和人事部联合印发的《关于适应建立公务员培训制度的要求，推进土地管理人员培训的通知》的精神，适时地将岗位培训与公务员培训接轨，并在部分省市开展了公务员业务技术培训考试工作试点。1995 年，在试点工作取得成功的基础上，通过召开培训工作座谈会，全面推广了试点经验，有利地促进了公务员培训工作的全面开展。全国大部分地区遵照国家土地管理局和人事部的文件精神，积极争取当地人事、组织部门的支持与参与，严格按照土地管理培训大纲的统一要求，采取个人自学、集中辅导、分层培训、统一考试等教学形式卓有成效地开展了工作。截止到年底。全国有 20 多个省（区、市）有计划、有组织地开展了公务员业务技术培训考试。全系统约 2/3 在职人员参加了公务员培训并通过了考试，获得了结业证书，提高了土地管理队伍的整体业务素质。

2. 土地管理专业人员的继续教育在探索中取得重大进展。

继续教育是一种使专业人员的知识和技能不断得到增新、补充、拓展和提高以及知识结构不断完善的教育形式。自建局以来，土地管理继续教育一直处在探索之中。1995 年，为了解决土地管理系统专业技术人员知识更新、拓展、补充等问题，根据国家人事部关于专业技术人员继续教育的有关规定，并适应国家建立现代企业制度的新形势，紧密结合国有企业改革中土地资产管理热点、重点和难点问题，国家土地管理局与人事部于 1995 年 9 月 18 日至 24 日江苏省昆山市首次举办了"国有企业改制中土地资产管理高级研修班"。来自土地管理部门、有关高等院校、科研单位以及日本、香港等海外人士 45 人参加了 高研班。高研班采取专题报告、专题研讨和实地考察相结合的形式，围绕国有企业改制中土地资产管理的法律问题、处置方式、收益分配、产权界定、产权登记等主题进行了研修，为土地管理部门在土地资产管理方面提供了理论服务。举办全国高研班是对高层次专业人员进行继续教育的一种重要形式，本期高研班的举办，既探索了土地管理系统专业人员继续教育的路子，也为今后土地管理系统开展继续教育积累了宝贵经验。

3. 土地管理普通高、中等教育得到进一步发展，教材体系得到充实和完善，为学校培养合格的后备专门人才创造了有利条件。

教材是土地管理普通高、中等教育发展的基础，教材建设是教学改革和学科建设的核心内容。1995 年，重点加强了中专教材建设工作，解决了土地管理中专教材空白的问题。通过在安徽省土地管理学校召开的中专教材审稿会，初步完成了中等土地管理专业

10门主干课程——土地管理总论、土地资源学、土地经济学、土地法教程、地籍管理、土地利用规划、建设用地管理、地籍测量、村镇规划、不动产估价等教材的编写审定工作。在本科教材建设方面，一是对已有教材如地籍管理、土地资源学、土地经济学等主干教材进行了修订，保持了教材的先进性和现势性；二是按照“八五”教材建设规划，组织新编教材如不动产金融、不动产投资分析、土地利用规划等编写审定出版工作，丰富了本科专业教材种类。在搞好教材建设的同时，通过开展课程研讨和组织教学研究工作，积极指导土地管理高、中等专业教育发展。截止到1995年底，全国已有50多所普通高、中等院校开设了土地管理专业、土地利用与规划专业和房地产专业，保证了土地管理系统专门人才的来源。

4.“地产经营与管理岗位资格电视培训班”获得了圆满结束，取得了显著的社会效果。

“地产经营与管理岗位资格电视培训班”是进一步贯彻邹家华副总理关于土地管理部门要对房地产开发公司经理进行土地管理政策法规培训的讲话精神，与国家人事部和中央电视台联合举办的。其目的是提高社会上从事地产经营管理及中介服务的专业人员的业务知识和知法、懂法、守法的意识，同时也向社会传播土地管理知识。继1994年完成电教节目的制作和播出后，1995年对参加培训的人员又进行了考试(核)、阅卷、登记发证和结业工作，全国约有9000人接受了培训，并取得了合格证书。

(二)存在的主要问题

1995年教育工作虽然取得了长足进步，并在某些方面取得了突破性进展，但仍存在着不容忽视的问题，主要表现在：

1.教育基础仍很薄弱，难以满足土地管理事业发展的需要。教育培训基地缺乏，教育经费严重不足，专业师资队伍不整齐，教学内容陈旧，教育培训质量等问题亟待解决。

2.教育培训工作难以列入各级领导的议事日程，“科教兴国”、“科教兴地”的意识没能在系统内深入人心，导致教育机构不健全，一些省市教育工作没有专人负责，教育工作开展不力，教育培训工作缺乏发展“动力”和后劲。

(三)展望

1996年是“九五”计划的第一年，也是教育工作开好头，起好步的关键一年。教育工作将按照党的十四届五中全会精神为指针，深入贯彻党的“科教兴国”的战略方针，转变工作思路，加强宏观指导，为实现土地管理方式和土地利用方式的转变提供人才保障。

(1)改善和加强土地管理教育的宏观指导，研究制定“全国土地管理教育事业”“九五”发展计划和十年规划纲要和“培养跨世纪土地管理专门人才的决定”，全面启动“四个一”人才培养工程。加强对地市级以上土地管理局领导的培训，在中央党校举办局长进修班。重点资助和培养中青年教学科研骨干和业务技术骨干，在土地管理系统内培养和造就一批能承担跨世纪土地管理重任的领导干部、业务技术骨干和学科带头人。

(2)在成人在职教育方面，按照公务员培训分类(即新录用人员培训、晋升任职培训、专门业务培训和更新知识培训)，建立分类培训制度和培训登记制度，实现培训工作的科学化、制度化和经常化。研究和探索培训与使用有效结合的用人制度。修订公务员培训教学大纲，以提高培训教学质量，保证培训效果。继续探索土地管理系统专业技术人员继续教育的内容、形式和方法。

(3)在普通专业教育方面，以学科建设和教材建设为中心，进一步修订土地管理专业和土地规划与利用专业的培养方案，指导有关高、中等院校为土地管理部门培养高素质、实用性的优秀人才。

(吴海洋)

1995 年中国土地科技

1995 年是“八五”和“九五”交接的关键年份，在这一年中，土地科技认真贯彻全国科学技术大会的精神，紧密围绕土地管理实际，以土地信息系统建设和土地科技成果的推广应用为重点开展工作。经过科技工作者的努力，土地科技工作取得了长足进步。

1. 土地信息系统的建设进入了新的发展时期。

近年来，各级土地管理部门在土地信息系统的建设中积极性很高，许多地方把土地信息系统的开发研制作为实现土地管理科学化、现代化的重要方面来抓。有些地方还成立专门机构，如南通市、重庆市、保定市等土地管理部门纷纷成立信息中心，投入大量的人力、财力、物力，加大开发研制的力度。因此，在近几年中，几乎在土地管理的各个领域都涌现出了一大批成果。据国家土地管理局调查，仅 12 个省、市的不完全统计就有成果达 60 项之多。可以说，土地信息系统的建设已经进入了一个百花齐放、全面发展的时期。

为了全面了解和掌握土地信息系统的建设情况，加强成果交流，规范和推进该项工作的发展，国家土地局于 1995 年 4 月份和 6 月份分别在南通市、汕头市举行土地信息系统成果演示活动。从 16 个省、市参加演示的 40 项成果看，当前土地信息系统的发展具有以下特点：①从点到面迅速扩展。与前几年的个别地方分散零星的软件开发研制相比，目前土地信息系统的建设已经在各级土地管理部门全面展开，而且在人员组织、投资力度等方面都达到了一个新的阶段。据不完全统计，在土地信息系统建设上投资达百万元以上的单位已有 21 个，全国在这方面的投资达 5 亿元以上。②研制开发方式发生了很大变化，突破了过去那种单一的在商业化的软件平台上进行二次开发的方式，形成了二次开发方式与独立自底层开发方式并存，而且两种开发方式都产生了一些具有推广价值的成果。③成果在总体上达到了较高的水平。当前计算的最新技术如多媒体技术、汉字自动识别技术和网络技术等都有体现。④研制成果向实用型转变，有的成果如汕头市办公自动化系统已进入实用阶段，有的成果已经开始推广应用并产生了效益。

国家土地局根据演示活动中土地信息系统成果所表现出来的特点和趋势，认真总结了经验教训，对今后土地信息系统的发展提出了加强标准化、规范化建设等 10 个方面的建议，并在活动结束后形成纪要印发全国。这对于土地信息系统的进一步发展将起到积极的推动作用。

2. 土地科技成果的推广应用工作取得了明显突破。

为了贯彻落实中共中央、国务院《关于加强科学技术普及工作的若干意见》的精神，加快土地科技成果的传播和普及，1995 年国家土地局从以下两方面抓了科技成果推广应用工作。

(1)利用电视等新闻手段传播普及科技成果。1995 年年初与中国农业电视中心合作，筛选了“永济县黄河滩涂的开发利用”、“大兴县沙荒地的开发、整治”、“枣庄市地籍信息系统建设”和“枣庄市五荒拍卖”等四项科技成果制作成专题片，并于 8 月份陆续在中央电视台播放，取得了良好的效果。

(2)在已有的 7 个新技术示范基地进行新技术尤其是信息系统技术的中试、组装和应用，探索科技成果转化的途径。为了明确目标，国家土地管理局于 1995 年 11 月 14 日至 17 日在重庆市土地管理局召开了新技术示范基地工作座谈会。明确指出示范基地应紧密结合土地管理实践,积极探索科技成果与生产相结合的途径,并确定了近期工作目标,即在1996年6月25日前,建立起示范基地信息系统的“快速工程”,实现7个基地与北京的通讯联网试验,为全国土地信息系统的建设提供了经验。

目前,土地科技成果的推广工作已经形成了单项技术推广应用和以示范基地为依托的综合技术推广应用两个层次的推广方式,为推动科技与经济一体化积累了经验。

3.土地科技发展“九五”和2010年规划获得新成果。

“九五”期间乃至2010年是实现我国现代化建设的关键历史时期。这一时期,由于经济增长方式的转变,必 将对土地管理提出新的、更高的要求,因而也给土地科技发展带来了机遇和挑战。为了确立土地科技发展的远期目标,加速其发展步伐,国家土地管理局组织有关专家和学者,根据社会主义市场经济发展的需要,针对土地管理事业发展的实际情况,制定了《土地科技发展“九五”计划和2010年长期规划》(以下简称《规划》)。

《规划》对“九五”和到2010年土地科技发展分别提出了不同的战略目标,确定了“土地管理信息系统建设”、“社会主义土地市场理论与土地制度研究”、“土地生态与退化土地整治”、“土地资源合理配置与利用”等4个优先发展领域。

《规划》已于2月份上报国家计委、国家科委和下发各省、市、自治区土地局。有的省如吉林、江苏等土地管理部门在此基础上,根据当地的实际情况制定了自己的科技发展规划,明确了各自发展的方向和目标。

4.科学技术委员会的作用得到进一步发挥。

为了加强科学技术委员会的工作,开展各种形式的科技咨询活动,充分发挥其咨询和参谋作用,年初以来开展了以下活动:

(1)组织部分科技委成员进行科技考察活动。为了解我国土地科技发展的情况,尤其是土地信息系统的发展状况,1995年7月29日至8月9日组织了部分科技委专家到吉林省进行科技考察活动。专家们先后对吉林省土地信息中心、长春市、吉林市、延边朝鲜族自治州及延吉市、图们市、珲春市等地的土地科技工作进行了实地考察。专家们在较全面地了解和分析了吉林省土地科技现状后,对吉林及全国土地科技的发展、土地信息系统的建设提出了有益的建议。

(2)召开科技委全体会议。1995年8月20日至26日在山西省忻州市召开了第二届科技委全体会议。会上委员们评审了1995年度科技进步奖,并对实施土地科技发展“九五”计划和2010年规划进行了认真讨论,提出了建设性意见。此外,委员们还就我国后备耕地资源开发利用研究问题向国家土地局领导提交了专项建议,引起局领导的重视。

1995年土地科技工作取得了一些突破,为“九五”的发展奠定了基础。但是,发展中还存在许多不足和问题。①系统内科学技术是第一生产力的思想还没有牢固树立起来,科技兴业意识不强;②研究落后于实际,研究项目还不能很好地与当前的中心工作紧密结合,不能十分有效地发挥科技先导作用;③科技成果推广应用力度不够,科技对土地管理事业发展的贡献率低;④局科技委的参谋作用没能得到充分的发挥。

今后,要认真学习贯彻党的十四届五中全会的精神,努力抓好《土地科技发展“九五”计划和2010年长期规划》的落实工作。

1.加强对重大项目的研究,为土地管理实践提供理论和技术支持。根据社会主义市场经济的要求和我局科技发展“九五”计划和2010年长期规划的部署,紧密围绕土地管理实践中的重大理论和技术问题,开展攻关研究，为实际工作提供理论依据和技术保障。

2. 加强土地科技成果的普及和传播工作。选择一批技术成熟、操作性强的成果进行中试推广，探索科技与经济结合的机制，为土地科技成果的推广应用积累经验。

3. 开展科技委对土地管理重大问题的咨询和考察活动。结合国家土地管理局工作要点，对一些重大问题及热点问题，如耕地保护与农业持续发展、内陆地区的土地开发利用等，分专题组织科技委专家进行咨询和考察活动，充分发挥科技委的参谋作用。

（吴淑章）

1995年中国土地管理国际合作与科技交流

1995年，国家土地管理局的外事工作本着“两个服务，两个坚持，两个重点，四个引进”，即“外事工作要为国家整体外交服务，为土地管理事业发展服务；坚持平等互利，坚持为我所用；重点为土地管理中心工作服务，重点为土地管理业务基础建设服务；引进经验，引进技术，引进人才，引进资金”的指导思想，围绕中心工作，在不同层次的工作中取得了较大的进展。

1. 1995年共派出团组21个，150人次，比上一年增加了58人次；接待团组24批，170人次，其中包括2批规模较高的部级代表团。

2. 不断扩展对外交往渠道，在继续保持原有的同美国、日本、澳大利亚、新西兰、俄罗斯、德国、英国等国及港、澳、台地区交往的基础上，先后同加拿大、韩国建立、开辟了新的合作关系。

(1)1995年11月邹玉川局长访问了加拿大政府不动产管理局以及皇后大学，并就土地资产与土地市场等问题同加拿大皇后大学签订了合作交流备忘录。邹局长这次成功的访问不仅恢复了中加两国土地管理部门的合作与交往，而且深化了交往的业务层次。

(2)经过近一年的努力，开辟了同韩国建设部等有关部门的交往。1995年11月，刘文甲副局长率团对韩国建设部进行了考察、访问，并同韩鉴定院签订了人员培训合作备忘录。

3. 围绕着土地管理体制等问题，通过我驻外使馆了解西方国家在土地管理方面的经验。

我驻美国、瑞典使馆科技处，根据国家土地管理局提供的调研提纲所写的土地管理体制调研报告，很有参考价值：

(1)瑞典土地管理系统有两套：一是国家土地管理局及其设在各省地的派出机构，二是地方市政府内的土地管理机构。国家土地局及设在24个省的派出机构是完全垂直的领导体制，是瑞典土地管理的主体；地方市政府土地管理机构仅仅作前者的补充，工作量仅占全国的12%。瑞典土地管理的主要内容有：土地利用规划，财产登记，土地登记，房屋登记，地图制作，土地、房屋估价，税收，土地的转化(出售)、出租，抵押，土地数据库系统等。瑞典的土地登记是由法院负责的。

(2)美国是一个联邦制国家，大部分土地为私有土地。联邦的土地由联邦政府直接管理和经营，美国联邦政府拥有土地6.5亿英亩，占全国土地总面积的29%，美国内政部土地局负责管理着2.7亿英亩的国有土地，下设有12个州土地办、58个地区土地办，140个资源区土地办，以上土地管理机构之间完全垂直，对国有土地实行完全的国家管理，直接管理、直接经营、收入归国家。联邦政府统一监控对土地的利用和保护，可以用行政命令来调控土地市场。美国有3000多项有关土地管理和使用的法律，但有两项最重要的法律，一是联邦土地政策和管理法；二是全国环境政策法。

4. 派出多批团组赴澳大利亚考察，针对国外土地产权问题、估价问题、税费问题，尤其是目前在世界上50个国家和地区采用的“托伦斯土地登记系统”进行重点了解。

托伦斯土地登记系统由澳大利亚人托伦期创造。他把过去繁琐的契约登记简化为由政府保障的产权登记。其主要特点：

(1)以宗地为单位进行登记，而不是按交易或转让合同的土地面积进行登记。如果一次转让的是两块或两块以上的宗地，必须按宗地分别登记。

(2)登记的土地或不动产，由政府做保证，保证其产权的权威与合法，而不是以双方交易或转让契约合同为保证。这一点，是托伦斯土地登记制度的核心，也是老式契约登记所不能及的。

(3)政府土地登记局在受理登记后，如果登记本身出了错误，则由政府承担责任，由土地登记局负责改正并予以赔偿，土地登记局内设有土地登记赔偿的专用款项。

(4)所有附属于土地上的建筑物与改良物，随土地变更而变更，并由土地登记局统一进行登记。

(5)托伦斯土地登记系统是一个开放的系统，任何单位和个人都可有偿利用这个系统查询有关不动产资料，索取信息。

(6)托伦斯土地登记系统登记每宗地时，除文字表格材料外，还必须附有宗地地籍图。

(7)托伦斯土地登记系统实行资质总登记师、副总登记师及登记师制度。

(8)土地产权状(土地证书)采用一式两份制，正本存土地登记局，副本存当事权利人。

(9)主要法律依据是不动产法、土地转让法、多层楼宇产权法等。多层楼宇产权法是该系统的一个很有特点的问题，是土地登记中的一种重要产权形式，它区别于单独产权、并有产权、共有产权等。

5.深化土地信息系统建设的交往与合作。

(1)德国资助的上海土地信息系统项目第一期工程(市级地籍信息系统)基本完成，初步达到了地籍属性数据库和图形数据库的连接和互换。第二期工程(增加投入，扩大系统功能——增加规划、用地管理、地价、交易等内容)也达成原则协议，准备实施；

(2)同新西兰理工大学合作，并利用新西兰政府部分资助，在土地信息系统的技术规范建设上进行人才培训和合作；

(3)在国家土地管理局外事司的积极推动下，澳大利亚政府向吉林省政府提供500万美元优惠贷款，建立吉林土地信息系统项目的工作已接近最后批准阶段。

6.利用英国政府“技术合作奖学金”培养我国土地管理人才。

该项目自1993年正式执行以来，历时几年，分别由3省、3市及国家土地管理局派员先后分三批进行。由于组织有力，目前已基本结束。19名赴英留学生全部学成回国。而后，其中的12名学员又获得英国政府继续资助，于1995年底再次赴英继续学习2个半月，并由英国格林威治大学授予科学硕士学位。

此项目最基本的特点是根据我国土地管理事业发展的长期需要，结合当前工作中的“热点”、“难点”问题，有针对性地学习，学以致用。整个项目实施得很成功，达到了预期目标。今后同英方合作，将争取为我国土地管理事业培养更高层次的管理人才。

(国家土地管理局外事司)

全国土地利用现状调查工作

(一)土地利用现状调查开展的背景

长期以来,我国土地资源家底不清,耕地面积不实,仍以解放初期土改和查田定产时的耕地面积为基数,靠历年各地上报的变更情况进行统计,其数据已与实际严重不符。草地、水面和各项建设用地也缺乏准确的统计数据,这种状况与我国改革开放和社会主义现代化建设的需求很不适应。建国40多年来,有关部门曾就草地、荒地、林地等做过调查,但没有作全面、统一分类体系的土地资源调查。

土地资源调查首先是在1978年召开的全国科技大会上提出来的,并列入大会通过的108项重大科研项目第一项"农业自然资源调查和农业区划"的重要内容。1980年8月在第二次全国农业区划会议上,明确要求1985年初步查明我国土地资源。同年,成立了全国农业区划委员会土地资源专业组,由国家测绘局、农业部、农垦部和林业部等部门组织力量,利用资源卫星图片、航摄像片和五万分之一、十万分之一地形图,采用抽样统计和成图法,进行了分省土地利用现状调查(简称概查),量算了土地面积,统计出耕地、林地、草地等十多个地类的面积。这项成果由全国农业区划委员会于1982年和1984年分别会同国家农委和国家计委上报国务院。

80年代初开展的土地利用概查,由于受条件限制,调查比例尺较小,村或更小单位的土地使用情况尚未查清,难以更换不实的耕地统计数据,不能满足以村为单位建立土地统计、登记制度和加强土地管理、合理利用土地、发展农业生产的要求。为此从1981年起在不同地貌和土地利用类型地区,先后组织黑龙江省集贤县、北京市朝阳区、山西省闻喜县、内蒙四王子旗、上海市嘉定县、江苏省宜兴县、河南省光山县、湖南省新邵县、陕西省绥德县等九个县(区),根据草拟的土地利用现状调查规程开展了土地利用现状调查(简称详查)试点。

1983年6月在山西省运城市进行了试点总结。1983年11月在北京召开了全国土地资源调查工作会议。会后原农牧渔业部、国家计委、林业部、原城乡建设环境保护部和国家统计局联合起草了《关于进一步开展土地资源调查工作的报告》,上报国务院。报告提出:土地详查工作拟分两步进行,第一步到1985年,各县可根据条件进行土地利用概查或详查,全国汇总出比较接近实际的土地利用现状面积数据;第二步到1990年,各地都要完成土地利用详查,汇总出准确的各类土地数据资料,满足以村、场为单位建立土地登记、统计制度和全面管理土地的需要。1984年5月16日,国务院以国发[1984]70号文批转了这个报告,并在通知中指出:"准确的人口和土地数据资料是编制国民经济计划、制定有关政策的重要依据。目前,我国人口已查清,而土地家底还不清楚。为此,国务院决定进一步开展土地资源调查工作,请各地区、各有关部门按照报告的部署和要求,加强对土地资源调查的领导,认真做好这一工作。"根据国务院通知精神,这次开展土地利用现状调查的目的是查清各村、乡(镇)、县(区)、地(市)省(区、市)和全国各类土地面积、分布和利用状况。具体要求是:

1. 查实以村和农林牧渔场分场为基层单位的土地总面积和分类面积,建立土地统计制度;

2. 满足制定土地利用规划,因地制宜组织农、林、牧、渔业生产,实行科学种田、科学养殖的要求;

3. 满足以村和农林牧渔场为单位进行土地登记，建立土地档案，全面管理土地的要求；

4. 满足制定国民经济计划，农业区划、规划的要求。

按国务院文件规定，全国土地利用现状调查工作由全国农业区划委员会领导，具体工作由原农牧渔业部牵头，并将全国土壤普查办公室改为土地资源调查办公室，以加强组织领导搞好协作。

国务院文件下达后，中央财政预算投资1.5亿元，并要求地方财政对应配套，作为开展土地利用现状调查的经费。为保障这次调查的用图供应，中央财政每年给测绘局增拨2500万元。同时，在总结试点经验的基础上，土地资源专业组成员单位（原农牧渔业部、国家计委、林业部、水利部、国家统计局、国家海洋局、国家测绘局）组织专家，修订了《土地利用现状调查技术规程》，全国区划委员会于1984年9月8日正式颁布实施。至此，土地利用现状调查按国务院部署要求和统一的技术规程在全国陆续展开。

（二）土地利用现状调查工作情况

这次调查是国家指令性任务，地方各级人民政府都很重视，先后成立了由政府领导任组长的领导小组，1986年8月前，领导小组办公室设在农业部门或农业区划部门。1986年8月国家土地管理局成立后，此项工作转到国家土地管理局，各地领导小组办公室也随之转到土地管理部门，作为土地管理的一项业务基础工作，负责组织力量，进行调查，检查验收。

1. 县级调查

土地利用现状调查工作首先以县级行政区为单位进行。由县级人民政府统一领导，土地管理部门具体组织实施，以专业队伍为骨干严格按照全国统一的技术规程开展调查、检查验收。为了加强对土地详查工作的技术指导，1985年2月成立了由各有关部门和科研、院校98名专家组成的全国土地利用现状调查技术指导组，并在山东益都召开的地籍管理工作会议上明确了指导组活动的组织形式、内容和工作重点。以后根据形势的发展技术指导组成员又进行了调整，分成六个大区组进行活动，各省、区、市也相应成立了技术指导组。多年来，技术指导组在人员培训、技术指导、检查验收、统一调查方法、标准、质量把关等方面发挥了重大作用。

为了加强县级土地详查中的权属调查与土地登记、统计工作的衔接，1987年，国家土地管理局先后颁布了《土地利用现状调查技术规程》补充规定和说明、《土地登记规则》和土地证书样本，并和国家统计局联合下发了《土地统计报表制度》。

县级土地详查由于经费不足等原因，在1989年前进展缓慢。为此采取了以下主要措施：一是经请示国务院同意，在不增加中央补助经费的前提下，适当提高补助标准，并将土地详查工作从1990年再推迟三年至五年完成；二是从1988年起开展土地调查科技成果表彰奖励活动，并制定了《全国土地调查科技成果奖励办法》；三是1991年9月召开了全国土地详查工作会议，明确了加快县级调查工作、及时开展地（市）级、省级汇总的目标和任务。这样大大加快了县级调查的步伐，到1991年底全国有800多个县完成了调查工作，到1995年春全国2843个县的调查任务全部完成。

2. 地（市）级和省级汇总

在县级调查的同时，1989年在全国部署了吉林省和16个地（市）进行省级和地（市）汇总试点工作。16个地、市是：第一批试点有河北廊坊、辽宁大连和盘锦、湖北武汉；第二批有黑龙江绥化、浙江绍兴、福建龙岩、江西南昌、广西梧州、四川内江、陕西延安、甘肃平凉、青海黄南州；第三批有内蒙巴彦淖尔盟、河南濮阳和贵州遵义。在总结试点经验的基础上,国家土地管理局于1993年7月和1994年7月先后颁布了土地利用现状调查地(市)级汇总技术规程和省级汇总技术规程。

为了抓紧作好各级汇总工作,1994年国务院办公厅转发了国家土地管理局《关于加快土地利用现状调查汇总工作的意见》;指出土地详查已进入各级汇总的关键阶段,各级政府要继续加强对土地详查工作领导,切实采取有效措施,确保成果真实、准确并建立动态监测制度,以适应国民经济和社会发展的需要。文件发出后,各省(区、市)均抓紧并成立详查汇总领导小组,组成工作班子,制定汇总工作方案,大大加快了汇总进度。预计1996年底省级汇总工作可基本结束。

3. 全国汇总工作

为了抓紧全国土地详查汇总工作,1994年1月在北京召开了土地利用现状调查全国汇总编辑委员会成立大会。全国编委会由有关部委、科研单位、院校及土地管理系统的领导、专家共72人组成,主任委员和副主任委员由国家土地管理局、国家计委、农业部、林业部、民政部、国家统计局、国家测绘局、总参测绘局、中科院综考会的有关领导、院士、专家组成。接着召开了全国技术指导组核心组会议,讨论了全国汇总工作方案和工作计划。全国汇总的成果是:

(1)数据:主要包括全国土地总面积、分类面积,全国土地按国家所有、集体所有分类面积及国有土地按部门分类面积;

(2)图件:包括(编制1/50万全国分幅土地利用现状图,中国土地资源图集和1/400万土地利用现状挂图及专业图件等;

(3)文字:包括编写《中国土地资源》专著、《中国土地调查技术》和土地利用现状调查工作报告。

为了落实全国汇总具体工作,1995年1月组成了全国汇总办公室。为了及时抓好全国县级调查数据的统计汇总,满足国家编制"九五"计划的急需,全国汇总办公室1995年的中心工作是组织全国数据汇总,为此编制了数据汇总方案,投入了紧张工作。根据我国与邻国的边界谈判协议书附图,联检协议书附图及外交部认可的地形图,在总参测绘局协助下,对涉及我国国界线的调查图件进行了复核,以海洋测绘主管部门的图件为依据,在海军航海保证部的协助下,对我国的海岸线,滩涂界线及海岛的调查图件进行了检核;接着组织了全国30个省(区、市)辖区境界线接边的审核;最后完成了全国土地面积和土地分类面积的统计汇总。预计1996年底将完成1996年10月31日同一时点的全国土地分类面积汇总。

(三)土地详查的技术特点

这次全国土地详查方法科学、组织严密、成果翔实、可靠。其技术特点主要体现在以下几方面:

1. 坚持全国统一的调查规程和分类标准

全国土地详查是一次重大的国情、国力调查,从一开始就是在国务院统一部署,原全国农业区划委员会领导下开展工作的。由于我国幅员辽阔,土地资源丰富,类型多,为了统一土地分类标准和调查的内容方法要求,全国农业区划委员会抽调原农牧渔业部、国家计委、国家测绘局的专家起草了技术规程,并反复征求林业、水利、民政、统计、海洋等有关部门的意见,又经全国会议充分讨论,颁布了《土地利用现状调查规程》。规程规定全国土地利用现状分为耕地、园地、林地、牧草地、居民点及工矿用地、交通用地、水域和未利用土地共8个一级地类,二级分类分为46类,形成全国统一的土地分类系统,改变了过去多部门调查分类指标和标准不统一的局面。随着调查工作的进展又制定了地(市)级和省级汇总技术规程。这样，整个调查工作自始至终都在统一技术规程控制下进行。

2. 采用先进的遥感技术，进行全野外调查，详尽地反映了土地利用和土地权属现状

这次调查的技术方法从我国实际出发，采用了国际上普遍使用的航天、航空遥感技术。西藏大部、四川西部、新疆少量无人区或人少地广地区，采用了TM卫星像片结合部分地面调查完成。全国大面积是采用航空像片进行全野外调绘，天津、上海等地区还采用了彩红外像片和大比例尺航空像片。野外调绘的最小单元是地类图斑；对道路、河流、渠道等线状地物调绘时要在实地丈量其宽度，图上量长度以计算面积；对不够上图的零星地类，要实地丈量计算面积并在外业调绘手簿上加以记载。

查清土地权属界线和行政境界是野外调绘的重要内容，村界，国营农、林、牧、渔场分场等权属界线由相邻双方领界人员在实地指界，无争议的，将界址点刺到航片上，调绘出界线走向，并签订权属界线协议书；有争议的，经协调仍不能达成一致意见的，双方应签订权属界线争议原由书。这次调查还调绘了乡(镇)、县(市、区)、省(区、市)行政境界，没有争议的签订协议书，少数有争议的，划清双方争议地段范围，并经双方协商画定工作界线，以确保各级行政区之间土地面积调查、统计的不重不漏。

3. 采用大比例尺地形图，转绘制成土地利用现状图，保证了调查内容丰富、可靠

在航片上外业调绘的地类图斑、权属和境界线，在室内用投影仪、转绘仪或手工方法转绘到大比例尺地形图上。编制分幅土地利用现状图。这次调查中使用的地形图比例尺是：农区为1:1万，共13万多幅，约340多万平方公里；重点林区为1:2.5万，共1万多幅约5万平方公里；一般林区和牧区为1:5万或1:10万共5千多幅，约400多万平方公里；部分城市郊区还采用了1:2千或1:5千地形图。一些地区采用了正射影像平面图，则不需转绘，直接编绘了土地利用现状图。

4. 层层控制，保证了面积量算、分类统计汇总的精确

地类图斑面积量算采用求积仪法、图解法、方格法和计算机配合数字化仪等方法。为了保证面积量算的精度，规程作了程序和精度规定。其基本原则是“图幅为基本控制，分幅进行量算，控面积比例平差，自下而上逐级汇总”，即面积量算在图幅理论面积控制下进行，这样保证了一幅图内各行政单位平差后面积之和应与图幅理论面积完全相等，行政单位内全部图斑平差面积之和应与行政单位面积相等。在此基础上，按行政单位对图斑面积进行分类统计，再自村、乡、县直至全国进行逐级汇总。由于面积量算的技术程序严密，既保证了调查精度，也确保了汇总统计的数据可靠。

5. 汇总工作技术组织严密，形成丰富、详实的土地详查系列成果

在县级调查基础上，地(市)级、省级、和国家汇总是按汇总规程要求，在严密的技术组织下进行的。各级数据汇总自上而下控制，即全国土地总面积控制各省、区、市面积，省、区市总面积控制地(市)面积，地(市)面积控制各县面积；具体工作是通过各级境界接边、制作图幅理论面积与控制面积接合图表，层层审核进行的。图件汇总是通过逐级缩编、严格过渡、按规定综合取舍编制的。文字汇总是在汇集大量调查成果基础上，由专家和实际工作者组成的班子经分析提炼升华，形成既有土地利用现状分析，也有土地合理利用途径和措施的文字资料。总之，汇总工作坚持了数出有据、图出有源、文字资料翔实，图、文、表并茂，成果具有科学性、完整性和实用性。

这次土地详查的成果主要有：

(1)乡土地利用现状调查成果:乡土地分类数据册,乡土地利用现状图,和调查证明书;

(2)县土地利用现状调查成果:县土地分类数据册,土地统计台帐,调查比例尺(主要是:1:1万,1:2.5万或1:5万)分幅土地利用现状图县土地利用现状挂图,县土地利用现状调查报告,权属图和权属界线协议书;

(3)地(市)级汇总成果:地(市)土地分类数据册,1:5万或1:10万分幅土地利用现状图,地(市)土地利用现状挂图,以及地(市)土地资源和调查报告等文字资料。

(4)省级和国家汇总成果:省(区、市)和国家土地分类面积数据册,省(区、市)和全国1:50万分幅土地利用现状图,省(区、市)土地利用现状挂图和土地资源专著,1:400万全国土地利用现状挂图、派生专业图,以及《中国土地资源》、《中国土地调查技术》专著等。

10多年来,全国共有50多万人员参加调查工作,中央和地方投入10多亿元资金,取得了全面、翔实、准确的调查成果。全国数据汇总于1995年底完成,结束了我国土地资源长期家底不清的局面。1996年底即将完成全国1996年10月31日同一时点土地数据。全国汇总工作预计1997年底可基本完成。全国土地详查始终坚持了边查边用的方针,因此调查成果已经得到广泛应用,并取得了很大的社会、经济和生态效益。

(国家土地管理局地籍管理司)

社团工作

中国土地学会1995年业务综述

1995年中共中央和国务院作出了《关于加速科学技术进步的决定》，提出《关于加强科学技术普及工作的若干意见》，并召开了第三次全国科学技术大会，党的十四届五中全会提出了要实现两个具有全局意义的根本转变的重大决策，中国土地学会积极响应上述会议精神，认真组织各种形式的多项活动，在学科建设、科学普及、开展海内外学术交流以及学会的组织建设等方面都有了新的进展，取得较好成效。

(一)学术交流

各工作委员会和各分会按照本会1995年工作要点提出的开展小型、分散、专题性学术活动为主的原则，分别组织学术讨论会和专题座谈会，深入探讨了有关以土地学科建设为基础，通过土地教育和土地科普促进土地科学技术的全面进步；以土地使用制度改革为中心，优化土地资源配置，保护基本农田等问题。

1．关于土地学科建设与土地教育和土地科学普及

为贯彻第三次全国科学技术大会的精神，学术工作委员会和教育与科普工作委员会于1995年6月21日在北京召开了以“如何促进土地科学技术的进步与普及”为主题的座谈会，同年11月27日至30日，教育与科普工作委员会又举办了“中国土地教育、科普研讨班”。参加座谈会和研讨班的专家学者提出，当前，土地科学作为一门学科尚未在我国科学界拥有独立位置的情况，制约着我国土地教育事业的发展和土地科学技术的进步与普及。要加强土地科学知识体系的研究，在研究中要处理好土地学科建设与土地管理业务之间的相互关系，要把培养土地科技人才与土地科学研究和土地管理实际工作结合起来。

学术工作委员会还就土地利用规划学科建设召开了专题研讨会，就土地利用规划学的对象和任务；理论与方法体系；土地利用规划的体系等问题交流了研究成果，并提出了加强土地利用规划学科建设的建议。

2．关于土地使用制度改革与土地资源优化配置

通过土地使用制度改革，发挥市场机制在土地资源配置中的作用，以达到土地资源的优化配置，实现保护耕地的基本国策，这已逐步成为广大土地管理与土地科技工作者的共识，这个目标也完全符合党的十四届五中全会提出的实现经济增长方式和经济体制两个根本转 变的重大方针。但在改革和机制转变过程中，由于人们认识上的偏差和现实环境的局限，往往出现改革的现实与改革的目标不相符的情况，而成为改革中亟待解决的热点和难点问题。1995年青年工作委员会、土地经济分会、土地利用分会、地籍分会及土地法学分会等，分别采取召开研讨会、座谈会和专题研究等形式，对这些问题进行理论与实践相结合的深入探讨。主要有以下几个方面。

(1)关于集体非农建设用地流转问题。土地经济分会于1995年上半年曾就此问题在京召开一次专题座谈会，在下半年召开的学术年会中该问题仍是会议讨论的主要内容之一。青年工作委员会举行的第二届青年学术年会上也重点讨论了这个问题。关于集体非农用地流转或入市，争论的焦点主要集中在集体所有土地是否一定要转为国有后才能入市。但不同观点的同志都认为，随着我国经济的发展，城市化进程的加快，原集体所有的农地必然要有一部分转为非农建设用地，

在这个转变过程中，既有城市化与保护耕地的关系问题，又有国家和农村集体与农民的关系问题。应建立合理的土地流转机制，既有利于保护社会的长远利益，又兼顾农民的切身利益，而其中关键之一是改革现行的建设用地征地制度，建立与社会主义市场经济体制相适应的土地流转与配置机制。

(2)关于国有企业改制中原行政划拨土地的处置问题。国有企业的改革是当前经济体制改革的重点，而国有企业在进行结构调整、资产重组中必然涉及到原行政划拨土地的处置问题。在土地经济分会召开的学术年会上，与会代表对现行的出让、入股和租赁三种土地处置方式在实践中出现的诸如：一方面因地价评估欠规范，或人为压低地价，造成国有土地收益流失；另一方面改制的国有企业资金短缺，交不起出让金，而入股方式又造成加大国家股比重和企业总资产额，不利于企业经营等问题进行了深入讨论。一些同志认为租赁方式是解决上述矛盾的较好方式，但目前在法律上没有明确，实行中也有许多欠规范的地方。因此大家一致认为，三种土地处置方式各有利弊，有些是先天的，这可以让企业根据自己的资产经营状况扬长避短，自主选择，但有些是因方式设计不完善而造成的，应根据市场经济体制的要求加以逐步完善。

(3)关于土地资源配置的宏观管理问题。在土地利用分会、土地经济分会和青年工作委员会分别召开的座谈会和研讨会上，与会同志一致认为，要使市场机制发挥优化土地资源配置的作用，必须有国家的宏观调控与管理，而规划特别是土地利用总体规划是政府宏观管理土地资源配置最重要的手段。但由于目前土地利用规划体系不健全，土地利用总体规划与城市规划不衔接，规划的编制方法与实际不适应等问题，制约着土地利用总体规划的实施，不能发挥其应有的作用。对如何解决上述问题，与会同志也提出一些具体建议。

土地法学分会和地籍分会还就《土地法》立法过程中一些急需解决的理论问题，分别邀请专家学者进行了专题座谈。此外，地籍分会举办了一次地籍信息系统演示会，并就我国地籍信息系统发展与现状及对策进行了研讨。

(二)对外交流

1995年持续了5年的海峡两岸土地学术研讨会依序由台湾私立文化大学主办，中国土地学会派出由学术工作委员会副主任王万茂教授为团长，一行9人赴台参加了此次研讨会。此次会议是以“地价与地税”为主题的专题研讨会，会上两岸专家学者交流了20篇论文，并分六个场次，分别就“两岸地价政策及制度之建立与比较”；“农地变更使用课税问题之探讨”；“地价讯息网络之建立及其应用”；“土地估价师制度建立之探讨”；“土地增值税之政策功能”；“土地征收与地价补偿之探讨”等进行了专题研讨。两岸学者充分而坦诚地交换了在地价和地税方面的政策思路和学术观点，也为今后深入开展地价和地税方面的研究提供了经验和思路。

(三)编辑出版

会刊《中国土地科学》坚持为土地科技和土地管理事业服务，为土地科学学科建设服务的宗旨，围绕当前改革实践和土地科学理论研究中的热点问题，组织不同观点的文章进行讨论，为促进土地学术交流，提高我国的土地科技水平，做出积极努力。1995年该刊开辟了“土地·市场·经济”和“土地资源利用与保护”等专栏，并试行滚动选题计划，积极开辟稿源，1995年来稿量比上一年增加一倍。编辑部的同志克服人员减少、工作量增大的困难，精心选编稿件，保证了刊物质量的不断提高。1995年《中国土地科学》还出版一期增刊，15万字，即青年土地学术研讨会论文集。

(四)组织建设

1995 年 11 月召开了组织工作委员会扩大会议暨学会秘书长工作会议。与会同志依据中国土地学会第四次会员代表大会通过的《中国土地学会会章》,对中国土地学会先后制定的一系列规章制度提出修改补充意见。会议还讨论修改了《个人会员审查、登记及办理会员证办法》、《个人会员会费交纳及管理办法》,已由组织工作委员会下发执行。为充分发挥学会人才荟萃的优势,会议根据一些会员的建议,决定着手建立“中国土地学会专家库”,并研究了建库的具体程序。

会员登记发证工作在各省土地学会的协助下顺利进行,1995 年又办理了 6 个省(区、市)554 名会员的登记发证。到年底为止,持证会员已达 4462 名。

中国土地估价师协会 1995 年业务综述

中国土地估价师协会是以"联合全国土地估价人员和机构，共同促进土地估价事业发展，更好地为社会主义市场经济服务"为宗旨，以协调、咨询和行业管理为主的全国性行业社会团体。经国家土地管理局批准，民政部审核登记，于 1994 年 5 月在北京成立。作为一行业性组织，其主要任务是：沟通全国各地估价机构与人员的相互联系，组织地产信息交流和土地估价学术与经验交流，统一规范土地估价行为；组织培训，提高各地估价机构和人员的专业水平；组织开展咨询服务及国际间业务交流和合作，保护协会成员的合法权益。

协会会长王先进，副会长马克伟、林增杰、黄小虎、袁征，秘书长张瑜。协会办事机构现设有办公室，培训交流部和咨询服务部。理事会下设有学术与交流委员会、财务委员会、教育委员会和组织鉴定委员会。首批团体会员有中国地产咨询评估中心等 88 家土地估价机构。协会成立一年多来，在国家土地管理局的指导和关怀下，在协会理事和广大会员单位的大力支持下，为管理土地市场和规范土地估价机构和人员行为等方面工作发挥了积极的作用。

(一)开展业务培训、学术研讨及科普工作

(1)为发挥协会行业管理职能，促进土地估价行业规范建设，提高土地估价业务水平，针对当前我国土地估价的热点、难点问题，协会于 1995 年 6 月和 10 月在北京和深圳举办了两期《全国土地估价高级研讨班》，来自全国各会员单位的所长或业务骨干通过学习、研讨和与港台同行的交流，取得了较好的预期效果。

(2)为了促进我国现代企业制度的建立，根据企业股份制改组过程中的土地资产评估与管理的需要，经国家土地管理局同意，我会与中国投资促进会于 1994 年 10 月份在北京举办了《全国企业股份制改组过程中的土地资产评估与处置》培训班，共有来自全国各系统的 218 名学员参加了培训。

(3)同《中国土地报》合作举办了《土地估价知识有奖竞赛》活动，普及了土地估价知识。在《中国地产市场》杂志上协办了咨询与服务栏目《不动产估价的理论与方法》。

(4)为了加强我国土地估价师业务建设，宣传我国土地估价行业法规、制度，交流土地估价工作经验，沟通协会与会员的信息联系，提高我国土地估价师业务水平和职业道德水准，于 1995 年 6 月份创办发行了协会会刊《中国土地估价师通讯》，至 1995 年底已编发了 7 期。

(二)制定发布了规范土地估价行为和协会机构的有关制度文件

为了提高执业土地估价师的职业道德水准，保证估价行为的客观、公正以及估价成果的正确性和科学性，依据国家有关土地估价和地价管理的精神，结合国家土地管理局在土地估价方面管理办法，同国家土地管理局地籍司一起制定了《执业土地估价师自律守则》、《中国土地估价师协会公报制度》和《土地估价师资格培训和进修制度》等文件，经协会一届二次理事会通过，于 1995 年 9 月 1 日在中国土地估价师协会公报第一期上发布实施。同时协助国家土地管理局地籍司完成了《土地估价报告规范格式》范本，现已由国家土地管理局下发执行。

(三)协助国家土地管理局完成了 1994 年度全国土地估价师资格考试工作

配合国家土地管理局组织了全国土地估

价师考试，协助全国土地估价师资格考试委员会完成了1994年度考试工作中资料的编发、监考及判卷等工作。经过培训、考试和审查，目前全国已有6000多人领到了国家土地管理局颁发的土地估价师证书。

今后中国土地估价师协会将依据协会章程的要求，进一步加强协会自身建设，完善协会有关规章制度，以为会员服务为主要任务，以建立行业管理为根本目标，提高估价人员的素质和估价成果质量，规范估价行为。切实从会员的利益及行业发展的需要出发，探索适应社会主义市场经济需要的行业协会服务方式，做好服务和行业管理工作。

（张建平）

地方土地管理
工作概况

1995 年天津市土地管理工作概况

1995 年，天津市土地使用制度改革取得突破性进展。《天津市深化土地使用制度改革方案》正式颁布实施，土地出让范围进一步扩大，市场运行机制得以完善，并向规范化发展。土地市场总体上呈现出平稳发展的态势。一年来，全市共出让土地178 幅，面积613.56 万平方米，其中，市区出让土地22 幅，面积39.08 万平方米，合同出让金额3.8652 亿元人民币，可吸引建设资金45.32 亿元人民币；市区以外共出让土地156 幅，面积561.81 万平方米，合同出让金额8.6148 亿元人民币，714.58 万美元。

1995 年天津土地市场的发展呈现出以下几个特点：

——土地使用制度改革进一步深化，土地市场向规范化发展。市政府进一步加大培育和规范土地市场的力度，先后颁布了"地改"方案和扩大土地出让范围的规定，对规范土地市场起到了明显的促进作用。公开、公正、公平竞争的市场机制正在逐渐形成。

——投资比例趋于协调，投资结构更趋合理。从1995 年用地结构上分析，工业用地占86 %，普通住宅用地占5.9 %，商业综合用地8.1 %，这充分显示了天津在土地使用上注重和加强工业的取向，也符合国家的产业政策。

——"双优化工程"深入实施，盘活存量土地资产工作有明显进展。从中心市区出让土地分析，全年出让地块22 幅，而原行政划拨土地补办出让手续的地块就达14 幅，占63.6 %，可见存量划拨土地进入市场的步伐明显加快。

——土地价格止跌回稳，并呈现小幅盘升的态势。从近几年出让地块地价分析可以看出，大型房地产开发用地的价格，在1992 年和1993 年连续上涨后，1994 年出现下滑，到1995 年下半年开始止跌，个别地区还略有回升。工业用地的价格在1994 年出现小幅下滑后，1995 年呈明显上升态势。

——投资环境日益改善，国际知名的大公司、大财团投资天津房地产市场势头不减。日本大荣公司、荷兰欧加华公司、英国壳牌公司等纷纷来津投资房地产开发和投资建厂，充分显示了天津土地市场的吸引力和广阔的发展前景。

与此同时，天津房地产市场也存在房地产开发项目资金到位率低等问题，资金短缺的局面有待大的改观。

由于继续受国家宏观调控和财政适度从紧政策的影响，1996 年的天津土地市场不会有大的突破，仍将保持平稳发展的局面，但会逐渐出现稳中有升的势头。

从长远看，天津土地市场的发展前景是令人乐观的。原因有两个方面：一是天津地区经济发展进一步加快，引资潜力巨大。随着投资环境的日益改善，许多财团对在天津投资表示满意；二是从沿海地区经济发展来看，目前投资热点已开始由珠江三角洲、长江三角洲向环渤海地区转移。随着国内外企业和资金的纷纷涌入，必然会加大对房地产业的需求，进而刺激和推动天津土地市场的升温。

从近期看，天津土地市场将呈现以下几个特点：首先，普通商品住宅的开发将成为1996 年房地产开发的主旋律，估计今后二三年内上述势头将继续保持，而且危陋房改造和安居工程仍将是发展的重点。其次，商业、办公等综合性用地需求仍然旺盛，近两年在政府宏观调控和金融收缩条件下，竣工项目不多，这方面日益增长的需求将引发用地供给的适当扩大。第三随着“双优化工程”的实施和滨海新区开发建设的加快,工业用地的需求将会呈明显上升的趋势。工业用地的出让将成为土地出让的主角。

（天津市土地局）

1995 年河北省土地管理工作概况

(一)土地资源及其规划利用的概况

河北省位于华北地区东部，地处北纬 36°03′～42°40′，东经 113°27′～119°50′之间，北倚内蒙古高原，西靠太行山，东临渤海，中环北京、天津两大城市。河北省的西北山峦迭起，东南平原展布，大致从西北向东南呈半环状逐级下降，地形复杂，高原、山地、丘陵、盆地、平原、湖泊、洼淀等地貌类型均有。全省总土地面积 1880.41 万公顷(28206.22 万亩)，其中耕地 702.34 万公顷(10535.15 万亩)，园地 43.53 万公顷(652.87 万亩)，林地 306.48 万公顷(4597.19 万亩)，牧草地 289.63 万公顷(4344.49 万亩)，居民点及工矿用地 121.85 万公顷(1827.81 万亩)，交通用地 35.14 万公顷(527.13 万亩)，水域 97.16 万公顷(1457.39 万亩)，未利用土地 284.28 万公顷(4264.19 万亩)，分别占全省土地总面积的 37.35%、2.31%、16.30%、15.40%、6.48%、1.87%、5.17% 和 15.12%。

全省土地资源特点是：①土地资源类型齐全，矿产资源丰富。全省系多类型地貌单元，高原、山地、丘陵、平原和盆地等土地资源类型均有，为本省农、林、牧、副、渔大农业的全面发展提供了有利的土地条件。②平原面积大，垦殖率和利用率较高。全省平原面积占37.9%高出全国 26 个百分点，垦殖率和利用率分别高出全国平均水平的 24 和 10 个百分点，其中平原区垦殖率和利用率高达 64%和 93%。③土地资源开发利用区域差异明显。河北省是个农业大省、人口大省和耕地大省，但是人地资源形势十分紧张，人口多，人均耕地少是河北的基本省情。目前全省 139 个县(市)中，已有 13 个县(市)人均耕地降到 1.1 亩以下，其中有 8 个县(市)还不足 1 亩，最低的人均耕地只有 0.69 亩。土地供求矛盾日趋突出，形势越来越严峻。根据河北省实际和经济发展对土地利用的要求及土地利用战略目标，确定到 2000 年土地利用总体规划为：耕地：由现状调整为 703.05 万公顷(10545.68 万亩)，净增加 0.7 万公顷(10.54 万亩)。园地：调整到 45.92 万公顷(688.77 万亩)，增加 2.40 万公顷(35.90 万亩)。林地：调整到 490.93 万公顷(7363.92 万亩)，增加 184.45 万公顷(2766.73 万亩)。牧草地：调整到 305.62 万公顷(4584.33 万亩)，增加 15.99 万公顷(239.84 万亩)。居民点和独立工矿用地：达到 129.91 万公顷(1948.70 万亩)，增加 8.06 万公顷(120.89 万亩)。交通用地：达到 38.36 万公顷(575.39 万亩)，增加 3.22 万公顷(48.26 万亩)。水域：减少到 87.62 万公顷(1314.35 万亩)，净减少 9.54 万公顷(143.04 万亩)。未利用土地：调整为 79.00 万公顷(1185.08 万亩)，减少 205.27 万公顷(3079.11 万亩)，主要开发为农林牧渔及建设用地。

(二)1995 年土地管理工作概况

1．土地管理与土地使用制度改革情况

1995 年是河北省土地管理工作深化改革，强化管理的重要一年，全省各级土地管理部门在各级党委、政府的领导下，以党的十四届五中全会为指导，认真贯彻全国土地使用制度改革工作会议和全国耕地保护工作会议精神，紧紧围绕经济建设中心，以落实土地基本国策，保护耕地资源为重点，进一步深化土地使用制度改革，加强土地执法监督，各项工作都取得了重大进展。

(1)严格建设用地审批管理，耕地资源得到有效保护。针对河北人多耕地少、耕地后备资源不足的基本省情，坚持“一要吃饭，二要建设”的基本方针，开源、节流并举，采取措施从多方面加强对耕地的保护和管理。一是对建设用地实行计划管理。省土地局将年初国家下达本省的年度建设用地计划分解下达到市地，列入政府考核目标。年终对各级土地管理部门进行考核。二是进一步严格了建设用地审批程序，省土地局印发了《关于严格建设用地审批手续的意见》，重新规定了省土地局、主管副省长的审批权限和对建设用地实行多部门共同把关，“二五”例会集体研究，局长一支笔上报、主管省长一支笔审批、土地管理部门一家办理手续的制度。规定凡建设用地涉及规划、水利、林业、环保等有关部门的，主管部门必须签署明确意见，否则土地管理部门一律不予报批用地。同时对各级报上级政府审批的用地程序和附送材料都做了详尽的规定，各级在审批用地时，必须严格坚持“四按”(按规划、按计划、按项目、按程序)、“三有”(有偿、有限期、有条件)的原则，在建设用地审批中严把“五道关”(产业政策关、用地定额关、审批手续关、占用耕地关和审批权限关)。为搞好这项工作，省土地局又专门编发了《国家建设用地定额汇集》和《建设用地管理手册》，举办了两期建设用地培训班，培训基层骨干，提高用地审批质量。全省年内共审批项目用地 16.01 万亩，其中耕地 9.21 万亩。分别占年度计划的 73.61% 和 81.87%，全年压缩核减用地 8895 亩，其中压缩耕地 5153 亩，对不符合产业政策的 1009 宗项目用地作了退卷处理，节约土地 8300 多亩，建设用地审批质量明显提高，既节约了土地，又满足了经济建设的需要。三是强化了建设用地批前现场勘察、批后跟踪管理制度。省土地局对 100 亩以上，市土地局对 10～100 亩，县土地局对所有建设项目用地必须实行现场勘察 和跟踪管理，及时发现和纠正了 248 宗地类不明的弄虚作假问题。四是收回了开发区土地审批权。为解决开发区存在的乱批滥占、闲置撂荒土地的问题，省人大常委会修改了《河北省经济技术开发区土地管理规定》，明确从 1995 年 9 月 13 日起，国家级和省级经济技术开发区管委会不再负责土地的征用、划拨、出让工作。省政府又专门发出明传电报撤销了保定、辛集、霸州胜芳、衡水湖和涿州台胞投资开发区等机构不健全、开发不利的 5 个开发区。五是对基本农田实行了特殊保护，省土地局会同省农业厅共同制定了《河北省基本农田保护区规划》，已通过国家土地管理局和农业部的验收，待报国务院批准执行。为落实好国务院和省的《基本农田保护条例》，省土地局起草了《河北省基本农田保护实施办法》(拟由省长令发布实施)，召开全省基本农田保护工作现场经验交流会，督促各地切实加强对基本农田的保护和管理，尽快完成对原有基本农田的调整、完善和提高工作。下半年省土地局又利用两个月的时间抽查了 23 个县市 29 个乡镇 27 个村的基本农田保护工作落实情况。目前全省县级基本农田保护区的规划调整工作已基本完成，80% 的县市建立了县、乡、村三级基本农田保护体系，并制定了具体的乡规民约，建立了完善的图表卡档案。全省共保护基本农田 7534 万亩，其中一、二级基本农田 5935 万亩，三级基本农田 1608 万亩。全省耕地保护率达 77.1%，为防止农业结构调整占用基本农田，确保“米袋子”“菜篮子”工程用地，河北省政府办公厅下发了《关于禁止乱占粮田发展林果业的通知》，明令禁止基本农田保护区内发展林果业、挖渔塘等。省土地局也起草了加强农业结构内部调整审批管理的有关规定，提出林果上山、下滩、进庭院的方针。六是狠抓了宜农荒废土地的开发复垦。全省各级土地管理部门认真贯彻落实《河北省荒废土地利用暂行规定》和《河北省土地复垦实施办法》，多方筹资落实优惠政策，调动了广大群众的开荒积极性，全省涌现了许多开荒大户和土地开发复垦先进典型。唐山市还被列为“全国土地开发复垦示范区”。全省年内共开发复垦土地204.31万亩，其中开发成耕地35.37万亩，分别比年计划超出129.31万亩和26.37万亩。

(2)土地使用制度改革进一步深化。按照《城市房地产管理法》的规定，全省对建设用增量国有土地，该走出让的一律纳入了有偿出让轨道。对存量国有土地的有偿使用也进行了积极的探索，部分县市已开始试点。深州市对现已不符合划拨条件的存量国有土地全部实行有偿使用，补办出让手续，年内实现存量国有土地资产600余万元。故城县对存量国有土地实行出租管理也取得了成效。全省年内共出让国有土地6295宗，实现国有土地资产13.36亿元，以出让方式提供用地占整个国家建设用地的52%。国有土地有偿使用和市场配置土地资源的机制初步确立。对改制、改组、破产企业的土地资产管理方面，全省各级土地管理部门也积极参与、引导，促进了企业国有土地资产的合理重组和优化配置。石家庄、保定、秦皇岛、沧州等地通过试点取得了初步经验，乡镇企业用地制度改革步伐加快。全省各级土地管理部门通过推行“转权让利、统一出让”促进了小城镇建设和乡镇企业集中连片发展，涌现了一批改革的典型县市。磁县结合小城镇建设，对磁州旧市场进行了改造，将58亩原集体土地统一征为国有，实施“五统一”管理，进行小宗出让，收取土地出让金1530万元，全部投入小城镇建设和市场改造，在政府不投入一分钱的情况下，聚集社会资金2200万元，建成了磁州新市场。深州市通过改革建成了唐奉、大堤等7个乡镇工业小区，吸引乡镇企业180余家，引进外资1.7亿元。目前全省已有72个小城镇通过改革加快了城市建设步伐，近百个城镇作好规划正在起步。

(3)土地执法监督得到强化。全省用地秩序明显好转。针对我省一度存在的乱批滥占、闲置荒芜土地等违法批地违法占地屡禁不止的混乱局面，采取多种措施，加大了土地执法力度。一是建立了规范的土地执法监察制度，重点处理了一批违法占地案件。省土地局下发了《关于加大土地执法力度严格依法管理土地的若干规定》，省土地局和省监察厅联合制定了《关于违反土地管理法律法规行政处分的暂行规定》，明确了对国家公职人员违反土地管理法律法规的处理办法。在全省实行了下查一级公告无效制度、土地违法案件报告制度和违法行为举报制度，各地普遍在交通枢纽和土地管理机关、乡镇所在地设置了举报箱，公布了举报电话。各级都建立了土地违法案件登记台帐，按季逐级上报。省土地局还在全省推行了错案和执法过错追究制度，全省年内有8人因工作失误受到处理，有11名土地执法人员因违反土地法律法规受到政纪处分。全省年内共处理土地违法案件21711件(起)，收回土地2799亩，拆除违法建筑472件(起)。二是按照河北省政府《关于严禁土地闲置荒芜的通知》和国家土地管理局《关于全面清理非农业建设闲置土地的通知》要求，对全省非农业建设闲置荒芜土地进行了彻底的清理。共清理出1992年以来闲置土地1.7万余亩，分别依法进行了处理和纠正，限期开工285宗，调整用途50宗，收回土地使用权80宗，复耕6920亩。省土地局还先后对35个违法用地单位进行通报批评，对3个长期闲置土地的单位进行了电视曝光。同时全省还狠抓了历史遗留案件的处理，使95%的历史遗留案件得到依法处理和纠正。三是对砖瓦窑、宅基地进行了专项治理。通过清理，停产砖瓦窑576座，拆除130座，复垦利用土地9.2万亩。砖瓦窑用地正逐步纳入规范化管理轨道。宅基地清理工作大部分市地已经全面展开，部分县市已完成。四是信访工作成效明显。针对河北省地处北京周围，土地信访多年居高不下的情况，全省各级土地管理部门把土地信访作为土地执法监察的一项重要工作，“查防”并重，注重解决实际问题，落实责任制，一级抓一级。有的还设立了局长信访接待日，把信访苗头化解在基层，使全省进京赴省信访量明显下降。五是加强与其他行政执法执纪部门的配合，形成了执法合力。全省建立了土地公安联合执法队68个，“土地案件合议庭”87个，大大加强了土地执法力度。六是土地监察体制改革试点方案取得初步经验。沧州、邢台、唐山、邯郸四个地级市完成了市对区的垂直领导，已有55个县实行县土地局对乡镇土地管理所的垂直管理。三河市的省级土地监察体制改革试点方案已经市政府批准，正在组织实施。石家庄、深州、任丘、青县、曲阳、博野、清河、柏乡等县市也已制定出土地监察体制改革方案，待政府批准后实施。七是宣传教育工作力度加大，全民的土地法制意识普遍增强。土地法律法规宣传工作围绕“土地与法制”的宣传主题，常年宣传不断线，季节宣传有重点。在“6·25全国土地日”期间，省土地局组织河北日报、河北经济日报、河北政法报和河北农民报四大报纸和省电台、电视台专门开设了为期一个月的“燕赵土地行”，并对三起典型案件进行了公开曝光。同时结合“二·五”普法宣传，在全省土地系统内部开展了学法、懂法、执法的学习活动，11个市地的“二·五”普法工作全部通过了当地普法部门的检查验收。

土地管理教育工作按照国家土地管理局和国家人事部的统一部署年内全面完成了国家公务人员业务技术考试，全省95%的土地管理人员取得上岗证书。

2．土地市场发育、土地产权交易情况

面对日趋活跃的土地二级市场坚持一要放开，二要搞活的原则，一方面加强市场法制建设，起草了国有土地使用权登记管理办法、转让管理办法、出租管理办法和抵押行规定。另一方面加强了市场管理及中介服务机构建设。全省共建立土地交易市场123个，土地评估机构113个。10个省辖市和110个县市完成了城镇土地定级估价任务。同时加强了城镇地籍权属管理。全省10个地级市和117个县市完成了城镇地籍权属调查，发放国有土地使用证47.5万本，发放集体土地使用证1404.3万本。

土地二级市场交易进一步活跃。全省年内共办理土地转让1796宗，转让面积4438亩；办理土地出租1933宗，出租面积1275亩，办理土地抵押1325宗，面积31658亩。

（张晓民、严卫清）

1995年山西省土地管理工作概况

1995年山西省土地管理局在国家土地管理局和山西省委、省政府的领导下，认真贯彻土地基本国策，切实落实中央领导保护耕地重要指示，全面扎实地开展土地管理工作，取得四大突破性成绩：

（一）坚定不移地贯彻土地基本国策，全省耕地保护工作取得明显成效

一是进一步完善了耕地保护政策法规。1995年，经省土地局起草，省人大、省政府批准出台了《山西省基本农田保护条例》（修正案）、《山西省土地复垦实施办法》（省政府66号令），下发了《山西省关于严格依法管地保护耕地的通知》（晋政发98号文件），使全省耕地保护工作逐步走上了法制管理的轨道。到年底，全省共有40个县（市）按照修改后的《山西省基本农田保护条例》要求，完成了名、优、特、新产品基地的划定工作，使之纳入了基本农田保护区，得到了特殊保护。二是加强了对非农建设用地的总量控制。全省全年共审批非农建设用地55615.382亩（耕地23854.5亩），占年初计划指标9.6万亩的57.9%，占耕地年度计划指标5.4万亩的44.2%，共节约非农建设用地计划指标40384.618亩，其中耕地节约30145.5亩。全省在 审批中核减不合理用地共353.79亩（耕地301.46亩）。非农建设用地除重点工程外，行政划拨用地占用水、菜地面积的项目27宗，计1259.749亩，占批准用地总面积的2.27%，较1994年下降了11个百分点，比计划指标下降一个百分点。1995年6月16日国家土地局在扬州召开了“全国耕地保护工作会议”，我省在会上介绍了“加强计划管理，控制耕地总量减少”的经验。三是对全省非农建设闲置土地进行了清理。全年全省清理闲置土地383宗，面积7368.6亩；处理250宗，面积5429.85亩。处理面积占闲置土地面积的73%。四是适时召开了“全省耕地保护暨乡宁县土地开发复垦现场会议”。会议总结交流了我省近几年耕地保护的经验，从六个方面提出了今后加强耕地保护的任务和要求，对全省的耕地保护，特别是土地复垦工作起了很大的推动作用。至1995年年底，全省共开发复垦土地54.64万亩，其中耕地16.16万亩，分别占计划指标（20万亩、6万亩）的273%和285%；35个重点产煤县中13个完成了土地复垦规划编制工作；8大矿区学习并运用孝义铝矿复垦经验，复垦塌陷地1300亩，逐步走上了“以地换地”，工农业并举发展的路子。1995年10份，我省代表在部分省、市土地复垦座谈会和全国土地资源管理研讨会上介绍了经验，会后国家土地管理局规划司领导专门来我省乡宁、孝义等地考察，给予了很高的评价。五是强化了土地执法，遏制了违法占地势头。1995年，结合省人大、省政府组织的《农业法》执法大检查，土地管理部门会同纪检、监察等部门认真抓了对全省违法占地案件的查处。据不完成统计，全省全年共查处各类违法占地案件18228件，收回土地1689.33亩，拆除违法建筑面积23.66万平方米，收取罚没款6256.98万元，给予9人党纪处分、8人政纪处分、1人刑事处分，维护了土地法律、法规的尊严，有效地保护了耕地。中纪委执法室主任曾晓东同志对此给予了明确肯定，并指示我局就有关问题写出专门报告。

（二）全力推进土地使用制度改革，市场的培育和规范有了新进展

1995年，全省土地管理部门加大了土地使用制度改革的力度，进一步扩大了土地有偿使用范围，在培育发展土地一级市场的同时，重视了对城镇划拨土地使用权交易的规范化管理，并将三资企业建设用地、城镇集体土地非农建设用地纳入了有偿使用轨道。据年终统计，全省全年共出让土地8632.4亩，较计划指标7000亩超1632.4亩，分别占计划指标的123.3%，占1992年以来全省累计出让面积的46.5%和当年批准占地总量的20.2%。其中，协议出让面积8369.3亩，占出让总面积的96.9%；拍卖，招标出让面积263.1亩，占出让总面积的3.1%。1995年全省以招标、拍卖方式出让县、市达到84个，较1994年增加了67个，占全省县、市总数的74.3%，全省113个县(市)全部开展了城镇土地隐形交易的清理整顿工作，至1995年年底，累计查处土地隐形交易案件13958件，涉及土地面积15839.92亩，较1994年清理整顿面积2105亩增加了6.5倍，清理规范面积之大前所未有。通过清理整顿，城镇划拨土地使用权转让、出租、抵押开始步入法制轨道。结合清理整顿隐形市场，全省各级土地管理部门还对非法流入市场的集体土地进行了申报、核实、登记工作，累计将1689.33亩土地收归国有，并全部实行了有偿使用。此外，还对全省大中型企业改制中的5400宗土地资产进行了评估，完成了年度清产核资任务。

(三)集中精力抓国土收益，提前超额完成年度任务

1995，全省各级土地管理部门把组织好国土收益工作作为全年工作的重点，投入了很大的精力和力量，创造了10月底提前完成省政府下达的5亿元任务、12月底国土收益达到5.7786亿元、年收益总量较1993年(9700万元)增长5.96倍、较1994年(6385万元)增长9.05倍的优异成绩。1995年全省国土收益各项指标完成量分别超过或接近计划指标。其中土地出让纯收益计划指标为2亿元，实际完成2.996156亿元(含存量土地出让收入)，超收9961.56万元，为计划指标的130.26%；清理整顿隐形市场计划指标2.3亿元，实际完成2.0854亿元，占计划指标的91.3%；土地执法罚没款、三资企业场地使用费和城镇集体非农业用地使用费的计划指标7000万元，实际完成6970.98万元，占计划指标的99.4%(其中罚没款收入6256.98元，三资企业场地使用费收入100万元，城镇集体土地非农使用费收入614万元)。全省11个地(市)均超额完成了任务，其中运城、晋中超额最多，分别完成任务的138.98%和137.06%；吕梁和长治次之，分别完成任务的118.38%和111.52%；太原在任务重，压力大的情况下，完成了任务的100.72%。《中国土地报》、《山西日报》、山西电视台、《太原日报》等新闻单位先后十多次报道我省将国土收益纳入各级财政预算和完成国土收益任务的经验。财政部充分肯定了我省组织国土收益的做法，要求我省对收取土地年租金办法加以认真的总结、完善，以便参考制定全国性的土地年租金征收办法。

(四)加快基础业务建设步伐，服务保障能力大大增强

1995年，适应土地管理新形势需要，我们加强了各项基础业务建设，取得显著效果。一是地籍管理进一步加强。1995年，全省城镇土地定级估价工作进展顺利，113个县(区)全部完成基准地价测算评估任务；土地估价师在1993、1994年两年考取国家级资格201人的基础上，1995年又增400名；初始土地登记工作有了突破性进展，共发放国有土地使用证22.19万宗、集体土地所有权证2.8万宗、集体土地建设用地使用证370.23万宗、乡镇企事业用地使用证5.7万宗、集体土地农业用地使用证15.03万宗、农村承包地和“四荒”拍卖证150万宗；土地变更登记全年共完成5960宗，其中出让登记869宗、转让登记1297宗、出租登记3560宗、抵押登记234宗。二是土地规划和详查获得进展。1995年土地利用总体规划编制工作在1994年完成省级任务的基础上，11个地市和42个县(市、区)完成任务。土地详查汇总工作，去年我们从各地市基本农田建设基金留成中拿出部分资金，解决了经费不足问题，11个地市全部完成汇总，全省7个县(区)土地局30名个人被评为全国土地详查先进单位和先进个人。三是宣传工作上了一个台阶。1995年“6·25”前后，我们与省广播电视厅联合组织了“三晋国土行”记者采访活动，宣传了土地法律、法规，打击了违法占地行为，推动了国土收益工作。在全国土地管理宣传工作会议上，省土地局、阳泉市、晋城郊区土地局分别被评为“全国土地管理宣传先进单位”。四是土地立法工作有新收获。1995年除完成《山西省基本农田保护条例》(第二次修正案)、《山西省土地复垦实施办法》的起草、修改任务外，还起草了《山西省地产市场管理办法》、《山西省铁路建设用地管理办法》并完成了征求意见工作。此外，还与财政厅联合下发了《山西省国有土地使用权有偿出让征收管理实施办法》和《山西省1995年国土收入目标任务专项考核奖罚办法》。据了解，各地市、县去年也制定出台了一系列法规，土地法规体系不断完善。五是土地档案管理有了新的突破。1995年，省土地局在档案管理基础差、底子薄、起步晚的情况下，硬件、软件一起抓，在半年时间内，建立了档案室(库)，完成了八大类业务档案和文书档案的整理，顺利通过省档案局达标验收，被破格批准为档案管理“二级达标单位”，并评为“山西省档案管理先进单位”；与此同时，91%的县(区)局达到三级以上标准。

在抓好物质文明建设和各项基础业务工作的同时，我们狠抓了机关精神文明建设和整顿办公秩序的工作，改进了作风，规范了秩序，提高了后勤保障能力，实现了“两个文明”建设双丰收。省土地局被省委授予“支持扶贫下乡先进单位”，局机关驻阳高县扶贫工作队被评为“扶贫工作先进集体”。据初步统计，1995年一年，全省土地管理系统86%的县(市、区)被评为当地“文明单位”和“先进工作集体”。

(山西省土地局)

1995年辽宁省土地管理工作概况

(一)土地资源概况

辽宁省土地总面积147559.86平方公里,其中山地87798.12平方公里,占土地总面积的59.5%;平地48252.07平方公里,占32.7%;水域11509.67平方公里,占7.8%。至1995年年底,全省人均占有土地0.36公顷;人均占有耕0.1公顷。

按土地利用现状区分,截至1995年年底,全省耕地面积为41974.10平方公里,园地5915.39平方公里,林地56225.83平方公里,牧草地3817.78平方公里,城镇村及独立工矿用地面积10543.71平方公里,交通用地2144.29平方公里,水域面积11803.59平方公里,未利用土地面积15135.15平方公里,分别占土地总面积的28.45%,4.01%,38.10%,2.59%,7.14%,1.45%,8.00%和10.26%。

(二)1995年土地管理工作概况

1.土地利用概况

1995年一年来,辽宁省认真贯彻《土地管理法》,落实"十分珍惜和合理利用每寸土地,切实保护耕地"的基本国策,加大宏观调控力度,加强土地利用管理,不断优化土地利用结构,促进了国民经济持续健康发展。

(1)土地利用结构日趋合理。全省各级土地利用总体规划编制工作全面展开,对辖区内的土地的开发、利用、整治和保护在时间上和空间上作出了总体的、战略的部署和安排,在国民经济各部门、各行业间分配和使用土地,解决土地利用问题调整土地利用的结构和布局。目前,全省14个市、80%以上的县和70%以上的乡都编制了土地利用总体规划、初步建立了土地利用规划体系。各级规划的编制和实施,有效地增强了土地利用的宏观调控能力,使土地利用日趋科学、合理、高效。主要表现为:一是各级规划将基本农田保护区、重点工程、各类开发区、城镇发展和农村居民点用地,较好地落到实处,保证了各项经济建设的用地需求;二是总体规划控制指标为编制年度用地计划和土地开展复垦计划提供了依据;三是总体规划的实施调控了土地出让和合理用地,为审批各项建设用地提供了依据;四是以土地利用分区,引导产业结构的调整,优化了土地资源配置。

(2)切实加强耕地保护,稳定耕地面积,为农业发展打下良好的基础。各级土地管理部门把耕地保护作为中心工作来抓,通过编制规划、计划、严格审批用地,查处违法用地,制止撂荒耕地,有效地遏制了耕地锐减的势头。特别是国务院《基本农田保护条例》颁布后,在全省范围内开展了基本农田保护区划定工作,对基本农田实行特殊保护。根据我省耕地资源的数量、特点、分布情况以及人口和经济发展对农产品的需求,省政府确定了342万公顷基本农田保护指标,并分解落实到市、县、乡。中部平原耕地面积大,土质肥沃,是我省主要的商品粮基地,要求把绝大部分耕地作为一级基本农田保护起来;东部山区和辽东半岛地区,耕地数量少,且坡耕地多,但名优特产丰富,要求这两个地区在保证粮食生产所需的农田面积前提下兼顾外向型经济的发展用地需要;辽西地区耕地资源丰富,但土地贫瘠、生产率低、水土流失严重。要求确保粮食自给有余的基本农田面积,同时大力改造中低产田,逐步扩大基本农田保护区面积。经各级努力,到年底,342万公顷基本农田保护区落实到地块。

(3)强化土地利用计划管理,控制土地供应总量,在节约用地的前提下,保证建设用地的需求。根据各部门用地需求和国家固定投资建设规模，参照上一年度土地利用计划的执行情况，拟定本年度土地利用计划、并纳入国民经济计划的总盘子。通过实施计划管理，对非农业建设用地实行总量控制，优先满足能源、交通、水利等大型国家建设项目的用地需求；限制城市的外延速度，集中发展小城镇，实现土地资源的优化配置和合理利用。土地利用呈现以下特点：一是土地利用计划管理调控力度加大，建设用地总量明显减少，特别是占用耕地面积大幅度地减少。与上一年度相比，全省非农业建设用地面积减少22.2%，其中占用耕地面积减少23%；二是国有土地使用权出让面积比重加大。我省各地特别是沿海开放城市；积极拓宽土地有偿使用范围，逐步增加土地出让比重，出让面积和出让金都在呈上升趋势。全年出让土地面积比去年增加9.6%，占非农业建设用地的23.1%。三是农民个人建房占用耕地增多。1995年，辽宁省遭受百年不遇的特大洪水灾害，冲毁大量的房屋建筑。所以农民个人建房占用耕地一反近几年下降趋势，陡然增长。

(4)大力开发复垦土地，增加了新的耕地面积，提高了土地利用率。我省人多地少，城市、工矿区用地占很大比重。随着工业化和城市化进程加快，非农业建设用地逐年增加，使土地供需矛盾日益加剧。大力搞好土地的开发复垦，对于缓解耕地紧张的矛盾，巩固农业的基础地位；保证各项建设的用地需求，十分重要。根据我省待开发复垦土地资源分布相对集中、可开发的土地条件差、矿山企业塌陷占压造成的废弃地数量多，复垦难度大、需求投入资金高等特点，坚持因地制宜，合理开发利用，实行宜农造田、宜林植树、宜草放牧、宜水养渔、宜工建厂的原则，下大力气狠抓土地开发复垦工作。1995年共开发复垦土地11380.86公顷，其中耕地8462.8公顷，既缓解了人地矛盾，也改善了生态环境，取得了较为显著的社会效益和经济效益。

但我省的土地利用也存在一些问题：一是农业结构调整无计划，疏于管理，占用了大量耕地，严重威胁着粮食生产用地面积的稳定。二是城镇用地规模大，内部松散，节约土地不够。城市发展注重了社区的开发建设，外延式发展；小城镇建设突飞猛进，星罗棋布，用地量大幅度提高，造成了土地浪费。三是耕地平均质量差、生产率低下，抵御自然灾害能力弱。1995年因洪水灾害，冲毁了大量耕地，近期内不能恢复耕种面积达2万公顷。

2. 土地法制建设

根据辽宁省政府的要求，全省土地管理系统从1995年3月中旬至6月底开展了一次土地执法检查。这次检查的重点是违法用地、建设用地清理及撂荒耕地情况，采取的方式是县、市自查，辽宁省土地局机关处室分片负责督促检查及邀请省直有关部门对问题较多的市进行了重点抽查。通过检查，全省共查出各类土地违法案件达3700起，已纠正1200余起，其余问题正在调查处理中。同时，也强化了人们依法管地、依法用地的意识，在一定程度上遏止了乱占滥用土地现象的蔓延。

检查结果证明，我省乱占滥用耕地、违法批地、违法用地的现象仍然比较严重。据不完全统计，自1992年以来，全省共发生各类土地违法案件3700起，占地面积6667公顷。主要问题是：

①擅自下放土地审批权；②非土地管理部门违法批地；③未批先占，乱占滥用；④非法买卖土地使用权；⑤化整为零，越权批地。此外，还有征而未用，土地闲置的问题。全省约933公顷闲置的土地，其中地表破坏无法复耕的133公顷，经督促检查已复耕的667公顷，尚撂荒、闲置133公顷。在占而未用或撂荒的土地中超过两年的占总数的60%，主要集中在沿海城市和开发区。

1995年9月21日，辽宁省土地管理局

将这次土地执法检查情况向省政府作了报告，同时指出了整改意见。

(1)坚持城乡土地统管原则，坚决纠正多头管地、批地的违法行为。各级下放给开发区土地审批权，是违法行为。不管什么理由，不管哪一级下放的，一律上收。城乡土地必须由土地管理部门一家代表政府依法集中统一管理，其他部门和单位都无权管地、批地。《土地管理法》规定，无权批准征用、使用土地的单位或者个人非法批准占用土地的，批准文件无效，对非法批准占用土地的单位主管人员由所在单位或者上级机关给予行政处分。各地下放土地审批权期间自批自用的土地批件，凡以前非土地管理部门批准的用地一律无效，必须限期到土地管理部门重新办理手续。否则，其用地不受法律保护。再有擅自下放土地审批权的或非土地管理部门管地批地的要依法追究作出决定的政府主要领导责任。

(2)严肃查处土地违法案件，规范用地秩序。对这次查出的土地违法案件，目前尚未纠正的，各市县要立案查处，年底前上报查处结果。各市查处不认真或查处不了的，由辽宁省土地管理局直接查处。依据有关法律法规：①对越权批地问题，准备在全系统进行通报批评，并责成当事人限期纠正，同时写出检查。对情节严重又不及时纠正的，建议当地政府给予行政处分。②对现已查出的几宗非法买卖土地的案件，由当地土地管理部门依法没收其全部非法所得。同时对情节严重，影响较大的处以罚款。以后，发现一起查处一起，坚决制止非法买卖土地行为。③对土地闲置、撂荒的，按省政府《关于加强开发区用地管理的通知》(辽政办发[1994]80 号)和省土地局、审计厅，财政厅，物价局《关于印发在建项目撂荒耕地处理意见的通知》(辽土字[1994]40 号)规定收取土地闲置费或耕地撂荒费。

(3)采取有效措施，制止乡村企业乱占滥用土地。各市县要在 1995 年底前，对乡村企业进行一次用地情况登记清理。凡未办理用地手续的限期补办，逾期不办的依法查处。新办乡村企业用地，必须按规定到县以上人民政府土地管理部门办理用地手续，擅自占用的依法处理。各类砖瓦厂一律不得占用耕地，其吃土不得占用 15 度坡以下的耕地，并依法办理用地手续。集体和个体开采小煤矿，可办理临时用地手续，并按规定交纳土地复垦保证金。加油站占用集体土地，必须征为国有后办理出让手续，其土地出让金绝大部分由政府返回农村经济组织。

(4)强化执法手段，加大土地执法监察力度。各级政府要进一步加强和充实土地执法力量，有条件的市、县都要建立土地监察大队或中队，专门查处土地违法案件。省土地局应成立土地监察机构，指导全省土地系统做好土地执法监察工作，同时，对市、县难以查处的重大土地违法案件，进行直接查处。实行土地监察目标责任制，土地管理部门对本辖区内发生的乱占滥用土地行为隐瞒不报或不制止、不查处，由上级土地管理部门予以批评，督促其查处并建议当地人民政府对其主要领导给予行政处分。下一级人民政府非法批地和非法出让土地使用权的，由上级人民政府土地管理部门报经同级人民政府批准，公告无效，注销土地使用证，并对其主要领导和主要责任人给予行政处分。对已查出但尚未处理土地违法案件，应责成有关市限期处理，并上报处理结果。

1995 年 10 月 19 日，辽宁省政府以辽政发[1995]23 号文件批转了省土地管理局的报告。省政府在报告中强调，近几年来，我省土地管理工作取得了很大成绩，但乱占滥用耕地、违法批地、违法用地的现象仍然比较严重。因此，各级政府要从国家的长治久安和经济发展的全局和长远利益着眼，进一步强化土地管理，采取硬性措施，加强对现有土地资源，特别是耕地的保护工作。要实行行政首长土地管理目标责任制和土地管理一票否决权，将土地管理工作的好坏直接与主要领导的政绩挂钩；在用地审批上，要坚持政府集体研究，主管领导一支笔审批，由土地管理部门代表政府实施；城市规划区、各类开发区和小城镇建设，必须符合土地利用总体规划；要严格依法行政，做到有法必依，执法必严，违法必究，对本地区土地违法案件不论涉及什么人，都要一查到底，严肃处理，以确保我省经济持续、快速、健康发展。

3.建设用地管理

建设用地管理工作紧紧围绕着由计划体制配置土地向市场机制配置土地转变和由粗放型用地向集约型用地转变这个中心展开。主要有以下特点：

(1)正确处理吃饭用地与建设用地的矛盾。为落实"十分珍惜和合理利用每寸土地，切实保护耕地"的基本国策，保证我省农业用地和建设用地的需要，各级人民政府土地管理部门对建设用地实行全过程管理。首先，加强建设用地的前期审查。建设单位在可行性研究报告报批前，土地管理部门对建设项目的选址、用地面积等问题，本着节约用地，可以利用荒地的，不得占用耕地，可以利用劣地的，不得占用好地的原则，提出意见，从而节约了大量土地和耕地。其次，批中服务。对符合国家产业政策和我省经济建设需要的用地，各级政府土地管理部门及时审批，现场拨地。第三，加强批后管理。对批后一年未用的土地，收取荒芜费，对二年未用的土地，依法收回土地使用权，安排作其他项目用地或交由农民耕种。一年来，各级人民政府批准的非农业建设用地44324件，面积5123.7公顷，其中耕地2924.1公顷，分别比上年减少22.17%和23.25%，比计划指标节约土地60.67%，节约耕地58.30%。在这些非农业建设用地中，国家建设用地2496件，面积3289公顷，其中耕地1999.2公顷，其面积分别比上年减少28.45%和29.10%；乡村建设用地1585件，面积812.3公顷，其中耕地350.3公顷，其面积分别比上年减少31.63%和28.08%；农村个人建房用地40243件，面积1022.4公顷，其中耕地574.7公顷，其面积分别比上年增加28.12%和14.47%。

(2)继续加强宏观调控，加大市场机制配置土地资源的力度。根据国家有关文件精神，对别墅性质的高档住宅及度假村，单位面积建筑设计高于当地一般民用住宅、办公楼一倍以上的公寓、写字楼等项目，建筑标准四星级以上的宾馆、饭店，一律不供应土地；对高尔夫球场、仿古城、游乐宫等项目，停止供地。6月底，经国务院批准的《指导外商投资方向暂行规定》发布后，对国家旅游区建设经营，高级宾馆、别墅、高级写字楼和高尔夫球场等高档房地产项目，限制给外商供应土地，对独资经营上述项目的，一律停止供应土地。同时，省政府明确提出要进一步紧缩支出，压缩建设项目。而对普通住宅或安居工程以及服务于"三大战略"的用地实行倾斜政策，优先供应土地并实行划拨或低价出让土地，对经营性用地实行高地价政策。这些调控措施，收效明显。1995年，全省共出让土地使用权1029宗，面积1185公顷，比上年增加104公顷，出让面积占用地面积的23.13%。有偿出让收入13.98亿元，年均地价111元/m^2。全年转让土地使用权207幅，面积129.5公顷，收取转让金44037万元。出租土地44幅，面积40.9公顷，收取租金156万元。抵押土地264幅，面积600.8公顷，抵押金额53288万元。终目土地使用权16幅，面积6.5公顷。运用市场机制配置土地资源，不仅获得了大量的土地收益，为经济建设积累了资金，而且促进了土地的流转，提高了土地利用率。

(3)优化用地结构,引导用地者走内部挖潜集约型用地道路。我省相当数量的国有大中型企业分布在城区,有的位于繁华的中心地带,却没有充分发挥地域优势;有的污染环境,严重扰民;有的产品恶化,设备陈旧,经济效益低,却缺乏改造资金。对这些"身居黄金地段,负债数百万元,全厂干了一年,还不够地皮钱"的企业有计划地进行搬迁改造。即将这些企业迁出,腾出黄金地段,发展商贸、金融、科技等经济效益和社会效益高的产业,土地管理部门帮助这些企业将地卖出好价钱,为企业的发展改造注入资金,提供动力,一年来,全省共划拨土地509幅,面积354.2公顷。沈阳市有97家企业迁出城市中心区域,腾出土地100公顷。大连市计划对市区内的225个企业进行搬迁改造,已有24家开始搬迁,完成搬迁改造任务的18家。

(4)加强开发区用地和外商用地管理,为实施外向牵动战略服务。对开发区用地和外商用地搞好服务,及时供地,在服务中加强管理。针对少数开发区下放土地审批权,自批自用、闲置土地等情况,依法收回土地审批权,对闲置土地和撂荒耕地的区别不同情况作出处理,规范了开发区和外商用地的行为,保护了合理用地,有利于引进外资和开发区的健康发展,截至1995年底,全省省级以上开发区(含高新技术产业开发区、旅游度假区、边境经济合作区、农业发展试验区等)27个,各市自办开发小区7个,总规划面积507.61平方公里,已开发利用面积113.23平方公里。进区项目9000多个,合同外资额70亿美元。"三资"企业增加到12978家,经依法批准使用的土地1575公顷。全年收取三资企业土地使用费1157.69万元。

4.地籍管理概况

围绕土地产权管理和土地价格管理这两项中心工作,全省地籍管理取得了长足进展。

(1)城镇村庄地籍调查稳步进行。全省有14个省辖市、56个城区和郊区、4个开发区以及333个建制镇开展了城镇地籍调查,当年完成权属调查177平方公里,完成地籍测绘188平方公里;累计完成城镇权属调查1800平方公里,完成地籍测绘1400平方公里,分别占城镇土地总面积的79%和61%。13000个村庄开展了村庄地籍调查,当年完成村庄地籍调查413平方公里,累计完成村庄地籍调查4175平方公里,占村庄总面积59.7%。50个有详查任务的县级单位开展了农村土地变更调查,及时更新了自1984年以来全省建立起的土地利用现状调查数据。

(2)土地登记发证有突破性进展。全省累计发放国有土地使用证78.3万册,占城镇总宗地数的88%;当年发放国有土地使用证7.2万册。沈阳、抚顺、锦州、辽阳、铁岭、朝阳六市发证进度较快。全省水利工程用地有1.27万平方公里划定了保护范围,有0.54万平方公里划定了管理范围并发放了土地证书。全省累计发放集体土地建设用地使用证434万册,占村庄总宗地数的79.5%,当年发放集体土地建设用地使用证29.4万册。沈阳、大连、铁岭3市村庄登记发证率已达95%以上。鞍山市还进行了发放集体土地使用证的尝试,共发放集体土地使用证12万册。朝阳、抚顺等市发放了"四荒"土地使用证,当年发证1.7万册。

(3)土地登记清理逐步深入。当年有350个城镇开展了变更登记,变更登记宗地数达1.34万宗,其中,权属变更0.71万宗,用途变更0.46万宗,他项权利变更587宗,更名0.11万宗。全省初步开展了土地登记清理,实行土地证书年检制度。当年查验宗地数达25.6万宗,清理面积274平方公里,补办登记和变更登记达3.3万宗,收取土地登记688万元,收取出让金或土地收益3815万元。

(4)土地资产管理得到强化。1995年5

月份，经辽宁省政府同意由辽宁省土地管理局和省体改委联合转发了《股份有限公司土地使用权管理暂行规定》。当年共有95户股份制企业进行了土地资产的处置与管理。其中，53户作价入股折合国家股本金2.8亿元；16户出让收取出让金200万元；26户租赁收取地租963万元。辽宁金帝建设集团股份有限公司、辽宁成大股份有限公司等8户拟上市公司土地资产顺利通过评估确认和依法处置。当年有500户企业进行了土地抵押贷款，土地面积为176万平方米，融资金额达6.9亿元。

(5)全面完成清产核资中土地清查估价。经一年的努力，全省以摸清国有企业和单位土地资产家底为目的的清产核资中土地清查估价工作基本结束。全省参加该项工作的企业和单位共7000余户，使用土地18000宗，土地面积约385平方公里，土地资产总量约1346亿元。其中，商业用地5100宗，土地资产230亿元；工业用地8500宗，土地资产971亿元；住宅用地4400宗，土地资产145亿元。平均每户企业拥有土地资产1923万元。通过清查估价，将企业和单位占有的土地资产显化出来，并按省里确定的入帐标准价审批入帐，首次使我省土地资产纳入企业经营核算体系。

(6)地价管理有新起色。辽宁省先后组织了63个城镇进行了城镇土地分等和基准地价调整，省土地、物价、财政共同制定了《辽宁省城镇土地基准地价标准》。全省6个省辖市调整并公布了当地的基准地价。全省共成立A、B两级土地估价机构40家，其中A级机构10家，B级机构30家；有10户土地估价机构办理了省级备案，9户土地估价机构办理了国家级备案。这些估价机构当年共评估土地资产601项，评估价值总额达35亿元。为土地出让、转让和企业改革提供了优质服务。

（吴刚　才冬华）

1995 年吉林省土地管理工作概况

(一)土地资源及规划利用概况

吉林省土地总面积 19125303.42 公顷。其中耕地 5786758.61 公顷,园地 105167.98 公顷,林地 9102921.00 公顷,牧草地 1097954.96 公顷,居民点及工矿用地 799764.53 公顷,交通用地 226370.58 公顷,水域 906559.14 公顷,未利用土地 1099806.62 公顷,分别占土地总面积的 30.3%、0.6%、47.6%、5.7%、4.2%、1.2%、4.7%和 5.7%。(土地面积数为 1990 年全省土地详查汇总统计数)

吉林是农业大省,又是国家重点商品粮基地。省委、省政府十分重视土地管理工作和耕地保护问题。为此,1986 年吉林省土地管理局建立以来,采取行政、法律、经济综合措施,稳定现有耕地面积,加大宏观调控力度和耕地保护措施。在土地详查、摸清土地资源"家底"的基础上,于 1992 年完成了省级土地利用总体规划工作。在完成省级规划的同时,积极开展县、乡两级土地利用总体规划的试点,到 1995 年县、乡两级规划也已完成,并经上一级政府批准实施。在实施规划中,完成了"基本农田"保护规划,依据《吉林省农田保护条例》要求,全省基本农田保护面积达 85%以上,有效地控制了由于经济建设而占用大量农田的问题。对非农业建设用地坚持"节流"与"开源"并举。实施计划管理、指标控制,从宏观上调控建设用地的供求量。在保证建设用地的同时,切实抓好土地开发复垦,坚持"占一亩,开发复垦一亩"的标准。1987 年至 1994 年间,计划用地 3646 公顷,其中耕地 2148 公顷,实际使用 2695 公顷,其中耕地 1186 公顷。同期土地开发 18065 公顷,其中耕地 8475 公顷。为"米袋子"、"菜篮子"工程建设做出了贡献。

(二)土地使用制度改革、土地市场发育状况

吉林省各级土地管理部门成立以来,依法管地,不断深化土地使用制度改革,以增加财政收入和促进企业转制为目标,加强地产管理。为规范地产市场,优化配置土地资源,理顺土地经济关系,从 1990 年开始用一年多的时间大规模清理了土地隐形市场,共清理出土地非法交易 86165 起,面积 646.97 万平方米,补办土地使用权出让手续 31327 件,面积达 407 万平方米,为地方财政挽回收入 1509.13 万元。随着土地使用制度改革的深入,土地流转秩序逐步规范。1995 年吉林省共出让土地 1261 宗,面积 35513 公顷,收出让金 10.8 亿元,比 1994 年增加 5.66 亿元。为了更好地发挥土地要素对建设现代化企业制度,搞活大中型企业的特殊调控功能,采取各种措施显化资产价值量,盘活土地资产。总结推广了四平市创造的"出让式、入股式、租赁式、划拨式"四种企业资产处理方式,在国务院地改会上介绍了经验。

(三)1995 年土地管理工作概况

1. 有效地稳定了耕地面积,为农业持续健康发展提供了土地保障

土地是农业的基础。只有保证一定量的耕地面积才能保持农业,特别是粮食生产的发展势头。为此,1995 年一年来,我们采取行政的、法律的、经济的措施,努力稳定现有耕地面积。

首先,省里出台了《吉林省基本农田保护条例》重点抓了基本农田保护区的重新划定和调整,使耕地保护切实纳入法制管理轨道。1992 年率先完成全省土地利用现状调查,查清了土地权属类型及分布利用状况,摸清了土地资源"家底",全省总幅员 19.1 万平方公

里，耕地 542667 万公顷。目前全省已经按《条例》要求把 85％以上的耕地保护起来，全省的基本农田保护区划定调整工作已全部完成。

其次。非农业建设用地实行计划管理、指标控制，从宏观上调控建设用地供求量。1995 年计划用地 3200 公顷，其中耕地 1800 公顷。工作中我们认真调查研究，反复论证，实际用地 2793 公顷，其中耕地 1664 公顷，分别占计划指标的 87.28％和 90.93％。

第三，加强土地开发复垦，坚持了“占地一亩，开发复垦一亩”的标准。1995 年国家下达给我省的开发复垦指标是 6600 公顷，其中耕地 2800 公顷，实际完成 7590 公顷，完成国家下达指标的 115％。为“菜篮子”和“米袋子”工程建设作出了贡献。

2．增强服务意识，提高服务质量，保证重点工程和乡镇企业建设用地

国家和省重点工程项目和发展乡镇企业，是我省经济发展的关键。为了切实做好征地服务工作，我们年初以局文件形式下发了《关于加强建设用地管理，提高工作效率和服务质量有关问题的规定》，一年来，全省土地管理部门经过艰苦细致的工作，先后为长吉、长伊高速公路、引松入长工程、两江电站等 1688 个项目进行了征地服务，现场办公 4076 次，共节约用地 90.6 公顷，其中耕地 77 公顷，为用地单位节约资金 3718 万元，有力地支持了经济建设。

3．加强土地资产管理，不断扩大土地有偿使用面，为经济建设筹集了资金

各地紧紧抓住贯彻全国、全省地改工作会议精神这一契机，不断深化土地使用制度改革。按照国家有关法律、法规，对新增建设用地，除可以无偿划拨之外，其余经营性用地采取了有偿出让方式供应。全省共出让土地使用权 1261 宗，面积 355.3 公顷，收取土地出让金 10.8 亿元。

强化了转制企业土地资产的管理。省政府批转了省土地局《妥善处置转制企业土地资产的意见》，各级土地管理部门积极参与企业转制，妥善处置转制企业土地资产，既保证和促进了企业顺利转制，又避免了国有土地资产流失。

积极研究和推进了集体土地使用制度改革。“四荒”拍卖在全省范围内普遍展开，四平市“四荒”全部落实到户。

4．加强土地法制建设，强化了土地执法监察

一是加强了土地立法工作。1995 年一年来，我省出台了《基本农田保护条例》；《土地登记条例》；重新修订了《关于违反土地管理法律法规行政纪律处分的补充规定》。各地也结合当地实际出台一批地方性土地管理政策和规章。

二是对闲置土地进行了清查。全省共清理非农建设闲置土地 325.3 公顷，其中耕地 274.9 公顷，收回的部分耕地已交付农民使用。

三是依法查处土地违法案件。1995 年一年来，在各级人大的监督和参与下全省共查处各类案件 1097 起，面积 207.94 万平方米。挽回经济损失 274.3 万元。并对亚泰房地产开发公司等 5 起典型案件进行了公开曝光。

5．土地管理业务基础工作和队伍建设取得了明显成果，为深化改革、依法科学管地奠定了基础

省、市、县、乡四级土地利用总体规划基本完成。1995 年完成城镇国有土地地籍调查 279.66 平方公里，占全年计划 290.4％。县以上城镇土地评等定级估价全面完成，多数市县公布了基准地价。针对土地部门机构调整、人员更新的特点，着重抓了干部教育培训。在全省先后组织开展了土地法律法规知识培训和考试，参考人员达 4414 人；举办了

7期专业岗位培训,参训410人;还完成了房地产经营管理电视培训班,有275人取得了结业证书。培训提高了土地系统队伍政治素质和业务素质,促进了各项工作的顺利开展。

6. 加强行风建设,造就一支政治强,作风硬,业务精的管理干部队伍

1995年一年来,我们本着以加强行风廉政建设为重点,以“自身净,干实事”为标准,狠抓队伍建设,坚持深入进行反腐倡廉教育,大大提高干部队伍素质,经常对工作人员进行培训。二是发挥领导干部在行风建设中的表率作用。三是抓制度建设,强化防范措施。为避免在建设用地审批中以权谋私或批人情地,制定了《建设用地审批制度》;为了解决基层站(所)的财务管理混乱问题,制定了《财务管理制度》;为了解决土地监察执法中的“人情案”问题,制定了《土地案件审理制度》;为了增加工作的透明度,制定了《公开办事制度》等等。

(郝琚)

1995年上海市土地管理工作概况

(一)土地资源及利用管理概况

1. 土地资源现状

1994年现状统计,全市陆域土地面积6340.47KM²。其中:耕地3260KM²,占51.44%;城镇居民点及工矿用地1556.26KM²占24.35%;交通用地218.73KM²,占3.45%;园地80.3万亩,占1.27%。林地50.8KM²,占0.8%;水域1172.67KM²,占18.49%。

2. 土地使用制度改革

土地使用制度改革近十年来,上海市经历了这样一个发展过程:开征土地使用费;实行土地使用权的有偿出让和转让,颁布实施《中华人民共和国土地管理法》的办法及执行该办法的有关问题的若干规定;鼓励外资开发经营内销商品住宅;规定商业等六类内资项目用地和转让花园住宅、高标准内销房(侨汇房)等进行土地使用权出让;调整土地使用费标准等。

3. 土地管理

1995年2月中共上海市委、市政府决定实行房地合一的管理体制,撤销市土地管理局、市房产管理局、市住房制度改革办公室,组建市房屋土地管理局。内部设置26个处室,行政编制285人,机构精减率35%,编制人数减少22%。

上海市房屋土地管理局成立以来,以培育和发展上海房地产市场为主线,以土地配置为龙头,权属管理为核心,立法执法为基础,抓改革、抓服务、抓管理,保持了房地产市场健康、平稳发展的良好势头。在土地管理方面,一是继续加强土地供应龙头的宏观管理,上海从1992年开始县(区)、乡(镇)级土地利用总体规划的编制和划定基本农田保护区等工作。至1995年底县、乡级土地利用总体规划分别编制完成90%和85%并付诸实施。市级土地利用总体规划正在编制中,对1991～1994年审批的建设、住宅用地及土地使用权出让项目开展了梳理、清理;二是加强了市场信息、基准地价和房地产登记等基础业务建设。三是加大了进入出让轨道土地有偿使用的改革力度,制定细化内资商业性项目用地的配套改革措施。四是对原有法规体系和立法计划作了调整,从整个房地产市场出发,确立了在房地产市场活动中,以生产、流通、消费为立法的重点。五是研究进一步开展盘活中心城区存量国有土地的思路及实施方案,1995年经市政府批准试点。

4. 土地法制建设

1994年2月4日,上海市第十届人民代表大会常务委员会第七次会议通过了《上海市实施〈中华人民共和国土地管理法〉办法》,办法对实行土地有偿、有限期使用作出了具体规定,凡商业、旅游、娱乐、金融、服务业、商品房屋等项目的用地,都应当采用土地使用权出让形式取得,商业性项目用地使用权出让,应当通过招标、拍卖方式进行等,以规范政府行为,逐步形成公开、公平、公正的市场机制。《中华人民共和国城市房地产管理法》颁布后,上海加快了有关房地产市场管理方面的法规建设,1994年,市政府发布了《上海市房地产抵押办法》、《上海市房地产经纪人管理暂行规定》。1995年市人大常委通过了《上海市房地产登记条例》,列入市人大、市政府立法规划的项目还有房地产转让、房屋租赁、房地产评估管理、房地产开发等地方法规和规章,为房地产市场的发展提供良好的法制环境。

(二)1995年土地管理工作概况

1. 土地资源管理

加快和培育房地产市场是房地产业管理

中的主线，则土地利用规划应是房地产业管理的龙头，而编制好市、县、乡三级土地利用总体规划又是房地产业管理中的一项极其重要的基础工作。1995 年市局在完成区（县）级和乡级土地利用总体规划编制的同时，抓紧编制市级土地利用总体规划，目前已完成了初稿的主要内容约 5 万字，规划、统计、分析、平衡等各类相关表格 30 张，规划系列图件草图 11 幅；县级土地利用总体规划已进入第二轮编制阶段，即修编阶段；乡级土地利用总体规划到 1995 年完成率达 85%，有 5 个区县完成了乡级土地利用总体规划汇总工作；全市 350 万亩一级基本农田保护区得到落实，基本农田保护区已树乡级大牌 80 块、村级小牌 500 块，取得了较好的社会效益。

（1）以保护耕地为核心，划定基本农田保护区。保护耕地是土地利用总体规划的核心，为确定适量的基本农田保护面积，市局与市农委、市计委、市农业局、上海师大等单位合作，开展了一系列的专题研究工作。其中“上海市国民经济社会发展前景和用地趋势”研究、“上海市口粮和主要副食品自给率”研究、“国际化城市主要用地人均指标方案研究”等研究成果，于 2 月份通过专家评审，为总体规划的编制提供了科学依据；“耕地资源情况分析”研究，通过对各类非农建设占用耕地面积预测、农业内部结构调整对耕地的需求分析、围垦、复垦可望增加耕地面积的预测提出至 2000 年耕地保护在 390 万亩的可能性；通过对生产 40 亿斤粮食对耕地需求分析和发展多种经济作物的需要，提出至 2000 年耕地面积至少要稳定在 400 万亩的必要性。

依据以上专题研究成果，市级土地利用总体规划将全市的商品粮基地、高优示范区和综合开发区内近 400 万亩农田均列入基本农田保护区范围，其中 350 万亩属米袋子、菜篮子用地，列为一级基本农田，实行永久保护；50 万亩二级基本农田，作为长期保护面积，在 2000 年前不能转为非农建设用地。

1995 年 6 月，全国耕地保护工作会议在扬州召开，为贯彻落实这次会议精神，经市政府同意，7 月 25～26 日市局组织在金山县召开了上海市耕地保护工作会议。会议期间，传达了全国耕地保护工作会议精神和国务院姜春云副总理的讲话精神，国家土地管理局马克伟副局长专程莅会并作了重要讲话，市局领导对我市做好耕地保护工作作出指示并提出了要求，具体部署了下一步的工作，以唤起全社会保护耕地意识和全民监督耕地保护的意识，为此，市局拨出专款，保证一级基本农田树牌立桩工作顺利进行。各区县结合乡镇级土地利用总体规划的编制，将保护区落实到地块，并在 1∶2000 地籍图上表示出来，责任到人、张榜公布，签订责任状、建立责任制。目前，奉贤县邬桥镇的乡村树牌工作已全面完成，预计 1996 年 3 月前，奉贤、金山、松江、嘉定等县（区）的树牌工作能全面完成。

划定基本农田保护区后，提高了有关单位和部门在农田水利建设方面的投资积极性，保持了农田地力，稳定了粮食产量，为生产 40 亿斤粮食和发展多种经济作物提供了用地保证。

（2）全面展开中心城区土地资源合理利用研究工作。为贯彻十分珍惜和合理利用每一寸土地的方针，优化土地利用结构，充分发挥土地的经济效益，提高中心城区土地产出率，在徐汇区土地资源合理利用研究取得成功经验后，市局拟在全市进行中心城区土地资源合理利用的研究，以便为编制全市土地利用总体规划及城市总体规划提供翔实的依据。为此，市局拟定了《进行中心城区土地资源合理利用研究的有关规定（草稿）》，经召开分管局长和主管科长工作会议讨论后，对《进行中心城区土地资源合理利用研究的有关规定（草稿）》作了修改，现各区都已建立了工作班子，制定了工作计划。

(3)土地资源开发和土地利用计划完成情况。1988～1994年全市共复垦土地5566.53公顷。1995年全市计划复垦土地150公顷,实际复垦土地364公顷。1950～1994年全市滩涂围垦75875公顷。1995年围垦453公顷。1995年建设用地计划15850公顷,其中耕地12084公顷,非耕地3766公顷。截止1995年11月底,建设用地实际占用3357.55公顷,其中占用耕地2513.42公顷,占用非耕地844.13公顷。年度实际用地总量、耕地占用量、非耕地占用量分别是年度计划的21.18%、20.80%、22.41%。

2. 土地使用制度的改革与深化

(1)土地的有偿使用。土地有偿使用的涵盖面越来越大,主要表现为:(a)有偿使用的土地量多面广。至1995年年底,全市交纳土地使用费的外资投资企业达1万多家。出让各类内外销地块1593幅,土地面积111.7平方公里(含解除出让合同的地块),土地出让不仅幅多量大,而且由点到面,从经济开发区向浦东新区、市中心旧城区和市郊扩展,开拓了一条把土地使用权有偿出让与新区开发、旧城区改造相结合的路子。(b)土地有偿使用呈多层次、多样化递进的格局。除征收外商投资企业土地使用费外,先是出让外销地块,然后,外资内销的商品住宅用地,转让花园住宅和高标准内销商品住宅(侨汇房)的建设用地,商业等六类内外资项目用地均相继纳入有偿出让的轨道。

1)外销地块的土地使用权有偿出让情况。至1995年底,本市出让外销地块1174幅,土地面积102平方公里。其中,1995年出让258幅,土地面积640.30万平方米,与1994年相比,1995年出让地块中,住宅、别墅、综合、工业用地及成片开发土地的幅数和面积均明显减少,工业用地数量继续高居各类用地的首位。

2)外资内销地块的土地使用权有偿出让情况。为了加快上海市旧区改造的步伐,1995年8月,上海市人民政府正式出台《上海市利用外资开发经营内销商品住宅规定》。《规定》适用于列入市人民政府旧区改造计划的危房、棚户、简屋、二级旧里密集(建筑面积占总量70%以上,其中危房、棚户、简屋建筑面积占总量50%以上)地区利用外资开发经营内销商品住宅的活动。1995年,本市共出让外资内销地块18幅,土地面积78.69万平方米,可建住宅202.9万平方米,改造旧区面积18.21万平方米;总拆迁建筑面积11.94万平方米,其中危简棚7.9万平方米;拆迁居民户数5946户,拆迁单位50个。

3)内资商业等六类项目用地的土地使用权有偿出让情况。为了加大本市非农业建设用地有偿使用的力度,根据《上海市实施〈中华人民共和国土地管理法〉办法》,制定了《关于商业等六类内资项目用地实行土地使用权出让有关问题的通知》(以下简称内资六类用地)规定自1995年1月1日起,对商业、旅游、娱乐、金融、服务业、商品房屋等内资项目用地实行土地使用权有偿出让,并具体确定内资六类用地的出让程序,市区(县)分工,出让面积计算、出让金标准等一系列操作方法,使内资六类用地的有偿使用得以顺利进轨。

对内资六类用地实行土地使用权出让的通知颁布后,在1995年5～12月份内,本市共出让内资六类用地87幅,出让面积近70万平方米,可建各类建筑约150万平方米。其中,居住用地所占比重最大,出让幅数和面积分别占总数的49%和48%。

此外,浦东新区在1995年中,出让各类内销地块136幅,出让面积456万平方米,比上一年增加44%,出让土地的用途涉及住宅、工业、商业、旅游、综合和成片开发。其中,又以住宅用地高居首位。出让幅数和面积分别占总数的77%和63%

4)土地使用费的调整。随着土地使用制

度改革的逐步深化，土地有偿使用力度的加大，本市原定的外商投资企业土地使用费标准及地段等级划分，用地类别已明显不能适应城市经济结构的调整、城市的建设发展和进一步合理利用土地的要求。

据此，从1995年7月1日起实施的土地使用费标准及土地等级调整方案（前一次调整的时间是1991年），新的调整方案内容包括：(a)土地使用费调整，根据有关规定，调整间隔期不少于3年，每次调整幅度不超过标准的30%；(b)用地性质类别调整，根据外商投资企业经营性质，将原用地性质分类由六类改为五类，将“文化、娱乐”和新增的“办公”作了适当归类；(c)土地等级调整，全市实行统一的土地等级标准，对划入市区（不包含浦东新区）的乡、村土地等级和浦东新区、闵行、嘉定、宝山等区的部分地段均作相应调整。

(2)地产市场的调控与管理。

1)有效控制土地供应总量，不断优化用地结构。外销地块是土地有偿出让的大头，通过政府管理部门根据市场供应状况，加强对土地供应计划的调整管理，宗地出让的重心由高档楼宇和花园别墅用地转向工业用地。成片开发的土地出让面积也大幅度下降。至1995年底，其供应量和结构转换的走势进入了较为合理的状态。

2)以政策法规为准则，对出让地块项目以严格管理与灵活引导相结合，规范地产市场行为，促进地产市场的健康发展。1995年，对全市土地批租项目进行了清理。清理工作以区、县自查为主，结合市房地局抽查的办法进行。清理结果表明，几年来，项目建设总体情况良好，大部分项目的开工建设能履行土地出让合同所规定的条款，出让土地的开工项目数和开工建筑面积均占总数的五成以上，已竣工项目数和建筑面积分别占开工数的40%和30%；土地出让金的到位情况较理想，市、区、县及浦东新区的出让金总平均到位率达94%以上，其中市收出让金到位率超过95%。

在规划调整或建设施工过程中，对建筑面积超容积率的地块，根据有关规定进行补地价。1995年，签定补地价项目的补充合同25个，补地价的建筑面积逾10万平方米，补收出让金5000多万美元。

3)积极推行以拍卖、招标方式出让土地使用权。为了不断活跃、繁荣本市的地产市场，使土地价值得以充分的体现，逐步改变全市土地批租中协议出让过多的状况，1995年，市土地管理部门成功地以邀请招标形式出让长宁区湖南路、兴国路的一幅住宅用地，土地面积1480平方米，土地出让金266.4万美元，折合楼面地价每平方米1125美元；完成了黄浦区南京路福建中路招标地块的方案送审。

4)建立和完善以土地批租资料统计报表为主的房地产信息汇集制度。1995年的土地批租资料，涵盖外销地块、外资内销地块、内资六类项目用地、解除合同地块及批租地块的建设施工进展情况等内容，并对统计的项目、分类和具体指标都进行合理设置和不断完善。

（汤勇康）

1995年江苏省土地管理工作概况

(一)土地资源及管理概况

江苏省位于中国大陆东部沿海的中心，地处长江、淮河下游，有11个省辖市、64个县(市)。江苏省土地总面积10.26万平方公里，其中平原7.06万平方公里，占全省土地总面积的86%；低山丘陵1.47万平方公里，占14%；内陆水面1.73万平方公里，占17%，比重之大居全国首位；全省有954公里海岸线。江苏开发历史悠久，土地资源的利用程度较高，平原几乎已全部开垦为农田，岗地、丘陵山地也有相当数量被辟为耕地。沿海滩涂是江苏省今后开发利用的主要潜力所在。全省沿海滩涂面积约900多万亩，除此之外，还有一些零星分布的荒草地、盐碱地、沙地以及煤矿塌陷地、建设挖废地等有待开发、复垦加以利用。截止1995年底，全省人口7066.02万人，人口密度达每平方公里689人，居全国各省区之首；全省现有耕地6672.47万亩，人均占有耕地0.94亩，大大低于全国平均水平。人多地少是江苏的基本省情。

《土地管理法》颁布后，1987年前后，全省县以上人民政府先后成立了统一管理城乡土地的管理机构，结束了过去分散、多头管理土地的历史。经过多年来的发展，省、市、县、乡四级土地管理机构网络已经形成并不断强化，城乡土地统管体制得到巩固。各级土地管理部门认真贯彻土地基本国策，使耕地保护工作得到了加强，在编制各级土地利用总体规划的基础上，全省基本农田保护区的划定任务也基本完成。全省每年开发复垦土地15万亩，其中建成耕地10万亩以上。自1989年4月昆山县在全国县级单位中首次招标出让第一幅国有土地使用权开始，土地使用制度改革在全省逐步深入，土地市场迅速发展。仅“八五”期间，全省就出让国有土地使用权1.2亿平方米，合同出让金额达160多亿元。与此同时，各级土地管理部门为发展经济提供了良好的用地服务。全省土地管理法制建设不断强化，通过大力查处土地违法案件，初步建立了良好的用地管理秩序。各项基础业务工作全面开展，并取得了长足的进步，为江苏土地管理事业的健康发展奠定了坚实的基础。

(二)1995年土地管理工作概况

1995年是江苏省土地管理工作全面开展并取得较大成绩的一年。全省各级土地管理部门在党委、政府的领导下，在人大、政协的关心支持下，认真执行土地管理法律法规，落实土地基本国策，坚持土地资源与土地资产并重管理，在大力保护耕地资源的同时，积极推进土地使用制度改革，为经济发展提供服务，机构队伍建设得到加强，各项业务工作均取得显著成绩。

一是以划定基本农田保护区为重点，不断加强耕地保护工作。按照省政府的统一部署，全省各地认真贯彻《基本农田保护条例》将划定基本农田保护区、稳定耕地面积作为土地管理的一项中心工作，加强领导，狠抓落实。在省政府发出《关于做好基本农田保护区划定工作的通知》，下达全省基本农田保护方案后，省国土局1月中旬即召开了落实基本农田保护方案会议。各市从全省的大局出发，认真分解落实省政府下达的保护指标。市县政府先后成立划定工作领导小组，层层签订责任状，并召开专题会议部署任务。各级土地管理部门组建了专门的工作班子，认真开展业务培训，具体组织进行了划定工作。为了加强对这项工作的指导，省国土局于4月中旬在扬州市召开了基本农田保护区划定工作现场会，明确了有关技术要求。6月上旬又在丹徒县召开了划定工作验收示范现场会，统一规范了验收程序、内容和要求。在划定工作过程中，各地注意了基本农田保护区与村镇建设规划区“两区”合理衔接，使基本农田保护工作真正落到实处。全省半数以上的乡镇做到了“两区”同步划定。由于各级的共同努力，全省已划定一级农田保护区7050.25万亩，占省下达面积指标的98.84%。二级农田保护区也实现了定量控制和初步定位。为了控制非农业建设用地总量，保护土地资源，各级土地管理部门着重从四个方面加强了对非农业建设用地的管理。一是严格用地审批把关，坚决核减不合理用地。二是逐步实行按规划批地。三是超前指导项目合理用地。四是坚持依法批地。1995年全省非农业建设共用地18.5万亩，其中占用耕地14.8万亩，均未突破年度用地计划指标。在“节流”的同时，“开源”工作也取得较大成绩，为稳定耕地面积发挥了积极作用。各地认真开展土地复垦工作，努力增加可利用土地。全省共筹集落实土地复垦资金约2500万元，结合冬季农田水利建设、村庄改造、基本农田建设等，认真进行土地复垦开发。年内全省共复垦开发土地15.5万亩，其中建成耕地10.2万亩，完成了省政府下达的复垦任务。全省各级土地管理部门还按照省政府办公厅“关于对荒芜闲置耕地进行查荒灭荒活动的通知”要求，将查荒灭荒作为一件大事来抓，重点对非农业建设中的闲置土地组织了清查，对查出的1213宗、面积共2.4万亩的非农业建设荒芜闲置耕地进行了灭荒处理。在6月份于扬州市召开的全国耕地保护工作会议上，江苏省的耕地保护工作尤其是划定基本农田保护区的做法，得到国家土地管理局和来自全国各地的会议代表的充分肯定。

二是开展土地行政执法检查和非农业建设用地清理，土地执法力度得到加强。为了促进各级政府及土地管理部门依法行政，江苏省土地局与省监察厅联合组织了全省土地行政执法大检查及非农业建设用地清理。此项活动自3月份在吴江市试点取得经验后，在全省深入开展。在自查自纠的基础上，省、市、县分别组织力量，进行重点抽查，对发现的问题及时纠正。通过检查，基本摸清了1993年和1994年全省非农业建设用地和违法用地的底数，对查出的8105宗、面积为5.9万亩的违法用地，各地采取有力措施，严肃处理。到年底，全省处理违法用地面积已达88%以上，追缴土地规费和建设资金2.16亿元。责成有关违法用地单位领导或责任人作出书面检讨1189份。对15人进行了经济处罚，其中副乡级以上干部4人，各级对违法用地典型案件发出通报共167份。这次大检查敢于碰硬，执法严格，有广度、有深度、有力度，是自《土地管理法》实施以来影响较大、效果较好的一次土地执法监督。通过大检查，整顿了土地管理秩序，提高了各级政府依法管地、用地的自觉性。1995年全省有38%的乡镇达到“三无”(无违法批地，无违法用地，无违法管地)标准，并有20个“三无”乡镇先进单位和3个组织开展“三无”乡镇活动先进县(市、效区)受到国家土地管理局表彰。

三是土地使用制度改革不断深入，城乡土地统一管理体制得到强化。为了贯彻落实全国土地使用制度改革工作会议精神，推进全省土地使用制度改革的深入，江苏省政府于2月中旬召开了全省土地使用制度改革工作会议，随后又发出了《江苏省人民政府关于进一步加强土地管理深化土地使用制度改革的若干政策规定》(苏政发[1995]34号)，这是江苏省全面加强土地管理、进一步深化“地改”的重要标志。在全省“地改”工作会议召开后，各市先后召开“地改”会议贯彻落实省“地改”会议精神，推动了全省工作的开展。全省贯彻“地改”会议精神所取得的重要成果之一，就是土地管理部门与有关部门的关系进一步理顺，城乡土地统一管理的体制得到加强。南京、无锡、镇江、盐城等市的出让办、地产公司等，先后划归土地管理局领导或停止出让审批工作，原来多头管理的问题得到了纠正。苏州市还将市辖区的土地管理局改为市土地管理局的分局，实行垂直领导，加大了统管力度。经过几年的努力，全省乡镇土管机构的定性定编工作得到了突破，乡镇土管所全部为全民事业单位，名称、编制得以明确，人、财、物由县(区)土地管理局统一管理，这又为加强全省城乡土地统管创造了有利条件。在省级机关机构改革中，省土地管理局更名为省国土管理局，升格为正厅级。在精简机构的大趋势下，土地管理部门被列为加强部门，表明加强对土地的集中统一管理已得到领导的高度重视。在土地统管体制得到强化的同时，土地资产管理不断加强。国有土地使用权出让工作保持稳定发展。全省年内共出让国有土地使用权约 2500 公顷。4 月份省政府第 58 号令发布了《江苏省城镇国有土地使用权出让和转让实施办法》，为加强对国有土地使用权出让、转让、出租、抵押管理，规范土地市场提供了重要依据。全省清产核资中的土地清查估价工作基本完成，对于摸清国有土地资产底数、明晰产权具有重要意义。

四是为经济建设提供了良好的用地服务，促进了经济发展。为了配合有关部门加快治淮治太工程建设，抓紧安居工程和经济适用房建设，以及建设沪宁高速公路、宁连公路、宁通公路，整治苏南运河等，各级土地管理部门继续坚持对建设用地实行全程服务。省及有关市、县土地局先后为苏州工业园、京杭运河苏南段、南京绕城公路二期工程等建设项目上门服务，并积极参与京阳水泥厂等大型用地项目的前期论证，协调用地矛盾。在用地审批过程中，始终做到高效工作、热情服务。省重点工程太浦河、望虞河、宁通公路、苏南运河常州段和苏州段的用地审批工作均已完成，保证了工程顺利建设。

五是进一步加强了土地管理基础建设，各项业务工作成绩喜人。城镇初始地籍调查在全省广泛开展，年内开展地籍调查 500 平方公里，已经完成调查面积 300 平方公里，在完成任务的地区，加强了土地登记工作，完成一片，登记一片。全省县城镇以上城镇土地分等定级工作基本完成。土地监察队伍进一步加强。全省已建立的土地监察队总数达到了 60 个，11 个省辖市均已组建了监察大队。宣传工作效果较好，在“6·25”全国土地日前，省土地局与省委宣传部、司法厅联合组织开展的“耕地保护宣传月”活动有声有色。教育、科技工作取得新成果。年内有两期专业证书班结业，又有 68 名同志获得专业证书。省局组织专业培训班 7 期，培训有关专业人员 450 多名。全省有 11 项土地管理科技成果获 1995 年度国家土地局科技进步奖。土地管理财务工作取得较好成绩。各级土地管理部门为省政府代收的农业重点开发建设资金达 9000 万元，大力支持了农业和水利基础设施建设。办公室系统“八三三工程”活动扎实开展，涌现出一批先进单位和先进个人。省局办公室受到国家土地局奖励。档案工作取得重大进展，省土地局与省档案局联合组织的全省土地管理档案工作检查评比活动，促进了档案工作水平的提高。省土地局档案室进入省级机关二级档案室行列。史志工作取得阶段性成果，全省二分之一的市、县已编写了史志篇目、大事记，省局已搜集史志资料近 400 万字，省土地管理志篇目基本定稿。

1995 年全省土地管理虽然取得了较大成绩，但仍然存在不容忽视的问题，如耕地保护措施还不够过硬，农业结构调整和农业建设占用耕地过多；未批先用、化整为零、越权批地在一些地方时有发生；乱占耕地建砖瓦窑的现象有所抬头；农村集体土地流转缺乏规范管理手段。这些问题有待于在今后的工作中认真研究措施加以解决。

（江苏省国土局）

1995年浙江省土地管理工作概况

1995年,我省土地管理工作,在省委、省政府的领导下,在省人大的监督支持下,在国家土管局的指导下,认真贯彻落实党中央、国务院关于保护耕地的一系列指示精神,采取有力措施,加大对耕地保护的力度,制止乱占滥用耕地,与此同时,深化土地使用制度改革,培育和规范土地市场,优化土地资源和资产配置。

(一)加强耕地保护,控制耕地减少

1995年,通过加强对占用耕地的宏观控制,全省耕地减少量大大低于上年。据统计部门统计,全省耕地减少22240公顷,比上年减少量下降了26.42%。其中,非农业建设占用耕地17220公顷,比上年减少量下降了13.53%;农业结构调整占用耕地3500公顷,比上年减少量下降了57%;灾毁耕地1520公顷,比上年减少量下降了30%。全省新增耕地4566.67公顷,与上年基本持平。增减相抵,全省净减少耕地17666.67公顷,比上年减少量下降了31.35%。年末全省耕地总面积为1617800公顷,比上年减少了1.08%。年末人均占有耕地面积为0.55亩,比上年减少了1.78%。

在耕地保护方面一是开展了基本农田保护区规划的调整工作。通过调整,到2000年,全省耕地保护面积为159.576万公顷,比省下达控制指标增加了0.997万公顷,其中划入基本农田保护区的面积为156.146万公顷,比省下达的计划增加了0.333万公顷。二是召开了全省耕地保护工作会议,总结交流了我省耕地保护工作的经验,研究部署了今后一个时期保护耕地的目标任务和具体措施。会上,省政府与各市(地)政府签订了"九五"期间耕地保护目标管理责任书。会后,各市(地)又与各县(市、区)政府、各县(市、区)与各乡镇政府、各乡镇与各行政村层层签订了耕地保护目标责任书,从而在全省范围内全面实行了耕地保护领导任期目标责任制,把保护耕地的责任落实到各级政府,从组织和机制上强化了对耕地的保护工作力度。与此同时,草拟并由省政府办公厅印发了《浙江省耕地保护目标管理责任制考核办法(试行)》(浙政办[1995]8号文件)。三是研究提出了保护耕地的若干政策措施,包括加强对建设用地的计划管理、实行建设项目用地选址书制度、严格控制农业内部结构调整占用耕地、加大造地改田力度、加强土地法制宣传和土地执法检查等,并以省政府文件下发各地贯彻执行。

(二)土地管理进一步加强

1. 建设用地管理

首先根据国家进一步加强对国民经济宏观调控的要求,编制下达了年度土地利用计划,即全年建设用地计划总量控制指标为16620公顷(耕地11070公顷),其中,非农业用地计划控制指标为14500公顷(耕地9800公顷);农业建设用地计划控制指标为2120公顷(耕地1270公顷)。全省土地开发计划为8000公顷,其中耕地3300公顷。其次,严格依法审批土地,做到按规划、按计划、按项目批地,认真把好建设用地的用途关、选址关、定额关,提高审批工作质量,做到合理节约使用土地。据统计,全省共审批建设用地项目236322个,用地面积12825公顷,其中占用耕地9331公顷。省、市、县三级土地管理部门在审批建设用地中共核减不合理用地310公顷,其中耕地297公顷。第三,在抓好建设用地"节流"的同时,通过加强组织领导,增加资金投入,大力开发宜农土地。1995年,全省共投入土地开发复垦资金8792万元，比上年增加了0.4%，开发宜农土地5858公顷，对缓解全省人地矛盾起到了一定的作用。

2. 土地使用制改革

土地出让工作覆盖面进一步扩展，全省所有建制镇都已普遍开展了这项工作。土地出让范围不断扩大，凡新增建设用地除法律规定可以批准划拨使用的以外，其他建设项目用地均已纳入有偿使用轨道。1995年，全省共出让土地12982宗，面积3699公顷，收取地价款65.62亿元、外币468万美元（合同金额69.18亿元、外币1008万美元）。土地出让面积约占全省非农建设用地总量的27.34%。同时，采取加强地价管理、控制土地出让总量、改进土地出让方式、加强出让合同实施督查、清理土地隐形市场等措施，加大对土地市场宏观调控和规范管理的力度，收到了明显成效：一是用地结构更趋合理；二是出让金基本到位；三是单位土地价格大幅度提高；四是招标、拍卖出让土地比例明显提高；五是土地受让后违约用地行为得到了查处；六是划拨土地使用权流动逐步引入依法运行的轨道。据不完全统计，1995年全省共补办划拨土地使用权转让、出租的出让手续8868宗地，补收出让金4.12亿元。

3. 土地管理基础性工作

1995年，全省土地资源现状调查已全面完成，省级汇总工作正在抓紧进行之中。全省城镇地籍调查完成面积190平方公里，累计完成面积11100平方公里，占应调查面积的84.5%；农村村庄地籍调查完成2316个行政村，累计完成3.8万个行政村，占行政村总数的87%。全省城镇发证15.3万本，累计发证115.3万本，占应发数的83.6%；农村发证63万本，累计发证884万本，占应发数的86%。在完成全省城市和县城基准地价评估工作的基础上，狠抓乡镇基准地价的评估工作。到1995年底止，全省已完成1100个乡镇土地定级估价工作，占乡镇总数的59.6%。全面开展并完成了全省国有企业清产核资中土地清查估价工作，共对7353家企业的23983宗、15561公顷土地进行了清查估价，评估确认的土地资产总量在307亿元。加快土地利用总体规划的编制工作，到1995年底止，全省已有5个市（地）级、38个县级、324个乡级的土地利用总体规划编制工作已经完成。其中宁波、绍兴市的土地利用总体规划已经省级初审。省级土地利用总体规划的初稿已经完成。

4. 土地管理政策调研

1995年，抓住土地管理中的重点、热点问题，组织开展了“开发区建设用地管理现状、问题及对策”、“我省建设征用土地中存在的问题及对策”、“全省土地市场管理现状、问题及对策”、“我省耕地保护现状、问题及对策”等专题的调研工作，取得了一定的成果。其中，“开发区建设用地管理现状、问题对策”的调查报告，受到了省委、省政府领导的重视和好评。“我省建设征用土地中存在的问题及对策”的调研项目，不仅完成调查报告，而且起草并向省法制局报送《浙江省征用土地管理办法》（送审稿）“全省耕地保护现状、问题及对策”的调查报告，在分析我省耕地保护严峻形势的同时，提出了加强耕地保护工作8条措施，引起了省政府领导高度重视，省长办公会议专门听取专题汇报，并以省政府浙政[1995]14号文《关于加强土地管理切实保护耕地的通知》下发各地执行，有力促进全省的耕地保护工作。此外，还在省委、省政府办公厅的统一部署下，主持开展“依法加强对基本农田保护的具体措施”课题的调研，起草了《浙江省基本农田保护条例实施办法（送审稿）》，这个稿子几易其稿，已于1995年11月报浙江省法制局；派员参加了“完善农业投入积累机制”专题的调研工作。

5. 土地管理机构队伍建设

在调研的基础上，认真编制了省局机构改革“三定”方案，并经省政府批准实施，从而进一步明确了土地管理部门的职能，增设了内设机构，增编了行政人员，调整了部分中层骨干。同时，加强内部管理，建立健全了有关规章制度，如局党组工作规则、局党组中心组学习制度、干部工作实录和考核制度、有关的财务制度和廉政制度等。组织干部职工认真学习小平同志关于建设有中国特色的社会主义理论和党的十四届五中全会、省委九届六次全会精神，统一思想，提高认识，进一步提高干部职工的政策理论水平。深入开展“忠于职守、通晓业务、秉公执法、热情服务”职业道德教育，加强机关作风建设，并针对工作中存在的薄弱环节，边整边改，不断提高办事效率和质量。同时，注重抓好干部职工的业务学习，一方面大力倡导在工作实践中提高业务水平；另一方面，根据新形势下加强土地资源和土地资产管理的迫切需要，采取以会代训、短期培训等方式，举办了土地监察、土地信访、土地登记、土地信息、土地修志等专业培训班，组织全省土地管理系统的在职干部学习业务知识。通过培训，进一步提高了土地管理水平。为了培养高层次的土地管理人才，经国家土地局批准，1995 年 10 月，省局与浙江农业大学联合创办了东南土地管理学院，这将有力促进我省土地管理事业的发展。

（三）加大土地执法检查力度，开展土地管理宣传工作

根据省政府的统一部署，全省各地对 1992 年来贯彻执行土地管理法律法规和各类建设用地情况进行了全面检查。据统计，全省共查出各类违法用地案件 36846 件，土地面积 4481.88 公顷（其中耕地 2691.26 公顷）。其中，未批先用 32383 件，面积 2940.8 公顷；越权批地 279 件，面积 96.98 公顷；非法转让土地 2442 件，面积 111.72 公顷；建设用地抛荒 1742 件，面积 1332.38 公顷。到年底止，已依法处理了 3 万余件，约占违法案件总数的 80％左右。年中，还根据国务院和国家土地管理局及省政府的要求，组织开展了非农建设闲置土地、全省岛屿对外批租、砖瓦窑用地等专项清理，查处了一批违法用地案件。与此同时，继续深入开展创建无违法批地、无违法管地、无违法用地的“三无”乡镇达标活动，积极推行建设用地全程管理制度，大力加强与公安、司法等部门的工作联系，努力提高土地执法效力，有效地抑制了土地违法案件的发生。据统计，去年全省共发生各类土地违法案件 26437 件，面积 911 公顷，其中耕地 682 公顷。

1995 年，着重抓了省委、省政府确定的每年6月土地管理宣传月和国务院确定的“6·25”土地日活动，宣传的主题是“土地与法制”，宣传的主要对象是村级以上干部。在宣传月期间，各地采取印发宣传资料、张贴宣传标语、举办专题电视（电台）讲座等各种形式，并结合开展土地执法检查，严肃查处土地违法案件，以案说法，大张旗鼓地宣传《城市房地产管理法》、《基本农田保护条例》等土地管理法律法规。为了加大宣传的力度，寓教于乐，省局还摄制了《土地之神》电视片，组织了各地参加的“大地之声”文艺会演，取得了较好的效果。

（鲁建平）

1995 年福建省土地管理工作概况

1995 年福建省的土地管理工作在省委、省政府直接领导下，在国家土地管理局的关心指导下，紧紧围绕福建经济建设中心，认真贯彻落实“十分珍惜和合理利用每寸土地，切实保护耕地”的基本国策，坚持全省土地、城乡地政统一管理，加大耕地资源保护力度，继续深化土地使用制度改革，加快各项基础业务建设，取得显著成效。

(一)基本农田保护区后续管理工作被提到重要议事日程

福建省在 1994 年完成基本农田保护区 94101 片，面积 100 万公顷的划定工作的基础上，1995 年该省各级土地管理部门加强了基本农田保护区的后续管理。福建省土地局会同省委农办、省农业厅，并邀请省委办公厅督查处、省人大农经委、省政协经科委等单位组成联合抽查组，按照《福建省基本农田保护条例》和省政府常委会议确定的五条政策性原则意见，通过听取汇报、查阅内业、现场踏勘等多种形式，重点抽查了 9 个地(市)、35 个县(市、区)、71 个乡(镇)的基本农田保护区划定工作，全省共重划、补划了 865.5 公顷的基本农田，其中仅南平市就通过整改完善新增保护区 84 片，面积 933.3 公顷，从而保证了划定质量。省土地局还对各地上报的全省基本农田保护区划定成果进行了分类、整理、归档，对县、乡基本农田保护区分布图进行了复制，并做好全省基本农田保护成果的图集编绘前期准备工作。根据《福建省基本农田保护条例》规定的“用一补一”的占补制度，对于确需使用基本农田，经核查确定已申领《基本农田使用许可证》的非农建设项目，福建省土地局责令其所在县(市、区)土地管理部门按法定程序限期补划，全省经核查批准使用基本农田的共 10 宗，面积 70.4 公顷，其中公路建设用地 6 宗，面积 67.3 公顷，中小学建设用地 2 宗，面积 2.5 公顷，厂矿用地 2 宗，面积 0.6 公顷。全省各地还结合本地实际，陆续出台了一些法规、规章，完善基本农田保护区的管理制度，福州市出台了《福州市蔬菜基地保护条例》，厦门市制定《厦门市基本农田保护管理条例》，此外，漳州市、县(市、区)、乡镇、村还层层签订了保护基本农田责任书 2005 份，龙岩地区所辖县(市)还规定保护区内耕地“十不准”等。

(二)建设用地计划执行情况较好，耕地锐减势头得到遏制

据统计，1995 年福建省三项建设用地 5806.8公顷，占计划指标7367公顷的 78.8%，比上年减少 1517.3 公顷，其中耕地 3183.9公顷，占计划指标3626公顷的 87.8%，与上年持平。三项建设用地中，国家建设用地 4795.5 公顷，占计划指标 6107 公顷的 78.5%，比上年减少 1031.1 公顷，其中耕地 2665.9 公顷，比上年少用 853.5 公顷；集体建设用地 380.1 公顷，占计划指标 680 公顷的 55.9%，比上年减少 563.3 公顷，其中耕地 239.1 公顷，比上年减少 333 公顷；农村个人建房用地 631.2 公顷，占计划指标 580 公顷的 108.8%，比上年增加 77.1 公顷，其中耕地 278.9 公顷，比上年增加 31.1 公顷。三项建设占用耕地比重达 54.8%，比上年 59.3%下降 4.5 个百分点。1995 年福建省用地总量得到有效控制的主要原因：①. 全省土地管理部门贯彻《福建省土地监察条例》，违法用地等现象大幅度减少。②国家继续对国民经济实行宏观调控，过猛的投资增势得到控制，新开工项目大幅度减少。③. 各级政府严格控制高楼、宾馆、写字楼、度假村等用地。④.《基本农田保护条例》继续得到贯彻执行。

(三)遵循用一造一原则,对土地面积进行量的补偿

1995年福建省新开发耕地3200.3公顷,占计划2866.7公顷的112%,比上年增加310.1公顷,其中龙岩和南平地区开发600.3公顷和615.3公顷,占省下达计划任务的200%和181%。全省1995年共复垦、复耕1149.6顷土地,征收耕地开发专项基金共2122.5万元,比上年下降了32.34%,减少的原因主要是先行工程使用了大量的耕地,而耕地开发专项基金被全部减免。

(四)全面深化土地使用制度改革,进一步规范地产市场

1995年在国家实行宏观调控的形势下,福建省的土地批租仍然保持了较好的势头,不仅沿海的福州、厦门的土地批租收入比较稳定,而且山区的土地批租也获得长足发展。尤其是宁德地区1995年全区共出让土地36.6公顷,获出让金8301万元。其中对内出让19.27公顷,获出让金6780万元,出让金比去年增加了2486万元,古田、福鼎对内出让均超过1000万元。不仅如此,农村集体土地使用制度改革也有了新进展。

1995年福建省还将存量土地也纳入了改革的轨道。全省各级土地管理部门积极配合国有资产管理部门做好国有企业的土地清产核资工作,全省共评估、确认土地面积8068.8518万平方米,估价前价值5.559亿元,估价现值157亿元,明确了企业的土地产权,显化了土地资产价值,为企业改制创造了一个基础条件。与此同时,福建省各级土地管理部门还逐步把行政划拨土地使用权出租、抵押、转让都纳入规范化的管理轨道,仅泉州、漳州、三明、宁德、南平就办理划拨土地使用权出让1342宗,补交土地出让金3161.95万元,福州、漳州、三明还将部分地段的行政划拨土地使用权出租也纳入规范化管理轨道。

1995年福建省地产市场中介组织也得到了长足发展。截止1995年底,全省已成立地价评估委员会67个,地价评估机构57家,其中已经审检的B级评估机构37家,估价师242人,助理估价师132人。全省土地评估机构共评估土地达4549宗,面积13272.53公顷,资产162.7亿元;已累计完成基准地价测算的城镇达230多个(其中1995年重新进行测算调整公布的有70多家)。尤其是漳州全市土地中介组织发展迅速,全市共成立土地估价委员会11个,地价评估所9家,地产交易所8家,地产事务部2个,形成了市、县两级土地开发、资询、评估等中介服务体系。福建省地产市场中介服务体系的逐步完善,为各级政府制定科学的地价管理政策,宏观调控地产市场创造了良好的条件。

(五)土地法制建设得到进一步加强

1995年,福建省土地立法步伐明显加快。4月12日福建省土地局与省高院联合颁发了《福建省土地行政执法和土地行政诉讼若干问题的意见》,9月29日福建省省人大颁布了《福建省土地监察条例》,为提高全省各级土地管理部门依法行政的水平创造了条件。与此同时,全省各级土地管理部门都加快了制定法规、规章的步伐。尤其是加快了土地资产管理立法的步伐。厦门市就制定送审了农田保护、地价评估、出让收费、集体土地使用权转让、房屋拆迁、征地等法规、规章近十个;漳州市为深化土地使用制度改革,市委、市政府出台了十四份配套文件。这些地方性法规规章的逐步出台,为各级土地管理部门依法行政创造了一个较好的法律环境。

根据国家土地管理局和福建省政府的部署,福建省土地局组织了全省非农业建设闲置土地清理工作。据统计,全省共查出1992～1994年闲置土地840宗,面积1128.17公顷，其中耕地 799.25 公顷。经清理，现已复耕土地 183 宗，面积 328.62 公顷；限期动工开发 345 宗，面积 187.54 公顷；调整使用 30 宗，面积 34.68 公顷；收回土地 38 宗，面积 36.19 公顷；取消项目 13 宗，面积 15.53 公顷，仅厦门、莆田、漳州三个地方通过清查就收回地价款、税费和罚没款 1.2 亿元。

（六）地籍基础工作扎实推进，取得可喜成绩

首先，土地资源调查进展顺利。省级数据汇总工作和图件编辑设计书已初步完成，初步查清福建省总面积为 124238.9 平方公里，其中，大陆面积（含东山、厦门本岛）123075.4 平方公里，海岛 807.79 平方公里，岛滩 355.71 平方公里。土地资源专著大部分章节业已完成。全省还有 63 个县（市、区）已开展了土地变更调查，占应开展数的 84%，其中，龙岩、三明、泉州已完成全面变更调查，南平、莆田、宁德也全面展开变更调查；龙岩和三明已转入农村日常地籍管理阶段。其次，土地登记发证工作取得突破性进展。全省城镇土地发证数已达 75.25 万本，占应发证数的 91%，占 1988 年申报数的 123.1%，其中今年发证数 14.11 万本。农村今年又增发 98.62 万本，累计发证数达 451.62 万本，占农村总户数的 81.62%。与此同时，福建省各地为了强化对土地使用权抵押登记的管理，先后与有关部门出台了一些行政规章，漳州市土地局、龙岩地区土地局和当地人民银行分行联合下发了加强土地使用权抵押管理的通知；泉州市在征求六家银行意见的基础上，制定了《泉州市国有土地使用权抵押登记暂行规定》。目前福州、泉州市人民政府已作出房地产抵押必须到县以上房管和土地部门分别办理抵押登记的规定。由于登记逐步走上规范化的轨道，因此 1995 年，福州市土地局就办理市区变更土地登记 3000 多宗，收取土地费款 8000 多万元。土地抵押登记也带动了地价评估工作的发展，福州市去年办理土地抵押登记 500 多宗，因抵押而进行地价评估额高达 45 亿元，占地价评估总值 58 亿元的 85%。此外，福建省城镇地籍图测绘（含用地地形图编绘成图）也有所进展。现已有 26 个县（市、区）开展了地籍测图，其中有 15 个单位已完成县城区所在地的测量任务。第三，地籍信息管理有所发展。龙岩地区开发的地（市）详查汇总软件已在全省九地（市）详查汇总中得到广泛应用，县级土地详查变更软件也得到广泛应用。武夷山市土地局为适应原使用的详查软件的特殊性，又新开发出一套县级土地变更软件，在南平市十个县区得到应用。由福建省土地局和福州市土地局联合开发的城镇地籍信息系统软件已完成文档信息系统和地籍图形两大部分，并已在福州市郊区、马尾区、台江区进行试运行。第四，土地利用总体规划工作全面展开。现已完成省级土地利用总体规划初稿的编制。全省 9 个地（市）中，已有福州、厦门、三明、莆田、龙岩等 5 个地（市）陆续开展了该项工作，龙岩、莆田、厦门三地（市）完成了编制和评审工作。还有 52 个县（市、区）已陆续开展了此项工作，占应开展数的 71%，已有 37 个县（市、区）完成了此项工作，并通过了省、地（市）土地局的联合评审，占应开展数的 55.0%，其中三明、龙岩、厦门三地（市）所属的县（市、区）已全面完成该项工作。

（七）土地管理体制得到进一步完善，人员素质得到进一步提高

首先，土地管理体制的双重和垂直领导由点到面逐步推开。在 1994 年全国土地使用制度改革工作会议之后，福建省各级土地管理部门按照会议提出的要求，展开了土地管理体制改革。至 1995 年，福州、龙岩、漳州、厦门已由政府下文实行县对乡（镇）土地管理所的垂直统管或市对规划区内土地实行垂直统管的文件。泉州部分地区也已开始实行县对乡镇土地管理所垂直领导。土地管理体制改革之后，一方面确保了《土地管理法》的到位，另一方面对土地管理部门更好地依法行政，加强宏观调控也起到很好的促进作用。其次，廉政建设得到进一步加强。1995年，福建省土地局在机关开展了“讲团结、讲纪律、讲廉洁、讲奉献”的“四讲”活动。三明市土地局在机关推行戒软弱、戒拖拉、戒空谈、戒奢侈、戒浮夸、戒懒散的“六戒”活动。漳州市土地系统则根据土地管理工作的特点，对权力比较大的用地、监察、发证等岗位的干部实行轮换，1995年全市有31人实行了岗位轮换；云霄、龙海、南靖等县(市)在土地登记发证工作中，还采取了“四分离”的措施，做到每人只负责一个环节，防止权力过分集中。这些工作的开展，提高了土地管理队伍的素质，对塑造土地管理部门的良好形象，起到良好的促进作用。第三，牢固树立为人民服务的意识，顺利完成各项征地拆迁任务和土地审批工作。1995年是福建省的基础设施建设年，全省各级土地管理部门圆满地完成了各级人民政府交办的任务和本职工作。厦门市土地局1995年共完成征地面积499.95公顷，办理农转非17132人，拆迁1370户，总建筑面积4.82公顷；安置总建筑面积2.56公顷。完成拆迁安置房1461万元工程任务，其中4栋安置房已竣工并通过验收，受到了社会各界的普遍好评。漳州市土地局1995年不断改进工作方法，提高办事效率，圆满地完成了“先行工程”、“安居工程”、市区5条道路的拓宽改造等重点项目的征地工作。

1995年，福建省土地管理工作取得了显著成绩，但也存在一些问题。主要有：①土地理论研究和法制建设滞后，土地管理仍处于粗放型的管理阶段。②土地资源配置不合理，各类开发区占地规模偏大，闲置、撂荒土地问题仍然十分突出。据统计，截止1995年度全省共批准成片土地开发项目122片，面积11295公顷，其中耕地5817公顷，已开发土地面积4849公顷，仅占42.9%。③土地执法难问题还比较突出。一些地方领导特别是乡镇一些主要领导，以言代法，越权批地，化整为零。一些单位和个人未批先用、少批多用的现象依然存在，严重干扰了土地管理的正常秩序，造成土地资源的大量浪费和土地资产的严重流失。④地产市场不够规范，土地资产流失状况比较普遍。协议出让土地的比例还偏大，1995年全省共出让1661宗土地中，协议1443宗，占86.9%。土地价格行为不规范，公开、公平、公正的土地市场还没有完全形成，阻碍了地产市场的正常发育。⑤土地管理队伍有待加强，人员素质亟待提高。

(唐更)

1995 年山东省土地管理工作概况

(一)土地资源及管理概况

山东省地处我国东部黄河下游，是全国 11 个沿海省市之一。境域东临海洋，西接大陆。水平地形分为半岛和内陆两部分，东部的山东半岛突出于黄海、渤海之间，隔渤海海峡与辽东半岛相对；西部内陆部分自北向南依次与河北、河南、安徽、江苏 4 省接壤。全省辖 17 个市地、139 个县市区、2552 个乡镇街道办事处。

据土地利用现状详查 1992 年变更汇总统计，全省土地总面积 157016.27 平方公里，折合 1570.16 万公顷。其中，耕地 800.1 万公顷，园地 86.84 万公顷，林地 125.93 万公顷，牧草地 4.444 万公顷，居民点及工矿用地 171.40 万公顷，交通用地 42.63 万公顷，水域 165.54 万公顷，未利用土地 173.342 万公顷，分别占土地总面积的 50.96%、5.53%、8.02%、0.28%、10.92%、2.71%、10.54%和 11.04%。按土地权属性质分：国有土地 169.394 万公顷，占 10.79%；集体所有土地 1399.71 万公顷，占 89.14%；未定权属土地 1.057 万公顷，占 0.07%。按地形地貌分：平原占 64.64%，丘陵占 24.06%，山地占 11.30%。

新中国成立以来，山东省各级党委和政府认真贯彻党在不同时期的土地管理路线、方针和政策，使土地管理事业不断发展和状大。特别是 1986 年《土地管理法》颁布实施以后，全省上下认真贯彻《土地管理法》和“十分珍惜和合理利用每寸土地，切实保护耕地”的基本国策，以保护耕地为中心，坚持全省土地、城乡地政统一管理，坚持土地资源管理与土地资产管理并重，不断深化土地管理体制和土地使用制度改革，综合运用法律的、行政的、经济的手段加强管理，开创了土地管理新局面。耕地锐减的势头得到有效遏制，土地管理秩序由乱到治，实现了历史性的根本好转，土地市场建设得到重大发展，各项业务基础工作基本完成，全省土地管理逐步走上了依法、统一、全面、科学管理的轨道，对保障全省国民经济和社会各项事业健康发展，作出了重要贡献。

(二)1995 年土地管理工作概况

1995 年，我省土地管理工作在省委、省政府的正确领导下，以党的十四届四中、五中全会精神为指针，适应建立社会主义市场经济体制的需要，认真贯彻落实全省农村工作会议、经济工作会议精神和土地使用制度改革工作会议、耕地保护工作会议提出的各项任务，在前几年土地管理全面发展的基础上，把工作重点转移到保护耕地、深化改革、加强土地法制建设和发挥土地宏观调控作用等方面来，积极解决社会关注的土地热点、难点问题，取得很大成效。

1. 加大了耕地保护工作的力度

前几年由于“开发区热”、“房地产热”的兴起，越权批地、违法用地、非法占地现象较多，耕地保护问题不少。针对这种情况，1995 年，我们组织多方面的力量，共同打好保护耕地的整体战。一是广造保护耕地的社会舆论。在全省范围内开展了以保护耕地为主题的“6·25”土地日活动，省局举办了“山东省土地管理展览”和“新闻发布会”，省委、省人大、省政府、省政协的领导同志到会并参观了展览，邵桂芳副省长作了重要讲话。各市地、县市都开展了较大规模的宣传活动，取得良好效果。二是按照省政府的要求，由各级政府组织在全省范围内进行了保护耕地大检查。全省查出违法用地案件 2.25 万件，违法占地面积近 1 万公顷。按照边清查边处理的要求,依法处理违法占地案件1.69万件,面积4400公顷,依法收回土地413公顷,复垦闲置和撂荒耕地2760公顷,对尚未处理的违法案件,省局印发了处理意见,要求各地限期处理。这次保护耕地大检查,领导重视,规模大,工作细致,效果很好,使广大干部群众受到了一次深刻的土地法制教育。三是认真抓好《基本农田保护条例》的贯彻落实。我局会同省农业厅、财政厅下发了《关于深入贯彻国务院和我省〈基本农田保护条例〉的通知》,具体制定了《山东省划定基本农田保护区技术规程》,促进了划区工作的进展。到1995年底,全省已有85%的县(市、区)完成了划区工作,设立了永久性保护标志,签订了基本农田保护目标责任状。四是严格建设用地审批管理。一方面,优先保证国家和省重点项目用地。1995年为济德、济聊高速公路、胜利油田、大宇水泥厂等11个重点工程用地实行征地包干服务,及时办理了3220公顷用地手续,受到当地政府、用地单位和建设单位的称赞。另一方面,对占用耕地建设严格把关。1995年各级土地管理部门为11万个建设单位(户)办理用地审批手续,核减不合理用地2000余公顷。全年非农业建设使用耕地8667公顷,比上年下降近2700公顷。五是大力组织开发复垦土地。全年开发复垦农用地3万公顷,其中耕地1.33万公顷。

2. 土地使用制度改革深入发展

一是进一步扩大了土地出让范围。按照现行政策规定,除党政机关、能源、交通等用地实行划拨供应外,其他生产经营性新增建设用地基本实行了有偿出让。1995年,全省出让土地的面积占土地供应量的比重由上年的20%提高到40%左右。全省出让土地5670幅,面积2879公顷,合同出让总价款15亿元,其中土地纯收益近5亿元,另外,土地使用权转让、出租、抵押总金额7.7亿元。土地开始成为政府生财、招商、引资的重要手段。二是集体非农业建设用地开始纳入有偿使用轨道。尤其是威海等市对集体非农业建设用地采取“征为国有、统一出让、转权让利”的办法,避免了土地资产流失,促进了小城镇建设,并已在全国推广。三是原划拨土地有偿使用有了新的突破。前几年划拨土地自发交易问题比较突出。为此,一方面大力清理整顿土地稳形市场,对进入市场交易、改变用途的,依法办理土地使用权出让手续;另一方面对行政划拨土地实行有偿租赁试点。目前全省已有40多个市县正在实施这项改革。潍坊市出台了《行政划拨土地有偿使用管理办法》,有10个市县开展了这项工作,仅此一项政府就收入近1亿元土地级差收益。我省的改革引起上级领导的高度重视,1995年5月,国家体改委和国家土地管理局在我省举办了全国地级市长土地使用制度改革研讨班,我省烟台、威海、青岛等市介绍经验,并参观了三市的土地开发、经济技术开发区、小城镇建设等,受到一致好评。

3. 强化了土地产权管理

一是加强了城镇、村庄地籍调查。到1995年底,全省城镇土地确权发证达87%,解决土地权属纠纷4万多起,维护了土地使用者的合法权益。二是开展了城镇基准地价评估。到1995年,全省城镇完成土地定级估价的达90%,初步建立起基准地价体系。三是适应企业清产核资和企业转制的需要,组织全系统125个A级和B级土地估价机构,对7355个企业土地资产进行了评估,占应评估企业的75%,评估土地资产总价值610.6亿元。并对银行、保险、烟草、电力等系统的土地资产评估值予以确认。同时,还对1579家股份制企业土地资产进行评估,并采取出让、作价入股、租赁等方式依法处置。四是开展了企业土地资产重组、盘活试点。青岛的“退二进三”、济南的“腾笼换业”、烟台的“腾龙换凤”等做法,都是从盘活土地资产入手,利用级差地租，使企业形成新的启动力量，实现了产业结构合理调整和城市土地效益的最佳发挥。

4．土地管理业务基础工作基本完成

全省土地资源详查工作历时10年，投入近万名技术和管理人员，耗资8000多万元，在完成县级调查、市地级汇总的基础上，1995年11月全省汇总基本完成，共取得数据资料和文字成果500多套。查清了全省耕地、园地、林地、牧草地、居民点及工矿用地、交通用地、水域、未利用土地等8个大类、46个二级类土地面积、权属和行政界线。土地利用总体规划工作，按照省政府部署，从1991年起，自上而下相继开展，到1995年底，省、市（地）、县（市、区）和乡镇四级土地利用总体规划全面完成，为加强土地利用的宏观调控提供了依据。

5．坚持两手抓，不断加强土地管理队伍建设

为提高队伍素质，一方面省局举办了第10期县级局长培训班，举办了土地管理岗位证书教育，进行了公务员土地管理专业知识考试。各级还举办土地估价、土地登记等专项学习班、研讨班等，业务素质明显提高。另一方面，在全系统组织学习邓小平同志建设有中国特色的社会主义理论，开展了向孔繁森同志学习活动，下发了《关于在土地管理系统开展"学习孔繁森，树机关新风"的通知》、促进了管理效益年活动的深入开展。由于重视加强了廉政建设，端正行业风气，各级土地管理部门经过审计、财税、物价多次大检查，没有发生大的问题，并受到好评。同时，我们把办理人大代表建议、政府批办件、政协委员提案作为推动工作的重要方面来抓，做到无拖压、无差错。1995年省局接待来访183起360人次，来信318件，都做了认真处理。用接待信访这个"窗口"，发现和解决了一批违法用地案件，也得到群众称赞。临邑县农民给省局写来感谢信。诸城市农民送来锦旗，上书"国土卫士，农民靠山"。

（徐及善）

1995年河南省土地管理工作概况

(一)河南省土地资源及利用概况

1. 土地资源概况

河南省位于我国中东部，总土地面积16.7万平方公里，约占全国的1.74%。全省大致分为西南部山地丘陵地区和东北部平原地区。其中山地面积为3.8万平方公里，丘陵面积为2.2万平方公里，平原面积10.7万平方公里，分别占全省土地总面积的22.8%、13.2%和64%。全省现有耕地、林地、牧地比例为2.8∶1∶0.23，大体与本省宜耕、宜林、宜牧土地资源比例2.7∶1.1∶0.4相符。

2. 土地利用特点

(1)耕地资源总量大，但人均占有量少。河南省耕地面积占全国耕地面积的7.2%，仅次于黑龙江省，居全国第二位。但河南人口多，1995年已近9000万人，特别是农村人口多，据统计，1990年全国人均耕地0.11公顷，而河南人均耕地只有0.08公顷，为全国平均水平的75%。

(2)宜耕地资源利用较充分，宜林、宜牧地利用程度则偏低。在各种土地利用类型中，耕地已得到较为充分利用，再垦资源十分有限，已出现毁林、毁草、开荒等超开发现象。并且全省耕地平均复种指数1990年已达172.8%，近几年来复种指数提高更快。1990年耕地面积较1985年减少10万公顷，而农作物播种面积却增加了20.4万公顷。在林业用地中，有林地面积仅占70%，现有林地相当部分密度不够。作为牧坡利用的荒山草地覆盖率很低，产草量少，载畜量偏低，有些草场已出现过度放牧现象。境内对水域的利用程度也十分低下，全省水域面积124.45万公顷，但可供养殖的水域尚不到一半，而已经利用的仅占可养殖水面的13%，且平均产量只有647千克/公顷。

(3)土地利用区域差异明显。由于受地形条件和气候条件的影响，河南土地利用具有明显的南北差异和东西差异。

全省境内大体以200等高线为平原与山区的分界，东部平原主要以耕种业为主，林地呈零星分布，主要是河道、交通防护林、四旁植树、农田林网等类型。西部山地除盆地、河谷平地、黄土塬台地等类型外，其余多为山坡地。草地和林地。从土地利用程度来看，伏牛山和太行山山前洪积冲积平原耕地利用的集约化程度最高，而洪汝河以南的淮河两岸耕作较为粗放，山区坡耕地更是广种薄收。

3. 土地资源利用存在的问题

(1)农用土地的开发利用不适应经济发展和日益增长的人民生活水平的需要。全省耕地由于受水资源条件、土壤质地等因素制约仍有30%以上的耕地属低产田。加之多数农田设施不配套和年久失修不能有效抵御频繁发生的旱涝灾害，使现有中高产田的利用也很不充分。据测算，目前，全省耕地的平均生产能力只有其可能潜力的45%左右。同时，林业、牧业用地和水面利用水平较低，大部分处于粗放低效的利用状态。

(2)丘陵山区土地开发利用不当，水土流失严重。目前全省水土流失面积3.2万平方公里，占丘陵山区的36%。广大平原地区的农田防御系统脆弱，大部黄泛区林木覆盖率低。加之大面积毁林开垦致使土地沙化严重，生态系统遭到破坏。此外，随着大中城市的盲目扩大和小城镇的不断兴起发展，城市近郊土地废水污染日益严重。全省土壤有机质含量小于1%的就有446.67公顷，大部分耕地存在着地力下降的趋势。

(3)各项非农业建设用地占用耕地数量

较大。据统计，建国 40 年来，各项非农业建设用地平均每年占用耕地近 6 万公顷，相当于一个中等县的耕地面积。近年来随着土地管理工作的加强，尽管占用耕地的总规模逐步下降，但数量依然较大，加剧了全省耕地紧缺的形势。“七五”期间城镇用地平均每年增加 1.06 万公顷，多数城镇规划失控，突破规格；农村居民地新占土地增加过猛而村内大量空闲地未被利用；另外乡镇企业用地缺乏统一合理规划，违法批地，非法用地等现象也较为突出。

（二）1995 年河南省土地管理工作概况

1995 年是“八五”计划的最后一年，也是河南省土地管理局落实省委、省政府提出的“机构升格，工作也要升格”要求的第一年。一年来，全省土地管理各项工作全面推开，并取得了突破性进展主要表现在：

1. 土地管理目标纳入了省政府目标管理系列

1995 年省政府首次将土地管理目标列入了政府目标责任制，实行了上级政府对下级政府、政府对土地管理部门、上下级土地管理部门多层次的目标管理。全省土地系统层层签订了目标责任书，确定了工作任务，明确了工作重点，提出了具体要求，通过年终全省目标责任制大检查，各市（地）普遍执行较好。有 3 个目标管理优秀单位和 6 个目标管理先进单位，受到了表彰。

2. 省政府下达了省土地局“三定”方案，明确了土地管理部门的职责、任务，理顺了部门关系

河南省政府于 1995 年 4 月批准下达了“河南省土地管理局职能配置、内设机构和人员编制方案”，明确省土地局是省政府负责全省土地、城乡地政统一管理的行政管理部门和行政执法部门，并确定了职责，界定了职权范围，理顺了部门关系，为全省土地管理部门的机构改革指明了方向。目前，省局公务员过渡工作已基本完成。

3. 全省 17 个市、地土地管理机构得到明显加强

在 1995 年机构改革中，全省 17 个市、地的土地管理部门均作为一级局列入了政府组成部门，土地管理机构得到了明显加强。平顶山、驻马店、兰考等一批市、县实现了市对所辖区、县对乡（镇）土地管理部门的垂直领导，进一步巩固和完善了土地统一管理体制。为确保土地管理职能到位提供了组织保障。

4. 土地使用制度改革在全省全面铺开

全省大力推广光山、长垣两个偏僻贫困县城开展地改的经验，并及时总结了平顶山、许昌两个省辖市地改经验，从而形成了“中心开花，辐射四邻，典型引路，互相促进”的地改热潮。土地出让范围不断扩大，土地市场不断得到发育和完善，促进了土地资源的优化配置和资产效益的发挥，保证了国有土地资产的保值增值。年底统计，除国家规定允许行政划拨土地外，其他建设用地绝大部分实行有偿出让。基本消灭了土地出让空白县（市）和招标、拍卖空白市（地），全年全省出让土地 6640 宗，面积 2528.77 公顷，收取出让金 135796.65 万元，完成土地纯收益 84864.29 万元。其中拍卖 602 宗，面积 36.04 公顷，招标 81 宗，面积 18.87 公顷。工作开展比较好的平顶山市全年土地收益超亿元；全省清理整顿土地隐形市场工作大部分市（地）已基本完成，补交出让金 12329.2 万元，罚款 2043.9 万元。实施建设用地“五统一”的县（市）达 50% 以上。

5. 基本农田保护区划定工作成效显著

河南省土地局认真贯彻《河南省基本农田保护条例》，开展了“基本农田保护年”活动，出台了 6 个有关耕地保护方面的配套法规、文件。受到了国家土地管理局的好评，并在全国介绍了经验。

全年各类建设用地计划执行情况良好，

未出现超计划、无计划用地现象。全省非农业建设用地计划控制在28.5万亩,其中耕地12.75万亩。实际非农业建设用地13.6万亩,其中耕地10万亩,分别为年度非农业建设用地计划控制指标和耕地控制指标的48%和79%。省级土地利用总体规划编制已全部完成,市地级土地利用总体规划编制已开展12个,批准和正在批准的4个。县级规划完成87个,占应完成数的80.6%。市地级基本农田保护区规划已完成14个,县级99个,乡级1682个,全年全省累计划定基本农田保护区3000多个,保护耕地面积7062万亩,占应划定数的71%。基本做到了已完成基本农田保护区划定的县(市、区)有通告,乡(镇)有措施,村(组)有民约,承包耕地有责任人。达到了区、片有图件、块块有人管,形成了三级耕地保护体系,为全省"生命线"、"保命田"、"米袋子"、"菜篮子"撑起了保护伞。全年开发复垦土地7000公顷,其中耕地4000公顷,超额完成了年度土地开发复垦计划。平顶山土地复垦经验,灵宝市土地开发经验还在全国进行了推广。

6. 紧紧围绕两项改革,切实抓好各项业务基础工作

全省县级土地利用现状调查和市(地)级汇总工作全部结束,县级详查成果按国家土地管理局要求全部上报,省级详查汇总工作已全面展开,与邻省的境界接边和样方检验及耕地系数测算等阶段性任务均圆满完成,城镇地籍调查扭转了过去多年徘徊不前的局面。三门峡市所辖各县(市)已率先完成了任务。城镇土地定级估价工作也全面开展,全省17个地级市和行署所在市及102个县(市)均已完成这项任务。全省还全面开展和完成了清产核资中的土地清查估价工作。按清查数据,全省国有企业单位估价前土地帐面值为16.7亿元,估价后土地价值为423亿元,升值净额406.3亿元,升值幅度为24倍。在土地清查工作中对9722户单位企业的21406宗土地面积进行了确认,确认面积96855万平方米,已登记发证8466宗,占应登记发证的40%。

7. 加强了土地管理立法与执法工作,建设用地审批权限得到调整

1995年12月8日,河南省八届人大常委会第十七次会议通过了"河南省人民代表大会常务委员会关于修改《关于省辖市人民政府、地区行政公署建设征用土地审批权限的决定》的决定",对省辖市人民政府、地区行政公署建设征用和划拨、出让土地审批权限进行了适当调整。

执法方面,按照国家部署,全省范围内开展了违法批地和土地闲置撂荒检查。一年来,全省土地违法案件立案15394件,查处14705件,其中,省局参与查处56件重大土地违法案件,查处率达95.5%,11月中旬,新华社、人民日报、法制日报、中国土地报等新闻单位对新郑市一起严重违法批地和土地闲置撂荒事件公开曝光后,河南省土地管理局和郑州市土地管理局积极协助国家土地管理局进行了调查处理。

在"三无"(无违法批地、无违法管地、无违法用地)乡镇建设方面,全省已消灭了市(地)一级的空白点,有1026个乡镇开展了"三无"乡镇活动,占全省乡镇总数的60%,其中有928个乡镇达到了"三无"乡镇标准。

(解庆昌)

1995 年湖北省土地管理工作概况

(一)土地资源概况

湖北省地处华中腹地、长江中游、洞庭湖以北。地势大致为西、北、东三面突起,中部低下向南敞开,具有马蹄形层状分布的特点。鄂西北、鄂东北是层峦叠嶂的广大山区,长江、汉江两侧是沃野千里的江汉平原和长江中游冲积平原,有适宜养殖的广阔水域、土地肥沃的良田,是主要农作物生长区。在山区和平原之间,是缓冲过渡的、连锦起伏的丘陵岗地。在全省的土地面积中,山地占 52%,丘陵平原占 48%。全省土地利用具有以下特点:

第一,土地开发利用充分,土地后备资源严重不足。湖北是我国历史上农业开发较早的地区。经过数百年的垦殖,土地开发利用很充分,开发利用率在 85% 以上。可开发的土地后备资源人均不足 0.05 亩。

第二,耕地资源分布不平衡。江汉平原和长江中游平原是耕地资源的主要分布区,耕地面积占全省耕地总数的 80% 以上,而鄂西北、鄂东北山区的耕地面积上耕地总量不到 20%,且耕地的灌溉条件及土地肥力均不如平原地区。

第三,水域面积大。全省的河流、湖泊众多,有"千湖之国"之称。水域面积达 2663 万亩,占土地总面积的 9.55%。

(二)1995 年土地管理概况

1995 年是"八五"计划的最后一年。全省土地管理部门围绕经济发展这个中心,以土地资源管理和土地资产管理为重点、各项工作取得了新的进展。

1. 认真贯彻落实省政府加强耕地保护的决策

1995 年省政府为落实土地基本国策,采取了一系列的行政措施,先后出台了省长令第 84 号、鄂政发[1995]87 号、鄂政办发[1995]76 号等土地管理的政府规章和政策性文件,为做好土地管理工作提供了政策法规保障。

(1)土地管理目标责任制执行情况良好。省政府与各地签订的土地管理目标责任书中考核的耕地保护面积、三项建设用地、土地出让供应比例、基础工作等主要指标完成较好。截止 1995 年底全省有 65 个县完成了基本农田保护区划定工作,全省划入保护区的耕地达到 267 万公顷(4000 万亩),占全省现有耕地面积的 80%。基本农田保护开始全面进入后期强化管理阶段。1995 年全省净减少耕地面积 17.59 千公顷(26.3 万亩),其中国家、集体、个人三项建设共占用耕地 7.99 千公顷(11.985万亩),占耕地净减少数的 45.4%,与年初计划数基本持平。国家建设用地结构基本合理,工业、交通、能源占用地总量的 51.7%,文教、卫生、旅游、房地产占用地总量的 25.3%,其他占用地总量的 23%。

(2)加强开发区用地管理,清理闲置荒芜土地。按照鄂政发[1995]87 号文件的要求,少数市县擅自下放的土地审批权已收回,宜昌、襄樊、荆门下放给开发区的土地审批权已收回,经过对开发区等建设用地的清理,全省共清理闲置土地一万多亩,大部分闲置土地已区别不同情况作了处置,或者调剂使用,或者借给农民耕种,或者收回土地使用权。

(3)制止一些地方违法占地兴建砖瓦厂取得明显成效。省政府办公厅《关于坚决制止一些地方违法占地兴建砖瓦厂的通知》(鄂政办发[1995]76 号)文件下发后,省局组织各地土地管理部门,全面清理砖瓦厂用地,全省共清理砖瓦厂 1054 座,面积 1880.29 公顷

(2.82 万亩),依法处理违法兴建的砖瓦厂 529 个,面积 1040.37 公顷(1.56 万亩),有力地遏制了砖瓦厂建设乱占耕地和违法占地的行为。

2. 土地使用制度改革向广度和深度发展

土地使用制度改革的重要一环。就是改土地的行政划拨供应为出让供应。1995 年土地使用制度改革在 1994 年的基础上继续向前推进。1995 年所有的市县都实施了通过出让供应土地的方式,恩施、十堰一些山区县土地出让实现了零的突破,迈出了土地出让的第一步。省辖市和大部分经济比较发达的县、商业、服务业、旅游、金融、房地产等经营性行业的用地全部纳入了出让的范围。1995 年全省通过出让方式供应土地 5623 宗,面积 719 公顷(10785 亩),土地出让合同收入 6.826 亿元,实际到位收入 4.08 亿元。土地出让的方式向多元化发展,招标、拍卖出让的比例分别比 1994 年增长 73% 和 3.2 倍。特别是小宗地拍卖势头强劲,小宗地拍卖在 70 个乡镇展开,拍卖地块 358 宗,在当地引起了强烈的反响。

土地管理"五统一"(统一规划、统一征地、统一开发、统一出让(划拨)、统一管理)的办法在大部分市县推广并取得成效。荆沙、襄樊、黄冈的大部分市县积极推行"五统一"的办法,走以地聚财、以财兴镇、以镇兴业的路子,积累了城镇建设的资金,增加城镇基础设施的投入,加快了小城镇建设的步伐。国家土地管理局在监利县召开了"全国小城镇地改座谈会",向全国推广监利县小城镇地改的经验。

大中城市积极探索盘活存量土地资产的办法。潜江市开展对 165 家企业的土地资产利用现状调查,界定土地产权比例,出台了《潜江市企业土地资产管理办法》,为推进企业土地产权制度改革,逐步实现存量土地与增量土地的有偿使用并轨奠定了良好的基础。武汉、襄樊、宜昌等城市引导城市中心的工业企业"退二进三",提高土地的利用效益。同时采取让利的办法,允许部分困难企业转让存量土地资产,使困难企业增加造血功能,为搞活企业服务。

强化清产核资和企业改革中的土地资产管理。1995 年企业清产核资工作全面铺开,各级土地部门积极为企业进行土地价格评估,共完成 1951 宗,2.7 万公顷(41 万亩)的地价评估工作。对改制企业,依法审核土地处置方案,为保证国有土地资产保值增值提供了基础条件。

3. 土地管理基础业务建设全面发展,土地管理水平不断提高

土地资源详查,城镇土地登记,编制土地利用总体规划,干部岗位教育等工作,是土地管理的基础性工作,它为依法、统一、全面、科学管理土地打下基础。

(1)土地资源详查基本完成。截止 1995 年底,完成了 102 个县级单位的调查,6 个地市级单位的汇总和省级数据汇总。县级单位的详查质量全部达到国家规定的技术规程的要求。

(2)城镇土地登记完成计划的任务。截止 1995 年底,共完成城镇土地登记 154 万宗,面积 1200 平方公里,占全省城镇应登记面积的 61%。如果不计武汉市,可达到 71% 的比例。

(3)干部岗位教育全部到位。为适应机关干部向公务员过渡,1995 年在全系统内开展了全员岗位培训、考试,全省有 11500 人参加了培训,参训率,考试合格率达到 100%。

(4)土地利用总体规划编制工作开始起步。土地利用总体规划已有 15 个市县完成了编制工作,35 个市县正在编制之中,尚有 21 个市县未启动。

4. 土地执法力度加大,土地监察体制改

革初步实施

强化土地执法，争创“三无”（无违法批地，无违法用地，无违法管地）乡镇活动进一步深入。全省坚持预防为主，防治并举的方针，层层签订责任状，充分发挥土地监察网络的作用。1995 年全省有 1435 个乡镇开展了创建“三无”乡镇活动，占全省乡镇总数的 70%。省土地局表彰了 120 个连续三年达省标的“三无”乡镇，国家土地管理局表彰了嘉鱼县、随州市、远安县三个开展“三无”乡镇活动的先进县和 17 个连续三年达标的乡镇。通过表彰活动，有力地推动了“三无”乡镇活动的开展。同时经常开展土地执法检查，依法查处违法占地行为，制止乱占滥用土地。1995 年全省共发生违法占地案件 9738 起，已查处 9405 起，结案率达到 96%。收回违法占用土地 59 公顷(885 亩)罚款 333 万元。

改革土地监察体制，建立专门的土地监察队伍。1995 年湖北省率先试行土地监察体制改革，经省政府批准，由省土地管理局向各地市州、直管市、林区委派省土地监察专员 50 多名，负责指导当地的土地监察工作并向省局报告情况。荆沙市土地管理局被国家土地管理局列为监察体制改革试点单位，建立了一支专业的土地监察队伍。随后，全省 31 个地市县土地管理局组建了专门的土地监察队伍，对制止乱占滥用土地的行为发挥了积极的作用。实践证明，组建了监察专门队伍的地方，违法占地案件大幅度下降，办案质量大幅度提高。

（贺楚华　黄晖）

1995 年湖南省土地管理工作概况

(一)土地使用制度改革继续深化

1995 年 2 月 10 日至 12 日,全省土地使用制度改革工作会议在长沙召开,省委书记王茂林、省长杨正午、副省长周伯华作了重要讲话。省委、省人大、省政府、省政协、省军区的领导及各地、州、市、县政府领导参加了会议。会议总结了全省前几年地改的成绩,部署了 1995 年工作任务,提出了"九五"工作目标。会议确定全省地改总的指导思想是:认真贯彻落实中央经济工作会议和全国地改会议精神,进一步解放思想,抓住机遇,把握重点,规范市场,实施建设用地"五统一",把土地使用制度改革推向一个全面铺开、深化改革的新阶段。根据这一指导思想,我省地改的目标和任务是:加快建立与市场经济体制相适应的土地市场体系,从过去单纯靠行政手段配置土地资源转变到靠市场机制配置土地资源,充分发挥土地资产效益,完善生产要素市场,确保国有土地资产保值增值。"九五"期末,建设用地除法律、法规规定的以外,都要实行有偿出让;拍卖、招标出让要占整个出让面的 40% 以上;有 60% 以上的县、市"地财政"收入占当地财政收入的 20% 以上,全省土地收益超过 60 亿元。

1995 年以来,湖南全省各地通过认真贯彻全国土地使用制度改革工作会议精神,加大改革力度,坚持做小宗地拍卖、小城镇土地使用制度改革"两小"文章,有效地克服了因宏观调控带来的地产市场疲软的影响,较好地完成了年度工作任务,促进了土地使用制度改革向纵深发展。据统计,全年共出让土地 12025 宗,面积 1058 万平方米,收取土地出让总价款 10.64 亿元,其中出让金 3.78 亿元。株洲、衡阳、长沙三市继续保持强劲势头,出让总价款都在 1.5 亿元以上;土地招标拍卖出让范围进一步扩大,公正、公开、公平竞争的市场机制逐步形成;相当一部分市、县建立了土地交易中心,规范了土地交易行为;建设用地"五统一"管理全面推开,强化了土地统管职能;零陵、株洲、郴州、张家界四市实现了土地供应由双轨制向单轨制的转变;国有企业土地资产清查工作基本结束,共清查国有企业 9549 家,土地资产总额 577 亿元;58 个县市的 386 个建制镇按浏阳大瑶模式搞小城镇建设,走"以地生财、以财建镇,以镇兴业富民"的路子,收取土地出让金 1.7 亿元,带动相关投入 8.2 亿元。特别值得一提的是,在湖南省第五届"湘交会"上,由全省国土系统组成的地产交易团共成交出让地块 72 宗,面积 477.627 万平方米,出让总价款达 67692.68 万元,其中合同和协议 54 宗,面积 292.76 万平方米,出让价款 49840 万元。大大超过预期目标,成为成交大户,受到省委、省政府领导和社会各界的高度赞扬。

(二)湖南省人大部署开展土地执法大检查

为促进土地管理法律法规贯彻落实,切实解决土地执法难问题,充分发挥土地管理在经济建设和社会发展中的重要作用,1995 年,湖南省人大联合省高院、监察厅和省国土测绘局等单位部署开展了全省土地执法大检查活动。10 月 5 日至 11 日,在各地自清自查的基础上,省执法检查组重点抽查了长沙、衡阳、岳阳三市。检查组充分肯定了全省执行土地管理法律法规所取得的成绩:一是土地基本国策贯彻较好,乱占滥用耕地势头有所遏制;二是通过开展以清理房地产公司用地、整顿土地隐形市场,清理城乡结合部和公路两旁用地为主要内容的"三个集中行动",土地执法力度得到加强。据统计,全省通过

"三个集中行动"共立案查处各类土地违法案件3.1万起,依法拆除建筑物93.32万平方米,收回土地2600多亩,收缴罚款3633.34万元,补交出让金2.14亿元;三是通过土地执法检查活动的促进,土地执法工作明显进步。仅长沙市就查处土地案件300多起,收回土地102.5亩,收回土地收入1亿元。在省执法检查组的督促下,一些过去难以处理的大要案件已引起当地领导高度重视,正在抓紧处理之中。

(三)湖南省国土部门对京广、湘黔、枝柳三条铁路改扩工程征地拆迁实行总承包

湖南境内京广、湘黔、枝柳三条铁路改扩工程(以下简称三条铁路改扩工程),是国家"八五"期间的重点建设项目。三条铁路的改造建成,对于强化全省铁路路网功能,提高铁路综合运输能力,促进湖南经济乃至全国的经济发展。都具有十分重要的意义。三条铁路改扩工程涉及全省13个地、州、市,47个县、市(区)。根据设计,约需新征土地13000亩,收回铁路既有地近万亩,拆迁房屋约40～50万平方米。为了加快三条铁路的建设步伐,受省政府委托,三条铁路改扩工程征地拆迁工作由省国土测绘管理局实行总承包,房屋拆迁由省国土测绘局代表省政府,主持建设单位和拆迁单位所在县、市(区)国土局实行承包,全省这样大范围,大规模建设用地统一征地拆迁总承包,这在湖南历史上还是第一次。它是深化土地使用制度改革,全面实行"五统一"管理土地的一种尝试和有效途径,其意义重大而深远。

从1993年开始,至1995年12月底止,共计完成新征土地5376亩,占计划征地面积的97.75%。房屋拆迁工作进展顺利,共计拆迁房屋284840平方米;收回铁路既有土地3227亩,确保了施工单位用地需要;无地少地农民"农转非"问题得到合理解决,先后解决"农转非"指标8417人。保障铁路建设圆满完成了20个亿以上的投资,使三条铁路改扩工程在短短的两年时间里新修交线300公里,改造场站15个。

(贺国伟　徐兴龙)

1995年广东省土地管理工作概况

(一)土地资源及其管理概况

广东省陆域范围为北纬20°09'～25°31',东经108°44'～117°11',跨越热带、南亚热带和中亚热带,土地总面积17.808万平方公里,其中山地、丘陵、岗台地占75%,平原和盘谷平地(含内陆水域)约占25%。根据广东省土地利用总体规划,1990年全省土地利用结构为:耕地252.88万公顷,园地84万公顷,林地970.76万公顷,牧草地多是兼用地,其中专用牧草地3.07万公顷,居民点及工矿用地82.96万公顷,交通用地24.24万公顷,水域119.69万公顷,未利用土地243.2万公顷,分别占土地总面积的14.20%、4.72%、54.51%、0.17%、4.66%、1.36%、6.72%和13.66%。

建国以来,广东省的土地管理一直比较薄弱,总体上实行多部分分散管理模式。1985年6月12日,广东省政府决定成立省国土厅,作为省政府主管国土工作的职能部门,同年8月22日,正式获国务院批准。这是我国第一个综合性的土地管理机构。1986年3月18日,省政府确定了国土厅的主要任务和职责,并明确提出要切实抓好全省国土资源调查,以及制定整治、开发、利用、保护规划和管理工作。重点是抓好土地管理,切实制止乱占滥用耕地。1987年全省市、县、乡镇陆续建立了国土管理机构,全省土地、城乡地政地籍统一管理的体制已基本确立。

新组建的国土厅,为迅速制止全省耕地锐减的不良趋势,立即在全省开展了非农建设用地大清查,同时,在农村分步铺开土地资源详查工作,在城镇组织国有土地的初始登记,全面施行《土地管理法》。1986年10月,广东省建立了非农建设占用耕地缴纳垦复基金的制度,与日后开征的耕地占用税结合在一起,专款用于农地后备资源的开发,至今已开发宜农土地20.72万公顷,其中耕地16.55万公顷,使"开源"与"节流"的措施得以落实。1987年起,广东省开始在深圳经济特区探索土地使用制度改革的路子,以市场方式出让土地使用权,"有偿、有限期,允许流转"新的用地制度在全省逐步建立,土地要素市场迅速发育。迄今全省共出让土地3.5万公顷,土地总收益达400多亿元。为了确立规范有序的市场秩序,制止土地出让转让中的违法行为,广东省在土地法制建设和执法监督方面不断加大力度。全省制定颁布了23个省级土地法律、法规和一大批地方性规章,共查处各类违法案件14.3万宗,土地面积3.52万公顷。各地还在地价评估、产权登记和中介等方面加强了监督管理。为在土地使用制度改革中,贯彻落实耕地保护这一基本国策,广东省在1991年起建立了各级政府的耕地保护目标责任制,并于1993年进行了考核和奖评。1994年全省又划定了基本农田保护区,使耕地保护和规范市场两大管理任务在全省得到落实。此外,随着规划编制、测绘遥感,科研和教育等基础性业务工作的发展,广东省国土管理事业的全面建设已取得可喜的成果。

(二)1995年土地管理工作概况

1995年是"八五"计划最后一年,我省国土部门按照国家和省的部署和要求,抓好一个重点,深化两项改革,完善三大体系建设,将各项工作推上一个新的台阶。即以贯彻土地基本国策,抓好耕地保护为重点;进一步深化土地使用制度改革和土地管理体制改革;完善土地市场体系、建设用地计划控制体系和土地执法体系建设;同时加强测绘地名管理,强化各项国土业务基础工作,加强廉政建设和制度建设，取得了积极成效。

1. 耕地保护与宜农土地开发

1995年，全省国土部门继续坚持“开源、节流、保护”并举的方针，全面落实耕地保护各项措施。在上年划定基本农田保护区的基础上，开展对保护区分等定级工作，共划定一级保护区135.9万公顷，二级保护区70.04万公顷。各地还投入1.3亿个工日，改造低产田15.33万公顷，加强了基本农田保护区建设。同时，各地抓紧对宜农土地开发，坚持开发耕地与发展“三高”农业相结合，与发展“创汇农业”、“旅游农业”相结合，与扶贫致富、抗洪救灾相结合，与整治保护相结合的方针，开发了一批有规模、上档次的果、菜、粮、油、糖和珍稀动物等种养基地，建立一批基地化、商品化和产业化的农业开发项目。全年各级国土部门共筹集投入土地开发基金2亿多元，开发复垦宜农土地4.89万公顷，其中耕地2.07万公顷，分别比国家下达计划指标超出193%和122%。全省开发新耕地与非农建设占用耕地相抵，净增耕地1.278万公顷。

2. 非农建设用地清查与管理

1995年上半年，广东省国土厅在全省开展对闲置土地、违法批地用地和高尔夫球场等非农建设用地三项清理行动。下半年，为巩固成果，广东省政府继续对开发区、城镇建设、农业结构调整、违法批地用地等非农建设用地进行清理。两次清理活动取得较好效果，达到预期目标。

1995年上半年，为切实解决前几年“房地产热”、“开发区热”带来的土地开发利用遗留问题和农民弃耕丢荒浪费问题，广东省政府统一部署，在全省开展了查荒灭荒大行动。全省国土系统会同计委、农办(委)、建委、监察、法制等部门，对农民弃耕丢荒土地和非农建设闲置浪费土地进行清查，全省共查明丢荒和闲置土地3.71万公顷，其中农民弃耕丢荒2.13万公顷，非农建设闲置1.58万公顷，并复耕复种3.46万公顷，平均复耕率达93%。其中种植水稻1.11万公顷，经济作物1.52万公顷，造林及其他0.83万公顷。

摸清了闲置土地基本情况并进行复耕复种；全省共查出1992年至1994年间各类违法批地用地案件13849宗，面积1.01万公顷，其中耕地0.35万公顷，查清责任人312人。至年底已依法处理12156宗，面积0.55万公顷，宗数结案率为87.8%；全省查明有高尔夫球场项目51个，规划占地72458公顷，实际已用地3606公顷。已决定撤销项目7个，规划用地700.7公顷。暂缓建项目5个。

全省查清共有开发区54个，其中国务院批准10个，省政府批准44个。还有保税区4个，旅游度假区25个，市县自行批准设置开发区40个，正在向省政府办理报批手续。此外，还有一批未经批准的开发区已自行撤销或改为建设小区。国家和省级的54个开发区，规划用地面积12万公顷，其中占用耕地约2.88万公顷，占24%。实际已征地2万公顷，已使用0.78万公顷，未使用的基本进行复耕。开发区用地结构趋于合理，工业用地占50%，房地产、服务设施用地占25%，基础设施用地占25%。存在问题主要有选址不合理、开发土地超前量大、占用耕地过多、开发效益较差、用地审批不规范等。

查明全省在1991年至1994年间，农业结构调整占用耕地11.5万公顷，占同期耕地减少总量的56.2%，其中改挖鱼塘7万公顷，种水果、蚕桑等经济作物4.5万公顷。

1995年全省各地严格执行审批用地选址、开工、验收“三到场”制度、用地审批公告制度、用地通报制度、用地批文备案制度以及用地批准书挂牌制度，全年全省非农建设用地总量1.92万公顷，其中耕地7920公顷，比上年分别下降12%和18.3%，分别占国家下达计划指标的 57.6%和 59.4%。从用地结构看，工业用地 7612 公顷，占 39.7%；交通用地 3426 公顷，占 17.8%；能源用地 474 公顷，占 2.5%；以商业、金融业和住宅为主的房地产用地 3705 公顷，占 19.3%，其中商品房用地占 6.3%。与上年相比，工业用地量因资金紧缺等因素影响而有所下降，所占用地总量比例下降 2.3 个百分点；交通用地量仍保持旺势，所占比例上升 0.4 个百分点。重点工程用地 1469 公顷，占总用地量 7.66%。全省用地结构比较合理。

3. 地籍管理工作

至 1995 年底止，广东省土地资源详查工作已基本完成。全省 121 个县级调查单位已全面完成土地详查工作；市级汇总工作已全面铺开并完成了数据汇总，其中广州、珠海、汕头、揭阳、潮州、河源、东莞七个市已完成市级汇总工作；省级汇总已完成了数据汇总工作，图件、文字汇总正在进行中。与此同时，在全省部署和开展土地变更调查工作，以保持详查成果的现势性。

1995 年，全省共发放国有土地使用证 15.6 万宗，集体土地使用证 61.8 万宗。至此，全省共完成国有土地使用权登记发证 195.6 万宗。占应发总数的 75.8%，发证面积约 959.3 平方公里；全省共办理集体土地建设用地使用权登记发证 816.8 万宗，占应发数的 73.3%，发证面积 1087.1 平方公里。此外，全省共办理土地变更登记 15.5 万宗次，其中出让登记 18820 宗次，转让登记 21484 宗次，更名更址登记 12139 宗次，抵押登记 4686 宗次。注销登记 4577 宗次，划拨变更 72002 宗次。土地登记档案已在土地管理各项业务和社会各方面发挥越来越重要的作用，目前，广州、深圳、珠海、汕头及顺德、三水、花都等地已开始实行计算机档案管理。

至 1995 年底止，全省已开展地籍调查测量的城镇共 1271 个，占应开展工作城镇总数的 77.5%。已完成城镇地籍调查测量面积 1187 平方公里，占应完成面积的 47.3%。其中全面完成该项工作的城镇有 821 个。

4. 土地管理业务基础工作有了突出性进展

——1995 年，全省土地使用制度改革覆盖面已达 100%，全省共出让土地 8527 公顷，总收益达 48.95 亿元。特别是地处边远山区的连山壮族瑶族自治县，在地产市场低迷的形势下，进行公开招标出让土地 2.6 公顷并取得成功，土地成交价 45～108 元/平方米。同时，积极倡导调研之风，对农村集体土地进入市场问题、国有企业改组转制中土地处置问题和行政划拨土地进入市场等改革“难点”、“热点”进行探索。

——1995 年，根据实际情况对 1993 年颁布的市、县土地分等和基准地价进行了调整。全省成立了地价评估机构 46 个，其中 A 级机构 3 个，B 级机构 43 个。21 个地级市有 18 个已成立地价评估所，121 个县(市、区)中有 27 个已成立地价评估机构，地价评估网络基本构成。深圳、惠州市已完成城镇基准地价的颁布实施工作，惠东县已完成基准地价的制定工作，其他市县的这项工作正在准备开展阶段。

——参与了珠江三角洲经济区规划工作，完成了珠江三角洲国土规划。到 1995 年底，全省共有 3 个地级市完成了国土规划，7 个市正在编制。市级土地利用总体规划上报省政府审批的有珠海、中山等市，已验收的有广州市，申请验收的有韶关市、河源市，已评定论证的有汕头、肇庆、江门等市，编制了规划初稿的有惠州、汕尾、东莞、佛山、湛江、茂名、清远、潮州、揭阳等 9 市。县级规划除阳春、阳东、阳西、博罗、陆丰、陆河等 6 个县(市)未开展外，其他县(市、区)均已开展规划编制工作，其中已完成规划稿的有 40 个县(市、区)，已经论证的有高明等 20 个县(市、区)。镇(乡)级规划已全面开展编制工作的有广州、梅州、湛江、东莞等市及高州、茂南、澄海等县(市、区),全省有近500个镇(乡)开展了规划编制工作,占全省镇(乡)的30%左右,其中有近250个镇(乡)已完成。

——1995年,广东省人大颁布了《广东省土地权属纠纷调处条例》,广东省政府颁布了《广东省非农建设占用土地缴纳垦复金办法》,省国土厅与财政厅制定了《广东省土地垦复金征收管理实施办法》。《广东省珠江口滩涂资源开发利用管理条例》、《广东省测绘管理条例》、《广东省乡(镇)、村建设用地管理条例》、《广东省建设用地审批管理规定》等已完成起草工作并分别报送省人大、省政府审议。

——1995年,完成了"八五"测绘科技攻关项目《广东省数字化测绘示范基地》的建设并通过国家级验收。开展了《数字化地籍图生产应用研究》、《南沙岛礁定位的地形测绘技术研究》、《多功能野外数据处理机的研制》、《数字化生产基地计算机网络应用技术研究》等科研课题的研究,并开发了一些国土管理业务急需的计算机软件。还加强了教育培训工作,对全省国土系统6000人进行了业务培训、公务员培圳,为各级的机关机构改革作好准备条件。

——1995年共完成测绘工作量247026个工日,为年度生产计划的190%,总产值4159.3万元,测绘单位全员劳动生产率达5.7万元/年。全省测绘各种大比例尺地图2328幅,编制各种地图496幅,印刷地图(图册)38304色令,出版地图(图册)105种共413.63万幅(册)。还完成了省内主要山名的标准化工作,经省政府批准省内主要山名126条。加强地名管理工作,在大中城市和珠江三角洲的中心城镇的旧城改造、新区建设中,及时做好城镇命名、更名工作。

——1995年2月,广东省政府批准了省国土厅的机关机构改革"三定"方案(即定职能、定内设机构、定编制),省国土厅随即进行了与建立公务员制度相适应的机关机构改革,到年底止,"三定"工作已基本到位。改革后的机关机构内设办公室、政策法规处、计划财务处、规划处、建设用地处、地籍处、地产市场管理处、土地监督检察处、测绘地名管理处、国土测绘处、科技教育处、人事处、直属机关党委办公室和监察室共14个处(室)。其中规划处由原国土规划处与原土地利用规划处合并而成,测绘地名处由原地名处与原测绘管理处合并而成,地产市场管理处为新设处室,负责国有土地使用权的转让、出租、抵押等土地市场管理工作。机关工作职能转化也基本落实,地价评估、测绘产品质量检验、职工专业技术培训、法律咨询服务等分别转由地价评估事务所、测绘产品质量监督检验站、国土测绘成人中专(培训中心)、地产法律咨询服务中心承担,机关工作重点转入宏观调控、行业管理和执法监督。在机关机构改革中,调整补充了处室领导干部,岗位调整面达50%。

(陈强)

1995年广西壮族自治区土地管理工作概况

1995年,广西壮族自治区各级政府和土地管理部门进一步落实土地的基本国策,加强耕地保护,深化土地使用制度和土地管理体制改革,培育规范土地市场,为广西加快改革开放和经济建设作出了重要贡献。

(一)落实各项耕地保护措施坚决有力,颇有成绩

积极开展基本农田保护区划定工作。根据国务院《基本农田保护条例》,结合广西的实际,自治区人民政府1995年5月18日发布施行《广西壮族自治区实施〈基本农田保护条例〉办法》,各级党委、政府及土地管理部门严格按照规定,积极开展基本农田保护区的划定工作,到去年底止,全区基本完成基本农田保护区划定工作,目前梧州、玉林、百色、桂林、河池、柳州地区和钦州、北海、防城港、桂林市已通过了自治区组织的检查验收,验收的成绩都在良好以上,并都超额完成了自治区下达的保护耕地指标。

查荒灭荒工作取得较大成绩。按照去年国家土地管理局部署的对闲置土地的清理和对各类建设用地进行检查的要求,区土地管理局1995年4月发出了《关于全面清理我区非农业建设闲置土地的通知》,各级政府和土地管理部门十分重视对非农业建设闲置土地清理工作,措施有力,效果明显。经过认真扎实的清理,全区共清理出非农业建设闲置土地998宗,面积82489.2亩(其中耕地31552.2亩),这些闲置土地在清理中分别视不同情况作出了处理,其中,限期开发利用256宗,面积23917.2亩;调整使用9宗,面积857.4亩;收回土地使用权46宗,面积2221.8亩;恢复耕种145宗,面积4481.1亩;收取闲置费383宗,面积26431.35亩,处理率达70.2%。

(二)进一步培育规范土地市场

清理整顿土地隐形市场工作成效明显。从1991年起,我区就按国务院和国家土地管理局的要求,由点到面铺开划拨土地使用权擅自进入市场的清理整顿工作。1995年5、6月间,自治区政府对全区14个地、市清理整顿划拨土地使用权自发进入市场工作进行了检查验收。从检查验收的情况看,大部分地、市、县认真搞好该项工作,其中抽查的14个县(市、区)共清理自发进入市场的划拨土地16186宗,其中转让2369宗,出租7029宗,抵押678宗,改变土地用途4069宗,其他2041宗,补交土地出让金和受益金共1300多万元,清理面达95%,收费面达90%。目前全区所有县(市)都基本完成清理整顿工作,大部分已通过检查验收,7个区辖市有6个完成任务过半。

土地市场中介服务机构逐步建立并发挥作用。目前全区共组建地价评估中介机构43家,各地切实加强了对地价的管理,许多地方对土地出让、企业改制、产权变动以及国有企事业单位清产核资中所涉的土地资产,进行了地价评估。如在全区清产核资工作中,各地土地管理部门与国资部门一道组织了土地清查估价工作,对全区8463户企业所使用的30785万平方米国有土地进行了估价,查明总价值为597亿元。自治区还抓了邕宁县、百色市、河池市、南丹县的县城区土地定级估价试点工作,为各地提供了经验。目前全区有53个县(市)开展了土地定级估价工作,其中有45个城镇完成了土地定级估价任务。

开展调查研究,积极探索,不断把土地使用制度改革引向深入。为跟上建立现代企业制度的步伐,做好企业土地资产的管理工作,各级土地管理部门积极主动地与体改、国资等有关部门协作，深入调查研究，认真做好企业土地资产的确权发证，理顺土地产权关系；评估地价，显化企业土地资产的价值量，有力地配合了建立现代企业制度试点工作。如区土地管理局与区体改委联合行文；确定南宁市作为我区建立现代企业制度土地资产管理的试点城市，区、市的同志一道，研究制定试点工作实施方案，对十多个企业进行了调查研究，目前正在研究按不同类型企业的具体情况，根据国家有关建立现代企业制度的要求和土地资产管理的规定，制定相应措施，对企业土地资产进行适宜的处置。自治区还把横县、博白县作为农村集体土地流转管理的试点，各地、市也分别抓了试点。各地在拍卖"四荒"地时，十分注意明确产权关系、使用方向、确定权利和义务内容，以利于土地的合理利用、水土保持和环境保护。坚持对权属不清、面积不准、界线不明和权属争议未决的宗地不搞拍卖，对已拍卖的宗地注意搞好落界埋标、登记发证和建立地籍档案。河池地区在这方面做得比较好，他们的经验在全区和全国作过介绍，很值得各地借鉴。

（三）强化了土地的集中统一管理

各地都较好的坚持了土地管理部门负责对城乡土地、地政实行统一管理，土地管理部门作为土地产权的法定代表，代表政府管地。为了加强对土地管理工作的领导，区党委、区人民政府已将自治区土地管理局由副厅级升格为正厅级，适当增加了人员和编制。各地、市、县（市）为了强化土地的集中统一管理也采取了有力措施，如玉林地区所有的县已于1995年7月份实现了对乡镇土地管理所的垂直领导，到目前为止，全区已有15个县（市）实现了对乡镇土地管理所的垂直领导。北海、桂林、南宁、钦州等市对市辖各区的土地分局实行了人财物统管。

（四）各项业务基础工作取得新的进展

——土地利用总体规划编制工作迅速展开。去年我区加快了土地利用总体规划编制工作的步伐，自治区在抓好玉林市、岑溪市试点的基础上，制定了《乡级土地利用总体规划技术要点》。各地、市、县的领导十分重视土地利用总体规划的编制工作，在人力、财力、物力上给予支持，各地市都抓了试点，目前，该项工作开展比较迅速扎实，自治区级土地利用总体规划已完成初稿，柳州市、南宁市的土地利用总体规划已基本完成，岑溪市、玉林市、北流市的土地利用总体规划经评审验收均达到优良标准，还有59个县开展了编制工作。

——地籍管理工作取得很大进展。全区106个县级土地资源详查单位，已有92个完成详查任务；14个地市已全部进入汇总阶段，梧州、河池两地区已完成汇总任务；全区土地详查数据汇总已经上报国家土地管理局。全区已有88个城镇完成城区1∶500比例尺的地籍图。全区实发城镇国有土地使用证已占应发数的82.2%，实发农村集体土地使用证已占应发数的95.3%。

——土地政策法规工作得到加强。1995年5月，自治区政府颁发了《广西壮族自治区实施〈基本农田保护条例〉办法》，另外，《广西土地使用权抵押条例》、《广西土地登记条例》等草案已提交区政府或法制部门审定。《广西土地监察条例》已于今年5月经自治区人大常委会讨论通过，不久将颁布施行。各地也积极研究政策法规问题，根据本地实际情况的需要，出台了一批政策性文件。

——土地监督检查工作得到强化。1995年10月至11月自治区政府组织了对各地执行《土地管理法》、《城市房地产管理法》情况的执法检查。"三无"（无违法批地、无违法管地、无违法用地）乡镇活动基本进入经常化、制度化和规范化，全区已达标的"三无"乡镇占乡镇总数的50%以上，其中玉林地区达75%，桂林地区和北海市达70%。

此外，土地管理队伍建设，土地基本国策宣传工作，土地管理档案工作以及土地统计、财务管理等工作也都得到了进一步加强。

（广西壮族自治区土地管理局）

1995年四川省土地管理工作概况

(一)土地资源概况

四川省土地总面积5692.32万公顷,占全国土地总面积的5.95%。按土地利用现状分:全省有耕地918.36万公顷,园地65.61万公顷,林地2145.83万公顷,牧草地1574.01万公顷,水域140.81万公顷,城镇村及工矿用地162.64万公顷,交通用地33.05万公顷,分别占全省土地总面积的16.13%、1.15%、37.70%、27.65%、2.47%、2.86%和0.58%;未利用土地652.01万公顷,占全省土地总面积的11.45%,主要分布在川西高原区及川西南山区,其中可垦荒地24.99万公顷。四川省土地资源的特点是:一是土地资源绝对数大,人均占有量少,土地和耕地面积均居全国第五位,但人均土地0.518公顷、耕地0.08公顷,分别低于全国人均0.827公顷、0.083公顷的平均水平;二是土地利用以林、牧为主。林、牧用地占全省土地总面积的65.35%,但地域差异大,集中在川西北高原区;三是耕地后备资源严重不足,可开发土地资源中开发难度越来越大;四是水土流失严重,土地肥力下降。

(二)1995年土地管理工作概况

1.土地规划利用概况

(1)抓紧编制土地利用总体规划。土地利用总体规划是土地管理的"龙头",四川省每年都把土地利用规划工作列入上级政府对下级政府的考核目标。1995年,全省计划开展60个县的土地利用总体规划,完成30个县。至年底,全省有武隆、垫江、丰都等36个县(市)完成了土地利用总体规划,超额完成计划20%。至此,全省已累计完成省级及成都、重庆、涪陵、德阳、遂宁、南充6地(市)级和80个县的土地利用总体规划。

(2)基本农田保护区规划及划定工作进展顺利。1995年11月四川省政府召开了全省耕地保护工作会议,对加强全省耕地保护工作作出了安排部署,全省各地(市)认真贯彻落实。至1995年底,全省已有95个县完成了基本农田保护区规划与划定工作,占全省应完成县(市)的50%以上,共划定基本农田保护区面积366.67万公顷,占全省应保护面积的73%,重庆、自贡、广元、涪陵、巴中、雅安、遂宁、南充8地(市)已全面完成规划及划定工作。已完成保护区划定工作的市(县),积极建立健全基本农田保护区管理制度,加强对基本农田保护区的管理。

(3)加强建设用地管理,合理利用土地资源。1995年,四川省各级国土部门加强用地计划管理,严格审批程序,全省全年各类建设用地1.66万公顷,其中耕地0.99万公顷,非耕地0.67万公顷,分别为国家下达计划的69%、77%和60%,大幅度地节约了国家下达的用地指标。1995年,全省除积极为三峡工程等国家重点建设工程提供用地服务外,还完成了71个省级试点小城镇的建设用地审批工作。

(4)狠抓土地资源开发。1995年,四川省下达土地开发目标1.33万公顷,其中耕地0.67万公顷。全省在资金紧、任务重、灾害频繁的情况下,克服困难,多方筹措资金,完善开发优惠政策措施,全省开发土地3.34万公顷,其中开发复垦耕地0.88万公顷,园地0.84万公顷,林地1.39万公顷,牧草地0.13万公顷,城镇及工矿用地658公顷,交通用地112公顷,水域191公顷。全省开发土地与开发耕地分别完成年度计划的250.3%和132.2%,实现了当年(连续八年)非农建设占用耕地面积与开发复垦新增耕地面积持平有余。

2．土地管理与土地使用制度改革情况

(1)进一步强化土地、地政统一管理职能，加强国土管理机构建设。1995年6月，四川省第八届人大常委会第十五次会议通过了《四川省〈中华人民共和国土地管理法〉实施办法》，在国有土地的确认、登记、发证实行级次管辖，建设用地的审批，查处越权批地、违法占地和闲置荒芜耕地等方面，已取得显著成绩，进一步完善、巩固了土地、地政统一管理体制。1995年，全省除对县以上国土管理机构进行充实调整外，重点抓了乡镇一级国土管理机构建设。据初步统计，全省已建立乡镇国土管理所5000多个，配备国土管理干部1万余人，大多数乡镇国土管理干部的编制、工资、办公条件等问题得到了较好解决。

(2)土地使用制度改革不断向纵深发展。

1)土地有偿使用范围进一步扩大，政府收益增加。1995年，四川省土地使用制度改革紧紧围绕着全国、全省土地使用制度改革工作会议提出的指导方针和目标任务，认真贯彻实施《中华人民共和国土地管理法》、《四川省〈中华人民共和国土地管理法〉实施办法》等法律法规，加大地改力度，扩大土地有偿使用范围，增加出让比例，推行招标、拍卖方式供地，促进全省经营性用地严格实行以出让方式供地工作的全面开展，一年来，经营性用地以出让方式供地比例已达90%以上，全省出让土地总量达到建设用地总量的6.7%，面积1万余亩，共8千余宗。全省加大了招标拍卖方式供地的力度，部分地区的县(市)实现了零的突破，敲响了拍卖土地使用权的第一锤，一些市、县实行了对黄金口岸地域 有竞价条件的，无论地块大小，均以拍卖方式供地的办法。据初步统计，全省1995年招标拍卖土地使用权800余宗，占出让方式供地8%以上。土地出让收入全部投入城市基础设施建设和小城镇建设，为城市发展注入了活力。

2)在清理整顿行政划拨土地使用权自发交易基础上，进一步加强划拨土地使用权的转让、出租、抵押管理工作。据初步统计，全省1995年通过清理整顿行政划拨土地使用权自发交易，为政府收回流失资金达1.7亿元。对凡是行政划拨土地使用权转让、出租、抵押或改变用途的，全省均严格按照法律规定办理有关手续，依法缴收出让金，补签出让合同。对行政划拨土地未改变权属，但用于经营的，实行按年收取土地收益金的办法。与此同时，将国土部门代税务部门征缴的土地使用权有偿转让增值税，作为一项重要工作来抓，将行政划拨土地使用权有偿转让纳入依法管理的轨道。

3)加强企业土地资产和集体土地流转管理。1995年，四川省国土局制定下发了《关于加强破产企业土地资产管理工作的通知》，强化破产企业土地资产处置的管理工作。各级国土部门普遍开展了对企事业单位土地资产的评估和确认工作，据初步统计，全省企业改造、改制和改组过程中，土地资产评估处置金额近100亿元。1995年，四川省进一步加强了对集体土地非农业建设流转的试点工作以及农村“五荒”土地使用权的拍卖管理。首先，具体指导国家土地管理局确定的德阳市中区、射洪县开展农村集体土地流转试点的方案制定工作。其次，在调查研究基础上拟定并向省政府上报了《关于加强“五荒”土地使用权拍卖与开发利用管理的报告》，提出了具体管理办法和措施。据统计，目前全省已有30个市、县开展了“五荒”土地使用权拍卖工作，凉山州、培陵市还制定出台了具体的管理办法。

3．土地市场发育、土地产权交易情况

(1)土地市场逐步建立和规范。1995年，攀枝花、万县、达川3市(地)建立了土地交易服务机构。截至1995年12月底，全省

23个市、地、州已有16个成立了地产交易中心(所),全省地产市场体系基本形成。同时,全省还建立了为土地市场服务的地价评估、信息咨询、经纪等服务代理机构80多家,并加强对中介服务代理机构的管理,建立自律机制,使其自觉地接受政府有关部门的监督检查。

(2)活跃土地交易市场。将土地供应推向市场,利用市场手段合理配置土地资源已逐步成为各级政府的共识。1995年,绵阳、遂宁、南充市先后利用秋交会、商品交易会、丝绸节开展地产交易展示活动,共推出785幅地块进行出让,取得成交金额达1亿元。

(白跃新　谢琳　李涛)

1995 年贵州省土地管理工作概况

(一)土地资源利用概况

贵州省位于我国西南部,东邻湖南、南接广西、西连云南、北依四川。土地总面积176152.6 平方公里。其中,耕地 414.67 万公顷,林地 767.91 万公顷,牧草地 206.47 万公顷,居民点及工矿用地面积 41.09 万公顷,交通用地 8.13 万公顷,水域面积 19.17 万公顷,未利用土地面积 296.8 万公顷(详查数)。

贵州省土地资源人均占有量少,耕地后备资源缺乏,人均土地 7.75 亩,人均耕地仅0.81 亩,土地资源质量低,土地质量好的一级地仅占 1.25%。土地资源利用不合理,水土流失严重,土地退化,污染扩大。土地利用率低,单位产值低,城镇化水平低。

(二)1995 年土地管理工作概况

贵州省土地管理工作 1995 年得到各级党委、政府高度重视。年初,省政府召开了全省土地使用制度改革工作会议,省委、省政府主要领导均到会作重要讲话。各地州、市、县逐级进行了传达贯彻,党政主要领导亲自出面进行具体安排部署。为了进一步加强土地管理,省政府批转省土地管理局的报告,下发了黔府发(1995)18 号文件,在全省开展土地执法大检查。接着,省委、省政府在遵义召开的全省农业和农村工作经验交流会上一再强调,要保护耕地,开展基本农田保护区规划与划定工作。省人大常委会就耕地保护的议案进行了讨论,听取了全省土地管理法律法规执法情况的汇报,并作出了相应的决议。

1. 深化土地使用制度改革

各地根据全省地改工作会议精神,结合具体情况,努力推进土地使用制度改革,加快培育和不断完善土地市场。改革供地方式,提高出让土地面积在非农建设用地中的比例。旧城改造回收的存量土地和城镇与开发区建设的增量土地,许多地方大都采取了出让方式。据不完全统计,全省 1995 年出让土地3040 宗,面积 359.064 公顷,收取土地出让金 1.837 亿元。出让土地面积占全年非农建设用地面积的 17.98%。

清理整顿土地隐形市场的工作有了新的进展,全省又有 10 个县全面完成清理任务。据不完全统计,全省清理划拨土地使用权擅自转让、出租的 2042 宗,划拨土地转让补办出让手续 554 宗,面积 430 公顷,补交土地出让金 3474 万元。贵阳市制定了划拨土地使用权出租收取收益金的标准并登报宣传,1995 年第四季度就有 300 多家到市局登记,收取土地收益金 150 万元。

荒山荒地拍卖试点已取得经验,正在稳步向面上推开。仅遵义、安顺、黔东南、黔南四地、州不完全统计,已拍卖非耕地达 56 万多亩,成交金额达 500 多万元。

2. 土地资源合理配置的措施逐步落实

为加强对土地利用的宏观调控管理,土地利用总体规划和基本农田保护区规划的编制步伐加快。1995 年 10 个地、州、市、县完成土地利用总体规划并通过鉴定验收,还有8 个县、市正在进行;基本农田保护区规划除遵义地区较早全面完成外,毕节地区也全面铺开并有 4 个县已通过验收。全省完成基本农田保护区规划任务的有 35 个县(市、区、)规划保护面积 90 多万公顷,占这些县耕地总面积的 83%。

各地严格土地审批制度,坚持按规划、计划、项目审批土地,坚持执行工程项目建设用地指标,避免了大面积占而不用、低效使用的现象发生,节约了大量土地和建设资金。全省 1995 年审批建设用地 2816.1 公顷,其中耕地1503.5公顷，分别占年计划的70.4%、64.3%。扣除少数单位和项目存在用地不报的情况，仍然没有突破今年的用地计划。以省土地局为例，共审批71宗用地，总面积973公顷，其中耕地686公顷，核减土地48公顷。全省共核减用地4815亩(321公顷)，其中耕地2325亩(155公顷)，减少土地费用328万元。

在抓"节流"的同时，各地还十分重视"开源"，促进了土地开发复垦工作。全省共开发复垦农、林、牧、园地30多万亩(2万多公顷)，其中耕地16800亩(1120公顷)，为经济发展提供了长期稳定的土地保障。

3. 城镇地籍调查、地价评估取得新进展，土地资源详查取得新突破

全省地籍初始登记步伐加快，其中贵阳、遵义、安顺三地市已全面开展。全省累计完成城镇地籍调查357.4KM^2，调查宗地25万多宗，发放国有土地使用证15.6万个；其中，1995年完成地籍调查面积110.8KM^2，调查宗地数53441宗，发放国有土地使用证51374个，解决土地纠纷2578起。基准地价评估已有贵阳、遵义、安顺、铜仁4市全面完成，全省土地评估面积达230.43KM^2，另有毕节和都匀两市正在开展。同时，强化了土地交易中的宗地评估和管理措施。对土地估价中介机构进行资质审核、确认、登记，全省目前已有A级土地估价机构1个，B级土地估价机构9个。

按时完成国有企业清产核资的土地资产评估工作。全省进行土地清查估价的企业5568个，清查面积1071.5KM^2，除军工、农林牧企业和独立工矿等用地不进行土地估价外，其他企业土地估价面积54.58KM^2，显化土地资产量为162亿元，为建立产权清晰的现代企业制度奠定了较好基础。

土地资源详查取得突破性进展。县级详查累计已完成80个县，剩下的6个县也已完成内业出数；地州级土地详查成果汇总全面展开，已有贵阳、遵义、毕节三地市完成并通过验收。为保持详查成果的现势性，土地利用变更调查统一规定十月三十一日为截止期，首次在全省全面展开，已基本完成变更调查出数；省、地、县行政边界接边和控制面积平差均已完成。为进行省地级成果汇总创造了良好条件。

4. 开展土地执法检查

全省各地根据省人民政府黔府(1995)18号文件要求，开展了对1992年以来非农业建设闲置土地和越权批地、未批占地以及非法买卖转让土地等违法行为的清理和检查。在各地自查自纠的基础上，省政府成立了由土地、监察、计划、农业、法制等部门人员组成的省土地管理执法检查组，分赴贵阳、安顺、黔南、黔东南、黔西南、六盘水等6个地、州、市进行抽查、督促。据统计，全省共清理出闲置土地420宗，面积195公顷，其中耕地78公顷，多数已复垦；清理出违法批地605宗，面积398公顷，已补办手续或处理422宗，面积178公顷；清理出违法占地37224宗，面积648公顷，已处理和补办审批手续的28234宗，面积414公顷。

全省有32个县市的500多个乡镇，开展了"三无"(无违法批地、无违法用地、无违法管地)乡镇活动，绝大多数都取得较好效果。

5. 科教宣传工作

组织开展了土地科技成果、优秀成果评审，评出全省1995年度科技进步奖一等奖1个，二等奖2个，优秀成果奖18个。其中贵阳市土地利用现状调查获全国土地科技进步二等奖，毕节市土地利用现状调查获全国土地科技进步三等奖。

全省土地管理专业的大专教育已经起步；土地管理中专教育经省局与贵阳农校、省地质学校等联合办班，为基层培养土地管理专业学生200余人。全省土地管理系统公务

员岗位培训业务知识考试已分期分批完成，已有4032人通过考试，使职工的业务素质得到进一步提高。同时，省土地局还在土地系统组团出国，接受土地管理有关专业知识培训。

1995年，总结土地宣传工作的经验，表彰了宣传工作的先进单位和先进个人。在工作中，各地紧紧围绕"土地与法制"的宣传主题。认真抓了"6·25"第五个全国土地日的宣传活动，使整个宣传工作有规模、有声势，反响较好。

积极推动全省土地系统"二五"普法工作。国家土地管理局组织的土地系统"二五"普法检查组对我省南明区、凯里市、从江县土地局的"二五"普法工作进行检查，认为我省土地系统"二五"普法工作领导重视，措施得力，成效明显。

6. 土地档案工作日渐规范，土地信访工作逐步加强

贵阳、遵义、黔西南、黔南等地州市的土地档案工作，均得到了当地档案部门的好评。其中贵阳市的档案，经省、市有关部门验收，达到市直一级标准，市政府专门在市土地局召开了档案工作现场会。

土地问题日益成为社会生活的热点、难点问题。各地土地部门做了大量的接待来信来访工作，大量的协调、调查、处理、答复工作。仅省土地局一年就接待群众来访200多人(次)，处理来信120件。为密切党群关系、干群关系，维护社会安定团结作出了贡献。

此外，土地统计、土地信息工作手段的现代化，也有了较大的进展。

由于各级党政领导的重视，全省上下的努力，我省1995年的土地管理工作取得了一定的成绩。但还存在一些问题，主要是土地使用制度改革各地发展不平衡，有些地方起步艰难；土地资产流失严重；基础业务工作相对滞后，不能适应改革开放和土地管理新形势的需要。如部分县市基本农田保护区划定，土地利用总体规划以及地籍调查、土地登记、地价评估等基础工作尚未启动；乱占滥用耕地、违法占地、越权批地现象依然存在，查处工作困难重重；土地管理队伍和人员素质有待加强提高等等。这些，有待我们在今后的工作中通过努力加以逐步解决。

(陆永东)

1995年西藏自治区土地管理工作概况

(一)土地资源概况

西藏自治区土地总面积为180720万亩,大致分为六个分区:一为藏东高山峡谷农林牧区。本区位于自治区的东部,土地总面积为26188.82万亩,占全区土地总面积的14.49%。二为西藏边境高山深谷林农区。本区位于自治区南部边境地带,土地总面积为16316.0万亩,占全自治区土地总面积的9.03%。三为藏中高山宽谷农区。该区包括拉萨市、日喀则、山南地区各一部分。土地总面积为8399.0万亩,占全区土地总面积的4.61%。四为高山湖盆牧农区。本区位于藏中高山宽谷农区以南喜马拉雅山脉主脊线以北,土地总面积为13132.2万亩,占全区土地总面积的7.3%。五为藏北高原湖盆牧区。本区位于自治区北部,土地总面积87954.93万亩,占全区土地总面积的48.67%。六为藏北高原未利用区。本区位于西藏北部,土地总面积为28725.57万亩,占全区土地总面积的15.89%,西藏土地资源开发利用类型较全,计有耕地、园地、林地、牧草地、城镇村及工矿用地、交通用地、水域和未利用土地八种类型。其中:耕地540.8万亩,园地1.8万亩,林地18978.0万亩,牧草地97195.2万亩,交通用地33.4万亩,水域面积8411.8万亩,城镇村及工矿用地51万亩,未利用土地55504.53万亩。在未利用土地中,其中56.6万亩可开垦为耕地。

(二)1995年土地管理工作概况

为合理利用土地和切实保护耕地,1995年10月我区开始编制土地利用总体规划。预计于1996年10月完成。

1995年,西藏土地管理工作取得了一定的成绩。主要体现在以下几个方面。

第一,积极开展土地管理法律、法规的宣传。全区各级土地管理部门在抓好常年宣传工作的基础上,重点是利用每年的全国土地日进行宣传。以此扩大声势,增强宣传效果。1995年土地日当天,全区各级土地部门的同志,积极走上街头,设点咨询,散发宣传资料。同时,悬挂横幅,张贴宣传标语,出动宣传车,利用广播、电视、报刊进行宣传,收到了良好的社会效果。

第二,严格依法审批土地,保护耕地。1995年,全区各级土地部门严格按照《西藏自治区实施〈中华人民共和国土地管理法〉办法》审批土地,认真履行审批程序,努力做到征地双方满意。在做好征地工作的同时,还积极协助有关部门查处违法占地和解决土地纠纷,从而有效地保护了耕地,为西藏经济建设和社会稳定作出了积极的贡献。

第三,积极开展土地申报登记工作。全区除昌都、阿里两地区积极筹备开展此项工作外,其余地(市)均已完成了大部分的土地申报登记任务。

第四,积极开荒造地,力争耕地面积保持原有水平。1995年共开荒复耕4003亩,投入开发基金42万元。开发项目均能当年投入,当年收益。除此之外,还积极开展了配套法规建设,清理非农闲置土地,城市土地定级估价,清产核资土地估价和干部队伍业务培训等工作。

我区1995年土地使用制度改革已起步,但还不够深入,规范的土地市场还没有真正建立起来。土地隐形市场大量存在,国有土地资产严重流失。为此,加强土地管理,进一步深化土地管理体制和土地使用制度改革,逐步培育规范的土地市场,已是摆在各级政府和土地管理部门面前的一项紧迫的任务。

(西藏自治区土地局)

1995年陕西省土地管理工作概况

(一)土地资源与管理概况

陕西省位于中国内陆腹地,跨黄河中游和长江支流的汉江、嘉陵江上游,居东经105°29'~111°15',北纬31°42'~39°35'之间,为中国东部与西部、南方与北方的资源交汇与过渡地带。周围与山西、河南、湖北、四川、甘肃、宁夏、内蒙古等省毗邻。全省辖西安、宝鸡、咸阳、铜川、渭南、汉中六个省辖市和安康、商洛、延安、榆林四个地区,共107个县(市、区)、2694个乡镇、32668个行政村、总人口3513.2万人。

陕西省土地总面积20.59万平方公里,折合3.09亿亩,其中:耕地553.46万公顷(8301.80万亩),园地36.70万公顷(551.10万亩),林地920.59万公顷(13808.90万亩),牧草地310.90万公顷(4663.10万亩),居民点及工矿用地60.88万公顷(911.70万亩),交通用地16.67万公顷(250.00万亩),水域面积38.90万公顷(582.80万亩),未利用土地121.50万公顷(1824.30万亩),分别占土地总面积的26.90%、1.80%、44.70%、15.10%、3.00%、0.80%、1.90%和5.80%。陕西省土地按地貌可分为山地、丘陵、川原三大类型,地势特点是南、北高,中间低。土地资源利用特点是:①土地类型的复杂多样性对经济发展有利有弊;②土地资源开发利用区域差异明显;③山丘地多、川平地少,耕地质量不高;④土地资源与水资源的分布很不协调;⑤水土流失、沙化等生态失调面积大。

陕西省各项基础业务建设进展较快:①全省10个地市和107个县(市、区)的土地利用现状调查已全部完成,并通过省级验收;②通过土地登记建立土地管理的正常秩序;③省级土地利用总体规划编制工作已经省政府批准上报国务院审批,有4个地市和25个县的土地利用总体规划编制工作已经完成;④全省有35个县(区)已完成耕地质量评等定级工作;⑤土地管理法制建设得到加强;⑥统一征地工作成绩显著。

陕西省土地使用制度改革日益深化。1993年国务院召开的全国土地管理厅局长会议和1994年召开的全国土地使用制度改革工作会议,把土地使用制度改革提到了土地管理工作的议事日程。标志着中国土地管理和土地使用制度改革进入一个新的历史阶段。全省各级政府和土地管理部门认真贯彻会议精神,大胆改革,积极探索在社会主义市场经济体制下有偿、有限期、有流动的土地使用制度的新路子、新方法。

陕西省今后土地管理工作的趋势是:①加强宏观调控、统筹兼顾,保证重点;②坚持土地有偿使用的原则,加大土地使用制度改革的力度,建立健全新型的土地管理制度和规范的土地市场体系;③抓紧工作,落实措施,切实保证现有耕地不再减少。

(二)1995年土地管理工作概况

1. 耕地保护工作力度加大,耕地减少明显降低

1995年初,陕西省实有耕地面积5131.5万亩,当年开荒,围垦、废弃地利用、还耕等新增加耕地15.95万亩,农业结构调整,因灾废弃和各项建设用地减少耕地41.4万亩,增减相抵后,净减少耕地25.45万亩,年末耕地面积5090.10万亩,人均耕地由上年1.47亩,下降到1.45亩。全年耕地减少面积与上年相比降低54.71%。

5月18日,省政府办公厅印发了《陕西省建立基本农田保护区工作方案》,11月29日,省土地管理局、农业厅联合颁布了《陕西省划定基本农田保护区技术规程》。年内,汉

中、宝鸡、渭南、咸阳等地市制定了地、市级划定工作方案并开展试点工作。其中,汉中、咸阳在抓好试点的基础上,划定工作已在各县(市、区)全面铺开。眉县、兴平、大荔、澄城、南郑、城固、志丹7个县、市已完成划定工作。截止到11月底,全省累计划定基本农田保护区1000万亩,占首次确定划区任务的25%,为在关中平原、汉中盆地开展划定保护区工作摸索了经验。12月19日至20日,省政府在眉县召开了全省耕地保护工作会议,进一步传达贯彻全国耕地保护工作会议精神,交流试点县经验,研究加快全省划定基本农田保护区工作步伐的措施,并提出明确的时限要求,以保证1996年内全面完成划定工作任务。

2.加强土地管理工作,深化土地使用制度改革

1995年1月3日,由程安东省长主持召开的今年第一次省政府常委会议,在听取了省土地管理局、省体改委《关于全国土地使用制度改革工作会议精神和全省地改工作情况的汇报》后,作出四条决定:一、加强土地集中管理,严格土地使用审批程序;二、加强土地管理机构和队伍建设;三、加快和完善土地市场体系;四、以省政府名义召开全省土地使用制度改革工作会议。

2月10日至12日,省政府在西安召开了陕西省土地使用制度改革工作会议。各地、市、县、区主管土地管理工作的政府领导和土地管理、体改部门负责人500余名代表参加了会议。省委、省人大、省政府、省政协、省纪委、省军区的主要领导出席了会议。省委书记安启元、省长程安东到会并作了重要讲话。会议围绕贯彻落实全国土地使用制度改革工作会议精神,进一步深化陕西省土地使用制度改革这个中心,回顾、总结、交流了全省各地地改的成绩和经验,明确了今后土地管理和改革工作的目标、任务和重点,解决了全省土地管理机构问题。

根据陕西省政府1995年第一次常委会议决定和全省地改会议精神,2月28日省机构改革领导小组办公室下发了《关于省以下各级土地管理机构设置问题的通知》,进一步明确了地(市)、县(市、区)、乡(镇)三级土地管理机构设置的原则和要求。在各级政府领导的重视和土地管理部门的努力下,截止到1995年底,全省10个地(市)和102个县(市、区)的土地管理机构都已明确保留并单设,占应设机构数的95.3%;渭南、咸阳、铜川市对所辖6个城区的土地管理机构实行垂直领导,占全省应改制数的35%;全省已有38个县(市)按地域分设了土地管理所并实行人、财、物垂直管理,占全省应改制数的32%;宝鸡市把房地局改为房产局。土地管理机构的单设和理顺为土地管理和改革事业的发展,提供了有力的组织保证。

根据省地改会议的安排部署,1995年在全省开展了为期8个月的土地执法大检查活动。重点检查1992年下半年以来各级领导机关和领导干部以言代法、以权代法、越权批地问题;违法用地、乱占滥用和撂荒耕地问题以及村干部非买卖宅基地问题。全省各级政府和土地管理、监察部门按照省政府办公厅批转的省土地局、省监察厅《关于在全省范围内开展土地执法大检查的实施意见》和全省土地监察工作会议精神的要求,普遍成立了以政府主管领导为组长,土地、监察、公安、法院等有关部门参加的执法大检查领导小组,并设立临时办事机构。全省投入工作人员4000余名,共检查186044个单位、农户,查出违法用地84781件,占地61243.7亩。截止到年底已处理结案73942件,涉及土地35467亩,收回土地9016.2亩,复耕土地7801.6亩,行政处分128人。对大检查中遗留的大案要案,省政府领导要求各级政府责成土地、监察部门在1996年内查处结案。

11月21日，陕西省人民政府以陕政发(1995)93号文件下发了《陕西省人民政府关于深化土地使用制度改革加强土地管理的决定》。这是继全省地改会后省政府加强土地使用制度改革和土地管理工作的又一重大决策，也是近年来以省政府名义下发的明确阐述土地使用制度改革的意义，指导思想、目标任务和措施的规范性文件。随着《决定》的贯彻落实，陕西的土地管理和改革工作将进一步得到加强和深化。

3. 国有土地使用权出让范围扩大，土地出让金财政入库突破亿元大关

截止到1995年12月底，全省各类建设用地99882亩，其中以出让方式供地3888宗，10575亩，较上年增长11%。全年收缴土地出让金1.6亿元，财政入库1.2亿元，较上年增长30%，首次突破亿元大关。加上耕地占用税、土地增值税，城镇土地使用税等各类土地收益(开发区除外)，全省共达2.8亿元。

(李明彬)

1995 年甘肃省土地管理工作概况

(一)土地资源及管理概况

甘肃省土地总面积45.4万平方公里,居全国第7位。人均占有土地面积30亩,居全国第5位。全省耕地面积为7741.09万亩,仅占总面积的11.36%,垦殖系数居全国第26位,旱地占耕地面积为80.71%;园地147.51万亩,仅占总面积的0.22%;林地7047.78万亩,占总面积的10.34%,森林覆盖率9.10%。牧草地面积21397.7万亩,占总面积的31.39%。居民点及工矿用地1259.18万亩,占总面积的1.85%;交通用地250.17万亩,占总面积的0.37%;水域1041.59万亩,占总面积的1.53%;未利用土地29283.31万亩,占总面积的42.96%。甘肃的土地上,生活着包括汉、回、藏、东乡、土、裕固、保安、蒙古、撒拉、哈萨克、满等多种民族在内的2300多万人口。

甘肃省是内陆经济欠发达地区,经济发展水平低,企业效益差,外引项目、资金少,财政困难大,培育土地市场有较大的困难,具有自己的特殊性。在全国土地使用制度改革迅猛发展的形势下,甘肃省没有因条件困难而一筹莫展,止步不前,而是学习发达地区的经验,从实际出发,从研究法规和政策入手,积极引导,迈开了土地使用制度改革的步子。首先,在土地隐形市场比较活跃,合法土地市场尚未发育时,全面开展清理土地隐形市场的工作中,采取宽松政策,坚持了从低收费、重在引导、促进流转、培育市场的原则,把隐形市场尽快变为公开合法市场。从低收费,就是在处理隐形市场,补收出让金上,坚持从实际出发,从交易时间、交易目的、交易收益资金流向、交易性质等区别情况不同对待,从宽处理。重在引导,就是领导出面,严肃清理,深入宣传,增强干部群众的法制观念,严格搞好隐形交易的过户登记,理顺产权关系,把隐形交易引上公开合法运行轨道。促进流转,就是对企业单位的多余闲置和利用不合理的土地,由政府收回统一出让,返还一定数量出让金;对机关事业单位的多余闲置和利用不合理的土地,交政府统一出让。这些做法促进了清理工作的顺利进行,保证了工作进度,现在全省已基本完成了土地隐形市场的清查工作,多数县市对清查出的问题进行了处理,为土地市场的形成和发育扫清了障碍,创造了条件。其次,在培育土地市场,开展城镇国有土地使用权出让工作中,他们注重结合实际,使制定的法规和政策,既反映本省内陆经济欠发达地区的共性,又包容地方差异的特性,充分发挥省内各个地区的主动性、积极性、便于在全省范围操作和实施。特别是在解决土地出让价格这一比较重要和敏感的问题的研究上体现的比较明显。一是在制定基准地价上,主要是依据现行市场价格的调查资料来分等定级、制定地价,既减少了工作量,加快了工作进度,使全省40%的县市区在一年内就搞出了自己的基准地价,适应了土地市场迅速发展的迫切需要,又使所制定的地价充分体现土地资产地域性强的特点,更能较好地符合当前市场运行规律和供求关系状况。二是在执行现行交易地价上,坚持低标准起步,短年限出让,快引上轨道的政策。低标准起步,就是出让时,价格能高就高,不能高就低,以利于交易的进行和以地引资。短年限出让,就是尽量缩短出让年限,因年限短、地价较低,用地者易于接受,到期政府可以再出让,使土地增值收益归政府,亦可防止投机行为。快引上轨道,就是不具备出让条件的,可实行有偿有限期划拨,条件具备后补交出让金再进入市场。这些法规、政策和措施的制定出台，有效地推动了土地出让工作，使各种条件不同的市县都迈开了出让的步子，并取得了良好的成效。经过几年的努力，城镇国有土地出让工作在全省14个地州市普遍展开，土地出让量（含有偿划拨）已占到整个国家建设用地的16.4%，全省收取土地出让金和其他收益等来自土地使用制度改革的收益逾5亿元。土地使用制度改革的顺利进行，对合理配置土地资源，增加财政收入，促进对外开放和发展国民经济起到了重要的作用。

（二）1995年土地管理概况

1995年，在各级党委和政府的领导下，在上级业务部门的指导帮助下，在各有关部门的配合支持下，甘肃各级土地管理部门，以党的十四届三中、四中全会为指针，以贯彻土地基本国策、切实保护耕地为中心，以贯彻全国、全省地政工作会议精神，加快和深化地改为重点，围绕土地管理各项目标任务，全面加强土地管理，取得了较为明显的成效。

1．耕地面积继续保持稳定

各级土地管理部门，始终把贯彻土地基本国策，切实保护耕地摆在中心位置，紧抓不松动。首先，围绕“土地与法制”宣传主题，广泛开展了土地管理法律、法规和政策的宣传教育，并突出抓了“6·25”全国“土地日”宣传活动，使广大干部群众的土地国策观念、土地国情观念、土地法制观念和保护耕地的意识进一步增强。第二，完成了重点农田保护区划定的扫尾工作。全省共建立保护区（块）215600多个，划定保护面积3910多万亩，占全省耕地面积的74.8%。并基本做到“五有”，即有政府公告，有保护图，有登记卡，有乡规民约，有保护责任书，使农田保护工作落到实处。第三，从严控制农业用地转为建设用地。国家下达我省“四项”（国家、集体、个人、农业）建设用地95100亩，其中耕地51750亩，实际占用35985亩，其中耕地15721亩，分别占国家下达计划的37.8%和30.4%，节约土地59115亩，其中耕地36029亩。第四，会同有关部门大力加强农用土地的开发复垦工作。全省共开发复垦耕地15.56万亩，与各项建设占用等而减少的耕地相抵后，持平有余，保持了全省耕地面积的稳中有增。对全省农业乃至整个经济的发展起到了十分重要的作用。

2．土地使用制度改革全面推进。

各地紧紧抓住扩大改革开放、加快经济发展的有利时机，全面推进土地使用制度改革。除兰州市区因难度较大正在清理外，其余县（市、区）都基本完成了土地隐形市场的处理任务。全年完成处理13082宗，外收土地出让金511.4万元，已累计处理20135宗，补收土地出让金2307.7万元。城镇国有土地使用权出让明显加快。全年共出让土地1282宗，面积3186.9亩，其中耕地566.5亩，并有偿划拨2542.3亩，其中耕地308.9亩。收取出让金和有偿划拨费共9400多万元。土地出让前期开发试点工作也有了实质性进展。省局与兰州市联合开发出让土地，已开始起步。各地还大力加强旧城区改造中的土地出让工作，以地生财聚财，有效地解决了旧城改造中的资金困难问题，加快了城镇建设。同时，一些地方在旧城改造过程中，利用级差地租原理，发挥土地资产效益，使一些工业企业形成了重新启动的力量，实现了产业产品结构和城镇土地利用布局的双优配置，既搞活了一批国有企业，又加快了旧城改造。特别是，各地从实际出发，处置和盘活企业土地资产，促进了国有企业的改制、改组和改造。

3．各项业务基础工作明显加快

全省土地利用总体规划，已经国家审查通过，国务院即将审批实施。市（州）、县（市、区）规划完成37个，累计完成67个，占应规划的72.8%。城镇地籍调查完成18个城镇，累计完成57个，占全省县（市、区）以上城镇的66.3%。结合城镇地籍调查等，承接土地权属纠纷2096起，调处2009起，调处率达95.8%。城镇临时基准地价，全省所有城镇都已评估出来，完全按《规程》要求评估并经省级成果鉴定验收的34个，累计达到49个，占全省城镇的57%。并开展了新增划拨土地资产评估、显化登记试点，同时结合企业清产核资，对5052家企业的土地资产进行了评估和确认。农村土地资源详查的地区级资料汇总已基本完成，省级资料汇总正在抓紧进行。先后铺开了30个县（市）的农村土地变更调查登记，已完成15个。创建"三无"（无违法批地、无违法管地、无违法用地）乡镇已累计达到1038个，占全省乡镇的66%，并涌现出11个"三无"县。其中有12个乡（镇）被国家土地管理局树立为全国"三无"活动模范乡（镇），高台县、徽县被国家土地管理局树立为全国"三无"活动先进县。通过创建"三无"活动，有效地预防了各种土地违法案件，今年发案1574件，已查处1515件，查处率达96.2%。全省县以上土地综合档案管理，已有94个达到省级标准，占全省综合档案室的93.1%，其中包括省土地管理局在内的76个达到省一级，15个达到省二级，3个达到省三级。省土地管理局被评为全国档案管理先进集体，受到中央档案馆和国家档案局的表彰奖励。土地管理政务信息、土地信访、土地综合统计、土地史志编写、土地学会等工作也都得到一定加强。

4．机构和队伍建设得到一定加强

1995年以来，各级土地管理部门投入很大精力，积极努力，做了稳定机构和稳定队伍的争取工作。在省委、省政府的重视关怀和省编委的大力支持下，省土地管理局机关的"三定"方案已批准实施，其工作职能、内设机构和人员编制都得到加强，为全省土地管理事业服务的下属事业机构也逐步建立健全。各地州市土地管理局（处）下属的土地估价、土地勘测规划等事业机构也都陆续建立起来。进行县级机构改革试点县的管理机构，一般都予以保留。乡（镇）土地管理所的建设也有了很大发展，目前已建立643个，占全省乡（镇）的41.5%。并有21个县（市）对乡（镇）土地管理所实行垂直或双重领导体制，占全省县（市、区）的24.4%。同时，各级土地管理部门还十分注重干部队伍的自身建设。通过狠抓思想作风建设、廉政勤政制度建设、党组织建设和业务建设，使全省广大土地管理干部职工的整体素质有了一定提高。省局机关党委和7个地（市）土地管理局的党组织，还被当地党委评为先进党组织。

在充分肯定成绩的同时，我们还必须清醒地看到存在的问题。主要有：一是土地管理的宣传教育还不深入，致使广大干部群众特别是一些领导的认识还没有完全解决，土地使用制度改革和执法工作中还存在一定阻力；二是各种违法占地案件还时有发生，特别是未批先占的问题普遍存在，农民建房超占土地比较突出，乡（镇）企业用地、地方公路用地、农业建设用地还没有完全纳入依法管理轨道；三是土地使用制度改革的力度还不大，出让土地所占比重还较小，即使出让的土地，协议出让的居多，地价压得较低，土地非法交易的问题还没有完全解决；四是业务基础工作进展很不平衡，个别地方的业务基础工作滞后，拖着全省的后腿；五是土地管理体制、机构建设和队伍的整体素质还很不适应工作发展的需要，特别是一些地方的土地管理机构不稳定，对土地管理工作影响较大。这些都需要在今后的工作中认真加以解决。

（戴威）

1995年青海省土地管理工作概况

(一)土地资源概况

青海省位于我国的西部,青藏高原东北部。位置东经89°35′~103°04′,北纬31°39′~39°19′面积72.12万平方公里。青海省北、东与甘肃省相邻,东南接四川省,南、西南与西藏自治区相连,西北同新疆自治区紧邻。青海地域辽阔,地势高峻,平均海拔3000米以上,地势西高东低,地貌可分为祁连山地、柴达木盆地和青南高原三区。

青海省现有1市1个行署,6个自治州,46个县(市)。

青海省是全国人口最少的省份之一。历史上人口缺乏系统的统计资料。1930年青海省总人口为120余万人,1949年全省总人口为148.33万人;1990年第四次人口普查达到445.7万人。1995年底为481.2万人,增长率为1.4%。预计到2000年达523万人。人口密度很小,地区分布极不平衡,西宁市和东部农业区人口密集,广大牧区人烟稀少。青海是一个多民族聚居的省份,境内居住着汉、藏、回、土、撒拉、蒙古、满等40个民族。汉族人口占总人口的61.45%,其他民族人口占总人口的38.55%。少数民族分布的地区达70万平方公里,占全省总面积的96.8%。

根据青海省土地利用现状调查(即土地详查)汇总的初步成果,青海土地面积1081798000亩,(以下数字均为详查数字)即72.12万平方公里。土地类型有8个一级类,40个二级类。

(1)耕地。全省耕地面积很小,在全国各省耕地面积的位次中居倒数第二位,仅多于西藏。全省耕地面积10310499.4亩,占全省土地面积的0.95%。

(2)园地。全省园地面积97753.7亩,占全省土地面积的0.009%。

(3)林地。青海省林地很少,全省林地30783564.3亩,占全省土地面积的2.8%。

(4)牧草地。青海省牧草地面积很大,是全国四大牧区之一。全省牧草地面积456976423.5亩,占全省面积的42.2%。

(5)居民点及工矿用地。全省居民点及工矿用地面积3079475亩,占全省土地总面积的0.28%。

(6)交通用地。全省交通用地947587.4亩,占全省土地面积的0.088%,

(7)水域。青海省河流、湖泊较多,水域面积较大。全省水域面积37671052.8亩,占全省总面积的3.4%。

(8)未利用土地。全省未利用土地541931643.9亩,占全省土地总面积的50.1%。

青海省的土地利用特点是:①土地利用制约因素多;②土地资源绝对量大,但耕地比重小;③土地资源分布不平衡,土地生产力差异大;④土地利用垂直分布明显,⑤森林贫乏、覆盖度低、分布不均,林地环境脆弱。

土地资源存在的优势是:①农林用地有一定的潜力可挖,②牧草地,水域面积辽阔,开发利用的潜力大。

(二)1995年土地管理工作概况

1995年以来,青海省土地管理局认真贯彻落实全国和全省土地使用制度改革工作会议确定的目标和任务,进一步落实土地基本国策,扎扎实实开展重点农田保护区划定工作,继续深化土地使用制度改革,圆满完成了各项任务。

1. 狠抓土地基本国策落实,切实保护耕地

年初,省土地局提出了各州、地、市重点农田保护指标,上报省政府批转下发文件,将

指标分解下达各地。年中，在湟中县多巴镇组织召开了全省重点农田保护工作现场会，全面部署了重点农田保护工作，以后，会同省农林厅制定了划定重点农田保护区技术规范。年末，由省土地局、省农林厅、省监狱局组成检查组，赴六州七县两个国营农牧场检查了重点农田保护区划定工作。从检查情况看，各地认真贯彻国务院《基本农田保护条例》和《青海省重点农田保护管理条例》，召开不同形式的各种会议，成立领导班子，拿出专项经费，加快了耕地保护区划定步伐，全省共划定重点农田保护区面积441万亩。海东地区、平安县、乐都县等积极采取措施，圆满完成了保护区划定任务，湟中县多巴镇坚持“开源”与“节流”并举的方针，投资10万元复垦土地500亩，开垦基地120亩，治河造田80亩，实现耕地面积稳中有增。

2．全面清理非农业建设闲置土地

查清了非农业建设占地闲置情况，查清了建设用地的审批和使用情况，查清了违法批地用地问题，而且根据实际情况，依法进行了处理。据不完全统计，全省闲置土地59宗，面积360亩，收回土地使用权4宗，面积27.45亩，对闲置的土地限期进行开发。从清查情况看，国家建设，个人用地合法，集体建设违法用地多。在清查和总结经验教训的基础上，切实加强了建设用地的管理。

3．深化土地使用制度改革，扩大土地有偿使用范围

首先，在海东8县，西宁市、各州府所在地进行了城镇国有土地隐形市场的清理整顿。西宁市人民政府将清理整顿土地隐形市场作为全年工作的重点，周密部署，已完成了对全市土地隐形市场的调查摸底，收回了发放的全部调查表，针对存在的问题拿出了处理意见。互助县通过清理，规范土地交易行为，收回土地资产48万元。其次，对海东地区在乐都县拍卖“四荒”地的做法、效益等进行了专题调查。在此基础上，会同有关部门向省政府上报了《关于拍卖“四荒地”开发利用土地资源的报告》。第三，继续扩大国有土地有偿使用的范围，全省以协议方式出让土地208宗，面积1230亩，收取土地净出让金1188万元。

4．结合国有企业改革，强化了土地资产管理

与财政、国资等部门密切合作，完成了国有企业清产核资中的土地清查估价工作，界定了土地资产产权，强化了土地资产管理。

5．各项业务基础工作取得新成绩

地籍管理向规范化、深层次推进，完成了黄南、西宁、海北、海南、果洛州的州（地、市）级土地详查汇总，顺利进行了省内州与州之间、青海省与邻省之间的土地详查境界接边工作，省级土地详查汇总正在加快进行。配合省水利厅完成了海北州、贵德县、共和县、湟源县的水利工程用地确权、登记发证工作。完成了兴海县、格尔木市共计6平方公里的城镇地籍调查。西宁、海东、海北等地农村宅基地调查、登记发证工作已经起步，发放集体土地建设用地使用证23305件。城镇国有土地发证工作除玉树、果洛外，其余各县即将全面完成任务，发证9609件，并不失时机的开展了土地变更调查、登记发证工作。会同西宁铁路分局全面开展了铁路线路地籍调查、登记发证的外业工作。省级土地利用总体规划正在抓紧修改，并在原规划目标基础上重新补充制定了2010年规划内容。土地利用年度计划执行良好，没有发生无计划用地现象。省土地估价事务所已被批准为全国A级土地估价事务所，每年评估土地70宗，面积达96.47万平方米，估价资产总额达4亿多元。土地法制建设日趋完善。先后颁发了《青海省国家建设统一征地暂行办法》、《关于土地使用权抵押贷款清理债务有关问题的通知》、《关于违反土地法律、法规行政处分的暂

行规定》;向省政府上报了《青海省土地估价管理办法》、《青海省土地监察暂行办法》。经省政府批准,成立了青海省统一征地事务所。对建设用地继续实行现场办公和“一条龙”服务,严格审查用地报件,在坚持依法用地原则的前提下,采取措施,为国家大中型建设项目用地积极提供了服务,赢得用地单位好评。土地执法力度进一步加大,全年查处土地违法案件1098件,比1994年下降了34%,是8年来土地违法案件发案最少的一年。重点查处了西宁城北马坊乡朝阳村非法转让土地修建商城一案等四起较大案件。同时,积极开展创建“三无乡镇”活动,平安县巴藏沟乡、门源县东川乡、大通县岗冲乡被国家管理土地局授予全国开展“三无乡镇”活动模范乡(镇)。节约用地,保护耕地的观念进一步得到加强。围绕“土地与法制”这一主题,在省人民广播电台举办了《城市房地产管理法》讲座,“6·25”土地日举行大规模宣传活动,在青海日报办专刊,组织新闻记者赴各县检查、采访耕地保护情况,1995年一年来,共发表新闻稿件80余篇。土地管理档案工作得到整体推进,步伐加快。各级土地管理部门的领导对档案工作重要性的认识普遍有所提高,从经费、设备、建立规章制度,人员配备等方面给予了有力支持。

(韩良)

1995 年宁夏回族自治区土地管理工作概况

(一)土地资源及管理利用概况

1. 土地资源概况

宁夏回族自治区简称宁,是中国 5 个少数民族自治区之一。位于中国西北东部,与内蒙古自治区、甘肃省、陕西省毗邻。土地总面积 5.19 万平方公里,占全国总面积的 0.5%,土地面积居全国第 26 位。全区辖银川、石嘴山两市和银南、固原两个地区,16 个县、2 个县级市和 6 个市辖区,全区总人口 512.4 万人。

根据土地利用现状调查(1995 年变更数),全区土地总面积 7793.2 万亩,其中:耕地 1910.0 万亩,园地 41.5 万亩,林地 406.3 万亩,牧草地 3733.4 万亩,居民点及工矿用地 231.6 万亩,交通用地 49.8 万亩,水域 225.3 万亩,未利用地 1195.3 万亩,分别占土地总面积的 24.5%、0.5%、5.2%、47.9%、3.0%、0.6%、2.9% 和 15.3%。在耕地中,水田和水浇地面积为 564.9 万亩,占耕地面积的 29.6%。全区人均面积约为 15.2 亩,人均耕地面积为 3.7 亩。

2. 土地管理沿革概况

中华人民共和国成立 40 多年来,宁夏土地管理事业经历了由统一管理到分散管理再到统一管理的发展过程。

1949 年 12 月到 1954 年 9 月,是宁夏土地管理工作的第一个统一管理时期。当时的宁夏省人民政府授权省民政厅归口统一管理全省地政工作,民政厅在厅机关专门设立了管理土地的地政科,在各市县民政科设立了专职地政干部,对全省土地实施统一管理。

1954 年 9 月到 1983 年 7 月,宁夏土地管理处于分散、多头管理时期。1954 年 9 月,宁夏省建制撤销,并入甘肃省,土地管理陷于停顿。1958 年 10 月宁夏回族自治区成立后,也没有设立统一管理土地的政府机构,直到 1983 年 7 月,在长达近 30 年的时间里,宁夏土地管理始终处于分散、多头管理状态。

1983 年 7 月至 1986 年,宁夏土地管理由分散、多头管理向依法统一管理过渡。1983 年 7 月,自治区人民政府决定在农业厅下设土地管理局,负责全区土地管理,在此后 3 年多时间里,挂靠农业部门,在大部分市、县建立了土地管理机构,并从事了土地权属的日常管理工作。

宁夏土地管理事业真正焕发生机,进入依法、统一、全面、快速发展时期则是 1986 年 6 月以后。1986 年 5 月 31 日,自治区党委、政府根据中发[1986]7 号文件决定:在自治区农业厅土地管理局的基础上成立自治区土地管理局,作为自治区人民政府的直属职能机构,并于 1986 年 10 月正式组建了自治区土地管理局,各地、市、县(区)也相继建立健全了土地统管机构。全区土地管理干部职工大胆开拓,奋力进取。经过 10 年不懈的努力,开创了宁夏土地管理工作的新局面,谱写了当代土地管理事业的新篇章。主要成就是:建立健全了各级土地管理机构,全面形成了土地统管体系,实现了对城乡土地和地政的统一管理;保护耕地的基本国策得到有效贯彻,全区耕地总面积连续 9 年净增,累计净增耕地近 20 万亩;土地使用制度改革逐步推开,土地资产效益开始得以体现;以地籍管理为重点的业务基础工作由点到面,不断拓展;土地法制建设进一步加强,违法占地得到控制;宣传教育工作不断深化,全民国土意识不断增强;全区土地管理工作实现了由开创阶段向深化改革和全面建设阶段的转变,土地管理工作在国民经济发展中的重要地位和作用日益明显。

3．土地使用制度改革概况

宁夏地处西北内陆，经济发展落后，土地使用制度改革较其他省区相对滞后。1990年以后，宁夏各级政府、土地管理部门根据《土地管理法》和国务院55号令，借鉴沿海发达省区成功经验，结合当地实际，稳步推进土地使用制度改革，努力培育规范土地市场体系。

（1）以清理整顿土地隐形市场为突破口，依法规范土地使用权交易行为。1992年4月，自治区人民政府要求各级土地管理部门开展清理整顿土地隐形市场工作，依法加强对划拨使用权的管理，到1994年底，全区共清查出各类交易行为5160件，收取土地出让金、使用费179万元，并对符合转让条件的补办了手续，将自发交易行为纳入了依法运行轨道。

（2）扩大土地有偿使用范围，全面推进城镇国有土地使用权出让。宁夏城镇国有土地使用权有偿出让起步较晚，1992年银川市率先进行有偿出让城镇国有土地使用权试点，随后各市、县也开展了此项工作，到1994年，全区绝大部分市县实行了城镇国有土地使用权有偿出让，并逐步由简单协议出让向招标拍卖出让过渡，1992年到1995年，全区共出让土地901宗，304万平方米，收取土地出让金6613万元，初步体现了国有土地资产效益，为加快城市建设、改善投资环境开辟了新的资金来源。

（3）开展国有企业土地资产评估，加强国有土地资产管理。1993年以来，宁夏土地管理部门适应建立现代企业制度的需要，积极配合国有资产管理部门，在全区范围内，对国有企业占有的土地资产依法科学评估，确保国有土地资产保值增值，此外还先后为区、市股份制改革试点企业开展了土地估价工作。

（二）1995年土地管理工作概况

1995年，宁夏土地管理工作以全面实施《土地管理法》为核心，以国家土地管理局《工作要点》为指导，紧紧围绕建立社会主义市场经济体制总目标，认真贯彻落实“十分珍惜和合理利用每寸土地，切实保护耕地”的基本国策，进一步深化土地使用制度和管理体制改革，全面履行土地管理职责，推动各项业务工作向纵深发展，较好地完成了全年工作任务；土地使用制度改革取得新进展，土地出让工作全面推开；土地管理在经济建设和社会发展中继续发挥重要的宏观调控功能，为各行各业提供了用地保障；以地籍管理为重点的业务基础工作进一步拓展；土地统管体制继续巩固和完善，队伍建设不断加强；宣传教育工作效果显著，珍惜土地，依法用地观念进一步巩固和增强；土地法制建设不断加强，土地违法案件继续得到遏制；非农业建设占用耕地得到有效控制，耕地保护工作成效显著，全区总耕地面积继续保持稳定增长。

1995年，宁夏土地管理工作的主要特点是：

1．加大工作力度，大力推进土地使用制度改革

1995年一年来，宁夏各级土地管理部门把深化土地使用制度改革作为土地管理工作的中心任务，加强组织领导，加大工作力度，加快改革步伐，使全区土地使用制度改革全面铺开，取得明显成效。

一是1995年初成功地召开了全区土地使用制度改革工作会议。自治区党委、人大、政府对这次会议十分重视，主要领导同志亲自出席会议并作重要讲话，各地、市、县（区）政府和土地管理部门负责人、自治区政府各有关厅、局、委、办负责人参加了会议。通过这次会议，有力地贯彻了全国土地使用制度改革工作会议精神，研究制定了切合宁夏实际的地改目标和工作措施，进一步统一提高了各级政府和土地管理部门对深化土地使用制度改革重要性的认识，为全面推进改革奠

定了坚实的基础；二是土地使用权有偿出让全面铺开。各级土地管理部门积极扩大土地出让范围，增大土地出让在土地供应总量中的比重。在1995年新增的建设用地中，除法律规定可以以划拨方式供应土地以外，其他用地以出让方式供应，年内全区出让土地469宗，1853.4亩，收取出让金纯收入1047万元；三是紧紧依靠各级政府的领导，积极争取社会各界的支持，在1994年取得重大进展的基础上，集中力量，攻坚收尾，全面完成了土地隐形市场的清理整顿；四是加强了国有企业改造、改制或改组中土地使用权的管理。对企业改造、改制或改组的土地使用权采取不同方式收取出让金和年租金，配合清产核资制定了《清产核资中土地估价技术细则》，完成了全区工商银行和电力系统清产核资中的土地估价试点，编制了供全区清产核资使用的土地级别和地价指导表，为全区清产核资工作顺利进行创造了条件；五是自治区土地管理局积极加强与物价、财政等部门的联系和协调，进一步完善了土地出让金、土地管理费的收费政策，调动了各级土地管理部门推进地改的工作积极性；六是深入调研，加强指导，继续推行和完善宜林"四荒"地的拍卖工作，既使国家和集体土地所有权在经济上得以体现，又促进了小流域的治理。

2. 加强耕地保护，为经济建设和农业发展提供保障

全区各级土地管理部门始终把耕地保护工作当作稳定农业的基础，当作经济建设和社会发展的保障，认真贯彻执行土地基本国策，坚持"节流"、"开源"并举方针，强化对耕地的保护，保持了全区耕地总量的稳定增长。

在"节流"方面，各地继续加强了土地的计划管理，严格控制各项建设占用耕地；继续完善并认真执行了以严格用地审批为主要内容的建设用地全程管理制度，坚持对非农业建设用地前期审查，建中检查，竣工验收，做到了合理用地，减少了占用耕地；根据国家土地管理局通知要求，在全区全面开展了非农业建设闲置土地的清理工作，共清理出闲置土地215宗、3673.5亩，其中耕地2625亩，对清理出的闲置土地分别不同情况全部作了处理，绝大部分闲置耕地已退还给农民耕种；贯彻国务院《基本农田保护条例》，开展划定基本农田保护区工作，年内又有银川市郊区、青铜峡市、贺兰县、永宁县、中卫县、惠农县等开展了划定基本农田保护区工作，其中银川市郊区、贺兰、永宁两县划定工作已基本完成。在"开源"方面，全区各级土地管理部门大力支持，积极服务，协助有关部门开发土地资源，同时，本着"取之于土，用之于土"的原则，各级土地管理部门组织人力，自筹资金开发土地，复垦利用废弃地，千方百计地增加耕地面积。通过"节流"、"开源"两手抓，保持了全区总耕地面积增减相抵后持续九年净增，年内净增耕地11493亩，为促进全区农业和国民经济持续、快速、健康发展提供了有力的保障。

（三）努力进取，积极搞好机构和土地管理体制改革

宁夏各级土地管理部门高度重视并积极参与机构改革，以实干求理解、以工作促机构，不失时机、不厌其烦地向各级领导宣传党中央、国务院和《土地管理法》所明确的土地管理原则，宣传建立管地与用地制约机制的重要性，努力争取各级领导对土地管理部门的重视和支持，在1995年机构改革中，自治区土地管理局和大部分地、市、县（区）土地管理机构得以保留，土地统管职能不断巩固和强化。

各级土地管理部门还结合机构改革，继续加强县、乡两级土地管理基层建设，严格按照"四有四无"（四有：有机构、有人员、有制度、有档案；四无：无违法管地、无法违批地、无违法用地、无以地谋私）的要求，加强基层

建设，年内又有44个乡(镇)实现“四有四无”目标。

(四)精心组织安排，努力加强并拓展以地籍管理为重点的业务基础工作

1. 地籍管理业务工作有计划、分步骤地顺利推进

土地利用现状调查汇总工作取得新进展，自治区级汇总，上报了《宁夏回族自治区土地利用现状调查汇总实施方案》并经国家土地管理局批准实施，汇总报告的部分章节已开始撰写，地(市)级汇总，银川市的汇总工作已于5月份完成并通过自治区级检查验收，石嘴山市、固原地区、银南地区三个地(市)图件已全部编绘完毕，数据汇总基本结束，文字报告编写正在紧张进行，为了确保汇总工作第二套变更数据的汇总，各地全面开展了土地详查变更工作，其中固原地区、银川市已全面完成了变更任务；各市、县(区)城镇地籍调查和登记发证工作在历年进行的基础上，今年又取得了新的进展，绝大部分市、县(区)基本完成了工作任务，年内还全面完成了包兰线及平汝支线铁路用地的地籍调查和登记发证，宝中铁路发证工作也已完成，大古铁路登记发证工作正在积极进行；银川市在年内完成了规划区范围内的基准地价评估任务；各地还注重了日常地籍管理和土地统计工作。

2. 土地利用总体规划工作又有新进展

自治区级土地利用总体规划在年内又完成了个别子课题的论证，编制工作已接近尾声，海原县完成了县土地利用总体规划送审稿，银川市三级规划及平罗、中宁、经源县级规划正在进行之中。

3. 土地管理档案上等达标工作点面结合，成效明显

年内，各级土地管理部门继续开展了机关档案上等达标活动，青铜峡市、中卫县土地管理局和自治区土地管理局综合档案室荣获自治区一级档案室，石嘴山市、银川市土地管理局、永宁县土地管理局分别达到市、县一级标准。

4. 开展了土地编志工作

自治区土地编志工作在年内全面开展了资料收集、整理并基本完成了各主要历史阶段的大事记，进一步修改和完善了篇目设置，同时加强了对基层土地管理部门编志工作的指导，部分县、市也开始了土地编志工作。

5. 进一步加强了计划财务和综合统计工作

为土地管理事业的发展提供了积极的保障，同时积极配合有关部门对宝中、大古两条铁路的征地费用全面进行了审计和检查，协助有关部门进行了土地税费的征收工作。

(五)重视土地立法和执法监察，继续加强了土地管理法制建设

经过积极协调，几经修改完善，《宁夏回族自治区城镇国有土地使用权出让和转让办法》于1995年5月份经自治区政府审议通过并颁布实施，《宁夏回族自治区征地安置办法》、《宁夏回族自治区实施〈基本农田保护条例〉细则》已经法制局审理完毕待政府批准发布。这些重要法规的制定，进一步健全了土地立法，推进了土地使用制度改革的发展。全区土地管理部门继续健全监察网络，完善规章制度，认真查处各类土地违法案件；年内共查处土地违法案件380件、占地29.3万平方米，其中367件得到处理，结案率达97%，共收回土地0.38万平方米，罚款46万元，拆除违法建筑0.49万平方米；大力加强基层土地执法工作，中宁县、永宁县望洪乡、青铜峡市蒋顶乡、中卫县镇罗镇、隆德县陈靳乡被国家土地管理局评为“三无”(无违法批地，无违法管地，无违法用地)县、乡(镇)，受到了表彰；继续加强了土地行政复议工作，并积极对基层工作进行指导；加强和规范了土地信访工作，认真办理了人大代表建议、政协委员提

案和人民群众的来信来访工作，全系统土地纠纷调处率、来信来访的回复率达到了97%，为维护和促进安定团结作出积极贡献。

（六）精心组织，大力开展了土地管理宣传教育活动

全区各级土地管理部门围绕土地使用制度改革和土地管理中的热点问题，紧扣“土地与法制”宣传教育主题，以城市和各级领导为重点，大力开展了全方位、多层次、内容丰富、形式多样的宣传教育活动，二月份，开展了《城市房地产管理法》宣传月活动，“6·25”全国“土地日”期间，利用广播、电视、报刊等多种媒体，采取发表讲话、文章、编印法规汇编、印发宣传材料、开展房地产法规知识竞赛和文体比赛、刷写标语、悬挂横幅、制作展报、开展咨询、上街游行等多种形式，开展了声势浩大的土地管理法规宣传周活动，增强了广大干部和群众的土地资产意识和土地法制观念，为推动土地管理事业发展创造了良好的社会环境；各级土地管理部门经过不懈的努力和扎实的工作，全面完成了“二五”普法任务，自治区土地管理局被评为区直机关普法先进单位。

（赵云山 韦晓龙）

1995 年新疆维吾尔自治区土地管理工作概况

(一)新疆维吾尔自治区土地资源及利用概况

1. 土地资源概况

新疆维吾尔自治区地处亚欧大陆腹地，位于我国西北部，东径 73°32′～96°21′，北纬 34°22′～49°33′之间。新疆的东面、南面与我国甘肃省、青海省、西藏自治区相邻，从东北到西南与蒙古、俄罗斯联邦、哈萨克斯坦、吉尔吉斯坦、塔吉克斯坦、阿富汗、巴基斯坦、印度等国接壤，国界线长 5000 多公里，约占全国陆地国界线总长的 1/4。土地总面积为 166.3 万平方公里，约占全国土地总面积的 1/6，属我国面积最大的省区。其中山地、丘陵占 48.54%，平地占 51.46%。平地中沙漠、戈壁占 59.05%。共有农、林、牧等宜用地 6848.38 万公顷，占土地总面积的 41.16%；水域 385.87 万公顷，占土地总面积的 2.33%；暂不宜利用土地 9397.26 万公顷，占土地总面的 56.51%。农区以外可利用的土地资源为 6260.02 万公顷，包括宜于种植业利用的宜农地 489.75 万公顷，宜林地 418.12 公顷，宜牧地 5352.15 万公顷。

2. 土地资源的特点

(1)土地面积大，绿洲面积小。新疆土地面积占全国的 1/6，平均每平方公里为 8.58 人，总体上属于地广人稀地区。但经济活动集中的平原绿洲仅有 7 万多平方公里，绿洲内人口密度每平方公里达 218.5 人，又属人稠地狭地区。

新疆绿洲的特点，在北疆沿天山洪积、冲积垂直分布形成块状绿洲，在南疆沿河流三角洲分布形成条状绿洲。绿洲被荒漠戈壁分割成点，片状分布的特征属脆弱型荒漠绿洲生态。

(2)土地资源类型多，宜农、宜林地面积小，宜用率低。新疆土地环境的巨大差异，形成了土地资源类型的多样化。全疆土地总面积中有宜农、宜林、宜牧和宜建设用地等多种土地资源。在宜农、宜林、宜牧的土地资源中，宜牧地占 85.5%，宜农地占 7.8%，宜林地占 6.7%。新疆不宜农用的土地占土地总面积的 56.36%，土地宜用率很低。

(3)宜农荒地质量差，开发难度大。在 489 万公顷宜农土地资源中，三、四等地占宜农地的 77.6%，主要限制因素为盐碱、缺水、沙化、坡度大、土层薄、肥力低等。需要排水、引水、平整土地等，工程量大，投入高。这类土地开发利用后也多属低产田，需要改造。

(4)农用土地后备资源地域分布差异大。宜农地资源南疆占 60.62%，其中库尔勒—阿克苏一带占全疆宜农地资源的 47.61%；北疆宜农地占全疆的 35.39%，其中乌苏—昌吉一带占全疆 18.37%；东疆的宜农地占全疆的 3.99%。

宜林地资源南疆占 44.37%，北疆占 53.14%，东疆占 2.49%。阿尔泰地区宜林地面积大，占全疆 18.91%。

宜牧地资源南疆占 50.18%，其中和田—若羌一带占全疆的 21.08%；北疆占 41.26%，其中阿勒泰地区占全疆的 15.72%；东疆占 8.56%。

(5)土地开发利用受水资源的制约。新疆是灌溉农业，水土平衡是土地开发的前提。新疆水资源紧缺，分布不均匀，限制了土地资源的开发利用。现有耕地中，水田、水浇地及菜地共计 341.24 万公顷，但供水量只有 465.09 亿立方米，有效灌溉面积为 279.07 万公顷缺水面积很大。人工草场的建立、平原林的发展均受水的制约。

3. 土地利用现状

(1)耕地总面积366.85万公顷，占土地总面积的2.21%，其中，水田9.74万公顷，水浇地327.26万公顷，旱地25.61万公顷，菜地4.24万公顷。耕地中高产田约占19.0%，因土地瘠薄、盐碱重、土层薄、缺水等中、低产田占81%，增产潜力很大。

(2)园地:果园、桑园共13.05万公顷，占土地总面积0.08%，果园的品种繁多，以品质优良的葡萄、香梨、苹果、杏、桃等为主；桑园集中在塔里木盆地西、南部。

(3)林地总面积288.54万公顷，占土地总面积1.73%，山区林地重点在天山山区和阿尔泰山山区。平原林多为河流沿岸胡杨林或人工林以及对生态有重要意义的红柳、梭梭、沙棘等灌木林。

(4)可利用牧草地总面积4813.01万公顷，占土地总面积的28.94%，天然草场重点分布在阿尔泰山南坡、天山山地和塔里木河两岸、人工草场12.30万公顷。全疆冬春草场严重不足，缺水草地占37.9%，大部分平原草场产草量低，效益较差。

(5)居民点及工矿用地总面积63.34万公顷，占土地总面积0.38%。其中城镇用地9.21万公顷，农民居民点用地47.20万公顷，独立工矿用地6.54万公顷，特殊用地0.39万公顷。

(6)交通用地总面积1.72万公顷，占土地总面积的0.16%，其中农村道路占74.51%，公路占23.18%，铁路、机场占2.31%。

(7)水域总面积442.69万公顷，占土地总面积2.66%。其中冰川、永久积雪17.64万公顷，占59.77%；湖泊面积64.03万公顷，占14.47%；灌排渠系和水库40.55万公顷，占9.15%；河流、苇地、水利工程面积4.90万公顷，占16.61%。

(8)未利用地总面积10618.24万公顷，主要是沙漠、戈壁、重盐碱地、裸露地和弃耕地、荒草地等，占土地总面积63.84%。其中以沙漠面积最大，占未利用地34.26%，裸露地占27.18%，戈壁地占18.72%，荒草地占15.38%，盐碱地占4.46%。未利用地南疆占75%，北疆占9.57%，东疆占15.43%。

(二)新疆维吾尔自治区1995年土地管理概况

自治区人民政府历来十分重视土地管理工作。特别是进入80年代以来，各级土地管理机构逐步健全，土地管理法规逐步完善，土地管理事业有了长足的发展。1983年11月成立了隶属于自治区农业厅的“新疆维吾尔自治区土地管理局”(二级局)，下设办公室，土地资源调查处、地籍管理处三个处室。1987年9月12日报请国务院批准，设立了直属各级人民政府的土地管理机构，自治区土地管理局同时升格为一级局，人员从1984年的20人发展到1995年的260人。并先后设立了办公室、计划财务处、建设用地管理处、地籍管理处、人事教育处、政策法规处、监督检察处、处理土地草场纠纷办公室、机关党委、纪检组、局工会等行政机构，及土地勘测利用技术中心、土地复垦工作指导站、建设用地咨询服务部、土地管理干部培训学校、新疆土地杂志编辑部、征地工作事务部、土地信息中心、土地学会、生活服务处等事业机构。

1. 土地使用制度改革

1995年1月4日至7日，新疆维吾尔自治区首届土地使用制度改革会议在乌鲁木齐召开。会议全面总结了近年来自治区开展土地管理工作，推行土地使用制度改革以来的经验，并结合新疆实际，认真研究部署了今后自治区贯彻落实全国地改会议精神，推进土地使用制度改革的目标和任务。会议的召开，大大地推动了自治区土地使用制度改革的进程。

1995年自治区共出让土地1070宗，出让土地面积349万平方米。

2. 耕地保护、土地开发及复垦

为了贯彻全国耕地保护工作会议精神，1995年8月，自治区召开了土地管理局(处)长会议，之后又在昌吉召开了土地登记、土地估价和基本农田保护现场会。

1995年，自治区共安排20个县(市)开展基本农田保护区划定工作，年底完成了14个县(市)42万公顷，全区累计划定基本农田保护区56万公顷。1995年，自治区共审批办理农业综合开发用地手续8万多亩，并与自治区财政厅农业综合开发办、计委世行办共同开展了农业开发用地情况跟踪管理。同时，依照《土地复垦规定》和《自治区实施〈土地复垦规定〉办法》，1995年，自治区复垦土地1万余亩。

3. 建设用地全程管理

1995年自治区共受理建设用地审批项目78宗，其中上报国务院审批3宗，自治区审批75宗，共计面积790.63公顷。

1995年依照国家土地管理局的部署和要求，完成了闲置土地的清理以及对各类建设用地的检查工作。据统计，自治区年度清理闲置土地313宗，面积303.2公顷，其中耕地65.17公顷。同时对这些被清理的闲置土地分别作了收回、调整使用、限期动工和恢复耕种等处理。

为了解决征地难，提高办事效率，自治区对兰新复线，吐鲁番—乌鲁木齐—大黄山高等级公路和克拉玛依—乌鲁木齐、鄯善—乌鲁木齐、库尔勒—鄯善、塔里木盆地中心—库尔勒管线等建设项目用地和南北疆通讯光缆用地项目推行全程管理，实行统一征地、经费包干、统一协调、分段负责的办法，保证了重点工程建设项目的顺利进行。

4. 以地籍管理为主的基础业务

1995年完成了全区14个地、州、市级土地详查成果汇总的编图任务，并展开自治区级汇总。基本完成了全疆75个县(市)土地变更调查和个别县(市)的详查质量补课任务。20个县(市)利用详查资料完成了初始土地登记。

1995年已有6个县(市)完成了地籍调查。完成16个县(市)的土地定级及基准地价的制定。制定了全疆各县(市)的基准地价。自治区土地估价所完成了32宗土地的地价评估工作。

5. 土地管理法规建设

1995年自治区土地管理局共起草上报了16个法规、规章及规范性文件，其中《自治区城镇国有土地使用权出让和转让暂行办法》、《自治区基本农田保护办法》、《关于对兵团单位所使用的国有土地确权和登记发证的意见》、《自治区划拨土地使用权管理规定》、《自治区国有工业、企业用地管理试行办法》、《自治区铁路用地管理办法》6个规章、规范性文件已发布实施。1995年是自治区历年来出台土地管理法规、规章和规范性文件最多的一年。

6. 土地监察及纠纷调处

依照国家土地管理局关于土地监察垂直领导体制改革试点方案，1995年，自治区开展了土地监察垂直领导体制改革试点准备工作。检查、督促塔城、伊犁、哈密、吐鲁番等地对一些大案、疑难案件进行了处理，组织开展了“三无”(无违法批地、无违法管地、无违法用地)乡镇先进县模范乡镇评选工作。1995年自治区验收合格的“三无”乡镇占乡镇总数的24%，比1994年增加13%。

1995年自治区共查处土地、草场、矿产、水利等纠纷24起，结案21起。结案率87.5%。

7. 土地教育、科研与宣传

1995年自治区土地管理局在组织完成处级干部调整、事业单位技术职务评审及“三定”方案拟定的基础上，先后举办了5期土地管理干部培训班，有284名疆内土地管理干部参加培训。其中100%和60%完成了汉语和民族语言土地管理人员岗位培训考试工作。

开展《经济开发区用地管理》、《土地资源利用支持系统》等10多项课题的研究工作。组织了1995年自治区土地优秀成果奖、科技进步奖的评审工作。推荐上报了16项科技成果参加国家土地管理局优秀成果奖的评审。

1995年编印第五个全国土地日宣传册1.7万册；与新疆电视台合作编导一台维语土地与法制知识竞赛文艺晚会；与新疆日报维文编辑部共同主办了“土地与法制”有奖征文活动。全疆各地亦都相应地开展了各类宣传活动。

8. 土地管理档案信息

1995年自治区加强了土地档案管理工作，石河子市等3个县(市)土地档案通过了二级标准的验收达标。完成了地籍信息系统用户需求设计，指导了乌鲁木齐、石河子、昌吉市土地信息系统总体方案的设计、论证和实施。

（刘稀栋）

1995 年大连市土地管理工作概况

大连市有530万人口,425万亩耕地,人均只有0.8亩,既低于全国人均耕地水平,也低于辽宁省人均耕地1.3亩的水平。《中华人民共和国土地管理法》颁布实施以来,特别是近几年来,大连市土地管理部门在各级党委、政府和上级土地管理部门的领导和帮助下,认真贯彻土地管理法规及党和政府关于土地管理的各项方针政策,使大连市的土地管理工作,特别是耕地保护、土地使用制度改革工作取得了比较显著的成绩。

1995年,我市继1991年被列为全国第一期土地管理综合试验试点市后,又被列为第二期综合试验试点城市。市政府以大政字(95)72号文件发布了试验方案,根据试验方案的要求,结合我市实际,注重抓好试验方案的落实,使土地管理各项工作有了全面的加强。

一是完成了全市基本农田保护区划定和商品菜田的普查工作。农田保护划定工作历时6个月时间,共涉及120多个乡镇,1 480个村,107.5万户,划定保护地块近2.8万个,面积390多万亩,占全市耕地总面积的92.1%,基本完成了省政府下达的保护指标。这项工作的实施为稳定我市耕地面积和粮食产量奠定了基础。与此同时,经过5个月的努力,按时完成了全市商品菜田变更情况的调查统计,为我市菜蓝子工程的规划建设和保护管理,提高耕地复种指数,打下基础。

二是完成了全市国有土地资产清查估价工作。截止10月底,全市清查评估1036个单位,4056宗土地,面积7000多万平方米,评估土地资产313.2亿元。这项工作的开展,对明确权属,进行土地分等定级估价,完善土地管理与使用效益考核制度,完善土地登记制度,加强国有土地资产管理,具有十分重要的意义。

三是积极完成了大连海事大学、引碧三期工程、金州南铁路编组站等国家重点工程的征地审批工作。一年来共审核报批非农建设用地132件,用地面积9090亩;完成征地包干2430亩。

1995年还对低洼区招投标项目的土地出让金和对老企业搬迁改造进行了地价测算工作,对市有关各项重点工程进行了多次可行性经济分析。全年测算报件266件,面积318万平方米。同时,还为市政府招商用地做了大量的前期准备、经济测算,办理了用地手续,签订了出让合同。

完成发放国有土地使用证8250本,集体建设用地使用证6269本,变更登记发证1084本,抵押登记发证29本。受理权属争议25件,结案17件。共完成52宗地的评估面积170公顷,评估总额17.5亿元。

四是进一步加大了法律法规宣传和执法监察力度,维护了规划土地法律的严肃性。1995年,我市采取多种形式,深入开展了法规宣传教育工作。在抓好经常性宣传的同时,结合6·25土地日,在全市范围内集中开展了宣传活动,通过领导发表广播电视讲话,举办座谈会、新闻发布会,举行文艺活动,设立咨询点,出动宣传车,发放宣传单,使宣传活动搞的扎实有效。

为提高执法人员执法水平,开展了多种形式的岗位培训,完成了土地管理干部岗位培训和地产经营岗位培训工作;在全局系统进行了"二五"普法考核,参考人员及格率100%,举办了有关专业法规和建筑测绘知识培训班,有360多人参加了培训。

进一步加大了执法监察力度,严肃查处违法占地和违法建设活动。为保证依法管理好土地和各项建设活动，1995 年一年，各级监察人员针对各种违法占地和违法建设的特点，采取跟踪监察，重点地区重点监察，典型案件公开处理等多种形式，逐步使监察工作走向规范化、法制化的轨道。在完成规划土地执法监察、查处违法建设工作中，各分局做了大量的工作，很多分局领导和监察部门的同志，节假日不休息，按照市局要求坚持跟踪检查，特别是通过查处一批典型违法案件，使违法占地和违法建设活动得到控制，维护了规划土地法律的严肃性。

1995 年，市城乡规划土地局认真办理人大代表建议和政协委员提案，热情接待群众来信来访和热线电话，自觉接受人大、政协和人民群众的监督。在办理建议和提案过程中，两次邀请部分人大代表、政协委员视察工作，就一些问题进行座谈讨论。先后四次邀请市信访办到市局和各分局检查工作，经过努力工作，82 件建议、提案全部办理完毕。在办理工作中，注重在解决问题上下功夫，人大代表和政协委员都很满意。市城乡规划土地局全年接待群众来访 326 批，千余人次，处理群众来信 600 多封，接热线电话 660 多次，处结率达 95％以上。

（成国建）

1995年宁波市土地管理工作概况

宁波是个人多地少的城市,1995年初人均耕地仅0.64亩。近几年来市、县(市、区)两级土地管理部门始终把保护耕地放在土地管理工作的首位,特别是全国、全省耕地保护工作会议后,全市上下认真抓好以保护耕地为核心任务的土地管理工作,取得了较好的效果。

(一)加强土地管理,实切保护耕地

(1)加快编制土地利用总体规划进度。编制土地利用总体规划是节约土地、保护耕地的有效手段,是加强土地利用宏观调控的有力措施。按照市政府的要求,市、县(市、区)两级土地管理部门自1994年开始,着手土地利用总体规划的编制工作。现在市级土地利用总体规划编制工作已经省评审,目前正在做好完善修订,待经市政府审定后报省政府批准实施。各县(市、区)中,余姚、慈溪、北仑、宁海、镇海、奉化等6个县(市、区)已经市评审,待报市政府批准后实施。象山、鄞县的编制工作于年底完成。

(2)抓紧了基本农田保护区的调整工作。我市基本农田保护区划定工作于1993年基本完成。今年根据省政府要求对"农保"指标适当进行了调整。经过调整,到2000年,全市耕地面积稳定在21.78万公顷,其中:基本农田保护区面积21.04万公顷,保护率为89.6%,"九五"期间全市非农建设用地控制在0.912万公顷。保护指标已分解到各县(市、区),10月18日市政府已与各县(市、区)政府签订了保护责任书,并相应制定了保护措施,草拟了《宁波市基本农田保护管理办法》。各县(市、区)中,宁海、余姚、慈溪等3个县(市)已全面完成了调整;其余县(市、区)正在进行调整工作。

(3)严格建设用地计划管理和审批管理。1995年国家下达我市的非农业建设用地计划为3100公顷;其中耕地2500公顷,非耕地600公顷。在安排计划时,本着"量入为出、节约用地"的原则,按照国家的产业政策,重点保证了沿海大通道、美国协和石化等交通、能源、原材料及高科技项目用地。严格控制农业结构调整;在城镇建设用地方面,重点强调内涵改造,注重盘活存量土地,尽量减少占用耕地,坚决杜绝无计划和超计划用地,全年执行情况较好。

截止12月底,全市审批的非农业建设用地项目31743个,用地面积3037公顷,占年计划的97.96%;其中耕地2499公顷,占耕地计划的99.96%。

在总用地面积中:国家建设用地项目2419个,面积2264公顷(耕地1854公顷),占总用地面积的74.54%。

乡(镇)村集体建设用地项目1667个,面积524公顷(耕地441公顷),占总用地面积的17.25%。

农村个人建房用地27296宗,面积188公顷(耕地143公顷),占总用地面积的6.19%。

在审批用地中,由于坚持全程管理,批前、批后到实地察看,严格把关,按规定对80个项目用地进行核减,减少面积30公顷,可节约建设资金2250万元,使用地尽量做到合理、节约。同时,加强了服务工作,对1136个项目,近851.8公顷用地实行了统一征地,为基层和用地单位提供了良好的服务。

(4)全面开展非农建设用地的清理,有效地遏制了乱占滥用耕地和弃耕抛荒现象,促进了粮食种植面积的落实。从1995年3月开始,在市、县(市、区)政府的统一领导部署和两级人大的大力支持下,有关部门共同配合,组织专门力量,对近两年来征而未用的土地进行了一次全面检查,逐块分类排队。共检查7256个项目,用地面积1498.01公顷。查出征而未用造成土地抛荒104件,面积421.78公顷,其中开发区土地抛荒48件,面积346.41公顷。针对查出的问题,坚持边查边改,狠抓落实。春耕时落实耕种91.94公顷;因水系或地面被破坏无法耕种督促建设单位动工的有220个项目,面积104.4公顷,对一时动工有困难,又不能复耕的124.51公顷的土地,由使用单位填写好"限期动工保证书"或"按期复垦保证书",限期动工建设;其中:位于江东中兴路东侧的南光、拓展房地产公司受让的58.38公顷土地因城市规划变动,配置设施滞后等因素至今尚未开工建设。对超过法定年限,土地闲置在两年以上,又无力开工和复耕,依法收回了土地使用权,计60.85公顷;依法解除了40公顷土地的出让合同。与此同时,我们及时总结推广了鄞县石矸镇制止"农荒"的措施和慈溪市邱洋村制定"村规民约"防止土地抛荒的经验,对遏制土地弃耕抛荒,促进全市粮、油、棉种植计划的落实起到了积极的作用。

在全面清理的同时,狠刹了违法毁田建窑歪风。近年来,因受利益驱动,部分地方未经批准占用耕地建小土窑的问题相当突出,致使大批良田被毁,群众反映强烈。对此,在1995年上半年,我们把清理违法建窑作为保护耕地的一项重要任务来抓,开展了专项治理。在各级政府领导下,组织了强有力的力量,采取果断措施突击清理,据统计,全市共拆除各类小土窑930多只,并做到限时予以复耕。还有少部分土窑在年底清理后分期分批拆除。

(二)土地使用制度改革又有长足的进展

1995年以来,全市认真贯彻全国、全省土地使用制度改革会议精神,对深化改革、发展土地市场等问题作出了具体部署,市政府发出了甬政办(1995)6号文件,就相关问题提出了意见,使土地出让工作逐步纳入依法有序运行的轨道。据统计,到12月底,全市出让国有土地使用权2607宗,面积1112公顷,占非农业用地总数的36.61%,扣除道路交通、基础设施建设用地等(569公顷)外,全年出让土地占非农建设用地总量的60.3%,合同出让金总额(毛收入)达155726万元。实际收入171598万元。同时,完成了市政府确定的1995年土地收益金缴纳任务。

在出让总数中:工业用地为723宗,面积为384.78公顷,占总出让面积的68.9%;居住用地(包括房地产)127宗,面积为37.5公顷,占总出让面积的6.7%;商业、综合用地171宗,面积135.9公顷,占总出让面积的24.4%。

出让土地总数中,涉外用地为51宗,面积为118.4宗,占出让面积的21.2%。

在出让方式上,逐步增大了招标、拍卖的比重,有10幅、面积为9.6公顷的国有土地使用权实施了招标、拍卖,面积比去年增加7.4倍,使土地出让逐步体现"公平、公正、公开"的市场原则。

与此同时,继续抓紧了划拨土地使用权自发交易行为的清理。使土地市场的清理逐步向日常化管理过渡,通过土地登记和地价调控手段,规范交易行为。原行政划拨土地已补办出让手续16宗、面积8.9公顷,收取出让金1150万元。1995年加强了对土地使用权出让后的转让、出租、抵押的管理工作,并与市地税局联合发出"关于做好增值税征收工作的通知",切实做好土地增值税的征管工作,合理调节土地增值收益,保护土地所有者、使用者在土地转让中的合法收益。

(三)加快立法进度,制定有关配套法规或规章

根据市人大的立法计划,今年在调查研究,反复征求意见的基础上,我局起草了《宁波市城市建设征用集体所有土地房屋拆迁管理办法》，已报经市十届人大常委会第二次会议通过，将在提请省人大常委会批准后实施。另我局正抓紧拟定《宁波市国有土地使用权招标、拍卖实施办法》、《外商投资企业用地管理办法》两个地方性法规，争取明年出台。

严肃土地执法，加大执法力度，认真查处各种乱占滥用耕地等违法行为。1995 年土地执法检查共查出违法案件 3053 件，面积达 274 公顷，现已结案 3044 件，结案率达 99.70%。收回土地使用权的 21 公顷，收取罚没款 612 万元（已上交财政）。个别地方下放土地审批与管理权限的行为已予以纠正；7 件越权批地的违法行为得到认真查处；对 10 件买卖或非法转让土地的违法用地案件依法作了处理；有 130 多家未批先用或少批多用的乡镇企业用地依法处理后，及时补办了用地手续，对 3 家不听劝阻、无视土地法律法规的依法予以拆除。通过查处土地违法案件，以案说法，不仅使违法者受到了一次土地法制教育，也使广大干部群众受到了教育，起到了处理一件案，教育一大片的作用。

同时，认真做好土地信访工作。今年全市共受理群众来信 783 件、来访 289 起，合计 1072 起，已办结 1017 起，占 94%，其中：市本级全年管理信访 140 件，都已全部办结。市领导批办的 18 件来信都及时办结。为了加强信访工作，全市各县（市、区）都确定了专门机构，落实了专人负责，进一步健全了各项制度，实行了信访目标考核，使全市土地信访逐步走上规范化、制度化。

（四）完善造地基金制度，狠抓造地工作的落实

今年国家下达我市造地计划 1 万亩。根据省、市人民政府关于建立造地专项基金制度文件的规定，市土地局会同市财政局已于 1994 年 6 月专门印发了《关于实施造地专项基金管理办法的通知》，对收取造地专项基金的范围、额度、管理和使用等都作了明确的规定。1994 年 7 月以来，全市累计已收取造地专项基金 3847.5 万元（市本级 583 万元），其中 1995 年 1～11 月全市收取造地专项基金 2515.4 万元（市本级 247 万元），市、县两级代收取的造地专项基金全部在财政专户储存。宁海、慈溪、奉化三县（市）收取的造地专项基金基本上都用于海涂围垦等后备土地资源的开发，鄞县、余姚两县（市）主要用于零星废弃地、荒地的开发和低产田改造。今年已落实造地项目 4 个，面积为 1158.53 公顷，分布在慈溪 2 处，宁海 1 处，现正在施工。另有奉化一处正在做前期准备工作，预计年底可动工。全市已从造地专项基金中拨出 1695 万元资金（其中市本级 300 万元）用于造地。

（宁波市土地管理局）

深化地改 保护耕地 明确权属
促进兵团土地管理工作迈上“九五”新台阶

1995 年是新疆生产建设兵团土地管理各项工作取得重要进展的一年。一年来，兵团土地管理局在兵团党委直接领导下，以邓小平同志建设有中国特色的社会主义理论和党的十四届三中、四中、五中全会精神为指导思想，认真贯彻落实全国、自治区及兵团土地使用制度改革工作会议精神，以合理利用每寸土地，切实保护耕地为出发点，以整体推进土地使用制度改革为动力，调整土地管理领导体制，强化土地管理和执法监督工作，加快建立和完善土地市场体系，为促进兵团改革开放、经济发展和社会稳定进行了卓有成效的工作。

1. 全面贯彻落实全国、自治区土地使用制度改革会议精神，兵团土地使用制度改革和土地管理领导体制改革出现了新局面

(1)兵团、师(局)成功地召开地改工作会议，全面贯彻全国、自治区地改工作会议精神，取得明显的效果。1995 年元月，兵团召开地改工作会议。认真传达全国、自治区地改会议精神，总结交流兵团土地管理工作的经验，讨论了兵团土地使用制度改革的决定、调整兵团土地管理领导体制的意见、兵团团场确权勘界的意见等三个政策性文件。对深化地改、保护耕地、强化执法、培育土地市场等重大问题作了部署。兵团党委、兵团领导十分重视，司令员金云辉、副司令员胡兆璋出席大会并作重要讲话。与会代表深受鼓舞，增强了土地意识，明确了兵团土地管理的性质、地位和作用，明确了土地使用制度改革是我国经济体制改革的重要组成部分，明确了土地管理工作在国民经济与社会发展中的地位和作用，明确了加大地改力度，贯彻基本国策，切实保护耕地是一项长期的任务，明确了兵团的土地、农垦城镇地政实行统一管理，土地资源与资产实行统一管理，强化执法监督工作是土地管理工作的首要问题。

兵团会议之后，各师(局)先后召开了地改工作会议，全面贯彻兵团地改工作会议精神，明确任务，落实措施，推动各项土地管理工作取得了明显成效。

(2)认真贯彻全国耕地保护工作会议精神，耕地保护工作初见成效。1995 年 7 月召开了兵团土地管理局长会议，认真传达全国耕地保护工作会议精神，全面落实党中央、国务院关于加强耕地保护的重要决策，从保护耕地是事关社会主义建设大局的大事，涉及中华民族的生存问题，涉及整个社会的稳定问题，保护耕地就是保护我们的生命线的战略高度出发，提出兵团保护耕地的目标、任务和具体措施。会议要求要把保护耕地列入各级领导的议事日程，落实耕地保护领导责任制，1996 年完成土地利用总体规划编制和基本农田保护区划定工作，对耕地实行特殊保护。会后各师(局)积极贯彻会议精神，取得了初步成效。农六师、八师、九师签定了耕地保护领导责任书，农八师对提高耕地利用率提出了新的要求，取得明显的成效。截止年底有一、二、五、六、八师、哈管局、和管局、222 团等 20 个团场完成了土地利用总体规划工作，36 个团场完成了基本农田保护区划定工作。

(3)兵团、师(局)成立土地管理领导小组，建立健全了“五统一”管理和“一支笔”批

地制度。根据全国地改工作会议精神，兵团决定，成立由司令员金云辉任组长，副司令员胡兆璋任副组长的兵团土地管理领导小组，负责审查兵团地改中的重大政策，审批重大建设项目用地、决策勘界与纠纷及查处土地违法中的重大问题。根据兵团的要求，各师(局)也相应成立了领导小组。一年来，执行效果是好的。主要领导亲自抓，具有很高的权威性，有利于土地管理工作重大问题的决策，有利于"五统一"管理的实施，有利于土地草场纠纷的调处，有利于执法监督和违法案件的查处。

(4)在改革中进一步健全了土地管理机构，初步理顺了土地管理领导体制。兵团编委于1995年5月批准兵团土地局的"三定"方案，明确批复将该局调整为正师级，内设处室由3个增至5个，编制由15人增至25人。兵团党委为加强土地局的领导，于1995年8月批准设立党组。目前，内设机构已全部到位。

为理顺兵团土地管理领导体制，经兵团领导批准，兵团编委、土地管理局、党委组织部、兵团财务局联合行文《关于调整兵团、师(局)土地管理领导体制的通知》(兵编发[1995]89号)，规定师(局)土地管理局受师(局)和兵团土地管理局的双重领导，师(局)土地管理局所属分局实行垂直领导。人、财、物、业务实行统一管理。目前已有农二、四、五、六、七、九、十师、乌管局、哈管局正式向兵团编委上报了设立分局的编制方案。兵团编委已批准的有农五、十师、哈管局。为了强化土地执法监督工作，兵团编委还以兵编发[1995]88号文批准在14个师(局)及兵直设立土地执法监察大队。已有农四、五、八、十等4个师成立了执法监察大队。

2. 加强土地管理法制建设和政策研究工作，为兵团土地管理提供政策法律依据

兵团土地管理的法制建设主要是指在自治区人大立法和人民政府行政规章中解决给兵团依法授权的问题。这是关系到兵团土地管理工作的法律地位以及行使行政职权的问题。为此，兵团土地管理局把这项工作作为大事来抓。根据兵团领导的指示，积极主动地向自治区人大、人民政府以及有关部门的领导汇报兵团的特殊情况，陈述具体意见和要求，并与业务部门反复协商，取得理解和支持，将兵团土地管理局的意见写入《自治区城镇国有土地使用权出让转让暂行办法》(自治区人民政府第49号令)第三十五条，《自治区基本农田保护办法》(自治区人民政府第55号令)第三条第四款中。还写入了《自治区实施〈城市房地产管理法〉办法》送审稿中。为兵团依法管理兵团的土地提供了法律和政策依据，创造了宽松的外部环境。

努力研究政策法规，妥善处理兵团百花村饭店在办理上市公司中所涉及到的土地使用权的处置问题，受到了有关领导的好评。

3. 贯彻落实国务院《关于听取生产建设兵团工作汇报的会议纪要》(国阅[1994]109号)精神，自治区人民政府《印发〈关于对兵团单位所使用的国有土地进行确权和登记发证工作的意见〉通知》(新政发[1995]84号)和《关于成立自治区对兵团单位所使用的国有土地确权登记发证工作领导小组的通知》(新政办[1995]117号)，为兵团土地确权登记发证工作提供了政策依据和组织保证

1995年，兵团土地管理局把贯彻落实国阅[1994]109号文件，当作一项重要工作来抓。年初，拟定了兵团土地确权划界的意见，经兵团领导批准，上报自治区人民政府和国家土地管理局。3月初，兵团土地管理局对国家土地管理局拟定的《兵团土地确权登记发证工作意见的(征求意见稿)》，及时提出修改意见，向国家土地管理局和自治区人民政府有关领导和业务部门作了汇报。自治区人民政府法制办提出兵团土地确权登记发证工

作意见的送审稿后，兵团土地管理局领导于6月下旬与自治区土地局领导一起赴京向国家土地管理局汇报。国家土地管理局专题研究兵团土地确权问题，提出“兵团单位所使用的国有土地使用权确权和登记发证工作意见”。兵团土地管理局又及时将国家土地管理局的意见向兵团领导和自治区人民政府及有关部门的领导作了详细汇报，引起了自治区人民政府的高度重视。8月7日自治区政府主席召开第56次常务会议，审议通过了《关于对兵团单位所使用的国有土地进行确权和登记发证工作意见》和成立自治区对兵团单位所使用的国有土地确权登记发证工作领导小组的意见，于11月分别以新政发[1995]84号、新政办[1995]117号文件下发。为兵团土地确权划界工作迈出了坚实的第一步。

在研究制定勘界文件的同时，兵团土地管理局在4月初发了“兵团关于做好土地勘界准备工作的紧急通知”，各师(局)、团场认真贯彻通知精神，师、团二级都成立了领导小组和办公室，加强了领导并积极与地方协调，卓有成效地做了勘界准备工作。到目前为止，已有14个团场勘了界，有50多个团场初步确定了土地权属。

4. 加大土地宣传和执法力度，取得了良好的社会效果

1995年土地宣传主题是“土地与法制”；任务是深化地改，保护耕地；重点是宣传“二法”(土地管理法、城市房地产管理法)和向领导干部宣传；特点是宣传与执法相结合，讲求社会效果。

在宣传方面通过报纸、广播、电视、有奖征文、知识竞赛等多种形式，加大宣传力度，讲求实效，努力提高宣传质量和层次，扩大宣传效果。

9月中国耕地万里行记者采访组对农一师、三师、四师、八师、和田管理局进行采访，在《中国土地报》上发表采访专稿。

在土地监察执法方面，兵团土地管理局紧紧围绕贯彻地改工作会议精神，加强执法监督，严格执法检查。结合土地日宣传活动，兵团在6月份开展土地执法大检查，在各师(局)全面自检的基础上，兵团组织4个工作组分赴各师(局)进行重点抽查，并以记分方式评出农一师、二师、六师、哈管局为兵团土地管理先进单位。这次检查得到了兵团和师(局)领导的重视，收到了良好的效果，推动了兵团执法检查工作。据统计，1995年共发生各类土地违法案件397件，涉及面积63万平方米，其中越权批地3件，违法占地224件，年内处理违法案件157件。收回土地68件，面积15万平方米，拆除建筑物36件。按国家土地管理局的要求，全兵团共清理非农业建设闲置土地192.7万平方米，其中违法占地已处理120.24万平方米，违法批地处理15.37万平方米。

兵团团场普遍开展了“三无”(无违法批地、无违法用地、无违法管地)团场活动。已开展团场154个，占团场总数的95%以上。“三无”团场活动取得了明显的成效。农一师7团、农二师21团、农六师新湖总场、农七师128团等4个团场被评为全国土地管理“三无”活动模范团场。

5. 土地管理业务基础工作有了突破性进展

在建设用地管理方面，兵团土地开发利用计划已纳入国家计委“国民经济与社会发展计划”统一下达，在自治区计划总指标内以“其中”形式单列，理顺了兵团用地计划管理与国家和自治区的关系。

进一步完善了建设项目用地审批程序，兵团和各师(局)成立土地管理领导小组，实行“五统一”管理和“一支笔”批地制度。在管理上实行审批用地报备制度。一年来，全兵团共审批用地项目7628宗，比上年减少

19%,批准用地面积753.0万平方米,其中耕地76万平方米,分别比上年增加8%,减少46%。

1995年全兵团共有偿出让土地136宗,面积19万平方米,有偿出让收入1000万元。

在土地开发复垦方面,1995年兵团计划开发土地8.7万亩,年内审批开发土地11.53万亩,完成1994年度农一、二、三、七、八师10个团场的土地开发项目验收工作,确认面积6.87万亩,完成土地复垦850亩,超计划完成6.3%,批准农业内部结构调整占用耕地4400亩。

在地籍管理方面,土地利用现状调查师级汇总验收工作全面结束。有12个师(局)的汇总成果通过了兵团验收,其中10个农业师及哈管局获优秀成果,工一师获良好成果。农一、二师土地详查成果分获自治区级科技成果一、二等奖,科技进步二、三等奖。兵团勘测设计院土地资源室被评为全国土地资源详查先进集体,何天山等14位同志被评为全国土地资源详查先进个人。兵团级土地利用现状调查汇总任务过半,目前已完成土地利用现状调查1~12表汇总,1∶50万标准分幅图编制。兵团土地资源专著及专题技术报告正在撰写之中。

兵团土地初始登记和变更调查工作全面完成,兵团、师(局)土地局按时完成了1995年10月31日为统一时点的土地变更调查数据汇总工作,经变更全兵团土地总面积10803.6万亩,其中耕地1435.9万亩。

兵团农垦城镇地籍调查共开展13个团场,面积37.3平方公里,已完成了8个团场,面积15.3平方公里。由兵团土地事务所与南京大学大地海洋科学系共同完成的兵团农垦城镇土地分等定级估价研究课题,自1994年8月开始,至今已完成10个试点城镇的土地分等定级估价工作,撰写兵团农垦城镇定级估价报告共11份,50万字,绘制定级图340份。完成了兵团132个农垦城镇资料收集、整理、分析工作。

为确保完成兵团清产核资中土地清查估价工作,兵团土地估价委员会于4月10日召开第二次会议,兵团土地局、财务局、国有资产管理局联合下发《清产核资中土地清查估价工作实施办法》(兵土管发[1995]30号),年内完成清产核资中土地资产估价609个国有企业,总面积727.4万平方米,土地资产总额20.65亿元。

认真做好土地草场纠纷调处工作,维护了新疆社会稳定大局,增强了兵地团结、民族团结。1995年发生兵、地土地草场纠纷69起,涉及面积582万亩,占兵团土地总面积5%,其中耕地1.02万亩,年内处理13起,正在处理的56起。各师(局)上报土地草场纠纷15起,其中8起经过协调已基本得到解决。

(新疆生产建设兵团土地管理局)

典型经验

福建省南安市完成土地管理旧体制向新体制的过渡

地处闽南金三角的南安市，是一个经济发达的新兴城市。随着国家和福建省土地管理和使用制度改革工作的深入，南安市也于1994年开始着手进行土地管理体制改革。但是，在乡镇企业十分发达、寸土寸金的南安市，已往的旧的土地管理体制，使得乡镇不肯轻易放弃既得的土地支配权。因此，南安市政府以土地管理体制改革“三个有利”为出发点，结合当地实际情况，采取切实有效的措施，实现了市以下土地管理机构的垂直管理，建立健全了财务制度和工作管理制度，使南安市顺利完成了土地管理体制从旧体制向新体制的过渡。他们的主要做法是：

（一）调整配备基层土地管理所人员

从原土地管理岗位上的人员和乡镇机关在编干部中考核选调了68名人员，配备全市22个基层土地管理所。在人员选调配备的基础上，报请市人事局任命了15名土地管理所所长、副所长和9名土地管理所负责人。还分三片对全市22个基层所挂新牌授新印，使调整后的基层土地管理所尽快地投入运行。同时，为保证垂直统管的职能落到最基层，1995年9月中旬，南安市土地局在全市399个行政村（居委会）聘任了399名土地协管员。至此，一个“以市为龙头、乡镇为主体、村为基础”的垂直管理网络机构已经形成。

（二）加强业务培训

举行了财务培训和业务培训，组织乡镇土地管理所上岗人员学习财务知识、财务规章制度和土地管理基础知识，以及一些急用的、易操作的业务知识，举办第一期村级土地协管员培训班。

（三）着手制度建设

一是财务制度建设。各土地管理所设立“收入户”和“支出户”，收支“两条线”。每个基层所配备1名出纳，会计由市土地局派员兼任，财务实行报帐制度，接受市财政局、审计局监督。二是工作管理制度建设。多次召开局务会，制定并印发“基层土地管理所职责及工作制度”，规定了基层土地管理所9条职责，所长、副所长（负责人）7条职责，土管所目标管理制度、公开办事制度、工作时效制度、报告反馈制度、廉政建设制度，以及土地管理人员6条职业道德要求。

通过调整，南安市土地管理局显示出其体制优势，实现了四个转变：

1．土地使用制度从行政划拨向有偿出让轨道的转变

该市土地有偿出让，从市区和6个镇镇区已扩展到全市20个镇。目前全市正在实施以地产市场为导向，以提高土地使用效益为手段，以加强土地宏观调控为目的，以“七镇、三线、三站、两桥”为重点区域，对官桥、水头、石井、溪美、美林、丰州、洪濑等“七镇”；324国道、305、306省道“三线”两侧；南安境内三个火车站及南安第二大桥、洪濑新大桥“两桥”的周围宜开发土地实行垄断控制，把位于区位优越地段的巨大的土地资产完全集中到政府手中，有计划、有步骤地投入开发利用，实现对土地资源的优化配置和土地资产的有效管理。1995年南安市共审批出让国有土地61幅，增收土地出让金530多万元，催收历年企业用地欠款780多万元，为该市经济建设开辟了重要的资金来源，成为财政收入的增长点。

2．农村个人建房用地管理由原来“一家一宅”向“旧村改造，建新村、奔小康”转变

对上级下达的个人建房用地指标，市土

地管理局统一安排使用，主要 用于解决旧村改造、新村建设和住房特困户翻建新房所需用地。该市官桥镇的内厝村，花费2万多元邀请专家对全村200多户相对集中而居住旧房的应建房，进行统一规划，翻建新村，总规划面积20000多平方米，分两期实施，第一期工程规划15000平方米，投资600多万元正在实施改造中。

3. 土地管理体制向“三个有利”的转变

一是有利于基层土地管理队伍稳定和素质的提高，激发土地管理人员钻研业务和做好本职工作的热情；二是有利于促进廉政建设和“以地生财”的实现，财务管理实行“收支两条线”后，土地收益及时收缴入库，既促进了廉政建设，又为经济建设开辟了重要的资金来源；三是有利于对城乡土地实行有效管理和统管职能的到位。现在乡镇管理人员直属市土地管理局，既能集中力量和主要精力抓好本职工作，又能保证土地管理政令畅通，步调一致，提高土地管理的整体战斗力和工作效率。

4. 强化了执法力度，“执法难、难执法”的局面向三个方面转变

一是组织上从块块中解脱出来，土地监察力量得到加强；二是执法上强化手段，组成垂直办案体系，从而优化了执法结构，扩大了洞察土地违法的视野，掌握了真实情况。1995年共发现制止违章违法占用地61件，拆除30座，还耕地5.65亩，其中基本农田保护区内12件，面积2.8亩。受理群众来信65件，来访200件，接待群众30人次，上级领导批转信件13件，基本做到件件有着落，有回音；三是经济上执行市土地管理局拨补与财政部门就土地监察罚没款分成相结合，保证了土地执法监察的交通、通讯，调动了监察工作的积极性，群众反映的突出问题，得到迅速处理。

（唐更）

多方位采取措施，加大土地执法力度

河北省土地管理局为了深入贯彻落实“十分珍惜和合理利用每寸土地，切实保护耕地”的基本国策，促进土地管理工作沿着法制化、制度化、规范化的轨道健康发展，狠刹乱批滥占耕地歪风，在总结几年来土地执法监察工作成功经验的基础上，制定十二条措施加大土地执法力度。

(1)严格依法审批土地。各级土地管理部门按照“四按”、“三有”的原则，严格依法审批土地，严格把好建设用地审批产业政策关、定额关、手续关、占用耕地关和审批权限关。规定凡不符合国家产业政策的建设项目用地，县(市)不准上报，上报后有审批权的政府也不能批准。建立用地审批现场察看制度，凡是占用100亩以上的项目用地，省土地管理局都要派专人进行现场察看，市(地)土地管理局对10～100亩，县土地管理局对所有建设用地进行现场勘查。防止占耕地报非耕地骗取批准。

(2)对建设项目用地实行跟踪管理。省土地管理局建设用地审批部门负责对已批准的100亩以上建设项目用地进行跟踪管理，市(地)对10～100亩，县(市)对全部建设项目用地进行跟踪管理，防止批少占多，批而不建造成土地闲置荒芜。

(3)建立案件报告和处理结果备案制度。县级土地管理部门对国家建设、乡镇企业违法占地要逐一登记，建立台帐，并按土地审批权限逐级上报，违法占用耕地3～10亩，非耕地10～20亩的，报市、地土地管理局，耕地10亩以上、非耕地20亩以上的，报省土地管理局。对土地违法案件的处理结果，县、市(地)土地管理部门在结案后一个月内逐级上报。上级土地监察部门对下级上报的案件处理结果认真审核，处理不当的责令其重新处理，必要时上级可以直接处理。对在期限内不处理又不报告的。采取必要的措施，并由上级土地管理部门直接处理。

(4)为了解决象征性处罚问题，对违法占地案件实行分级处罚，哪一级处罚，罚没款物交哪一级财政。

(5)推行案件查处分级负责和下查一级相结合制度。乡镇违法批地由县级进行查处，县级政府违法批地或县里难处理的重大违法占地案件，由市(地)进行查处；市(地)政府(行署)违法批地和难处理的重大违法占地案件，由省土地管理局进行查处。对越权或化整为零批地以及弄虚作假骗取批准用地的，实行公告无效制度，由上级土地管理部门报经同级人民政府批准，发出公告，宣布批准文件无效，注销土地使用证。

(6)建立经常性的土地检查制度。县(市、区)、乡两级土地管理人员对本行政辖区内的土地使用情况经常进行巡回检查，发现问题及时处理。市、地土地管理局对所属县(市、区)容易发生土地违法的城乡结合部、开发区、公路干线两侧等热点地区实行重点检查。经检查发现问题较多的地方，实行跟踪检查，直到彻底纠正。省土地管理局每年组织一次全省性的土地执法大检查，检查时事先不通知，检查内容不预告，检查结果通报全省。

(7)建立土地违法行为举报制度。省、市(地)、县土地管理部门都设置举报箱，公开举报电话，明确专人负责定期开启。县级土地管理部门在交通便利的地方设置多个举报箱，以便于群众投诉。对举报有功人员给予适当的物质奖励。同时，县、乡两级还设立了不同形式的举报员、联络员。

(8)建立土地执法过错责任追究制度。省

土地管理局和省监察厅联合制定了《关于违反土地管理法律法规行政处分的暂行规定》。对土地管理人员以及国家行政机关工作人员和由国家行政机关任命的企业、事业单位的人员，对建设用地审批、出让中不严格把关，出现违法问题的，对土地权属确定、变更登记、发证中弄虚作假的、对违法占地不处理或不依法处理或处理不及时造成不良后果的，除依法追究其法律责任外，还要对主要责任人给予警告、记过、记大过、降级、降职、撤职、开除、留用察看，直至开除公职等行政处分。

(9)发挥信访窗口作用，注重解决信访反映的问题。各级土地管理部门都建立了信访接待室，明确专人负责信访工作，并选拔责任心强、有较高政策水平和有群众工作基础的人员充实到信访第一线。对信访反映的问题，要求件件有回音，案案有结果，下级土地管理部门对上级土地管理部门交办的信访案件应在两个月内结案，不能结案的，应及时说明情况。因故拖着不办，对违法占地行为不及时处理，或者处理不当造成越级上访的，进行通报批评，并追究主要责任人的责任。重大案件实行实地察看制度。连续两次上访或一些重大案件信访人员要到实地察看和调查。省、市(地)土地管理部门对信访情况要实行一季一通报制度，对问题较多的县(市)，限期将信访量降下来。

(10)发挥土地、公安联合执法队和土地案件合议庭作用，发挥执法部门的整体效能，加大对土地违法案件的处理力度。

(11)继续开展评选土地“执法模范县”和“三无”(无违法批地、无违法管地、无违法用地)乡镇活动。凡连续3年被省土地管理局授予“土地执法模范县”的单位，省土地管理局给予物质奖励。市(地)、县(市、区)对被评为土地执法模范县及有突出贡献的人员给予适当物质奖励，被评为“土地执法模范县”的单位，如发现有弄虚作假骗取荣誉的由省土地管理局通报全省，撤销称号，收回证件、奖金，并禁止该单位两年参加“土地执法模范县”的评选。

(12)加强砖瓦窑取土用地和农村宅基地的管理。新建砖瓦窑，必须经县以上建材和乡镇企业主管部门审查同意，土地管理部门按审批权限逐级报批。充分利用荒丘、荒坡、荒地，严格控制占用耕地，并根据不同情况，规定取土深度。对擅自占用或骗取批准的，要依法拆除，恢复耕种，并追究主要责任人的责任。对砖瓦窑用地复垦实行“谁破坏，谁复垦”的原则，县级土地管理部门根据砖瓦窑生产规模，确定取土区面积，坚持一年一审批，同时收取土地复垦押金。每年年底，县级土地管理部门要进行检查验收，恢复耕种的，退还复垦押金；未按规定恢复耕种的，没收押金，并按规定处以罚款，在其提出新的建设用地申请时不予批准。对农村宅基地推行“两图一表”管理。各地对宅基地逐村进行清理，在清理基础上，每个村庄都绘制了宅基地现状图、宅基地规划图和根据人口结构制定“十年早知道规划表”。“两图一表”分别作为村委会申请宅基地，县、乡两级作为审批宅基地的依据，避免和纠正宅基地审批中的不正之风。

(河北省土地管理局)

推行小城镇地改，促进区域经济发展

湖南省地改初期，借鉴沿海地区的做法，从大中城市起步。开始，推广了岳阳市出让土地的经验，使全省地改获得突破性进展；随后，推广了株洲市建设用地“五统一”的经验，强化了国土部门代表政府垄断土地一级市场的职能；接着，又推广了浏阳市土地拍卖出让的经验，使土地市场公正、公平、公开竞争机制开始形成。几个回合，地改迅速铺开。到1995年底止，累计出让土地8.55万亩，包括成本在内，收取出让金45.34亿元。特别是以浏阳大瑶为代表的一批农村小城镇，通过推行地改，不仅大大加快了小城镇建设和经济发展的步伐，而且优化了土地资源配置，形成了节约用地、保护耕地的自我约束机制。

（一）小城镇地改是形势发展的必然要求

首先，小城镇地改是深化农村改革的客观要求。党的十一届三中全会以来，农村改革继家庭联产承包、发展乡镇企业之后，建设小城镇已成为深化改革的重点。但长期以来，主要靠政府财政拨款的单一投资方式，制约了农村小城镇的发展。土地实行有偿使用，不仅可以为小城镇建设开辟一条稳定的资金渠道，而且通过以土地依法流转为核心的改革，可以带动投资体制、用工制度、户籍制度等一系列改革，使资金、劳力、技术等生产要素优化组合，促进农村二、三产业的发展，就近转移大量剩余劳动力，形成新的经济增长点，为小城镇建设注入新的活力。其次，小城镇地改是做活土地文章的内在需要。内陆地区的土地市场要健康发展，必须把地改的立足点放在本地，市场取向要两眼向内，坚持城市与集镇同步推进。特别是在土地市场不旺的情况下，启动小城镇土地市场显得尤为迫切。随着农村经济的发展，一部分先富起来的农民，手中有大量闲散资金，急需寻找新的生产、经营场地，开辟新的生产门路。而小城镇土地出让不受户口、职业限制，具有开发周期短、出让地块小、运作机制灵活等特点，为农民离土不离乡，发展二、三产业提供了最佳选择。再次，小城镇地改是强化土地统管的重大举措。过去农村小城镇缺乏统一规划，以路为市，乱搭滥建，浪费土地的现象十分突出。同时，变相买卖土地，隐形市场十分活跃。推行地改以后，土地按规划实行统一征用、开发、出让，并由国土部门实施统一管理，不仅促进了小城镇的健康发展，而且有利于节约用地、保护耕地，达到强化城乡土地统管，规范土地市场的目的。

根据上述认识，湖南省土地管理部门及时总结了大瑶以地兴镇的经验，向省委、省政府主要领导作了专题汇报，得到了充分肯定。1993年11月，湖南省国土测绘管理局召开了小城镇土地使用制度改革工作座谈会，组织各地州市国土管理局长和省局机关干部实地参观了大瑶，并对全省推广大瑶经验，加快小城镇地改作了具体部署。1994年初，省委、省政府把实行土地有偿使用作为一条硬措施，写进了《关于加快小城镇建设的决策》之中。1994年8月，在省委、省政府召开的小城镇建设工作会议上又全面推介了大瑶经验，使全省小城镇地改步上了快车道。3年来，湖南省已有682个小城镇推行土地有偿使用，共出让土地33688宗，面积33084亩。其中拍卖出让7906宗，共收取出让金20.58亿元，带动其他投入73.17亿元。

（二）小城镇地改的基本做法

小城镇的形成和发展，具有一定的历史条件和经济地理环境。因此，在推行地改的过程中，湖南省没有生搬硬套，不搞“一刀切”，而是针对小城镇的不同特点和当地实际情况，采取灵活多样的方式，因势利导，扬长避短，发挥各自的优势，形成各具特色的地改模式。

1. 以浏阳市大瑶镇为代表，实行建设用地“五不准”和“五统一”，由国土部门实施全程管理，新建商贸街和综贸市场的模式

坚持“五不准”，实行“五统一”，是大瑶地改经验的核心。所谓“五不准”、“五统一”，就是在小城镇建设中不准乱占滥建，保证统一规划；不准用地单位和个人直接向村组要地，实行统一征用；不准出让生地，坚持统一开发；不准零星划拨，坚持统一出让；不准国土部门以外的任何单位和个人插手土地管理，坚持统一管理。实行这一做法，加强了国土部门代表政府统管城乡土地、垄断土地一级市场的职能；有利于实施城镇建设统筹规划，使土地开发和各项建设能够科学、规范和有序地进行；保证了政府把来自土地的收益，集中投入到基础设施中去，增强了小城镇滚动开发、自我发展的功能。因此，大瑶在短短的两年多时间内，通过以土地带动开发，新建成一条长1080米、宽24米的商业新街和两大市场，新增建筑面积15万m^2，新增商业铺面700个、摊位200个，相当于在过去的基础上再造了一个大瑶。大瑶创造的这一模式，不仅引起湖南省各级领导的普遍认可，而且得到国家土地管理局的高度重视。1995年4月，国家土地管理局局长邹玉川亲赴大瑶实行考察，作了充分肯定和高度赞扬，指示要广泛宣传推广，从而使大瑶经验走出了湖南。

2. 以祁阳县为代表，实行以拍卖出让为主，形成公正、公平、公开竞争机制，加快工业小区建设的模式

通过地改带动工业小区的开发，是湖南省小城镇建设中的又一模式。一般是在区位条件好的地方进行。通过土地市场这个载体，把项目、资金、技术、人才聚集到工业小区内，实现建一个城镇，兴一串产业，活一片经济，富一方群众。祁阳是一个传统农业大县，二、三产业落后，财政底子薄，城镇发展缓慢，投资环境差。为了改变这一格局，县委、县政府在祁黎工业小区内，选择了区位条件最好的地段，开发成商业用地，公开拍卖出让。这种公正、公平、公开竞争的方式，人人平等，深受群众欢迎，受让者十分踊跃。从1993年4月第一宗地拍卖出让成功以来，3年共出让土地1194宗，收取出让金1亿多元。其中拍卖出让834宗，占出让宗地总数的70%；收取出让金4503万元，占出让金总数的45%”。全县13个建制镇，全部开展了拍卖出让。政府将出让收入投入工业小区内“三通一平”，大大改善了投资环境，吸引了众多客商在小区内投资办厂。全县乡镇工业产值，由地改前1992年的13.3亿元，增加到了1995年的40.5亿元，3年增长了3倍。

3. 以武冈市为代表，推行多种租赁方式，盘活存量土地的模式

如何盘活城镇存量土地，提高城镇土地的资产效益，优化土地资源配置，是当前小城镇地改中亟待解决的问题。湖南省武冈市在这方面作了有益的探索。该市对存量土地和闲置土地较多的一批老镇，实行多种租赁方式，使存量土地和闲置土地依法进入市场，不仅加快了小城镇地改步伐，提高了土地利用率，而且政府作为土地所有者，始终把握住了宏观调控土地市场的主动权。他们的具体做法是：多种租赁形式并举和“低档起步，培养市场，短期出让，加速流转。”比如，对转让划拨土地的，按地类和供地方式确定补交出让金的标准，分年缴纳租金；对出租划拨土地的，政府每年按标定地价的1%～2%收取土地使用费；对经营性用地，一律实行出让，但出让年限，针对当地经济发展需要和企业的实际，有的定为5年，有的定为10年，期满后，再补签合同，补交出让金。对经济困难的

企业，实行低价收取出让金，每年加收土地使用费，合同期内不得转让，若转让或改变用途，需补足差额。这些措施既考虑了政府的长远利益，又照顾了用地者承受能力，有利于土地供应并轨，规范市场行为。

4．以祁东粮市镇为代表，实行总体规划，合理布局，节约用地，保护耕地的模式

祁东县粮市镇紧靠湘江，具有较好的区位条件。1994 年，粮市镇抓住全县开发“三线一廊”的机遇，决定加快新镇建设步伐。在制定规划时，有两种方案可供选择，一种是镇区向东沿江发展，需占用水田 50 多亩，投资小，开发成本低；一种是向西北山地延伸，不占耕地，但需要开山凿石，增加开发成本 200 万元。县国土局与镇党委、政府反复研究后认为，牺牲耕地虽然能换来眼前利益，但占用耕地等于端掉了农民的饭碗，大量劳力需要安置，影响农业发展和社会安定，不符合长远利益。因此，该镇选择了移山造地的规划方案。从 1994 年，采取预约用地的方式收取部分出让金，先后投资 250 多万元，炸平两个山头，搬运土石方 50 多万立方米，开发建设用地 40 多亩，新建两条街道和一个大型综合贸易市场，增加商业铺面 107 个和摊位 150 个，兴办了 8 个年产值 50 万元以上的私营企业，过去一度衰落的流通市场如今又繁荣起来了。湖南省国土测绘管理局总结了粮市在城建中节约用地、保护耕地的经验，并在全省推广，引起了强烈反响。

（三）小城镇地改的主要成效

小城镇地改是城镇国有土地使用制度改革的延伸和发展，是整个土地市场的重要组成部分，它所带来的效应也是多方面的。从湖南省的实践看，主要是：

1．促进了土地利用从粗放型向集约型转变

由于小城镇地改充分利用了土地的资产特性，根据有偿用地的原则，将土地统一、综合开发成非农用地后，出让给用地者，提高了土地利用率，促进了土地利用和土地供应方式的转变，有利于贯彻落实土地基本国策，切实保护耕地。大瑶在小城镇建设中，实行“五不准”、“五统一”，从根本上解决了过去长期存在的乱占滥建、布局紊乱、浪费土地的问题，仅统一开发、共墙建设一项，就节约建设用地三分之一以上。新田县充分利用丘冈山地，采取统一规划、集中进行小区开发建设，每年可节约耕地 200 多亩。

2．为城镇建设积累了资金

资金短缺是长期制约小城镇发展的“瓶颈”，特别是在经济欠发达地区尤为严重。这些地方，城镇规模小，功能不全，镇容镇貌破旧不堪，长期得不到改观，严重阻挠了当地经济发展。在既不能靠财政拨款，也不能靠银行贷款，更不能搞集资摊派的情况下，小城镇地改为解决这一难题带来了希望。这 3 年来，湖南省通过小城镇土地开发和有偿出让，收取出让金 20.58 亿元，其中 70% 以上直接投入城镇建设。同时，通过土地出让，带动以农民为主体的其他投资达 73.17 亿元。这笔巨额资金依靠政府投入，是根本不可能实现的。这种用地制度的改革，有力地促进了小城镇建设方式的改革，调动了政府、社会和个人参与小城镇开发建设的积极性。由过去单一靠财政拨款向社会融资、农民带资、招商引资等渠道、多元化方向发展，开创了小城镇建设的繁荣局面。

3．加快了小城镇基础设施配套建设

长期以来，小城镇处于自发、分散建设的自然状态，不仅基础设施薄弱，服务功能不完善，而且造成重复建设，重复投资，效益低下。在推行小城镇地改过程中，由于实行了统一征地，集中开发，按规划配套进行基础设施建设，大大改善了投资环境，增强了小城镇辐射、吸收的功能，为招商引资创造了良好条件。据统计，近 3 年来，湖南省通过地改，直

接投入小城镇水、电、路、通讯等基础建设的资金达 14 亿多元，新建基础设施项目 1638 个。其中，新修道路 1002 条，长 427 公里，新增程控电话 50 万门，完善了水、电等设施，实现了开发一片、建成一片，受益一片，从而大大改变了小城镇的落后面貌。

4. 促进农村劳动力向第二、第三产业转移

农村城市化的过程，就是农村劳动力向小城镇和二、三产业转移的过程。通过推行地改，有偿出让土地使用权，为一部分先富起来农民进城务工经商提供了投资场所和发展空间，促进了劳力、资金、技术等生产要素的合理流动，形成新的生产力。据统计，湖南省近 3 年来新增城镇人口 554 万人，转移剩余劳动力 133.1 万个，造就了一大批城镇生产型居民，有力地促进了农村劳动力向二、三产业转移，加快了农村城市化的进程。

5. 带动了以城镇为中心的区域经济发展

一是为个体私营经济和第三产业发展创造了有利条件。土地使用权依法有偿出让，不仅保证了用地者的合法权益，也为他们提供了平等竞争的机遇，吸引了一大批能工巧匠和经商能手进入小城镇兴业。蓝山县通过地改，带动了 1000 多户个体私营企业主在工业小区内落户，投资总额超过 1.5 亿元，年新增工业产值 2.1 亿元，相当国有企业年产值的 10 倍。二是促进乡镇企业上规模，上水平。随着小城镇投资环境的改善，过去分散经营的乡镇企业逐步就近向小城镇集中，形成了规模经营和集聚效益，提高了市场竞争能力。祁阳县通过土地出让，在乡镇工业小区内引进骨干企业 26 家，其中年产值 1000 万元以上的 14 家，1995 年，完成企业产值 40.05 亿元，成为全国乡镇企业东西部结合示范区。三是加快了农业生产结构调整。农村劳动力转移到城镇后，将原承包的田土山水转包、租赁、转让，促进了集体土地流转、适度规模经营和山水综合开发，使种养业逐步向生产能手集中，提高了农业劳动生产率和商品率，推动了农村经济发展。

（湖南省国土测绘管理局）

改村造田　内涵发展
促进村庄建设用地的集约利用

安徽是人多地少的农业大省，1995年总人口6013万人，人口密度每平方公里433人，均居于全国第8位，耕地面积6436万亩（详查数9340万亩），人均耕地1.07亩，低于全国同期人均水平。全省现有38个（占总数58%）的县（市）为国家商品粮基地，在全国农业生产格局中具有重要的地位。

耕地是农业赖以生存的基础，更是国家经济建设赖以发展的基础，实现经济与社会的相互协调和可持续发展，必须转变土地利用方式，切实保护耕地。面对人口增长、经济发展对土地资源需求以及耕地不断减少的压力，安徽省立足于实现耕地动态平衡，服务改革开放和经济建设，解放思想、更新观念、积极探索，根据农村非农业建设用地的实际，针对存在的农民建房无序、村庄布局混乱、规模盲目扩张等问题，确立了落实村庄规划、规范村庄建设、控制村庄外延、向村庄要良田的内涵挖潜发展思路，努力促进土地资源的合理、高效利用，对耕地实行积极的保护。通过典型引路，以点促面、因地制宜、加强指导，在全省普遍推开了以改村造田为核心内容的宅基地革命。

安徽省面积最大、城镇最多、农村居民点分布最广的阜阳地区率先在全省开展改村造田工作，他们把积极进取和科学态度相结合，采取划定村界的有效措施，5年间使全区新增耕地40万亩，规划到2010年全区村庄建设用地只需160万亩，现有280万亩村庄用地经内涵改造、按规划建设、按指标调控，不仅10年内村庄建设、农户建房不需要新占耕地，还可以退出100万亩还复耕地，为确保农业和国民经济的持续发展，满足人口增长需求提供了必须的土地资源条件。他们的做法对全省宅基地改革的推行起到了典型示范和积极促进作用，具有普遍的代表性。

（一）科学规划、合理控制，制定划定村界工作方案

阜阳全区有4万多村庄、278万农户、1068.6万农村人口；村庄占地280万亩，是耕地的14.2%，其中村内空闲地、荒废地、林地占村庄总用地规模的17.7%，户均占地1.01亩，人均占地0.25亩，大大超过国家和省的有关规定。如果按这样占地规模发展下去，到2010年的人口高峰期，该区还需增加80万亩村庄用地。针对村庄用地现状及存在的问题，阜阳行署制定了《阜阳地区村庄建设用地控制指标试行规定》（以下简称《规定》），并于1991年3月经省政府同意颁发实施，以15年为期进行村庄用地规划，采取人均建设用地面积70～120平方米之间，户均宅基地面积160～220平方米之间的双重控制指标；考虑人口的自然增长（年人口自然增长率13%），预留部分村庄用地，预算村庄远期总用地规模，划定村界。此后农户建房，只能在村界内进行，村界外一律不许 建房，村界内建房按规划进行；划到村界外的住户，依据各自经济承受能力，逐年迁入村界。计划3—5年时间定完村界，10—15年时间村界外住户全部迁入村界，村庄建设用地实现退宅还田100万亩的目标。

划定村界的具体做法：

（1）勘丈旧村，绘制村庄用地现状图，作为新村规划的重要依据。

（2）调查收集人口、宅基地现状资料，测算远期人口、户数、用地规模。

（3）确定村庄用地范围。以旧村改造为主，避免大拆大建，鼓励用地分散的小村庄和零散住房兼并。

(4)统一规划布局。宅院设置原则是控制在法定标准面积内，尽可能做到适用、紧凑，符合当地习惯；因地制宜，充分利用村内荒废地和原有水塘，就势修建环村路、环村林、环村沟。

(5)审议方案、上报审批。村庄用地规划方案，由乡镇人民政府组织编制，县、市土地管理部门负责指导，充分征求村民大会意见，按《规定》要求形成后，报县、市政府审批。

(6)定界立标，搬迁入村。对照村庄用地规划图，实地定界，在主要位置上设立永久性标志。划到村界外住户和规划后新村主干道上的住户，要与政府签订搬迁合同，在规划年限内依据经济状况逐年搬迁。

(二)加强领导、精心组织，推进改村造田步伐

划定村界、改村造田是一项涉及千百万农村人口切身利益的社会系统工程，没有强有力的领导和精心的组织，难以全面展开，难以实现工作目标和计划。阜阳地委、行署对这项工作十分重视，从1991年起把定村界和实施定界成果作为一项硬指标列入行署与各县、市政府签订的《土地管理目标责任书》，实施目标管理；1993年把划定村界作为农村土地使用承包制度改革的重要内容之一，要求在新一轮土地承包时先定好村界，做好村庄规划，然后发包承包土地。各乡镇先后成立了划定村界指挥部，乡镇主管领导负总责，乡镇各所办工作人员组成规划组、丈量组、资料组；村里也成立了相应的组织，协调解决工作中的问题和矛盾，确保划定村界、改村造田工作的顺利开展。

阜阳地区土地管理部门本着“方向明确、步子稳妥、政策连续、措施得力、常抓不懈”的方针，全力抓好实施：

(1)提高认识、转变观念。对划定村界、改村造田工作，部分干部存在畏难情绪，认为此项工作是农村一台难唱的“戏”，涉及面广、阻力大、困难多，搞不好难收摊；不少农民群众认为宅基地是祖传家业，荒废闲置也不愿调整搬迁。阜阳各级土地管理部门针对这种思想、观念，广泛深入宣传人多地少、耕地后备资源奇缺和村庄占地规模大、闲置宅基多、土地资源浪费突出的事实，宣传划定村界将给阜阳农村、阜阳农业带来的效益，宣传土地法制观念和宅基地集体所有观念，提高了广大干部的认识，得到了群众的理解和支持。

(2)联系实际，面向群众。全区10个县、市，267个乡镇，数万专业技术人员在土地部门指导下，对4万余村庄建设用地逐一勘丈；充分听取村民意见，制定规划方案，确定村界和农户宅基地的面积、位置。对占全区总户数约10％的村界外搬迁户，充分考虑其经济能力，根据其房屋新旧程度和新建房资金积累等因素，适当确定搬迁退旧宅的时间，不搞一刀切，使群众易于接受。在一些集体经济较好的地方，则采取从集体经济中拿出一部分资金补贴给拆迁户的办法。对确有困难的，许多地方采取镇里补助一点，村里照顾一点，五保户、特困户由乡、村统一解决。

(3)强化管理，抓好落实。各乡、镇均设有界外户搬迁登记台帐，县、市土地管理部门每年按一定比例(一般为10％)进行督迁，年终土地执法监察大队对照划定村界档案进行检查，其结果作为考核县、市土地管理工作的重要指标。同时，对界外户住宅用地只颁发《临时用地使用证》，未拆迁入村界前不予审批其建房用地申请。界外户搬迁后，由乡、镇土地管理所填写搬迁核实卡，对无特殊原因过时不搬的界外户，由村里和乡土管所联合诉诸土地执法巡回法庭，通过法律途径解决。对旧村改造、退宅还田，乡镇统一指挥，统一出工，制定计划，逐年实施；并根据规划要求，宜林制林、宜渔则渔、宜耕则耕。至1995年底，阜阳4万多个村庄的规划、定界工作已基本结束，所有界外户已签订了搬迁合同，并以每年10%左右的速度迁入村界内，现已有30%的界外户搬迁入界，退宅还田40万亩。

目前，安徽省宅基地革命正深入进行，显示出极大的潜力和明显的成效。一是增加了耕地，保障农业生产持续发展。地处大别山区，经济较为落后，人均耕地仅1.05亩的六安地区，1995结合农村康居工程建设进行新村规划、实施旧村搬迁改造，一年间退宅还田16774亩，实现了耕地净增长。安庆市望江县莲州乡农民建房用地8000亩，经规划3年内可腾出宅基地2400亩，现已改造复垦800亩。经测算安徽省集镇村庄建设用地约1600多万亩，其中约40%粗放利用，通过开展改村造田工作，预计到2000年，可复垦旧宅基，新增耕地300万亩。二是提高了土地利用效益，发展壮大农村集体经济。统一规划，综合治理房、水、田、林、路，使村庄用地趋于合理，村内荒废地、闲置地、荒水、荒沟得到充分整治利用，极大地提高了土地利用率和产出效益。三是促进了社会主义新农村的建设，加快了农村奔小康步伐。完成旧村改造的新村，改变了长期以来沿袭而成的宅基地私有观念和小农居住方式习惯，村容村貌焕然一新，基本形成了住宅整齐、布局合理、结构紧凑、设施配套、文明卫生的社会主义新农村。实践证明：改村造田的宅基地革命是土地利用方式从粗放型向集约型转变的一条有效途径。

（安徽省土地管理局）

昆山城乡“三位一体”发展模式的基本做法和意义

(一)“三位一体”模式的背景及主要做法

苏南地区是我国经济快速发展的地区之一,昆山是苏南地区的后起之秀。这一地区早在70年代中期,社队企业就有一定发展,80年代初期,在社队办企业的基础上,乡镇企业得到较大发展,村村办企业。不过,这个时期发展的乡镇企业不少处于低水平,污染严重的档次上;80年代中期,在全国横向经济大联合的背景下,昆山面对上海工业梯度转移和“三线企业”回迁的大好时机,充分利用区位优势,积极联营办厂,发展了一批具有一定规模和档次的企业;1992年以后,又利用浦东开发和沿江大开放的新形势,引进了一批中外合资和外商独资企业,开拓外向型经济,使地方经济迅速腾飞。但是村村点火,处处冒烟办企业,不仅企业效益差,而且环境污染难以处理。为解决这一问题,昆山市政府在1986年做县域规划时,就提出合并自然村的想法,并专门发文,对有污染的乡镇企业进行改造。经济基础雄厚的陆家镇率先着手调整乡镇企业,在建制镇周围建立“工业小区”,将各村办的“乡镇企业”,逐步通过产品升级换代的改造,集中安置,取得了明显的集聚规模效益,环境大为改善,基础设施建设,污染问题也较好得到解决。之后,昆山市的20个镇都纷纷效仿。

昆山市是经济高度发达地区,农业集约化规模经营程度很高,多余的劳动力大都进了乡镇企业或经商,导致这些乡镇企业职工,农村有一套住宅,城镇还有住宅,有的自然村平时成为“半空村”,既浪费房屋,又造成土地资源的浪费。于是有些镇结合土地使用制度改革,开始考虑合并自然村,建立“农民居住小区(新村)”的问题。统一规划建设“农民居住小区”工作,先后在淀山湖、巴城、正文镇开始,他们将进入乡镇企业工作的农民,搬迁到“农民居住小区”,将原来的住宅基地还田或进行统一出让,使进入乡镇企业的农民,从“离土不离乡”,改变为“离土又离乡”,成为城镇居民,加快了“城乡一体化”的进程。

如果说当时办“工业小区”是单纯地为了发展工业经济和改善环境的话,那么后来,伴随经济实力的增强,尤其是土地使用制度改革以后,就把土地利用的调整,提高土地利用效率,同小城镇建设、乡镇企业改造、自然村庄的调整及农民居住环境的改善联系在一起了。这就形成了小城镇建设、乡镇企业改造、自然村庄合并改造一起规划,分期实施的“三位一体”发展模式。

(二)“三位一体”发展模式所产生的社会效应

昆山市通过“三位一体”发展和土地利用方式的调整,对物质文明与精神文明建设,都起了很大的推动作用。其社会效应十分明显。

(1)推动了城市现代化,乡村城镇化进程。通过“三位一体”发展模式的实施,一方面小城镇的建设进程大为加快,小城镇的基础设施逐步完善,生态环境得到改善;另一方面城市现代化水平得到提高,促进了城市的发展与载体功能的提高,并与小城镇形成体系。昆山城市道路1995年达263万平方米,与1989年相比增长了2.8倍,市区人均道路面积达17.6平方米,预计2000年可达349万平方米,高级路面达219万平方米,达到现代化水平。

(2)提高了土地资源的配置效益。“三位一体”发展模式,是以土地利用方式的调整为前提的，因此，大大提高了土地的利用效益。不仅为城镇建设筹集了资金，改善了环境，也促进了土地从资源→资产；从物质→精神的逐步转移，因此在物质建设的同时，还促进了精神文明建设，提高了居民的素质。在此同时，通过改造乡镇企业，提高了产品与企业的档次，增强了在市场上的竞争力。

由于“三位一体”发展模式的实施，不仅改善了城乡生态环境，也改善了市区与小城镇的投资环境，因此，又引来大批外商来本地区投资，促进了区域经济的发展。昆山市至1994年引进外资项目1273项，总投资41亿美元，合同利用外资33.8亿美元，新批项目的平均投资规模达557万美元，外商投资率达91.1%。

(3)建立与完善了基本农田保护区，推动了农业生产上的集约化规模经营。从可持续发展的角度，“三位一体”发展模式对土地利用所产生的效益非常显著。一是促进了农业的集约化规模经营的发展，目前，昆山市集约化规模经营的耕地面积达70%以上，办起集体、联营等各种农场1699个；二是推动了农业机械化的进程，目前昆山地区基本实现了耕翻、排灌、植保、脱粒、农副产品、粮饲加工等机械化；三是大力节省了农业劳动力，在过去联产承包时需用上百个劳动力的工作，现在5～6人就完成了；四是提高了单位面积产量，保护了基本农田。实行农业规模化经营以后，不仅解决了土地撂荒问题，也提高了单位面积产量，实行集约化规模经营与机械化后，一般都比原分散的耕作，单位面积产量提高10%左右。在此同时，对基本农田(口粮田)实行了有利保护。昆山市划出一级农田保护区(生命田)55.77万亩，占耕地总面积的78.3%，作为发挥农业基地的基本粮田；二级保护区6.8万亩，占耕地面积的9.4%，为预留调节区面积；三级保护区8.77万亩，作为近20年内可开发为建设用地的土地资源。

(4)推动了旧城改造与社会进步。“三位一体”发展模式的实施，尤其是土地使用制度改革以后，加快了城市旧城区及小城镇的旧城区改造的步伐，推动了社会进步与社会生产力的发展。一是通过“退二进三”的产业调整，提高了土地价值与利用效率；二是改善了社区环境，如拓宽道路，增加绿地面积，增强卫生意识等；三是促进了第三产业的发展，增强了城镇的载体功能和服务功能；四是城镇的现代化程度提高，增强了城镇在区域的中心作用，辐射力与吸引力大为增强；五是改善了城镇居民的生产和生活环境，提高了居民的生活质量，缩小了城乡差距。

(三)“三位一体”发展模式的理论价值及其意义

所谓“三位一体”发展理论，是指在城镇改造发展与现代化建设中，同乡镇企业改造、自然村庄的合并改造相结合，通过统一规划，逐步实施的过程，达到节约土地资源，提高土地利用效率，完善城镇基础设施，改善生态环境，提高小城镇现代化程度，推动经济发展，实现城镇现代化，乡村城镇化。这种“三位一体”发展理论的创造与发展，在我国广大农村，特别是经济发达地区具有重要意义，它代表着我国农村实现城镇化的方向，其理论价值与推广价值是明显的。

当然，要实施这种“三位一体”发展模式，必须具备一定的条件：一是要有一定的经济基础，有能力将乡镇企业通过改造，适度集中到小城镇周围；二是农村富余劳动力有安置的出路。自然村的合并，以及集约化规模经营，都要节约大量的劳动力，因此劳动力要有去向；三是集中合并的少数村民，要通过统一规划，建设农民新村，以改善环境与居住条件。可见，这种“三位一体”发展模式，在我国的中西部地区近期是难以实施的。但是，从我国人口多，人均耕地少的国情出发，从长远看，这种模式是解决人口、土地资源与城镇发展相协调的一种出路，也是社会主义制度优越性的体现。在没有经济条件的地区，可在规划上明确这种发展思路，有条件时，逐步实施。其理论价值和意义也在这里。

（刘维新）

三线开发　八业并举
因地制宜　重点突破

——河北省唐山市土地开发复垦经验

唐山市辖两市八县五区两个农场，土地总面积138.8万公顷，其中耕地面积59.5万公顷，占总面积的42.9%，未利用土地资源面积24.2万公顷，占总面积的17.5%。根据唐山市土地资源状况，该市制定了“三线开发，八业并举，因地制宜，重点突破”为指导思想的荒废土地开发利用格局。1987年以来，全市共开发复垦土地11.4万公顷，其中开发复垦耕地1.53万公顷，建成围山转果园3.77万公顷，沿海滩涂开发养殖区4万公顷，复垦的其他用地2万公顷，扣除同期非农业建设用地净增耕地0.66万公顷，达到占一补二的好局面。几年来唐山市年年超额完成河北省下达的荒废土地开发复垦任务。1994年完成了开发复垦土地6282.6公顷（折94240亩）其中耕地737.1公顷（折11507亩），分别占省下达任务的110%和113%。

在土地开发复垦工作中，唐山市的主要做法是：

（一）采用多种形式的鼓励措施，调动基层干部群众土地开发复垦的积极性

（1）土地开发复垦工作已列入市、县、区政府的有限目标考核内容，省下达计划指标后，市分解到县（区），县分解到乡，乡分解到村，并且实行每季度一统计、一汇总、一公布的做法，以引起各级领导的重视。

（2）遵化、迁西等市县都把开发复垦任务落实到乡，对完成任务的村，实行奖励村干部基础分，成绩突出的干部，设建功立业奖，超额完成100亩耕地，经乡镇政府审查验收给予村集体1000元的奖励。

（3）唐海县为了调动开发沿海滩涂的积极性，政府决定每开发一亩水稻田补助120元，旱改水一亩补助60元。几年来县政府拨款700多万元，开发了5万多亩水稻地，改造中低产田1.3万亩。

（4）学习山西省拍卖“五荒”的经验，加速贫困地区小流域的开发治理。一年来，遵化、迁西等北部山区已拍卖荒山1500多亩，栽植板栗果树14000株，还因地制宜地进行了家畜养殖，并对这几个典型进行大面积推广。

（二）摸清荒废土地资源底数，大力推广规范化管理

结合土地资源调查，专门清绘了荒废土地资源图，统计了县乡村荒废土地面积数。根据土地利用总体规划，认真执行土地开发复垦计划。随着工作深入开展，全面推行了规范化管理，具体思路是：目标管理计划化，审批管理表格化，技术管理科学化，做到有规划、有目标、有措施、有检查、有验收，严格荒废土地开发利用审批制度，做到图表卷卡证管理。

在废弃地复垦上抓住几个典型，积极推行制度化。丰润县人民政府在1989年以政府文件形式颁布了关于砖瓦厂、采沙厂、采石厂、石灰窑生产占地和基建单位，村民用土、沙、石管理的暂行办法，经过几年来的不断完善实施，已经形成“四定四当”模式，四定是：按规模定产量，按产量定用土量，按用量定取土面积，按取土面积定复垦措施。四当是：当年取土，当年审批，当年复垦，当年验收。这一管理办法得到了国家土地管理局的重视，在全市和全省乃至全国得到了推广。

(三)因地制宜,分类指导,提高土地开发复垦利用效率

根据三线(山区、平原、沿海)土地资源特点和各行业废弃的情况,因地制宜地采取不同开发复垦措施,实现了措施和效率的统一。

北部山区岩石以片麻岩为主,铁矿资源十分丰富,已探明储量46.35亿吨,随着钢铁工业的发展累计剥离岩、尾矿沙、废弃物达5000多万吨,直接排入河道的尾矿沙1000多万吨,尾矿占地11000多亩,针对企业分布面广,生产规模大小不一,生产形式和条件各异、复垦条件不一的特点,本着方便生产,切合实际,密切配合,分类指导,采取了不同开发复垦措施。

(1)大力推行"围山转"工程,开发山地3.77万公顷,建成百亩以上果园256处,500亩以上板栗基地5个。形成了"山顶松柏代帽,山中板栗缠腰,山脚瓜果梨桃"的布局,极大地改变了环境,出现了"春和日丽栗花香,夏暑绿荫遍山岗,金秋硕果枝头满,冬寒层林披银装"的生态景观。

(2)利用尾矿复垦造地:马兰庄铁矿建矿时有意将铁选厂建在滦河荒滩旁,利用河滩排尾矿,然后覆盖山皮土变成种植用地。几年来企业投资50多万元造地523亩,农果种植每年纯收入24.5万元。汉儿庄铁矿采取分段筑坝,利用尾矿砂充填冲沟和低洼地,然后覆土30厘米,造地80亩,种植玉米、白薯,长势良好,在未覆土的地上种植板栗1.3万株,杨树苗5000株,成活率达95%。

(3)利用尾矿砂改良土壤。兴旺寨铁选厂利用经过沉淀滤水凉干的尾矿砂改良当地土壤,增加土壤空隙率、透气度,改善土壤板结状况,使当地2100亩土地得到改造。

(4)种草植树,改善环境,增加效益。唐钢石人沟铁矿,分期分段种草植树减少尾矿污染。几年来投资9万元,覆盖绿化119.9亩。1994年投资30万亩覆土,80亩植板栗苗7000株,预计3年后又增加一个板栗生产基地。

唐山市中部低洼平原区,煤炭资源丰富,仅开滦矿务局所属煤矿就有11个,地方和乡镇企业煤矿180多个,造成地表沉陷面积21.9万亩,积水坑53个,面积2.7万亩,此外还堆积了16座矸石山,占地4500亩,存矸量4400吨。针对这些情况,中部县区各级领导十分重视土地开发和复垦。丰南、丰润两市县境内油葫芦水库占地面积3万多亩,有关乡镇共投资800多万元,开发了水稻地3万多亩,年提供商品粮8000多吨。古冶区境内有开滦五个煤矿,由于采煤沉陷,每年以1500亩的速度递减,累积形成15.7万亩沉陷地,1994年区委、区政府把土地复垦列为为人民办十件大事之一,动员各乡镇共同努力进行复垦。市区土地管理局,根据沉陷地的特点抓了五个典型:①甘义庄综合养殖厂。市土地管理局投资200万元建成80亩精养鱼场,3万只养鸡厂,1200头养猪厂,形成以鸡粪喂猪,以猪粪喂鱼的生物链综合养殖厂。②在范各庄矿矸石山上进行平整连续四年造地340亩,安置了60多人的土地复垦,种植了树木、紫穗槐、葡萄、蔬菜,今后还要发展养鱼形成多渠道复垦土地的格局。③西赵各庄在沉陷地上建蔬菜实验厂共占地120亩,该厂现有干部职工60人,固定资产74万元,年产蔬菜优种6000公斤,细菜50万公斤,年创产值50万元以上。④在范各庄矿吕家坨矿部分沉陷地根据地质变化情况搞了建设用地,现在正在认真观测变化情况。⑤古冶区搞了48000亩采煤沉陷地复垦工程示范区,预计3年改造完成,计划投资1609万元,年人均纯收入新增159元,规划正在逐步实施之中。另外,1994年先后复垦了4个采煤搬迁村旧庄址,面积380亩,投资204万元,使废弃地变废为宝。

(四)实行“三结合”的组织形式,加快了土地开发复垦的进度

几年来唐山市实行土地部门、科研单位和生产企业组成了“三结合”的土地开发复垦形式,效果明显,加快了土地开发复垦进度。这样做,一是有了政府部门牵头,企业领导对复垦土地更加重视,开滦矿务局抽调了三名同志在市土地管理局开发站联合办公,专门从事沉陷地复垦整治工作。二是科研机构的研究工作与土地开发复垦实践相结合,使研究成果能及时转化为效益。三是土地开发复垦工作逐步提高了科技含量,1993、1994 年两年有市土地管理局迁西金厂峪金矿、唐山发电厂、遵化市马兰峪镇、靠山庄镇、地北头镇 6 个土地开发复垦项目成果被国家和省土地管理局评为土地利用优秀成果一、二、三等奖,特别是市土地管理局主持的唐山市采煤沉陷土地复垦利用研究项目获得国家土地管理局土地利用成果一等奖,科技进步三等奖。

(五)认真收取土地整治费,使土地开发复垦有了资金保证

依据国务院、省、市有关文件精神,市土地管理局对土地整治费收取范围、用途、标准及使用方法做了明确规定,明确专人负责,认真落实整治费的收缴工作。唐山市从 1992 年 7 月份开始,3 年来收取土地整治费近千万元,由于有了土地复垦资金,使土地复垦整治工作落实有了保障。1993 年以来市土地管理局先后对开滦矿务局所有沉陷地做了实地测量,开展了唐家庄矿沉陷地复垦总体规划的编制。1994 年利用沉陷入水地建立了年产 1400 万块砖的唐市复垦砖厂,塌陷搬迁旧庄址复垦 380 亩土地建设林业苗圃、养殖厂、垂钓园,矸石覆土造地 340 亩,尾矿坝上覆土 80 亩栽植了板栗,在塌陷坑进行了网箱养鱼试验。集中人力和资金,高标准地开展了唐山市采煤沉陷地复垦工程示范区,面积 4.8 万亩,预计 3 年完成,为沉陷地综合治理摸索科学模式,为取得经济、社会、环境 3 个效益同时并举积累经验。土地整治费在复垦过程中有投入、有回收,既能得到较好的经济效益,又收到了良好的社会环境效益,初步形成了一个良性循环体系。

(河北省土地管理局)

统计资料与专题分析

一、统计资料

1995 年全国土地管理机构和人员情况

表 1

单位:人

	机构(个)	年初实有人数		年末实有人数				文化程度				
		合计	在编人数	合计	在编人数		编外人数	合计	本科以上	大专	高中专	其他
					行政	事业						
总计	38578	193232	149421	210419	64574	98581	46969	210149	13348	38785	120844	37172
一、行政单位	29034	134576	99525	139799	62839	42460	34475	139799	8439	25592	80679	25089
省(区、市)	44	2048	1946	2098	1814	163	121	2098	705	761	455	177
地(市)	467	11930	10914	13344	8941	3338	1065	13344	2788	4870	4633	1053
县(市)	2728	51290	44478	54919	32664	14896	7334	54919	4008	12839	30019	8053
乡镇	25795	69308	42187	69438	19420	24063	26955	69438	938	7122	45572	15806
二、事业单位	9544	58656	49896	70350	1735	56121	12494	70350	4909	13193	40165	12083
省(区)	99	3141	3055	3228		3140	88	3228	879	839	1101	409
地(市)属	1305	12160	11295	14000	307	12721	1052	14080	2284	4100	5962	1734
县(市)属	8140	43355	35546	53042	1428	40260	11354	53042	1746	8254	33102	9940

1995 年全国土地管理系统资金来源情况

表 2

单位:万元

	资金合计	预算内资金							预算外资金			
		小计	行政	事业	专项	基建	科技	其他	小计	征地管理费	土地登记费	其他
总计	343821	84583	30836	18860	13376	2603	76	18832	259238	130787	27440	101011
省(区、市)	33780	7965	2522	2518	2148	210	75	492	25815	19422	2282	4111
地(市)	88035	20830	9517	5310	4332	1495		176	67205	32728	7431	27046
县(市)	222006	55788	18797	11032	6896	898	1	18164	166218	78637	17727	69854

1995 年全国审批用地和计划执行情况

表 3

单位:公顷

	审批用地项目(件)	申报土地面积		批准土地面积		核减土地面积		实际用地		其他	
		合计	其中耕地	合计	其中耕地	合计	其中耕地	合计	其中耕地	件数(件)	面积
总计	2453374	215027	108120	212181	106663	2846	1457	210264	105446	88382	2876
在总计中											
一、非农业建设用地	2435128	195048	95087	192276	93639	2772	1448	190376	92429	87626	2767
国家建设用地	141850	145207	74414	143068	73200	2139	1214	141297	72097	6231	1238

续表

	审批用地项目(件)	申报土地面积		批准土地面积		核减土地面积		实际用地		其他	
		合计	其中耕地	合计	其中耕地	合计	其中耕地	合计	其中耕地	件数(件)	面积
其中:城镇	83210	56550	28412	55361	27619	1189	793	55387	27587	4286	518
铁路	451	5255	3761	5233	3745	22	16	5231	3745	2	1
公路	4899	18176	13396	17927	13222	249	174	17973	13120	108	150
乡(镇)村集体建设用地	74758	19944	9769	19704	9705	160	64	19909	9695	20	9
其中:乡镇企业	39145	11715	5330	11627	5300	88	30	11621	5296	8	4
农村个人建房用地	2218520	29897	10904	29424	10734	473	170	29090	10637	81367	1520
二、农业建设用地	18246	19979	13033	19905	13024	74	9	19888	13017	756	109
其中:农田道路	3659	3207	1550	3207	1550			3189	1543		
农田水利	3166	10481	8056	10472	8047	9	9	10469	8047		
在总计中:											
报国务院:	39	31965	11998	31963	11996	2	2	31846	11859		
省(区、市)	8474	59857	35677	58665	34991	1192	686	57185	34064	57	462
地(市)	117426	44435	24338	43863	24064	572	274	43785	24037	1245	353
县(市)	1525985	65803	35230	64987	34783	816	447	64968	34651	60924	1735
乡(镇)	801450	12967	877	12703	829	264	48	12480	835	26156	326

1995年全国国有土地使用权有偿出让情况

表4

	出让地块(宗)				出让土地面积		有偿出让收入									
	合计	其中			合计(公顷)	耕地(公顷)	合计		其中							
		协议	招标	拍卖			人民币(万元)	外币(美元)	征地费		开发费		出让金		其他	
									人民币(万元)	外币(美元)	人民币(万元)	外币(美元)	人民币(万元)	外币(美元)	人民币(万元)	外币(美元)
总计	105473	94111	2061	9301	43092	16075	3328569	661025826	815711	3780000	479794	9350000	1739075	117655826	293989	530240000
国务院																
其中:外商																
省(区、市)	2691	2540	72	71	14894	6084	1107537	648570026	260968	470000	98164	2530000	610290	115330026	138115	530240000
其中:外商	32	32			790	262	29345		13686		7578		7974	107		
地(市)	14996	14628	148	220	13860	5266	1470831	8855800	293359	2770000	252755	3940000	804900	2145800	119817	
其中:外商	28	28			363	49	44710		1186		22		43217		285	
县(市)	87786	76935	1841	9010	14338	4725	750201	3600000	261384	540000	128875	2880000	323885	180000	36057	

1995 年全国获得土地使用权方式情况

表 5

单位:公顷

	流转分类												划拨土地使用权	
	合计			转让			出租			抵押				
	地块(宗)	面积	总金额(万元)	地块(宗)	面积	转让金(万元)	地块(宗)	面积	出租金(万元)	地块(宗)	面积	抵押金(万元)	地块(宗)	面积
总计	283719	48671	3110164	79683	7330	984553	177745	7290	33971	26291	34051	2091640	292285	87608
国务院													26	19491
省(区、市)	43	420	28167	15	322	5704	2	22	50	26	66	22413	2822	17313
地(市)	53127	10970	2194806	10682	1914	718329	37106	1953	15716	5339	7103	1460761	34742	25405
县(市)	230549	37281	887191	68986	5084	260520	140637	5315	18205	20926	26882	608466	254695	25399

1995 年全国土地违法案件检查处理情况(一)

表 6

单位:公顷

			总计	全民所有制	集体所有制	农村	个人	农民	其他
本年检查立案分类	合计	件数(件)	248853	15036	28197	9957	180144	117434	25476
		面积	48180	14761	11593	3371	20505	2571	1321
		耕地	35820	10388	7446	2001	17695	1364	291
	擅自占用	件数(件)	157544	6438	17468	7360	121623	81805	12015
		面积	25120	5750	7045	2520	11784	1812	533
		耕地	17531	3359	4215	1491	9819	1019	138
	越权审批	件数(件)	9702	969	1326	691	6349	4545	1058
		面积	12118	6822	2558	245	2377	195	361
		耕地	10870	6248	2325	168	2270	132	27
	买卖和非法转让	件数(件)	27640	4503	4130	621	18552	7383	455
		面积	3248	688	690	191	1759	177	111
		耕地	2027	202	311	79	1440	95	74
	其他	件数(件)	53967	3126	5273	1287	33620	23701	11948
		面积	7694	1493	1300	415	4585	387	316
		耕地	5392	579	595	263	4166	118	52

1995年全国土地违法案件检查处理情况(二)

表 7 单位:公顷

			总计	全民所有制	集体所有制	农村	个人	农民	其他
	合计	总件数(件)	229401	11976	22671	8994	170251	111344	24503
	合计	面积	38804	12273	9679	2729	16126	2408	726
	合计	耕地	30664	10095	6775	1704	13562	1268	232
本年案件处理结果分类	收回土地	件数(件)	53625	2290	3786	1596	26661	15509	20880
本年案件处理结果分类	收回土地	面积	6368	1039	1171	490	3760	703	390
本年案件处理结果分类	收回土地	耕地	3848	320	744	341	2692	377	92
本年案件处理结果分类	拆除建筑	件数(件)	27417	1264	2241	633	22986	10164	926
本年案件处理结果分类	拆除建筑	面积	1079	109	530	161	406	189	34
本年案件处理结果分类	拆除建筑	耕地	491	50	239	122	180	111	22
本年案件处理结果分类	其他	件数(件)	148359	8414	16644	6765	120604	85671	2697
本年案件处理结果分类	其他	面积	31357	11125	7978	2078	11952	1516	302
本年案件处理结果分类	其他	耕地	26325	9725	5792	1241	10690	780	118
本年案件处理结果分类	罚没金额(万元)		29095	9391	9184	3236	9385	5553	1135
本年案件处理结果分类	复耕		1220	305	593	263	247	137	75
本年案件处理结果分类	行政处分(人)		277	37	57	32	182	130	1
本年案件处理结果分类	刑事处分(人)		33	8	8	6	15	8	2
	本年遗留案件	件数(件)	19452	3060	5526	965	9893	5090	973
	本年遗留案件	面积	9376	2488	1914	642	4379	163	595
	本年遗留案件	耕地	5156	293	671	297	4133	96	59

1995 年全国土地违法案件检查处理情况(三)

表 8

单位:公顷

				总计	全民所有制	集体所有制	农村	个人	农民	其他
年止土地违法案件	检查立案累计		总件数(件)	2428700	131799	140875	66252	2109557	1515858	46469
			总面积	174246	50019	63341	34103	55976	23444	4910
			耕地	87230	22329	32709	21886	31066	10853	1126
		当年查出隐漏案	件数(件)	48579	2418	5406	3682	40456	28453	299
			面　积	5614	2330	1890	1467	1251	460	143
			耕地	3835	1767	1154	973	811	241	103
	案件处理结果累计		总件数(件)	2311488	120233	119041	56400	2028711	1466749	43503
			总面积	152091	40694	58004	32336	49741	22484	3652
			耕地	76717	19024	30584	21122	26192	10497	917
		当年处理隐漏案	件数(件)	44274	2127	4966	3331	36950	23394	231
			面积	5094	2180	1751	1345	1078	390	85
			耕地	3604	1719	1068	912	745	170	72
	遗留案件累计		总件数(件)	117212	11566	21834	9852	80846	49109	2966
			总面积	22155	9325	5337	1767	6235	960	1258
			耕地	10513	3305	2125	764	4874	356	209

1995年土地管理机构和人员分省情况

表9　　单位:人

地区	机构(个)	年初实有人数		年末实有人数				文化程度				
		合计	在编人数	合计	在编人数		编外人数	合计	本科以上	大专	高中专	其他
					行政	事业						
全国各省合计	38578	193232	149421	210149	64574	98581	46969	210149	13348	38785	120844	37172
北京市	316	924	693	961	600	159	202	961	69	157	462	273
天津市	243	1362	1272	1437	312	987	138	1437	124	236	661	416
河北省	2166	11515	8778	12498	4998	4843	2657	12498	584	1723	6984	3207
山西省	289	4595	3913	5241	2413	2156	672	5241	399	891	3139	812
内蒙古自治区	541	3870	3325	4512	2004	1962	546	4512	321	798	2772	621
辽宁省	1333	6319	5851	6640	2282	3679	679	6640	617	2074	3179	770
吉林省	693	5036	4025	5152	872	3733	547	5152	499	1162	2983	508
黑龙江省	1070	6468	5450	6849	2793	2921	1135	6849	608	1444	3682	1115
上海市	285	3826	3595	3794	901	2644	249	3794	655	919	1415	805
江苏省	1999	9356	7781	10600	1534	6876	2190	10600	644	1731	6297	1928
浙江省	1344	6473	5603	7279	1612	4524	1143	7279	556	1243	4019	1461
安徽省	1472	8508	5770	9596	1997	4776	2823	9596	423	1232	5979	1962
福建省	828	5651	4759	6542	2260	2892	1390	6542	406	1009	3716	1411
江西省	2209	7407	5372	8928	1446	3926	3556	8928	323	2302	4923	1380
山东省	2313	13345	10103	14872	4251	7223	3398	14872	938	3457	8848	1629
河南省	1675	14116	10074	13389	3191	5926	4272	13389	673	2926	7396	2394
湖北省	2754	11349	8618	12907	2529	7270	3108	12907	316	2167	8239	2185
湖南省	2539	9979	7287	10445	3432	4863	2150	10445	486	1861	6717	1381
广东省	1620	13368	9982	14396	4412	6556	3428	14396	1773	3000	7396	2227
广西壮族自治区	1533	8052	5663	8512	2832	3881	1799	8512	294	1009	5647	1562
海南省	26	510	498	559	331	169	34	559	94	166	225	74
四川省	5269	17481	10508	18362	4699	6990	6673	18362	969	2863	11015	3515
贵州省	1603	4831	4525	4989	3398	1398	193	4989	342	492	3076	1079
云南省	1371	4533	4372	5892	3056	1826	1010	5892	200	796	3227	1669
西藏自治区	31	113	75	109	59	29	21	109	4	20	58	27
陕西省	837	5445	4079	5865	2051	2433	1381	5865	346	907	3500	1112
甘肃省	732	2329	2329	3082	1923	796	363	3082	126	526	1902	528
青海省	70	554	349	549	384	143	22	549	57	63	297	132
宁夏回族自治区	270	1089	982	1112	610	331	171	1112	157	201	601	153
新疆维吾尔自治区	1147	4828	3790	5080	1392	2669	1019	5080	345	1410	2489	836

1995 年土地管理系统资金来源分省情况

表 10

单位:万元

地区	资金合计	预算内资金							预算外资金			
		小计	行政	事业	专项	基建	科技	其他	小计	征地管理费	土地登记费	其他
总　计	343821	84583	30836	18860	13376	2603	76	18832	259238	130787	27440	101011
北京市	11314	193	164	20				9	11121	9854	128	1139
天津市	1370	466	107	299	60				904	335	335	234
河北省	12359	2313	1600	447	216			50	10046	5342	1071	3633
山西省	9537	5165	1720	1027	1553	50		815	4372	1651	698	2023
内蒙古自治区	7287	2346	997	1072	204	10		63	4941	2552	839	1550
辽宁省	14402	1082	592	420	61			9	13320	5504	2099	5717
吉林省	9573	857	290	497	60	10			8716	4152	1887	2677
黑龙江省	24355	1415	656	499	259			1	22940	10476	3335	9129
上海市	9341	4104	3318	465	321				5237	2803	760	1674
浙江省	20635	2610	1089	1056	441		10	14	18025	15651	2238	136
安徽省	8292	1757	881	284	549	1		42	6535	3661	890	1984
福建省	13071	2924	956	1210	661	45		52	10147	3345	1870	4932
江西省	7653	1029	541	380	108				6624	2002	106	4516
山东省	23099	3790	2016	1088	677	9			19309	11820	1424	6065
河南省	18218	3164	1909	334	787			134	15054	6560	2127	6367
湖北省	9971	2244	1135	780	209	15		105	7727	4634	1162	1931
湖南省	14668	4734	1248	1864	950	78		594	9934	4372	650	4912
广东省	51907	24522	2464	1974	1637	2052		16395	27385	9440	2138	15807
广西壮族自治区	10745	1906	974	393	462	3		74	8839	2468	212	6159
海南省	5597	954	588		82			284	4643	3425	751	467
四川省	19877	4634	1695	1377	1279	125	65	93	15243	6981	896	7366
贵州省	7634	2971	1854	545	494	65		13	4663	2390	500	1773
云南省	11226	2716	1223	729	764				8510	4823		3687
西藏自治区	250	58	38	20					192	121	69	2
陕西省	7332	3030	1116	950	768	114		82	4302	2456	416	1430
甘肃省	3038	1164	713	164	287				1874	1290	197	387
青海省	801	310	124	66	120				491	221	66	204
宁夏回族自治区	1420	490	156	249	72	11	1	1	930	319	103	508
新疆维吾尔自治区	8849	1635	672	651	295	15		2	7214	2139	473	4602

1995 年审批用地和计划执行分省情况

表 11 单位:公顷

地区	审批用地项目	申报土地面积		批准土地面积		核减土地面积		实际用地		其他	
		合计	其中耕地	合计	其中耕地	合计	其中耕地	合计	其中耕地	件数(件)	面积
全国各省合计	2453374	215027	108120	212181	106663	2846	1457	210264	105446	88382	2876
北京市	3566	6453	2634	6225	2634	228		6225	2634		
天津市	679	2007	780	2007	780			2007	780		
河北省	110204	11231	6698	10671	6138	560	560	10671	6138		
山西省	71211	3849	1691	3769	1611	80	80	3769	1611		
内蒙古自治区	44608	5117	1096	5117	1096			5117	1096		
辽宁省	44333	5261	2954	5261	2954			5261	2954		
吉林省	24194	2939	1750	2866	1707	73	43	2793	1664		
黑龙江省	19654	12279	7331	12271	7323	8	8	12252	7311	2984	137
上海市	3190	5011	3445	5011	3445			5011	3445		
江苏省	153974	12427	10020	12379	9988	48	32	12379	9988		
浙江省	236322	13101	9594	12825	9331	276	263	12815	9321	6146	280
安徽省	154981	10046	6796	9968	6751	78	45	9968	6751		
福建省	68487	5686	3205	5686	3205			5686	3205		
江西省	51280	5088	2151	5088	2151			5330	2151		
山东省	115138	11884	6891	11884	6891			11884	6891		
河南省	46934	10763	4542	10763	4542			10763	4542		
湖北省	135819	4778	2490	4726	2463	52	27	4726	2463		
湖南省	224570	23883	6456	23625	6324	258	132	22721	6048	13726	528
广东省	77042	19866	8564	19866	8564			19860	8560		
广西壮族自治区	102307	4388	1967	4272	1958	116	9	4242	1973		
海南省	784	5149	1251	5149	1251			5149	1251		
四川省	485394	10861	6077	10342	5992	519	85	9223	5141	64530	1790
贵州省	42577	2355	1260	2034	1105	321	155	2034	1105		
云南省	112991	4859	2683	4859	2683			4859	2683		
西藏自治区	111	149		149				149			
陕西省	34666	3880	2364	3814	2359	66	5	3814	2359		
甘肃省	35309	2412	1141	2412	1141			2412	1141		
青海省	8720	431	220	424	218	7	2	426	218	3	25
宁夏回族自治区	7512	1634	989	1613	989	21		1613	989		
新疆维吾尔自治区	36817	7240	1080	7105	1069	135	11	7105	1069	993	116

1995 年国有土地使用权有偿出让分省情况

表 12 单位:公顷

地区	出让地块(宗)				出让土地面积		有偿出让收入									
	合计	其中			合计(公顷)	耕地(公顷)	合计		其中							
									征地费		开发费		出让金		其他	
		协议	招标	拍卖			人民币(万元)	外币(美元)	人民币(万元)	外币(美元)	人民币(万元)	外币(美元)	人民币(万元)	外币(美元)	人民币(万元)	外币(美元)
全国各省合计	105473	9411	2061	9301	43092	16075	3328569	661025826	815711	3780000	479794	9350000	1739075	117655826	293989	530240000
北京市	419	419			1219	75	370407		619		1039		368749			
天津市	181	179		2	613	58	125450	7205860					125450	7205860		
河北省	6295	5630	26	639	3497	1673	132638		58859		23677		42723		7379	
山西省	2305	2111	49	145	447	277	29961		6403		2203		21355			
内蒙古自治区	2723	2258		465	220	21	2243		474		59		1391		319	
辽宁省	1029	1017		12	1185	429	139845		13779		8385		117568		113	
吉林省	1039	1006	33		374	87	23436		910		12062		9361		1103	
黑龙江省	1980	1949	1	30	841	105	18204		829		65		17256		54	
上海市	276	276			719	249	114434	639359966					30562	109119966	83872	530240000
江苏省	1698	1588	1	109	3178	899	205802	9780000	99090	1240000	49592	8130000	40062	410000	17058	
浙江省	13712	11393	852	1467	3699	2674	656265	4680000	220205	2540000	172751	1220000	213668	920000	49641	
安徽省	4311	3956	35	320	666	268	36391		6589		2785		25811		1206	
福建省	1661	1443	103	115	1272	409	80468		15782		9610		53485		1591	
江西省	3625	1849		1776	242	60	10067		5691		1575		2506		295	
山东省	5670	5602	40	28	2879	1800	150082		84963		6579		49354		9186	
河南省	3893	3228	58	607	2321	1434	116987		21882		3166		87241		4698	
湖北省	5625	5200	67	358	719	137	68265		15906		1156		50616		587	
湖南省	12385	10161	642	1582	1075	417	106524		36339		27007		39055		4123	
广东省	9701	9623	43	35	8527	2112	489501		59731		103379		264210		62181	
广西壮族自治区	2511	2305	7	199	1015	313	47110		13753		14317		8199		10841	
海南省	524	524			4744	1125	155707		69400		23838		42167		20302	
四川省	9152	8582	74	496	845	206	67340		24194		5719		20529		16898	
贵州省	2896	2225	19	652	305	185	10322		2622		1323		6281		96	
云南省	4972	4880	1	91	749	409	51618		13649		6502		31022		445	
西藏自治区	12	12			141		33842		2				33840			
陕西省	3888	3840	4	44	705	443	38868		24931		239		12722		976	
甘肃省	1326	1202	5	119	322	38	8341		1823		80		5485		953	
青海省	208	207	1		82	29	12978		11760		13		1188		17	
宁夏回族自治区	387	385		2	147	100	4997		3555		604		838			
新疆维吾尔自治区	1069	1061		8	344	43	20476		1971		2069		16381		55	

1995 年获得土地使用权方式分省情况

表 13

单位:公顷

地区	流转分类												划拨土地使用权	
	合计			转让			出租			抵押			地块(宗)	面积
	地块(宗)	面积	总金额(万元)	地块(宗)	面积	转让金(万元)	地块(宗)	面积	出租金(万元)	地块(宗)	面积	抵押金(万元)		
全国各省合计	283719	48671	3110164	79683	7330	984553	177745	7290	33971	26291	34051	2091640	292285	87608
北京市	15	48	18170	2	3	170				13	45	18000	3147	5006
天津市	5	274	1190	2	271	390				3	3	800	498	1394
河北省	4487	2725	149329	1271	279	15379	1930	91	2514	1286	2355	131436	1207	1291
山西省	2808	1481	11460	902	129	6797	1770	1264	1701	136	88	2962	126	1578
内蒙古自治区	3379	108	580	1362	35	338	1915	17	58	102	56	184	10741	1151
辽宁省	515	771	97481	207	129	44037	44	41	156	264	601	53288	509	354
吉林省	11655	249	4977	3837	103	2128	7700	91	160	118	55	2689	7523	342
黑龙江省	9278	894	8217	3625	270	1174	5356	116	514	297	508	6529	3502	8272
上海市													2914	4292
江苏省	631	654	81448	388	268	39658	81	3	536	162	383	41254	4440	3621
浙江省	18970	13065	211466	9700	367	63099	6691	51	2219	2579	12647	146148	54459	4999
安徽省	16378	1503	84052	2472	305	10477	12814	131	939	1092	1067	72636	13209	1511
福建省	4544	2386	137818	1927	215	6334	1167	134	128	1450	2037	131356	15749	3267
江西省	13058	1540	15377	3472	301	8247	6944	81	2536	2642	1158	4594	47655	5088
山东省	1290	993	77115	388	290	27283	579	275	5424	323	428	44408	22882	5006
河南省	9205	982	38878	1540	452	12321	7205	154	1116	460	376	25441	1598	1829
湖北省	16694	3155	197416	3493	233	34457	10957	87	2142	2244	2835	160817	42478	2244
湖南省	33865	1698	36975	2905	180	13662	30138	161	2174	822	1357	21139	10804	17609
广东省	11779	6152	1300439	7518	1138	526640	381	18	146	3880	4996	773653	6424	4052
广西壮族自治区	35832	483	46682	16901	210	10617	17645	137	2795	1286	136	33270	3250	1958
海南省	769	1576	276331	620	1039	137877	5	78	8	144	459	138446		
四川省	52116	2582	161678	9995	329	7003	37691	161	3925	4430	2092	150750	9354	2911
贵州省	2042	215	15131	596	161	566	958	17	696	488	37	13869	7000	1642
云南省	26001	4519	9700	4446	428	4210	20413	4044	1368	1142	47	4122	1954	817
西藏自治区	141	95	71221	19	26	5285		50	750	122	19	65186	99	8
陕西省	3289	279	35685	764	58	2582	1894	30	61	631	191	33042	1559	1621
甘肃省	2723	87	2154	544	50	1565	2141	14	386	38	23	203	4124	603
青海省	260	66	10046	151	22	884	73	3	4	36	41	9158	1140	88
宁夏回族自治区	1173	61	7534	408	15	512	664	35	762	101	11	6260	2260	181
新疆维吾尔自治区	817	30	1614	228	24	861	589	6	753				11680	4873

1995 年土地违法案件检查处理分省情况(一)

表 14 单位:万平方米

地区	本年检查立案分类														
	合计			擅自占用			越权审批			买卖和非法转让			其他		
	件数(件)	面积	耕地	件数(件)	面积	耕地	件数(件)	面积	耕地	件数(件)	面积	耕地	件数(件)	面积	耕地
总计	2488	48180	35820	1575	25120	17531	9702	12118	10870	2764	3248	2027	5396	7694	5392
北京市	460	360	254	377	212	119	18	50	50	6	2	2	59	96	83
天津市	89	30	20	81	28	19	4						4	2	1
河北省	6185	1078	427	3771	665	293	1249	70	22	226	34	13	939	309	99
山西省	1228	1244	464	5556	769	301	1343	95	43	1216	153	38	4167	227	82
内蒙古自治区	3356	24474	22971	2203	9942	8521	328	10322	10309	558	59	12	267	4151	4129
辽宁省	4483	435	166	4020	361	145	10	4	3	134	27	5	319	43	13
吉林省	1107	226	94	1021	149	38	3	1		56	27	16	27	49	40
黑龙江省	1483	759	76	1284	687	46	68	16	5	81	20	5	50	36	20
上海市	337	26	22	309	23	20	1			1			26	3	2
江苏省	5599	1059	542	3660	612	390	63	12	3	1637	139	69	239	296	80
浙江省	2644	911	682	1975	651	488	48	1	1	738	38	19	5906	221	174
安徽省	9126	751	493	5775	448	330	180	46	38	2882	110	45	289	147	80
福建省	4833	117	57	4171	90	51	35	2	2	99	5	1	528	20	3
江西省	2835	2641	186	1321	1093	8	1900	917	27	817	112	82	1242	519	69
山东省	2788	884	485	2144	703	419	171	8	4	273	63	17	200	110	45
河南省	1539	1987	1392	8092	1111	812	545	228	201	5445	499	286	1312	149	93
湖北省	9738	507	287	7189	322	218	152	14	10	1437	47	7	960	124	52
湖南省	1670	741	328	1133	518	244	850	21	16	1990	94	11	2525	108	57
广东省	1605	1838	1145	1067	1293	1047	154	154	42	2399	182	20	2825	209	36
广西壮族自治区	9654	184	38	7832	161	32	61	2		1165	10	3	596	11	3
四川省	1647	308	109	7566	141	75	19	4	4	1637	23	5	7250	140	25
贵州省	1268	461	269	9334	404	242	260	6	2	1235	24	12	1851	27	13
云南省	1244	139	85	1006	91	56	109	7	5	215	16	13	2053	25	11
西藏自治区	1			1											
陕西省	2686	6160	4942	1399	4097	3430	1816	97	52	2935	1507	1336	8114	459	124
甘肃省	1492	74	44	1278	65	38	27			87	3	1	100	6	5
青海省	1098	39	18	590	21	11	5			32	3		471	15	7
宁夏回族自治区	415	117	32	362	54	15				9	1		44	62	17
新疆维吾尔自治区	2914	630	192	1879	409	123	283	41	31	330	50	9	422	130	29

1995 年土地违法案件检查处理分省情况(二)

表 15 单位:万平方米

地区	本年案件处理结果分类																本年遗留案件		
	合计			收回土地面积			拆除建筑			其他			罚没款金额(万元)	复耕	行政处分(人)	刑事处分(人)			
	件数(件)	面积	耕地	件数(件)	面积	耕地	件数(件)	占地面积	耕地	件数(件)	面积	耕地					件数(件)	面积	耕地
总计	2294	38804	30664	5362	6368	3848	2741	1079	491	1483	31357	26325	29095	1220	277	33	1945	9376	5156
北京市	408	137	92	306	29	6	42	75	67	60	33	19	90	7	1		52	223	162
天津市	89	30	20	36	4		23			30	26	20	4	11	1				
河北省	5566	927	367	638	187	58	274	18	12	4654	722	297	726	15	19		619	151	60
山西省	1142	1093	351	1190	138	50	602	40	14	9636	915	287	4410	17	7	5	854	151	113
内蒙古自治区	3013	19506	18966	1229	1336	1217	324	149	2	1460	18021	17747	165	167			343	4968	4005
辽宁省	4315	417	159	936	169	78	1440	10	1	1939	238	80	780	22	4		168	18	7
吉林省	1097	217	90	196	31	16	34	1		867	185	74	261	3			10	9	4
黑龙江省	1440	725	63	285	572	30	360	3		795	150	33	178	7	6	1	43	34	13
上海市	304	22	21	144	10	10	44			116	12	11	71	8	42		33	4	1
江苏省	5463	952	510	311	263	66	621	87	77	4531	602	367	445	46		3	136	107	32
浙江省	2511	840	619	1664	94	69	5042	109	64	1841	637	486	5126	90	70	7	1330	71	63
安徽省	8894	701	482	572	111	93	667	52	45	7655	538	344	3963	20	7	3	232	50	11
福建省	4760	112	53	859	26	17	1415	24	16	2486	62	20	3961	20	1	2	73	5	4
江西省	2283	478	44	2269	468	44	140	10					238	37			5528	2163	142
山东省	2754	854	463	427	117	67	249	47	26	2078	690	370	677	27	8	3	34	30	22
河南省	1470	1825	1293	2374	323	220	1560	120	62	1077	1382	1011	1832	146	19	1	689	162	99
湖北省	9405	433	233	808	59	3	1131	21	15	7466	353	215	333	13	8	4	333	74	54
湖南省	1568	667	293	2224	118	80	1439	27	12	1202	522	201	1531	26	13	3	1013	74	35
广东省	1539	1485	1028	2206	127	34	6215	136	18	6970	1222	976		115	1		660	353	117
广西壮族自治区	8556	164	26	1717	97	6	662	9	6	6177	58	14	796	6			1098	20	12
四川省	1619	286	93	2148	23	8	1330	9	4	1272	254	81	638	9			273	22	16
贵州省	9870	425	257	2550	338	216	342	6	2	6978	81	39	664	2			2810	36	12
云南省	1189	112	63	974	10	6	1393	9	4	9530	93	53	284	7	3	1	549	27	22
西藏自治区																	1		
陕西省	2521	5762	4888	5853	1514	1392	1576	98	38	1778	4150	3458	1733	368	47		1650	398	54
甘肃省	1370	67	40	641	15	12	244	3	2	485	49	26	38	8			122	7	4
青海省	1044	37	17	144	4	1	60			840	33	16	10	1			54	2	1
宁夏回族自治区	407	92	28	138	39	16	81	13	2	188	40	10	27	13	14		8	25	4
新疆维吾尔自治区	2177	438	105	364	146	33	107	3	2	1706	289	70	114	9	6		737	192	87

1995 年全国土地违法案件检查处理分省情况(三)

表 16

单位:万平方米

地区	本年止土地违法案件														
	检察立案累计						案件处理结果累计						遗留案件累计		
	总件数(件)	总面积		其中:当年查出隐漏案			总件数(件)	总面积		其中:当年处理隐漏案			总件数(件)	总面积	
			耕地	件数(件)	面积				耕地	件数(件)	面积				耕地
						耕地						耕地			
总计	242870	174246	87230	4857	5614	3835	2311	152091.	76717	4427	5094	3604	1172	22155	10513
北京市	2707	3317	1651	10	2	1	2541	2815	1313	9	1		166	502	338
天津市	420	43	20	23	24	19	416	43	20	22	24	19	4		
河北省	16253	2945	1401	768	235	112	1317	2190	1070	799	161	92	3081	755	331
山西省	64479	5674	2378	2032	273	51	6176	4820	1826	1861	233	34	2719	854	552
内蒙古自治区	23842	42763	27894	88	1932	1928	2210	36056	22279	73	1930	1927	1739	6707	5615
辽宁省	24933	1761	566	733	185	20	2443	1674	509	682	167	16	495	87	57
吉林省	5590	851	467	238	67	19	5433	686	321	233	66	19	157	165	146
黑龙江省	8912	10547	2406	45	32	16	8594	10262	2218	45	32	16	318	285	188
上海市	628	53	44				572	48	43				56	5	1
江苏省	44307	3596	2227	238	121	51	3670	3088	1911	224	82	51	7602	508	316
浙江省	155639	2590	1773	4417	61	35	1490	2344	1596	3895	35	22	6551	246	177
安徽省	114771	5194	3728	1051	37	19	1082	4446	3227	953	43	15	6528	748	501
福建省	29726	703	291				2911	601	245				611	102	46
江西省	97399	3681	514				8464	1311	293				1275	2370	221
山东省	42825	6522	1902	4924	1369	945	4205	6258	1809	4751	1345	937	769	264	93
河南省	53640	4462	2480	2175	331	256	4945	3865	2262	859	237	147	4184	597	218
湖北省	150177	3383	1554	1754	272	171	1422	2932	1390	1642	245	158	7903	451	164
湖南省	154584	4040	1294	4326	172	46	1441	3724	1119	3976	127	36	1042	316	175
广东省	64249	5017	1787	1365	168	44	6000	4214	1524	2504	48	14	4240	803	263
广西壮族自治区	163186	4969	1323	2555	31	7	1524	4647	1252	3418	38	11	1076	322	71
海南省	2327	311	1				2030	156	1				297	155	
四川省	732859	15136	7026	8801	89	25	7222	14850	6861	6594	88	24	1063	286	165
贵州省	45192	1563	569	7826	76	31	3734	1037	366	6566	57	28	7847	526	203
云南省	222559	3232	1477	4297	100	18	2129	2846	1319	4297	100	18	9601	386	158
西藏自治区	1												1		
陕西省	132365	9834	6818				1279	9135	6644				4376	699	174
甘肃省	35604	1717	876	315	17	9	3540	1705	870	315	17	9	204	12	6
青海省	18456	599	277	448	16	11	1822	591	274	410	14	10	231	8	3
宁夏回族自治区	2446	864	321	76	1		2430	838	317	76	1		16	26	4
新疆维吾尔自治区	18624	28879	14165	74	3	1	1569	24909	13838	70	3	1	2932	2932	3970

1995 年土地开发复垦情况

表 17

单位：公顷

行政单位	实际开发、复垦 合计	其中：荒地	其中：废弃地	其中：滩涂	投资额(万元) 合计	投资额(万元) 开发投资	开发、复垦土地利用现状 合计	开发	耕地 小计	耕地 开发	园地 小计	园地 开发	林地 小计	林地 开发	牧草地 小计	牧草地 开发	城镇村及工矿 小计	城镇村及工矿 开发	交通 小计	交通 开发	水域 小计	水域 开发
总计	903172	726909	117321	58942	231910	160150	903172	707100	348520	275999	138574	113734	309426	245536	48969	30894	20370	11479	4820	4167	32493	25291
北京市	16217	7494	5645	3078	1466	1377	16217	16065	9464	9378	1440	1374	5305	5305			8	8				
天津市	1052	1031		21			1052	1052	663	663							72	72			317	317
河北省	138144	109650	20961	7533	7460	6617	138144	120556	23573	9043	10659	10210	90863	89283	8807	8609	1586	1361	557	536	2099	1514
山西省	29526	18318	743	10465			29526	21080	11289	9927	136	110	10831	9604	207	190	6994	1200	13	10	56	39
内蒙古自治区	21632	21072	402	158			21632	20043	18046	16798	7		1969	1936	1542	1262	66	47			2	
辽宁省	15115	10114	3834	1167	1345	1330	15115	11731	10834	7490	3104	3100	648	648	2	2	182	172	64	64	281	255
吉林省	11371	7141	529	3701	1781	1682	11371	9624	4849	4466	831	430	2153	1906	734	515	102	98	11	7	2691	2202
黑龙江省	106325	98626	5366	2333	1796	1712	106325	54148	39327	34336	924	896	42492	11060	21925	6640	266	81	33	4	1358	1131
上海市	447		447				447		447													
江苏省	20493	8315	7695	4483	17896		20493	13735	9534	5273	3218	2714	1151	883			911	506	411	213	5268	4146
浙江省	10008	7013	1233	1762	8792	8264	10008	8431	3665	2331	4673	4520	1220	1174	2		142	142	20	20	286	244
安徽省	29475	18304	7538	3633	8281	6418	29475	18586	8353	5452	3665	3259	10860	5989	61	49	916	665	662	501	4958	2671
福建省	2938	1735	647	556	2578	2493	2938	2517	2271	2072	496	274					165	165	6	6		
江西省	2612	1894	628	90			2612	2612	1824	1824	22	22	388	388	72	72	283	283	22	22	1	1
山东省	47585	35602	8317	3666	27484	19186	47585	40724	23900	20820	5234	4403	7072	6052	3951	3950	1002	560	206	106	6220	4833
河南省	8747	7127	894	726	2781	2781	8747	8747	4919	4918	742	742	1954	1954	40	40	242	242	180	180	670	670
湖北省	31193	23557	4387	3249	4380	3544	31193	26787	8961	8241	11466	9119	7591	6668	159	159	998	916	127	125	1891	1559
湖南省	61071	52681	7213	1177	22233	20521	61071	58041	5397	4761	23386	22793	29416	28430	525	520	1350	595	269	215	728	727
广东省	48858	28679	17672	2507	45738	19807	48858	29652	22277	11654	21025	15366	3696	1259	13	7	154	92	90	69	1603	1205

续表

行政单位	实际开发、复垦				投资额(万元)		开发、复垦土地利用现状																
	合计	其中:			合计	开发投资	合计	开发	耕地		园地		林地		牧草地		城镇村及工矿		交通		水域	
		荒地	废弃地	滩涂					小计	开发	小计	开发	小计	开发	小计	开发	小计	开发	小计	开发	小计	开发
广西壮族自治区	59031	54021	3176	1834	17499	15586	59031	43464	30931	24378	8811	3091	16071	13037	1158	1093	316	165	226	208	1518	1492
海南省	5177	4704	38	435	11005	7805	5177	4929	734	734	2738	2660	28	22			1054	1054	9	9	614	450
四川省	33369	27611	3625	2133	13787	9276	33369	27738	8790	6168	8402	7216	13928	12388	1288	1252	658	444	112	101	191	169
贵州省	20657	20265	290	102			20657	5721	1120	761	3627	356	13885	4449	1874	56	120	93	13	6	18	
云南省	100166	91191	6885	2090	10691	7856	100166	90266	37882	35114	17553	15145	42155	37464	1795	1795	482	461	97	97	202	190
西藏自治区	272	239	33				272	272	272	272												
陕西省	14030	9096	3705	1229	4358	3377	14030	7472	10746	4970	1600	1153	803	737	284	249	378	206	85	63	134	94
甘肃省	9200	7600	853	747	1803	1782	9200	9200	900	900	2326	2326	2245	2245	1399	1399	774	774	1030	1030	526	526
青海省	98	98					98	98	98	98												
宁夏回族自治区	13775	11534	2231	10	623	623	13775	11555	11459	9239	156	156	168	168	1977	1977					15	15
新疆维吾尔自治区	44588	42197	2334	57	18133	18113	44588	42254	35995	33917	2333	2299	2534	2487	1154	1058	1149	1077	577	575	846	841

1995年实际用地情况

表18

单位:公顷

地区	合计	其中耕地	非农业建设用地 合计	耕地	国家建设用地 城镇	耕地	铁路	耕地	公路	耕地	乡(镇)村集体建设用地 乡镇企业	耕地	农村个人建房	耕地	农业建设用地 合计	耕地	农村道路	耕地	农田水利	耕地
全国各省合计	210264	105446	190376	92429	55387	27507	5231	3745	17973	13120	11621	5296	29090	10637	19888	13017	3189	1543	10469	8047
北京市	6225	2634	6223	2632	2408		38		399		247	74	53	18	2	2	2	2		
天津市	2007	700	1502	680	418	210			10	6			91	88	505	100	2	1	503	99
河北省	10671	6138	10384	5851	4634	2829	360	298	1440	1350	2168	883	1782	483	287	287			287	287
山西省	3769	1611	3709	1590	1632	794	70	45	116	86	412	181	1408	448	60	21	49	16	11	5
内蒙古自治区	5117	1096	4156	948	798	99	10	5	667	513	369	37	1183	106	961	148	362	23	577	125
辽宁省	5261	2954	5124	2924	1047	576	1	1	652	440	495	192	1023	575	137	30			3	3
吉林省	2793	1664	2793	1664	894	416	111	81	867	735	167	33	586	349						
黑龙江省	12252	7311	6601	2248	442	111	142	121	532	371	349	204	545	202	5651	5063	163	135	5487	4928
上海市	5011	3445	4691	3156									267	137	320	209	207	261	6	4
江苏省	12379	9988	11041	9766	5550	4046	11	3	1443	1350	605	418	782	502	538	222			502	107
浙江省	12815	9321	12393	9024	5677	3888	154	97	2409	2135	1010	787	1431	764	422	297	43	41	379	256
安徽省	9968	6751	6371	4004	2098	1317	196	173	594	522	234	146	2145	897	3597	2747	133	124	30	27
福建省	5686	3205	5236	3205	1284	647	482	388	891	696	239	140	644	278	50					
江西省	5330	2151	4205	1682	1257	527	499	312	664	400	24	8	1094	240	1125	469	747	119	378	350
山东省	11884	6891	11372	6492	3626	2159	44	43	1487	1041	778	372	2134	448	512	399	274	226	132	94
河南省	10763	4542	10423	4412							368	132	715	320	340	130	266	71	74	59
湖北省	4726	2463	4435	2199	701	346	21	12	274	162	133	67	1292	306	291	264	45	45	163	163

续表

地区	合计	其中耕地	非农业建设用地												农业建设用地					
			合计		国家建设用地						乡（镇）村集体建设用地				合计		农村道路		农田水利	
				耕地	城镇	耕地	铁路	耕地	公路	耕地	乡镇企业	耕地	农村个人建房	耕地		耕地		耕地		耕地
湖南省	22721	6048	22090	5022	1802	908	898	629	914	426	94	37	2020	413	631	226	23	9	216	191
广东省	19860	8560	17881	7092	7726	2641	268	139	2671	1583	3143	1194	857	339	1979	1468	284	231	943	921
广西壮族自治区	4242	1937	4237	1936	2591	1241	1	1	134	74	186	125	904	237	5	1	5	1		
海南省	5149	1251	5134	1247	4534	1051	80	28	130	46	56	12	190	57	15	4	14	3	1	1
四川省	9223	5141	8823	4878	2351	1669	146	112	770	640	138	73	2664	953	400	263	144	109	179	103
贵州省	2034	1105	1750	1085	532	310	127	40	270	122	31	18	461	201	276	20	5	1		
云南省	4059	2683	4387	2575									1180	546	472	108				
西藏自治区	149		149										8							
陕西省	3814	2359	3486	2209	901	667	469	406	523	336	158	96	1049	655	328	150	113	61	211	85
甘肃省	2412	1141	2333	1105	369	194	7	7	53	23	65	23	1033	625	79	36	13	3	21	16
青海省	426	218	426	218	65	23			11	8	39	15	251	155						
宁夏回族自治区	1613	989	1613	989	242		1084	800	45	40	44		152	54						
新疆维吾尔自治区	7105	1069	6200	796	1808	118	12	4	7	7	69	29	1146	241	905	273	215	61	366	143

全国部分省份城镇土地等别、土地级别和基准地价

辽宁省：

辽宁省城镇土地分等表

土地等别	个数	城镇名称
一	2	沈阳 大连
二	0	
三	3	鞍山 抚顺 本溪
四	4	锦州 丹东 营口 辽阳
五	6	盘锦 葫芦岛 金州 旅顺 鲅鱼圈 本溪县
六	7	阜新 铁岭 朝阳 海城 瓦房店 普兰店 庄河
七	9	大石桥 盖州 东港 兴城 新民 凌海 南芬 辽阳县 灯塔
八	12	开原 凌源 铁法 凤城 北票 老边 清河 辽中 长海 绥中 大洼 弓长岭
九	8	北镇 义县 黑山 台安 阜新县 建平 昌图 法库
十	11	宽甸 清原 南票 新宾 喀左 岫岩 建昌 康平 桓仁 彰武 西丰

辽宁省城镇土地基准地价标准

土地级别 \ 项目 地价	基准地价(元/m²)						其中纯地价所占比例不低于%		
	商业用地		住宅用地		工业用地		商业用地	住宅用地	工业用地
	标准	增减幅度	标准	增减幅度	标准	增减幅度			
Ⅰ	7000	±25%	2600	±20%	2000	±20%	50	35	35
Ⅱ	4600	±25%	1600	±20%	1300	±20%	50	35	35
Ⅲ	2800	±22%	960	±20%	800	±20%	45	30	30
Ⅳ	1800	±22%	760	±15%	650	±15%	45	30	30
Ⅴ	1430	±18%	650	±15%	550	±15%	40	30	30
Ⅵ	1100	±18%	560	±15%	480	±15%	40	30	30
Ⅶ	920	±18%	500	±15%	420	±15%	40	30	25
Ⅷ	800	±15%	440	±12%	370	±12%	35	25	25
Ⅸ	690	±15%	380	±12%	320	±12%	35	25	25
Ⅹ	560	±15%	330	±12%	280	±12%	35	25	25
Ⅺ	480	±15%	280	±12%	240	±12%	30	20	20
Ⅻ	400	±15%	240	±12%	200	±12%	30	20	20
XIII	340	±15%	210	±12%	170	±12%	30	20	20

使用说明：

(1)《辽宁省城镇土地基准地价标准》(简称《地价标准》)所列基准地价是指各土地等内各城镇同一级别商业、住宅、工业用地基准地价的平均值，其增减幅度是该等内各城镇同一级别

商业、住宅、工业用地基准地价的限制幅度。其构成为纯地价和土地投入，其中土地投入包括基础设施配套费、城镇拆迁安置补偿费等。

(2)纯地价是土地自身的价格，它包括国家垄断土地所有权而产生的绝对地租和由于土地区位不同而形成的级差地租Ⅰ。为确保国有土地资产收益不流失，《地价标准》中对纯地价占基准地价的最低比例作出规定，各级政府不得突破。

(3)《地价标准》明确全省城镇土地等、土地级与基准地价对应关系。如：某土地等为一的城镇，内分 10 个土地级，其各级土地的基准地价与《地价标准》中 1—10 级相对应；某土地等为的五城镇，内分 6 个土地级，其各级土地的基准地价与《地价标准》中 5—10 级相对应。

(4)《辽宁省城镇土地分等》和《地价标准》于 1995 年 6 月 21 日起公布执行。

吉林省：

吉林省城镇土地分等表

等别	市　县	市县数
一	长春	1
二	吉林、延吉	2
三	四平、通化、辽源、珲春、松原、白山、白城	7
四	梅河口、公主岭、图们、敦化、前郭	6
五	桦甸、大安、九台、龙井、榆树、集安、临江、德惠、蛟河、舒兰	10
六	洮南、和龙、双阳、乾安、安图、农安、辉南、东丰、梨树、永吉、柳河、通化县、汪清	13
七	长岭、抚松、靖宇、磐石、长白、伊通、东辽、双辽、镇赉、通榆	10

吉林省城镇基准地价暂行标准

单位：元/平方米

级别及用途 / 地价 / 等别	Ⅰ级			Ⅱ级			Ⅲ级		
	商业	住宅	工业	商业	住宅	工业	商业	住宅	工业
一	3600 ±22	790 ±20	550 ±22	2304 ±22	537 ±20	457 ±22	1866 ±22	438 ±20	383 ±22
二	2200 ±27	530 ±19	360 ±19	1438 ±27	360 ±19	245 ±19	1140 ±27	288 ±19	193 ±19
三	1350 ±14	370 ±16	258 ±16	864 ±14	252 ±16	178 ±16	700 ±14	282 ±16	138 ±16
四	950 ±9	245 ±13	160 ±20	608 ±9	167 ±13	109 ±20	492 ±9	134 ±13	68 ±20
五	720 ±4	165 ±18	120 ±20	461 ±4	112 ±18	82 ±20	373 ±4	90 ±18	66 ±20
六	600 ±4	148 ±8	90 ±20	384 ±4	95 ±8	62 ±20	311 ±4	76 ±8	50 ±20
七	530 ±4	120 ±6	80 ±20	339 ±4	82 ±6	54 ±20	275 ±4	56 ±4	44 ±20

注：1994 年 11 月测算，1995 年 7 月 7 日公布。

吉林省城镇基准地价说明：

(1)吉林省城镇基准地价适用于全省县以上人民政府所在地城市(镇)建成区及规划区,省级以上开发区也可参照此标准执行。吉林省城镇基准地价不含新开发费、拆迁安置费及其他税费。

(2)吉林省地价体系为基准地价、标定地价、出让底价、交易价格。基准地价是对城镇各级土地或均质地域及其商业、住宅、工业等土地利用类型评估的土地使用权单位面积平均价格。在此基础上,根据地块大小、形状,微观区位、容积率、土地使用年限、市场情况、产业政策等制定标定地价,为确定出让底价、交易价格提供依据。

(3)吉林省城镇内各级土地同种用途相邻级别用地基准地价之间比例系数为:商业1:0.3—0.98;住宅1:0.43~0.92;工业1:0.42~0.94。相同级别不同用途的商业、住宅、工业用地基准地价之间比例为商业:住宅:工业=1:0.15~0.4:0.08~0.2。参照上述比例系数确定城镇范围内商业、住宅、工业等不同用途土地的基准地价,但无论那种用地,修正后的土地价格必须高于当地征地单位面积费用。

(4)根据优地优用的原则,一级地原则上只安排商业,住宅用地从二级地起安排,工业用地从三级地起安排,若需在一级地安排住宅、工业,在二级地安排工业,各地可根据本地实际,适当提高比例系数,具体标准由各地物价部门会同土地管理部门确定。

(5)基准地价可作为各级政府宏观调控土地市场和制定地价政策的科学依据,也可作为国有土地使用权出让、转让、出租、抵押等确定标定地价、出让底价、交易价格,核定补交出让金额以及征收土地使用税(费)的依据。

(6)对国家机关、部队、文教、卫生、体育、科研等单位、高科技项目、市政公共设施以及微利房、福利房等非营利性建设项目等划(拨)土地的参考。

(7)城镇土地分等和基准地价随着社会经济发展呈动态变化,各地应根据情况每2~3年调整一次。报省土地局、省物价局审定后公布。

(8)城市规划区内使用国有土地的批准权限为:县级人民政府批准6670平方米以下;长春市人民政府批准6670平方米以上33350平方米以下;其他市、州人民政府批准6670平方米以上,20010平方米以下;省人民政府批准20010平方米(对长春市33350平方米)以上1334000平方米以下。

湖北省:

湖北省潜江市土地级别划分与平均价格

单位:元/平方米

土地级别	区片编号	区片范围	区片土地平均价格
Ⅰ	(1)	和平街——东风路——解放路——建设街	332.35
	(2)	解放路——东风路——通道——建设街	332.35
	(3)	和平街——横堤路——解放路——东风路	314.27
	(4)	解放路——横堤路——园林路——东风路	307.47
Ⅱ	(5)	通道——东风路——江汉路——建设街	258.31
	(6)	园林路——汉沙路——江汉路——横堤路	261.40
	(7)	解放路——汉沙路——园林路——横堤路	256.95
	(8)	城南河——汉沙路——解放路——横堤路	234.0
	(9)	城南河——横堤路——和平街——东风路	230.58
	(10)	东方路——横堤路——城南河——东风路	215.89
	(11)	城南河——东风路——红军路——建设街	227.23
	(12)	红军路——东风路——民主路——建设街	263.39
	(13)	红军路——建设街——民主路——红军路	214.12
	(14)	民主路——建设街——解放路——民主路	208.25
	(15)	解放路——建设街——江汉路	203.52
	(16)	城南河——建设街——红军路	157.62
Ⅲ	(17)	县河——汉沙路——东风路——城南河	164.59
	(18)	汉沙路——横堤路——东方路——东风路	170.32
	(19)	汉沙路——城南河——横堤路	166.75
	(20)	城南河——汉沙公路	167.22
	(21)	城南河——汉沙公路——章华大道	189.93
	(22)	章华大道——汉沙路——汉沙路	184.67
	(23)	洞庭路——江汉路——百里长渠	181.85
	(24)	江汉路——洞庭路	194.88
Ⅳ	(25)	城乡结合部	152.22

襄樊市市区基准地价路线价(一)

樊城　　　　单位:元/平方米

级别	序号	街道名称	区段	路线价	备注
Ⅰ	1	前进路	丹江路口—风神大厦	5380.0	襄樊火车站附近
	2	解放路	定中街口—长征路口	5240.0	
	3	劳动街	解放路口—中山后街口	5200.0	街道中间有小商品棚架
	4	长征路	人大政协门口—解放路口	4120.0	
	5	中山后街	定中街口—炮铺街口	3950.0	街道两侧有布匹、服装经营棚架
	6	大庆路	定中街口—东风路口	3790.0	
Ⅱ	7	定中街	解放路口—中山前街口	3460.0	街道中间有经营服装小商品棚架
	8	长征路	丹江路口—人大政协门口	3420.0	
	9	解放路	桥北东路—定中街口	3380.0	
	10	中原路	火车站前广场—汽车站	3380.0	
Ⅲ	11	炮铺街	解放路口—中山后街	2780.0	以经营布匹为主
	12	丹江路	前进路口—长征路口	2720.0	
	13	长虹北路	长虹大桥北桥头—建设路口	2550.0	
Ⅳ	14	新华路	前进路口—春园路口	2220.0	
	15	大庆路	东风路口—丹江路口	2140.0	
	16	丹江路	长征路口—大庆路口	2060.0	
	17	解放路	长征路口——丹江路口	1980.0	五金、水暖、百货批发
	18	长征路	丹江路口—清河路口	1980.0	
	19	人民路	长虹北路—汉江路口	1930.0	
	20	前进路	丹江路口—建华路口	1870.0	
	21	长虹北路	人民路口—建设路口	1870.0	
	22	大庆东路	丹江路口—红光路口	1770.0	
	23	中原路	春园路口—汽车站	1730.0	
	24	解放路	桥北西路—米公路	1730.0	
	25	大庆西路	定中街口—长虹北路口	1690.0	
	26	建设路	长虹北路—大庆西路口	1690.0	
	27	东风路	大庆路口—中山后街口	1690.0	
	28	定中街	解放路口—大庆路口	1650.0	小食品、副食批发
Ⅴ	29	长虹北路	松鹤路口—人民路口	1490.0	
	30	人民路	长虹北路—大庆路口	1490.0	西铁路涵洞、靠近工厂区,影响较大
	31	丹江路	大庆路口—解放路口	1480.0	
	32	长虹北路	松鹤路口—七里河路口	1410.0	
	33	朝阳路	人民路口—解放路口	1400.0	
	34	前进路	人民路口—建华路口	1400.0	
	35	建新路	新华路口—建华路口	1380.0	靠近空军医院、新华游乐园
	36	云集路	中原路口—幸福路口	1380.0	中原市场
	37	红光路		1300.0	
	38	建设路	汉江路口—长虹北路	1230.0	
	39	春园路	新华路口—中原路口	1230.0	
	40	新华路	长虹北路—春园路口	1230.0	
	41	中山后街	炮铺路口—东升巷	1230.0	
	42	前进路	风神大厦—清河路	1230.0	
	43	泰安路	前进路口—长征路口	1100.0	
	44	建华路	前进路口—长虹北路	1090.0	

续表

级别	序号	街道名称	区段	路线价	备注
Ⅵ	45	大庆东路	红光路口以东	900.0	
	46	中原路	春园路以北	870.0	
	47	春园西路	新华路口经长虹北路以西	790.0	
	48	春园路	中原路口以东	590.0	
	49	人民路	汉江路口以西	590.0	
	50	汉江路		540.0	
	51	七里河路	新华路—清河路口	540.0	
	52	星火路	前进路口—大庆路口	540.0	
	53	米公路	大庆西路路口—沿江西路	500.0	

注:路线价标准深度为5米,年期为40年。

襄樊市市区基准地价路线价(二)

襄城

单位:元/平方米

级别	序号	街道名称	区段	路线价	备注
Ⅱ	1	北　街	十字街—新街街口	3450.0	新改建仿古商业一条街,铺面大多卖出
	2	东　街	十字街—荆州街口	3380.0	
	3	西　街	十字街—校士街口	3240.0	
	4	南　街	十字街—谯楼	3120.0	
Ⅲ	5	东　街	荆州街口—东门桥	2450.0	
	6	西　街	校士街口—西门桥	2400.0	
Ⅳ	7	南　街	谯楼—府街口	1870.0	
	8	荆州街	东街街口—运动路口	1870.0	街中间有服装、小商品棚架
	9	运动路	南街口—徐家巷	1860.0	疏菜、日用杂品为主
	10	新　街	北街—荆州街	1840.0	
	11	北　街	新街街口—小北门	1600.0	
Ⅴ	12	胜利街	环城路口—岘山宾馆	1450.0	
	13	西　街	西门桥—长虹南路环岛	1200.0	
	14	南　街	府街口—南门桥	1150.0	
	15	环城东路	胜利街口—江华路口	1070.0	
	16	西巷子	胜利街口—环城南路口	1050.0	
	17	胜利街	南门桥—环城路口	1030.0	
	18	环城南路	胜利街口—西巷子口	1030.0	
	19	长虹南路	环岛—环城南路	1030.0	
	20	府　街	南街口—米花街口	1000.0	
Ⅵ	21	檀溪路	长虹南路环岛—琵琶山路以西	800.0	
	22	荆州街	东街路口—滨江路	780.0	
	23	环城东路	庞公路口—建绵路口	680.0	
	24	陈侯巷		670.0	
	25	府　街	米花街口—陵园路口	660.0	
	26	庞公路	东门桥—星光路	500.0	
	27	陵园路	西街口—环城南路口	460.0	
	28	建绵路	环城东路以东	460.0	
	29	环城南路	长虹南路口—西巷子口	400.0	
	30	琵琶山路		300.0	
	31	环山路		280.0	
	32	环城东路	庞公路口—江华路	280.0	

注:路线价标准深度为5米,年期为40年。

襄樊市市区基准地价商业用地区片价(一)

樊城

单位:元/平方米

级别	序号	区片号	区片范围	区片价格	备注
Ⅰ	1	23	桥北东路—大庆路—东风路—中山后街	880.0	
	2	20	星火路—前进路—丹江路—长征路—大庆路	830.0	
	3	21	丹江路——大庆路—长征路	830.0	
	4	22	大庆路—丹江路—中山后街—东风路	810.0	副食、小百货批发较多
	5	3	前进路—新华路—春园路—中原路	750.0	
Ⅱ	6	14	新华路—前进路—建华路—长虹北路	680.0	
	7	15	长虹北路—建华路—前进路—人民路	680.0	
	8	1	中原路—春园线—清河路—前进路	600.0	包含步行街、中原市场布匹批发
	9	26	长征路—清河路—大庆东路—丹江路	600.0	
	10	27	大庆东路—红光路—沿江东路—丹江路	460.0	
	11	25	丹江路—前进路—清河路—长征路	450.0	
	12	19	前进路—星火路—大庆路—人民路	450.0	
	13	7	长虹北路—松鹤路—汉江路—春园西路	450.0	
	14	18	大庆西路—桥北西路—沿江西路—朝阳路	440.0	
Ⅲ	15	10	长虹北路—人民路—汉江路—松鹤路	430.0	
	16	4	新华路—七里河路—中原路—春园路	430.0	
	17	28	大庆东路—小清河—江边—红光路	420.0	
	18	2	中原路—七里河路—清河路—春园路	420.0	
	19	5	长虹北路—七里河路—新华路—春园西路	410.0	
Ⅳ	20	17	长虹北路—大庆西路—朝阳路—沿江西路	370.0	
	21	16	人民路—大庆西路—长虹北路	370.0	
	22	24	中山后街—丹江路—沿江路—桥北东路	350.0	

襄樊市市区基准地价商业用地区片价(二)

襄城

单位:元/平方米

级别	序号	区片号	区片范围	区片价格	备注
Ⅰ	1	5	北街—北城墙—西城墙—西街	730.0	
	2	6	北街—新街—荆州街—西街	730.0	
	3	12	西街—南街—府街—护城河	700.0	
	4	9	南街—东街—东城墙—运动路	720.0	
Ⅱ	5	14	胜利街—环城南路—西巷子口—南湖宾馆—护城河	650.0	
	6	8—1	荆州街—宜宾路—东城墙—东街	650.0	
Ⅲ	7	7	北街—北城墙—荆州街—新街	410.0	
	8	8—2	荆州街—滨江路—东城墙—宜宾路	410.0	
	9	10	南街—运动路—东城墙—陈侯巷	400.0	
	10	11	南街—陈侯巷—东城墙—南城墙	400.0	
	11	4	长虹南路—西街—护城河—府街—陵园路—环城南路	400.0	
Ⅳ	12	13	南街—护城河—府街	380.0	
	13	3	西街—环城西路—护城河	380.0	
	14	15	胜利街—护城河—襄阳公园—环城东路	350.0	
Ⅴ	15	16	胜利街—环城南路—盛丰路—六〇三厂—农机机电学校	330.0	
	16	17	胜利街—环城东路—襄阳火车站—铁路以西—沈家路	330.0	
	17	19	环城东路—江边—星光路—庞公路	330.0	
	18	18	环城东路—庞公路—星光路—江华路	330.0	
	19	2	檀溪路—长虹南路—环山路—琵琶山路	330.0	
	20	1	檀溪路—长虹南路—老龙堤—警校	320.0	机关、事业单位用地为主

注:该商业区片价为区片容积率为1.0时的基准地价,使用权年期为40年。

襄樊市市区基准地价区片居住用地价格(一)

樊城

单位:元/平方米

级别	序号	区片号	区片范围	区片价格	备注
Ⅰ	1	23	桥北东路—大庆路—东风路—中山后街	480.0	
	2	22	大庆路—丹江路—中山后街—东风路	450.0	
	3	21	丹江路—大庆路—长征路	450.0	
	4	20	星火路—前进路—丹江路—长征路—大庆路	450.0	
	5	1	中原路—春园路—清河路—前进路	430.0	包括幸福小区
	6	3	前进路—新华路—春园路—中原路	430.0	
Ⅱ	7	2	中原路—七里河—清河路—春园路	400.0	
	8	18	大庆西路—桥北西路—沿江西路—朝阳路	390.0	
	9	4	新华路—七里河路—中原路—春园路	390.0	
	10	7	长虹北路—松鹤路—汉江路—春园路	390.0	包括毛纺小区(较早开发)
	11	15	长虹北路—建华路—前进路—人民路	390.0	
	12	14	新华路—前进路—建华路—长虹北路	390.0	
	13	19	前进路—星火路—大庆路—人民路	380.0	
	14	26	长征路—清河路—大庆东路—丹江路	370.0	
	15	10	长虹北路—人民路—汉江路—松鹤路	370.0	
Ⅲ	16	17	长虹北路—大庆西路—朝阳路—沿江西路	350.0	
	17	25	丹江路—前进路—清河路—长征路	340.0	
	18	27	大庆东路—红光路—沿江东路—丹江路	330.0	
	19	13	建设路—长虹北线—沿江西路	330.0	
	20	16	人民路—大庆西路—长虹北路	310.0	
	21	24	中山后街—丹江路—沿江路—桥北东路	305.0	
	22	5	长虹北路—七里河路—沿江路—桥北东路	300.0	
Ⅳ	23	28	大庆东路—小清河—江边—红光路	250.0	
	24	29	清河路—前进路—河边—大庆东路	230.0	
	25	6	长虹北路以西—松鹤路以北—小清河以东北至小清河	230.0	居住、工业、公共混合区片

襄樊市市区基准地价区片居住用地价格(二)

襄城

单位:元/平方米

级别	序号	区片号	区片范围	区片价格	备注
Ⅰ	1	5	北街—北城墙—西城墙—西街	490.0	
	2	6	北街—新街—荆州街—东街	490.0	
	3	8	荆州街—滨江路—东城墙—东街	490.0	
	4	9	南街—东街—东城墙—运动路	450.0	
Ⅱ	5	12	西街—南街—府街—护城河	410.0	
	6	7	北街—北城墙—荆州街—新街	410.0	出行不便,酒厂影响居住环境
	7	10	南街—运动路—东城墙—陈侯巷	370.0	
	8	11	南街—陈侯巷—东城墙—南城墙	370.0	
	9	18	环城东路—庞公路—星光路—江华路	360.0	包括庞公小区
Ⅲ	10	13	南街—护城河—府街	350.0	
	11	14	胜利街—环城南路—西巷子口—南湖宾馆	310.0	
	12	15	胜利街—护城河—襄阳公园—环城东路	310.0	
	13	4	长虹南路—西街—护城河—府街—陵园路—环城南路	300.0	
	14	16	环城南路—盛丰路—六〇三厂—农机机电学校—胜利街	300.0	
	15	3	西街—环城西路—护城河	300.0	有住房出售,但整体居住环境较差
Ⅳ	16	19	环城路—江边—星光路—庞公路	280.0	
	17	2	檀溪路—长虹南路—环山路—琵琶山路	270.0	
	18	1	檀溪路—长虹南路—老龙堤—警校	250.0	
	19	17	胜利街—环城东路—襄阳火车站—铁路—沈家路	230.0	

注:区片容积率为1.0,使用年期为10年。

襄樊市市区基准地价区片工业用地价格

单位:元/平方米

	级别	序号	区片号	区片范围	区片价格	备注
襄城		1	19	环城东路—江边—星光路—庞公路	300.0	
		2	18	环城东路—庞公路—星光路—江华路—铁路线—襄阳火车站	290.0	包括部分铁路仓储用地
		3	16	环城南路—盛丰路—山前—胜利街	250.0	
		4	17	胜利街—环城东路—襄阳火车站—铁路—沈家路	250.0	
樊城		1	19	前进路—星火路—大庆路—人民路	300.0	小型轻工业多
		2	16	长虹北路—人民路—大庆西路	300.0	
		3	17	大庆西路—朝阳路—沿江西路—长虹北路	300.0	
		4	5	长虹北路—春园西路—新平路—七里河路	250.0	待开发
		5	6	长虹北路—小清河以南—春园西路	250.0	工业、居住、公共用地混合区
		6	7	汉江路—春园西路—长虹北路—松鹤路	250.0	
		7	8	松鹤路—汉江路—春园西路—小清河	250.0	
		8	9	汉江路—人民路—小清河—松鹤路	250.0	7～13 老工业区、以大型厂矿为主
		9	10	松鹤路—长虹北路—人民路—汉江路	250.0	
		10	11	汉江路—江边—小清河人民路	250.0	
		11	12	人民路—长虹北路—建设路—汉江路	250.0	
		12	13	长虹北路—江边—汉江路—建设路	250.0	
		13	25	前进路—清江路—长虹路—丹江路	230.0	仓储用地
		14	29	大庆东路—清河路—前进路—河边	230.0	铁路站场
		15	27	大庆东路—红光路—江边—丹江路	230.0	零散小型工业用地
		16	28	大庆东路—河边—江边—红光路	230.0	

湖北省十堰市土地级别地段划分表

土地级别	地段范围
Ⅰ	十堰、三堰、五堰、六堰、张湾、红卫、顾家岗之围绕一、二级地的平缓地
Ⅱ	一级地旁部分地带。三堰医院南街至十堰火车站。六堰转盘沿汉江路至东汽公司运输处六堰车队 朝阳路北段,东岳路。红卫片中心地带。顾家岗片中心地带
Ⅲ	三堰医院沿人民路往北至六堰转盘,尔后,沿公园路西行至东汽公司工人俱乐部
Ⅳ	白浪路边,陈罗片三级地外围之平坦地带,韩家沟。花果片平坦地带及花果路、头堰路一片
Ⅴ	除上述地段以外的地区

湖北省黄石市土地级别地段划分表

土地级别	地段范围	面积（公顷）
Ⅰ	铁路线西侧→人民商场→市职教中心→公安路东段→市府路→湖滨路南段→芜湖路西段→武汉路北段→覆盆墩路→黄石大道→天津路东段	163.80
Ⅱ	长江南侧沿岸→黄石大道北侧→一门商场→黄石大道南侧→公安路南侧→市物贸中心→磁湖东南沿岸→五羊路北侧→黄石大道西侧→沈下路东路→黄石大道西侧→公园路南侧→市七中学→市七医院→市汽车客运中心→武石一级公路南侧→花经路→武石一级公路北侧→人民街→青山湖西岸→黄石大道东侧→挹江亭	461.08
Ⅲ	长江南侧沿岸→五门路→黄厂街东侧→黄思湾医药商店→市电石厂→中窑湾路东西两侧→市建装化工总厂;新建路东侧→市沿湖路小学→市机械自动化研究所→花园路南侧→黄石矿务局建筑安装公司→磁湖南沿岸;磁湖东南沿岸→市钟厂→冶电一村→市第二休干所→青山湖南沿岸→青山湾路东侧→花湖开发区→长江南侧沿岸 下陆区域: 沈下路与沿湖路交界处→省冶金地质勘探队→下陆紧固件厂→下陆大道→下陆区政府→下陆环保设备厂;下陆食品经营部→东方红星板箱厂→工行新下陆街办事处→武全公路沿长段西侧→省煤田地质182队→下陆区财政局计经委 铁山区域: 铁山区公安分局→铁山区矿业管理处→黄石无线电三厂→铁山商场→铁山区城建局、环保局→市四医院→铁山精细化工厂→铁山工程塑料厂	1134.18
Ⅳ	长江南侧沿岸→西塞山风景区→道士伏煤矿→市皂素厂→沿建城区边缘沿线→黄石矿务局二中→建城区边缘沿线→市科信新电源厂→磁湖西岸沿线;青山湖公园西南侧沿线→桂花路西侧→磁湖北侧沿线→苏州路东侧→苏州路西侧→沈下路东侧→大泉公路东侧→市郊区建筑公司→沈下路北侧→市钟厂。 下陆地域: 沈下路东侧、市线厂、市畜牧研究所→建城区边缘沿线→市第二棉纺织厂→新下陆灰石厂→市二钢铁厂→肖家铺路北侧→市传染病院→肖家铺服装厂 铁山地域: 铁山选矿厂→沿铁路线→黄石鹿峰鞋业有限公司→建城区边缘沿线	2962.62
Ⅴ	四级地界以外,规划区范围以内均为五级地	778.32

湖北省鄂州市土地级别地段划分表

土地级别	地段范围
Ⅰ	主要分布在武昌大道西段与中段之间,南浦路北至十字街,南至文星大道转盘地段,江广北路中段等组成的区域,这里云集鄂州商场、吴都商场、鄂东商场、新世界商厦等大型购物场所以及密集的各种高级网点,成为人来人往,寸土寸金的繁华地区
Ⅱ	主要是紧紧依靠一级地,其走向是杨家正街→红星巷→龙家巷→石马巷→重型机器厂→凤凰北路东侧→滨湖北路南侧→古城南路→滨湖桥→滨湖西路→水产路→文星大道西段→江广中路→西山公园大门→雨台山宾馆
Ⅲ	紧靠二级地,走向是新民街→通用机械厂→凤凰新村→凤凰商场→鄂州礼堂→凤凰南路→莲花山→市商检局→市委党校→洋澜湖渔场→官柳小区→铁路线→江广中路西侧→武昌大道西段南侧→市机床厂→沿江大道→寒溪路→建设西街,加之樊口办事处老城区,泽林镇商业区
Ⅳ	主要有城东工业区、洋澜湖北片、祝家湾、胡家畈、毛家佬、五里墩、鄂城钢铁厂、鄂城肉联厂、鄂城水泥厂工业区、樊口办事处等
Ⅴ	集中在城区边缘的农田菜地和水域
Ⅵ	主要为远郊的农地,即近期规划不能实现的大洼的农业用地,但一些交通干道交叉口附近地区,分析其利用潜力,土地级别适当提高

广东省:

广东省城镇国有土地分等表(1995年调整)

土地等级	市、县名称	市、县个数
一等	广州、深圳	2
二等	珠海、汕头、东莞、佛山	4
三等	惠州、江门、中山、湛江、肇庆、顺德、番禺、南海	8
四等	阳江、茂名、潮州、花都、三水、增城	6
五等	韶关、河源、梅州、汕尾、清远、斗门、台山、开平、新会	9
六等	普中、潮阳、澄海、南澳、从化、恩平、鹤山、云浮、罗定、高要、高明、惠阳、英德、揭阳	14
七等	曲江、博罗、潮安、海丰、陆丰、吴川、电白、四会、佛冈、清新、惠东、阳春	12
八等	高州、徐闻、海康、遂溪、廉江、阳东、阳西、新丰、乐昌、连县、饶平、惠来、揭西、化州、梅县、揭东、新兴、东源	18
九等	信宜、封开、德庆、怀集、兴宁、连平、龙门、丰顺、蕉岭	9
十等	仁化、始兴、南雄、翁源、乳源、和平、龙川、紫金、陆河、郁南、广宁、大埔、平远、五华、连山、连南、阳山	17
合计		99

贵州省:

贵州省遵义市城市土地级别、综合地价、基准地价表

单位:元/平方米

土地级别	综合基准地价	基准地价		
		商业用地	住宅用地	工业用地
Ⅰ	2300.00	2283.74	750.00	
Ⅱ	1500.00	1543.06	550.00	300.00
Ⅲ	480.00	1042.62	480.00	250.00
Ⅳ	200.00	704.48	270.00	200.00
Ⅴ	150.00	476.01	200.00	150.00

新疆维吾尔自治区:

新疆吐鲁番市基准地价表

单位:元/平方米

用地类型 / 土地级别	商业	住宅	工业
Ⅰ	410	340	150
Ⅱ	315	250	110
Ⅲ	195	180	70

新疆鄯善县基准地价表

单位:元/平方米

用地类型 / 土地级别	商业	住宅	工业
Ⅰ	395	290	185
Ⅱ	280	205	120
Ⅲ	185	120	50

注:1995 年 12 月测算。

新疆阜康市基准地价表

单位:元/平方米

用地类型 / 土地级别	商业	住宅	工业
Ⅰ	387	143	115
Ⅱ	199	117	90
Ⅲ	96	86	65
Ⅳ	50	40	40

新疆哈密市基准地价表

单位:元/平方米

用地类型 / 土地级别	商业	住宅	工业
Ⅰ	513	296	133
Ⅱ	333	211	123
Ⅲ	184	160	85
Ⅳ	107	90	46

新疆轮台县基准地价表

单位:元/平方米

用地类型 / 土地级别	商业	住宅	工业
Ⅰ	326	152	114
Ⅱ	218	113	85
Ⅲ	78	63	85
Ⅳ	40	36	29

新疆焉耆县基准地价表

单位:元/平方米

用地类型 / 土地级别	商业	住宅	工业
Ⅰ	915	490	200
Ⅱ	445	310	130
Ⅲ	260	140	70
Ⅳ	125	55	35
Ⅴ	70	35	20

新疆阿克苏市基准地价表

单位:元/平方米

用地类型 土地级别	商业	住宅	工业
Ⅰ	598	300	180
Ⅱ	355	212	150
Ⅲ	213	154	102
Ⅳ	80	55	50
Ⅴ	40	35	30

新疆库车县基准地价表

单位:元/平方米

用地类型 土地级别	商业	住宅	工业
Ⅰ	369	152	120
Ⅱ	220	112	85
Ⅲ	113	70	50
Ⅳ	55	30	20

新疆米泉县基准地价表

单位:元/平方米

用地类型 土地级别	商业	住宅	工业
Ⅰ	410	274	158
Ⅱ	301	161	105
Ⅲ	185	89	70

新疆吉木萨尔县基准地价表

单位:元/平方米

用地类型 土地级别	商业	住宅	工业
Ⅰ	204	126	90
Ⅱ	129	69	70
Ⅲ	68	45	40

新疆奇台县基准地价表

单位:/平方米

用地类型 土地级别	商业	住宅	工业
Ⅰ	361	212	140
Ⅱ	238	155	100
Ⅲ	151	115	70
Ⅳ	70	50	45

新疆木垒哈萨克自治县

单位:元/平方米

用地类型 / 土地级别	商业	住宅	工业
Ⅰ	140	70	65
Ⅱ	96	50	45
Ⅲ	60	35	30

新疆玛纳斯县基准地价表

单位:元/平方米

用地类型 / 土地级别	商业	住宅	工业
Ⅰ	401	195	135
Ⅱ	221	127	195
Ⅲ	158	71	60

全国部分省(区)、市 1995 年
土地使用权有偿出让典型成交地价

天津市:

天津市 1995 年国有土地使用权有偿出让典型成交地价

序号	出让单位	出让时间	地块位置及编号	受让单位	出让方式	规划用途	出让年限	地块总面积(平方米)	土地开发利用现状	容积率	付款币种	成交地价(元/平方米)	备注
1	天津市土地管理局	1995.02	市区 94-039	天津大荣房地产发展公司	协议	商业综合	50	16214	熟地	6.00	人民币	10285.0	
2	天津市土地管理局	1995.02	市区 95-083	天津大荣房地产发展公司	协议	商业综合	50	10587	熟地	3.00	人民币	4610.0	
3	天津市土地管理局	1995.06	塘沽港南疆 28	天津嘉菱联合实业有限公司	协议	工业石油化工相关	30	100001	毛地	1.00	美元	60 美元/平方米	
4	天津市土地管理局	1995.06	市区 95-086	纺织工业供销公司第三仓库	协议	居住	70	122485	熟地	0.75	人民币	77.0	补办
5	天津市土地管理局	1995.07	市区 95-087	安信集团(天津)有限公司	协议	商业综合旅游	50	92252	熟地		人民币	780.5	
6	天津市土地管理局	1995.10	市区 95-091	天津轮胎厂	毛地协议	工业	50	249217.3	毛地	1.00	人民币	10.5	补办

续表　　天津市1995年国有土地使用权有偿出让典型成交地价

序号	出让单位	出让时间	地块位置及编号	受让单位	出让方式	规划用途	出让年限	地块总面积(平方米)	土地开发利用现状	容积率	付款币种	成交地价(元/平方米)	备注
7	天津市土地管理局	1995.11	市区 95-092	天津欧加华大厦有限公司	协议	商业综合	50	15709	熟地	9.50	人民币	1400	
8	天津市土地管理局	1995.11	市区 91-0938	天津花卉管理处	协议	商业综合	50	13998	熟地	7.28	人民币	715.4	补办
9	天津市土地管理局	1995.11	市区 95－094	天津房地产发展(集团)公司	协议	工业	50	26666.90	熟地	1.50	人民币	77.4	补办
10	天津市土地管理局	1995.11	市区 95－089	北辰小淀乡刘安庄药材厂	协议	轻加工业	50	20600.00	熟地	0.50	人民币	48.54	
11	天津市土地管理局	1995.11	武清津武 95－2	天津绿苑旅游发展有限公司	毛地协议	旅游	40	52865.20	毛地		人民币	36.0	
12	天津市土地管理局	1995.12	武清津武崔95－(1)	武清县地产开发公司	拍卖	商住	50	294.00	熟地		人民币	105.8	小城镇试点
13	汉沽区土地管理局	1995.12	汉沽区新华路东	太阳水产有限公司	协议	工业	50	2800.00	熟地	0.70	人民币	110.00	
14	大港区土地管理局	1995.10	大港区开发小区	天津北斗电子有限公司韩国	协议	电子工业	50	20192.20	熟地	0.60	美元	16.45 美元/平方米	
15	天津经济技术开发区	1995	开发区内	上海汽车销售中心	协议	商业服务业	50	13000.00	熟地		人民币	480	
16	天津港保税区	1995.08	保税区内	唯信天津工贸有限公司	协议	仓储加工国际贸易	50	4124.50	熟地	1.00	美元	90 美元/平方米	
17	静海县土地管理局	1995.12	静海县开发小区	天津天河微电机有限公司	协议	工业	50	4853.33	熟地	1.40	人民币	112.09	
18	宁河县土地管理局	1995.01	宁河县开发小区	天津泛马机械有限公司	协议	工业	50	5645.00	熟地	0.70	人民币	699.73	
19	天津市土地管理局	1995.12	武清津武崔95－(21)	武清建筑联合公司五分公司	拍卖	商住	50	294.00	熟地		人民币	106.80	小城镇试点
20	东丽区土地管理局	1995.07	东丽区开发小区	科莱恩(天津)有限公司	协议	工业	50	80000.00	熟地	1.00	人民币	280.00	
21	西青区土地管理局	1995.03	西青区开发小区	中国(电子)摩托罗拉公司	协议	工业	50	321412.0	熟地	1～1.5	人民币	35.50	
22	津南区土地管理局	1995.03	津南区开发小区	韩国株式会社	协议	工业	50	5000.00	熟地		人民币	160.0	
23	北辰区土地管理局	1995.08	北辰区开发小区	欧梯克(天津)有限工业公司	协议	工业	50	5938.96	熟地	1.10	人民币	209.97	
24	塘沽区土地管理局	1995.11	塘沽区奥丰新村	渤海石油房地产公司	协议	住宅	70	11196.88	熟地		人民币	205.41	

河北省:

河北省1995年国有土地使用权有偿出让典型成交地价

序号	出让单位	出让时间	地块位置及编号	受让单位	出让方式	规划用途	出让年限	地块总面积(平方米)	土地开发利用现状	容积率	付款币种	成交地价(元/平方米)	备注
1	石家庄市郊区土地管理局	1995.1.24	郊区建明路北	石家庄市佳光房地产开发公司	协议	住宅	70	12599.8	生地		人民币	263.82	
2	保定市土地管理局	1995.6.8	高新技术开发区内	高新技术创业服务中心	协议	科技	50	12569.9	生地		人民币	178.6	
3	安国市土地管理局	1995.12.29	安国市保街路西	康信氨基醛公司	协议	工业	50	29404.6	生地		人民币	4.84	
4	固安县土地管理局	1995.11.23	林一路南	固安县温泉生态开发公司	协议	农业用地	40	69653.33	生地		人民币	23.1	
5	秦皇岛市土地管理局	1995.8.16	富豪广场	秦皇岛富豪地产公司	协议	住宅、宾馆、游乐综合用地	50	71458.44	七通一平		人民币	1500	
6	唐山市土地管理局	1995.10.10	17号-11号地块、经济开发区、永庆商城	个人	拍卖	商业	40	1429.75	三通一平		人民币	402.86	
7	沧州市土地管理局	1995.10.26	沧州市南环路18号	河北沧化实业公司	协议	工业	50	156897.8	生地		人民币	35.468	
8	安平县土地管理局	1995.4.26	城关东关村	安平县工商局	协议	商业	40	14559	生地		人民币	7.5	
9	抚宁县土地管理局	1995.11.8	古代河地	广州白云机场培训中心	协议	旅游、疗养用地	40	40620	生地		人民币	300	
10	张家口市土地管理局	1995.9.25	张家口至宣化公路西侧	一汽张家口市服务站	协议	商服	40	13480	生地		人民币	137.7	

吉林省:

吉林省1995年国有土地使用权有偿出让典型成交地价

序号	出让单位	出让时间	地块位置及编号	受让单位	出让方式	规划用途	出让年限	地块总面积(平方米)	土地开发利用现状	容积率	付款币种	成交地价(元/平方米)
1	吉林市土地管理局	1995	北京路	市元隆房地产开发公司	协议	综合	50	14800.5	城市改造		人民币	240
2	吉林市土地管理局	1995	青岛街	市公企房地产开发公司	协议	居住	50	730	城市改造		人民币	360
3	吉林市土地管理局	1995	解放路	市国泰房地产开发公司	协议	综合	50	130	城市改造		人民币	420
4	吉林市土地管理局	1995	南京街	市经济发展实业总公司	协议	综合	50	484	城市改造		人民币	360
5	吉林市土地管理局	1995	江弯路	市恒达房地产开发公司	协议	居住	50	842	城市改造		人民币	120
6	吉林市土地管理局	1995	吉林大街	市饮食集团公司	协议	综合	50	370	城市改造		人民币	360
7	吉林市土地管理局	1995	青年路	市恒达房地产开发公司	协议	综合	50	298	城市改造		人民币	420
8	吉林市土地管理局	1995	湘潭街	龙潭房地产开发公司	协议	综合	50	677.78	城市改造		人民币	240
9	四平市土地管理局	1995.4.13	百货大楼北侧	四平市电业局	协议	综合	50	5736	城市改造		人民币	237.1
10	四平市土地管理局	1995.7.28	地直街	地直综合商场	协议	商业	5	1535.1	商业		人民币	228

江苏省：

江苏省 1995 国有土地使用权有偿出让典型成交地价

序号	出让单位	出让时间	地块位置及编号	受让单位	出让方式	规划用途	出让年限	地块总面积(平方米)	土地开发利用现状	容积率	付款币种	成交地价(元/平方米)	备注
1	常州市规划国土管理局	1995.2.28	青果巷 B12	中山集团	协议	文娱农产品市场	40	6868	在拆迁	2.65	人民币	755.48	含大、小配套费
2	常州市规划国土管理局	1995.6.26	北大街 2 号	市百货公司	协议	商业	40	302	在建		人民币	642	含大配套费
3	常州市规划国土管理局	1995.8.8	西沄里	市网点办	协议	商办	40	1162	在建	1.72	人民币	356.4	含大配套费
4	常州市规划国土管理局	1995.8.8	北大街	兰洋国际房地产公司	协议	商办	40	6770	拆迁	3.5	人民币	570	含大配套费
5	常州市规划国土管理局	1995.10.17	劳动中路	南开房地产公司	协议	综合居住	50	8252	前期准备	1.68	人民币	318	含大配套费
6	宜兴市土地管理局	1995.11.17	宜兴市宜城镇	宜兴都润房产公司	拍卖	住宅	70 年	22379.91	毛地	2.23	人民币	1532.62	
7	无锡市土地管理局	1995.6.14	中山路	无锡市三凤桥肉庄	协议	综合	50 年	2800	毛地	5.5	人民币	2050	
8	无锡市土地管理局	1995.11.28	解放东路	太湖房产公司	协议	综合	50 年	3308	毛地	4.5	人民币	1680	
9	丹阳市土地管理局	1995.3.17	云阳城南村	丹阳市房屋建设开发公司	协议	房地产	70	17524	生地		人民币	250	
10	丹阳市土地管理局	1995.3.17	云阳城南村	丹阳市土地房屋开发公司	协议	房地产	70	6966.7	生地		人民币	260	
11	镇江市土地管理局	1995.6.14	宫塘桥乡	镇江振兴房屋开发公司	协议	综合楼	40	955.5	生地		人民币	196.8	
12	丹徒县土地管理局	1995.6.16	冻壁乡孩溪村	丹徒县石油化工公司	协议	工业	50	10153.3	生地		人民币	90	
13	丹阳市土地管理局	1995.6.21	云阳城北村	云阳镇政府	协议	住宅	70	2000	生地		人民币	200	
14	扬中市土地管理局	1995.8.13	三茅建宁村	扬中正华房地产公司	协议	房地产	70	4007	生地		人民币	250	
15	句容市土地管理局	1995.9.19	行香乡行香村	句容乙力工艺品有限公司	协议	工业	50	9995	生地		人民币	120	
16	镇江市土地管理局	1995.4.25	大港	亚洲浆纸业有限公司	协议	工业	50	616438.56	生地		人民币	108	
17	扬州市土地管理局	1995.5.28	95－02	扬州美林房地产开发公司	协议	综合楼	50	3060.88	城区毛地	2.95	人民币	404	
18	扬州市土地管理局	1995.12.6	95－06	扬州信叠房地产开发公司	协议	商业金融	40	1170.35	城区毛地	4.27	人民币	605	
19	姜堰市土地管理局	1995.12.5	95－08	姜堰市天成实业公司	协议	商住	50	9918	农田	1.44	人民币	330	
20	苏州市土地管理局	1995.1.24	浒墅关镇综合开发区	苏州市南兴研磨材有限公司	协议	工业	50	33027.8	生地	1	人民币	120	
21	苏州市土地管理局	1995.4	天平灵岩山南麓	铁道部第四工程局第二工程处	协议	休养院	50	18446.1	生地	待规划	人民币	165	
22	苏州市土地管理局	1995.7.4	工业园区斜塘镇华莲村	苏州名汇利金属企业有限公司	协议	工业	50	45703.1	生地	待规划	人民币	142.5	
23	苏州市土地管理局	1995.9.23	27 号街坊宫巷东颜家巷口	东方房屋建设开发公司	协议	商住	50	5322.2	生地	待规划	人民币	1250	

注：常州市大配费按占地 150 元/平方米计，小配套费按建筑面积 223.5 元/平方米计。

山东省：

山东省1995年国有土地使用权有偿出让典型成交地价

序号	出让单位	出让时间	地块位置及编号	受让单位	出让方式	规划用途	出让年限	地块总面积(平方米)	土地开发利用现状	容积率	付款币种	成交地价(元/平方米)	备注
1	青岛市土管局	1995.11	山东路以东宁夏路以南	青岛建设集团公司	招标	综合办公楼	50	9786	熟地	1.5	人民币	1532.79	
2	青岛高科技园土地管理局	1995.6	工业区内	惠普医疗产品青岛有限公司	协议	工业	50	30000	熟地	1.5	人民币	235.5	
3	东营市土地管理局	1995.6.28	E05－3	东营区劳动服务公司	协议	商业金融	40	1680	熟地		人民币	674.5	
4	威海市土地管理局	1995.3.9	C95－186 Q－10	威海城建设备物资处		娱乐用地	40	2447			人民币	343.55	
5	潍坊市规划国土局	1995.3	四平路中段	中国银行潍坊分行	协议	商业	50	11698	七通一平旧城改造	2.7	人民币	1367	
6	维坊市规划国土局	1995.5	樱南村	奎文区院校信用社	协议	住宅	70	3926	三通一平	1.2	人民币	192	
7	曲阜市土地局	1995.11.27	沂河南	圣城房地产开发公司	协议	商品住宅	70	6800	三通一平	1.2	人民币	115	
8	日照市土地局	1995.8.16	海滨东路	东港粮食局	协议	综合	50	12153	三通一平	0.8	人民币	164.57	
9	滨州市土地局	1993.6.24	96－16 黄河五路以南	滨州市电业局	协议	变电站	50	13600	耕地	0.5－1	人民币	57.6	
10	宁津县土地局	1995.10		个　体	招标	商服	40	7200	生地		人民币	48	

湖北省：

湖北省1995年国有土地使用权出让典型成交地价

序号	出让单位	出让时间	地块位置及编号	受让单位	出让方式	规划用途	出让年限	地块总面积(平方米)	土地开发利用现状	容积率	付款币种	成交地价(元/平方米)
1	枝江县政府	1995.11.15	仙女镇烟墩包村三组	香港佳亿(宜昌)消防制品厂	协议出让	工业用地	40	18507	三通一平	2.0	人民币	3
2	黄州市政府	1995.11.15	王家店乡杨鹰岭火车站	黄冈地区金属材料公司	协议	仓储用地	15	3333.4	三通一平	1.0	人民币	1
3	松滋县政府	1995.8.30	刘家坊镇田坪村	松滋县松木坪电厂	协议	堆灰场	10	52210	荒地		人民币	1
4	京山县政府	1995.4.14	鲍河村一组	楚天钡盐厂	协议	工业用地	20	11154.6	三通一平	1.0	人民币	80.35
5	十堰市政府	1995.10.16	熊家湾村	恒通航天飞行娱乐有限公司	协议	旅游用地	40	87500	荒地与水浇地		人民币	55.09
6	十堰市政府	1995.7.10	三堰杨家沟	兴丽房地产开发公司	协议	房地产开发	50	20066.56	耕、荒混合地	6.0	人民币	106.26
7	十堰市政府	1995.1.25	马路村	房屋改造开发公司	协议	房地产用地	50	7460	耕、荒混合地	6.0	人民币	142.774
8	仙桃市政府	1995.3.18	新里仁口镇	刘卫国	拍卖	综合用地	50	45.6	三通一平	3.0	人民币	1258
9	荆门市政府	1995.11.7	乔梅村	个　体	拍卖	综合用地	50	113	二通一平	2.0	人民币	490
10	鄂州市政府	1995.4.10	鄂城滨湖西路南侧	中南石化销售公司中南公司鄂城销售公司	协议	综合用地	50	5526.67	二通一平	5.0	人民币	675
11	仙桃市政府	1995.6.28	黄荆蔬菜一队	市汉江储蓄所	协议	金融用地	50	91.96	三通一平	3.1	人民币	1864.5

广东省:

广东省1995年国有土地使用权有偿出让典型成交地价

序号	出让单位	出让时间	地块位置及编号	受让单位	出让方式	规划用途	出让年限	地块总面积(平方米)	土地开发利用现状	容积率	付款币种	成交地价(元/平方米)	备注
1	潮安县国土局	1995.9.21	凤凰镇	潮州市乃兴农业旅游开发有限公司	协议	农林种植	50	6666033.3	山地		人民币	0.153	
2	电白县国土局	1995.11.28	陈村镇登步管理区	广东新世纪建材工业有限公司	协议	住宅生活区	50	213334.4	荒塘及水田		人民币	13	
3	湛江市坡头区国土局	1995.11.9	龙头镇邓屋管理区	湛江粤西高岭土公司	协议	工业	50	200001	农、林地		人民币	4	
4	吴川市国土局	1995.5.8	梅录镇梅岭管理区大山江镇	吴川市华越地产公司	协议	居住	70	115760.57	收回企业用地及水田		人民币	7	
5	肇庆市国土局	1995.6.5	106规划小区	肇庆市肇鸿房产联合开发公司	协议	居住	70	280001.4	耕地、荒地		人民币	8	
6	肇庆市国土局	1995.11.7	端州区黄岗镇睦岗镇	广东省肇庆星湖风景名胜区管理局	协议	旅游	40	313994.9	耕地、鱼塘		人民币	8	
7	东莞市国土局	1995.9.11	麻涌镇漳澎管理区	东莞市电力开发公司	协议	工业	50	454668.94	耕地、滩涂		人民币	20	
8	顺德市规划国土局	1995.10.25	陈村镇绀村管理区	松柏(顺德)电池工业有限公司	协议	工业	50	84133.754	旱地、鱼塘		人民币	15(出让金) 30(城镇设施配套费)	合资企业"松柏(顺德)电池工业有限公司"合营期限30年届满后,余下20年土地使用权不作价,归合营的中方所有
9	顺德市规划国土局	1995.10.28	顺峰山	顺德市新城区置业发展公司	协议	居住	70	790177.28	林地、荒坡地		人民币	21(出让金) 120(城镇设施配套费)	
10	曲江县国土局	1995.1.16	狮子岩	广东省曲江县水产局	协议	鱼苗养殖	50	217617.75	旱地、鱼塘		人民币	13.69	
11	高州市国土局	1995.2.10	石鼓镇高朋山	广东汉桥水泥有限公司	协议	工业	50	288068.1	水田、山地、水塘		人民币	5	
12	茂名市国土局	1995.10.10	油城八路	茂名市城市综合开发公司	协议	商业 综合 居住	40 50 70	315450.24	耕地鱼塘		人民币	219.62	
13	东莞市国土局	1995.9.13	石排镇中坑管理区	东莞燕岭文化活动中心有限公司	协议	娱乐	50	147774.07	耕地、山地		人民币	30	
14	阳东县国土局	1995.3.28	东城镇金村管理区	阳东县城市建设开发总公司	协议	工业	50	88333.775	耕地、荒坡地		人民币	20	

甘肃省:

甘肃省1995年国有土地使用权有偿出让典型成交地价

单位:元/平方米

序号	出让单位	出让时间	地块位置及编号	受让单位	出让方式	规划用途	出让年限	地块总面积(平方米)	土地开发利用现状	容积率	付款币种	成交地价(元/平方米)	备注
1	酒泉市政府	1995.1.19		酒泉地区公安处指挥中心	协议	综合用地	50	7303.7			人民币	108.5	
2	酒泉市政府	1995.8.9		酒泉石油公司住宅楼	协议	居住	50	1085			人民币	88.14	
3	酒泉市政府	1995.8.9		酒泉讨南水管所	协议	居住	48	1654			人民币	59.8	
4	酒泉市政府	1995.8.9		酒泉市果园乡武装部	协议	商业	30	2748			人民币	6.00	
5	酒泉市政府	1995.8.9		酒泉农业学校	协议	居住	50	1981			人民币	7.5	
6	金塔县政府	1995.5.5		农行金塔县支行	协议	综合用地	30	2500			人民币	40.87	
7	金塔县政府	1995.5.5		金塔县农村信用合作社	协议	综合用地	30	4925			人民币	57.00	
8	金塔县政府	1995.6.7		金塔县电力局	协议	综合用地	30	6600			人民币	11.84	
9	金塔县政府	1995.9.12		人行金塔县支行	协议	居住	50	1116			人民币	98.57	
10	金塔县政府	1995.9.15		金塔县粮油仓库	协议	综合	30	3462			人民币	10.4	
11	金塔县政府	1995.10.10		金塔县农村信用合作社	协议	综合用地	50	657			人民币	30.00	
12	玉门市政府	1995.3.28		个人(衡长林)	协议	卫生	15	208.32			人民币	17.6	
13	玉门市政府	1995.7.12		白银三菱化工公司	协议	工业	10	6120			人民币	6.00	
14	玉门市政府	1995.11.22		玉门镇建民选矿厂二车间	协议	工业	20	6000			人民币	10.00	
15	玉门市政府	1995.11.22		西域选矿厂生活区	协议	综合	20	2001			人民币	10.00	
16	敦煌市政府	1995.4.17		敦煌市物资局	协议	商业	10	756			人民币	4.5	
17	敦煌市政府	1995.4.25		敦煌市饮食服务公司	协议	商业	10	1386			人民币	15.00	
18	敦煌市政府	1995.5.17		敦煌市民政局	协议	商业	30	180			人民币	25.00	
19	敦煌市政府	1995.5.26		敦煌市吕家堡乡人民政府	协议	商业	10	993			人民币	3.2	
20	敦煌市政府	1995.5.4		个人(梁亚男)	协议	居住	30	99			人民币	25.00	
21	敦煌市政府	1995.6.5		敦煌市肃州第二建筑工程队	协议	其他	10	52.8			人民币	4.43	
22	敦煌市政府	1995.3.30		敦煌市体育运动委员会	协议	综合	10	1350			人民币	10.7	
23	敦煌市政府	1995.1.1		沙州大酒店	协议	旅游	50	666.7			人民币	50	
24	敦煌市政府	1995.1.1		敦煌市肃州房地产公司	协议	居住	50	2733			人民币	22.5	
25	敦煌市政府	1995.6.26		敦煌市阳关葡萄酒厂	协议	综合	50	23334.5			人民币	30	
26	肃北县政府	1995.12.30		肃北县金矿	协议	工业	30	1106			人民币	20	
27	肃北县政府	1995.12.30		肃北县镁镁公司	协议	工业	30	2268			人民币	12	
28	肃北县政府	1995.12.30		肃北县耐火材料厂	协议	综合	30	1141			人民币	12	
29	阿克县政府	1995.6.15		个人(李桂莲)	协议	居住	19	833			人民币	2.00	
30	农垦总公司	1995.11.25		饮马实业公司	协议	工业	30	6887			人民币	1.5	
31	酒泉市政府	1995.10.12		个人(刘广才等)	拍卖	居住	70	2394			人民币	117.54	

青海省:

青海省1995年国有土地使用权有偿出让典型成交地价

序号	出让单位	出让时间	地块位置及编号	受让单位	出让方式	规划用途	出让年限	地块面积（平方米）	开发利用现状	容积率	付款币种	成交地价（元/平方米）
1	省政府	1995.9.1	民和县	民和三川绒毛厂	协议	建厂	50	6386.69			人民币	28.10
2	省政府	1995.4.27	互助县	海威鳗用饲料公司	协议	建厂	50	40000			人民币	39.56
3	省政府	1995.4.27	乐都县	公路工程公司	协议	修理厂	50	4813.4			人民币	42.25
4	省政府	1995.4.17	大鱼县	桥头电厂	协议	生活基地	50	7167			人民币	284.86
5	省政府	1995.6.12	平安县	海东供电局	协议	住宅	70	5413.33			人民币	49.99
6	省政府	1995.4.11	互助县	青稞酒厂	协议	建厂	50	51873.3			人民币	10.32
7	省政府	1995.5.16	乐都县	旅游公司	协议	综合楼	40	13427.34			人民币	83.53
8	省政府	1995.8.29	民和县	民和铝厂	协议	生产用地	50	36666.67			人民币	6.0
9	省政府	1995.8.29	民和县	民和镁厂	协议	生产用地	50	12053.40			人民币	29.00
10	省政府	1995.8.29	民和县	碳化硅厂	协议	生产用地	50	13233.33			人民币	27.60
11	省政府	1995.10.4	乐都县	铁合金厂	协议	扩建用地	50	17480			人民币	46.03
12	省政府	1995.10.23	西宁市南川	铁合金厂	协议	建厂	50	20310			人民币	19.07
13	省政府	1995.9.25	湟中县	植物油加工厂	协议	生产用地	48	9000			人民币	16.90
14	省政府	1995.10.20	民和县	管材厂	协议	建厂	50	5533.36			人民币	23.24
15	省政府	1995.11.6	平安县	生猪养殖场	协议	建厂	40	7222			人民币	56.46
16	省政府	1995.12.28	海东行署互助县	碳化硅厂	协议	建厂	50	16666.75			人民币	47.51
17	省政府	1995.12.28	平安县	邮局	协议	建卫星地面站	50	4663.3			人民币	116.63

宁夏回族自治区:

宁夏回族自治区1995年国有土地使用权有偿出让典型成交地价

序号	出让单位	出让时间	地块位置及编号	受让单位	出让方式	规划用途	出让年限	地块总面积（平方米）	土地开发利用现状	容积率	付款币种	成交地价（元/平方米）	备注
1	银川市土地管理局	1995.5.31	新市区梧桐巷东侧	宁夏贺兰山磷矿	协议	住宅	70	176.55	荒地	1.89	人民币	71	
2	银川市土地管理局	1995.11.12	宁夏化工厂北围墙以北	宁夏化工厂	协议	住宅	70	39022.33	园地林地	1.14	人民币	119.240	含征地费
3	银川市土地管理局	1995.12.6	新市区黄河路南侧	石复建材加工厂	协议	工业	50	651.88	国有荒地	1.38	人民币	51	
4	银川市土地管理局	1995.11.12	宁夏化工厂北围墙以北	宁夏化工厂	协议	住宅	70	25246.79	园地林地	1.46	人民币	103.244	含征地费
5	银川市土地管理局	1995.11.7	化工厂东门以东	宁夏化工厂	协议	材料堆场仓库	50	86584.3	荒地	0.07	人民币	7.5	
6	吴忠市土地管理局	1995.6.5	金积镇西大街	吴忠市水泵阀门厂	协议	工业	30	8666.7	园地		人民币	7.8	
7	吴忠市土地管理局	1995.6.6	吴忠市文卫路以东	工商银行银南地区中心支行	协议	住宅办公	30	16126.7	耕地		人民币	13.9	
8	吴忠市土地管理局	1995.12.7	金积镇西门村	吴忠市金王淀粉公司	协议	工业	30	33335	耕地		人民币	5.4	

新疆维吾尔自治区:

新疆维吾尔自治区 1995 年国有土地使用权有偿出让典型成交地价

序号	出让单位	出让时间	地块位置及编号	受让单位	出让方式	规划用途	出让年限	地块总面积(平方米)	土地开发利用现状	容积率	付款币种	成交地价(元/平方米)	备注(土地等级)
1	乌鲁木齐市土地管理局	1995.4.3	新华北路	新疆兴泰物业发展有限公司	协议	商业综合楼	40	1156	交通便利基础设施完善,商业繁华度优	12.98	人民币	1400	二级
2	乌鲁木齐市土地管理局	1995.7.21	新华北路3号	交通银行乌市分行	协议	居住	50	3024	商服繁华基础设施较完善	1.8	人民币	180	三级
3	乌鲁木齐市土地管理局	1995.6.8	北京路付2号	新疆西环经贸实业公司	协议	市场	40	10151	交通便利、商服不繁华,人口密度小,地形不规则,利用率小	1	人民币	240	四级
4	乌鲁木齐市土地管理局	1995.5.8	红山路	民盛实业发展有限公司	协议	教学儿童娱乐中心	40	2102.5	基础设施完善对外交通优,商服繁华环境好,人口密度较优	2.66	人民币	420	四级
5	乌鲁木齐市土地管理局	1995.5.29	阿勒泰路	市惠金物资有限公司	协议	商业住宅	50	3319	基础设施一级、环境、人口适中离市场远	1.81	人民币	290	五级
6	石河子市政府	1995.7.11	市29#小区95-32	三益食品有限公司	协议	工业	20	4100			人民币	20	
7	石河子市政府	1995.7.11	市13#小区95-33	市卫校	协议	商服	40	1144.1			人民币	268	
8	石河子市政府	1995.7.12	市16#小区95-35	造纸厂	协议	综合	50	1080			人民币	888	
9	石河子市政府	1995.9.26	市11#小区95-46	公安局	协议	住宅	30	2660			人民币	30	
10	石河子市政府	1995.9.26	市22#小区95-47	司法局	协议	商服	40	285.9			人民币	103	
11	石河子市政府	1995.10.18	农科院小区95-48	农垦分公司	协议	商服	40	1965			人民币	70	
12	石河子市政府	1995.11.6	市1#小区95-51	湛新元	协议	商服	40	36.5			人民币	698	
13	石河子市政府	1995.11.21	市15#小区95-53	师范学校	协议	住宅	30	2086.49			人民币	30	
14	石河子市政府	1995.12.13	蔬菜研究所95-56	蔬菜所	协议	商服	40	3212			人民币	40	
15	石河子市政府	1995.12.20	市20#小区95-59	石河子饭店	协议	住宅	30	541.83			人民币	30	
16	石河子市政府	1995.7.21	市13#小区95-29	人保公司	协议	娱乐	10	202.28			人民币	147	

新疆生产建设兵团：

新疆生产建设兵团 1995 年国有土地使用权有偿出让典型成交地价

序号	出让单位	出让时间	地块位置及编号	受让单位	出让方式	规划用途	出让年限	地块总面积(平方米)	土地开发现状利用	容积率	付款币种	成交地价(元/平方米)	备注
1	兵团土地管理局			乌鲁木齐市鑫磊公司	协议	养殖业	30	20000			人民币	42.43	实际收入扣除耕地占用税
2	农一师土地管理局			阿拉尔批发站	协议	商服	38	1029			人民币	70	
3	农一师土地管理局			阿克苏地下燃气公司	协议	商服	15	96			人民币	55.29	
4	农一师土地管理局			农一师五团郑占玉	协议	商业	20	48			人民币	110	
5	农一师土地管理局			农一师五团武军	协议	商业	20	60			人民币	110	
6	农一师土地管理局			农一师四团个人	协议	商业	20	32			人民币	62.50	
7	农一师土地管理局			农一师四团农技站	协议	商业	20	32			人民币	62.50	
8	农一师土地管理局			农一师一团王志刚	协议	商业	25	216.07			人民币	130	
9	农一师土地管理局			农一师二团个人	协议	商业	20	36			人民币	140	
10	农一师土地管理局			农一师五团区秀云	协议	商业	25	90			人民币	90	
11	农一师土地管理局			农一师二团李秀发	协议	商业	20	96			人民币	110	
12	农一师土地管理局			农一师四团博峰商场	协议	商业	20	64			人民币	62.50	
13	农一师土地管理局			农一师二团翟新华	协议	商业	20	50			人民币	110	
14	农一师土地管理局			李炳云	协议	商业	25	81			人民币	90	
15	农一师土地管理局			刘敬华	协议	商业	20	124.5			人民币	105	
16	农一师土地管理局			何明伦	协议	商业	20	52.5			人民币	105	
17	农一师土地管理局			王大云	协议	牧业	20	100			人民币	30	
18	农二师土地管理局			乌鲁克油脂化工厂	协议	居民住宅	24	17000			人民币	0.45	
19	农二师土地管理局			二二三团个体户	协议	商贸	20	800			人民币	9.30	
20	农三师土地管理局			农三师 52 团个体户	协议	商业	10	100			人民币	1.63	
21	农三师土地管理局			农三师 52 团个体户	拍卖	商业	10	500			人民币	0.56	
22	农三师土地管理局			农三师 48 团个体户	协议	商业	20	800			人民币	1.28	
23	农五师土地管理局			农五师面粉厂	协议	车间	10				人民币	42.30	
24	农五师土地管理局			博州兵团支行	协议	综合楼	20				人民币	34.60	
25	农五师土地管理局			农五师工程团	协议	住宅楼	60				人民币	144.20	
26	农五师土地管理局			个体	协议	饭店	10				人民币	33.60	
27	农五师土地管理局			个体	协议	商店	20				人民币	81.70	

续表

序号	出让单位	出让时间	地块位置及编号	受让单位	出让方式	规划用途	出让年限	地块总面积(平方米)	土地开发现状利用	容积率	付款币种	成交地价(元/平方米)	备注
28	农五师土地管理局			个体	协议	商店	20				人民币	81.70	
29	农八师土地管理局			保险公司	协议	商服	40	462			人民币	52	
30	农八师土地管理局			石河子市邮局	协议	邮电分局	40	1634			人民币	52	
31	农八师土地管理局			150 团红杏园饭店	协议	商服	20	288			人民币	62.40	
32	农八师土地管理局			122 团刘秀珍	拍卖	商服	10	78.99			人民币	198.20	
33	农八师土地管理局			刘守设	拍卖	商服	10	78.99			人民币	88.20	

大连市：　　大连市 1995 年国有土地使用权有偿出让典型成交地价

序号	出让单位	出让时间	地块位置及编号	受让单位	出让方式	规划用途	出让年限	地块总面积(平方米)	土地开发利用现状	容积率	付款币种	成交地价(元/平方米)
1	大连市人民政府	1995.4.28	中山区明洋街	大连枫林企业集团	协议	住宅	70	4554.5		3.2	人民币	664.30
2	大连市人民政府	1995.5.30	中山区万民巷	大连锦联康乐有限公司	协议	写字楼	40	1233.0		9.7	人民币	2781.83
3	大连市人民政府	1995.6.2	中山区寺儿沟华乐街	大连华顺房屋开发公司	招标	居住	70	91165		2	人民币	361.43
4	大连市人民政府	1995.8.1	中山区老虎滩	大连旅游房屋开发公司	协议	培训中心	40	5336		3.1	人民币	616.57
5	大连市人民政府	1995.6.26	甘井小区华北路	大连市建筑材料总公司	协议	工业	50	920		1.0	人民币	565.22
6	大连市人民政府	1995.9.18	沙河口区车家村	大连市甘井区城建开发公司	协议	居住	70	2060		7.2	人民币	868.93
7	大连市人民政府	1995.10.11	沙河口区盖平街	大连玛雅装饰工程公司	协议	其他	40	657		1.8	人民币	624.05
8	大连市人民政府	1995.4.20	西岗区新开路	大连金太房地产开发有限公司	协议	商服	40	4112		16	人民币	1488.33
9	大连市人民政府	1995.2.22	西岗区华北路	大连天河房地产开发集团公司	协议	培训楼	40	1430		4.0	人民币	678.33
10	大连市人民政府	1995.8.2	西岗区白云公园	大连海天房屋开发公司大连城市建设管理局	协议	综合旅游服务楼	40	4139		3.8	人民币	802.13
11	大连市人民政府	1995.8.28	西岗区新开路东	辽宁盛宝房屋建设开发有限公司	协议	盛宝大厦	40	817		7.8	人民币	1334.15
12	大连市人民政府	1995.4.21	西岗区八一路	大连欧美亚房地产开发有限公司大连仪表元件厂	协议	旅游服务楼	40	3047		4.4	人民币	1306.20
13	大连市人民政府	1995.12.6	甘井小区营城子	大连马路尼木业有限公司	协议	工业	50	23398			人民币	109.41
14	大连市人民政府	1995.3.24	沙河口区孙家沟	大连市城建开发公司	协议	综合楼	40	346		3	人民币	1011.56
15	大连市人民政府	1995.10.18	沙河口区星海湾	大连星海房屋开发公司	协议	居住	70	5428		2.5	人民币	1101.69
16	大连市人民政府	1995.10.26	中山区丹东街	大连辽服商厦有限公司	协议	商业	40	4942		8	人民币	1764.47
17	大连市人民政府	1995.9.19	西岗区香锦街	大连市住宅办公室	协议	居住	70	1544		2.5	人民币	6457.25

厦门市:

厦门市 1995 国有土地使用权有偿出让典型成交地价

序号	出让单位	出让时间	地块位置及编号	受让单位	出让方式	规划用途	出让年限	地块总面积(平方米)	土地开发利用现状	容积率	付款币种	成交地价(元/平方米)	备注
1	厦门市政府	1995.5.2	江头改造区A11号	厦门天地开发建设公司	协议	商住	商业40 办公50 住宅70	2844.722		2.81	人民币	1376.90	自行拆迁
2	厦门市政府	1995.7.28	鹭江道以东厦禾路80号	信山置业(厦门)公司	协议	商住	商业40 办公50 住宅70	5129.631		8	人民币	10000.00	旧城改造项目,由市政府负责征地拆迁平整
3	厦门市政府	1995.7.28	莲花五村吕岭路南侧	新金实业总公司	协议	商住	商业40 办公50 住宅70	5391.653		2.74	人民币	675.54	自行拆迁
4	厦门市政府	1995.10.29	思明南路与渲武路交叉口西南侧	厦港街道东达意房地产公司	协议	商住	商业40 办公50 住宅70	2317.523		4.3	人民币	1246.83	自行拆迁

二、专 题 分 析

1995 年度全国土地管理综合统计主要指标情况分析

据国家土地管理局计财司综合统计显示,1995 年国家宏观调控措施取得显著效果。土地管理部门加强管理,各项建设占用土地比上年减少,其中,占用耕地大幅度下降,开发、复垦土地面积大幅度增加,查处土地违法案件力度加大。

(一)各项建设用地比上年减少,其中占用耕地大幅度下降

1995 年在全社会固定资产投资比上年仍有较大幅度增长的情况下,全国各项建设用地总量为 315.4 万亩,比 1994 年的 329.3 万亩减少 13.9 万亩,下降 4.2%。其中,占用耕地 158.1 万亩,比 1994 年的 199.7 万亩减少 41.6 万亩,下降 20.8%。据对一些省的抽样调查分析,上述统计数中未包括近几年占用而没有统计的数字,所以实际下降幅度要更大一些。

在各类建设用地中,按非农建设用地与农业建设用地分,非农建设用地 285.6 万亩,比 1994 年的 294.2 万亩减少 8.6 万亩,下降 2.9%。其中占用耕地 138.6 万亩,比 1994 年的 171.7 万亩减少 33.1 万亩,下降 19.3%。农业建设用地 29.8 万亩,比 1994 的 35.1 万亩减少 5.3 万亩,下降 15.1%。其中占用耕地 19.5 万亩,比 1994 年的 28.0 万亩减少 8.5 万亩,下降 30.4%。

(二)土地开发复垦工作成绩显著

1995 年全国共开垦土地 1355.0 万亩,比 1994 年的 1032.0 万增加 323.0 万亩,增长 31.3%。其中开垦成耕地为 523.0 万亩,比 1994 年的 520.0 万亩增加 3.0 万亩,增长 0.6%。

(三)加大查处土地违法案件力度,查处结案率较高

在国家土地管理局统一部署下,全国范围内开展了清查违法用地工作。通过清查,1995 年共发现土地违法案件 24.9 万件,涉及土地面积 72.3 万亩,其中涉及耕地 53.7 万亩。发现的土地违法件数比 1994 年多 1.57 万件,增长 6.7%,涉及土地面积比 1994 年多 44.3 万亩,增长 1.9 倍,其中涉及耕地比1994年多38.6万亩,增长2.5倍。

针对上述土地违法行为,1995年全国共处理结案22.9万件,占1995年发现案件总数的91.9%。

(四)保护耕地,落实复耕措施仍需继续努力

综合统计显示,尽管各项建设占用耕地与自然灾害毁损耕地之和小于开发复垦新增耕地数,但由于农业结构调整占用耕地量仍居高不下,1995年全国耕地净减少583.3万亩,所以,保护耕地工作不容松懈。另外,一些地区仍有较多的闲置撂荒土地,落实复耕工作还需继续努力。

(罗远顺、束克欣、李仁)

"八五"期间全国土地利用情况综合分析

据1991年至1995年的全国土地管理综合统计年报综合分析如下:

(一)土地开发复垦成绩巨大,农用土地增加4422万亩①

"八五"期间,开发复垦的土地总量为7378万亩,其中开发荒地5899万亩,围垦滩涂550万亩,复垦废弃地929万亩。按用途分,开发复垦农用土地(包括耕地、园地、林地、牧草地)6905万亩。其他用地473万亩。农用土地增加了4422万亩。

按年度情况分析如下:(见表1)

1991年开发复垦土地总量为1376万亩,其中开发未利用的荒地1101万亩,围垦滩涂173万亩,复垦废弃地102万亩。按用途分,开发复垦成农用土地1276万亩,其用地100万亩。农用土地增加了839万亩。在开发复垦的农用地中,开垦成耕地638万亩。

1992年开发复垦土地总量为1703万亩。其中开发未利用的荒地1336万亩。围垦滩涂134万亩,复垦废弃地233万亩。按用途分,开发复垦成农用土地1587万亩,其他用地116万亩。农用土地增加了1052万亩,比1991年增加量多213万亩,增长25.4%。在开发复垦的农用地中,开垦成耕地为619万亩,比1991年减少19万亩,下降3.0%。

1993年开发复垦土地总量为1912万亩。其中开发未利用的荒地1589万亩、围垦滩涂116万亩,复垦废弃地198万亩。按用途分,开发复垦成农用土地1809万亩,其它土地103万亩。农用土地增加了1340万亩,比上年增加量多288万亩。增长27.4%。在开发复垦的农用地中,开垦成耕地454万亩,比1992年减少165万亩,下降26.7%。

1994年开发复垦土地总量为1032万亩。其中开发未利用的荒地776万亩,围垦滩涂108万亩,复垦废弃地148万亩。按用途分,开发复垦成农用土地965万亩,其他土地67万亩。农用土地增加了424万亩,比1993年增加量减少916万亩,下降68.4%。在开发复垦的农用地中,开垦成耕地520万亩,比1993年增加66万亩,增长14.5%。

1995年开发复垦土地总量为1355万亩,其中开发未利用的荒地1083万亩,围垦滩涂88万亩,复垦废弃地184万亩。按用途分,开发复垦成农用土地1268万亩,其他土地87万亩。农用土地增加767万亩,比1994年的增加量多343万亩,增长81.0%;在开发复垦的农用地中,开垦成耕地523万亩,比1994年增加3万亩,增长0.6%。

(二)非农建设用地1466万亩,占用耕地795万亩,呈逐年下降趋势

"八五"期间非农建设用地(包括国家、集体、个人)总量达1465.9万亩,其中占用耕地795.1万亩。从1992年以后,在投资实物工作量逐年增长的情况下,由于加强土地管理工作,采取一系列管理措施,控制非农建设用

①1994年统计数据为年报数据。
农用土地增加量,等于开发复垦的农用土地量减去各类建设用地与自然灾害毁损地之和。

地大量增加的势头，特别是控制在城市周边占用优良耕地，使非农建设用地量逐年减少。

按年度用地量情况分析：（见表2）

1991年，非农建设用地量为216.5万亩，其中：占用耕地112.2万亩，分别比1990年增长13.6%、22.6%。同年，全社会固定资产投资实物工作量比1990年增长13.1%，与非农建设用地量增长率基本相近，这说明用地量的增长是正常的。

1992年，非农建设用地量为335.5万亩，比1991年增加119万亩，增长55.0%。其中：占用耕地196.9万亩，比1991年增加84.7万亩，增长75.5%。同年，全社会固定资产投资实物工作量比1991年增长23.7%，与非农建设用地量增长率差距很大，这说明当年"房地产热"、"开发区热"圈占了大量土地，但并没有实际投入建设。

1993年，非农建设用地量为334.1万亩，比1992年减少1.4万亩，下降0.4%，其中：占用耕地175.7万亩，比1992年减少21.2万亩，下降10.8%。同年，全社会固定资产投资实物工作量比1992年增长25.3%，但当年非农建设用地比1992年有所下降，这是因为国家严禁闲置、撂荒土地，严格控制房地产开发和开发区乱圈地行为后，才使土地用量开始下降。同时，当年非农建设也消化了1992年圈占的部分土地。

1994年，非农建设用地量为294.2万亩，比1993年减少39.9万亩，下降11.9%。其中：占用耕地171.7万亩，比1993年减少4万亩，下降2.2%。同年，全社会固定资产投资实物工作量比1993年增长19.4%，但非农建设用地大幅度下降，究其原因主要是三方面，一是宏观调控措施到位，乱占滥用土地现象得到有效遏制；二是土地管理工作在提高土地利用强度上下力气；三是继续消化前年圈占的土地。

1995年，非农建设用地量为285.6万亩，比1994年减少8.6万亩，下降2.9%。其中：占用耕地138.6万亩，比1994年减少33.1万亩，下降19.3%。同年，全社会固定资产投资实物工作量比1994年增长10.1%，但非农建设占用土地比1994年又有所下降，特别是占用耕地大幅度下降，充分说明，保护耕地工作得到各地的重视。保护耕地的各项措施落实得比较好。

（三）耕地净减少总量达2201万亩，农业结构调整占用耕地是耕地净减少的主要因素

"八五"期间，尽管各地加大开发复垦耕地的力度，使耕地增加2754万亩，但农业结构调整和各类建设占用耕地以及自灾害毁损耕地共减少4955万亩，其中，农业结构调整占用耕地3195万亩，占64.5%，各类建设占用耕地947万亩，占19.1%；自然灾害毁损耕地813万亩，占16.4%。从中可知，农业结构调整是减少耕地的主要因素。耕地的增减相抵，耕地净减少2201万亩。

按年度情况分析如下：（见表3）

1991年开发复垦新增耕地638万亩。合计减少耕地673万亩，其中：各类建设占用耕地154万亩，自然灾害毁损耕地167万亩，农业结构调整占用耕地352万亩，占合计减少量的52.3%。增减相抵，净减少耕地35万亩。

1992年开发复垦新增耕地619万亩。合计减少耕地1060万亩，其中：各类建设占用耕地233万亩，自然灾害毁损耕地148万亩，农业结构调整占用耕地679万亩，占合计减少量的64.1%。增减相抵，净减少耕地441万亩，比1991年净减少数增加406万亩，增加11.6倍。

1993年开发复垦新增耕地454万亩。合计减少耕地939万亩，其中：各类建设占用耕地203万亩，自然灾害毁耕地101万亩，农业结构调整占用耕地635万亩，占合计减少量的67.6%。增减相抵，净减少耕地面积485万亩，比1992年净减少数增加44万亩，上升10.0%。

1994年开发复垦新增耕地520万亩。合计减少耕地1177万亩，其中：各类建设占用耕地199万亩，自然灾害毁损耕地211万亩。农业结构调整占用耕地767万亩，占合计减少量的65.2%。增减相抵，净减少耕657万亩，比1993年净减少数增加172万亩，增长35.5%。

1995年开发复垦新增耕地523万亩。合计减少耕地1106万亩,其中:各类建设占用耕地158万亩,自然灾害毁损耕地186万亩,农业结构调整占用耕地762万亩,占合计减少量的68.9%。增减相抵,净减少耕地面积583万亩,比1994年净减少数减少74万亩,下降11.3%。

表1 **"八五"期间开发复垦土地情况分析表**

计量单位:万亩

年度	标指/数量	合计	农用土地 小计	耕地	园地	林地	牧草地	建设用地	农用土地保有量增加值
"八五"开发复垦土地总量(万亩)		7378	6905	2754	1496	1968	687	473	4422
1991	本年开垦量	1376	1276	638	225	332	81	100	839
	比上年增减值±								
	比上年±%								
1992	本年开垦量	1703	1587	619	439	337	192	116	1052
	比上年增减值±	+327	+311	-19					+213
	比上年±%	+23.8	+24.4	-3.0					+25.4
1993	本年开垦量	1912	1809	454	451	596	308	103	1340
	比上年增减值±	+209	+222	-165					+288
	比上年±%	+12.3	+14.0	-26.7					+27.4
1994	本年开垦量	1032	965	520	173	239	33	67	424
	比上年增减值±	-880	-884	+66					-916
	比上年±%	-46.0	-46.7	+14.5					-68.4
1995	本年开垦量	1355	1268	523	208	464	73	87	767
	比上年增减值±	+323	+303	+3					+343
	比上年±%	+31.3	+31.4	+0.6					+81.0

表2 **"八五"期间非农建设用地情况分析表**

计量单位:万亩

年度	指标/数量	非农建设(国家、集体、个人)用地	其中:耕地	基建投资实物工作量比上年(%)
"八五"非农建设用地总量(万亩)		1465.9	795.1	
1991	本年用地量(万亩)	216.5	112.2	+13.1
	比上年用地量增减(万亩)	+26.0	+20.7	
	比上年用地量增减(%)	+13.6	+22.6	
1992	本年用地量(万亩)	335.5	196.9	+23.7
	比上年用地量增减(万亩)	+119.0	+84.7	
	比上年用地量增减(%)	+55.0	+75.5	

续表

计量单位:万亩

年度	数量 \ 指标	非农建设(国家、集体、个人)用地	其中:耕地	基建投资实物工作量比上年(%)
1993	本年用地量(万亩)	334.1	175.7	+25.3
	比上年用地量增减(万亩)	-1.4	-21.2	
	比上年用地量增减(%)	-0.4	-10.8	
1994	本年用地量(万亩)	294.2	171.7	+19.4
	比上年用地量增减(万亩)	-39.9	-4.0	
	比上年用地量增减(%)	-11.9	-2.2	
1995	本年用地量(万亩)	285.6	138.6	+10.1
	比上年用地量增减(万亩)	-8.6	-33.1	
	比上年用地量增减(%)	-2.9	-19.3	

表 3 "八五"期间耕地净减少情况分析表

计量单位:万亩

年度 \ 指标	耕地增加数		耕地减少数								耕地增减相抵(±万亩)
	增加数	比上年	小计		各类建设占用耕地		自然灾害毁损耕地		农业结构调整占耕地		
	(万亩)	(±%)	减少数(万亩)	比上年(±%)	占用数(万亩)	比上年(±%)	毁损数(万亩)	比上年(±%)	占用数(万亩)	比上年(±%)	
1991 年	638		673		154		167		352		-35
1992 年	619	-3.0	1060	+57.5	233	+51.3	148	-11.4	679	+92.9	-441
1993 年	454	-26.7	939	-11.4	203	-12.9	101	-31.6	635	-6.5	-485
1994 年	520	+14.5	1177	+25.3	199	-2.0	211	+108.9	767	+20.8	-657
1995 年	523	+0.6	1106	-6.0	158	-20.6	186	-11.8	762	-0.7	-583
总计	2754		4955		947		813		3195		-2201

(罗远顺 束克欣)

1995 年黑龙江省土地管理局综合统计主要指标分析

(一)当年耕地面积变化情况

黑龙江省 1995 年共增加耕地面积 39333 公顷,减少耕地面积 27933 公顷,增减相抵当年净增 11400 公顷。是 1990 年以来,连续保持耕地面积稳中有增的第 5 个年头。主要原因是认真落实了全国耕地保护会议和省政府关于严禁乱占滥用耕地的紧急通知精神。一是坚持计划用地,重视耕地资源的开发复垦工作,全省共开发复垦各类土地面积 105867 公顷,其中耕地 39333 公顷,比 1994 年增长 73.5%。齐齐哈尔、大兴安岭、鸡西、佳木斯、大庆、松花江等市(地)开发复垦耕地面积均在几万亩至十几万亩左右。二是严格控制农业内部结构调整占用耕地,全年只占用9200公顷，比1994年下降60.8%。三是灾毁耕地面积没有扩大，1995年为15800公顷（主要是肇东和绥滨在1992年以前受灾，经核实，按规定应在1995年上报的灾毁耕地面积，合计为14200公顷），与上年比基本持平。

（二）土地有偿使用

1995年全省土地有偿使用收益总量统计数为43684.4万元，其中有偿出让合同收入24891万元（实际收入18204万元）；“五荒拍卖”资金收益8232.4万元；出租、转让、抵押、补交出让金四项收入10561万元；若考虑没统计到位的其他有偿使用收益，全省土地有偿使用收益总量可望达到5.8亿元左右，与1994年基本持平。土地出让收入较多的有哈尔滨、齐齐哈尔、牡丹江、佳木斯、鸡西、双鸭山、大庆和绥化等8个市（地），收入都在1000万元以上。

（三）“五荒拍卖”作为黑龙江省土地管理重点工作之一，成效比较明显

全省共拍卖“五荒”23607宗，面积62882.2公顷，资金收益8232.4万元；同时促进了土地开发复垦工作。比较突出的有哈尔滨、齐齐哈尔、牧丹江、佳木斯、大庆、松花江等6个市（地）和农场总局，拍卖面积均在2000公顷以上。

（四）国家、集体和个人三项建设用地比1994年增加

全省共审批用地项目2万个，批准面积12271公顷，其中耕地7323公顷，分别比1994年增长93.7%和112%。在总面积中，批准三项非农业建设用地面积6604公顷，其中耕地2253公顷，分别比1994年增长46%和33.9%，主要是受国家重点建设工程“双阳河水库”影响（审批用地面积3188公顷），使全省国家建设用地总量增加，达5540，比1994年增长59.4%；批准农业建设用地面积5667公顷，其中耕地5070公顷，分别比1994年增长212.9%和186.6%，主要是国家和农场总局加大了对农业基础设施的投入，大力进行农田水利建设所致。仅农场总局系统就占地5040.1公顷，占全省农业建设用地总量的88.9%，因此在强调建设农业强省的同时，注意对农业建设用地的依法管理具有重要意义。

（张子国）

“八五”浙江耕地减少状况及原因分析

“八五”是浙江省经济发展最快的时期，也是耕地减少最多的时期。据统计，“八五”期间全省净减少耕地158.52万亩，年均净减31.70万亩，比“七五”期间上升98.15%。耕地税减势头仍然相当严重，还须引起足够的重视。

“七五”、“八五”期间耕地减少对比表

单位：万亩

时　期	国家建设	集体建设	个人建房	农业建设	结构调整	灾害毁地
“七五”	18.40	10.39	11.30	3.61	47.18	21.89
“八五”	57.11	44.81	13.26	6.00	52.08	14.89
“八五”比“七五”±%	310.4	431.3	117.3	166.2	110.4	-32.4

(一)"八五"耕地减少的特点

1. 用地与造地失衡

"八五"期间全省围垦、开荒等新造耕地29.62万亩,比"七五"期间减少10.4%。而同期各类建设占用耕地为121.18万亩,两者比差91.56万亩,造地只占用地的24.4%,离用一亩造一亩的基本要求相差甚远,使用地与造地矛盾更加突出,难以弥补建设占用耕地的缺口。

2. 违法用地现象的依然严重

"八五"期间浙江省各类建设占用耕地指标为62.25万亩,其间批准的各类建设占用耕地面积为63.47万亩,而实际占用耕地121.18万亩,是用地指标的194.7%。与"七五"相比,国家、集体和农村个人建房三项建设占用耕地分别上升285.8%、405.9%和116.8%。在121.18万亩,中,属于违法占用达57.71万亩。其涨幅之高,超计划之多均是罕见的。

3. 农业结构调整占地过多

"八五"期间全省用于农业结构调整占用的耕地52.08万亩,占同期耕地减少总数的32.8%,年均占用耕地10.42万亩,尤以1993年占用最多,为17.99万亩,与"七五"相比,结构调整用地上升了10.4个百分点。

4. 城镇建设规模不断膨胀

"七五"末期,浙江省县级以上城市25个,建制镇745个,而到1995年底,全省县级以上城市和建制镇分别增至35个和962个,以平均每年增加2个城市和43个建制镇的速度递增。据统计资料:1991年全省城市、建制镇建设占用的耕地仅为1.67万亩,而1995年其占用耕地已高达5.83万亩,比1991年增加3.5倍。

(二)耕地减少的原因

根据"八五"耕地减少的特点分析,造成浙江省耕地日益减少的主要原因是:

1. 可开发土地资源不足,难以维持耕地总量的稳定

据土地详查资料,浙江省有未利用土地938.50万亩,而其中可开发为耕地的只有100万亩左右,仅占1/10,开发潜力小,难度大。如按每年开发10万亩计,可开发期仅10年,根据这一现实,浙江省将难以弥补用地与造地的缺口,势必给浙江省耕地面积总量的稳定造成影响,带来威胁。

2. 农业结构调整用地缺乏有效的调控措施

自"六五"以来,浙江省农业结构调整占用耕地一直占有较大的比例,有关部门曾采取措施加以限制,但由于粮食作物与经济作物比价不合理,影响了农民种粮的积极性,故难以得到有效控制。据统计,1986～1995年的10年间,全省农业结构调整占用的耕地就达99.26万亩,相当于2个舟山市的耕地被用光。可见农业结构调整用地的失控,仍是影响浙江省耕地稳定不可忽视的因素。

3. 城镇建设片面追求数量,缺乏科学、合理的规划

城镇数量的增多和范围的扩大,势必造成用地的增加。据统计,1994年底浙江省城镇建成区面积为106.31万亩,而1995年底就上升116.29万亩,年扩大用地近10万亩,由于城镇一般都处于交通便利的平原地区,其建成区扩大占用地6成以上为耕地,所以耕地锐减无不与其有关。

4. 人口增长加剧了耕地人均占有量的下降

浙江本来就是人多地少的省份。"七五"期末,全省总人口为4234.90万人,人均耕地0.61亩,到"八五"期末,人口增至4389.0万人,而人均耕地却降到0.55亩。其间人口平均每年增加30.82万人,而耕地每年又减少31.70万亩,人口增长与耕地减少成反方向发展,加速了耕地人均占有量的下降。

(雷土生)

1995年湖南省土地管理综合统计分析

(一)国家建设项目增多,建设用地增大

1995年湖南省非农业建设实际用地22090公顷,比1994年增加15697公顷,增长2.5倍。其中耕地5822公顷,比1994年增加3183公顷,非农业建设用地增加的原因主要有:

(1)国家建设项目多,使用地大幅度增加。1995年全省国家建设项目多,有怀化地区的五强溪水电站、朗江水电站,零陵地区的内下水电站,自治州的江垭水电站,邵阳市的堡江水电站,郴州市的永兴水电站,张家界市的贺龙水电站等7个水电站工程建设,另有长石铁路建设工程,湖南境内三线铁路改扩建工程等,使全省国家建设用地大幅度增加。全省国家建设用地19831公顷,比1994年增加15680公顷,是非农业建设用地增加的主要因素。

(2)农村个人建房用地增加。1995年农村个人建房用地2020公顷,比1994年增加171公顷,其中耕地413公顷,比1994年增加15公顷。1995年湖南省遭受特大洪涝灾害,冲毁了大量房屋,灾后重建家园及堤垸建设,村民拆迁重建使用地增加。

1995年非农业建设用地大幅度增加,除上述客观因素外,在一些地方也还存在城市规划任意外延,开发区土地管理混乱等现象。因此,在审批用地时,应坚持按规划、计划供地,按项目用地,充分发挥土地利用总体规划和年度用地计划对土地需求的制约和引导作用。要严格控制非农业建设用地,特别要注意保护耕地。

(二)地改进一步深化,土地市场逐步规范

1995年,湖南省共出让土地12385宗,比1994年减少3614宗,出让面积1075公顷,比19994年减少125公顷,出让收入106524万元,比1994年减少1661万元,其中出让金39055万元,比1994年增加7546万元。

1995年是湖南省深化土地使用制度改革的一年,受国家宏观调控的影响,外商在土地市场的投资减少。另外,城市土地在连续几年的大批出让后,优质地段减少等不利情况下,及时在全省推广了大瑶、零陵"以地生财,加快小城镇建设"的经验,把地改引向小集镇,吸收本地资金,搞小宗开发,小宗出让。虽然,湖南省今年出让面积比1994年有所下降,但收取的出让金却有较大增加,土地资源的价值更加合理地得到了体现,土地有偿出让步入了正常发展的道路。而且,通过把地改引向农村小集镇,以地生财,解决了小城镇建设资金短缺的矛盾,大大地加快了小城镇建设的步伐。

从土地出让方式来看,仍以协议出让为主,共10161宗,占出让地块总数的82%,招标出让占5%,拍卖出让占13%。土地市场的竞争机制还应得到进一步加强。土地供给要体现公正、公平、公开的原则,要尽可能多地采用招标、拍卖的方式供地,努力提高协议出让的公开性,由市场来形成价格。

(三)加大土地监察执法力度,规范土地管理

1995年,湖南省在省人大的组织牵头下,联合城环委、纪检监察、法院等部门继续开展土地执法"三个集中行动",即:集中清查各类房地产公司用地,集中整顿土地市场,集中清理城乡结合部和国道、省道两旁用地。做到组织领导到位,宣传发动到位,案件处理到位和检查验收到位,处理了一批大案要案,产生了良好的社会影响。全省共清查各类土

地违法案件16702件，比1994年增加5001件，违法土地面积741公顷，比去年增加364公顷。其中："擅自占用"11337件，占68%；"越权审批"850件，占5%；"买卖和非法转让"1990件，占12%；"其他"2525件，占15%。全省查处结案15689件，依法收回土地面积118公顷，拆除建筑物27公顷，收缴罚款1531万元，结案率为94%，比1994年提高了3个百分点。

从土地执法情况看：一方面，土地违法案件呈上升趋势。在清查的违法案件中，"个人"违法案件14312件，占85%，其中"农民"10348件。在"个人"违法案件中又以"擅自占用"最为突出，共10089件。这说明人们依法用地的法律意识亟待加强，尤其是在农村，要进一步加强土地法律、法规的宣传，增强人们依法用地的意识。另一方面，全省各地加强了执法队伍的建设，使清查出的土地违法案件及时得到查处结案。但从实际情况看，土地执法难的问题仍然很突出，一是土地执法难以到位，执法手段弱，形式单一；二是土地执法队伍仍然比较薄弱，素质有待提高。

（四）土地管理队伍不断壮大，素质有所提高

1995年是湖南省土地管理机构变化较大的一年。根据中央关于机构改革的要求和省委、省政府关于乡镇机构改革"撤区并乡建镇"的要求，全省有12个地、州、市和一些县、市出台了"三定"方案，全省撤区并乡建镇工作已基本完成，据报表统计，1995年末全省土地管理机构2173个，比1994年减少1437个，其中乡镇减少1435个。在机构改革中，各地、州、市、县国土局能抓住这一关键时机，积极争取各级领导的支持，保证各项职能到位，人员到位。全省1995年末实有人数10445人，比1994年增加466人，其中地（市）1134人，比1994年增加244人；县（市）4692人，比1994增加764人；乡镇国土员由于受撤区并乡建镇机构减少的影响，减少532人。从全省土地管理人员的性质看：在编人数8295人，比1994年增加1008人，编外人数2150人，比1994年减少542人，编外人员主要集中在乡镇，共1664人，占乡镇土地管理总人数的37%。为切实解决好乡镇国土员的编制、经费问题，省委，省政府下发了[1995]29号文件，对乡镇国土所的管理体制作了明确规定，乡镇国土员的编制，经费问题在今后几年会逐步得以解决。从土地管理人员的文化结构看：大专以上学历的2347人，占总人数的22%，中专及高中学历的6717人，占64%，干部队伍的素质有所提高。

（五）资金来源增多，基本建设资金、乡镇国土员经费仍然紧张

1995年全省各项资金总额14668万元，比1994年增加4705万元，其中，预算内资金4734万元，比1994年增加1436万元，预算外资金9934万元，比1994年增加3269万元。在预算内资金中，行政、事业经费共计3112万元，比1994增加1126万元，是预算内资金增长的主要因素。其主要原因是人员增多，1995年末全省行政事业在编人数8295，比1994年增加1008人，相应增加了预算内资金的来源。预算外资金增长幅度较大，主要是各地在抓收入上采取了一些新的措施，如对建设用地采用承包征地的办法，对出让金采取与当地政府签定目标责任，超收分成的办法等，对预算外资金的增长起了决定性的作用。

由于国土部门成立的时间不长，基础设施较差，基本建设的任务较大，特别是1995年省局对全系统提出了机关"双文明"建设的任务，各地对基本建设的投入比以往加大，资金紧张的矛盾比较突出。另外，乡镇国土员自取消"农村建房管理费"后，经费来源一直没有着落。

（六）开发复垦投入加大，耕地开发有所增加

1995 年全省开发、复垦土地 61071 公顷，比去年减少 6192 公顷，其中开发、复垦耕地 5397 公顷，比去年增加 293 公顷。开发、复垦投资额 22233 万元。比去年增加 7594 万元。

1995 年中央对加强农业工作采取了一系列措施，加之《基本农田保护条例》的颁布实施，全省各级政府对保护耕地有了新的认识，一手抓节流，控制占用土地；一手抓开源，开发、复垦宜农荒地，加大了资金的投入，激发了农民开发土地的积极性。从全省范围来看，各地开发、复垦工作的开展不平衡，一些地、市由于资金不到位或后备资源贫乏，工作进展较慢。

（宋耀国）

1995 年新疆维吾尔自治区土地管理综合统计分析

（一）获得土地使用权方式情况

1995 年新疆全区共出让 1069 宗，出让土地面积 344 公顷，其中耕地 43 公顷。有偿出让收入 20476 万元，其中，出让金 16381 万元，实际到位收入 12892 万元。与 1994 年全疆出让 982 宗地相比，增长了 8.9%。出让地点主要集中在经济发展活跃的乌鲁木齐市、昌吉州、石河子市、巴州等地。目前，仍有哈密地区、和田地区没有办理土地出让业务。从土地出让方式看，协议出让占到绝大比例，为 99%。1995 年，全疆共补办出让手续 773 宗地，收取土地出让金 1205 万元。划拨土地使用权 11680 宗地，划拨土地面积 4873 公顷。

（二）土地使用权流转情况

从全区 1995 年汇总情况看，国土地使用权流转 817 宗地，面积为 30 公顷，总金额为 1614 万元，较去年相比，增加了 1.87 倍，主要集中在乌鲁木齐和伊犁地区，是通过转让和出租方式进行流转的。从各地反映情况看，在清理“土地隐形市场”工作中，还应对非法出租房、买房形式私下交易土地现象加强执法管理，从而，完善土地市场体系，规范土地流转交易。

（三）土地违法案件检察处理情况

1995 年，全区共检察立案 2914 件，比去年下降 61%。其中，有 1879 件是擅自占用土地案件，占立案总数的 64%。其次是买卖和非法转让及其他类型案件，共占立案总数的 25%。从立案的单位性质看，个人违法案件数较多，共 2020 件，占总立案数的 69%，其中农民违法 1184 件，占到个人案件的 58%，主要是擅自占用和非法买卖、非法转让土地类型。全民所有制单位立案数与 1994 年相比减少了 109 件。

1995 年全区共处理违法案件 2177 件，结案率达 74%，收回土地面积 146 公顷，拆除建筑物 107 公顷，复耕 9 公顷，行政处分 6 人，本年遗留案件 737 件。

截止 1995 年底，全区共立案累计 18624 件，累计处理案件 15692 件，处理面积共计 24909 公顷。其中耕地 13838 公顷，遗留案件 2932 件。

从统计情况看，全疆违法案件较去年有所下降，一方面是因为规范了土地违法统计台帐，违法立案数据要严格按立案程序和统计指标解释填报。另一方面也说明加强土地执法监督工作，越权审批和买卖非法转让

案件明显下降,土地法制观念深入全社会。

(四)土地管理机构和人数情况

根据全疆土地管理机构和人数的汇总看,1995 年新疆维吾尔自治区土地管理机构共 1147 个,年初人数 4828 人,年末人数 5080 人,在编人数 4061 人,其中行政编制 1392 人,事业编制 2669 人,与 1994 年相比,增加在编人数 271 人,主要是因为各地增加了地、县、乡级行政、事业编制,特别是伊犁地区、昌吉州等地实行地县、县乡垂直领导,增加了土地管理工作机构和人员。

从人员和编制情况对比看,1995 年,全区土地管理人员在编人数占年末总人数的 82%,县级土管人员中有 17% 是编外人员,乡镇一级有 38% 的土管人员在编外,其中临时聘用人员占到 68%,兼职人数为 27%。

从全区土地管理人员的文化程度看,大学及大学以上的人数为 345 人,占总人数的 6%,大专人员占 27%,高中及中专人员占绝大多数,为总人数的 50%。

(五)资金来源情况

1995 年,全区财政预算内拨款 1635 万元。其中行政经费 672 万元,事业经费 651 万元。全区预算外收入 7214 万元,其中征地管理费 2139 万元,土地登记费 473 万元。预算外收入主要集中在县级土地管理部门,占预算外收入总数的 80%。这些资金是县、乡土管部门自收自支单位经费的主要来源。

(六)土地开发、复垦情况

全区 1995 年共开发复垦面积 44588 公顷,比 1994 年增加了 1063 公顷。完成土地开发计划的 123%。其中开发土地 42254 公顷,复垦土地 2334 公顷。开发复垦主要集中在兵团系统、阿克苏地区、巴洲、和田地区和昌吉州等地。其中 35995 公顷土地开发为耕地,占开发总面积的 80%,复垦耕地的面积为 2078 公顷。

(七)审批用地和计划执行情况

1995 年全区各级政府审批用地项目共 36817 件,批准土地面积 7105 公顷。其中,耕地 1069 公顷。实际用地面积为 7105 公顷,比 1994 年增加了 1476 公顷。实际占用耕地 1069 公顷,比 1994 年减少了 388 公顷。从各级审批土地件数看,县乡级审批件数占总审批项目的 93%,但从审批面积看,主要集中在报国务院、省(区)和县(市)级。实施审批核减手段,1995 年共核减土地面积 135 公顷。其中耕地 11 公顷,相应减少土地费 22 万元,主要是县(市)级的土地管理部门对非农用地采取了严格审批,节约用地措施。

1995 年,全疆非农业建设用地计划执行情况:1995 年国家计委下达新疆维吾尔自治区非农业建设用地计划指标为 12500 公顷,其中耕地 1100 公顷。自治区 1995 年非农建设实际用地 6200 公顷,其中耕地 796 公顷,比较看来分别完成计划指标的 49% 和 72%。节约耕地指标 304 公顷。

全区农业建设用地 1995 年实际用地为 905 公顷,其中耕地 273 公顷,完成农业建设用地计划总指标的 17%,耕地指标超计划 73 公顷。

(八)1995 年土地管理综合统计报表突出反映的问题

(1)国有土地出让业务已在全疆逐步铺开,但也存在发展不平衡的问题。至今仍有哈密、和田地区仍未开展出让业务。土地出让协议方式占绝大比重,出让审批程序规范化和土地出让价格确定上仍存在许多问题。另外,土地有偿出让收入到位率比较低,有些地州政府、行署的领导随意减免土地出让金,影响土地出让业务的正常开展。如何制定适合自治区实际,便于操作的土地出让、土地估价政策是当前土地管理工作的重点任务。

(2)土地监察工作应加强人员配备和领导，增加与兄弟执法部门的联系和协作。探索解决土地执法难的新路子，对历年遗留的土地违法案件要深入调查，积极采取措施，努力提高结案率。

(3)在目前自治区财政十分困难的情况下，要积极争取各级政府、财政部门的支持，开源节流。加强基层土地管理机构建设。解决基层人员素质低、兼取多、工作和生活条件差的困难。

(4)各级政府、土地管理部门要节约用地保护耕地，严格建设用地审批程序，加强建设用地管理，保护有限的土地资源，为自治区经济发展服务。

（崔青）

重要法规

一、党中央、国务院有关法律、法规

中华人民共和国土地增值税暂行条例实施细则

（1995年1月27日财政部发布）

第一条 根据《中华人民共和国土地增值税暂行条例》(以下简称条例)第十四条规定，制定本细则。

第二条 条例第二条所称的转让国有土地使用权、地上的建筑物及其附着物并取得收入，是指以出售或者其他方式有偿转让房地产的行为。不包括以继承、赠与方式无偿转让房地产的行为。

第三条 条例第二条所称的国有土地，是指按国家法律规定属于国家所有的土地。

第四条 条例第二条所称的地上的建筑物，是指建于土地上的一切建筑物，包括地上地下的各种附属设施。

条例第二条所称的附着物，是指附着于土地上的不能移动，一经移动即遭损坏的物品。

第五条 条例第二条所称的收入，包括转让房地产的全部价款及有关的经济收益。

第六条 条例第二条所称的单位，是指各类企业单位、事业单位、国家机关和社会团体及其他组织。

条例第二条所称个人，包括个体经营者。

第七条 条例第六条所列的计算增值额的扣除项目，具体为：

(一)取得土地使用权所支付的金额，是指纳税人为取得土地使用权所支付的地价款和按国家统一规定交纳的有关费用。

(二)开发土地和新建房及配套设施(以下简称房地产开发)的成本，是指纳税人房地产开发项目实际发生的成本(以下简称房地产开发成本)，包括土地征用及拆迁补偿费、前期工程费、建筑安装工程费、基础设施费、公共配套设施费、开发间接费用。

土地征用及拆迁补偿费，包括土地征用费、耕地占用税、劳动力安置费及有关地上、地下附着物拆迁补偿的净支出、安置动迁用房支出等。

前期工程费，包括规划、设计、项目可行性研究和水文、地质、勘察、测绘、“三通一平”等支出。

建筑安装工程费，是指以出包方式支付给承包单位的建筑安装工程费，以自营方式发生的建筑安装工程费。

基础设施费，包括开发小区内道路、供水、供电、供气、排污、排洪、通讯、照明、环卫、绿化等工程发生的支出。

公共配套设施费，包括不能有偿转让的开发小区内公共配套设施发生的支出。

开发间接费用，是指直接组织、管理开发项目发生的费用，包括工资、职工福利费、折旧费、修理费、办公费、水电费、劳动保护费、周转房摊销等。

(三)开发土地和新建房及配套设施的费用(以下简称房地产开发费用)，是指与房地产开发项目有关的销售费用、管理费用、财务费用。

财务费用中的利息支出，凡能够按转让房地产项目计算分摊并提供金融机构证明的，允许据实扣除，但最高不能超过按商业银行同类同期贷款利率计算的金额。其他房地产开发费用，按本条（一）、（二）项规定计算的金额之和的百分之五以内计算扣除。

凡不能按转让房地产项目计算分摊利息支出或不能提供金融机构证明的，房地产开发费用按本条（一）、（二）项规定计算的金额之和的百分之十以内计算扣除。

上述计算扣除的具体比例，由各省、自治区、直辖市人民政府规定。

（四）旧房及建筑物的评估价格，是指在转让已使用的房屋及建筑物时，由政府批准设立的房地产评估机构评定的重置成本价乘以成新度折扣率后的价格。评估价格须经当地税务机关确认。（五）与转让房地产有关的税金，是指在转让房地产时缴纳的营业税、城市维护建设税、印花税。因转让房地产交纳的教育费附加，也可视同税金予以扣除。

（六）根据条例第六条（五）项规定，对从事房地产开发的纳税人可按本条（一）、（二）项规定计算的金额之和，加计百分之二十的扣除。

第八条 土地增值税以纳税人房地产成本核算的最基本的核算项目或核算对象为单位计算。

第九条 纳税人成片受让土地使用权后，分期分批开发、转让房地产的，其扣除项目金额的确定，可按转让土地使用权的面积占总面积的比例计算分摊，或按建筑面积计算分摊，也可按税务机关确认的其他方式计算分摊。

第十条 条例第七条所列四级超率累进税率，每级“增值额未超过扣除项目金额”的比例，均包括本比例数。

计算土地增值税税额，可按增值额乘以适用的税率减去扣除项目金额乘以速算扣除系数的简便方法计算，具体公式如下：

（一）增值额未超过扣除项目金额50％

土地增值税税额＝增值额×30％

（二）增值额超过了扣除项目金额50％，未超过100％

土地增值税税额＝增值额×40％－扣除项目金额×5％

（三）增值额超过扣除项目金额100％，未超过200％

土地增值税税额＝增值额×50％－扣除项目金额×15％

（四）增值额超过扣除项目金额200％

土地增值税税额＝增值额×60％－扣除项目金额×35％

公式中的5％、15％、35％为速算扣除系数。

第十一条 条例第八条（一）项所称的普通标准住宅，是指按所在地一般民用住宅标准建造的居住用住宅。高级公寓、别墅、度假村等不属于普通标准住宅。普通标准住宅与其他住宅的具体划分界限由各省、自治区、直辖市人民政府规定。

纳税人建造普通标准住宅出售，增值额未超过本细则第七条（一）、（二）、（三）、（五）、（六）项扣除项目金额之和百分之二十的，免征土地增值税；增值额超过扣除项目金额之和百分之二十的，应就其全部增值额按规定计税。

条例第八条（二）项所称的因国家建设需要依法征用、收回的房地产，是指因城市实施规划、国家建设的需要而被政府批准征用的房产或收回的土地使用权。

因城市实施规划、国家建设的需要而搬迁，由纳税人自行转让原房地产的，比照本规定免征土地增值税。

符合上述免税规定的单位和个人，须向房地产所在地税务机关提出免税申请，经税务机关审核后，免予征收土地增值税。

第十二条 个人因工作调动或改善居住条件而转让原自用住房，经向税务机关申报核准，凡居住满五年或五年以上的，免予征收土地增值税；居住满三年未满五的，减半征收土地增值税。居住未满三年的，按规定计征土地增值税。

第十三条 条例第九条所称的房地产评估价格，是指由政府批准设立的房地产评估机构根据相同地段、同类房地产进行综合评定的价格。评估价格须经当地税务机关确认。

第十四条 条例第九条(一)项所称的隐瞒、虚报房地产成交价格，是指纳税人不报或有意低报转让土地使用权、地上建筑物及其附着物价款的行为。

条例第九条(二)项所称的提供扣除项目金额不实的，是指纳税人在纳税申报时不据实提供扣除项目金额的行为。

条例第九条(三)项所称的转让房地产的成交价格低于房地产评估价格，又无正当理由的，是指纳税人申报的转让房地产的实际成交价低于房地产评估机构评定的交易价，纳税人又不能提供凭据或无正当理由的行为。

隐瞒、虚报房地产成交价格，应由评估机构参照同类房地产的市场交易价格进行评估。税务机关根据评估价格确定转让房地产的收入。

提供扣除项目金额不实的，应由评估机构按照房屋重置成本价乘以成新度折扣率计算的房屋成本价和取得土地使用权时的基准地价进行评估。税务机关根据评估价格确定扣除项目金额。

转让房地产的成交价格低于房地产评估价格，又无正当理由的，由税务机关参照房地产评估价格确定转让房地产的收入。

第十五条 根据条例第十条的规定，纳税人应按照下列程序办理纳税手续：

(一)纳税人应在转让房地产合同签订后的七日内，到房地产所在地主管税务机关办理纳税申报，并向税务机关提交房屋及建筑物产权、土地使用权证书，土地转让、房产买卖合同，房地产评估报告及其他与转让房地产有关的资料。

纳税人因经常发生房地产转让而难以在每次转让后申报的，经税务机关审核同意后，可以定期进行纳税申报，具体期限由税务机关根据情况确定。

(二)纳税人按照税务机关核定的税额及规定的期限缴纳土地增值税。

第十六条 纳税人在项目全部竣工结算前转让房地产取得的收入，由于涉及成本确定或其他原因，而无法据以计算土地增值税的，可以预征土地增值税，待该项目全部竣工、办理结算后再进行清算，多退少补。具体办法由各省、自治区、直辖市地方税务局根据当地情况制定。

第十七条 条例第十条所称的房地产所在地，是指房地产的坐落地。纳税人转让房地产坐落在两个或两个以上地区的，应按房地产所在地分别申报纳税。

第十八条 条例第十一条所称的土地管理部门、房产管理部门应当向税务机关提供有关资料，是指向房地产所在地主管税务机关提供有关房屋及建筑物产权、土地使用权、土地出让金数额、土地基准地价、房地产市场交易价格及权属变更等方面的资料。

第十九条 纳税人未按规定提供房屋及建筑物产权、土地使用权证书，土地转让、房产买卖合同，房地产评估报告及其他与转让房地产有关资料的，按照《中华人民共和国税收征收管理法》(以下简称《征管法》)第三十九条的规定进行处理。

纳税人不如实申报房地产交易额及规定扣除项目金额造成少缴或未缴税款的，按照《征管法》第四十条的规定进行处理。

第二十条 土地增值税以人民币为计算单位。转让房地产所取得的收入为外国货币的，以取得收入当天或当月1日国家公布的市场汇价折合成人民币，据以计算应纳土地增值税税额。

第二十一条 条例第十五条所称的各地区的土地增值费征收办法是指与本条例规定的计征对象相同的土地增值费、土地收益金等征收办法。

第二十二条 本细则由财政部解释，或者由国家税务总局解释。

第二十三条 本细则自发布之日起施行。

第二十四条 1994年1月1日至本细则发布之日期间的土地增值税参照本细则的规定计算征收。

国务院关于严格控制高档房地产开发项目的通知

国发(〔1995〕13号)

各省、自治区、直辖市人民政府，国务院各部委、各直属机构：

房地产业在我国是一个新兴产业，他的兴起对于加快城市建设改造、促进经济发展具有重要意义。我国房地产业尚处于起步阶段，房地产开发建设宏观管理还很薄弱，政策法规不够健全，在其发展过程中出现了一些亟待解决的问题。一是房地产建设规模仍然偏大，1993年全国房地产开发建设投资完成1138亿元，比1992年增加632亿元，增幅为124.9%；1994年完成1608亿元，比1993年增长41.3%，增长幅度仍然偏高。二是房地产投资结构不合理，有些地区和城市，高级写字楼、花园别墅、度假村、高级公寓等项目已超过市场实际需求量，占压了资金；而用于居民住宅建设的资金不足，满足不了市场需要。一部分城市还由于拆迁量过大，安置不力，造成社会问题。

根据1994年11月召开的中央经济工作会议精神，当前要进一步控制固定资产投资规模，合理调整投资结构，促进房地产业健康有序地发展，对高档房地产开发项目要进行严格控制。为此，特作如下通知：

一、要严格控制高档房地产开发项目的审批。对下列高档房地产开发项目，1995年不再批准立项和开工，以后也要严格控制审批：(1)别墅性质的高档住宅及度假村；(2)单位面积建筑设计造价高于当地一般民用住宅、办公楼一倍以上的公寓、写字楼项目；(3)建筑标准四星级(或相当于四星级)及以上的宾馆、饭店。

严格禁止新上高尔夫球场、仿古城、游乐宫等项目。

二、高档房地产开发项目要按照基本建设程序和规定的批准权限审批。对建筑面积在10万平方米及以上或总投资在2亿元及以上的高档房地产开发建设项目，以及所有中央国家机关在京单位房地产开发项目的立项和开工，由国家计委审批。建筑面积在2万平方米以上、10万平方米以下或总投资在3000万元以上、2亿元以下的高档房地产开发建设项目的立项及开工，由省、自治区、直辖市和计划单列市计委审批，并报国家计委备案。以上建设规模限额均指单片开发的建设规模，不得采取化整为零、分期分块等手段越权审批。

对于未按规定审批立项及开工的项目，银行不得安排贷款。对批准开工的项目，自筹资金要与银行贷款同步到位；自筹资金不落实的，银行不发放贷款，土地管理部门不得办理用地手续，建设部门不得发放建设用地规划许证和建设许可证。

三、严格高档房地产开发项目的资金管理。国家预算内投资不得用于高档房地产开发项目。银行现有的房地产贷款均应纳入固定资产贷款管理，并全部纳入国家固定资产投资计划，不得在计划外发放贷款。严禁用流动资金贷款、抵押贷款的形式和拆入资金发放房地产开发项目贷款。

四、严格执行《中华人民共和国土地管理法》、《中华人民共和国城市房地产管理法》的规定，加强房地产项目建设用地管理。市、县人民政府征用划拨或出让国有土地使用权必须按照《中华人民共和国土地管理法》和国务院规定的申报程序和批准权限报批，不得化整为零，越权审批；城市建设要严格控制规模，节约用地；不准利用菜田、基本农田保护区的土地成片开发高档房地产项目；对出让的土地，受让人应按合同规定的期限开发建设，在法律规定期限内未开发的要依法无偿收回；要加强出让地价管理，高档房地产开发项目用地一律采取招标或拍卖的方式提供。

五、规范土地出让收入的征收和使用管理。土地出让收入作为专项基金，由财政部门纳入各级财政预算管理，实行收支两条线、计划管理、专款专用。沿海地区大中城市土地出让收入的50%，其他地区土地出让收入的30%，都必须纳入地方财政，由各省、自治区、直辖市集中使用，首先用于农业和重点建设项目，其余用于城市基础设施建设，不得在财政经常性支出下使用。

六、加强对外商投资房地产开发建设的管理。积极引导外商投资旧城改造和普通居民住宅项目。对外商投资的房地产开发经营企业和项目，要按照国家有关规定和项目审批权限办理审批手续。中方不得为外商出资或为其境外贷款提供担保。

外商投资高档房地产项目，凡总投资额在3000万美元及以上的由国家计委审批（其他外商投资项目管理权限不变），旅游宾馆项目仍按现行有关规定办理；1亿美元以上的高档房地产项目由国家计委报请国务院审批。

七、各类房地产开发建设项目所需进口物资，一律按照《国务院关于房地产建设进口物资税收问题的通知》（国发〔1995〕10号）的规定，照章征收关税和进口环节增值税、消费税。

八、计划、城建、规划、土地管理、审计等有关部门和人民银行、国有商业银行等金融机构，都要各司其职、各负其责，对高档房地产开发项目实行严格的监督管理。各级审计机关要从资金来源、审批程序和建设条件等方面加强对高档房地产开发项目的审计监督，坚持开工前审计。

九、国务院及其有关部门已发布的关于房地产开发建设方面的有关规定，凡与本通知不一致之处，以本通知为准。

二、国务院有关部门规章

关于加强土地使用权出让金征收管理的通知

（财政部　国家土地管理局　财综字〔1995〕10 号）

各省、自治区、直辖市、计划单列市财政厅（局）、土地管理局（厅）：

为了进一步加强土地使用权出让金（以下简称“土地出让金”）的征收管理，现对土地出让金征收管理的有关问题通知如下：

一、根据国务院和财政部的有关规定，土地出让金应全部上缴财政，由财政列入预算，专款专用，专项用于城市基础设施建设和土地开发。

二、财政部门是土地出让金收入的主管机关，土地行政管理部门是土地出让金的代征机关，其他部门和单位一律不得代为征收。

三、国有土地使用权有偿出让合同签收后，土地管理部门根据土地出让合同，负责填发“缴交国有土地使用权出让金登记单”（以下简称“登记单”）。登记单一式五联，第一联存根（土地部门），第二联、第三联和第四联土地部门填写后，送交财政部门；第五联代交款通知单，交土地受让方。

四、土地受让方应根据交款通知单规定的金额、开户银行和帐号，按规定时间将土地出让金直接缴入“土地出让金财政专户”。

五、土地受让方按合同规定全部付清地价款后，财政部门应为土地受让方开具“土地出让金专用票据”，并在登记单第四联和第五联上加盖收讫章。加盖收讫章后的登记单第四联，退土地部门存档。土地管理部门根据土地受让方所执加盖收讫章后的登记单第五联、土地出让金专用票据及有关规定，办理土地登记手续，填发土地使用证。

未按合同约定交纳土地出让金的，土地管理部门可解除土地使用权合同，不予办理土地登记，不发放土地使用证，并可追究受让方的赔偿责任。

六、财政部门应设“土地出让金财政专户”，用于土地出让金的专项存储和清算。财政部门应于次月五日前和土地管理部门核对、清算当月的土地出让金收入和支出。土地部门应按出让宗地填报“国有土地使用权出让金清算单”（以下简称“清算单”）。清算单一式三联，第一联土地部门存档；第二联和第三联报送财政机关。财政部门应根据土地管理部门填报的清算单，及时清算、拨付有关费用并核拨土地出让业务费。清算核拨有关费用后的土地出让金净收益应按季缴入金库，由当地人民政府根据城市基础设施建设、土地开发和管理情况，专项使用。

七、“缴交国有土地使用权出让金登记单”、“国有土地使用权出让金清算单”、“土地出让金专用票据”式样由财政部统一规定，由各省、自治区、直辖市和计划单列市财政部门监制并发放。

八、各省、自治区、直辖市和计划单列市财政厅（局），应会同土地管理部门，根据本通知结合本地实际情况制定实施办法。

九、本通知由财政部负责解释。

十、本通知自发布之日起实施。

附：1．缴交国有土地使用权出让金登记

单(式样)

2. 国有土地使用权出让金清算单(式样)

3. 土地出让金专用票据(式样)

附件1:

缴交国有土地使用权出让金登记单

缴款期限: 年 月 日至 年 月 日 N ō000000

缴款单位	土地出让金财政专户						
地 址		电 话		开户银行		帐号	

出 让 项 目		签约日期	
土地使用权出让合同号		出让期限	
出让地块坐落地点		容积率	
出让面积(平方米)	用地性质		
单位地价(元/平方米)		付款方	

	单位 / 币种		十	亿	知	百	十	万	千	百	十	元	角	元	美元汇率
土地出让金总价款	小写	美 元													
		人民币													
	大写	美 元													
		人民币													

土地部门填写				
付款日期	单位 / 币种	美元(元)	人民币(元)	土地部门(盖章): 经办人:
	定 金			
	保证金			
	第一期付款			
	第二期付款			
	第三期付款			
	滞纳金			
	总计			

注:一式五联——第一联:存根 土地部门留存(黑) 填发日期: 年 月 日

缴交国有土地使用权出让金登记单

缴款期限: 年 月 日至 年 月 日 N ō000000

缴款单位	土地出让金财政专户						
地 址		电 话		开户银行		帐号	

出 让 项 目		签约日期	
土地使用出让合同号		出让期限	
出让地块坐落地点		容积率	
出让面积(平方米)	用地性质		
单位地价(元/平方米)		付款方式	

	单位 / 币种		十	亿	知	百	十	万	千	百	十	元	角	元	美元汇率
土地出让金总价款	小写	美 元													
		人民币													
	大写	美 元													
		人民币													

续表

土 地 部 门 填 写				财政部门填写	
付款日期	单位 / 币种	美元(元)	人民币(元)	收款日期	经办人签章
	定 金				
	保证金				
	第一期付款				
	第二期付款				
	第三期付款				
	滞纳金				
	总计				
土地部门(盖章):		经办人:		财政收讫章:	负责人:

注:一式五联——第二联:财政收入凭证(红);第三联:财政收入存档凭证(蓝);第四联:土地部门存档(绿)。　　填发日期:　　年　月　日

缴交国有土地使用权出让金登记单
(交款通知单)

缴款期限:　　　年　　月　　日至　　年　　月　　日　　　　N̲o000000

缴款单位	土地出让金财政专户				
地　址		电　话	开户银行		帐号

出 让 项 目		签约日期	
土地使用权出让合同号		出让期限	
出让地块坐落地点		容积率	
出让面积(平方米)	用地性质		
单位地价(元/平方米)		付款方式	

土地出让金总价款	单位 / 币种		十	亿	知	百	十	万	千	百	十	元	角	元	美元汇率
	小写	美 元													
		人民币													
	大写	美 元													
		人民币													

土 地 部 门 填 写				财政部门填写	
付款日期	单位 / 币种	美元(元)	人民币(元)	收款日期	经办人签章
	定 金				
	保证金				
	第一期付款				
	第二期付款				
	第三期付款				
	滞纳金				
	总 计				
土地部门(盖章):		经办人:		财政收讫章:	负责人:

注:一式五联——第五联:交款单位留存(棕)　　填发日期:　　年　月　日

附件 2

国有土地使用权出让金清算单

年　月　日　　　　　　　　　　　　　　　　　　　　N º000000

出让方		受让方		签约日期	
出让宗地地点		单位地价(元/m^2)		出让面积(M^2)	

土地出让金总价款		亿	千	万	十	万	千	百	十	元	角	分
	小写											
	大写											

明细项目	项　目	金额(元)	项　目	金额(元)	项　目	金额(元)
	1. 补偿性支出		2. 开发性支出		3. 土地出让业务费	
	(1)土地征用费		(1)		4. 净收益	
	(2)青苗补偿费		(2)		(1)	
	(3)劳动力安置费		(3)		(2)租金	
	(4)拆迁补偿费		(4)		(3)利息	
					(4)	

第一联　土地部门留存

注：一式三联——第一联：土地部门存档(黑)；第二联：财政收支凭证(红)；第三联财政收支存档凭证(蓝)。

附件 3：

规格：19.5×10cm

土地出让金专用票据

日期：199　年　月　日　　　　　　　　　　　　　　　　N º000000

收款单位(人)	
缴款内容	根据土地使用权出让合同(199　)第　号
	出让　地块
缴款金额	美元(大写)：　USD：
	人民币(大写)：　¥
附注	

第一联　收据

收款单位(章)：　财务主管：　收款人：

注：一式四联——第一联：收据　交款单位记帐凭证(黑)；

第二联：财政收入凭证(红)；

第三联：财政收入存档凭证(蓝)；

第四联：土地部门存档证(棕)。

(局)批准的经营性公墓,以及虽经民政部门批准但未经土地管理部门依法办理用地审批手续的经营性公墓和对外出售墓穴的公益性公墓,均视为非法经营性公墓。

二、对非法经营性公墓的处理办法

(一)对违反土地管理法规非法兴建的经营性公墓,由当地民政部门配合土地管理部门依法予以处罚。

(二)对确认的非法经营性公墓,分别由民政部、省级民政部门会同同级土地管理部门予以取缔,责令经营单位恢复地貌、退还非法占用的土地,限期迁移已葬遗体(骨灰),所需经费由建墓单位承担,并做好善后工作,避免激化矛盾;确需保留的,在清理整顿之后,按国家有关规定补办手续。

(三)对利用建公墓搞封建迷信活动的,由公安机关按照《中华人民共和国治安处罚条例》的规定予以处罚。

(四)公益性公墓对外出售墓穴的,其用地按非法转让处理,由殡葬主管部门配合土地管理部门责令其停业整顿,并没收非法所得。

三、建立健全经营性公墓报批制度

各省(自治区、直辖市)民政厅(局)要按照经营性公墓由国家殡葬事业单位独家兴建的原则,严格依据当地土地利用、城市建设和公墓发展总体规划,把好兴建经营性公墓的审批关和兴建合资公墓的申报关。经批准的公墓单位,按照有关规定,持民政部门的批件,到县级以上土地管理和工商行政管理部门分别办理土地使用权出让和营业执照等有关手续。使用集体所有土地兴建经营性公墓的,其土地必须征用转为国有后,以土地使用权出让方式供地。

四、建立年检验收制度

经营性公墓开业后,应以殡葬管理部门为主,吸收有关部门和有关社团组织参与管理,逐步建立年度检查验收制度。年检的范围包括墓穴用地、基础设施建设、绿化美化、文明优质服务等内容。根据年检的结果,分别作出处理:对于年检合格的,发给继续经营合格证;对于存在一般问题的,要予以批评,责令改正;对于严重违反国家殡葬法规经营的,实行停业整顿,直至明令取缔。对今后出现的非法经营性公墓的查处,一要迅速,二要严厉,要发现一起,查处一起,绝不姑息迁就。

各省(自治区、直辖市)民政厅(局)要根据本通知的内容,结合当地的实际情况,会同土地管理和公安等部门认真制定具体办法,组织实施。各地清理整顿非法经营性公墓的情况要及时上报民政部,同时抄报国家土地管理局。

1995年3月23日

关于认真抓紧做好清产核资中土地清查估价工作的紧急通知

(财政部　国家土地管理局　国家国有资产管理局
财清字〔1995〕14号)

各省、自治区、直辖市和计划单列市清产核资办公室、土地(国土)管理局(厅),国务院各部、委和直属机构,国家计划单列企业集团(公司):

土地清查估价是今年清产核资工作的一项重要内容。财政部、建设部、国家土地管理局、国家国有资产管理局联合下发了《关于印发〈清产核资中土地清查估价工作方案〉的通知》(财清〔1994〕13号),财政部、国家土地管理局、国家国有资产管理局联合下发了《关于印发〈清产核资中土地估价实施细则〉的通知》(财清〔1994〕14号),各级清产核资机构和土地管理部门为此做了大量细致的工作，今年已在全国各级国有企业铺开，截止7月底，清产核资中土地清查估价工作已在全国多数地区、部门按计划全面铺开，工作进展较快的部分地区已初步完成了土地清查估价任务；但也有个别地区由于多种原因，土地清查估价工作至今尚未完全落实或进展迟缓，影响所在地中央企业工作的具体落实和全国工作的进展。为保证今年全国清产核资工作能够按期全面完成，现就认真抓紧做好清产核资中土地清查估价工作的有关问题紧急通知如下：

一、清产核资中的土地清查估价工作，是国务院办公厅《关于进一步开展清产核资工作的通知》(国办发〔1995〕17号)中规定的今年清产核资工作任务之一，是深化国有企业改革、加强国有资产管理，以及向党中央、国务院提交“一张表、两本帐”的一项重要基础工作，各级清产核资机构和土地管理部门要认真按照国家统一要求，切实负起责任，严肃工作纪律，密切配合，分工负责。积极主动抓好土地清查估价工作，协调好有关具体工作的组织，将各项工作落到实处，必须按时保质完成工作任务。尚未落实工作或进展迟缓的地区、部门，要及时采取有效措施，加快工作进度，共同做好清产核资中的土地清查估价工作。

二、各地清产核资机构和土地管理部门要进一步加强对土地清查估价工作的组织领导，及时解决各级国有企业在土地清查估价工作中遇到的各种问题，为企业开展土地估价工作创造条件。对于中央企业和外埠驻本地企业的土地清查估价，各地清产核资机构和土地管理部门一定要积极予以帮助和配合落实，并以此作为考核和评比今年各地清产核资机构和土地管理部门工作的重要条件。

为了加快工作进度，接到本通知时，土地估价与确权工作尚未进行的企业、单位，其土地估价与权属调查可同步进行，土地部门在对土地估价结果确认前，应按下列办法颁发“土地使用证”或“土地权属证明”：

(一)对宗地已完成权属调查和地籍勘丈，应及时进行土地登记并颁发“土地使用证”。

(二)对宗地已完成权属调查，虽未地籍勘丈的，但界址点设有长期保存的明显界标，面积经宗地勘丈的，土地部门应及时进行土地登记，颁发“土地使用证”，并在证上加注“该宗地因采用宗地勘丈方法，宗地面积以按《城镇地籍调查规程》规定进行的地籍勘丈结果为准”。

(三)对宗地已完成权属调查，宗地界址点设有长期保存的明显界标，面积由企业、单位自测的，应先发放“土地权属证明”，并注明“本宗地界址、面积未经土地部门实测，仅由企业自报，界址、面积数据不具有法律效力”。

(四)截止1995年8月31日，企业仍未按上述三款要求完成土地清查的，可先向当地土地管理部门提出土地登记申请备案，并抄同级清产核资机构备案，企业按自测面积先行开展土地估价，由土地管理部门按有关规定向企业发放“土地登记收件单”，土地权属待以后按土地部门有关规定办理。

三、清产核资中的土地估价工作方式应由企业自行确定，原则上以企业、单位自行估价为主，土地部门要加强指导帮助，不得强行要求企业委托中介机构评估。各地要严格执行国家统一规定的工作方法和企业属地编制的有关价格标准，不能自行其事。

(一)企业所在地城镇已有基准地价的，必须以属地基准地价及宗地修正系数为价格标准，不再出台“指导性估价资料”；土地管理部门必须在接到企业申请后的10日内，按规定程序和收费标准提供基准地价及宗地修正系数。

(二)属地无基准地价的，已出台“指导性估价资料”的，清产核资机构与土地管理部门协商好估价结果确认办法后，参照“指导性估价资料”进行估价。

（三）对于企业所在地既无基准地价，也没有统一编制“指导性估价资料”的，也不再出“指导性估价资料”，采用宗地直接评估法估价，其中：工业用地可采用成本逼近法估价，小城市以下可不进行地段修正；其他用地可采用市场比较法、收益还原法等方法进行估价，当地土地管理部门应及时制定并提供估价中涉及的各项参数和标准。

四、清产核资土地估价结果是国有企业土地资产重要的价值资料，各地区在组织进行清产核资估价工作中应注意各级国有企业土地估价水平在区域或行业合理性和可比性，防止造成各级国有企业土地估价价格的严重不平衡，企业、单位自估和委托估价的，也要保证地价水平的可比性。各省、自治区、直辖市和计划单列市要以“全国主要城市基准地价最低限额”（详见附件一、附件二）为参照标准，制定当地城镇基准地价最低限额，其中：直辖市、省会城市和计划单列市制定的基准地价标准不得低于“全国主要城市基准地价最低限额”。边远县城的最低级限额不得低于每平方米20元。

各级土地部门确认土地估价结果应严格把关，保证土地估价结果准确、可靠，除按“细则”要求进行审查外，还应按下列要求办理确认手续。

（一）企业在向土地管理部门申报确认土地估价结果时，应出具“土地使用证”或“土地权属证明”或“土地登记收件单”。

（二）对未经土地权属调查、面积由企业自测的，土地管理部门办理确认手续时，在“土地估价结果申报表”上注明“本宗地未经权属调查，面积由企业自测，确认结果仅作为清产核资土地清查估价入帐参考。”

（三）对符合第二条前三款条件的，在确认时土地管理部门因技术原因未能按规定及时颁发“土地使用证”、“土地权属证明”的企业，其土地估价结果可先行予以确认。

五、中央各部门清产核资机构要认真组织所属中央企业、单位及时主动将本企业、单位名称及详细地址及土地宗地条件报告所在地清产核资机构和土地管理部门，以取得工作联系，并按规定的价格标准和相应的工作要求做好此项工作。属地清产核资机构和土地管理部门对中央企业及外埠驻本地企业的土地清查估价工作必须给予大力支持和指导，热情接待，有责任帮助驻本地区的中央和外埠企业、单位取得有关价格资料。

六、各地区、各部门在组织所属各级企业进行清产核资中土地清查估价工作中，一定要严格按照“方案”、“细则”以及财清〔1995〕50号文《关于印发清产核资工作有关问题解答的通知》中规定的有关范围进行，不能任意扩大或缩小土地估价范围。对于依据“细则”中第四条第（九）款中“其他由中央企业主管部门和省级人民政府确定的暂不列在估价范围的企业占用的土地”规定，确定本地区、本部门暂不估价的特殊占用土地范围时，应及时商财政部清产核资办公室，有关文件应抄报财政部清产核资办公室和国家土地管理局备案。

七、企业、单位完成土地估价工作后，应将土地估价报告、《土地估价结果申报表》（财申03表）、《土地估价结果补充资料》，以及土地清查结果（含实际变动情况），按“细则”规定的程序报当地土地部门确认，然后按企业财务隶属关系层层上报，经主管企业机构汇总后，连同企业、单位的《土地估价结果申报表》等报同级清产核资机构审批。

中央企业、单位应先将土地估价结果送当地土地部门确认和当地财政监察专员办事处审核盖章后，再报上级企业、单位或主管部门审核汇总后，报财政部清产核资办公室审批，对中央企业、单位所使用的宗地分布在不同城镇的，其土地估价结果可由上一级地方土地管理部门组织有关地区集中确认。

八、在清产核资土地清查估价中，对于一

些多种用途的宗地，一时难以分清的，可暂按以下原则确定利用类型：只有单个土地使用者且各种用途的地上界限清楚的，分别确定各部分的利用类型；只有单个使用者而各种用途的地上界限无法分清的，按主要用途确定其利用类型；存在多个土地使用者的，在各使用者分摊的土地面积中按主要用途确定各自的利用类型。

九、为保证清产核资土地清查估价成果的可靠性和准确性，同时考虑到目前国有企业土地资产利用效益比较低，在这次清产核资土地估价结果确认后，各地清产核资机构先按基准价格的50%确定入帐价值(参见附件三"全国主要城市清产核资土地估价入帐指导价")，首先建立起国有企业土地资产的初步价值管理制度，今后随着国有企业土地资产管理的逐步规范和经营效益的提高，再相应调整为基准价格。为保持各地区、各行业土地资产入帐价值的基本合理和可比，各地区应制定本地区主要城市入帐指导价。各地区、各部门对清产核资中对不同方法进行土地估价结果的入帐价值按以下方案进行相应调整。

(一)以基准地价和宗地修正系数方法估价的，以"全国主要城市清产核资土地估价入帐指导价"为参照标准，凡各地区所辖城镇与参照标准相比仍超过±10%的，可以省(区、市)及地(市)或中央部门为单位提出进一步修正方案，报上一级清产核资机构和土地管理部门同意后实施。

(二)以宗地直接评估法或"市场交易价格资料"进行估价的，应以"全国主要城市清产核资土地估价入帐指导价"为参照标准，以地(市)或县为单位提出修正方案，报上一级清产核资机构和土地管理部门同意后实施。

(三)以"指导性地价资料"进行估价的，凡超过"全国主要城市清产核资土地估价入帐指导价"±10%的，由省(区、市)直接商财政部清产核资办公室和国家土地管理局制定入帐修正方案。

(四)对清产核资土地估价结果，各级部门对所属同类土地条件的企业入帐修正价格仍有较大差异的，可以中央部门或系统为单位，对过高或过低的少数企业以"全国清产核资土地估价入帐指导价"进行个别调整，并在申报审批时以专题报告加以说明。

(五)入帐修正的具体调整工作在各级国有企业土地估价结果录入、汇总后，根据经核准的各地区、各部门入帐修正方案，由计算机软件自动形成"清产核资土地估价入帐价格修正调整表"，并由各级清产核资机构在审批时以批复文件的附件下达企业。

十、清产核资土地估价工作是一项政府行为，要以尽可能避免给企业增加负担为原则。各级财政、审计、物价等部门要会同当地清产核资机构和土地管理部门，加强对清产核资土地清查估价有关收费问题的监督检查工作，发现问题要严肃处理。

(一)在清产核资土地清查估价中，凡当地人民政府、物价部门或清产核资机构会同土地管理部门已规定不收费或已制定限制收费标准的地区，仍应严格执行原规定。

(二)对于少数企业自愿委托具有土地估价资格的中介机构进行估价的，必须由企业出具自愿委托书；对中介机构进行清产核资土地清查估价的收费标准要严格按国家有关规定控制，凡以各种名目向企业过高收费或"乱收费"的，有关企业、单位应拒绝，同级清产核资机构和土地管理部门要及时予以制止。

(三)在清产核资土地清查估价中，土地管理部门按"细则"规定对自行估价企业只提供有关价格资料的，只收取少量印制工本费；既提供有关地价资料，又帮助企业进行价格测算工作的，可收取少量印制工本费和估价费用，即：在同一城镇内，小型企业每户不超过200元；中型企业每户不超过500元；大型企业每户不超过1000元；对特大型企业、单位应按宗地数分段累进计收,宗地数在20宗以下的每宗不超过150元,21～50宗地每宗不超过100元,51～100宗地的每宗不超过50元,101～200宗地的每宗不超过20元,宗地在201宗以上的视同200宗收费。对困难和亏损企业要免收或适当减收。

(四)各级土地管理部门和参与清产核资土地清查估价工作的中介机构,在收费上对中央企业、外埠企业和本地企业必须一视同仁,不得实行双重待遇,多收部分应予退回,否则视为"乱收费"予以查处。

(五)各级土地管理部门对中央企业和外埠企业发放"土地使用证"、"土地权属证明"和进行土地估价结果确认时,也必须一视同仁,不得实行双重待遇,不得以收费等为由拖延发放和确认。

(六)在清产核资土地清查估价工作中,任何单位不得在土地估价结果审查、确认、批复等环节"搭车"收费,更不能进行确认和审批等收费,对于强行"搭车"收费和"乱收费"作为协助土地估价或进行确认和审批条件的,企业有权拒绝。

各地区、各部门发现清产核资土地清查估价过高收费、"乱收费"或强行"搭车"收费情节严重的,请及时向财政部清产核资办公室和国家土地管理局地籍司反映,经核实后将在全国通报批评,并按有关规定进行处理。

十一、各地区、各部门要及时了解掌握所属企业进行土地清查估价的进展情况,认真督促进度迟缓的企业加快工作步伐。各级国有企业根据国家规定的工作方法和价格标准完成清产核资土地清查估价工作后,在规定期限内土地管理部门要及时予以确认,清产核资机构要及时以予审批,没理由又不予以审核、确认或审批的,可按行政和财务隶属关系直接报上一级土地管理部门和清产核资机构,并附属情况说明,由上一级土地管理部门及清产核资机构组织进行会审确认或进行批复。

附件1:全国主要城市分等

附件2:全国主要城市基准地价最低限额

附件3:全国主要城市清产核资土地估价入帐修正指导价

附件1

全国主要城市分等

一等	北京　上海　深圳　广州
二等	天津　沈阳　大连　厦门　青岛　杭州　福州　南京　武汉　重庆　成都
三等	石家庄　宁波　济南　长沙　哈尔滨　郑州　西安　长春
四等	南昌　南宁　太原　合肥　昆明　海口
五等	贵阳　兰州　乌鲁木齐
六等	呼和浩特　西宁　银川　拉萨

附件2

全国主要城市基准地价最低限额

单位:元/平方米

类别＼用途	最高级别			最低级别		
	商业	住宅	工业	商业	住宅	工业
一　等	9000	4000	1500	600	350	300
二　等	5500	3000	1000	450	320	200
三　等	3600	1800	800	350	300	180
四　等	2700	1300	600	300	250	180
五　等	2000	700	400	200	180	150
六　等	1000	500	200	150	120	100
备　注	1. 此地价标准为各类城市最高级别和最低级别的最低限额 2. 该地价为现实利用状况下的价格 3. 此标准仅适用于城市市区,远郊区县、独立工矿应另行酌情处理 4. 边远县镇基准地价最低限额不得低于每平方米20元					

附件 3　　**全国主要城市清产核资土地估价入帐修正指导价**　　单位:元/平方米

类别＼用途	最高级别			最低级别		
	商业	住宅	工业	商业	住宅	工业
一　等	4500	2000	750	300	175	150
二　等	2750	1500	500	225	160	100
三　等	1800	900	400	175	150	90
四　等	1350	650	300	150	125	90
五　等	1000	350	200	100	90	75
六　等	500	250	100	75	60	50
备　注	1. 此为主要城市入帐修正最高级别和最低级别参照标准 2. 此入帐参照标准按基准价格最低限额的 50％计算 3. 边远县镇土地最低入帐价不得低于每平方米 10 元					

关于对土地价格评估机构进行登记管理有关问题的通知

（国家土地管理局　国家工商行政管理局
〔1995〕国土〔籍〕字第 10 号）

各省、自治区、直辖市土地（国土）管理局（厅）、工商行政管理局：

为规范土地估价行为，建立符合社会主义市场经济需要的土地价格评估中介服务机构，根据《中华人民共和国城市房地产管理法》第五十六、五十七条和国家有关企业登记管理法规，现就土地价格评估机构登记管理的有关问题通知如下：

一、设立从事土地价格评估的中介服务机构，应依照《中华人民共和国企业法人登记管理条例》和《中华人民共和国公司登记管理条例》的规定，向工商行政管理部门申请登记，领取营业执照后，方可开业。

二、申请设立土地价格评估机构，除具备国家法律、行政法规规定的条件外，还应具有与其经营范围相适应的注册资金和专业人员。有二名以上土地估价师和 10 万元以上注册资金的土地价格评估机构，可在其住所所在地市、县范围内从事土地估价工作；有四名以上土地估价师和 20 万元以上注册资金的土地价格评估机构，可在其住所所在地省级行政区范围内从事土地估价工作；有七名以上土地估价师和 50 元万以上注册资金的土地价格评估机构，可在全国范围内从事土地估价工作。

设立土地价格评估机构申请公司登记的，应参照上述条件，具体核定其经营范围。

三、国家核拨经费的事业单位、科技性的社会团体设立不具备企业法人条件的土地价格评估机构，由该单位申请登记，经工商行政管理部门核准，领取营业执照后，方可从事土地估价活动。具体经营范围，应参照本通知第二条规定的条件核定。

四、各级土地管理部门已批准设立的土地估价事务所、地产咨询服务中心等从事土地价格评估的机构，具备法人条件而尚未进行企业法人登记的，应按照《中华人民共和国企业法人登记管理条例》和本通知的要求，向工商行政管理部门申请企业法人开业登记；已设立的不具备企业法人条件的土地价格评估机构，尚未进行营业登记的，应向工商行政管理部门申请营业登记。

五、本通知下达前已核准登记的，不再进行重新登记或重新核定经营范围。尚未进行登记的，应在工商行政管理部门规定的时间内办理登记，但最迟不得超过1995年5月1日。逾期不登记而承接土地估价业务的，由工商行政管理机关依法进行处理。

六、经工商行政管理部门登记注册的土地价格评估机构，应于登记后30日内到土地管理部门备案。其中，在全国范围内从事土地估价工作的，到国家土地管理局备案；在省级行政区范围内从事土地估价工作的，到省级土地管理部门备案。

七、依法登记和备案的土地价格评估机构承担土地估价业务时，按国家有关土地管理的规定，可由具有土地估价师资格的人员到土地所在的土地管理部门，查阅有关资料。各级土地管理部门，不得向未经工商行政管理部门登记和未向土地管理部门备案的土地价格评估机构和人员提供资料。

各土地价格评估机构承担的土地估价业务，在土地估价报告送交委托人的同时，应抄报土地所在地的土地管理部门。

八、各级工商行政管理部门和土地管理部门要密切配合，共同做好土地估价机构管理工作。

关于对具备土地价格评估资格的中介服务机构进行确认的通知

（国家土地管理局　国家计划委员会
〔1995〕国土〔籍〕字第71号）

各省、自治区、直辖市土地（国土）管理局（厅）、物价局（委员会）：

为了加强对中介服务机构土地价格评估收费的管理，规范房地产市场中介服务收费行为，根据《国家计划委员会、国家土地管理局关于土地价格评估收费的通知》（计价格〔1994〕2017号）精神，对具备土地价格评估资格的中介服务机构实施确认。现就有关问题通知如下：

一、土地价格评估资格确认的范围：经工商行政管理部门注册登记，领取营业执照，具有土地价格评估资格的中介服务机构。

二、土地价格评估机构资格确认的条件：

1．领有中介服务机构营业执照；

2．工商注册登记的经营范围中允许从事土地价格评估；

3．机构中现有评估专业人员条件与工商注册登记要求相符。

本通知下发前已进行了工商注册登记的中介服务机构，符合本规定前两项条件，在机构中有2人具有中级技术职称，并持有省级土地、物价有关部门颁发估价资格证书的，可对其首次申请进行确认。

三、土地价格评估资格确认的程序：

1．中介服务机构按以下规定向土地、物价部门提出确认申请。国家工商行政管理局颁发营业执照的，向国家土地管理局、国家计委提出确认申请；省级工商行政管理部门颁发营业执照的，向省级土地、物价部门提出确认申请；市、县工商行政管理部门颁发营业执照的，向市、县、土地、物价部门提出确认申请。

2．土地、物价部门对中介服务机构提供的以下材料，按确认条件进行审核：

（1）土地价格评估资格确认申请表（见附表）；

（2）中介服务机构土地估价专业人员证明材料；

(3)中介服务机构工商注册的法人营业执照或营业执照;

(4)中介服务机构拟执行的收费标准;

(5)规定报送的其他材料。

3. 审核无误后,土地、物价部门在土地价格评估资格确认申请表的确认栏中加盖公章,对中介机构的资格予以确认。

四、经土地、物价部门确认土地估价资格的中介机构,可按规定进行估价收费。地方物价部门规定需申领收费许可证的,中介机构应在申请确认的同时,申领收费许可证。

五、土地价格评估资格确认的有效期限为二年,期满后应重新申请土地价格评估资格确认。

六、土地估价资格确认合格的中介机构,要严格执行物价部门制定的收费原则和标准,并自觉接受物价检查部门的监督检查。

七、各省、自治区、直辖市土地、物价部门可根据以上规定制定具体实施办法。

附件:土地价格评估资格确认申请表

附件

土地价格评估资格确认申请表

单位名称						法人代表	
地　址						电话号码	
工商登记机关						营业执照号	
注册资金			机构成立时间		邮政编码		
单位性质				机构主管机关			
土地估价人员状况	专职人员(人)	姓名	年龄	职称	职务	专业	证明材料
	兼职人员(人)	姓名	年龄	职称	职务	专业	证明材料
土地管理部门确认意见(盖章)				物价管理部门确认意见(盖章)			

注:1. 土地估价专职人员资格证明材料需附从事土地估价的有关资格证书和中级以上职称证书复印件。

2. 此表一式叁份,土地、物价部门及估价机构各存一份。

自然保护区土地管理办法

（国家土地管理局　国家环境保护局
〔1995〕国土〔法〕字第117号）

第一章　总　　则

第一条　为加强自然保护区土地管理，根据《中华人民共和国土地管理法》、《中华人民共和国环境保护法》和《中华人民共和国自然保护区条例》的有关规定，制定本办法。

第二条　本办法适用于依法划定的自然保护区内及其外围保护地带的土地管理。

第三条　县级以上人民政府土地管理行政主管部门统一管理自然保护区的土地；环境保护行政主管部门对自然保护区实施综合管理。

第四条　禁止任何单位和个人危害、破坏自然保护区的土地。

一切单位和个人都有保护自然保护区土地的义务，并有权对违反自然保护区土地管理的行为进行检举和控告。

第五条　对保护和管理自然保护区土地成绩显著的单位和个人，由人民政府或主管部门给予奖励。

第二章　地　　籍

第六条　县级以上地方人民政府土地管理行政主管部门对本辖区自然保护区土地资源的数量、质量、类型、分布利用和土地权属状况等基本情况进行调查、统计、登记，建立地籍档案制度，并将有关资料抄送同级环境保护行政主管部门。

第七条　自然保护区内的土地，依法属于国家所有或者集体所有。

自然保护区内的国有土地使用者和集体土地所有者，应当依照国家土地管理法律、法规，向县级以上地方人民政府土地管理行政主管部门申请办理土地登记，领取土地证书。依法确定的土地所有权和使用权，不因自然保护区的划定而改变。

依法改变土地的所有权或者使用权的，必须向县级以上地方人民政府土地管理行政主管部门申请办理土地权属变更登记手续，更换土地证书。

第八条　自然保护区内土地的所有权和使用权争议，依照《土地管理法》的有关规定办理。

第三章　规　　划

第九条　自然保护区及其依法划定的外围保护地带的土地利用规划，应当在县级以上人民政府土地利用总体规划指导下，由县级以上人民政府土地管理行政主管部门和环境保护行政主管部门会同有关行政主管部门编制，经同级人民政府审查同意后，报上一级人民政府批准执行。

第十条　县级以上人民政府土地管理行政主管部门应当参与自然保护区建设规划的编制和同级人民政府对自然保护区规划的审查工作。

第十一条　自然保护区及其外围保护地

带的土地利用规划应当纳入土地利用总体规划和环境保护规划。

第四章　保　　护

第十二条　新建、扩建自然保护区或者划定自然保护区的核心区和缓冲区，需要征用集体所有土地或者划拨国有土地的，依照《土地管理法》的有关规定办理。

第十三条　自然保护区的范围和界线由批准建立自然保护区的人民政府确定，并标明区界，予以公告。

第十四条　自然保护区管理机构可以按照批准建立自然保护区的人民政府划定的自然保护区范围和界线，设置界标。

因自然保护区范围和界线不清而发生的争议，由环境保护行政主管部门会同有关自然保护区主管部门和其他有关部门提出意见，报批准建立自然保护区的人民政府决定。

任何单位和个人，不得擅自移动自然保护区的界标。

第十五条　自然保护区内土地的使用，不得违反有关环境和资源保护法律的规定。

依法使用自然保护区内土地的单位和个人必须严格按照土地登记和土地证书规定的用途使用土地，并严格遵守有关法律的规定。改变用途时，需事先征求环境保护及有关自然保护区行政主管部门的意见，由县级以上人民政府土地管理行政主管部门审查，报县级以上人民政府批准。

第十六条　在自然保护区内依法使用土地的单位和个人，不得擅自扩大土地使用面积；因特殊情况确需扩大土地使用面积，而且不致危害自然保护区内自然环境和自然资源及其保护对象的，由自然保护区管理机构提出，经其上级行政主管部门同意，并通过环境保护行政主管部门审批的环境影响评价后，经县级以上人民政府土地管理行政主管部门审查，报县级以上人民政府批准。

第十七条　禁止在自然保护区及其外围保护地带建立污染、破坏或者危害自然保护区自然环境和自然资源的设施。对此类设施用地，土地管理行政主管部门不予办理用地手续。建立其他设施，其污染排放不得超过规定的排放标准。已经建立的设施，其污染物排放超过规定排放标准的，应当依法限期治理或者搬迁。

第十八条　禁止在自然保护区内进行开垦、开矿、采石、挖砂等活动；但是，法律、行政法规另有规定的除外。

在自然保护区所划定的区域开展旅游，应维持原地貌和景观不受破坏和污染。

在自然保护区外围保护地带，当地群体可以照常生产、生活，但是不得进行危害自然保护区功能的活动。

自然保护区内的土地受到破坏并能够复垦恢复的，有关单位和个人应当负责复垦，恢复利用。

第十九条　因自然保护区建设和其他特别需要在自然保护区内及外围保护地带修筑有关建设项目时，必须编制环境影响报告书（表），并按照有关法规规定的程序，报环境保护行政主管部门审批；建设项目用地，应当向县级以上地方人民政府土地管理行政主管部门提出申请，依法办理用地审批手续。

不得在自然保护区的核心区和缓冲区建设任何生产设施。

第二十条　禁止任何单位和个人破坏、侵占、买卖或者以其他形式非法转让自然保护区内的土地。

自然保护区的土地受到破坏、侵占、买卖或者非法转让时，土地管理行政主管部门和自然保护区管理机构有权制止，由土地管理行政主管部门依照《土地管理法》的有关规定处理。

第二十一第　县级以上人民政府土地管理和环境保护行政主管部门有权对本辖区内自然保护区的土地利用情况进行监督检查。被检查的单位应当如实反映情况，提供必要的资料。检查机关应当为被检查的单位保守技术秘密和业务秘密。

第五章　罚　　则

第二十二条　违反本办法规定，破坏、侵占、买卖或者以其他形式非法转让自然保护区内土地的，由县级以上人民政府土地管理行政主管部门依照《土地管理法》有关规定处罚。

第二十三条　违反本办法规定，造成自然保护区环境污染和破坏的，由县级以上人民政府环境保护行政主管部门给予警告、罚款，并责令其改正。

第二十四条　违反本办法规定，环境影响报告书（表）未经环境保护行政主管部门审批擅自施工的，由环境保护行政主管部门依照建设项目环境管理的有关规定处罚；未经批准，建设项目非法占用土地的或者未按批准用途、要求使用土地的，由县级以上地方人民政府土地管理行政主管部门依照《土地管理法》有关规定处罚。

第二十五条　违反本办法规定，擅自移动或者破坏自然保护区界标的，由自然保护区管理机构给予警告，责令其改正，并可依法处以罚款。

第二十六条　违反本办法规定，构成触犯治安管理违法行为的，由公安机关依照《中华人民共和国治安管理处罚条例》的有关规定处罚。

第二十七条　违反本办法规定，构成犯罪的，由司法机关依法追究有关责任人员的刑事责任。

第二十八条　当事人对土地管理或者环境保护行政主管部门依据本办法规定作出的行政处罚不服的，可以依照《行政复议条例》和《中华人民共和国行政拆讼法》申请复议和提起诉讼。

第二十九条　自然保护区管理机构工作人员和其他有关国家机关工作人员玩忽职守、滥用职权、徇私舞弊的，由其所在单位或者其上级主管部门给予行政处分；构成犯罪的，依法追究刑事责任。

第六章　附　　则

第三十条　各省、自治区、直辖市人民政府土地管理行政主管部门会同环境保护行政主管部门，可以根据本办法制定具体的实施规定。

第三十一条　本办法自发布之日起施行。国家土地管理局和国家环境保护局1989年8月10日发布的《关于加强自然保护区土地管理工作的通知》同时废止。

三、国家土地管理局有关法律、法规性文件

土地监察暂行规定

（1995年6月7日国家土地管理局局务会议审议通过
1995年6月12日国家土地管理局令 [1995]第1号发布，自发布之日起施行）

第一章 总 则

第一条 为了保证国家土地法律、法规的实施，加强土地监察工作，根据国家有关法律、法规，制定本规定。

第二条 土地监察，是指土地管理部门依法对单位和个人执行和遵守国家土地法律、法规情况进行监督检查以及对土地违法者实施法律制裁的活动。

第三条 土地管理部门通过行使土地监察职权，维护土地的社会主义公有制，维护国家的土地管理秩序。

第四条 国家土地管理局主管全国土地监察工作。县级以上地方人民政府土地管理部门主管本行政区域内土地监察工作。

乡（镇）人民政府负责本行政区域内土地监察工作。

第五条 土地管理部门依照国家土地法律、法规独立行使土地监察职权，不受其他行政机关、社会团体和个人的干涉。

第六条 土地监察实行预防为主、预防和查处相结合的方针，遵循依法、及时、准确的原则。

第七条 土地监察工作必须以事实为依据，以法律为准绳，在适用土地法律、法规上人人平等。

第二章 土地监察机构和人员

第八条 土地监察机构，是土地管理部门按照内部职责划分设置的专门负责土地监察工作的职能机构。

县级以上地方人民政府土地管理部门应当设置土地监察机构，建立土地监察队伍。

市、县人民政府土地管理部门可以对区、乡（镇）土地监察工作实行集中统一管理。

第九条 县级以上地方人民政府土地管理部门经同级人民政府批准，可以向下一级人民政府土地管理部门委派土地监察专员，检查指导土地监察工作。

第十条 土地监察机构应当配备足够数量的土地监察人员。

土地监察人员应当具有较高的政治素质，通晓土地监察业务，熟悉土地法律、法规，忠于职守，秉公执法，清正廉明。

土地监察人员应当经过岗位培训并经考核合格方能任用。

第十一条 土地管理部门应当加强与有关部门的协作关系。在法律允许的范围内，

开展各种形式的联合执法活动。

第三章　土地监察职权

第十二条　土地管理部门的土地监察职责是：

（一）监督检查土地法律、法规的执行和遵守情况；

（二）受理对土地违法行为的检举、控告；

（三）调查处理土地违法案件；

（四）协助有关部门调查处理土地管理工作人员依法执行职务遭受打击报复的案件；

（五）对下级人民政府土地管理部门履行土地管理职责的情况进行监督检查；

（六）指导或者领导下级人民政府土地管理部门的土地监察工作。

第十三条　土地管理部门履行土地监察职责，享有以下权力：

（一）对单位和个人执行和遵守土地法律、法规情况依法进行检查；

（二）对违反土地法律、法规的行为依法进行调查；

（三）对正在进行的土地违法活动依法进行制止；

（四）对土地违法行为和土地侵权行为依法实施行政处罚和行政处理；

（五）对违反土地法律、法规，依法应当给予行政处分的个人和单位主管人员，依法提出给予行政处分的建议。

第十四条　土地管理部门依法行使土地监察职权，有权采取下列措施：

（一）查阅、复制与土地监察事项有关的文件、资料；

（二）要求监察对象提供或者报送有关的文件、资料以及其他必要情况；

（三）可以进入土地违法现场察看和测量，并询问有关人员；

（四）对依法受到限期拆除新建的建筑物和其他设施处罚但继续施工的单位和个人的设备、建筑材料等予以查封；

（五）其他依法可以采取的措施。

第十五条　土地管理部门报经同级人民政府批准，可以对下级人民政府的违法批地行为予以公告，宣布批准文件无效，注销土地使用证，对有关责任人员由其所在单位或者上级机关给予行政处分；构成犯罪的，依法追究刑事责任。

第十六条　土地监察人员依法执行职务时，必须佩带土地监察标志和出示土地监察证件。

土地监察标志和土地监察证件由国家土地管理局统一制定。

第十七条　拒绝、阻碍土地管理部门依法履行土地监察职责，或者对土地监察人员进行打击报复的，由土地管理部门提请公安机关依照治安管理处罚条例的有关规定进行处罚；构成犯罪的，依法追究刑事责任。

第四章　土地监察的内容和方式

第十八条　土地管理部门依法对单位和个人下列行为的合法性进行监督检查：

（一）建设用地行为；

（二）建设用地审批行为；

（三）土地开发利用行为；

（四）土地权属变更和登记发证行为；

（五）土地复垦行为；

（六）基本农田保护行为；

（七）土地使用权出让行为；

（八）土地使用权转让、出租、抵押、终止行为；

（九）房地产转让行为；

(十)其他行为。

第十九条 对本规定第十八条规定的检查内容,土地管理部门可以根据本地区的实际,采取下列方式进行监督检查:

(一)根据土地监察工作计划,定期、不定期地对监察对象执行和遵守土地法律、法规情况进行全面检查;

(二)针对某一地区的实际情况,对特定的监察对象的特定活动进行专项检查;

(三)为防止违法行为的发生,对监察对象活动的全过程进行事先检查、事中检查和事后检查。

第二十条 土地管理部门对下级人民政府土地管理部门制定的与国家土地法律、法规相抵触的规范性文件,可以责令其修改或者向下级人民政府提出撤销的建议。

土地管理部门发现下级人民政府制定的行政规章、规范性文件与国家土地法律、法规相抵触,可以向制定机关提出修改建议;必要时,可以向同级人民政府提出责令修改或者撤销的建议。

第二十一条 土地管理部门发现下级人民政府土地管理部门不履行法定职责或者消极执法的,有权责令限期改正或者报同级人民政府责令履行;对下级人民政府土地管理部门及其工作人员执行职务的违法行为有权提出处理意见,报有关部门依法追究法律责任。

土地管理部门发现下级人民政府土地管理部门的未经行政诉讼或者行政复议程序,但已发生法律效力的行政处罚决定确有错误的,可以责令下级人民政府土地管理部门重新处理,也可以自己依法处理。

第五章 土地监察工作制度

第二十二条 土地管理部门应当建立土地监察目标管理责任制度。

县级以上地方人民政府土地管理部门应当把土地监察工作纳入土地管理工作的目标考核体系。

第二十三条 土地管理部门应当建立土地监察工作报告制度。

土地管理部门应当定期向上一级人民政府土地管理部门报告土地监察工作。必要时,可以越级向上级人民政府土地管理部门报告。

第二十四条 土地管理部门应当建立巡回检查制度。

县级以上地方人民政府土地管理部门和乡(镇)土地管理人员应当认真进行巡回检查工作,发现问题及时处理。

土地管理部门应当采取专业人员与群众相结合的方式,建立和完善土地监察信息网络。

第二十五条 土地管理部门应当建立土地违法行为举报制度。

县级以上地方人民政府土地管理部门应当公开设置举报电话、信箱。

土地管理部门应当依法保护举报人的合法权益。

第二十六条 土地管理部门应当建立土地违法案件统计制度。

土地管理部门应当每年向上一级人民政府土地管理部门报送土地违法案件统计报表以及土地违法案件分析报告。

第二十七条 土地管理部门应当建立重大土地违法案件备案制度。

土地管理部门对自己处理的重大土地违法案件,应当在结案后一个月内报上一级人民政府土地管理部门备案。

第六章 土地违法案件查处

第二十八条 土地违法案件，是指违反土地法律、法规，依法应当追究法律责任的案件。

第二十九条 查处土地违法案件，必须做到事实清楚、证据确凿、定性准确、处理恰当、手续完备、适用法律、法规准确、符合法定程序和法定职责权限。

第三十条 土地管理部门查处土地违法案件，应当依照规定的程序进行，具体办法由国家土地管理局另行制定。

第三十一条 上级人民政府土地管理部门在必要时，可以将土地违法案件交下级人民政府土地管理部门查处，并对案件办理情况进行监督。下级人民政府土地管理部门对上级人民政府土地管理部门交办的土地违法案件，应当认真查处，并及时将查处结果向上级人民政府土地管理部门报告。

下级人民政府土地管理部门对其管辖的土地违法案件，认为需要由上级人民政府土地管理部门处理的，可以报请上级人民政府土地管理部门决定。

第三十二条 土地管理部门应当保证土地监察机构的办案经费和办案工具，改善办案条件。

第三十三条 对检举、揭发土地违法行为或者协助土地管理部门依法查处土地违法案件成绩显著的单位和个人，由人民政府或者土地管理部门给予奖励。

第七章 奖励和惩罚

第三十四条 土地管理部门及其工作人员在土地监察工作中有下列情形之一的，由人民政府或者土地管理部门给予表彰或者奖励：

（一）认真履行职责，依法执行公务成绩显著的；

（二）秉公执法，不徇私情，受到群众拥护的；

（三）实施国家土地法律、法规取得明显效益的。

第三十五条 土地监察人员玩忽职守、徇私枉法、滥用职权、姑息纵容土地违法行为的，由其所在单位或者上级主管机关给予行政处分；构成犯罪的，依法追究刑事责任。

第八章 附 则

第三十六条 本规定由国家土地管理局负责解释。

第三十七条 本规定自发布之日起施行。

协议出让国有土地使用权最低价确定办法

（1995年6月7日国家土地管理局局务会议审议通过，
1995年6月28日国家土地管理局令 ［1995］第2号发布，自发布之日起施行）

第一条 为了加强政府对出让国有土地使用权的宏观调控和管理，保障国有土地资产的收益，促进土地市场的健康发展，根据《中华人民共和国城市房地产管理法》有关规定，制定本办法。

第二条 本办法所称协议出让国有土地使用权最低价（以下简称“协议出让最低价”），是指上级人民政府为了宏观调控土地市场，防止低地价协议出让国有土地使用权而实施的出让金最低控制标准。

第三条 城市规划区范围内协议出让国有土地使用权最低价的确定，按照本办法规定执行。

第四条 协议出让最低价由省、自治区、直辖市人民政府土地管理部门会同有关部门拟定，报同级人民政府批准后下达市、县人民政府土地管理部门执行。

第五条 协议出让最低价根据商业、住宅、工业等不同土地用途和土地级别的基准地价的一定比例确定，具体适用比例由省、自治区、直辖市确定。但直辖市、计划单列市及省、自治区人民政府所在地的城市的具体适用比例，须报国家土地管理局核准。

基准地价按《城镇土地估价规程》确定。基准地价调整时，协议出让最低价应当作相应调整。

第六条 国家支持或重点扶持发展的产业及国家鼓励建设的项目用地，可以按行业或项目分类确定不同的协议出让最低价。

第七条 确定协议出让最低价应当综合考虑征地拆迁费用、土地开发费用、银行利息及土地纯收益等基本因素。

第八条 省、自治区、直辖市人民政府土地管理部门应当将确定的协议出让最低价在实施前报国家土地管理局备案。对确定协议出让最低价不符合本办法第七条规定要求的，国家土地管理局可以责令重新确定。

第九条 以协议方式出让国有土地使用权的出让金不得低于协议出让最低价。

第十条 以协议方式出让国有土地使用权的出让合同签订后，市、县人民政府土地管理部门应当将协议出让国有土地使用权出让金向社会公布。

第十一条 协议出让最低价执行情况，由确定和核准的人民政府土地管理部门负责监督检查。

以协议方式出让国有土地使用权时，其出让金低于协议出让最低价的，由负责监督检查的人民政府土地管理部门责令限期改正；逾期不改正的，土地使用权出让合同无效，由此造成的损失由出让方承担，有关责任人员由其所在单位或者上级机关视情节给予行政处分。

第十二条 本办法由国家土地管理局负责解释。

第十三条 本办法自发布之日起施行。

土地违法案件查处办法

（1995 年 11 月 13 日国家土地管理局局务会议审议通过，
1995 年 12 月 18 日国家土地管理局令 [1995]第 3 号发布，自 1996 年 3 月 1 日起施行）

第一章 总 则

第一条 为保证土地管理部门正确、及时查处土地违法案件，依法追究土地违法者的法律责任，维护土地的社会主义公有制和国家的土地管理秩序，根据国家有关土地法律、法规，制定本办法。

第二条 土地违法案件，是指违反土地法律、法规规定，依法应当追究行政法律责任的案件。

第三条 查处土地违法案件，必须以事实为根据，以法律为准绳，做到事实清楚、证据确凿、定性准确、处理恰当、手续完备、适用法律法规正确、符合法定程序和法定职责权限。

第四条 县级以上人民政府土地管理部门查处土地违法案件依照本办法的规定执行。

第二章 管 辖

第五条 土地违法案件由土地所在地土地管理部门管辖。

第六条 县级以上地方人民政府土地管理部门管辖本行政区域内发生的土地违法案件，依照本办法的规定应当由上级人民政府土地管理部门管辖的除外。

第七条 设区的市已实行土地监察集中统一管理体制的，由市人民政府土地管理部门管辖所辖区内的土地违法案件，依照本办法的规定应当由上级人民政府土地管理部门管辖的除外。

第八条 政府非法批地的土地违法案件，由上级人民政府土地管理部门管辖。

第九条 国家土地管理局管辖下列案件：

（一）国务院交办的省级人民政府非法批地的案件或者其他案件；

（二）在全国范围内有重大影响的案件；

（三）法律、法规规定由其管辖的案件。

第十条 有管辖权的土地管理部门因特殊原因不能行使管辖权的，由上级人民政府土地管理部门指定管辖。

管辖权有争议的土地违法案件，争议双方应当协商解决；协商不成的，报共同的上级人民政府土地管理部门指定管辖。

第十一条 上级人民政府土地管理部门在必要时，可以查外下级人民政府土地管理部门管辖的土地违法案件，也可以将自己管辖的土地违法案件交下级人民政府土地管理部门查处。

下级人民政府土地管理部门对其管辖的土地违法案件，认为需要由上级人民政府土地管理部门处理的，可以报请上级人民政府土地管理部门决定。

第十二条 上级人民政府土地管理部门对交由下级人民政府土地管理部门查处的土地违法案件，必要时可以督促办理。

上级人民政府土地管理部门发现下级人民政府土地管理部门对依法由其管辖的土地违法案件不查处或者不及时查处的，可以发出土地违法案件查处督办通知书，必要时也可以自己依法查处。

第三章 受理和立案

第十三条 土地管理部门对上级交办、其他部门移送和群众举报的土地违法案件，应当受理。

第十四条 举报案件可用书面或者口头举报方式。

土地管理部门受理口头举报案件，必须详细记录，经核对无误后，由举报人签名或者盖章。

举报人举报案件，应当尽量使用真实姓名；举报人不愿意使用真实姓名并要求保密的，土地管理部门应当尊重举报人的意愿。

第十五条 土地管理部门受理的举报案

件，发现不属于自己管辖的，应当向举报人说明，同时将举报信函或者笔录移送给有权处理的机关。

第十六条 土地管理部门受理土地违法案件后，应当进行审查，凡符合立案条件的，应当及时立案查处；不符合立案条件的，应当告知交办、移送案件的单位或者举报人。

第十七条 符合下列条件的土地违法案件，土地管理部门应当立案：

（一）有明确的行为人；

（二）有违反土地法律、法规的事实；

（三）依照土地法律、法规的规定应当追究法律责任的；

（四）属本部门管辖和职责范围内处理的。

第十八条 土地管理部门对在巡回检查中发现的违反土地法律、法规的行为，应当及时制止。对符合本办法第十七条规定的违法行为，应当立案。

第十九条 符合立案条件的案件，应当填写《土地违法案件立案呈批表》，经土地管理部门主管领导批准后立案。

第二十条 土地管理部门立案处理的重大案件，应当抄报上一级人民政府土地管理部门备案。

第四章 调查和处理

第二十一条 经批准立案的案件，土地管理部门应当及时指派承办人。

承办人应当全面、客观、公正地调查、收集有关证据。

承办人调查取证时，不得少于两人，并应当向被调查人出示土地执法证件。

第二十二条 承办人可以向当事人、证人或者关系人提出询问，并应当制作询问笔录。询问笔录由被调查人阅读或者向其宣读，并由调查人和被调查人签名或者盖章。

第二十三条 承办人在必要时，可以勘验物证或者现场。

勘验物证或者现场，勘验人员应当邀请有关组织或者人员参加。

勘验人员勘验时，可以对物证或者现场进行拍照和测量。对勘验情况和结果应当制作笔录，由勘验人员、见证人和当事人签名或者盖章。

当事人拒绝参加的，不影响勘验的进行。

第二十四条 证据有下列几种：

（一）物证；

（二）书证；

（三）视听材料；

（四）证人证言；

（五）当事人陈述；

（六）调查笔录和勘测笔录；

（七）鉴定结论；

（八）其他。

承办人必须认真鉴别上述证据，未经查证属实，不得作为认定事实的根据。

第二十五条 经立案调查认定有违法行为的，土地管理部门应当及时发出《责令停止土地违法行为通知书》，送达当事人。

第二十六条 承办人在案件调查结束后，应当根据事实和法律、法规，提出《土地违法案件调查报告》。

第二十七条 土地违法案件应当由土地管理部门领导集体审议，但实行行政首长负责制。审议应当制作笔录，由参加审议的成员签名。审议中的不同意见，应当如实记人笔录，并将笔录归入案卷。

第二十八条 经审议的土地违法案件，土地管理部门应当分别情况予以处理：

（一）认定举报不实或者证据不足，未发现违法事实的，发出《撤销立案决定书》，立案予以撤销，重大案件的撤销应当报上一级人

土地权属争议处理暂行办法

(1995年11月13日国家土地管理局局务会议审议通过,
1995年12月18日国家土地管理局令 [1995]第4号发布,自1996年2月1日起施行)

第一章 总 则

第一条 为了依法处理土地权属争议,保护土地所有者和土地使用者的合法权益,维护经济秩序和社会安定,根据《中华人民共和国土地管理法》,制定本办法。

第二条 处理土地权属争议,适用本办法。

本办法所称土地权属争议,是指因土地所有权和土地使用权的归属问题而发生的争议。

第三条 处理土地权属争议,应当从实际出发,尊重历史,面对现实,以法律、法规和土地管理规章为依据。

第四条 土地权属争议,由当事人协商解决;协商不成的,由当事人向土地管理部门申请处理,土地管理部门应当先进行调解;调解无效的,由人民政府作出处理决定。

第五条 土地权属争议由县级以上人民政府或者乡级人民政府处理。县级以上人民政府土地管理部门负责办理土地权属争议调处的具体工作。

第二章 申请和受理

第六条 发生土地权属争议当事人经协商解决不成的,可以依照本章规定向县级以上人民政府土地管理部门或者乡级人民政府提出处理申请。

第七条 县级人民政府土地管理部门受理下列土地权属争议案件:

(一)个人之间、个人与单位之间、单位与单位之间发生的土地权属争议案件;

(二)跨乡级行政区域的土地权属争议案件;

(三)同级人民政府和上级人民政府土地管理部门交办的土地权属争议案件。

前款第(一)项规定的个人之间、个人与单位之间发生的土地权属争议案件,也可以由乡级人民政府受理和处理。

第八条 自治州、设区的市人民政府土地管理部门受理下列土地权属争议案件:

(一)跨县级行政区域的土地权属争议案件;

(二)同级人民政府和上级人民政府土地管理部门交办的土地权属争议案件。

第九条 省、自治区、直辖市人民政府土地管理部门受理下列土地权属争议案件:

(一)跨自治州、设区的市行政区域的土地权属争议案件;

(二)本行政区域内有较大影响的土地权属争议案件;

(三)同级人民政府和国家土地管理局交办的土地权属争议案件。

第十条 国家土地管理局受理下列土地权属争议案件:

(一)全国有较大影响的土地权属争议案件;

(二)国务院交办的土地权属争议案件。

第十一条 有管辖权的土地管理部门因特殊原因不能行使土地权属争议管辖权的，由上级人民政府土地管理部门指定管辖。

土地权属争议管辖权发生争议的，由争议双方协商解决；协商不成的，报争议双方共同的上级人民政府土地管理部门指定管辖。

第十二条 土地管理部门发现受理的土地权属争议案件不属于自己管辖的，应当告知申请人到有管辖权的土地管理部门提出处理申请，或者直接移送有管辖权的土地管理部门。

第十三条 上级人民政府土地管理部门可以办理下级人民政府土地管理部门管辖的土地权属争议案件，也可以将自己管辖的土地权属争议案件交下级人民政府土地管理部门办理。

下级人民政府土地管理部门对其管辖的土地权属争议案件，认为需要由上级人民政府土地管理部门办理的，可以报请上级人民政府土地管理部门决定。

第十四条 当事人申请处理土地权属争议，应当提交书面申请书。

申请书应当载明以下事项：

(一)申请人和对方当事人的姓名或者名称、地址、邮政编码、法定代表人姓名、职务；

(二)请求的事项、事实和理由；

(三)有关证据；

(四)证人的姓名、工作单位或者住址、邮政编码。

第十五条 当事人可以委托代理人代为申请处理土地权属争议。委托代理人申请的，应当提交授权委托书。授权委托书必须写明委托事项和权限。

第十六条 土地管理部门接到当事人的处理申请后，应当在十五日内决定是否受理。

决定受理的，应当在决定受理之日起十日内将申请书副本发送对方当事人。对方当事人应当在接到申请书副本之日起三十日内提交答辩书和有关证据；逾期不提交答辩书的，不影响案件的处理。

决定不受理的，应当在决定不受理之日起十日内书面通知申请人，并说明理由。

当事人对不予受理的决定不服的，可以依照《行政复议条例》或者《中华人民共和国行政诉讼法》申请行政复议或者提起行政诉讼。

第十七条 土地管理部门决定受理后，应当及时指定承办人员。

承办人员与案件处理有利害关系的，应当申请回避；当事人认为承办人员与案件处理有利害关系的，有权请求该承办人员回避。承办人员是否回避，由受理案件的土地管理部门决定。

第十八条 承办人员在办案过程中，可以向有关单位和个人调查取证。被调查的单位和个人有义务协助进行调查取证，并如实提供有关证明或者材料。

第十九条 在办案过程中，土地管理部门认为有必要对有争议的土地进行实地调查的，在实地调查时，应当通知当事人及有关人员到现场。必要时，可以邀请有关部门派人协助调查。

第二十条 土地权属争议双方当事人对各自提出的事实和理由负有举证责任，应当及时向土地管理部门提供有关证据。

第二十一条 证据有以下几种：

(一)人民政府颁发的确定土地权属的凭证；

(二)人民政府或者主管部门批准征用、划拨或者出让土地的文件；

(三)争议双方当事人依法达成的书面协议；

(四)人民政府或者司法机关处理争议的文件或者附图；

(五)证人证言；

(六)其他证据。

第二十二条 土地管理部门对当事人提供的证据必须经过查证属实，方可作为认定事实的根据。

第二十三条 在土地权属争议解决之前，任何一方不得改变土地的现状和破坏土地上的附着物，不得影响生产和在有争议的土地上兴建建筑物和其他附着物。擅自在有争议的土地上兴建建筑物和其他附着物的，土地管理部门有权责令停止施工。

第三章 调解和处理

第二十四条 土地管理部门对受理的土地权属争议案件，应当在查清事实、分清责任的基础上先行调解。

第二十五条 调解应当符合自愿、合法的原则。

第二十六条 调解达成协议的，应当制作调解书。调解书应当写明：

(一)当事人的姓名或者名称、法定代表人姓名、职务；

(二)争议的主要事实；

(三)协议内容及其他有关事项。

调解书经当事人签名或者盖章，调处人员署名并加盖土地管理部门的印章后生效，具有法律效力，作为土地登记的依据。

第二十七条 调解未达成协议的，或者调解书送达前一方或者双方反悔的，土地管理部门应当及时提出处理意见，报人民政府作出处理决定。

第二十八条 处理决定应当包括以下内容：

(一)当事人的姓名或者名称、法定代表人的姓名、职务、地址；

(二)争议的事实、理由和要求；

(三)处理认定的事实和适用的法律、法规等依据；

(四)处理结果；

(五)不服处理决定申请行政复议和向人民法院起诉的期限。

第二十九条 当事人对处理决定不服的，可以依照《行政复议条例》或者《中华人民共和国行政诉讼法》申请行政复议或者提起行政诉讼；期满不申请复议，也不起诉的，处理决定即发生法律效力，作为土地登记的依据。

第三十条 下级人民政府土地管理部门负责办理的土地权属争议案件，应当在作出处理决定后三十日内将处理决定书报上一级人民政府土地管理部门备案。

第三十一条 上级人民政府发现下级人民政府作出的处理决定确有错误的，可以纠正或者要求下级人民政府重新处理。

第三十二条 调处土地权属争议需要重新确认所有权和使用权的，由县级以上人民政府确认所有权和使用权，核发土地证书。

第三十三条 土地管理部门在办案过程中发现受理的案件不属于土地权属争议案件，属于土地侵权或者土地违法案件的，应当依照土地侵权或者土地违法案件的有关规定处理。

第四章 奖励和惩罚

第三十四条 对在处理土地权属争议工作中作出显著成绩的单位和个人，由人民政府或者土地管理部门给予奖励。

第三十五条 在处理土地权属争议过程中，国家机关工作人员玩忽职守、滥用职权、徇私舞弊，构成犯罪的，依法追究刑事责任；不构成犯罪的，由其所在单位或者其上级主管部门给予行政处分；给当事人造成损失的，应当依法承担赔偿责任。

第五章　附　　则

第三十六条　处理土地权属争议案件的文书格式，由国家土地管理局统一制定。

第三十七条　乡级人民政府处理土地权属争议，参照本办法规定执行。

第三十八条　本办法不适用处理行政区域边界争议。

第三十九条　本办法由国家土地管理局负责解释。

第四十条　本办法自1996年2月1日起施行。

确定土地所有权和使用权的若干规定

（[1995]国土[籍]字第26号）

第一章　总　　则

第一条　为了确定土地所有权和使用权，依法进行土地登记，根据有关的法律、法规和政策，制定本规定。

第二条　土地所有权和使用权由县级以上人民政府确定，土地管理部门具体承办。

土地权属争议，由土地管理部门提出处理意见，报人民政府下达处理决定或报人民政府批准后由土地管理部门下达处理决定。

第二章　国家土地所有权

第三条　城市市区范围内的土地属于国家所有。

第四条　依据一九五〇年《中华人民共和国土地改革法》及有关规定，凡当时没有将土地所有权分配给农民的土地属于国家所有；实施一九六二年《农村人民公社工作条例修正草案》（以下简称《六十条》）未划入农民集体范围内的土地属于国家所有。

第五条　国家建设征用的土地，属于国家所有。

第六条　开发利用国有土地，开发利用者依法享有土地使用权，土地所有权仍属国家。

第七条　国有铁路线路、车站、货场用地以及依法留用的其他铁路用地属于国家所有。土改时已分配给农民所有的原铁路用地和新建铁路两侧未经征用的农民集体所有土地属于农民集体所有。

第八条　县级以上（含县级）公路线路用地属于国家所有。公路两侧保护用地和公路其他用地凡未经征用的农民集体所有的土地仍属于农民集体所有。

第九条　国有电力、通讯设施用地属于国家所有。但国有电力通讯杆塔占用农民集体所有的土地，未办理征用手续的，土地仍属于农民集体所有，对电力通讯经营单位可确定为他项权利。

第十条　军队接收的敌伪地产及解放后经人民政府批准征用、划拨的军事用地属于国家所有。

第十一条 河道堤防内的土地和堤防外的护堤地，无堤防河道历史最高洪水位或者设计洪水位以下的土地，除土改时已将所有权分配给农民，国家未征用，且迄今仍归农民集体使用的外，属于国家所有。

第十二条 县级以上（含县级）水利部门直接管理的水库、渠道等水利工程用地属于国家所有。水利工程管理和保护范围内未经征用的农民集体土地仍属于农民集体所有。

第十三条 国家建设对农民集体全部进行移民安置并调剂土地后，迁移农民集体原有土地转为国家所有。但移民后原集体仍继续使用的集体所有土地，国家未进行征用的，其所有权不变。

第十四条 因国家建设征用土地，农民集体建制被撤销或其人口全部转为非农业人口，其未经征用的土地，归国家所有。继续使用原有土地的原农民集体及其成员享有国有土地使用权。

第十五条 全民所有制单位和城镇集体所有制单位兼并农民集体企业的，办理有关手续后，被兼并的原农民集体企业使用的集体所有土地转为国家所有。乡（镇）企业依照国家建设征用土地的审批程序和补偿标准使用的非本乡（镇）村农民集体所有的土地，转为国家所有。

第十六条 一九六二年九月《六十条》公布以前，全民所有制单位，城市集体所有制单位和集体所有制的华侨农场使用的原农民集体所有的土地（含合作化之前的个人土地），迄今没有退给农民集体的，属于国家所有。

《六十条》公布时起至一九八二年五月《国家建设征用土地条例》公布时止，全民所有制单位、城市集体所有制单位使用的原农民集体所有的土地，有下列情形之一的，属于国家所有：

1．签订过土地转移等有关协议的；

2．经县级以上人民政府批准使用的；

3．进行过一定补偿或安置劳动力的；

4．接受农民集体馈赠的；

5．已购买原集体所有的建筑物的；

6．农民集体所有制企事业单位转为全民所有制或者城市集体所有制单位的。

一九八二年五月《国家建设征用土地条例》公布时起至一九八七年《土地管理法》开始施行时止，全民所有制单位、城市集体所有制单位违反规定使用的农民集体土地，依照有关规定进行了清查处理后仍由全民所有制单位、城市集体所有制单位使用的，确定为国家所有。

凡属上述情况以外未办理征地手续使用的农民集体土地，由县级以上地方人民政府根据具体情况，按当时规定补办征地手续，或退还农民集体。一九八七年《土地管理法》施行后违法占用的农民集体土地，必须依法处理后，再确定土地所有权。

第十七条 一九八六年三月中共中央、国务院《关于加强土地管理、制止乱占耕地的通知》发布之前，全民所制单位、城市集体所有制单位租用农民集体所有的土地，按照有关规定处理后，能够恢复耕种的，退还农民集体耕种，所有权仍属于农民集体；已建成永久性建筑物的，由用地单位按租用时的规定，补办手续，土地归国家所有。凡已经按照有关规定处理了的，可按处理决定确定所有权和使用权。

第十八条 土地所有权有争议，不能依法证明争议土地属于农民集体所有的，属于国家所有。

第三章 集体土地所有权

第十九条 土地改革时分给农民并颁发了土地所有证的土地，属于农民集体所有；实施《六十条》时确定为集体所有的土地，属农民集体所有。依照第二章规定属于国家所有的除外。

第二十条 村农民集体所有的土地，按目前该村农民集体实际使用的本集体土地所有权界线确定所有权。

根据《六十条》确定的农民集体土地所有权，由于下列原因发生变更的，按变更后的现状确定集体土地所有权。

（一）由于村、队、社、场合并或分割等管理体制的变化引起土地所有权变更的；

（二）由于土地开发、国家征地、集体兴办企事业或者自然灾害等原因进行过土地调整的；

（三）由于农田基本建设和行政区划变动等原因重新划定土地所有权界线的。行政区划变动未涉及土地权属变更的，原土地权属不变。

第二十一条 农民集体连续使用其他农民集体所有的土地已满二十年的，应视为现使用者所有；连续使用不满二十年，或者虽满二十年但在二十年期满之前所有者曾向现使用者或有关部门提出归还的，由县级以上人民政府根据具体情况确定土地所有权。

第二十二条 乡（镇）或村在集体所有的土地上修建并管理的道路、水利设施用地，分别属于乡（镇）或村农民集体所有。

第二十三条 乡（镇）或村办企事业单位使用的集体土地，《六十条》公布以前使用的，分别属于该乡（镇）或村农民集体所有；《六十条》公布时起至一九八二年国务院《村镇建房用地管理条例》发布时止使用的，有下列情况之一的，分别属于该乡（镇）或村农民集体所有：

1. 签订过用地协议的（不含租借）；

2. 经县、乡（公社）、村（大队）批准或同意，并进行了适当的土地调整或者经过一定补偿的；

3. 通过购买房屋取得的；

4. 原集体企事业单位体制经批准变更的。

一九八二年国务院《村镇建房用地管理条例》发布时起至一九八七年《土地管理法》开始施行时止，乡（镇）、村办企事业单位违反规定使用的集体土地按照有关规定清查处理后，乡（镇）、村集体单位继续使用的，可确定为该乡（镇）或村集体所有。

乡（镇）、村办企事业单位采用上述以外的方式占用的集体土地，或虽采用上述方式，但目前土地利用不合理的，如荒废、闲置等，应将其全部或部分土地退还原村或乡农民集体，或按有关规定进行处理。一九八七年《土地管理法》施行后违法占用的土地，须依法处理后再确定所有权。

第二十四条 乡（镇）企业使用本乡（镇）、村集体所有的土地，依照有关规定进行补偿和安置的，土地所有权转为乡（镇）农民集体所有。经依法批准的乡（镇）、村公共设施、公益事业使用的农民集体土地，分别属于乡（镇）、村农民集体所有。

第二十五条 农民集体经依法批准以土地使用权作为联营条件与其他单位或个人举办联营企业的，或者农民集体经依法批准以集体所有的土地的使用权作价入股，举办外商投资企业和内联乡镇企业的，集体土地所有权不变。

第四章 国有土地使用权

第二十六条 土地使用权确定给直接使用土地的具有法人资格的单位或个人。但法律、法规、政策和本规定另有规定的除外。

第二十七条 土地使用者经国家依法划拨、出让或解放初期接收、沿用，或通过依法转让、继承、接受地上建筑物等方式使用国有土地的,可确定其国有土地使用权。

第二十八条 土地公有制之前,通过购买房屋或土地及租赁土地方式使用私有的土地,土地转为国有后迄今仍继续使用的,可确定现使用者国有土地使用权。

第二十九条 因原房屋拆除、改建或自然坍塌等原因,已经变更了实际土地使用者的,经依法审核批准,可将土地使用权确定给实际土地使用者;空地及房屋坍塌或拆除后两年以上仍未恢复使用的土地,由当地县级以上人民政府收回土地使用权。

第三十条 原宗教团体、寺观教堂宗教活动用地,被其他单位占用,原使用单位因恢复宗教活动需要退还使用的,应按有关规定予以退还。确属无法退还或土地使用权有争议的,经协商、处理后确定土地使用权。

第三十一条 军事设施用地(含靶场、试验场、训练场)依照解放初土地接收文件和人民政府批准征用或划拨土地的文件确定土地使用权。土地使用权有争议的,按照国务院、中央军委有关文件规定处理后,再确定土地使用权。

国家确定的保留或地方代管的军事设施用地的土地使用权确定给军队,现由其他单位使用的,可依照有关规定确定为他项权利。

经国家批准撤销的军事设施,其土地使用权依照有关规定由当地县级以上人民政府收回并重新确定使用权。

第三十二条 依法接收、征用、划拨的铁路线路用地及其他铁路设施用地,现仍由铁路单位使用的,其使用权确定给铁路单位。铁路线路路基两侧依法取得使用权的保护用地,使用权确定给铁路单位。

第三十三条 国家水利、公路设施用地依照征用、划拨文件和有关法律、法规划定用地界线。

第三十四条 驻机关、企事业单位内的行政管理和服务性单位,经政府批准使用的土地,可以由土地管理部门商被驻单位规定土地的用途和其他限制条件后分别确定实际土地使用者的土地使用权。但租用房屋的除外。

第三十五条 原由铁路、公路、水利、电力、军队及其他单位和个人使用的土地,一九八二年五月《国家建设征用土地条例》公布之前,已经转由其他单位或个人使用的,除按照国家法律和政策应当退还的外,其国有土地使用权可确定给实际土地使用者,但严重影响上述部门的设施安全和正常使用的,暂不确定土地使用权,按照有关规定处理后,再确定土地使用权。一九八二年五月以后非法转让的,经依法处理后再确定使用权。

第三十六条 农民集体使用的国有土地,其使用权按县级以上人民政府主管部门审批、划拨文件确定;没有审批、划拨文件的,依照当时规定补办手续后,按使用现状确定;过去未明确划定使用界线的,由县级以上人民政府参照土地实际使用情况确定。

第三十七条 未按规定用途使用的国有土地,由县级以上人民政府收回重新安排使用,或者按有关规定处理后确定使用权。

第三十八条 一九八七年一月《土地管理法》施行之前重复划拨或重复征用的土地,可按目前实际使用情况或者根据最后一次划拨或征用文件确定使用权。

第三十九条 以土地使用权为条件与其他单位或个人合建房屋的,根据批准文件、合建协议或者投资数额确定土地使用权,但一九八二年《国家建设征用土地条例》公布后合建的,应依法办理土地转让手续后再确定土地使用权。

第四十条 以出让方式取得的土地使用权或以划拨方式取得的土地使用权补办出让手续后作为资产入股的,土地使用权确定给股份制企业。

国家以土地使用权作价入股的,土地使

用权确定给股份制企业。

国家将土地使用权租赁给股份制企业的，土地使用权确定给股份制企业。企业以出让方式取得的土地使用权或以划拨方式取得的土地使用权补办出让手续后，出租给股份制企业的，土地使用权不变。

第四十一条 企业以出让方式取得的土地使用权，企业破产后，经依法处置，确定给新的受让人；企业通过划拨方式取得的土地使用权，企业破产时，其土地使用权由县级以上人民政府收回后，根据有关规定进行处置。

第四十二条 法人之间合并，依法属于应当以有偿方式取得土地使用权的，原土地使用权应当办理有关手续，有偿取得土地使用权；依法可以以划拨形式取得土地使用权的，可以办理划拨土地权属变更登记，取得土地使用权。

第五章 集体土地建设用地使用权

第四十三条 乡(镇)村办企业事业单位和个人依法使用农民集体土地进行非农业建设的，可依法确定使用者集体土地建设用地使用权。对多占少用、占而不用的，其闲置部分不予确定使用权，并退还农民集体，另行安排使用。

第四十四条 依照本规定第二十五规定的农民集体土地，集体土地建设用地使用权确定给联营或股份企业。

第四十五条 一九八二年二月国务院发布《村镇建房用地管理条例》之前农村居民建房占用的宅基地，超过当地政府规定的面积，在《村镇建房用地管理条例》施行后未经拆迁、改建、翻建的，可以暂按现有实际使用面积确定集体土地建设用地使用权。

第四十六条 一九八二年二月《村镇建房用地管理条例》发布时起至一九八七年一月《土地管理法》开始施行时止，农村居民建房占用的宅基地，其面积超过当地政府规定标准的，超过部分按一九八六年三月中共中央、国务院《关于加强土地管理、制止乱占耕地的通知》及地方人民政府的有关规定处理后，按处理后实际使用面积确定集体土地建设用地使用权。

第四十七条 符合当地政府分户建房规定而尚未分户的农村居民，其现有的宅基地没有超过分户建房用地合计面积标准的，可按现有宅基地面积确定集体土地建设用地使用权。

第四十八条 非农业户口居民(含华侨)原在农村的宅基地，房屋产权没有变化的，可依法确定其集体土地建设用地使用权。房屋拆除后没有批准重建的，土地使用权由集休收回。

第四十九条 接受转让、购买房屋取得的宅基地，与原有宅基地合计面积超过当地政府规定标准，按照有关规定处理后允许继续使用的，可暂确定其集体土地建设用地使用权。继承房屋取得的宅基地，可确定集体土地建设用地使用权。

第五十条 农村专业户宅基地以外的非农业建设用地与宅基地分别确定集体土地建设用地使用权。

第五十一条 按照本规定第四十五条至第四十九条的规定确定农村居民宅基地集体土地建设用地使用权时，其面积超过当地政府规定标准的，可在土地登记卡和土地证书内注明超过标准面积的数量。以后分户建房或现有房屋拆迁、改建、翻建或政府依法实施规划重新建设时，按当地政府规定的面积标准重新确定使用权，其超过部分退还集体。

第五十二条 空闲或房屋坍塌、拆除两年以上未恢复使用的宅基地，不确定土地使用权。已经确定使用权的，由集体报经县级人民政府批准，注销其土地登记，土地由集体收回。

第六章　附　　则

第五十三条　一宗地由两个以上单位或个人共同使用的，可确定为共有土地使用权。共有土地使用权面积可以在共有使用人之间分摊。

第五十四条　地面与空中、地面与地下立体交叉使用土地的（楼房除外），土地使用权确定给地面使用者，空中和地下可确定为他项权利。

平面交叉使用土地的，可以确定为共有土地使用权；也可以将土地使用权确定给主要用途或优先使用单位，次要和服从使用单位可确定为他项权利。

上述两款中的交叉用地，如属合法批准征用、划拨的，可按批准文件确定使用权，其他用地单位确定为他项权利。

第五十五条　依法划定的铁路、公路、河道、水利工程、军事设施、危险品生产和储存地、风景区等区域的管理和保护范围内的土地，其土地的所有权和使用权依照土地管理有关法规确定。但对上述范围内的土地的用途，可以根据有关的规定增加适当的限制条件。

第五十六条　土地所有权或使用权证明文件上的四至界线与实地一致，但实地面积与批准面积不一致的，按实地四至界线计算土地面积，确定土地的所有权或使用权。

第五十七条　他项权利依照法律或当事人约定设定。他项权利可以与土地所有权或使用权同时确定，也可在土地所有权或使用权确定之后增设。

第五十八条　各级人民政府或人民法院已依法处理的土地权属争议，按处理决定确定土地所有权或使用权。

第五十九条　本规定由国家土地管理局负责解释。

第六十条　本规定自一九九五年五月一日起施行。一九八九年七月五日国家土地管理局印发的《关于确定土地权属问题的若干意见》同时停止执行。

国家土地管理局

1995 年 3 月 11 日

关于土地价格评估机构备案管理有关问题的通知

（[1995]国土[籍]字第 83 号）

各省、自治区、直辖市土地（国土）管理局（厅）：

为进一步完善土地价格评估机构的管理制度，规范土地估价行为，根据国家土地管理局、国家工商行政管理局《关于对土地价格评估机构进行登记管理有关问题的通知》（[1995]国土[籍]字第 10 号，以下简称《通知》）和我局对土地估价机构管理的有关规定，现就土地价格评估机构（以下简称机构）备案管理中的有关问题通知如下：

一、符合下列条件的机构应在规定期限内到国家土地管理局或省级土地管理部门办理备案手续：

（一）已依法进行工商注册登记，领取中介服务营业执照；

（二）工商登记核准的主营范围内允许从

事土地价格评估；

（三）估价机构现有专业人员条件和注册资金数额满足《通知》第二条的要求。其中机构中有7名以上土地估价师和50万元以上注册资金，在全国范围内从事土地估价工作的向国家土地管理局申请备案。

凡本通知下发前已经领取国家或省级土地管理部门颁发的土地估价资格证书的机构，也要依照本通知申请在今年12月底前备案。

二、办理备案手续时，须提交以下材料：

（一）机构备案申请报告；

（二）机构备案申请表；

（三）企业法人营业执照或营业执照复印件；

（四）土地估价师资格证书、专业技术人员职称或资格证明等复印件；

（五）机构组织章程。

1994年底前设立的机构还应提交3宗土地估价报告（1式2份）。

三、国家或省级土地管理部门接到备案申请后，对提交的备案材料进行全面的审查。对符合条件的机构予以备案，颁发备案证书。

具备土地估价师资格的人员只能在一家机构中从事土地价格评估。已在两家以上机构中从事估价工作的，必须在本通知下发之日起，保留一家，辞去其他家的估价业务。同一土地估价师在两家或两家以上机构中从事土地价格评估的，一经查实，由国家土地管理局取消其土地估价师资格。

四、经备案的机构在地方承担土地估价业务时，土地所在地的土地管理部门应允许机构中具有土地估价师资格的专职人员按规定查阅有关资料，不得以各种借故，不提供资料或拒不确认结果等。

五、完成土地估价业务后，在土地估价报告送交委托人的同时，应将相同内容报告抄送土地所在地的市、县土地管理部门。

六、各级土地管理部门在进行土地登记和地价管理等工作中，对未按规定进行备案的机构完成的土地估价报告，不得进行土地估价结果确认或作为土地登记、地价管理的依据。

七、国家或省级土地管理部门对完成备案的机构定期向社会公布。在国家土地管理局备案的机构由国家土地管理局公布；在省级土地管理部门备案的机构由省级土地管理部门公布，并抄报国家土地管理局。

八、市、县土地管理部门应加强对当地设立和从事土地估价业务的机构的管理。对机构从业水平、人员资格、职业道德、收费标准和土地估价报告等实施监管，对违反国家有关规定的，除依法处理外，还应将有关材料及时报送备案机关。

九、在国家或省级土地管理部门备案的估价机构，应于每年年底前向原备案管理部门报送年度土地估价业绩报告、人员变动情况，并同时抄送机构所在地的市、县土地管理部门。

十、国家土地管理局和省级土地管理部门会同土地估价师协会在估价机构报送有关土地估价材料的基础上，每一至二年抽取3宗以上土地估价业务的全部材料，并结合其开展土地估价业务所在地土地管理部门对该机构从业信誉、人员水平及状况、土地估价报告质量等进行全面检查和综合评定，确定机构资质等级。评定结果由国家土地管理局或省级土地管理部门会同土地估价师协会对外公布。对不符合条件的机构，注销原备案。

十一、本通知自发布之日起实行。

附件：土地价格评估机构备案申请表

附件

土地价格评估机构备案申请表

<table>
<tr><td colspan="2">单位名称</td><td colspan="4"></td><td>法人代表</td><td></td></tr>
<tr><td colspan="2">地　址</td><td colspan="4"></td><td>电话号码</td><td></td></tr>
<tr><td colspan="4">机构设立依据（批准文件附后）</td><td colspan="2"></td><td>邮政编码</td><td></td></tr>
<tr><td colspan="3">机构完成登记时间</td><td colspan="2"></td><td>主管机关</td><td colspan="2"></td></tr>
<tr><td colspan="2">单位性质</td><td colspan="2"></td><td>营业执照号</td><td></td><td>注册总资金</td><td></td></tr>
<tr><td rowspan="27">评估人员状况</td><td rowspan="12">专职人员（人）</td><td>高级（人）</td><td></td><td>中级（人）</td><td></td><td>估价师（人）</td><td></td></tr>
<tr><td colspan="6">主 要 人 员 情 况 表</td></tr>
<tr><td>姓名</td><td>年龄</td><td>职称</td><td>专业</td><td>职务</td><td>证明材料</td></tr>
<tr><td></td><td></td><td></td><td></td><td></td><td></td></tr>
<tr><td></td><td></td><td></td><td></td><td></td><td></td></tr>
<tr><td></td><td></td><td></td><td></td><td></td><td></td></tr>
<tr><td></td><td></td><td></td><td></td><td></td><td></td></tr>
<tr><td></td><td></td><td></td><td></td><td></td><td></td></tr>
<tr><td></td><td></td><td></td><td></td><td></td><td></td></tr>
<tr><td></td><td></td><td></td><td></td><td></td><td></td></tr>
<tr><td></td><td></td><td></td><td></td><td></td><td></td></tr>
<tr><td></td><td></td><td></td><td></td><td></td><td></td></tr>
<tr><td rowspan="8">兼职人员（人）</td><td>高级（人）</td><td></td><td>中级（人）</td><td></td><td>估价师（人）</td><td></td></tr>
<tr><td colspan="6">主 要 人 员 情 况 表</td></tr>
<tr><td>姓名</td><td>年龄</td><td>职称</td><td>专业</td><td>职务</td><td>证明材料</td></tr>
<tr><td></td><td></td><td></td><td></td><td></td><td></td></tr>
<tr><td></td><td></td><td></td><td></td><td></td><td></td></tr>
<tr><td></td><td></td><td></td><td></td><td></td><td></td></tr>
<tr><td></td><td></td><td></td><td></td><td></td><td></td></tr>
<tr><td></td><td></td><td></td><td></td><td></td><td></td></tr>
<tr><td colspan="2">主要业绩</td><td colspan="6"></td></tr>
<tr><td colspan="2">当地土地管理部门意见</td><td colspan="6">年　月　日</td></tr>
<tr><td colspan="2">省、自治区、直辖市土地管理部门意见</td><td colspan="6">年　月　日</td></tr>
<tr><td colspan="2">国家土地管理局意见</td><td colspan="6">年　月　日</td></tr>
</table>

农村集体土地使用权抵押登记的若干规定

([1995]国土[籍]字第134号)

为贯彻实施《土地管理法》和《担保法》，加强农村集体土地管理，现就依法承包并经发包方同意抵押的荒山、荒沟、荒丘、荒滩等农村集体荒地的土地使用权(以下简称集体荒地土地使用权)和抵押乡(镇)村企业厂房等建筑物涉及所使用范围内的集体土地使用权(以下简称乡村企业集体土地使用权)的抵押登记规定如下:

一、抵押登记应当以土地使用权登记为前提。经县级人民政府土地管理部门登记的集体荒地土地使用权和乡村企业集体土地使用权可以设定抵押权，其他类型的集体土地使用权不得抵押。

二、集体荒地土地使用权和乡村企业集体土地使用权抵押时必须依法向土地管理部门申请办理抵押登记，抵押合同自批准登记之日起生效。未经土地管理部门办理土地使用权抵押登记的，土地抵押权不受法律保护，土地使用权亦不能作为抵押财产进行处置。

三、办理抵押登记应当符合下列程序:

1. 集体土地所有者出具同意抵押的证明;

2. 对抵押的土地使用权进行地价评估;

3. 确认土地估价结果;

4. 抵押双方签订抵押合同;

5. 申请抵押登记;

6. 审核、登记;

7. 核发抵押证明书。

四、集体荒地土地使用权和乡村企业集体土地使用权抵押须经被抵押土地的集体土地所有者同意，并出具书面证明。

乡村企业集体土地使用权抵押的，集体土地所有者出具的同意抵押的书面证明应包括:在实现抵押权时同意按法律规定的土地征用标准补偿后转为国有土地;征地费是否作为清偿资金等内容。

集体土地所有者在出具同意乡村企业集体土地使用权抵押的书面证明前须将土地抵押有关事项在村农民集体内部履行合法手续。

五、抵押当事人应当委托具有土地估价资格的评估机构对其抵押土地使用权进行地价评估，其评估结果需报经土地管理部门确认。

六、乡村企业集体土地使用权抵押的，土地管理部门还应核定通过拍卖抵押物实现抵押权时应补交的土地使用权出让金额。

七、抵押人和抵押权人在土地使用权抵押合同签定后十五日内，持下列文件向土地管理部门申请土地使用权抵押登记:

1. 被抵押土地的集体土地所有者同意抵押的证明;

2. 抵押登记申请书;

3. 抵押人和抵押权人身份证明;

4. 抵押合同;

5. 经土地管理部门确认的地价评估报告;

6. 土地使用权属证明;

7. 土地管理部门认为应提交的其他文件。

八、经审核，不符合抵押条件的，土地管理部门在接到申请之日起十五日内书面通知抵押当事人。

九、经审核，符合抵押条件的，土地管理部门办理抵押登记，向抵押权人核发土地使用权抵押证明书。并在抵押土地的土地登记

五、估价期日〔说明所估地价的具体时点〕

六、估价对象概况

1. 土地登记状况〔说明估价对象的土地位置、土地用途、四至、面积、级别、土地权属性质、土地登记证书号、地籍图号、宗地号等〕

2. 土地权利状况〔说明估价对象的土地所有权、使用权、他项权利状况，以出让方式取得的土地使用权要说明已使用年限和剩余使用年限及宗使用的特殊规定。对估价对象存在的抵押权、担保权、地役权、租赁权、地上地下权等他项权利都要详加说明〕

3. 建筑物和地上附着物状况〔说明建筑物的耐用年限、已使用年限、建筑面积、建筑结构、建筑细部说明、设备和安装状况、建筑成新、建筑密度、建筑高度、层数和各层建筑用途以及其他地上附着物状况等〕

七、地价影响因素分析〔说明影响估价对象价格水平的因素条件〕

1. 一般因素〔说明税收政策、产业政策、城市经济发展等对地价产生影响的因素〕

2. 区域因素〔说明城市商业中心等级及其影响、道路等级及路网条件、公共交通状况、对外交通状况、基本生活设施条件、环境条件、产业集聚、规划限制、自然灾害、相邻区域土地利用等对待估宗地地价水平产生影响的因素以及区域其基准地价水平〕

3. 个别因素〔说明待估宗地最有效使用用途及标准、宗地宽度、深度、形状、面积、地基与基础、容积率、宗地基础设施条件等对待估宗地地价水平产生影响的其他个别因素〕

八、地价定义〔说明所估地价的内涵、土地实际开发程度及本次估价所设定的开发程度〕

第三部分　土地估价结果

一、估价依据〔说明该项估价所依据的有关法律、法规和政策文件，采用的技术规程，委托估价方提供的有关资料，受托估价方掌握的有关资料和估价人员实地勘察、调查所获取的资料等〕

二、土地估价〔简要说明估价过程中涉及的有关内容及估价结果〕

1. 估价原则〔说明该项估价所遵循的主要原则〕

2. 估价方法〔说明估价中采用的主要方法、方法选择的依据和每种方法的计算结果。要求所选估价方法不少于两种〕

3. 估价结果〔说明最后估价额确定依据、方法和单位地价及总地价〕

三、需要特殊说明的事项

1. 本项估价的假设条件。

2. 该报告使用的限制条件。

3. 有关资料来源及未经实地确认或无法实地确认的资料和估价事项。

4. 估价中未考虑的因素及一些特殊处理，必要时说明这样做的原因或依据。

5. 土地估价结果有效的条件和结果对外提供的限制条件、要求等。

6. 其他需要说明的问题。

第四部分　附　件

〔附件应包括土地使用证复印件或土地产权证明材料、房屋产权证复印件或证明材料、地籍图、宗地图、建筑平面图等图件、估价对象照片、有关背景材料和估价机构资质证书复印件等〕

一九九　年　月　日

土地估价报告

（表格式）

项目名称：

受托估价单位：
估　价　人：
委托估价单位(人)：
估　价　日　期：
土地估价报告编号：

1995—12—22 发布　　　　1996—03—01 施行

国家土地管理局制定

土地估价报告

第一部分　概　述

1. 委托估价方＿＿＿＿＿＿＿＿＿＿＿＿＿＿＿＿
   联系地址＿＿＿＿＿＿＿＿＿＿＿＿＿＿＿＿
   联系电话＿＿＿＿＿＿＿＿＿＿＿＿＿＿＿＿
   法人代表＿＿＿＿＿＿＿＿＿＿＿＿＿＿＿＿
   联 系 人＿＿＿＿＿＿＿＿＿＿＿＿＿＿＿＿
2. 受托估价方＿＿＿＿＿＿＿＿＿＿＿＿＿＿＿＿
   机构地址＿＿＿＿＿＿＿＿＿＿＿＿＿＿＿＿
   法人代表＿＿＿＿＿＿＿＿＿＿＿＿＿＿＿＿
   估价机构资质及资格证书号＿＿＿＿＿＿＿＿＿＿
3. 估价日期＿＿＿＿＿＿＿＿至＿＿＿＿＿＿＿＿
4. 待估宗地位于＿＿＿＿市(县)＿＿＿＿区＿＿＿＿街道＿＿＿＿号，
   现在用途＿＿＿＿＿＿＿＿规划用途＿＿＿＿＿＿＿＿
5. 地价定义
   5.1 所有权价格＿＿＿＿＿＿＿＿使用权价格＿＿＿＿＿＿＿＿
   抵押权价格＿＿＿＿＿＿＿＿租赁权价格＿＿＿＿＿＿＿＿
   他项权利价格＿＿＿＿＿＿＿＿＿＿＿＿＿＿＿＿
   5.2 估价期日＿＿＿＿＿＿＿＿＿＿＿＿＿＿＿＿
   5.3 土地开发程度＿＿＿＿＿＿＿＿＿＿＿＿＿＿＿＿

5.4 土地用途________

6. 待估宗地所在区域基准地价________

7. 待估宗地抵押或他项权利状况________

8. 待估宗地年收益及费用________

8.1 年总收益________

8.2 年总费用________

8.3 年纯收益________

9. 土地投资

申报取得价________ 实际取得价格________

土地开发投资________ 建筑物开发投资________

第二部分　估价对象描述和地价影响因素分析

一、估价对象描述

1. 土地登记状况________

1.1 土地坐落________

1.2 地籍图号________

1.3 宗地号________

1.4 土地用途________

1.5 四　至________

1.6 土地面积________

1.7 土地等级________

1.8 标定地价________

2. 产权状况

2.1 土地所有权________ 土地使用权________

共有使用权________ 他项权利________

建筑物所有权________ 建筑物使用权________

建筑物他项权利________

2.2 土地出让年限________ 已使用年限________

2.3 共有使用权分摊面积________

2.4 不同用途建筑分摊的土地面积________

3. 建筑物和地上附着物状况

3.1 建筑物类型________ 建筑物用途________

各层建筑用途________

3.2 耐用年限________ 已使用年限________

3.3 建筑高度________ 建筑层数________

建筑成新________ 建筑结构________

3.4 建筑细部说明:

基础________ 地板________ 墙________

天花板________________屋面________________

室内装修状况________________________________

3.6 设备和安装状况________________________________

3.7 其他附着物状况________________________________

3.8 特殊保护要求________________________________

二、地价影响因素

1. 区域因素

1.1 基准地价________________________________

1.2 城市商业中心等级及影响________________________________

1.3 道路等级及路网条件________________________________

公共交通________________对外交通________________

1.4 环境条件________________________________

1.5 基础设施

1.1.1 周围道路类型、等级________________________________

1.5.2 管线状况

供水__________供气__________电讯__________

供热__________供电__________其他__________

下水道级别及状况________________________________

1.6 公用服务设施

医院、卫生设施状况________________________________

学校配备状况________________________________

文化、体育设施条件________________________________

其他设施条件________________________________

1.7 产业集聚条件________________________________

相邻区域土地利用________________________________

1.8 规划限制________________________________

1.9 自然灾害________________________________

2. 个别因素

2.1 宗地实际用途__________类型__________容积率__________

规划允许用途________________容积率________________

2.2 宗地条件

宗地宽度________进深________形状________面积________

2.3 场地质量

表层________________地基承压力________________

地形条件________________地质条件________________

2.4 周围环境条件________________________________

2.5 宗地基础设施条件________________________________

第三部分 土地估价

1. 土地估价原则____________________
2. 估价方法选择____________________

2.1 市场比较法

2.1.1 比较案例价格　　　　　修 正 地 价

____________________　　____________________

____________________　　____________________

____________________　　____________________

____________________　　____________________

2.1.2 地上权、抵押权及他项权利的影响____________________

估价额____________________

增值原因____________________

减值原因____________________

最后地价____________________

2.2 收益还原法

2.2.1 实际租金____________________客观租金____________________

2.2.2 土地纯收益____________________

2.2.3 土地还原率____________________

2.2.4 估价额____________________

增值原因____________________

减值原因____________________

最后地价____________________

2.3 剩余法

2.3.1 土地最佳利用方式____________________

2.3.2 估算的开发总价____________________

2.3.3 估价额____________________

增值原因____________________

减值原因____________________

最后地价____________________

2.4 成本逼近法

2.4.1 土地取得价____________________

2.4.2 开发费用____________________

2.4.3 估价额____________________

增值原因____________________

减值原因____________________

最后地价____________________

2.5 基准地价系数修正法

2.5.1 土地级别________________________________

用途________________基准地价________________

2.5.2 估价额________________________________

增值原因________________________________

减值原因________________________________

最后地价________________________________

3. 估价结果

3.1 总地价________________________元。

3.2 单位地价________________________元/平方米。

3.3 楼面地价________________________元/平方米。

4. 估价师及估价机构

4.1 本项目由下列估价师估价：

估价师签名	资格证书号
________________	________________
________________	________________
________________	________________
________________	________________

4.2 受托估价机构(加盖公章)

一九九　年　月　日

第四部分　附　　件

〔附件应包括土地使用证复印件或土地产权证明材料、房屋产权证复印件或证明材料、地籍图、宗地图、建筑平面图等图件、估价对象照片、有关背景材料和估价机构资质证书复印件等〕

土地估价技术报告

(与土地估价报告配合，仅供估价机构存档和作为
估价结果提交土地管理部门确认和备案时的附件)

项目名称：

受托估价单位：

估　价　人：

委托估价单位(人)：

估　价　日　期：

土地估价报告编号：

土地估价技术报告编号：

1995—12—22 发布　　　　1996—03—01 施行

国家土地管理局制定

含义的用语，能量化的一定要使用量化指标，如距离市中心距离应注明具体距离为多少；无法量化的指标，也必须具体描述，如基础设施状况用生地、三通一平、五通一平、七通一平来描述。总之，表格中反映的估价对象和比较实例的各项条件要客观、具体。

4．编制比较因素条件指数表

为在因素指标量化的基础上进行比较因素修正，必须将因素指标转化为因素条件指数，编制比较因素指数表。除期日、交易情况、年期及容积率外，应以待估宗地的各因素条件为基础，相应指数为100，将比较实例相应因素条件与估价对象相比较，确定出相应的指数，并说明确定的依据。列表表示如下：

表 2　　比较因素条件指数表

比较因素 \ 内容 \ 待估宗地及比较实例		待估宗地	实例一	实例二	实例三	实例四	……
地价指数							
交易情况							
区域因素	基础设施状况	100	80	80	60	100	
	离市中心距离（米）	100	110	90	75	80	
	……						
个别因素	容积率	85	70	65	75	90	
	宗地面积（平方米）	100	85	80	105	90	
	……						

5．因素修正

在各因素条件指数表的基础上，进行比较实例估价期日修正、交易情况、因素修正及年期修正，即将估价对象的因素条件指数与比较实例的因素条件进行比较，得到各因素修正系数，列表表示如下：

表 3　　因素比较修正系数表

比较因素 \ 内容 \ 待估宗地及比较实例		待估宗地	实例一	实例二	实例三	实例四	……
交易时间							
交易情况							
区域因素	基础设施状况		100/80	100/80	100/60	100/100	
	离市中心距离（米）		100/100	100/90	100/75	100/85	
	……						
个别因素	容积率		85/70	85/65	85/75	85/90	
	宗地面积（平方米）		100/85	100/80	100/105	100/90	
	……						

6．实例修正后的地价计算

经过比较分析，求算各比较实例经因素修正后达到估价对象条件时的地价，再依据《规程》的地价确定方法，最后确定待估土地的价格〕

（二）收益还原法

〔应用此方法估价，要依据《规程》规定程序进行，技术报告中应对以下内容予以明确说明。

1．具体说明实际总收益和客观总收益及估价时采用的收益额和相应的条件。

2．总费用中涉及到的项目和各项标准，要具体说明其确定的依据、确定方法和各项参数的选取标准。

3．说明纯收益的测算依据和方法。

4．明确说明还原利率（土地还原利率、建筑物还原利率、综合还原利率）的确定方法、依据和具体标准。

5. 说明土地使用年期、收益还原公式选取和收益价格确定〕

(三)剩余法(假设开发法)

〔应用此方法估价,要依据《规程》规定程序进行,技术报告中应对以下内容予以明确说明。

1. 通过分析待估宗地的条件,考虑规划及管理等限制条件,确定土地的最佳利用方式。应包括确定土地的用途、建筑容积率、土地覆盖率、建筑高度等项内容。

2. 明确待估宗地开发完成后的利用方式(买卖、出租等)及依据目前市场状况估算的不动产总价,并说明估算方法及依据。

3. 对计算中所采用的建筑费、专业费用要说明其确定的方法和依据;对开发周期、利息、税费、手续费和开发商利润等要说明其选择依据和标准。

4. 说明计算公式、计算过程和结果〕

(四)成本逼近法

〔1. 应用此种方法估价,要求按照《规程》的规定,进行数据的调查、归类和估算地价。

2. 要详细说明土地取得费用的各组成项目及费用标准,并说明其确定的依据。有文件依据的,要指出文件的名称及文件中有关费用标准;没有文件依据的,如属当地一般规定的,要有当地土地管理部门或有关的政府部门证明,涉及到当地不同区域的费用标准的,要在充分调查实际情况的基础上,分析后进行确定,并说明原因。

3. 明确待估宗地的开发期限、开发状况和相应的开发费用标准,并说明依据。

4. 有关税费、贷款利息及投资回报率的确定,要在技术报告中说明依据的资料及其来源、分析计算过程及结果。

5. 说明成本价格基础上的土地增值标准的确定方法和依据。

6. 说明土地价格确定方法和结果〕

(五)基准地价系数修正法

〔应用此法进行估价,按《规程》规定的程序进行。在技术报告中应对如下事项予以明确说明:

1. 说明宗地位置、用途及待估宗地所在级别或区域的基准地价和对应的因素修正系数表及因素条件说明表,并注明来源及依据。

2. 说明待估宗地的各项因素具体条件,应按因素修正系数表要求的内容具体列出。具体形式参见市场比较法中因素条件说明表的形式。

3. 确定待估宗地各因素修正系数和综合修正系数。

4. 说明年期及期日差别和相应的修正系数。

5. 对基准地价修正得到宗地地价〕

三、地价的确定

1. 地价确定的方法〔要求说明对不同估价方法结果进行增值或减值调整的原因。对采用众数、平均值或以其中某一价格等为最终宗地地价的,要解释其方法选择的依据〕

2. 估价结果〔应注明地价种类、总地价、单位面积地价、地价单位、用大写表示的地价金额。如用外币表示地价,应注明外币与人民币的比价〕

第四部分 附 录

〔附件包括土地使用证复印件或土地产权证明材料、房屋产权证复印件或证明材料、地籍图、宗地图、建筑平面图等图件、估价对象照片、有关背景材料、原始资料及实地勘测数据、估价机构资质证书复印件等〕

附件二

土地估价报告与土地估价技术报告制作要求

一、纸张

应采用幅面为209×295毫米规格的纸张(相当于A4纸张规格)

二、字体与字型号

(一)封面

1."土地估价报告"、"土地估价技术报告"字体应为二号标宋。

2.其他内容字体应为三号楷体。

(二)正文

1."土地估价报告"、"土地估价技术报告"及各部分标题字体应为三号标宋。

2.其他内容字体应为四号仿宋。

土地复垦技术标准(试行)

([1995]国土[规]字第103号)

一、总　　则

1.制定依据

为了加强土地复垦管理,促进土地整治与保护,提高土地利用的社会、经济和生态效益,依据《土地复垦规定》和有关的法律法规制定本标准。

2.适用范围

本标准适用于《采挖废弃土地复垦技术标准》、《建设破坏废弃土地复垦技术标准》、《工业排污破坏土地复垦技术标准》和《水毁土地复垦技术标准》。

3.土地复垦技术质量控制原则

3.1 符合土地利用总体规划及土地复垦规划。在城市规划区内,符合城市规划。强调服从国家长远利益,宏观利益。

3.2 依据技术经济合理的原则,兼顾自然条件与土地类型,选择复垦土地的用途,因地制宜,综合治理。宜农则农,宜林则林,宜牧则牧,宜渔则渔,宜建设则建设。条件允许的地方,应优先复垦为耕地或农用地。

3.3 复垦后地形地貌与当地自然环境和景观相协调。

3.4 保护土壤、水源和环境质量,保护文化古迹,保护生态,防止水土流失,防止次生污染。

3.5 坚持经济效益、生态效益和社会效益相统一的原则。

4.名词、术语

4.1 土地破坏:由于人类的生产建设活动导致土地的挖损、塌陷、压占等称之为土地破坏。

4.2 土地复垦:指对被破坏的土地,通过采取综合整治措施,使其恢复到可供利用状态的活动。

4.3 土地复垦率:已复垦的土地面积与被破坏土地的面积之比。

即,$L(\%)=Y/P\times100\%$

式中:L——土地复垦率(以百分率表示);

Y——已复垦土地面积(公顷);

P——被破坏土地面积(公顷)。

5. 复垦土地质量的检验

5.1 检验的时机:

复垦为农用地(含林、牧、渔等)的土地复垦,一般由复垦工程和初步生态恢复二部分构成。复垦土地质量的检验,分为二个阶段进行。

5.1.1 第一阶段检验:

在复垦工程完成后,即可申请第一阶段复垦土地质量的检验。

5.1.2 第二阶段检验:

初步恢复生态后,进行第二阶段复垦土地质量的检验。一般情况下,在复垦工程完成后第三年进行。

复垦后用于渔业等养殖业时,须在第三养殖年进行第二阶段检验。

5.2 检验方法:

对复垦后土地质量的检验方法,采用随机抽样法。即随机抽取一定量待检验的已复垦土地作为具有代表性的独立样本进行检验,样本量一般为5~10%。

5.3 检验内容:

5.3.1 第一阶段检验内容:

·提交文件:

土地复垦可行性研究报告;

土地复垦设计文件;

土地复垦施工文件;

复垦区当地自然背景资料。

·现场测试:

用于农业测试项目:宏观布局,覆土面积,覆土厚度,地面坡度,平整度,覆土层土壤容重,土壤pH,含盐总量,排灌设施,防洪设施。

用于牧业测试项目:覆土面积,覆土厚度,道路布局,饮水点等配套设施。

用于林业测试项目:覆土面积,覆土厚度,地面坡度,排水设施。

用于渔业测试项目:水源,水质,塘(池)修筑质量,塘面积,塘水深,排水防洪设施。

用于建筑测试项目:地面坡度,平整度,建筑规划,初步设计,施工区内建筑场地的工程地质勘察资料。

其他用途测试指标依具本情况而定。

5.3.2 第二阶段检验内容:

·提交文件:(农、林、牧业)

土壤培肥措施:

种植概要。

·现场测试:

农业测试项目:作物长势,土壤有机质,pH值,作物、果实等可食部分有毒有害物质含量,单位产量。

林业测试项目:生长势,种植密度,成活率,生长量,郁闭度。

牧业测试项目:生长势,覆盖度,产草量。

渔业测试项目:单位产量,水中及鱼肉中有毒有害物质含量(依据所在地区充填废弃物及土源等所含有毒有害物质种类和状况,可选择测定有关特征污染成分)。

建筑测试项目:地基承载力,变形及稳定性指标。

5.4 检验结果的评估:

5.4.1 复垦土地用于农、林、牧业时检验结果的评估内容:

·提交文件是否齐全:

·现场测试指标是否符合各类场地具体要求,除有毒有害物质含量符合环境标准外,其他土壤相当于当地一般水平。

5.4.2 复垦土地用于建筑时检验结果的评估内容:

·提交文件是否齐全:

包括建筑地基设计文件,地基处理工程施工记录,其他必要的资料等。

·现场测试指标是否符合各类场地《地基与基础工程及验收规范》(GBJ202-83)中有关标准与指标。

5.4.3 复垦土地用于渔业时检验结果的评估内容:

·提交文件是否齐全:

包括用于渔业(含养殖)的设计资料,施工验收文件等。

·现场测试指标是否符合渔业水质及有关质量标准。

6. 标准的实施

6.1 本标准发布后,各类土地复垦必须按此标准规定施行。

6.2 本标准由土地管理部门会同有关行业主管部门负责监督实施。

6.3 土地管理部门会同有关行业主管部门,负责处理标准实施中出现的技术问题。

6.4 土地复垦条件较好的地区,或本标准所列项目及其标准值不完全适应当地特点时,各地可结合本地实际情况补充实施本标准。

6.5 本标准由国家土地管理局负责解释。

7. 各项目测试方法

7.1 农、林、牧业指标的测试方法:

测试项目和方法,依据不同地区采用相应的方法,见表1。

7.2 渔业测试指标的测试方法:

参照《渔业水质标准》(GB1107－89)中所列的部分项目和相应的方法执行,见表2。

7.3 用于建筑测试指标的测试方法:

地基承载力:参照《建筑地基基础设计规范》(GBJ7－89)中第五章、第六章及附录四(地基土载荷试验要点)、附录五[土(岩)承载力标准值]、附录六(标准贯入和轻便触探试验要点)中所列方法进行。

变形指标:参照《建筑地基基础设计规范》(GBJ7－89)中变形计算和附录一(沉降观测要点)中所列方法进行。

稳定性指标:参照《建筑地基基础设计规范》(GBJ7－89)中稳定性计算和附录七(抗剪强度指标C·Φ标准值)及《土工试验方法》(GBJ123—88)中三轴压缩试验、无侧限抗压强度试验、直接剪切试验等中所列方法进行。

二、采挖废弃土地复垦技术标准

1. 适用范围

表1　　测试项目和方法

序　号	项　目	单　位	方法
1	覆土面积	公顷	地测法
2	覆土厚度	m	地测法(多点)
3	地面平整度	m	地测法
4	土壤容重	g/cm^3	(1)环刀法,(2)蜡封法
5	土壤有机质	%	土壤有机质测定法
6	土壤砾石含量	%	筛分法
7	土壤pH值	PH单位	电极测定法
8	含盐总量	%	电导法,残渣烘干法
9	覆盖度	%	测量法
10	其他项目	%	酌情参考《水和废水监测分析方法》(第三版)1989
11	产草量	kg/公顷	实测样方、计算法
12	种植密度(造林)	株/公顷	实测样方、计算法
13	造林成活率	%	实测样方、计算法
14	郁闭度(造林)	%	实测样方、计算法
15	鱼塘(池)水质		GB11607－89
16	鱼、养殖水产品其他测试指标		GB11607－89
17	单位产量	kg/公顷	实测计算

表 2　　测试项目和方法

序号	项目	测定方法	标准编号
1	色、嗅、味		
2	悬浮物质	滤纸法，石棉坩埚法	
3	PH 值	玻璃电极法	GB6920－86
4	溶解氧	碘量法	GB7489－87
5	生化需氧量(5 天，20℃)	稀释与接种法	GB7488－87
6	总大肠菌群	多管发酵法，滤膜法	GB5750－85
7	汞	冷原子吸收法，双硫腙法	GB7468－87　GB7469－87
8	镉	原子吸收法，双硫腙法	GB7475－87　GB7471－87
9	铅	原子吸收法，双硫腙法	GB7475－87　GB7470－87
10	铬	二苯碳酰二肼光度法	GB7467－87
11	铜	原子吸收法，DDTC 光度法	GB7475－87　GB7474－87
12	锌	原子吸收法，双硫腙法	GB7475－87　GB7474－87
13	镍	原子吸收法，丁二肟光度法	
14	砷	DDTC－Ag 光度法	GB7485－87
15	氰化物	异烟酸一砒啶啉酮比色法	GB7486－87
16	硫化物	对二甲氨基苯胺光度法	
17	氟化物	茜素磺酸锆比色法，选择电极法	GB7482－87　GB7484－87
18	石油类	紫外光度法	

本标准适用于因采矿、挖砂、取土、水利、交通等生产建设活动产生的废弃土地。包括煤矿、金属矿、非金属矿、砂矿等矿山的露天采矿场、最终采掘带沟道、截水沟、采矿沉陷区、废石场、尾矿库、储灰场、储泥场、渣场，以及其他工业废弃物堆场等各类矿山场地的复垦。

2. 复垦工艺构成

复垦土地用于农、林、牧业时复垦工艺一般为二部分构成。即复垦工程和恢复生态两个阶段。由于复垦后用途不同，有的只有复垦工程一个阶段。

3. 复垦工程标准通则

3.1 待复垦场地背景资料具备，包括工程地质、水文地质、土壤、植被、区域自然环境和简要社会环境等；待复垦场地原用途的设计、运行及闭坑设计资料；复垦场地利用方向设计论证资料等。

3.2 待复垦场地利用类型的选择，应与当地地形、地貌及环境相协调。

3.3 待复垦场地及边坡稳定性可靠，原有工程设施(坝、堤、堰等)稳定(含地震情况下)。

3.4 用作复垦场地的覆盖材料，不应含有毒有害成分。如复垦场地含有毒有害成分时，应先处置去除。视其废弃物性质、场地条件，必要时设置隔离层后再行覆盖。充分利用从废弃地收集的表土作为顶部覆盖层。

3.5 覆盖后的复垦场地规范、平整。覆盖层容重等满足复垦利用要求。

3.6 复垦场地应有满足要求的排水设施，防洪标准符合当地要求。

3.7 复垦场地有控制水土流失的措施。

3.8 复垦场地有控制污染措施，包括空气、地表水、地下水等。

3.9 复垦场地道路、交通干线布置合理。

4. 废弃露天采矿场复垦工程标准

4.1 部分浅采场用于农、林、牧业时复垦工程标准：

4.1.1 覆土厚度为自然沉实土壤 0.5m 以上。

4.1.2 覆土后场地平整，地面坡度一般不超过 5°。用作水田时，坡度一般不超过 2～3°。用作林业、牧业时，坡度不超过 25°。

4.1.3 覆土土壤 pH 值范围，一般为 5.5

～8.5，含盐量不大于0.3%。

4.1.4 排水设施满足场地要求，防洪满足当地标准。

4.1.5 有控制水土流失措施，边坡宜植被保护。

4.2 露采场用于渔业（含养殖业）时复垦工程标准：

4.2.1 有适宜的水源补给，水质符合标准。

4.2.2 塘（池）面积和深度适中，一般0.3～0.7公顷，深度2.5～3m为宜。

4.2.3 有良好的排水设施，防洪标准与当地一致。

4.3 露采场用作人工湖、公园、水域观赏区时复垦工程标准：

4.3.1 与区域自然环境协调，有景观效果。

4.3.2 水质符合《地面水环境质量标准》中Ⅳ、Ⅴ类水域标准。

4.3.3 排水、防洪设施满足当地标准。

4.3.4 沿水域布置树草种植区，控制水土流失。

4.4 露采场用于建筑时复垦工程标准：

4.4.1 待复垦场地应无滑坡、断层、岩溶等不良地质条件，主体建筑应设置于较好地基地段。根据《建筑地基基础设计规范》（GBJ7—89）确定建筑参数（地基承载力、变形和稳定性指标）。

4.4.2 用于建筑的坡度允许值，应根据当地经验，参照同类土、岩体的稳定性坡度值确定。坡度一般不超过20%。

4.4.3 排水管网布置合理，建筑地基标高满足防洪要求。

4.5 露采场用于其他用途时复垦工程标准：

根据露采场地形地质条件和利用方向，复垦工程标准另行制定。

5. 排土场复垦工程标准

我国各类露采矿的排土场，依排岩土工艺和堆放地区，一般分为内排土场和外排土场，包括排土顶部、排土平台和最终边坡等，这些场地均属于复垦场地。其复垦工程包括：

5.1 排土场整治：包括顶部、平台和边坡整治。

5.1.1 排土场最终坡度应与土地利用方式相适应，一般为26～28°，机械作业区坡度小于20°。

5.1.2 合理安排岩土排弃次序，尽量将含不良成分的岩土堆放在深部，品质适宜的土层包括易风化性岩层可安排在上部，富含养分的土层宜安排在排土场顶部或表层。

5.1.3 排水设施满足场地要求。设计和施工中有控制水土流失措施，特别是控制边坡水土流失措施。

5.1.4 有合理的道路布置。

5.2 排土场复垦：

5.2.1 在经过整治的排土场平台和边坡，应覆盖土层，充分利用工程前收集的表土覆盖于表层。在无适宜表土覆盖时，也可采用经过试验确证，不致造成污染的其他物料覆盖。覆盖土层厚度应根据场地用途确定。

5.2.2 在采矿剥离物含有毒有害或放射性成分时，必须用碎石深度覆盖，不得出露于边坡处，并应有防渗措施。然后再覆盖土层后，方可用于农、牧业用地。

5.2.3 覆盖土层前应适当压实，依不同利用确定压实程度。

5.2.4 覆土工程及其配套工程规范。

5.3 排土场复垦后的利用：

5.3.1 用于农业：见4.1中4.1.1～4.1.5各项条款。

5.3.2 用于林业：

5.3.2.1 覆土厚度0.3m以上。

5.3.2.2 采取坑栽时，坑内放少许客土或人工土。

5.3.2.3 边坡缓坡在35°以下可以用于

一般林木种植，15°～20°坡度可用于果园（含桑）和其他经济林。

5.3.2.4 有满足场地要求的排水设施，边坡有保水肥措施。

5.3.3 用于牧业场地：

5.3.3.1 边坡坡度不大于30°。

5.3.3.2 内排台阶稳定后，覆土0.2m以上。

5.3.3.3 场地大的复垦区应有作业通道。

5.3.3.4 依饮水半径合理布置饮水点。

5.3.4 用于建筑场地：

5.3.4.1 排土场复垦后用于建筑时，场地需经过至少3年的自然沉实或植被稳定措施，也可根据建设需要，进行人工处置等办法稳定场地。经测试场地满足稳定性要求，方可用于建筑。

5.3.4.2 边坡坡度允许值根据当地经验，参照同类土（岩）体的稳定坡度值确定，一般坡度值不超过20%。

5.3.4.3 经试验及计算确定的场地地基承载力、变性指标和稳定性指标满足设计要求时，可用作持力层。不能满足要求时，依据岩土性能，场地条件等提出地基处理方法，采用分层压实或其他方法处理。

5.3.5 用于其他：

依据覆土后场地条件和拟定用途等另行制定。

6. 沉陷场地复垦工程标准

采矿等活动引起地表沉陷和变形，依其产状和破坏程度可分为二类：深部开采和浅部开采。因此，沉陷区复垦工程基本分为二类，充填沉陷场地复垦和非充填沉陷场地复垦。

6.1 沉陷场地复垦工程：

6.1.1 充填沉陷场地复垦工程：

6.1.1.1 废石（含矸石）充填：

·用废石（含矸石）充填沉陷场地时，根据复垦场地用途，在充填后应适当碾压，压实程度依用途而定。必要时，可分层充填、分层碾压，充填压实后场地必须稳定。

·当废石有害成分含量高时，应处置。必要时，设置隔离层后再覆土。

6.1.1.2 矿山废弃物充填（包括废渣、尾矿、炉渣、粉煤灰等充填）：

·用矿山废弃物充填时，应参照国家有关环境标准，进行卫生安全土地填筑处置，充填后场地稳定。

·有防止填充物中有害成分污染地下水和土壤的防治措施。视其填充物性质、种类，除采取压实等加固措施外，应作不同程度防渗、防污染处置，必要时，设衬垫隔离层。

6.1.1.3 其他类型废弃物充填：

用生活垃圾等废弃物充填时，应按6.1.1.2条款处置。

6.1.2 非充填沉陷场地复垦工程：

6.1.2.1 高潜水位沉陷场地：

依据当地条件，因地制宜，保留水面，集中开挖水库、蓄水池、鱼塘或人工湖等，综合实施沉陷土地整治与生态环境治理的总体规划。

6.1.2.2 中潜水位沉陷场地：系指局部积水或季节性积水地带。依据当地条件，因地制宜，可综合实施“挖深垫浅”的措施。即在积水区深挖为深水塘（池），用于渔业等。“垫浅”后场地可改造为水平梯田或水田等。

6.1.2.3 低潜水位沉陷场地：系指基本不积水或干旱地带形成丘陵地貌。

·对局部沉陷地填平补齐，土地进行平整。

·沉陷后形成坡地时，坡度大，可修整为水平梯田，局部小面积积水可改造为水田等。

6.2 沉陷场地复垦后利用：

6.2.1 用于建筑（采动沉陷区用于建筑的标准另行制定）。

6.2.1.1 填充沉陷场地采用分层压实，

经测试确证压实质量。

6.2.1.2 填充沉陷场地地表稳定后，加载进行稳定性分析，满足要求后方可用于建筑。

6.2.1.3 利用压实土地作地基时，不能使用淤泥、冻土、膨胀土以及有机质含量大于8%的物料等作为填料。填料中大于200mm块石去除。若填料中主要成分为易风化碎石时，加强地面排水和表面覆土等措施。有侵蚀性工业废弃物和有机质含量高的生活垃圾等杂填土，未经处理，不得作持力层。

6.2.1.4 一般景观水域、娱乐用水域及游泳区水域，其各自水质分别按照《地面水环境质量标准》(GB3838－88)中Ⅲ、Ⅳ、Ⅴ类功能水域水质标准执行。

6.2.1.5 用于建筑的地基抗震性能，应执行《建筑抗震设计规范》(GBJ11－89)。

6.2.2 沉陷区用于渔业：

6.2.2.1 水源充足，有排水设施，防洪标准满足当地要求。

6.2.2.2 水深、水面积适宜。

6.2.2.3 水质符合《渔业水质标准》(GB11607－89)。

6.2.3 沉陷场地用于农、林、牧业：同露天采场4.1中4.1.1～4.1.5条款。

7. 废石(含矸石)堆场复垦工程标准

7.1 易风化废石(含矸石)堆场(含自燃后矸石堆场)：

7.1.1 依风化程度可分为不覆土和覆土复垦。

7.1.1.1 不覆土复垦：已有风化层，层厚在0.1m以上，颗粒细，pH值适中，可直接用于建立植被。

7.1.1.2 风化层薄、含盐量高或具有酸性时，应经处置至pH值适合后，覆土在0.3m以上。

7.2 不易风化废石(含矸石)堆场复垦：

7.2.1 进行堆场整治，适当压实。

7.2.2 缓坡至边坡稳定，有控制水土流失措施。

7.2.3 覆土厚度在0.5m以上。

7.3 坑栽复垦(用于林、牧业)：

7.3.1 易风化废石(含矸石)堆场拟坑栽时，应先期备好坑，暴露一段时间，坑内宜放少量客土或人工土，也可放风化碎岩。

7.3.2 不易风化废石(含矸石)堆场，坑内应放较多客土。

7.3.3 强酸性废石(含矸石)不宜采用坑栽法。

7.4 新排弃废石(含矸石)应立即进行压实整治，形成面积大、边坡稳定的复垦场地。

8. 尾矿库、贮灰场、贮泥场地复垦工程标准

8.1 复垦工程：

8.1.1 待复垦场地及其工程设施稳定性满足要求。

8.1.2 有排水设施，防洪标准满足当地要求。

8.1.3 废弃的尾矿、赤泥、尘泥等为酸性、碱性时，堆置场地须经处置，处置深度取决于场地利用方向。盐分太大时，应进行去除盐分处置，也可采取深度覆盖。

8.1.4 含有毒有害、放射性成分时，应视其废弃物中含量水平，确定隔离层设置的必要性、层厚、材质等，尽可能深度覆盖。

8.1.5 依据各类废弃物性状，确定覆土的必要性、覆土层厚度等。一般覆土厚度0.5m以上。

8.1.6 覆土后有控制水土流失措施。

8.1.7 复土区有控制粉尘的工程措施。

8.2 复垦土地利用：

8.2.1 用于农、林、牧业场地：

同4.1中4.1.1～4.1.5各条款。

8.2.2 用于建筑场地：

同5.3.4.1～5.3.4.3各条款。

8.2.3 用作其他场地：

除执行8.1中8.1.1~8.1.7各条款外,其他标准依据现场条件及利用方向另行制定。

9. 生态恢复通则

9.1 用于农业种植。

9.1.1 选择适应性、抗逆性强的优良品种。

9.1.2 有培肥措施,并有试种植记录。

9.1.3 灌溉水源水质符合《农田灌溉水质标准》(GBB5048-85)。

9.1.4 农作物无不良生长反应,有持续生产能力。

9.1.5 粮食及作物中有害成分含量符合《粮食卫生标准》(GB2715-18)。

9.1.6 三年后复垦区单位面积经济学产量,不低于当地中等产量水平。

9.2 用于林业:

9.2.1 复垦区位于城镇、风景区、居民区附近,宜种植观赏林、经济林,也可依所在地配置相应的功能林。

9.2.2 选择适宜树种,特别是乡土树种和抗逆性能好的树种。

9.2.3 实行草、灌、乔套种混播。

9.2.4 三年后植树成活率70%以上。

9.2.5 三年后郁闭度30%以上。

9.3 用于牧业:

9.3.1 选择抗旱、抗盐碱、抗贫瘠优良草种。

9.3.2 多种草类混合种植。

9.3.3 有防治病、虫害措施,有防止退化措施。

9.3.4 三年后牧草覆盖率70%以上。

9.3.5 三年后单位面积产草量不低于当地水平。

9.3.6 具有生态稳定性和自我维持力。

9.4 用于渔业:

9.4.1 食用鱼放养面积占总养殖水面85%~90%。

9.4.2 保持塘(池)清洁,定期清塘消毒,淤泥厚度不超过20cm;有防止含病源体和病毒等污染塘水的措施;有防止农药、盐渍污染措施。

9.4.3 第三年塘养鱼单位面积产量不低于当地平均水平。

9.4.4 鱼质量满足食品卫生要求。

9.5 其他用途:

依据利用方向确定生态恢复类型,具体标准另行制定。

三、建设破坏废弃土地复垦技术标准

1. 适用范围

适用于非农业建设废弃地(含城镇建设和村镇建设以及工矿建设用地)和农业建设废弃地(含农田建设,水利疏浚和产业调整用地),如:废弃砖瓦窑址、废弃工厂、矿山、废弃水利设施、废弃居住区等。

2. 复垦工程标准

2.1 根据废弃场地类型、特点、数量和破坏状况,以及区域所处位置和环境要求,选择适宜的复垦利用类型及复垦方法。必要时,通过可行性研究确定。

2.2 编制复垦工程规划及复垦工程设计书。

2.3 各类型土地复垦:

2.3.1 非农业建设废弃土地复垦:

2.3.1.1 城镇建设废弃土地复垦:

·工程施工前,应将所占耕地至少0.2m的表土层取下收集和贮存,一般堆高不超地2m,并有防止贮存期间流失的措施。

·工程中剩余的土方,应集中定点保存。

·充分利用不含有害成分的废弃物作为充填物,以剩余土方覆盖后恢复为农田。

2.3.1.2 村镇建设废弃土地复垦:

·拆除旧宅基地上残余房屋设施,并挖除地基部分设施。

·覆盖土层0.5m以上。

·平整土地，自然沉实后，复垦为农田。

·废砖瓦场地(坯厂和窑基)宜采用高地取平后填补洼地，或利用边角废弃土坡回填。

·取土过深的场地，在水源条件具备时，宜采取“挖深填浅”的措施，深部可用作养殖水面，浅部用作农田或水田。

2.3.1.3 工厂矿山建设废弃土地复垦：

见《采挖废弃土地复垦技术标准》。

2.3.2 农业建设废弃土地复垦标准：

2.3.2.1 农田建设废弃土地复垦：

·平整土地，尽量利用周围荒山荒坡作为土源，填平废弃沟壑；也可改造旱田为水田或良田。

·平整土地时，保护表土，应将表土和生土分别堆放，并防止流失；恢复为耕地、林地、牧业地时，表土覆盖于地表。

·有排水设施，防洪标准满足当地要求。

2.3.2.2 水利疏浚废弃土地复垦：

·充分利用挖出的大量土方，回填平整废弃低洼地、河渠、故道等。平整后，顶部覆以表土。

·废弃水利设施也可根据当地条件，用于公共文化、娱乐、体育等设施建筑。其地基设计、施工，按照《采挖废弃土地复垦技术标准》中有关建筑部分执行。

2.3.2.3 产业调整废弃土地复垦：

·农村产业结构调整中，被占用农田的表土要妥善收集和保存，并用于整治后地表覆盖。

·清除废弃设施，填平补齐地面，依据当地条件，用于农、林、牧业。

·开挖、加深鱼塘(池)的取土，用来覆盖地表，具体标准见《采挖废弃土地复垦技术标准》。

2.3.3 各类用途土地的复垦工程标准：

2.3.3.1 用于农、林、牧业：

原土层结构未被破坏的，不需重新覆土，土层容重保持约 1.3g/cm^3。

·其他条款见《采挖废弃土地复垦技术标准》中相应部分。

2.3.3.2 用于建筑：

·对原有建筑及配套设施，在布局合理、地基参数(地基承载力、变形及稳定性指标)合理情况下，尽量再利用。

其他见《采挖废弃土地复垦技术标准》中相应部分。

2.3.3.3 其他技术标准：

·依据具体情况另行制定。

·其他见《采挖废弃土地复垦技术标准》中相应部分。

四、工业排污破坏土地复垦技术标准

1. 适用范围

本标准适用于工业排污过程中和结束后所造成的破坏土地的复垦技术质量控制，例如，有毒有害重金属污染土地，有机物污染土地，酸、碱污染土地和致盐渍化土地以及放射性污染土地等(放射性污染系指低于《辐射防护规定》界限值的低放射性引起的污染)。

2. 复垦工程标准

2.1 依据工业排污破坏土地的类型、特点、程序、地形和环境要求，选择适宜的复垦利用类型和方法。

2.2 编制复垦工程规划并提出设计文件。

2.3 工业排污造成破坏土地类型分类：分为有毒有害重金属污染土地，有机物污染土地，酸、碱污染土地和致盐渍化土地以及放射性污染土地等几类。

2.4 各类型破坏土地复垦用途及工程标准：

2.4.1 有毒有害重金属污染土地：

2.4.1.1 用于农业：

·切断污染源，以环境工程、工艺措施去除致害污染物的引入。必要时，挖出严重受污染的土层，实施去除污染的处置。

·采用深埋受污染土壤措施时,依污染程度确定埋深。填筑场地需采取防渗措施,防止对地下水、相邻土层及上部土层的二次污染。即,必须实行安全土地填筑处置或其他适宜方法处置。

·经过上述工程措施后,须经测试确证土壤中污染物浓度在当地土壤一般范围内,方可用于农业。

·覆土厚度0.5m以上,坡度不大于5°。有配套排灌设施,满足当地防洪标准。

2.4.1.2 用于林业:

·采取环境工程措施去除污染物,严重污染的土壤层,宜采取挖出处置或其他适宜处置方法。

·工程后须经测试确证土壤污染物指标在当地林地范围内,方可用于林、果种植。

·岩土厚度1m以上。

·坡度10~25°时,沿等高线修筑梯地、水平沟或鱼鳞坑。

·有水土保持措施,防洪标准满足要求。

·有机械化作业通道。

·果树种植区应有排灌设施。

2.4.1.3 用于牧业:

·采取去除污染物的工程措施,清除污染物。严重污染地带,不能用于牧草生产,只能用做一般生态种植。

·工程后经测试的土壤中污染物指标在一般草地含量范围内,方可种草。

·场地坡度不大于30°。

·有布局合理的饮水点及适宜机械化的作业通道。

2.4.1.4 用渔业:

·应有防渗衬垫层或防渗工程结构设施。

·有适宜的供、排水设施。

·其他同一般破坏场地复垦技术标准。

2.4.1.5 用于建设:

·有良好防渗、防污染隔离层设施。

·移走或处置复垦区内对人体有害的污染源。

·场地、地基、配套设施要求符合一般土地复垦工程标准。

2.4.2 酸、碱污染土地:

2.4.2.1 用于农、林、牧业:

·切断污染源,采取环境工程措施处置受污染土壤。

·处置过后,经测试确证土壤pH值在指定范围(5.5~8.5)内。

·处置后的土层,可直接用于农业等种植,不需再覆土层。

·场地坡度、排灌设备、防洪、道路等配套设施的指标同《采挖废弃土地复垦技术标准》中相应条款。

2.4.2.2 用于渔业:

·有防污染隔离层或防渗漏工程设施。

·塘面积、水深、水质、清污、供排水、防洪等场地条件同《采挖废弃土地复垦技术标准》中相应条款。

2.4.2.3 用于建设:

·有适宜的防渗和防污染隔离层设施。

·场地、地基和配套设施要求符合2.4.1中有关部分。

2.4.3 有机污染和放射性污染土地:

2.4.3.1 用于农、林、牧业:

·有关技术标准同前述同类标准。

·依据《辐射防护规定》(GB8703－88),对于放射性污染土地,依据放射性强度和工程后用途,采取深埋等工程措施,降低放射性强度至卫生防护标准。并需实施安全土地填筑方法。

·对于受有机污染的土壤,根据污染物种类性质,选择适宜的环境工程措施,降解或分解有机物。

·工程设施后,污染物浓度低于有关标准,方可用于农、林、牧业等种植。如浓度超高,则宜种植经济林、观赏林等。

·有良好供、排水设施,防洪标准满足要

求。

2.4.3.2 用于渔业：

·经土地安全填筑方法处置后，需有适宜防不渗漏工程设施，方可用于渔业等水面养殖。

·有防治污染的一般运行工程措施。

·放射性工业废弃物不宜用作养殖业的复垦地填充物。

·土壤中放射性和有机污染物在工程后仍含量高者，不得用作渔业等养殖。

·其他标准同2.4.2中相应部分。

2.4.3.3 用于建设：

同2.4.1中相应部分。

2.4.4 盐渍化污染土地：

2.4.4.1 已受盐渍化污染的土壤可采取工程措施、排灌措施或生物措施降低盐含量。

2.4.4.2 其他标准同2.4.1中相应部分。

3. 生态恢复

3.1 有毒有害重金属污染土地复垦：

3.1.1 用于农、林、牧业：

3.1.1.1 选择抗逆性强，特别是抗污染物（抗重金属）品质好的品种。

3.1.1.2 通过生物措施降低土壤污染物，污染物仍高于当地一般水平时，可改种其他非食用经济作物、经济林或观赏林、草等一般功能植物。

3.1.1.3 可实行草、灌、乔混合播种。

3.1.1.4 粮食、果品等可食部分，有毒有害物含量符合《食品卫生标准》。牧草中污染物含量符合动物食用一般范围。

3.1.1.5 三年后作物产量，果品以及经济林产品产量相当于当地中等生产水平。如用作牧草种植，三年后单位面积产草量相当于当地一般草场中等产量水平。

3.1.2 用于渔业：

3.1.2.1 场地、水源、水质等同《采挖废弃土地复垦技术标准》中相应部分。

3.1.2.2 鱼塘水质如有污染物超标，需监测鱼可食性部分污染物含量，如符合《食品卫生标准》，则可以食用。反之，需查明污染源，并采取工程措施切断污染途径，待水质合格后，方可继续养殖。

3.2 酸、碱、盐、有机物及放射性污染土地复垦：

3.2.1 用于农、林、牧业：

3.2.1.1 依据污染物清除程度，确定种植种类。土壤所含污染物仍高于正常范围时，适宜种植抗（耐）酸、碱、盐的经济植物和一般用途植物，例如，观赏植物等。

3.2.1.2 其他技术标准同2.4.1中相应部分。

3.2.1.3 放射性废物填埋场地需定期检查种植植物可食和可用部分的放射性强度，如有超标，需采取措施清除污染。

3.2.2 用于渔业：

3.2.2.1 一般技术标准同《采挖废弃土地复垦技术标准》中渔业部分。

3.2.2.2 有防治污染的运行措施。

五、水毁土地复垦技术标准

1. 适用范围

本标准适用于遭受各种洪涝及工程事故过水冲毁、淹漫及渍害过后的土地复垦质量控制。

2. 原则

2.1 调查造成水毁地的类型，水的来源、水质及水毁程度。

2.2 依据过水类型、水毁程度，选择相应的复垦技术和利用类型。

2.3 其他原则同《土地复垦技术标准（试行）》总则中相应部分。

3. 水毁地复垦技术标准

3.1 清除水毁地场地杂物及淤积泥沙等。

3.2 清理场地时，地面能够承载机械作业。

3.3 场地平整至无大块石、砾石，适合于利用类型要求。

3.4 位于粮棉基地的水毁地，排水防洪执行《防洪工程设计规范》中"乡村防洪标准"，特殊情况下，可适当提高防洪标准。

3.5 水毁地恢复为各种用地的复垦技术标准：

3.5.1 复垦为农用地：

3.5.1.1 复垦为旱地标准：

·土壤 pH 值为 5.5～8.5。

·土层厚度 0.5 米以上。耕层质地为壤土（轻、中、重质）、粘土、砂土。

·表层容重不大于 1.3g/cm^3。

·坡度不大于 5°。

·防洪设施满足当地标准。

3.5.1.2 复垦为水田标准：

·土地 pH 值 5.0～8.0，耕层质地为壤土（轻、中、重质）和粘土。

·坡度不大于 3°。

·防洪设施满足当地标准。

3.5.1.3 复垦为菜地标准：

·土壤 pH 值为 6.0～8.5，耕层质地为壤土（轻、中、重质）和粘土。

·坡度不大于 3°。

·土壤容重不大于 1.3g/cm^3。

·有排灌设施，防洪设施满足当地标准。

·灌溉水质满足《农田灌溉水质标准》。

·代换量为 10meq/100g。

3.5.1.4 复垦为林地标准：

·土壤 pH 值 5.5～8.5。

·土壤厚度不小于 0.3 米。

·硬盘层深度大于 0.3 米。

·坡度不大于 35°。裸岩面积在 30% 以下。

3.5.1.5 复垦为草地标准：

·土壤 pH 值 5.0～9.0。

·土壤厚度不小于 0.3 米。

·坡度不大于 25°，以 0～15°为宜。

4. 低洼地水毁复垦标准

4.1 实行小区综合治理，因地制宜选择利用方向。

4.2 立体利用小区水、土、光等自然条件，建立多层次种植体系。

4.3 防洪排涝设施满足要求。

5. 其他废弃地复垦标准

依据当地条件和利用方向由各地制定，或参照上述有关标准执行。

6. 生态恢复

参见《采挖废弃土地复垦技术标准》中有关条款。

关于印发《石油天然气行业划拨用地项目目录（试行）》的通知

（〔1995〕国土〔建〕字第 52 号）

各省、自治区、直辖市及计划单列市土地（国土）管理局（厅）、新疆生产建设兵团土地管理局：

为贯彻国家产业政策，保证国家重点扶持的能源工业建设和发展，明确对石油天然气行业建设用地实行划拨和出让的界限，根据《城市房地产管理法》和国务院的有关规定，制定了《石油天然气行业划拨用地项目目录（试行）》。现印发给你们，并将有关事项通知如下：

一、石油天然气行业工程建设需要新增用地的，本目录所列项目以划拨方式提供土地使用权，并支付相应费用；本目录未列的项目，各地应根据具体情况采用适当的方式提供土地使用权。

二、外商投资企业和按国家有关规定改组或新设的股份制企业需要新增用地的，仍按国家有关规定实行有偿使用。

三、凡以划拨方式取得的土地使用权，不得转让、出租、抵押。确需对划拨土地使用权进行转让、出租、抵押的，应按规定补办土地使用权出让手续，补交土地使用权出让金。经批准可以不补办土地使用权出让手续的，转让方也应按规定将土地收益上缴国家或者作其他处理。

四、目前尚不明确提供土地使用权方式的项目，经进一步调查研究，确定后另行发布。

五、本目录执行中的有关问题，由国家土地管理局负责解释。请各地将执行中发现的问题和意见及时函告我局建设用地管理司。

六、其他行业划拨用地项目目录，由我局商有关部门另行制定后发布。

附件：石油天然气行业划拨用地项目目录（试行）

国家土地管理局

一九九五年四月二十六日

附件

石油天然气行业划拨用地项目目录

（试行）

一.生产及配套设施

1．油（气、水）井场及地面作业设施。

2．计量站、接转站、联合站、原油（气）库、注水站、油气水处理厂站、增压站、脱氧站等。

3．集、输油（气、汽、水）设施。

4．油（气）回收、利用设施。

5．自备电厂（站）、供配电站、输电线路及相应设施。

6．通讯站（塔）、通讯线路。

7．油（气）田道路、铁路专用线及站场、专用机场、航坞、码头、渡口。

8．水源、输水管线、沟渠等供排水设施。

9．消防站及防属设施。

二.辅助生产设施

1．油（气）机械、仪器、设备、管材加工和维修设施。

2．油（气）生产和建设物资仓储库（站）、露天货场、废旧料场、成品油（气）库（站）。

3．环保监测、治理污染及废旧料（物）综合利用设施。

4．油田防护设施。

5．行政管理设施。

6．职工（干部）培训设施。

7．科技、资料、档案等设施。

8．气象台（站）。

三.生活设施

1．职工住宅（含单身宿舍）、食堂、浴室及相应的道路、广场、绿地。

2．职工子弟学校、托儿所、幼儿园。

3．职工医院、疗养院、卫生所。

4．福利院。

5．职工文体活动设施。

6．广播、电视、报刊设施。

关于印发《民航、铁路、交通、水利、电力五行业划拨用地项目目录(试行)》的通知

(〔1995〕国土〔建〕字第188号)

各省、自治区、直辖市及计划单列市土地(国土)管理局(厅),新疆生产建设兵团土地管理局:

为贯彻国家产业政策,保证国家重点扶持的能源、交通、水利等行业的建设和发展,根据《中华人民共和国城市房地产管理法》的有关规定,制定了《民航、铁路、交通、水利、电力五行业划拨用地项目目录(试行)》(以下简称《目录》)。现印发给你们,并将有关事项通知如下:

一、民航、铁路、交通、水利、电力五行业工程建设需要新增用地的,本《目录》所列项目以划拨方式提供土地使用权,并支付相应费用;本《目录》未列项目,各地应当根据法律法规的有关规定采用出让方式提供土地使用权。

二、凡以划拨方式取得的土地使用权,不得转让、出租和抵押。确需对划拨土地使用权进行转让、出租和抵押的,应按规定补办土地使用权出让手续,补交土地使用权出让金。经批准可以不补办土地使用权出让手续的,转让方也应按规定将土地收益上缴国家或者作其他处理。

三、上述五行业工程建设中涉及的生活住宅用地,属独立工矿区或地处农村的,应当采用划拨方式提供土地使用权;属城市市区、近郊区的,可按当地普通住宅建设供地的方式办理。

涉及医疗卫生、教育和体育等范围的划拨用地,将由我局商卫生、教育、体育等部门后统一制定发布施行。

四、本《目录》不适用于外商投资企业和按国家有关规定改组或新设的股份制企业用地。

五、本《目录》执行中的有关问题,由国家土地管理局负责解释。请各地将执行中的问题和意见及时函告我局。

一九九五年十二月三十日

附件

民航、铁路、交通、水利、电力五行业划拨用地项目目录

(试行)

一.民航

1.机场飞行区:包括跑道、滑行道系统、升降带、目视助航系统、各类机坪、机场围界及巡场路。

2.航站楼及停车场(楼)、民航直属客货运营(含售票处、货运库(站)、旅客过夜用房、机上供应等)及通用航空业务设施。

3.空中交通管理系统:包括通信、导航、雷达、气象设施,航行情报、航务管理、空中交通管制设施。

4.航材供应,航空器适航、校验及机务维修设施。

5. 地面专用设备、特种车辆保障设施。

6. 供油系统:包括运输、中转、储油及加油设施。

7. 公安、消防、安全检查等安全保卫设施,应急救援设施。

8. 机场公用设施:包括供电、供气、供暖、制冷、供水、排水设施,场内外道路及配套设施。

9. 环保设施:包括污水处理、航空垃圾处理、环保监测、防噪声设施。

10. 边防、海关、武警、卫生检疫、动植物检疫、商检、邮电机构驻机场业务设施。

11. 行政、业务管理设施,民航专业技术培训设施。

12. 民航训练机场及通用航空机场。

二. 铁路

1. 铁路线路(含专用线)、站、场。

2. 铁路运输生产及维修、养护设施。

3. 给排水、供电、供暖、制冷、节能设施。

4. 通信、信号设施。

5. 轮渡、码头。

6. 铁路专用设备、器材、材料生产设施(含砂石场)及专用票据印刷设施。

7. 海关、边防等联检设施。

8. 铁路防洪、防雪、防风沙设施(含苗圃)。

9. 铁路运输防疫、环保设施。

10. 消防、战备设施。

11. 铁路专用物资(燃料)仓储库(场),废旧料场。

12. 行政、业务管理设施。

13. 铁路专业技术培训设施。

14. 乘务员公寓、边远地区职工生活供应站。

15. 铁路公、检、法设施(含看守所、拘留所)。

三. 交通

(一)公路

1. 公路线路、桥梁、渡口和隧道。

2. 沿线汽车停靠站,收费、通信、监控设施。

3. 高等级公路临时停车场,应急救援、管理设施。

4. 长途汽车客运站,枢纽货运站(场)。

5. 公路养护道班(工区)及养护设备、材料场、维修设施。

6. 公路环境保护、监测设施(含苗圃)。

(二)水运

1. 码头、栈桥、护岸、防波(沙)堤等水工工程。

2. 人工开挖航道、港池、锚地。

3. 港口生产作业区、仓库、堆场、罐区、客运站。

4. 港口机械设备停放及维修设施。

5. 港口专用铁路、公路、管道、桥涵。

6. 供水、供电设施。

7. 通信、导航、安全监督、交通管理设施。

8. 救助打捞、消防设施。

9. 船舶维修及检验设施。

10. 海关、边防等联检设施。

11. 船舶燃料、物资供应设施。

12. 环保设施。

13. 航道、航标维护及管理设施。

14. 航运枢纽工程、船闸。

15. 行政、业务管理设施。

16. 航运专业技术培训设施。

四. 水利

(一)水利水电

1. 挡水、泄水建筑物及附属设施(含溢洪、泄洪、通航、过木、过冰、过鱼、鱼苗繁育、灌溉和供水设施)。

2. 引水(尾水)系统(含进水口、引水渠、沉沙池、引水隧洞、调压设施、高压管道及尾水渠、隧洞)。

3. 发电厂(地下、地面),变电站及附属设施。

4. 交通设施(含专用铁路、公路、桥梁、码头、转运站),供电、供风、供热及制冷设施,通信设施。

5. 水文、气象、测报设施,建筑物安全、地震和水环境监测、环保设施。

6. 行政、生产管理设施。

7. 施工导流及其建筑物设施。

8. 水库淹没用地。

9. 城镇、乡村、工矿企业迁建用地,专项设施复建用地(含已建水库移民遗留问题处理)。

(二)河道治理与蓄滞洪区安全建设

1. 河道治理工程:包括扩挖(或新开)河道、堤防、护岸、海堤、控导工程(含帮宽地、护堤地)。

2. 水闸工程(含管护用地),泵站工程。

3. 蓄滞洪区安全建设工程:包括转移、撤退交通设施,避洪安全设施,通信预警设施。

4. 生产管理(含调度、监测、观测)及生活设施。

(三)灌溉、排涝、供水

1. 取水系统(含水闸、堰、泵站、机电井)。

2. 输(排)水设施(含明渠、暗涵、隧道、管道、桥、渡槽、倒虹、调蓄水库、水池),加压(抽、排)泵站、水厂。

3. 道路、桥梁、防护林带等配套设施。

4. 生产管理设施。

(四)电网输变电、配电

(与电力行业相同)

(五)防汛抗旱及水文

1. 防汛抗旱设施:包括专用铁路、公路、转运场、码头、料场、物资仓库、货场、车库、油库、防汛调度管理设施。

2. 水文、气象设施:水文站(包括水位、雨量、水质监测站,地下水观测站和测报设施)及基地。

3. 防汛抗旱通信设施:包括有线塔(杆)、卫星地面站、微波塔、通信楼、光纤管道及附属设施。

(六)水土保持

1. 水土保持工程设施,监测中心(站)。

2. 水土保持管理系统,包括管理站,科研技术推广所(站)及基地。

五.电力

(一)火力发电

1. 主厂房设施。

2. 配电装置、通信楼、微波塔。

3. 循环水管(沟)、冷却塔(池)等水工设施。

4. 输煤、贮煤、卸煤设施。

5. 燃油、卸油设施。

6. 化学水处理设施。

7. 除尘、除灰(渣)及灰渣综合利用设施。

8. 脱硫、脱硝设施。

9. 启动锅炉房、空压机室。

10. 乙炔站、制氢(氧)站、贮氢(氧)罐。

11. 修配场、维修间。

12. 集中污水处理场。

13. 净水设施。

14. 环保监测、工业卫生及劳动保护设施。

15. 办公楼、试验室、生产培训楼及仿真机房。

16. 材料库、汽车库、消防设施、推煤机库、机车库。

17. 夜班人员休息室、检修公寓。

18. 进厂公路(含运灰渣公路、运煤公路)。

19. 贮灰(渣)场、除灰(渣)管线及相应设施。

20. 水源地(或专用水库)、补给水管线及相应设施、取水泵房及供排水设施。

21．铁路专用线及站场、厂外输煤廊道及相应设施、专用码头。

22．厂区周围山体护坡、防排洪设施。

（二）输变电、配电

1．输电线路塔（杆）及拉线基础。

2．线路维护、检修道路。

3．巡线站、线路工区。

4．室内、外变（配）电设施，直流输电换流站。

5．主控制楼（室）、阀厅、通信设施、微波站（塔）。

6．消防设施。

7．材料储存、检修、油处理设施。

8．行政管理设施。

9．进站（所）道路。

10．供排水及防排洪设施。

11．变电、高压工区。

（三）水利水电

（与水利行业相同）

土地登记规则

（〔1995〕国土〔法〕字第184号）

第一章　总　　则

第一条　根据《中华人民共和国土地管理法》、《中华人民共和国城市房地产管理法》规定，为建立土地登记制度，维护土地的社会主义公有制，保障土地权利人的合法权益，特制定本规则。

第二条　土地登记是国家依法对国有土地使用权、集体土地所有权、集体土地使用权和土地他项权利的登记。

本规则所称土地他项权利，是指土地使用权和土地所有权以外的土地权利，包括抵押权、承租权以及法律、行政法规规定需要登记的其他土地权利。

土地登记分为初始土地登记和变更土地登记。初始土地登记又称总登记，是指在一定时间内，对辖区全部土地或者特定区域的土地进行的普遍登记；变更土地登记，是指初始土地登记以外的土地登记，包括土地使用权、所有权和土地他项权利设定登记，土地使用权、所有权和土地他项权利变更登记，名称、地址和土地用途变更登记，注销土地登记等。

第三条　国有土地使用者、集体土地所有者、集体土地使用者和土地他项权利者，必须依照本规则规定，申请土地登记。

申请土地登记，申请者可以授权委托代理人办理。授权委托书应当载明委托事项和权限。

依法登记的土地使用权、所有权和土地他项权利受法律保护，任何单位和个人不得侵犯。

第四条　土地登记以县级行政区为单位组织进行。具体工作由县级以上人民政府土地管理部门负责。

第五条　土地登记以宗地为基本单元。

拥有或者使用两宗以上土地的土地使用者或土地所有者，应当分宗申请登记。

两个以上土地使用者共同使用一宗土地的，应当分别申请登记。

跨县级行政区使用土地的，应当分别向土地所在地县级以上地方人民政府土地管理部门申请登记。

第六条　土地登记依照下列程序进行：

（一）土地登记申请；

（二）地籍调查；

（三）权属审核；

（四）注册登记；

（五）颁发或者更换土地证书。

第七条 国家土地管理局主管全国的土地登记工作。

县级以上地方人民政府土地管理部门主管本行政区域内的土地登记工作。

第二章 初始土地登记

第八条 初始土地登记，由县级以上地方人民政府发布通告。通告的主要内容包括：

（一）土地登记区的划分；

（二）土地登记的期限；

（三）土地登记收件地点；

（四）土地登记申请者应当提交的有关证件；

（五）其他事项。

第九条 国有土地使用权由使用国有土地的单位及法定代表人或者使用国有土地的个人申请登记。

集体土地所有权由村民委员会或者农业集体经济组织及法定代表人申请登记。

集体土地使用权由使用集体土地的单位及法定代表人或者使用集体土地的个人申请登记。

土地他项权利需要单独申请的，由有关权利人申请登记。

第十条 土地登记申请者申请土地使用权、所有权和土地他项权利登记，必须向土地管理部门提交下列文件资料：

（一）土地登记申请书；

（二）单位、法定代表人证明，个人身份证明或者户籍证明；

（三）土地权属来源证明；

（四）地上附着物权属证明。

委托代理人申请土地登记的，还应当提交授权委托书和代理人资格身份证明。

第十一条 申请土地登记，申请者须向土地管理部门领取土地登记申请书。

土地登记申请书应当载明下列基本事项，并由申请者签名盖章：

（一）申请者名称、地址；

（二）土地坐落、面积、用途、等级、价格；

（三）土地所有权、使用权和土地他项权利权属来源证明；

（四）其他事项。

第十二条 土地管理部门接受土地登记申请者提交的申请书及权属来源证明，应当在收件簿上载明名称、页数、件数，并给申请者开具收据。

第十三条 土地管理部门负责组织辖区内的地籍调查。地籍调查规程由国家土地管理局制定。

第十四条 土地管理部门应当根据地籍调查和土地定级估价成果，对土地权属、面积、用途、等级、价格等逐宗进行全面审核，填写土地登记审批表。

土地登记审批表以宗地为单位填写。两个以上土地使用者共同使用一宗土地的，应当分别填写土地登记审批表。

第十五条 经土地管理部门审核，对认为符合登记要求的宗地予以公告。

公告的主要内容包括：

（一）土地使用者、所有者和土地他项权利者的名称、地址；

（二）准予登记的土地权属性质、面积、坐落；

（三）土地使用者、所有者和土地他项权利者及其他土地权益有关者提出异议的期限、方式和受理机关；

(四)其他事项。

第十六条 土地登记申请者及其他土地权益有关者在公告规定的期限内,可以向土地管理部门申请复查,并按规定缴纳复查费。经复查无误的,复查费不予退还;经复查确有差错的,复查费由造成差错者承担。

第十七条 土地登记过程中的土地权属争议,按照《中华人民共和国土地管理法》第十三条规定进行处理后,再行登记。

第十八条 公告期满,土地使用者、所有者和土地他项权利者及其他土地权益有关者对土地登记审核结果未提出异议的,由人民政府批准后,按照以下规定办理注册登记:

(一)根据对土地登记申请的调查审核结果,以宗地为单位逐项填写土地登记卡,并由登记人员和土地管理部门主管领导在土地登记卡的经办人、审核人栏签字;

(二)根据土地登记卡的有关内容填写土地归户卡,并由登记人员在土地归户卡的经办人栏签字。土地归户卡以权利人为单位填写,凡在一个县级行政区范围内对两宗以上土地拥有权利的,应当填写在同一土地归户卡上;

(三)根据土地登记卡的相关内容填写土地证书。土地证书以宗地为单位填写。两个以上土地使用者共同使用一宗土地的,应当分别填写土地证书。

第十九条 由县级以上地方人民政府向国有土地使用者、集体土地所有者、集体土地使用者分别颁发《国有土地使用证》、《集体土地所有证》和《集体土地使用证》。

县级以上地方人民政府土地管理部门向土地他项权利者颁发土地他项权利证明书。

第二十条 尚未确定土地使用权、所有权的土地,土地管理部门进行登记造册,不发土地证书。

第二十一条 本章除有关通告和公告的规定外适用于变更土地登记。

第三章 土地使用权、所有权和土地他项权利设定登记

第二十二条 设定土地使用权、所有权和土地他项权利,必须依照本章规定向土地管理部门申请登记。

第二十三条 以划拨方式取得国有土地使用权的,按照以下规定办理土地登记手续:

(一)新开工的大中型建设项目使用划拨国有土地的,建设单位应当在接到县级以上人民政府发给的建设用地批准书之日起三十日内,持建设用地批准书申请土地预登记,建设项目竣工验收后,建设单位应当在该建设项目竣工验收之日起三十日内,持建设项目竣工验收报告和其他有关文件申请国有土地使用权设定登记;

(二)其他项目使用划拨国有土地的,土地使用单位或者个人应当在接到县级以上人民政府批准用地文件之日起三十日内,持批准用地文件申请国有土地使用权设定登记。

划拨新征用农民集体所有土地的,被征地单位应当依照本规则规定,同时申请集体土地所有权注销登记或者变更登记。

第二十四条 集体土地依法转为国有土地后,原集体土地使用者继续使用该国有土地的,应当在土地所有权性质变更后三十日内,持原《集体土地使用证》和其他有关文件申请国有土地使用权设定登记。

第二十五条 使用本集体土地进行建设或者生产的,集体土地使用单位或者个人应当在接到有批准权的地方人民政府批准用地文件或者农地使用合同签订之日起三十日内,持批准用地文件或者农地使用合同申请集体土地使用权设定登记。

第二十六条 以出让方式取得国有土地使用权的,受让方应当在按出让合同约定支付全部土地使用权出让金后三十日内,持土

地使用权出让合同和土地使用权出让金支付凭证申请国有土地使用权设定登记。

成片开发用地采取一次出让、分期付款、分期提供出让国有土地使用权的，受让方应当在每期付款后三十日内持土地使用权出让合同和土地使用权出让金支付凭证申请国有土地使用权设定登记。

第二十七条 国家将国有土地使用权以作价入股方式让与股份制企业的，该企业应当在签订入股合同之日起三十日内，持土地使用权入股合同和其他有关证明文件申请国有土地使用权设定登记。

第二十八条 依法向政府土地管理部门承租国有土地的，承租人应当在签订租赁合同之日起三十日内，持土地租赁合同和其他有关证明文件申请承租国有土地使用权登记。

第二十九条 依法抵押土地使用权的，当事人应当在抵押合同签订后十五日内，持抵押合同以及有关文件申请土地使用权抵押登记。土地管理部门应当在被抵押土地的土地登记卡上登记，并向抵押权人颁发土地他项权利证明书。

同一宗地多次抵押时，以收到抵押登记申请先后为序办理抵押登记和实现抵押权。

第三十条 有出租权的土地使用者依法出租土地使用权的，出租人与承租人应当在租赁合同签订后十五日内，持租赁合同及有关文件申请土地使用权出租登记。土地管理部门应当在出租土地的土地登记卡上进行登记，并向承租人颁发土地他项权利证明书。

第三十一条 设定法律、行政法规规定需要登记的其他土地他项权利的，当事人应当在确定之日起十五日内，申请设定登记。

第四章 土地使用权、所有权和土地他项权利变更登记

第三十二条 依法变更土地使用权、所有权和土地他项权利的，必须依照本章规定向土地管理部门申请登记。

第三十三条 申请土地使用权、所有权变更登记时，申请者应当依照规定申报地价；未申报地价的，按宗地标定地价进行登记。

第三十四条 划拨土地使用权依法办理土地使用权让手续的，土地使用者应当在缴纳土地使用权出让金后三十日内，持土地使用权出让合同、出让金缴纳凭证及原《国有土地使用证》申请变更登记。

第三十五条 企业将通过出让或者国家入股等形式取得的国有土地使用权，再以入股方式转让的，转让双方当事人应当在入股合同签订之日起三十日内，持以出让或者国家入股等方式取得土地使用权的合法凭证、入股合同和原企业的《国有土地使用证》申请变更登记。

第三十六条 集体土地所有者将集体土地使用权作为联营条件兴办三资企业和内联企业的，双方当事人应当在联营合同签定后三十日内，持县级以上人民政府批准文件和入股合同申请变更登记。

第三十七条 有下列情形之一的，土地使用权转让双方当事人应当在转让合同或者协议签订后三十日内，涉及房产变更的，在房产变更登记发证后十五日内，持转让合同或者协议、土地税费缴纳证明文件和原土地证书等申请变更登记：

（一）依法转让土地使用权的；

（二）因买卖、转让地上建筑物、附着物等一并转移土地使用权的；

房屋所有权变更而使土地使用权变更的，在申请变更登记时，应当提交变更后的房屋所有权证书。

第三十八条 因单位合并、分立、企业兼

并等原因引起土地使用权变更的，有关各方应当在合同签订后三十日内或者在接到上级主管部门的批准文件后三十日内，持合同或者上级主管部门的批准文件和原土地证书申请变更登记。

第三十九条 因交换、调整土地而发生土地使用权、所有权变更的，交换、调整土地的各方应当在接到交换、调整协议批准文件后三十日内，持协议、批准文件和原土地证书共同申请变更登记。

第四十条 因处分抵押财产而取得土地使用权的，取得土地使用权的权利人和原抵押人应当在抵押财产处分后三十日内，持有关证明文件申请变更登记。

第四十一条 商品房预售，预售人应当在预售合同签订后三十日内，将预售合同报县级以上人民政府房产管理部门和土地管理部门登记备案。

县级以上人民政府土地管理部门建立商品房预售合同登记备案簿，记录预售人和预购人名称、商品房所占土地位置、预售金额、交付使用日期、预售面积等内容。

第四十二条 出售公有住房，售房单位与购房职工应当在县级以上地方人民政府房产管理部门登记房屋所有权之日起三十日内，持公房出售批准文件、售房合同、房屋所有权证书和售房单位原土地证书申请变更登记。

第四十三条 土地使用权抵押期间，抵押合同发生变更的，抵押当事人应当在抵押合同发生变更后十五日内，持有关文件申请变更登记。

第四十四条 土地使用权出租期间，租赁合同发生变更的，出租人和承租人应当在租赁合同发生变更后十五日内，持有关文件申请变更登记。

第四十五条 变更法律、行政法规规定需要登记的其他土地他项权利的，当事人应当在变更之日起十五日内，申请变更登记。

第四十六条 依法继承土地使用权和土地他项权利的，继承人应当在办理继承手续后三十日内，持有关证明文件申请变更登记。

第四十七条 其他形式的土地使用权、所有权和土地他项权利变更，当事人应当在发生变更之日起三十日内，持有关证明文件申请变更登记。

第五章 名称、地址和土地用途变更登记

第四十八条 土地使用者、所有者和土地他项权利者更改名称、地址和依法变更土地用途的，必须依照本章规定向土地管理部门申请登记。

第四十九条 土地使用者、所有者和土地他项权利者更改名称、地址的，应当在名称、地址发生变更之日起三十日内，持有关证明文件申请名称、地址变更登记。

第五十条 国有土地的用途发生变更的，土地使用者应当在批准变更之日起三十日内，持有关部门批准文件和原《国有土地使用证》申请土地用途变更登记。以出让方式取得国有土地使用权的用途发生变更的，土地使用者还应当提交签订的土地使用权出让合同变更协议或者重新签订的土地使用权出让合同。

第五十一条 农村集体所有土地进行农业结构调整涉及已登记地类变化的，集体土地所有者应当在农业结构调整后三十日内，持批准文件、《集体土地所有证》和《集体土地使用证》申请土地用途变更登记。

第五十二条 集体土地建设用地的用途发生变更的，土地使用者应当在接到有批准权的地方人民政府批准文件之日起三十日

内，持批准文件和原《集体土地使用证》申请土地变更登记。

第六章 注销土地登记

第五十三条 集体所有的土地依法被全部征用或者农业集体经济组织所属成员依法成建制转为城镇居民的，应当在集体土地被全部征用或者办理农转非的同时，注销集体土地所有权登记。

第五十四条 县级以上人民政府依法收回国有土地使用权的，土地管理部门在收回土地使用权的同时，办理国有土地使用权注销登记，注销土地证书。

第五十五条 国有土地使用权出让或者租赁期满，未申请续期或者续期申请未获批准的，原土地使用者应当在期满之日前十五日内，持原土地证书申请国有土地使用权注销登记。

第五十六条 因自然灾害等造成土地权利灭失的，原土地使用者或者土地所有者应当持原土地证书及有关证明材料，申请土地使用权或者土地所有权注销登记。

第五十七条 土地他项权利终止，当事人应当在该土地他项权利终止之日起十五日内，持有关证明文件申请土地他项权利注销登记。

第五十八条 土地使用者、所有者和土地他项权利者未按照本规则规定申请注销登记的，土地管理部门可以依照规定直接办理注销土地登记，注销土地证书。

第七章 土地登记文件资料

第五十九条 土地登记形成的文件资料主要有以下几种：

（一）土地登记申请书；

（二）土地登记收件单；

（三）土地权属证明文件、资料；

（四）土地登记审批表；

（五）地籍图；

（六）土地登记簿（卡）；

（七）土地证书签收簿；

（八）土地归户册（卡）；

（九）土地登记复查申请表；

（十）土地登记复查结果表；

（十一）确权过程中形成的协议书、决定书等文件、资料。

土地登记文件资料由土地管理部门指定专人管理、更新、提供应用。

第六十条 土地登记卡以街道（乡、镇）为单位，按街坊（村）及宗地号顺序排列组装土地登记簿。

宗地分割的，在原土地登记卡顺序上按宗地分割后支号的顺序排列。

宗地合并的，以合并后的宗地号顺序排列。

第六十一条 土地归户卡以县级行政区为单位，按土地权利人名称第一个字（或姓氏）笔划排列组装土地归户册。

第六十二条 土地登记文件资料的查阅，按照土地管理部门规定办理。未经允许不得向第三者提供或者公布。

土地使用权转让、抵押和出租应当以土地登记文件资料为准。需要查询土地登记文件资料的，受让人、抵押权人和承租人应当提出书面请求。凡符合查询规定的，土地管理部门应当出具书面查询结果或资料。

第六十三条 任何单位和个人不得伪造、擅自涂改和复制土地证书、土地登记文件资料。

第六十四条 《国有土地使用证》、《集体土地所有证》、《集体土地使用证》和土地他项权利证明书式样由国家土地管理局统一制定，由国家土地管理局或其授权的单位统一印制。

土地登记卡和土地归户卡由国家土地管理局统一格式，由县级以上地方人民政府土地管理部门印制。

土地登记所需的其他表、卡、簿按照国家土地管理局制定的基本格式要求，各省、自治区、直辖市人民政府土地管理部门可进行适当补充规定。

任何单位和个人不得非法印制土地证书。非法印制的土地证书无效。

第六十五条 土地登记卡是土地登记的主件，也是土地使用权、所有权和土地他项权利的法律依据；土地证书是土地登记卡部分内容的副本，是土地使用者、所有者和土地他项权利者持有的法律凭证。

第八章 附 则

第六十六条 有下列情形之一的，土地管理部门不予受理土地登记申请：

(一)申请登记的土地不在本登记区的；

(二)提供的证明材料不齐全的；

(三)不能提供合法证明的；

(四)土地使用权转让、出租、抵押期限超过土地使用权出让年限的；

(五)按规定应当申报地价而未申报的，或者地价应当经土地管理部门确认而未办理确认手续的；

(六)其他依法不予受理的。

第六十七条 有下列情形之一的，土地管理部门可以作出暂缓登记的决定：

(一)土地权属争议尚未解决的；

(二)土地违法行为尚未处理或者正在处理的；

(三)依法限制土地权利或者依法查封地上建筑物、其他附着物而限制土地权利的；

(四)法律、法规规定暂缓登记的其他事项。

第六十八条 土地管理部门应当在受理土地使用权、所有权设定登记，土地使用权、所有权变更登记，名称、地址和土地用途变更登记申请之日起三十日内，对登记申请和地籍调查结果进行审核，并报经批准后进行注册登记，颁发、更换或者更改土地证书。

土地管理部门应当在受理土地他项权利设定登记，土地他项权利变更登记和注销土地登记申请之日起十五日内，对登记申请和地籍调查结果进行审核后办理注册登记或者注销登记，颁发或者更换土地他项权利证明书，或者将注销登记的结果书面通知当事人。

土地管理部门作出不予受理土地登记申请或者暂缓登记决定的，应当自接到申请之日起十五日内将作出决定的理由书面通知当事人。

第六十九条 土地使用者、所有者凡不按规定如期申请初始土地登记的，按照非法占地的处理办法论处；对凡不按规定如期申请变更土地登记的，除按违法占地处理外，视情节轻重报经县级以上人民政府批准，注销土地登记，注销土地证书。

第七十条 土地管理部门工作人员违反本规则，严重失职的，应当根据情节给予政纪处分和经济处罚，直至依法追究刑事责任。

第七十一条 土地登记后，发现错登或者漏登的，土地管理部门应当办理更正登记；利害关系人也可以申请更正登记。

第七十二条 临时用地的登记办法由省、自治区、直辖市人民政府土地管理部门制定，报省、自治区、直辖市人民政府批准后执行。

第七十三条 土地证书实行定期查验制度。土地使用者、所有者和土地他项权利者应当按照土地管理部门规定的期限办理土地证书查验手续。具体办法由省、自治区、直辖市人民政府土地管理部门制定。

第七十四条 土地使用者、所有者和土地他项权利者应当按照国家规定缴纳土地登记费用。

第七十五条 土地管理部门具体负责土地登记的人员及执业土地登记申请代理人员须经考核合格、领取资格证书后，持证上岗。具体办法另行规定。

第七十六条 经省、自治区、直辖市人民政府确定，县级以上地方人民政府由一个部门统一负责房产管理和土地管理工作的，可以制作、颁发统一的房地产权证书，依法将房屋的所有权和该房屋占用范围内的土地使用权的确认和变更，分别载入房地产权证书。房地产权证书中有关土地权利的记载格式和内容应当符合国家土地管理局的有关规定并报经批准。

第七十七条 本规则由国家土地管理局负责解释。

第七十八条 本规则自 1996 年 2 月 1 日起施行。

国家土地管理局 1995 年 12 月 28 日

科学理论研究

土地复垦技术研究及应用

(一)土地复垦概念

“土地复垦”在我国出现于50年代未、60年代初的各种文献资料中称之为“复田”(Reclamation),即恢复利用被采矿破坏的土地。随着社会的发展,“复田”这一术语逐渐被“土地复垦”所代替。1988年11月8日李鹏总理签发的国务院第19号令《土地复垦规定》中所称“土地复垦”,是指对生产建设过程中,因挖损、塌陷,压占等造成破坏的土地,采取整治措施,使其恢复到可供利用状态的活动。而在实施《土地复垦规定》过程中,为进一步落实我国土地基本国策,复垦对象扩大为对一切人为因素或自然灾害损毁、破坏土地的恢复利用。

土地复垦的对象,一是指在生产、建设过程中挖损、塌陷、压占等造成破坏废弃的土地。包括因从事采掘矿产资源、烧制砖瓦,燃煤发电,道路改线,建筑搬迁,兴修水利和农田基本建设等破坏废弃的土地;二是废弃旧宅基地、城镇、村庄垃圾压占废弃的坑、塘、洼地及其他零星闲散荒芜废弃的土地;三是工业排污造成对土地化学污染而废弃的土地;四是自然灾害,如水冲沙压损毁、破坏而废弃的土地。

(二)土地复垦的意义

工矿企业生产建设过程中破坏土地类型主要有地下采掘,地面直接挖损和压台废弃土地。据了解,我国现有各类矿山企业几十万家,每年采矿总量15亿吨,仅煤炭产量就占12亿吨,据煤炭部门典型调查测算,井下每采万吨原煤造成地表土地塌陷少则0.5亩,多达7~8亩,一般平均2至3亩;每采万吨铁矿破坏土地0.5亩,其总量是相当可观的。

我国能源,有色金属、冶金、化工、建材等工矿企业都有大量的露天采矿。燃煤发电、工矿废渣、尾矿、垃圾等都导致土地的损毁。例如,露采原煤每万吨毁地0.5亩。全国10万个国营集体砖瓦厂,按每产1000万砖瓦毁地20亩计,每年毁地近100万亩。每年全国金属矿排弃的土石、尾矿约4.6亿吨,其总堆积量已达100亿吨以上。我国燃煤发电,排放废弃粉量,居世界第三位。现在,全国以煤矸石、粉煤灰为主的工业固体废弃物年生产量约7亿吨,尚未处理的工业废渣和城市垃圾累计存量已达80亿吨。

因此,土地复垦具有十分重要的意义:

第一,土地复垦是缓解我国人地矛盾的重要措施。我国工矿生产建设过程中破坏、压占的废弃土地,据典型调查累计有8000万亩,预计今后每年以70万亩的速度递增,若把这部分土地由目前复垦率4%提高到50%。估计有3000多万亩可以垦殖成耕地。其他闲散土地1.2亿亩,通过合理规划整治、移村并点还田,可新增耕地4000万亩。

第二,土地复垦可以促进社会安定团结。由于工矿企业损毁、破坏耕地,矿区农民人均耕地不断减少,无地少地农民逐年增加,在企业征地、拆迁、安置、补偿等问题上同农民的矛盾日益尖锐,工农关系紧张,成为社会不安定因素。土地复垦为农民重新开拓生产和生活门路,是促进社会安定团结的有效途径。

第三,改善土地被破坏地区的生态环境。工矿破坏土地,造成土地荒芜,房屋倒塌,路桥断裂,洼地积水,废弃土、石、灰渣堆积,粉尘飞扬,有害有毒气体,液体溢漏、溢出,生态环境恶化,严重损害矿区人民的生产、生活和身心健康,只有通过复垦整治才能改变这种状况。

第四,开展土地复垦,有利于企业的

发展。过去破坏土地企业只考虑经济补偿或实行征用，现在企业承担复垦义务，妥善解决农民生产、生活出路，可以少征用土地，减少企业因征地、拆迁、补偿经济负担。

(三)工矿土地复垦技术研究及其应用

近年来，根据我国不同的土地破坏成因类型、程度、各地采取不同的整治措施，初步形成了具有中国特色的土地复垦技术。

目前，主要复垦技术类型如下：

1.电厂粉煤灰充填塌陷区复垦技术

坑口燃煤电厂的装机容量每1万千瓦年排放粉煤灰1万立方米，若用煤矸石发电厂的排灰量要比燃煤的大1倍，这些粉煤灰排向塌陷区复垦，是较为理想的途径。

对于浅塌陷，多用于泥浆泵把一块塌陷地加深变成精养鱼塘，另一块塌陷地上复土到可利用的土地上造田。对于深塌陷，在地表塌陷前，把地表40cm左右的耕作层土壤剥离运到四周，然后将粉煤灰上覆盖40cm厚土量。平整后就完成了复田阶段，成为可以利用的土地。这种复垦地，可作农田、林地、建筑设施及公园等娱乐场所。

2.矸石充填塌陷区复垦技术

自1984年以来，煤炭科学院唐山分院和淮北矿务局利用矸石和粉煤灰充填塌陷区复田取得成功经验后，在全国很快推广。以淮北、徐州、大屯、肥城、铁法等矿务局开展的较好。

根据淮北的经验，向塌陷区直接排矸石与向矸石山排矸相比，经费并不增加，排矸费还略低，在经济上合算的，在技术上是容易的，目前多用架线电机车从井下装矸石直接排入塌陷区。淮北、开滦矿区等的煤矸石除少量用于建筑或修路，全部排向塌陷区，复垦进度快，质量好。因此，建议对已存在的老矸石山进行复垦绿化建景点，新建矿井不再设计永久性矸石山，把新增矸石排向以后的塌陷坑，预计塌陷多深，矸石就充填多高，待充填完成后，稍加工程措施，即可变成农用地或建设用地。

3.农业生态经济复垦技术

根据各生物种群的生物学，生态学特性和生物之间的互利共生关系，而合理组合的生态农业系统。利用不同破坏类型的土地复垦，分别采用立体种植模式，立体养殖模式。

此外，对各种金属、非金属矿渣，煤矸石、粉煤灰以及在复垦后的水土上种养殖的农作物、林草、鱼类、家禽等所含的有毒、有害物质进行化验分析，监测试验研究，建立起合理高效的生态经济模式。

(彭德福)

土地保护与可持续发展

(一)土地保护内容的发展

国际上，土地保护是从对森林的保护开始的。英国在16、17世纪，受到了森林贫乏的影响后，政府颁布了各种法律来保护主要造船港口周围幸存的森林。这样的保护，其内容仅局限于“保存”，“看守住”。本世纪初，美国在一些地区没有重视对资源的保护，使得环境恶化的问题日趋明显、严重。在这样的背景下，美国总统罗斯福于1908年召集各州州长会议商讨有关保护自然资源的问题。确立了资源保护的内容和目的为：一是要充分利用自然资源，为现在活着的人谋利益；二是要避免浪费资源；三是要使资源的利用为多数人而不是为少数人谋利益。由于政府的重视，在罗斯福总统执政期间，大约有1亿公顷的土地没有用于私人开发而作为国家财产得到保存。但这仅是对土地数量保护所起的作用,保护的内容仍未涉及质量保护的问题。到了本世纪30年代,由于美国过去的资源保护中没有重视对土地质量保护的原因,造成了土地利用中大量的土壤侵蚀,且严重地破坏了土地资源。美国政府同时也认识到没有保护土地、滥用土地是经济萧条的一个重要原因。为了解决土地利用中的土壤侵蚀问题,政府专门建立了土壤保护部门,并在田纳西流域设立了管理局,通过了控制私人在土地上放牧的《泰勒保护条例》等。在美国的影响下,世界上许多国家包括澳大利亚、新西兰、肯尼亚等国纷纷效仿美国进行土地管理立法,设立土地管理部门,使土地占有者随心所欲地利用土地的自由现象开始受到土地保护法律的约束。

我国对土地保护的工作始于本世纪70年代。1978年的五届人大一次会议通过的《中华人民共和国宪法》明确规定:"国家保护环境和自然资源"。在本世纪80年代,先后把"保护环境"和"十分珍惜和合理利用每寸土地,切实保护耕地"作为我国的两项基本国策。与此同时,颁布了《中华人民共和国环境保护法》、《中华人民共和国土地管理法》等有关保护土地的法律。进入本世纪90年代以后,在巨大的人口总量和每年人口增量巨大的压力下,为了稳定农业,满足未来人口和国民经济发展的农产品生产中对土地的需求,又颁布了《中华人民共和国农业法》和《基本农田保护条例》。在这些国策、法规和条例中,明确了土地保护的内容包括对土地的保存、防治土地环境质量恶化、维持土地的生产潜力和提高土地地力水平。土地保护的目的是要达到对土地的可持续利用,从而保证人类的生存与发展对土地的需求。

(二)可持续发展理论的演变

朴素的可持续发展思想由来已久,在传统的土地利用实践和土地管理工作中可以找到许多成功的、反映这一思想的范例。但是作为当代的一个科学术语是在联合国开发署1980年出版的《世界自然保护大纲》中正式出现的。虽然这一大纲是针对自然资源保护提出的,但是大纲中也把自然保护与发展经济作为相辅相成的不可分割的两个方面,经济发展的目的是满足人类的需要和改善人们的生活质量。自然保护的目的是使目前这一代人得到最大的持久性利益,又要保持其潜力,以满足后代人的需要的愿望。因而,可以说大纲的这一思想是可持续发展理论的原型。为了使《世界自然保护大纲》所提出的观点有更进一步的了解和落实到行动计划,世界自然保护联盟1981年在《保护地球》一书中,指出了不可以把可持续发展与持续发展、持续利用等混入一谈。由于任何事物都不可能无休止地增长,持续发展就不可能成为现实。而持续利用只适于再生资源,当人们的利用不超过其负荷极限时有可能达到持续发展。进一步地,该书将可持续发展定义为"改进人类的生活质量,同时不要超过支持发展的生态系统的负荷能力"。

虽然可持续发展的思想在国际上早已为科学界、政界以及联合国所认识,但是,可持续发展一词是在1988年的联合国开发署理事会的磋商会期间,才正式列入联合国"发展业务领域"的。当时对可持续发展的解释是:"如果用过渡开发自然资源及过渡砍伐森林的办法来搞发展,则发展必然不能持久。"随后联合国环境理事会在1989年通过的《关于可持续发展的声明》中将可持续发展的进一步定义为:"满足当代需要而又不削弱子孙后代的发展"。

进入本世纪90年代,可持续发展理论在世界各国和地区得以广泛的公认,并付诸于实践。1992年联合国召开了环境与发展大会,这次会议以"在不危及后代人需要的前提下,寻求满足当代人需要的发展途径"的可持续发展理论为指导，对政治平等，消除贫困，环境保护、资源管理，生产和生活方式，科学技术、立法、国际贸易，动员广大群众参与，加强能力建设和国际合作进行了广泛的讨论，取得了较为一致的共识，为世界各国迎接21世纪的挑战作了必要的准备。

（三）土地保护与可持续发展的关系模式

国内外，有关土地保护与可持续发展关系的研究成果或有关对土地保护与可持续发展关系的认识，存在着五种模式：

一是边缘社会经济模式：模式特征是社会经济的发展很少或不考虑土地供给的制约，认为社会经济发展中土地的供给是无限的，也不需对土地实行保护，国民经济各部门完全通过市场原则获取土地。

二是土地限制极端模式：模式特征是认为土地在社会经济发展中的供给是有限的，国民经济各部门通过计划方式获取土地，要对土地加以绝对保护，保护土地是第一位的，经济发展是第二位的。

三是土地服从经济模式：模式特征是认为土地的供给并非无限，但土地的供给配置要服从于社会经济发展的需要，土地保护工作由社会经济各部门或用地单位或个人自行负责。

四是经济服从土地模式：模式特征是社会经济的发展应服从于土地，土地在国民经济各部门的配置要有利于土地的保护。

五是相互协调发展模式：模式特征是把土地保护和社会经济发展视为相互支持的两个系统，是土地——社会经济系统中的两个子系统，土地保护与社会经济发展溶为一体，彼此不可分割，形成一个统一的不断发展的和谐体系。

在以上五种关系模式中，第一、二种关系模式是两种相互对立的极端形式，第三、四种模式则是第一、二种模式向第五种模式迈进的过渡状态。第五种模式是土地保护与社会经济可持续发展关系的平衡点，也是由第一模式向第三模式和第二模式向第四模式不断发展的方向。显然，第五种模式是土地管理、环境保护等各项工作应追求的目标。

（四）保护土地在可持续发展中的作用

概括近几年关于土地在社会经济发展中作用的研究成果，保护土地在可持续发展中的作用表现在：

首先，土地保护是稳定社会制度的前提。在我国，从奴隶社会直到1949年中华人民共和国成立以前，奴隶造反，农民起义以及近代的民主革命，其焦点都是为了土地。农民起义，将奴隶社会的奴隶主土地所有制变革为封建社会的封建地主土地所有制。在近代的民主革命中，孙中山所领导的旧民主主义革命将“平均地权”作为国民革命的四大纲领之一，中国共产党领导的新民主主义革命的重要内容在前期和后期分别叫做“打土豪分田地”和“土地革命”，1949年中华人民共和国成立后，废除封建社会的封建地主土地所有制为社会主义社会的国家和集体土地所有制。可见，我国几千年的社会发展和社会制度的演替，都是以土地为介质完成的。所以，保护土地是稳定社会制度的前提。

其次，土地保护为人类的活动提供了必要的空间和场所。人一来到世上，人无论是站（立）、睡（卧）、行都是在土地所提供的“空间”内完成的。尽管当今世界确有太空旅行（探密）的壮举，但起始点仍是土地空间。所以，保护了土地，也就为人类活动提供了所需要的空间和场所。

第三，土地保护保障了人类生存与发展所需物质生产的基础和条件。在我国劳动人民长期的生产实践中，经过世代总结相传而闪耀着劳动人民智慧的格言“民以食为天，食以地为本”说明了民食的问题取决于生物生产的能力和农业生产的形势，又更取决于粮食生产的稳定与发展，而农业生产形势的好坏和前途则取决于作为农业生产资料的土地数量和质量。这就是说只有土地才能作为人们提供食物的最基础保障。因此，必须根据土地数量、质量的容力，即利用它可能持续生产的物质财富为基础去谋划未来社会经济的发展。所以，保护了土地，也就保障了人类生存与发展所需物质生产的条件和基础。

第四，土地保护为经济的发展和财富的积累提供了本源。在经济建设中，土地在国民经济各部门中所起的作用不尽相同，在工业、建筑业和交通运输业中，土地主要起到地基承载重物的作用；在水利发电、航运中，土地是以生产工具的形式发挥作用；在农业中，土地是以生产资料的形式起作用等等。可见，国民经济各行业的存在与发展，都是通过对土地的利用才得以实现的，没有土地就不可能有经济的发展。这与16世纪西方古典经济学家威廉配第的名言“土地是财富之母”所揭示的土地是经济建设与发展中一切财富的源泉的内涵是相同的，离开了土地，财富创造就不存在。所以，保护了土地，也就保住了经济发展和财富积累的本源。

第五，土地保护为宏观调控经济发展提供了手段。由于土地作为农业利用的同时，不能作为建筑业、交通业等其他产业所用，反之亦然。因此，对于社会发展的各个时期，为了达到国民经济各部门的协调发展，要求将土地按一定的比例分配到各个产业。一个国家或一个地区可以根据社会经济发展的需要，对哪些要鼓励发展的产业或部门，可以有计划地适时供给土地促进其发展，对于限制发展的产业或部门则少供应或不供应土地限制其发展。可见，在社会经济的可持续发展中，可以通过土地在各经济部门或产业间的分配，达到调控产业和经济的作用。因此，保护了土地，也就拥有了土地这个宏观调控经济的手段。

（朱德举）

国有企业转换经营机制中土地处置问题综述

国有企业从1978年开始，沿着“扩权让利、增强企业活力”，“政企分离、建立多种形式的经营责任制”的方向进行改革。1992年邓小平同志南巡讲话特别是1993年党的十四届三中全会决定提出了建立现代企业制度的改革方向以后，国有企业的改革进入制度创新阶段。1994年国务院选择确定了100家国有大中型企业，各省、自治区、直辖市也选择了近2000家国有企业进行资产重组的试点，探索现代企业制度建立的有效途径。

1992年、1993年国家土地管理局连续发文，规范试点企业的土地资产管理工作；1994年国家土地管理局和国家体改委又联合发文对试点企业的土地资产管理进一步作出了明确规定。由于国有企业使用的土地基本上是通过国家行政划拨获得，随着改革的深入，深层次的问题也逐步显露，加之各地纷繁复杂的实际情况，因此，在国有企业资产重组过程中的土地资产处置问题上存在着不同的认识。

1994年底国家土地管理局与国家体改委联合发文，对新建和改建为股份有限公司的土地规定了三种处置方式。第一种，企业可依法以出让方式取得土地使用权。企业以出让方式取得的土地使用权可以转让、出租或作价入股。第二种，国家以租赁方式将土地使用权租给公司的，定期收取租金。第三种，国家根据需要，可以一定年期的国有土地使用权作价入股，经评估作价后，界定为国家股，由土地管理部门委托国有股权持股单位

人　物　专　题

——“土地卫士”简介

人物专题
——“土地卫士”简介

一、夏继良

浙江省桐庐县合村乡土地管理所副所长兼土地管理员夏继良同志为了宣传执行《土地管理法》,制止违法占地,遭犯罪分子殴打,头部受伤,当场昏迷。经抢救无效,于 1989 年 9 月 24 日上午光荣牺牲,时年 43 岁。

夏继良同志从事土地管理工作近 8 年,忠于职守,忘我工作,热情服务,积极进取,秉公执法,艰苦奋斗,在平凡的岗位上,创造了不平凡的业绩。合村乡土地管理工作一直走在全县的前列,他本人先后三次被评为县级先进工作者,1989 年 7 月他被评为农民土地管理助理技师,成为合村乡第一代有职称的农民技术人员。在他任土地管理员近 8 年中,其查处违法用地大小案件 100 多起,面积 1000 多平方米,有效地制止了乱占滥用土地的歪风,使全乡建设用地管理基本走上正轨。

夏继良同志以身殉职后,中共桐庐县委、杭州市委追认他为“优秀共产党员”,浙江省人民政府批准他为“革命烈士”。国家土地管理局于 1990 年 1 月 20 日发文决定:授予夏继良同志“土地卫士”光荣称号([1990]国土[办]字第 81 号);1990 年 6 月 23 日发出《关于开展向土地卫士夏继良同志学习的通知》([1990]国土[办]字第 82 号),号召全国土地管理战线的广大干部职工学习夏继良同志的模范事迹和崇高思想,紧密团结在党中央、国务院周围,为落实土地基本国策,促进治理整顿,深化改革,作出新贡献。

二、蒲先云

四川省宜宾市旧州区黄桷坪乡土地管理员,中共党员蒲先云同志,于 1990 年 11 月 3 日在执行任务中,被违法占地分子杀害,壮烈牺牲,时年 35 岁。

蒲先云同志热爱本职,勤奋好学,不怕艰苦,埋头苦干,热情服务,严于律己,克勤克俭,廉洁奉公,牢记自己是个共产党员,自觉抵制不正之风,勇于坚持原则,不畏强暴,秉公执法,自觉遵守土地管理人员的职业道德,为捍卫国家利益,维护法律尊严,敢于同违法乱纪分子作斗争,不惜牺牲自己的生命。

国家土地管理局于 1990 年 12 月 18 日下发决定:授予蒲先云同志“土地卫士”光荣称号。

([1990]国土[办]字第 178 号)

三、方国洲

湖北省黄石市大冶县四棵乡庆洪办事处分管土地管理工作的党总支副书记方国洲同志于1990年12月26日在查处违法占地建房时,不畏强暴,秉公执法,不幸以身殉职,年仅27岁。

方国洲同志1988年加入中国共产党,在工作中,多次被评为先进工作者和优秀共产党员。在从事行政管理工作期间,一直分管土地管理工作,他热情宣传《土地管理法》,并坚决制止乱占滥用土地行为,其查处违法占地100余起,保护耕地20余亩,在工作中表现出高度责任感和崇高思想境界,能坚持原则,忠于职守,以身作则,克己奉公,为贯彻《土地管理法》,加强当地土地管理工作作出较大贡献。

为此,国家土地管理局于1991年9月24日下发决定:授予方国洲同志"土地卫士"光荣称号。

([1990]国土[人]字第137号)

四、刘湘玉

湖南省涟源市金石镇黄城村党支部书记,村国土管理员刘湘玉同志,为了保护耕地,严肃执法,不怕威胁,遭到犯罪分子的疯狂报复,不幸以身殉职,时年43岁,其妻邓细娥同时被害。

刘湘玉同志自1987年任国土员以来,三年如一日,以贯彻土地基本国策,切实保护耕地为已任,在任期间报批12户宅基地没有占一分耕地;他带领群众开荒造林,开水田,使全村耕地净增35.5亩,在工作中不吃请,不受礼,坚持原则,不殉私情直至以身殉职,充分表现了忠于职守,清正廉洁,全心全意为人民服务的高尚品德。

刘湘玉同志不幸以身殉职后,中共涟源市政府追认刘湘玉同志"土地卫士";中共涟源市委授予"模范党支部书记"荣誉称号。国家土地管理局于1995年10月4日下发决定:授予刘湘玉同志"土地卫士"光荣称号。

([1995]国土[人]字第144号)

五、庞德文

安徽省明光市(原嘉山县)管店镇土地管理员庞德文同志在1993年3月22日执行公务时被围攻殴打,遭到犯罪分子的突然袭击,不幸以身殉职,年仅28岁。

庞德文同志自1989年从事土地管理工作以来,学习努力,刻苦钻研,提高政治业务素质;工作认真,积极肯干,任劳任怨;为人正派,团结同志联系群众;执法严谨,秉公办事,清政廉洁。1990年被评为省土地详查先进工作者,1991年受到镇党委、政府的表彰并被评为先进个人,同年又被县土地管理局评为先进工作者。为维护法律尊严庞德文献出了宝贵生命。

国家土地管理局于1995年12月29日下发决定:授予庞德文同志"土地卫士"光荣称号。

([1995]国土[人]字第186号)

大　事　记

大 事 记

(1995.1.1—1995.12.31)

1 月

5日至7日 贵州省土地使用制度改革工作会议在贵阳召开。

10日 国家土地管理局规划司主持召开了《中国基本农田保护研究课题》成果鉴定座谈会。中央政策研究室、中国科学研究院等单位专家应邀出席。

该项研究从战略的高度阐述了基本农田保护的重大意义,并在深入系统地分析我国土地利用现状、人口、粮食、耕地及经济发展间矛盾的基础上,提出了基本农田保护的目标,确定了基本农田保护规划、划区定界和科学管理三阶段的技术路线和方法,居国内领先地位。

17日 根据中央机构编制委员会中编[1994]3号文件精神,新疆生产建设兵团党委下发《关于兵团机关机构设置的通知》,新疆生产建设兵团土地管理局由副师级调整为正师级,升为一级局。

19日至21日 新疆生产建设兵团土地使用制度改革工作会议在乌鲁木齐市隆重召开。国家土地管理局发了贺信。

20日 国家土地管理局下发进一步加强土地管理档案工作的通知。

25日 国家土地管理局、工商行政管理局根据《中华人民共和国城市房地产管理法》的有关规定,就土地价格评估机构进行登记管理的有关问题,联合发出《关于对土地价格评估机构进行登记管理有关问题的通知》。

26日 财政部、国家土地管理局联合下发《关于加强土地使用权出让金征收管理的通知》。要求进一步加强对土地使用权出让金的征收管理。通知明确指出:财政部门是土地出让金收入的主管机关,土地行政管理部门是土地出让金的代征机关。

27日 财政部颁布《中华人民共和国土地增值税暂行条例实施细则》。

2 月

8日 上海市房屋土地管理局发布第1号公告:根据上海市人民政府决定,撤销上海市土地管理局、上海市房产管理局、上海市房改办建制,组建上海市房屋土地管理局,保留上海市住房制度改革办公室牌子。即日起,原上海市土地管理局、原上海市房产管理局的行政职能,由上海市房屋土地管理局负责履行,凡原上海市土地管理局、原上海市房产管理局制定并正在实施的规范性文件、签署的合同、协议,以及其他行政、民事行为依然有效,其权利和义务由上海市房屋土地管理局承担。蔡育天任上海市房屋土地管理局局长。

8 日 中国土地报报道：根据国家土地管理局截至 1995 年 1 月 24 日的统计汇总表明，我国 30 个省、市、自治区 1994 年耕地面积减少 1071.1 万亩，与近五年来年内减少耕地最多的 1992 年基本持平，净减少量为 598.9 万亩，全国耕地面积减势十分严峻。

9 日 李鹏总理在视察福建时发表了重要讲话。在谈到“米袋子”、“菜篮子”问题时李总理指出，省长负责“米袋子”第一要保面积。福建省定了 1500 万亩基本农田保护区，做得好，要坚决落实。保“菜篮子”，要有一定的菜地面积，来保居民的吃菜，就是以“菜园子”来保“菜篮子”。比如说，福州市人均需要 0.4 分菜地，没有这个面积不行。在谈到国有企业改革时，李总理指出，利用级差地租来对城市的一些企业进行改造，这也是可以的。原来在一些好地段的根本不赚钱的工厂，它变为开发房地产，然后对国有小企业进行改造。

10 日 国家土地管理局对中国土地勘测规划院职能配置、内设机构和人员编制方案有关问题作了批复。

13 日 宁夏回族自治区土地使用制度改革工作会议在银川召开。国家土地管理局副局长刘文甲专程到会，并作重要讲话。

16 日 福建省召开全省土地使用制度改革工作会议，国家土地管理局局长邹玉川、福建省省长陈明义参加会议并做重要讲话。

16 日 辽宁省土地使用制度改革工作会议在沈阳召开。辽宁省政府常务副省长肖作福，国家土地管理局副局长刘文甲参加了会议并做重要讲话。

17 日 国家土地管理局以［1995］国土［办］字第 1 号文印发《1995 年土地管理工作要点》（以下简称《要点》）。《要点》提出了 1995 年土地管理工作的指导思想和主要任务，并要求着重抓好以下几项工作：（一）牢固树立土地的国情国策观念，十分珍惜和合理利用土地，切实保护耕地；（二）加大土地使用制度改革力度，进一步扩大土地有偿使用范围；（三）严格控制土地供应总量，加强和完善对土地市场的宏观调控，进一步培育规范土地市场；（四）深化土地管理体制改革，积极稳妥地进行土地管理领导体制改革的试点；（五）加强土地管理法制建设和政策研究工作，为改革提供政策、法律依据；（六）围绕土地管理中心工作，继续做好地籍、统计、计划财务、科技、档案、国史和信访等各项业务基础工作；（七）加大土地管理宣传力度，不断提高宣传质量和层次；（八）切实加强队伍建设，不断提高干部的政治和业务素质。

17 日 农业部下发《关于立即制止乱占耕地的通知》。通知要求：立即制止大量占用耕地栽林果、挖鱼塘。已经占用的，要做好工作，能恢复的要努力恢复。今后调整农业生产结构，一律不得毁坏耕地；尽快划定基本农田保护区，严格控制非农业建设占用耕地，坚决制止在基本农田保护区内建窑、建房、建坟或者擅自挖沙、采石、采矿、取土、堆放固体废弃物以及撂荒。

17 日 《上海市土地批租信息管理系统》课题成果通过了上海市建设委员会的技术鉴定。

17 日至 19 日 江苏省人民政府在南京召开全省土地使用制度改革工作会议，传达全国“地改”会议精神，部署本省“地改”任务。省长郑斯林、副省长姜永荣出席会议并分别讲话。国家土地管理局副局长马克伟到会并作指示。

18 日至 28 日 应新加坡亚洲商务论坛邀请，国家土地管理局规划司司长黄启章等 6 人赴新参加“中国不动产开发国际研讨会”。研讨会期间，代表团成员向与会的各地代表介绍了中国对不动产开发的政策、法规、管理及外商在华投资的政策、条件、市场及投资环境等。

18日至19日 国家土地管理局刘文甲副局长等12位专家组成的鉴定委员会，在上海市房地俱乐部通过了对上海市土地利用总体规划的四个专题研究成果的鉴定。四个专题研究成果是：微机在土地利用总体规划中的应用、国际化城市主要用地人均指标方案研究、全市国民经济与社会发展的态势和前景对土地需求的预测、上海市口粮自给率研究。

19日 新疆维吾尔自治区人民政府发布《城镇国有土地使用权出让和转让暂行办法》，其中对有关新疆生产建设兵团管理和使用的国有土地的出让、转让问题作了另行制定的规定。

21至23日 内蒙古自治区土地使用制度改革工作会议在呼和浩特市召开，自治区党委书记刘明祖、副主席周维德和国家土地管理局副局长刘文甲参加了会议。刘文甲副局长做了题为《土地管理部门的机构、规格和力量应与土地管理部门“三三”、“二二”的特点相适应》和《实干、实效、落实》的讲话。

21日至24日 全国土地管理厅局长会议在福州隆重举行。会议以深入贯彻1994年全国土地使用制度改革工作会议精神为主旋律，突出“保护耕地、深化改革”两大主题，通过典型引路，交流情况，总结经验，部署了1995年的工作。

国务院副总理邹家华会前就会议的召开作了重要指示，并致信祝贺。强调要像抓好计划生育那样，抓好土地管理和耕地保护工作。

邹玉川局长做了题为《保护耕地、深化改革，为改革、发展、稳定服务》的报告。

24日至28日 中共中央总书记、国家主席江泽民、国务院总理李鹏、国务院副总理朱镕基、姜春云、中共中央政治局候补委员、中央书记处书记温家宝、国务委员陈俊生在中央农村工作会议上的讲话中分别对节约用地、保护耕地、稳定粮田面积做出重要指示。

25日 国家土地管理局发出通知，要求各地土地管理部门切实贯彻《城市房地产管理法》，依法建立健全土地登记制度。

28日 广东省人民政府批准了《广东省国土厅职能配置、内设机构和人员编制方案》，国土厅设14个职能处(室)，机关行政编制125名，其中地产市场管理处为新增处室。

2月份确定了第五个全国土地日宣传主题是“土地与法制”，并编写了宣传提纲，制定了“加快法制建设，强化土地管理”等15条宣传口号。

3　月

1日 中国土地报报道：1995年度土地利用计划已列入国民经济和社会发展计划正式下达。1995年全国建设用地计划为36.5万公顷，其中非农业建设用地计划为30.6万公顷，农业建设用地为5.9万公顷，计划占用耕地19.9万公顷。土地出让和开发区用地也首次列入年度计划。

据国家土地管理局统计，1994年经国务院批准的35个建设项目，共核减用地396.53公顷。

2日 为了进一步贯彻《国务院办公厅转发国家土地管理局关于加快土地利用现状调查汇总工作意见的通知》，落实国家土地管理局1995年土地管理工作要点和全国土地管理厅局长会议关于1995年上半年完成全国土地详查数据汇总的工作部署，及时为国家编制“九五”计划提供土地资源基础数据，国家土地管理局发出进行全国土地详查数据汇总的通知。

5日 李鹏总理在八届全国人大三次会

议上的政府工作报告中强调:保护和合理使用耕地,稳定粮棉播种面积,坚决制止撂荒和乱占耕地的现象。各地都要建立基本农田保护制度,并且落实到地块和农户。因地制宜搞好农业综合开发,积极开垦宜农荒地,改造中低产田。要坚持"菜篮子"市长负责制,"米袋子"省长负责制。

11 日 中共中央、国务院在《关于做好1995年农业和农村工作的意见》(中发[1995]6号文件)中强调必须切实保护好耕地和粮田。文件指出:耕地是不可再生的农业资源,耕地减少已成为我国农业以至于整个国民经济发展的一大隐忧。要教育广大干部群众爱惜耕地,采取坚决措施制止乱占耕地。

各级政府都必须按照《土地管理法》的规定,严格遵守非农占地的审批权限和审批程序,坚决按照规划和计划用地。今后大中城市要控制外延式发展,小城镇建设要在搞好规划的基础上有重点地发展,各项非农建设尽可能不占耕地。对所有违法批、占耕地的行为都要严肃处理。要按照《基本农田保护条例》的要求,抓紧建立农田、粮田保护区。对已列入开发区的耕地,在开工前应交农民继续耕种,不得荒废闲置。今后不准搞土地预征,不准占用粮田栽果树、挖鱼塘。同时,要采取有效措施,解决一些地方出现的土地撂荒问题。

11 日 国家土地管理局颁布《确定土地所有权和使用权的若干规定》(以下简称《若干规定》),将于1995年5月1日起施行。与此同时,执行5年多的《关于确定土地权属问题的若干意见》(以下简称《意见》)将同时废止。

新颁布的《若干规定》分总则、国家土地所有权、集体土地所有权、国有土地使用权、集体土地建设用地使用权、附则,共6章、60条。在《意见》的基础上进行修订,增加了土地使用制度改革的新内容,删去了部分与地改相悖的陈旧规定。《若干规定》的出台必将对土地使用制度改革的进一步深化起到积极作用,同时,也标志着我国土地确权工作更进一步规范化、法制化。

13 日 财政部、国家土地管理局以财工字[1995]53号文联合下发《关于加强外商投资企业场地使用费征收管理的通知》。

14 日 为了及时、准确地掌握我国土地利用和耕地的变化情况,实现对土地利用的宏观调控,满足国民经济发展对土地的需求,进一步落实国家产业政策,国家土地管理局以[1995]国土[规]字第24号文向国家计划委员会申请将《土地利用监测系统》列入"九五"基本建设投资项目。

17 日至 18 日 吉林省土地管理工作会议在长春召开。副省长桑逢文就新形势下如何进一步做好土地管理工作做了重要讲话。省土地管理局局长裴辅祥做了题为《千方百计保护耕地,大力推进土地使用制度改革》的工作报告。

20 日 国家土地管理局以[1995]国土[规]字第27号文下达1995年土地开发利用计划。

20 日至 26 日 国家土地管理局在安徽省土地管理学校召开"中等土地管理专业统编教材统稿会议",对十门土地管理中专骨干课程的教材编写初稿进行初审,并进一步明确了教材编写在时间、进度、质量等方面的要求。

23 日 民政部、国家土地管理局联合发出《关于清理整顿非法经营性公墓的通知》。要求各地集中组织力量对非法经营性公墓进行一次清理整顿,以保护国家的生态环境和有限的土地资源。

24 日 全国第一个土地详查省(市)级汇总——天津市土地详查汇总成果通过国家土地管理局验收。国家土地管理局副局长马克伟参加了验收会。

25日 国家土地管理局下发《关于全面清理非农业建设闲置土地的通知》。通知对清理的范围和对象,清理的方法和有关问题的处理作了明确说明。此次清理工作将历时8个月。

27日 广西壮族自治区土地管理局副厅级升格为正厅级单位。

28日 国家土地管理局在天津召开了以“现代企业制度中土地资产管理”为内容的调查座谈会。国家土地管理局局长邹玉川、副局长李元在听取京、津、沪、四平等地的情况介绍并参观天津市试点企业后,提出土地管理部门在这一领域的近期目标,即结合企业改制,在土地资产的处置上做到积极参与、鼓励盘活、显化价值、明晰产权。

28日至4月8日 由中国地产咨询评估中心主任冯庆祥任团长的中国地产咨询评估中心代表团赴新加坡访问,同新方商谈在新设立代表处及合作培训不动产估价师等事宜。

4 月

5日至8日 国家土地管理局在湖南省岳阳市召开全国第二次土地管理宣传工作会议。国家土地管理局局长邹玉川、副局长李元和湖南省副省长周伯华参加会议并作了重要讲话。会议提出今年土地宣传工作的指导思想是,紧紧围绕中央经济工作会议和全国土地使用制度改革工作会议的精神,深入宣传土地基本国情、国策、国法,积极宣传保护耕地,深化改革,培育和规范土地市场的重要性。

7日至28日 经外国专家局同意,由中国科技交流中心组织、中国地产咨询评估中心派员参加的中国地产评估培训班赴美就地产评估方法进行考察、培训。

10日 为了抓紧抓好1995年党中央、国务院关于反腐倡廉工作的落实,加强土地管理系统党风和廉政建设,结合土地管理实际情况,国家土地管理局以[1995]国土[人]字第45号文发出《关于一九九五年深入开展反腐倡廉工作的通知》(以下简称《通知》)。《通知》要求:(一)进一步抓好各级领导干部廉洁自律工作;(二)在开展专项治理上下功夫;(三)继续治理乱收费问题;(四)加大执法监察和违法违纪案件的查处力度;(五)切实改进机关作风。

11日 国家土地管理局在湖北省荆沙市召开了土地监察体制试点工作座谈会,李元副局长就进一步完善土地监察机构制度建设的有关问题作了重要讲话。会议讨论了国家土地局起草的《土地监察体制改革试点方案》(征求意见稿)。土地监察体制改革试点城市福州、荆沙、牡丹江市土地局的代表和部分省区土地局监察处长参加了会议。

11日至19日 应加拿大有关方面邀请,国家土地管理局地籍司代司长胡存智同志赴加拿大参加“中国房地产市场活力”研讨会。

14日至28日 应新西兰土地测量与信息部等方面邀请,国家土地管理局副局长李元率团访问了新西兰、澳大利亚,同新西兰有关方面商讨了信息系统等合作事宜。

14日 河南省人民政府办公厅批准下发了关于《河南省土地管理局职能配置、内设机构和人员编制方案》。

《方案》确定了河南省土地管理局的十项职能。规定河南省土地管理局内设办公室(对外使用人事处印章)、计划财务处、建设用地与市场管理处、地政地籍处、土地利用规划处、政策法规监督检察处及科学技术宣传教育处等七个处(室)。同时确定了人员编制和领导职数:河南省土地管理局机关行政编制为60名。其中局长1名,副局长2名;处级领导职数18名(含专职纪检员、机关党委专职副书记各1名);工勤人员不超过6名。

17日至19日　全国土地管理信访工作改革现场会在江苏省南通市举行。国家土地管理局副局长李长江、中央办公厅、国务院办公厅信访局局长赵法有出席会议并讲话。来自15个省、市、及部分地、市、县土地管理部门的同志观摩如皋、海门两个现场后,对如皋市土地管理局1989年开始率先实行群众"持卡上访"制度的实践与探索,以及南通市国土规划局在海门等6市2区推广应用这一成果,发展到较为规范的逐级上访制度,给予了高度评价和充分肯定。

19日　以日本不动产研究所亘理彰理事长为团长的6人代表团访问国家土地管理局,了解中国的土地市场情况及和中国地产咨询评估中心建立合作交流协议,代表团在华期间还分别访问了上海、杭州、深圳。

23日　全国土地监察体制改革试点座谈会在荆沙市举行。荆沙市土地管理局被国家土地管理局列为全国土地监察体制改革试点单位。会后,湖北省土地管理局制发了《关于委派省土地监察专员、副专员若干问题的试行意见》,并经省人民政府批准,向各地市州、直辖市、林区委派土地监察专员51名,负责指导当地土地监察工作并向省土地管理局报告情况。有31个县市土地管理局组建了专业土地监察队伍。

23日至5月14日　应英国海外发展署邀请,国家土地管理局副局长李长江率团访问了英国。在英期间代表团出席了在伦敦举行的"中国投资与不动产国际研讨会",李长江做了题为"中国的土地使用制度改革和外商投资企业用地管理"的演讲。代表团途经法国和香港时分别访问了法国国家预算部和香港房屋委员会、地政署等。

25日至28日、6月6日至8日　分别在江苏南通市和广东汕头市举办全国土地管理信息系统成果演示暨研讨会,共有16个省、市40项软件成果参加演示活动,从中评出较为成熟的地籍管理、土地利用规划和办公自动化等成果。

26日　国家土地管理局发布《石油天然气行业划拨用地项目目录(试行)》。

此目录规定,对石油天然气行业工程建设需要新增用地的,以划拨方式提供土地使用权,并支付相应费用;外商投资企业和按国家有关规定改组或新设的股份制企业需要新增用地的,仍按国家有关规定实行有偿使用。

拟订项目目录的范围主要包括:生产、辅助生产及必需的生活配套设施。项目划分以能够单独发挥生产能力或效益,具有明确的用地界线和使用性质的单项工程为基本单元。

凡批准列入该划拨用地项目目录的,今后新增用地可以划拨方式提供土地使用权,支付相应费用;未被列入目录的,可根据具体情况采用有偿使用的方式提供土地使用权。

28日　国家土地管理局、国务院机关事务管理局以[1995]国土[籍]字第116号文印发《中央在京党和国家机关使用土地调查登记工作方案》。

5　月

2日　国家土地管理局发布《土地监察体制改革试点方案》,同时下发通知,要求各省、自治区、直辖市土地管理部门及试点城市福州、荆沙、牡丹江市土地管理局,认真抓好土地监察体制改革试点工作。

6 日 中共贵州省委决定成立贵州省国土厅(另挂贵州省测绘局牌子)。

6 日 中国土地报社记者站工作会议在安徽省黄山召开。国家土地管理局副局长李元给会议发了贺信。

8 日至 10 日 国家土地管理局建设用地司在辽宁大连主持召开全国首次征地服务工作座谈会,针对近几年来土地管理工作中面临的重点建设项目"征地难"的问题展开集中研讨,总结交流各地开展征地服务,实行征地包干的经验;研究探讨新形势下改革和加强征地工作的新思路;研究加强各地征地服务机构联系与合作的方式。

9 日 国家土地管理局批复同意浙江省土地管理局和浙江农业大学组建"东南土地管理学院",要求该院立足浙江,面向全国,以改革精神,积极探索,努力创新,培养高层次、高质量、跨世纪的合格人才。费孝通副委员长为该院题写了院名。

10 日 国家土地管理局以[1995]国土[籍]字第 57 号文发出《关于国家土地管理局 1994 年度土地调查优秀成果奖评审结果的通报》。对申报 1994 年度国家土地管理局土地调查优秀成果奖的项目进行终评,评出一等奖 63 个,二等奖 101 个,三等奖 147 个,共计 311 个。

15 日 国家土地管理局以[1995]国土[规]字第 63 号文,公布 1994 年度土地利用优秀成果获奖项目。其中一等奖 50 项,二等奖 67 项,三等奖 100 项。

17 日 经中央组织部批准,由国家土地管理局和国家体改委联合举办的第七期全国土地使用制度改革市长研讨班在山东开幕。来自全国 50 多个城市的 200 多名市长、体改委主任和土地局长参加研讨。国家土地管理局副局长李长江致开幕词,山东省副省长张瑞凤在开幕式上讲话。

这期研讨班的主要内容是,交流各地加强国有企业土地资产和集体土地管理、规范土地市场、深化土地管理体制改革等方面的经验;研讨各地地改中出现的新问题及对策;学习土地法规、土地经济理论和土地估价理论及方法等。

19 日 胡锦涛同志在福建考察时发表了重要讲话。在谈到促进经济全面发展时,胡锦涛指出,一定要保护和利用好耕地,增加对农业的投入,促进农村经济的发展。胡锦涛同志还指出,在新的情况下,土地征用、住房拆迁等经济纠纷问题越来越多,群众集体上访事件也随之增加。他要求,各级领导采取审慎的态度和积极疏导的方针,及早做好工作,妥善加以解决。

20 日至 24 日 应国家土地管理局邀请,尼泊尔王国内阁成员、土地改革委员会主席巴德尔先生等三人对我国进行了考察访问。国家土地管理局局长邹玉川、副局长刘文甲等同尼泊尔外宾进行了亲切会见,尼泊尔王国驻中国大使也参加了会见活动。

尼泊尔王国土 地改革委员会主席一行来华主要是了解我国土地使用制度改革情况。邹玉川、刘文甲等向尼泊尔外宾全面系统地介绍了我国土地使用制度改革的历史和现状,土地使用制度改革的过程和做法。尼泊尔外宾还访问了农业部、上海市房屋土地管理局等。

23 日至 24 日 广东省土地使用制度改革暨耕地保护表彰大会在广州市召开。国家土地管理局副局长马克伟、广东省副省长欧广源、省体改委副主任李炳辉到会并作了讲话。省国土厅厅长袁征在会上总结了 9 年土地使用制度改革的经验,提出了深化改革的目标、任务和措施,会议还表彰了广东省耕地保护先进单位和先进个人。

26 日 国务院下发《关于严格控制高档房地产开发项目的通知》。通知指出:当前要进一步控制固定资产投资规模，合理调整投资结构，促进房地产业健康有序的发展，对高档房地产开发项目要进行严格控制。对别墅性质的高档住宅及度假村，单位面积建筑设计造价高于当地一般民用住宅、办公楼一倍以上的公寓、写字楼项目，建筑标准四星级(或相当于四星级)及以上的宾馆、饭店，1995年不再批准立项和开工，以后也要严格控制审批。严格禁止新上高尔夫球场、仿古城、游乐宫等项目。

26日 国家土地管理局、国家计划委员会联合发出《关于对具备土地价格评估资格的中介服务机构进行确认的通知》，(以下简称《通知》)。

《通知》规定，此次确认的范围包括经工商行政管理部门注册登记、领取营业执照从而具有土地价格评估资格的中介服务机构。确认的条件首先须领有中介服务机构营业执照；其次，经营范围中允许从事地价评估；此外机构中现有评估专业人员条件应与工商注册登记要求相符。《通知》还就土地价格评估资格确认的程序作了详细规定。经土地、物价部门确认土地估价资格的中介机构，可按规定进行估价收费，土地价格评估资格确认的有效期为二年，期满后应重新申请土地价格评估资格的确认。《通知》最后要求经确认合格的中介机构，要严格执行物价部门制定的收费原则和标准，并自觉接受物价检查部门的监督检查。地方物价部门规定需申领收费许可证的，中介机构应当在申请确认的同时，申领收费许可证。

6　月

3日至9日 原国家土地管理局局长王先进等2人应香港建筑业及房地产业协会邀请赴香港参加该协会周年活动。

5日 国家土地管理局下发《关于确定唐山市、淮北市、铜山县煤矿塌陷地复垦示范区的通知》。

6日 在研究土地管理问题的总理办公会议上，李鹏总理给国家土地管理局派专机对北京郊区、河北省一带土地撂荒和农田复耕情况进行航查。

7日 国家土地管理局在京举办学法报告会，邀请全国人大法工委经济法室主任、国家中高级干部学法讲师团高级讲师房维廉作关于《城市房地产管理法》有关问题的报告。国家土地管理局局长邹玉川、副局长刘文甲、李元出席，李长江主持了报告会。房维廉在报告中，就《城市房地产管理法》的调整对象、适用范围和管理体制；房地产开发用地制度；房地产开发的管理；房地产转让的管理；房地产价格和中介服务机构的管理；房地产抵押和房屋租赁的管理；房地产权属登记的管理以及房地产合同等问题进行了详细而全面的讲解。国家土地管理局及直属单位的全体干部职工参加了这次学法报告会。

8日 根据李鹏总理的指示精神，国家土地管理局副局长李元等一行9人到保定市检查土地撂荒情况。先后检查了清苑县华北国际工业城，涞水县和涿州市等地，对这些地方和单位的闲置土地复耕情况表示满意。

12日 国家土地管理局局长邹玉川签发了国家土地管理局[1995]第1号令，发布施行《土地监察暂行规定》。

该法规的颁布实施，结束了多年来土地监察工作缺乏法律条款作保障的状况。法规明确规定：土地管理部门依照国家土地法律、法规独立行使土地监察职权，不受其他行政机关、社会团体和个人的干涉；按照内部职责划分，设置专门负责土地监察工作的职能机构和人员；履行土地监察职责享有的权力；土地监察工作的内容和方式；建立土地监察目标管理责任制度、土地违法案件查处制度以及奖励和惩罚制度。

根据目前土地管理体制改革的新形势，该法规在规定土地管理部门的土地监察职责时明确：履行土地监察职责，指导或领导下级人民政府土地管理的土地监察工作。标志着实行土地监察管理体制的垂直领导有了明文规定。

13 日至 14 日 河南省土地使用制度改革现场会在河南省平顶山市召开。这标志着清理整顿地产市场和土地使用制度改革工作在河南省的全面铺开。河南省 1995 年度土地收益已突破 5 亿元。

国家土地管理局副局长刘文甲出席会议，并在讲话中强调要克服片面性，促进土地使用制度改革健康发展。

14 日 国家土地管理局下发《关于土地价格评估机构备案管理有关问题的通知》。

16 日 建设部和国家土地管理局联合下发《关于批准发布〈有色金属工业工程项目建设用地指标〉的通知》。

16 日 吉林省第八届人大常委会第十七次会议审议并通过了《吉林省基本农田保护条例》（以下简称《条例》）。这是继颁布《吉林省土地管理条例》之后，吉林省又一部关于土地方面的地方性法规。

《条例》的颁布实施，对吉林省全面贯彻落实“十分珍惜和合理利用每寸土地，切实保护耕地”的基本国策，发挥了重要的作用。

16 日至 19 日 全国耕地保护工作会议在江苏省扬州市召开。中心议题是贯彻落实中共中央、全国人大、国务院关于加强土地管理、切实保护耕地的一系列重要方针政策及全国土地使用制度改革工作会议和全国土地管理厅（局）长会议精神，总结交流各地近几年来耕地保护工作的情况和经验，研究部署保护耕地的任务和措施。

会议期间，国务院副总理姜春云亲切接见了会议代表，并发表了重要讲话；国家土地管理局局长邹玉川和副局长刘文甲分别作了工作报告和总结。

会上，国务院副总理姜春云作了题为“切实依法保护耕地，促进农业和社会经济持续发展”的重要讲话。国家土地管理局局长邹玉川作了题为“落实基本国策，切实保护耕地，为加强农业促进国民经济发展服务”的报告。

20 日 中共中央政治局委员、国务委员李铁映为土地管理工作题词：“惜土如金、有效保护、合理使用。”

21 日至 24 日 按照李鹏总理 6 月 6 日指示精神，在总参和空军有关领导同志的精心安排下，21 日上午国家土地管理局副局长李元及有关司、室领导和北京市、河北省土地管理局负责同志一起对京冀土地撂荒情况进行了航查，直升机从北京沙河机场起飞，经西郊机场并河北衡水折返。23 日至 24 日，国家土地管理局局长邹玉川、副局长李元又带领国家土地管理局有关司、室负责人对河北任丘、衡水、石家庄进行了实地核查。

国家土地管理局在向国务院的报告中指出，经查土地闲置撂荒主要有以下几种情况：一是建设项目用地闲置和撂荒；二是农村晒场占地数量多、面积大；三是砖瓦窑场多，取土毁地比较突出；四是盲目建设路边店，占地面积较大；五是村庄周围的闲散坑洼地较多；六是有待治理的沙荒面积大。

22 日 全国人大常委会副委员长王丙乾为土地管理工作题词：“加强法制建设，保护土地资源。”

22 日 全国人大环境与资源保护委员会、国务院法制局和国家土地管理局联合召开座谈会，纪念全国土地日。会议由全国人大环境与资源保护委员会副主任委员林宗堂主持。全国人大常委会副委员长王丙乾出席会议并作重要讲话，强调要采取过硬措施，切实保护耕地；对越权批地一定要一查到底，严肃处理，以正法纪。国家土地管理局局长邹玉川，副局长马克伟、刘文甲、李长江、李元，全国人大环境与资源保护委员会副主任委员杨纪珂，国务院法制局副局长徐玉麟，国家体改委副主任刘志锋，司法部副部长张耕，国家环保局局长解振华，全国人大环境与资源保护委员会委员王先进及有关方面的专家、学者先后发言。

23 日 建设部和国家土地管理局联合下发《关于批准发布〈通讯工程项目建设用地指标〉的通知》。

25 日 第五个全国“土地日”，宣传主题是“土地与法制”。首都及各地举办了丰富多彩的土地宣传活动。

25 日 中共中央政治局委员、国务院副总理邹家华在《人民日报》发表署名文章，《贯彻基本国策，切实保护耕地》。纪念全国“土地日”五周年。

25 日 北京市 18 个区县 200 多个单位上街开展咨询活动，国家土地管理局局长邹玉川、副局长马克伟、刘文甲、李元、北京市政府市长助理郑一军分别到各宣传点参加咨询。

25 日 《人民日报》发表评论员文章《制止违法批地用地》。

25 日 天津市土地交易中心开业，这标志着天津土地管理向市场化方向又迈进了一步。国家土地管理局副局长李元参加了开业典礼。

28 日 国家土地管理局以[1995]国土[监]字第 90 号文发出《关于制作和颁发〈中华人民共和国土地监察证〉和〈中国土地监察〉胸章的通知》。

28 日 邹玉川局长以国家土地管理局[1995]第 2 号令签发《协议出让国有土地使用权最低价确定办法》。此法是《中华人民共和国城市房地产管理法》的配套法规，自发布之日起实施。

28 日至 7 月 2 日 全国土地估价高级研修班在京举行。

7 月

3 日至 4 日 中国土地估价师协会一届理事会二次会议在京举行。理事会全体理事及协会部分港澳台顾问、名誉理事出席了会议。

会议讨论通过了协会副会长马克伟代表协会常务理事会所作的《中国土地估价师协会工作报告》；通过了《土地估价师资格培训和进修制度》、《中国土地估价师协会公报制度》、《中国土地估价委员会设置意见》、《执业土地估价师自律守则》。

根据协会常务理事会的提名，会议增选胡存智为协会常务理事会委员。

3 日 国家土地管理局对军队有偿转让空余军用土地有关问题作了批复。

6 日 国家土地管理局局长邹玉川主持召开局务会议，邹局长明确提出：为了力保 1995 年耕地净减少比 1994 年降低一半，即不超过 300 万亩，土地管理系统各级、各部门都要围绕保护耕地这个中心，各司其职，各负其责，拿出过硬措施，把耕地保护落到实处。当务之急是下大决心，花大力气搞好查荒灭荒。

7 日至 28 日 德国黑森州霍海姆市地籍局局长 RolfLehr 先生一行 2 人来华赴北京、西安、成都、上海访问。外宾此行访问了国家土地管理局及上述地方土地管理局，会见了我归国留德人员，了解中德上海地籍合作项目进展情况，通报黑森州地籍局局长访华事宜，商谈有关撰写外国人看中国土地管理文章等。

11日至25日 应国家土地管理局邀请，加拿大皇后大学城市与区域规划学院梁鹤年教授来华访问、讲学。在华期间，先后访问了北京、上海、杭州，参观了房地产市场和开发区，并就“房地产开发、土地增值税费”等内容进行讲学。

12日 国家土地管理局推出大型系列报道中国耕地万里行。预计在一年半时间内完成对30个省、市、自治区的报道。它将着重报道全国各级地方政府和土地管理部门在耕地保护工作方面所做出的成就，对耕地保护工作中的宝贵经验和动人事迹予以宣传表彰，以便进一步推广、学习和交流。同时，这次报道也将对那些违法批地、违法占地、破坏耕地的行为予以揭露和批评，以期对今后的耕地保护工作进行舆论监督。

17日 国家土地管理局发出《关于进一步抓好闲置土地清理和各类建设用地检查的通知》，通知要求各地人民政府和土地管理部门按党中央、国务院领导的重要指示，进一步抓好闲置土地清理和各类建设用地检查。国家土地管理局将成立检查组赴各地进行指导和督促。

17日 江苏省机构编制委员会、财政厅、土地管理局联合发出《关于加强全省乡镇土地管理队伍建设的通知》，确定全省乡镇土地管理所为全民事业单位，其人、财、物由县(市)土地管理局统一管理。

19日 国家土地管理局下发《土地复垦技术标准(试行)》。该标准适用于《采控废弃土地复垦技术标准》、《建设破坏废弃土地复垦技术标准》、《工业排污破坏土地复垦技术标准》和《水毁土地复垦技术标准》。

19日 广东省国土厅向各市、县国土局发出《关于对我省各类开发区用地进行调查清理的通知》(粤国土(建用)字[1995]72号)；8月7日，省人民政府又发出《关于清理各类建设用地的通知》(粤府办[1995]84号)。按照两个通知的要求，广东省国土厅会同监察、建设、农业部门，于8月至11月对省内各类开发区用地、违法批地用地、城镇建设用地和农业结构占用耕地进行了检查，提出了加强管理的建议。

20日 中共中央政治局委员、国务委员李铁映在国家土地管理局副局长李元撰写的新西兰、澳大利亚考察报告(刊登在国务院办公厅主办的[1995]7号参阅文件上)上批示：“管好土地必须要有好的体制和机制”这句话很好！去年土地使用制度改革会的精神应多宣传，还应办省、市长干部培训班，现在不懂而胆大、乱来的不少啊！

20日 国家土地管理局对河北省土地管理局关于行政划拨土地使用权转让的审批权问题的请示作了批复。

21日 国家土地管理局发布《非农建设的集体土地交易应征为国有的试点方案》，并同时下发通知，要求河北、黑龙江、上海、江苏、山东、湖南、四川、新疆8个省(市、自治区)土地管理局，各选择1至2个市、县组织好试点工作。试点目标是：确立非农建设使用集体土地交易的管理规范；理顺国家、农民集体和个人在土地收益上的分配关系；完善优化配置土地资源和保护耕的机制；促进统一、规范社会主义土地市场的建设。

21日 广东省人民政府颁布了《广东省非农建设占用土地缴纳垦复金办法》并于8月1日实施。该《办法》实施后，1986年10月颁布实施的《广东省非农建设占用耕地缴纳垦复基金办法》同时废止。

24日 国家土地管理局、国家环境保护局共同颁发了《自然保护区土地管理办法》。该《办法》规定，自然保护区内土地依法属国家或集体所有,任何单位和个人不得破坏、侵占、买卖或以其他形式非法转让保护区内的土地。如有违反规定者,由县级以上人民政府土地管理行政主管部门依照《土地管理法》有关规定进行处罚。

25日至26日 上海市房屋土地管理局组织的上海市耕地保护工作会议在金山县召开。上海市农委副主任潘龙清就农业部门如何配合土地管理部门加强耕地保护提出意见;蔡育天局长对耕地保护工作作了部署;吴赛珍副局长就划定基本农田保护区工作提出具体要求。国家土地管理局马克伟副局长到会并作重要讲话。

26日至8月17日 国家土地管理局对土地系统二五普法进行验收,组织了西北组、西南组、华东组、东北组四个交叉检查验收组,分别对浙江、福建、贵州、四川、山东、辽宁、吉林、甘肃、陕西等省进行了普法验收,并在山东省淄博市进行了验收总结。此次普法验收对于巩固二五普法的成果,启动三五普法起到很好的作用。

30日 国家土地管理局在京召开全国清产核资中土地清查估价工作会议。会议指出,清产核资中的土地登记是全国土地登记的一部分,必须坚持土地登记的已有工作程序、政策规定和统一的技术标准;清产核资中土地估价不能违背土地估价的理论和方法,不能影响全国地价体系的建立;各级土地管理部门要做好土地估价的确认工作,积极协助按属地进行的中央企业、单位的土地清查估价工作,严格按照有关政策文件的要求,与当地清产核资办公室等部门密切配合。会议提出,各地要按照9月30日全面完成土地清查估价任务的目标,制定切实可行的计划,不得不顾条件要求市、县提前完成任务,县级土地管理部门协助完成土地清查估价的时间为9月10日前,地、市级土地管理部门协助完成的时间为9月20日前。

31日至8月4日 国家土地管理局在京召开《土地法》专题汇报研讨会。会议的议题:一是听取《土地法》专题研究课题组的汇报;二是进一步研讨《土地法》立法难点和立法结构。

31日至8月21日 经国家土地管理局联系并批准,组织山东、安徽、江苏、浙江省共11人参加的华东四省土地管理考察团赴美进行考察、访问。

8 月

2日 河北省人民政府发出明传电报(冀政办传120号)撤销了机构不健全,开发不力的保定、辛集、霸州胜芳、衡水湖和涿州台胞投资开发区等五个经济技术开发区。

10日 国家土地管理局副局长刘文甲参加了乌鲁木齐市土地利用总体规划鉴定验收会,并发表了《土地利用必须坚持土地基本国策》的长篇讲话。会后,乌鲁木齐市对规划方案作了较大的修改和调整。

10日 福建省人民政府办公厅印发《福建省土地管理局职能配置、内设机构和人员编制方案的通知》。

14日 广东省人民政府颁布了《广东省土地增值税征收管理办法》,规定从1995年8月1日起施行。

15日至17日 国家土地管理局建设用地司在河北省承德市召开了大中型建设项目用地审批工作座谈会。这是一次专门研究用地审批工作的会议,15个省、市、自治区土地管理局用地处长参加了会议。

针对目前大中型建设项目用地审批中存在的问题及产生原因,会议提出:1.结合今年非农建设闲置土地的清理，查处一批违法批地和违法用地的典型。2. 继续推行建设项目用地全程管理，加强前期工作。3. 建立大中型建设项目用地审批的预报制度。4. 充分发挥征地服务机构的作用，积极推行政府统一征地、费用包干。5. 加强建设用地审批队伍建设，增加人员编制，提高审批人员的政治素质和业务水平。6. 健全用地审批制度，加强征地工作协调，提高办事效率。7. 试行征地费用评估制度，科学合理确定征地补偿标准。8. 实行用地审批规范化管理，提高报件质量。

16 日 财政部、国家土地管理局、国家国有资产管理局联合发出《关于认真抓紧做好清产核资中土地清查估价工作的紧急通知》。

19 日至 26 日 国家土地管理局科学技术委员会在山西省忻州市召开第二届二次会议，评审了 1995 年度科技进步奖，共评出获奖项目 109 项，其中二等奖 44 项，三等奖 65 项，一等奖空缺。

20 日 国家土地管理局派出 5 个检查组，赴上海、浙江、安徽、福州、山东、河南、湖北、广东、四川、海南 10 个省市，检查清理非农业建设闲置土地的工作。

21 日 全国老土地工作者联谊会在宁夏银川市举行。国家土地管理局局长邹玉川出席并讲话。

22 日至 24 日 15 个省市区土地管理信访座谈会在山西省忻州市召开，国家土地管理局副局长李元到会讲话。

23 日至 25 日 在吉林省珲春市召开了“《土地利用规划条例》研讨会”。与会专家对《土地利用规划条例》(征求意见稿)的名称、框架结构及内容进行了充分的研讨，提出了好的意见和建议。使土地利用规划的立法工作有了良好的开端并为《土地利用规划条例》的出台奠定了基础。

24 日至 9 月 1 日 台湾宏大不动产公司总经理卓辉华等 3 人来内地考察土地估价等情况。

29 日 山西省省长孙文盛签发省政府(1995)第 66 号令，发布实施《山西省土地复垦实施办法》。

30 日 国务院领导同志专门听取了国家土地管理局局长邹玉川、副局长李元关于深化土地使用制度改革，加强土地管理的工作汇报，并作重要指示。国务院领导同志指出，城市土地国家所有，那么谁代表国家？我看只有中央政府。土地管理部门既是土地行政管理部门，又是执法部门。

9 月

1 日至 21 日 在中央电视台《农业与科技》栏目中，播放了由国家土地管理局科技宣教司与中国农业电视中心共同制作的《黄河滩涂谱新章》、《荒山的春天》、《好风借力上青云》、《就恋这方热土》四部科普专题片。

1 日 山西省政府召开“全省耕地保护暨乡宁县土地开发复垦现场会议”，国家土地管理局副局长马克伟、省政府副省长刘泽民、省人大副主任张邦应邀到会并讲话，李枝荣局长作工作报告。

4 日至 9 日 以改革和发展为中心议题的全国第二次土地规划院长联席会在河北省承德市召开。国家土地管理局副局长马克伟出席会议并讲话。马克伟要求各级土地事业单位深化改革、积极开拓、为土地管理事业进一步做好服务工作。来自全国各地的近百名土地规划院(所)长参加了此次会议。

5 日至 24 日 德国黑森州地籍局前局长巴尔奇夫妇来华考察访问并做讲学活动。

6 日 由中国土地学会青年工作委员会

组织的首都青年学者"面向21世纪构建中国土地使用与管理制度"学术讨论会在京进行。

国家土地管理局副局长、中国土地学会副理事长李元到会讲话并参与讨论。与会者就如何面向21世纪中国市场经济发展态势，建立科学有效的土地资源市场化配置机制；如何建立符合市场经济要求的产权制度；确立土地管理体制改革的方向与目标；耕地保护机制的建立与运行以及管理体制垂直化发展等问题发表了各自的意见。

8日至12日　中共中央政治局常委、全国政协主席李瑞环在湖南考察工作时强调，农用土地的保护、利用和开发是事关我国社会主义现代化建设的全局性、长远性、战略性问题，必须予以高度重视。

11日　国家土地管理局颁布《农村集体土地使用权抵押登记的若干规定》，就依法承包并经发包方同意抵押的荒山、荒沟、荒丘、荒滩等农村集体荒地的土地使用权和抵押乡(镇)村企业厂房等建筑物涉及所使用范围内的集体土地使用权的抵押登记作出规定。

11日　国家土地管理局政法监察司发布公告，公布"三无"(无违法批地、无违法管地、无违法用地)先进县(市)模范乡(镇)名单，欢迎社会各界人士举报弄虚作假行为。

11日至30日　经国家土地管理局联系并批准，由联合国亚太中心协调，由国家土地管理局办公室主任孙英辉带队，组织部分省、市土地管理局局长一行23人赴加拿大、美国考察土地使用制度和管理体制。

12日　中葡土地小组在澳门举行第12次全体会议，审议并通过了澳门政府1995年批地计划。

13日　国家土地管理局、国家体制改革委员会联合举办的第八期全国土地使用制度改革市长研讨班在新疆维吾尔自治区乌鲁木齐市召开。来自全国40多个城市的市长、体改委主任、土地管理局局长参加了研讨班。新疆维吾尔自治区副主席李东辉、国家土地管理局副局长李元、全国人大环境和资源保护委员会委员王先进先后在开幕式上讲话。

在研讨班上，国家土地管理局局长邹玉川就我国当前城市建设规模和城市规划编制等问题发表了重要讲话。他强调要科学编制城市规划，尽快遏制城市规模盲目扩展的趋势。

13日　河北省第八届人大常委会第十六次会议，审议通过了"关于修改《河北省经济技术开发区土地管理规定》"的决定。按照新修订的《河北省经济技术开发区土地管理规定》，开发区管委会不再负责土地的征用、划拨、出让工作。开发区土地管理部门作为其所在地省辖市或县(市)人民政府土地管理部门派驻开发区的分支机构具体负责开发区内土地的征用、出让、划拨和管理。

15日　国家土地管理局以[1995]国土[科]字第137号文《发布一九九五年度国家土地管理局科技进步奖》项目。经国家土地管理局第二届科学技术委员会第二次全体会议评审通过，本年度共评出获奖项目108项，其中二等奖44项，三等奖64项，一等奖空缺。

15日　湖北省政府颁布第84号令，发布《湖北省土地复垦实施办法》。《实施办法》共26条，分五个部分：土地复垦的范围、土地复垦的原则、土地复垦的组织与实施、土地复垦的收费及管理、土地复垦的奖惩。该办法的颁布为全省加强土地复垦工作，保护和合理利用土地资源，改善生态环境提供了有力的法规保障。

18日　由国家土地管理局和国家人事部联合主办的首期国有企业改制中土地资产管理高级研修班在江苏省昆山市举办。在为期一周的研讨会上，与会者围绕谁是土地资产产权的主权代表，如何理顺国家和企业之间的土地产权关系，如何规范土地资产的处置行为，土地资产处置方式的合理选择，土地资产价值如何科学显化，国家和企业在土地收益上如何分配以及如何理顺土地资产管理体制等等，这些影响企业改革和土地使用制度改革的热点难点问题，采取“专题报告、专题研究、实地考察”相结合的形式进行了研讨。国家土地管理局副局长李元出席了结业典礼。他在讲话中强调：国有企业改制中土地资产管理部门，实践上要淡化“优惠”、强化“优化”，理论上要重点研究土地产权设立，法律上要学好用好用足现有法规。

19日 广东省第八届人民代表大会常务委员会第十七次会议通过了《广东省土地权属纠纷处理条例》，并于同年11月1日起施行。

19日至20日 河北省土地管理局在深州市召开了深化土地使用制度改革经验交流会。会议总结推广了深州市等实行乡镇企业用地并轨管理，统一出让等经验。17个市县介绍了深化土地使用制度改革的经验。

22日 全国土地利用计划管理座谈会（南方片）在福建省福州市结束。会议要求各级土地管理部门在编制土地利用计划时减少盲目性，增加科学性，尽量细化，有可操作性，计划不滞后，不随意突破，计划上报及时准确。

23日 全国土地详细汇总工作座谈会在乌鲁木齐市召开。截止到会议召开，全国2843个县级调查单位外业调查和面积量算工作已全部完成，228个地（市）级单位完成汇总工作，西藏、吉林、天津三省（区、市）已完成省级汇总。

26日 由国家土地管理局、建设部、北京市市政管理委员会、北京市房屋土地管理局及清华大学等单位的专家、学者共同发起筹建的北京市房地产估价联合会成立大会在北京燕侨中心举行。

27日 在天津市土地利用综合汇总会上，国家土地管理局副局长刘文甲作了《坚持“一要吃饭，二要建设”落实土地基本国策》的讲话。

28日 中国共产党第十四届中央委员会第五次会议召开通过的《中共中央关于制定国民经济和社会发展“九五”计划和2010年远景目标的建设》从多方面强调加强土地管理工作。

29日 福建省八届人大常委会第十九次会议通过《福建省土地监察条例》。

10 月

3日至11月4日 国家土地管理局派2人参加由香港新华分社和香港中华总商会共同举办的第44期为期1个月的“工商培训班”。

3日至11月20日 执行国家科委与日本海外协力事业团的合作项目，选派北京市房屋土地管理局张蕾同志赴日研修。

6日至9日 全国小城镇综合改革试点工作经验交流会在昆山市召开。国务委员、国家体改委主任李铁映同志作了《深化改革、规范起步、依法建设、健康发展》的报告，国家土地管理局副局长刘文甲参加了会议，并作大会发言。

4日 国家土地管理局党组书记、局长邹玉川在国家土地管理局组织司以上干部学习党的十四届五中全会精神会上，要求以五中全会精神为指导，抓紧研究制定土地管理“九五”计划和2010年远景规划。

4日 国家土地管理局决定授予湖南省涟源市金石镇黄城村党支部书记、村国土管理员刘湘玉同志“土地卫士”称号。刘湘玉同志在保护耕地、严肃执法时遭到犯罪分子的疯狂报复，不幸以身殉职。

4 日至 23 日　第八期全国土地管理局长培训班在京举办，国家土地管理局局长邹玉川到会讲话。

9 日　国家土地管理局下发《关于申报建设项目用地中土地类别划分的通知》。

10 日　全国小城镇地改工作座谈会在湖北监利召开。国家土地管理局副局长刘文甲强调，各级土地管理部门应把握小城镇地改的特殊性及重要性，尽快制定与小城镇综合改革相配套的地改试点方案，防止一哄而起乱占耕地形成的新的圈地热。

10 日　国家土地管理局转发了《湖北省土地管理局关于委派省土地监察专员、副专员若干问题的试行意见》。在土地监察体制改革的进程中，湖北省土地管理局按照国家土地管理局《土地监察体制改革试点方案》和《土地监察暂行规定》，在省委和省政府的支持下，向下一级土地管理部门委派了省土地监察专员，副专员。《试行意见》又进一步明确了委派省土地监察员、副专员的程序、工作职责和管理体制。

15 日至 21 日　经报国务院港澳办和外交部批准，香港差饷物业估价署胡道辉署长等 6 人来内地进行访问，该代表团分别拜访国家土地管理局、建设部、财政部等有关单位。

16 日　国家土地管理局以[1995]国土[籍]字第 153 号文发出《关于城镇国有粮油零售网点土地使用权过户登记有关问题的通知》。要求各地土地部门，切实做好城镇国有粮油网点用地的过户登记工作。

16 日至 11 月 16 日　国家土地管理局副局长刘文甲同志参加中央党校省部级干部农业和农村工作专题研究班。写了《管好土地，为切实加强农业，全面发展和繁荣农村经济服务》的文章。

17 日　国务院副总理邹家华在全国城市规划会议和建设科技会议闭幕式上强调指出：城市并非越大越好，不要把城市的大小作为城市建设追求的目标。城市数量不是越多越好，不要把表面化的东西作为我们的追求。今后我国还要以发展小城镇，建设中小城市为主。

18 日至 28 日　由中国土地学会组织，有北京大学、清华大学、北京农大、南京农大、北京经济学院、建设部、税务总局、中国土地勘测规划院等单位的 9 名专家学者组成的中国土地学会学术交流团，赴台参加中国土地学会和台湾私立中国地政研究所等共同举办的“’95 海峡两岸土地学术研讨会”。本次研讨会的主题是“地价与地税”。

18 日至 11 月 1 日　应美国中国旅美科技协会的邀请，以福建省土地管理局局长叶文鉴为团长，福建省福州、泉州、福清、晋江等 4 个市土地管理局局长组成的福建省土地管理考察团一行 6 人对美国进行了为期 15 天的考察访问。

19 日至 11 月 10 日　由国家土地管理局计财司司长罗远顺任团长，国家体改委，黑龙江、吉林、江苏、浙江省土地管理局派员参加的大型代表团共 32 人，赴加拿大学习、考察加土地管理体制、土地市场及土地利用等情况。

24 日　全国土地监察体制改革试点工作汇报会在北京召开。国家土地管理局局长邹玉川、副局长李元听取汇报并作了讲话。

李元在汇报会上指出，土地监察体制改革试点工作已实现阶段性目标，到了总结试点经验，并在全国范围内加以推广的阶段。李元要求各试点城市抓紧完善改革措施，已经制定了措施的要尽快实施，与会各省局要总结试点经验，抓好试点经验的推广工作。

24 日　第三届中国北京房地产交易展示会在北京国际贸易中心展览大厅开幕。建设部副部长李振东、国家土地管理局副局长马克伟等领导到会祝贺。

26日 第二届中国农业博览会开幕，广东省国土厅首次进京展示10年来全国土地管理取得的成果。

28日 经国家土地管理局批准，浙江省土地管理局和浙江农业大学联合建立东南土地管理学院。学院实行董事会领导下的院长负责制，国家土地管理局副局长李元任名誉董事长。

31日 国家土地管理局授予天津武清县等55个县(市)“三无”乡(镇)活动先进县(市)称号；天津北辰区西堤头乡等297个乡(镇)模范乡(镇)称号。

31日 经新疆维吾尔自治区新闻出版局审核批准，《中国土地报》驻新疆生产建设兵团记者站成立。

11 月

1日 国家土地管理局局长、中国土地学会理事长邹玉川给中国土地学会第二届青年学术会暨青工委工作会议的贺词指出：“九五”时期，土地管理事业应实现两个根本转变，一是土地资源的利用要从粗放型向集约型转变；二是土地配置要从单一划拨方式向市场配置资源转变。

1日至8日 香港土地行政学会主席陈文超先生等5人来京同中国土地学会开展业务交流及合作。

5日 湖北省人民政府批准《湖北省土地管理局职能配置、内设机构和人员编制方案》。《“三定”方案》明确了省土地管理局作为省政府的直属机构(正厅级)负责全省土地、城乡地政统一管理的职能部门和行政执法部门；内设办公室、政策法规与监督检查处、地政地籍管理处、建设用地管理处、科技宣传教育处、土地利用规划处、计划财务处等七个职能处(室)和机关党委(人事处)；局机关行政编制定编60名，机关后勤服务机构和离退休干部工作机构及人员编制另行核定。

8日 在国家土地管理局关心和指导下，经北京大学校长办公会批准，正式成立了北京大学土地科学中心，同时，聘请邹玉川局长、李元副局长、张小华司长为北京大学兼职教授。

10日至19日 首期全国土地管理政务信息员培训班在珠海举办。国家土地管理局邹玉川局长作了书面讲话。

12日至18日 应韩国建设交通部邀请，国家土地管理局副局长刘文甲一行7人赴韩访问，并同韩国鉴定院签订了合作备忘录。这是国家土地管理局对韩国的首次访问。

12日至17日 台湾国立政治大学地政专家组来京拜会中国土地学会及参加中国人民大学土地管理系成立10周年庆。

12日至96年2月29日 执行与英国ODA的延续项目，罗明等7名赴英留学人员再次赴英国格林威治大学深造。

13日 广东省国土厅制定了《广东省开垦耕地规划》，规划从1996年至2000年全省新开垦耕地67万亩，其中开垦荒地增加耕地49万亩，围垦滩涂18万亩。

15日 在北京召开的全国勘界工作会议上宣布，国务院决定，我国将从1996年起开始开展全面勘算工作，力争用5年左右的时间基本完成省、县两级行政区域界线的勘定任务。国务委员李贵鲜任国务院勘界工作领导小组组长，国家土地管理局副局长马克伟为国务院勘界工作领导小组成员。

17日 《人民日报》就河南省新郑市卷烟厂土地闲置一事进行了公开报道。国家土地管理局就新郑市政府越权批地一事指出：

这是一起严重的土地违法案件。19日晚河南省委书记李长春打电话给郑州市委书记张德广，要求尽快调查，采取措施，依法认真整改。郑州市委、市政府领导认为，新郑市违法越权批地和征地撂荒的错误性质很严重，表示虚心接受批评，认真检查目前工作存在的其他问题，也欢迎新闻舆论继续进行监督，坚决服从国家土地管理局和河南省政府将依法对此作出的处理。

19日至12月3日 根据中国地产咨询中心和日本不动产研究所的合作备忘录，中国地产咨询评估中心派3人赴日学习交流不动产评估理论。

20日至12月9日 国家土地管理局局长邹玉川等3人应加拿大政府有关部门及皇后大学校长邀请赴加拿大访问，同加皇后大学签订了人员培训计划，并顺访英国皇家测量师学会及格林威治大学，检查了中英土地管理人才培训项目等。

21日 《中国土地》杂志，邀请10位首都理论界专家学者，举行题为"中国土地跨世纪纵谈"座谈会。国家土地管理局副局长李元出席座谈会。

24日 中英土地委员会在香港举行了第31次会议，双方就调整1995年/1996年度批地计划等问题达成协议。

28日 布赫副委员长在全国人大常委会《农业法》执法检查组第二次会议上指出：通过检查发现，一些地区，特别是沿海地区耕地锐减势头仍未得到有效遏制，这些应当引起高度重视。

12 月

1日 中国土地报社庆祝建社7周年，国家土地管理局副局长马克伟、刘文甲等到会祝贺。

5日 李鹏总理在中央经济工作会议上讲话指出：耕地减少是一个严重问题，必须健全和严格执行耕地保护制度。各地都要尽快建立、划定基本农田和粮田保护区，城市建设和工业建设要尽可能利用非耕地。城市建设规模要严格控制在批准的规划范围之内，农村小城镇建设要以原有小城镇为依托，基本不占或少占耕地，量力而行，不要相互攀比。非农业占地必须控制在国家规定的数量以内，要力求做到复垦的农田大于占用的耕地。明年要完成全国土地普查工作，并着手进行省、市、县勘界工作。

6日 《中国土地报》公布了全国土地管理"三无"乡（镇）活动先进县（市）模范乡（镇）。

8日 河南省人大常委会第十七次会议决定，收回1992年下半年下放给省辖市、地区行署建设征地和划拨、出让土地的审批权限。

11日至19日 以越南地政总局局长孙家暄为团长的3人代表团先后访问了北京、四川、广东等，与国家土地管理局及各地土地管理（国土）局（厅）商谈开展交流合作事宜。

13日 为纪念《土地管理法》颁布和国家土地管理局成立10周年，检阅10年来我国土地管理事业的伟大历史性成就，《中国土地报》以"十年辉煌"为主题推出系列报道，并以专版形式反映各省、市、自治区和计划单列市土地管理工作10年来的进步和成就。

13日 邹家华副总理在全国计划会议上讲话指出：要依法保护耕地，合理利用耕地。开垦宜农荒地，提高复种指数，稳定粮食播种面积，严格控制城市面积、开发区占地、小城镇建设和工业用地。

17日 国家计划委员会，财政部、国家土地管理局以计价格[1995]2287 号文发出《规范清产核资中土地清查估价收费的紧急通知》。

17 日 吉林省第八届人大常委会第二十一次会议审议并通过了《吉林省土地登记条例》。这部地方性法规的颁布实行，是实现吉林省土地、地政统一管理的一件大事，标志着吉林省的土地登记纳入了规范化、法制化管理的轨道。

18 日 邹玉川局长分别以国家土地管理局[1995]第 3 号令、[1995]第 4 号令签发《土地违法案件查处办法》、《土地权属争议处理暂行办法》。

18 日至 27 日 经国家土地管理局批准，中国地产咨询评估中心组织 24 人赴新加坡进行房地产评估咨询及中介服务等内容的培训。

19 日 上海市土地管理“三无”(无违法批地、无违法管地、无违法用地)乡镇表彰大会在松江举行。会议通报了被评为 1994 年度国家级土地管理“三无”的单位，他们是奉贤县邬桥、齐贤镇，金山县廊下镇，松江县新桥镇，南汇县周浦乡；会议还通报了获 1994 年度市级先进单位的 28 个乡镇。

28 日 《广东国土政务》创刊。主要刊登国家和广东省的有关国土管理的政策和法规，其他省、市、基层部门的重要经验及政务信息。

31 日 据《中国土地报》报道，我国土地管理体制改革成效显著。一年来，有安徽、河南、贵州、内蒙古、广西、江苏升为正厅级，使全国土地管理一级局达到 22 个。土地管理垂直领导取得突破性进展。全国已有 21% 的地市和 19.5% 的县市实行土地管理垂直领导。江苏全省实行市县对乡镇土地所垂直领导。

12 月 经国家土地管理局局务会研究决定，确定第六个全国土地日宣传主题为“土地与发展——保护我们的生命线”。1996 年恰逢《土地管理法》颁布十周年，为庆祝十周年和搞好第六个土地日，国家土地管理局发出通知，要求各地及早准备，做好 1996 年的土地宣传活动。

附　　录

统计指标解释

表 1、表 9

1. 年末实有人数:指报告期内最后一天的实有人数。

2. 年初实有人数:指上年末实有人数。

3. 在编人数:指当年实际占用编制的行政、事业人员。

表 2、表 10

1. 预算外资金:指各地区、各部门、各单位根据国家财政、财务制度等有关规定提取使用的不纳入国家预算的资金。

2. 征地管理费:指县以上人民政府土地管理部门受用地单位委托,采用包干等方式统一负责、组织、办理的各类建设项目征用土地时,由用地单位在征地费总额中按一定比例支付的管理费用。

3. 土地登记费:指由县、市人民政府土地管理部门对土地所有权、土地使用权进行土地权属调查、地籍测绘、土地注册登记、发证及变更土地登记收取的费用。

表 3、表 11

1. 审批用地项目:指正式审查批准的建设用地项目的件数(含审批有偿出让的项目)。

2. 申报土地面积:指建设用地单位在正式审查批准用地项目之前,申请用地项目的面积。

3. 批准土地面积:指人民政府正式批准使用的土地面积。

4. 核减土地面积:指参与项目前期工作和审批工作中核减的土地面积。

5. 实际用地: 指经过政府正式批准的,并在当年实际占用的土地面积。

6. 非农业建设用地:指国家、集体和个人从事非农业基本建设所占用的土地。

7. 国家建设用地:指国家进行经济、文化、国防建设以及兴办社会公共事业,需要征用集体所有的土地或者使用国有土地。

8. 乡(镇)村建设用地:指乡(镇)村企业、公共设施、公益事业等项目不实行国家征用的建设用地。

9. 农村个人建房用地:指农村居民个人(含回乡落户的干部、职工、军人、归侨等)在农村集体土地上修建住宅及附属生活设施的建设用地。

10. 省(自治区、直辖市):指经省(自治区、直辖市)土地管理局审查,报同级人民政府批准的国家建设用地。

11. 地(市):指经地区级土地管理局审查,报同级人民政府批准的建设用地。

12. 县(市):指经县级土地管理局审查、报同级人民政府批准的建设用地。

13. 乡(镇):指经乡(镇)级土地管理所审查,报同级人民政府批准的建设用地。

表 4、表 12

1. 协议:由用地者向土地管理部门提出申请,然后由土地管理部门与用地者进行具体磋商,达成一致后,签订的土地使用权出让合同或协议书。

2. 招标:指土地管理部门利用标价的经济手段来选择用地者。由土地管理部门对中标者发出中标证明书,中标者根据证明书与土地管理部门签订土地使用权出让合同。

3. 拍卖:又称“竞投”、“竞买”。指按指定时间、地点、在公开场所土地管理部门用叫 价办法将土地使用权拍卖给出价最高者。

表 5、表 13

1. 转让:指土地使用者将土地使用权再转移的行为,包括出售、交换、赠与。

2. 出租:指土地使用者作为出租人将土地使用权随同地上建筑物、其他附着物租赁给承租人使用,由承租人向出租人支付租金的行为。

3. 抵押:指土地使用者提供可供抵押的土地使用权作为按期清偿债务的担保行为。

4. 划拨土地使用权:指土地使用者通过除出让土地使用权以外的其他各种方式依法取得的国有土地使用权。

表 6、表 14

1. 土地违法案件:指违反土地管理法律、法规,必须追究法律责任的案件。

2. 本年检查立案:指报告期内发生的土地违法行为,按照立案程序,经土地管理部门主管领导批准后立案的全部土地违法案件。

3. 本年检查立案分类:主要指如下四类:

①擅自占用:即用地者未按法律、法律规定的程序,未经任何一级政府批准而非法占用土地的件数、面积、耕地。

②越权审批:即超越土地管理法律、法规规定的征拨用地审批权限而批准用地的件数、面积、耕地。

③买卖和非法转让:买卖土地是指将土地所有权或使用权非法出卖给买地者,并按双方私定的条件获得非法价款的行为(包括变相买卖土地);非法转让土地是指未按国家法律、法规规定的程序,办理转让土地使用权手续(包括擅自转让、出租、抵押划拨土地使用权)的行为。

④其他:是指擅自占用、越权审批、买卖和非法转让以外的土地违法案件,如破坏土地资源、骗取批准、少批多占、拒不交还、侵犯土地权属、违反《土地复垦规定》等土地违法案件。

4. 全民所有制:指生产资料和劳动成果归全民所有的经济形式,包括中央和地方各级国家机关、部队、科研机构、学校、人民团体等。

5. 集体所有制:指生产资料和劳动成果归集体所有的经济形式,包括城市、县、镇(建制镇)以及城(镇)街道和农村等所属的经济组织。

6. 个人:指私营经济组织、城镇非农业户口居民和农村居民等。

7. 其他:指全民与集体、全民与私人、集体与私人、中外合作、中外合资、外商独资等联营的经济组织和单位。

表 7、表 15

1. 本年案件处理结果:指报告期内发生的土地违法案件经过土地管理部门或司法机关处理,已结案的土地违法案件。

2. 收回土地面积:指土地管理部门依法收回和责令退还在报告期内已结案的案件件数、面积、耕地。

3. 拆除建筑物:指对违法占地者所建的建筑物(房屋、构筑物等)依法拆除的件数、占地面积等。

4. 罚没金额:指土地管理部门依法对报告期内已结案的案件,进行经济处罚的案件的罚没款金额。

5. 复耕:指对被违法占地者破坏的土地采取整治措施,使其恢复到可供利用状态的土地面积。

6. 本年遗留案件:指当年不能结案需要转到下一年继续处理的案件(包括:年终正在处理和未处理两类案件。)

表 8、表 16

1. 当年查出隐漏案:指在报告期以前发生而在报告期内发现且已经立案的土地违法案件。

2. 当年处理隐漏案:指本报告期期间处理结案的、在报告期以前发生的土地违法案件。

3. 遗留案件累计:指已经立案正在处理和未处理的土地违法案件。

表 17

1. 土地开发:指对国有和集体所有的荒山、荒地、滩涂和废弃地(含撂荒三年以上的耕地)等土地后备资源、通过工程或其他措施,使其变为可利用的土地,并加以合理利用的过程。

2. 土地复垦:指对生产建设过程中,因挖损、塌陷、压占等造成破坏的土地,采取整治措施,使其恢复到可供利用状态的活动。

表 18

1. 国家建设用地:指全民所有制和城填集体所有制单位当年新建、扩建工矿企业,修筑公路、铁路、民航机场等工程、兴修水利工程、以及建筑机关、学校用房等基本建设而实际占用的耕地面积。

2. 城市:指当年城市扩大规模建设占用的耕地面积。属于市区建设的农村集体和个人非农业建设所占用集体的耕地面积也应统计在内。

3. 建制镇:指当年建制镇扩大规模建设占用的耕地面积。属于镇建设的农村集体和个人非农业建设所占用的集体耕地面积也应统计在内。

4. 公路:指当年修建和扩建公路占用的耕地面积。

5. 铁路:指当年修建和扩建铁路占用的耕地面积。

6. 集体建设用地:指乡村集体新建、扩建乡镇企业、兴修农田水利、农村道路及其他生产设施、办公设施和公益事业等基本建设而实际占用的耕地面积。

7. 乡镇企业:指乡村、合作企业组织所办的企业、部分社员联营或其他形式的合作企业和个体企业当年基本建设占用的耕地面积。

8. 农村道路:指南方宽大于或等于 1 米,北方宽大于或等于 2 米的道路的修建和扩建当年所占用的耕地面积。

9. 农田水利:指乡村经济组织和个人修建的,直接为农业生产服务的农田水利所占用的耕地面积。

10. 农村个人建房用地:指农村社员、归乡居住的离退还干部、华侨、转业军人、其他城市居民当年建设住宅占用的耕地面积。

各地土地管理机构及下属单位一览表

天津市

序号	机构名称	详细地址	邮政编码	电话	负责人
1	天津市土地管理局	和平区西康路60号	300700	022－3354589	赵友华
2	天津市东丽区规划土地管理局	东丽区跃进路40号	300300	022－4391128	刘玉生
3	天津市西青区规划土地管理局	杨柳青营建路26号	300380	022－7391924	何振声
4	天津市津南区规划土地管理局	咸水沽体育场路	300350	022－8392203	刘长周
5	天津市北辰区规划土地管理局	京津公路350号	300400	022－6395233	赵师泉
6	天津市静海县规划土地管理局	胜利路41号	301600	022－8942524	刘家兴
7	天津市武清县规划土地管理局	杨村镇雍阳西道	301700	022－9342644	孙家骅
8	天津市宝坻县规划土地管理局	建设路	301800	022－9231147	洪瑞元
9	天津市宁河县规划土地管理局	芦台镇光明路72号	301500	022－5591555	姚胜利
10	天津市蓟县规划土地管理局	迎宾路18号	301900	022－9146846	吴海瑞
11	天津市塘沽区规划土地管理局	塘沽区山东路6号	300450	022－5892817	张心德
12	天津市汉沽区规划土地管理局	汉沽区府南街	300480	022－5695359	张立民
13	天津市大港区规划土地管理局	大港区港北街	300270	022－5990361	房治国
14	天津市开发区规划土地管理局	开发区第一大街2号	300457	022－5201515	张家林
15	天津市保税区规划土地管理局	保税区通达路61号	300456	022－5701095	姚全福

河北省

序号	机构名称	详细地址	邮政编码	电话	负责人
1	石家庄市土地局	石家庄市平安南大街	050021	0311－6024379	刘立根
2	邯郸市土地局	邯郸市滏河北大街	056002	0310－3016210	李玉祥
3	邢台市土地局	邢台市丰仓路	054000	0319－3074234	赵志田
4	沧州市土地局	沧州市解放路	061001	0317－2034274	马钟起
5	保定市土地局	保定市东风中路	071052	0312－3037630	李建民
6	廊坊市土地局	廊坊市永丰道	102800	0316－2015321	刘长荣
7	唐山市土地局	唐山市卫国路	063000	0315－2821694	姚自敏
8	秦皇岛市土地局	秦皇岛市海港区	066000	0335－3064639	张万春
9	承德市土地局	承德市火神庙路	067000	0314－2026917	马世明
10	张家口市土地局	张家口市长青路	075000	0313－2019980	明　才
11	衡水地区土地局	衡水市胜利西路	053000	0318－2024835	胡国明

辽宁省

序号	机构名称	详细地址	邮政编码	电话	负责人
1	辽宁省土地管理局	沈阳市北陵大街45－54号	110032	024－6892106	廖维满
2	沈阳市土地(规划)管理局	沈阳市和平区南4经街149号	110003	024－3236532	李德森
3	大连市城市建设规划土地局	大连市西岗区新开路151号	116012	0411－3626043	刘长德
4	鞍山市土地管理局	鞍山市铁东区文化街45号	114001	0412－5113064	侯华昌
5	本溪市土地规划局	本溪市明山区人民路友谊街17号	117000	0414－2821698	王少清
6	抚顺市国土规划局	抚顺市新抚区东七路四号	113008	0413－2126148	程占元
7	丹东市土地规划局	丹东市八经街24号	118000	0145－2124239	赵升耆
8	锦州市土地管理局	锦州市市府路88号	121000	0416－3142582	王祝平

序　号	机构名称	详细地址	邮政编码	电　话	负责人
9	营口市土地管理局	营口市站前区新兴大街东10号	115000	0417－289477	梁维学
10	阜新市土地管理局	阜新市中华路45号	123000	0418－2816414	薛景岐
11	辽阳市土地规划局	辽阳市白塔区新运大街79－1号	111000	0419－2126383	韩春林
12	铁岭市土地管理局	铁岭市锦州区南环路	112000	0410－4847902	范有才
13	朝阳市土地管理局	朝阳市新华路三段三号	122000	0421－2817954	尚殿魁
14	盘锦市土地管理局	盘锦市人民政府	124010	0427－2824001	杨广富
15	锦西市土地管理局	锦西市龙源新区海月路	125000	0429－3113221	曹德云

山西省

序　号	机构名称	详细地址	邮政编码	电　话	负责人
1	山西省土地管理局	太原市漪汾街12号	030024	0351－6063997	李枝荣
2	太原市土地管理局	太原市桃园一巷黄楼	030002	0351－3189757	康守忠
3	大同市土地管理局	大同市南北街3号楼	037004	0352－2055393	母福祥
4	阳泉市土地管理局	阳泉市河边街36号	045000	0353－2033034	郭　圭
5	长治市土地管理局	长治市长邯路1号	046000	0355－2023554	李文堂
6	晋城市土地管理局	晋城市建设南路83号	048000	0356－2024242	赵永胜
7	朔州市土地管理局	朔州市市府西街	038500	0349－2023923	吴志明
8	山西省土地勘测规划设计院	太原市漪汾街12号	030024	0351－6063997	陈建设
9	山西省地价评估咨询服务办公室	太原市漪汾街12号	030024	0351－6049704	郭仁亮
10	山西省土地信息中心	太原市漪汾街12号	030024	0351－6062617	薄云山
11	山西省土地管理培训中心	太原市漪汾街12号	030024	0351－6049754	葛建生
12	山西省土地勘测公司(企业)	太原市漪汾街12号	030024	0351－6049743	左　寻
13	太原市土地利用综合服务公司	太原市桃园一巷黄楼	030002	0351－3189757	郭俊平
14	太原市土地局劳动服务公司	太原市北仓巷25号	030009	0351－3083571	王胜利
15	太原市土地局地价评估事务所	太原市新建路49号	030002	0351－3082524	郭晓民
16	太原市土地局地产交易所	太原市北仓巷25号	030009	0351－3186137	何仲元
17	大同市地价评估咨询事务所	大同市土地局	037004	0352－2056338	陈大云
18	朔州市土地开发公司	朔州市府西街	038500	0349－2024579	祝瑞亮
19	朔州市土地局劳动服务公司	朔州市府西街	038500	0349－2024555	孟　良
20	阳泉市地产开发总公司	阳泉市桃南东路36号	045000	0353－2038454	张泽仁
21	阳泉市地价评估事务所	阳泉市桃南东路36号	045000	0353－2021204	范秀明
22	阳泉市地产交易中心	阳泉市桃南东路36号	045000	0353－2023206	王调科
23	阳泉市土地勘测规划处	阳泉市桃南东路36号	045000	0353－2022481	王书玺
24	长治市土地局资源站	长治市长邯路1号	046000	0353－3045790	王满堂
25	晋城市土地测绘公司	晋城市建设南路83号	048000	0356－2027714	王富山
26	晋城市地产开发总公司	晋城市建设南路83号	048000	0356－2031968	范买元
27	晋城市地产交易中心	晋城市建设南路83号	048000		田文宏
28	晋城市地产估价所	晋城市建设南路83号	048000	0356－2025194	邱英强

吉林省

序　号	机构名称	详细地址	邮政编码	电　话	负责人
1	吉林省土地局	长春市德云路3号	130061	0431－8560511	裴辅祥
2	长春市土地局	长春市西康路42号	130021	0431－5670459	李和昌
3	吉林市土地局	吉林市昌邑区新华二区一号楼	132001	0432－2451156	孙　通
4	延边州土地局	延吉市天池路63号	133001	0433－2533741	李文恒
5	四平市土地局	四平市北新华大街15号	136000	0434－3222946	宿应甲
6	通化市土地局	通化市东昌路54号	134001	0435－3213058	徐恩春

序　号	机构名称	详细地址	邮政编码	电　话	负责人
7	白城市土地局	白城市文化西路1号	137000	0436－3323245	孙振甲
8	辽源市土地局	辽源市西宁大路103号	136200	0437－3226709	张　才
9	松原市土地局	松原市乌兰大街	131200	0438－2124742	刘学文
10	白山市土地局	白山市浑江大街152号	134300	0439－3225951	蒋慧聪

江苏省

序　号	机构名称	详细地址	邮政编码	电　话	负责人
1	江苏省国土管理局	南京市北京西路43－8号	210024	025－3708490	杨向杰
2	南京市土地管理局	南京市珠江路260号	210018	025－7713674	翁扬正
3	苏州市土地管理局	苏州市竹辉路116号	215007	0512－5293875	张宗民
4	无锡市土地管理局	无锡市朝阳广场向阳路妙光苑7号	214026	0510－2702841	王云鹤
5	常州市规划国土管理局	常州市娑罗巷10号	213003	0519－6602896	钟正平
6	镇江市土地管理局	镇江市中山东路35号	212001	0511－4411239	许忙耕
7	扬州市土地管理局	扬州市汶河北路115号	225002	0514－7346117	田进生
8	南通市国土规划局	南通市青年西路15号	226006	0513－3512565	王恒生
9	徐州市土地管理局	徐州市中山南路131号	221003	0516－3815606	赵玉柱
10	淮阴市土地管理局	淮阴市引河路	223000	0517－3942490	刘学生
11	盐城市国土管理局	盐城市毓龙东路22号	224002	0515－8334564	高鹤来
12	连云港市土地管理局	连云港市新浦朝阳路	222001	0518－5414939	毛太銮
13	江苏省地产发展中心	南京市将军庙40号15栋	210003	025－3223107	楼忠妙
14	江苏省土地勘测规划院	南京市北京西路43－8号	210024	025－3396523	蒋　琳
15	江苏省土地管理干部培训中心	南京市北京西路43－8号	210024	025－3701527	胡　锦

福建省

序　号	机构名称	详细地址	邮政编码	电　话	负责人
1	福建省土地管理局	福州市华林路128号四层	350003	0591－7842267	叶文鉴
2	福州市土地管理局	福州市广6达路89号	350005	0591－3327535	李义椿
3	厦门市土地管理局	厦门市后滨路	361000	0592－2056014	林剑聪
4	泉州市土地管理局	泉州市庄府巷市府大院内	362000	0595－2285074	陈锡惠
5	漳州市土地管理局	漳州市胜利路胜利大厦三层	363000	0596－2024114	李友忠
6	蒲田市土地管理局	浦田市城厢区区府路	351100	0594－2693627	林金育
7	三明市土地管理局	三明市东新二路政府大院	365000	0598－8241475	张信进
8	南平市土地管理局	南平市胜利街116号	353000	0599－8833893	高诚水
9	宁德地区土地管理局	宁德市坪塔路2号	352100	0593－2922418	郑铅子
10	龙岩地区土地管理局	龙岩市和平路62号	364000	0597－2321229	卢乃济

山东省

序　号	机构名称	详细地址	邮政编码	电　话	负责人
1	山东省土地管理局	济南市郊区东外环路中段	250014	0531－8944343	徐及善
2	济南市土地管理局	济南市经六路36号	250001	0531－6910339	杨继培
3	青岛市土地管理局	青岛市沂水路7号甲	266001	0532－2879085	袁本令
4	淄博市土地管理局	张店区人民西路60号	255032	0533－3185779	张志刚
5	枣庄市土地管理局	枣庄市光明中路37号	277102	0632－3314221	孙长安
6	东营市土地管理局	东营市府前街146号	257091	0546－8331649	王锡芝
7	烟台市土地管理局	烟台市向善街2号	264001	0535－6215508	段大恺
8	威海市土地管理局	威海市海滨北路8号	264200	0896－5231760	马保庆

序 号	机构名称	详细地址	邮政编码	电 话	负责人
9	潍坊市规划国土局	潍坊市奎文区新华路9号	261041	0536-8270728	乔法尧
10	济宁市土地管理局	济宁市供销路北段	272117	0537-2312854	陈兆林
11	泰安市土地管理局	泰安市东岳大街东段	271000	0538-8510121	陈洪贵
12	日照市土地管理局	日照市兴海路50号	276800	0633-8221498	王 应
13	滨州地区土地管理局	滨州市黄河五路498号	256600	0543-3323238	胡克生
14	临沂市土地管理局	临沂市金雀山路96号	276000	0539-8212269	姜和良
15	德州市土地管理局	德州市青龙街6号	253000	0534-2348739	郑若林
16	菏泽地区土地管理局	菏泽市中华东路	274000	0530-5334684	李汉云
17	聊城地区土地管理局	聊城市振兴东路12号	252000	0635-8322047	李在松
18	莱芜市土地管理局	莱芜市东莱城区城西街115号	271100	0634-6212341	陶永祥
19	山东省土地勘测规划院	济南市历下区东外环路中段	250014	0531-8947040-3508	陈官礼
20	山东省地产估价事务所	济南市历下区东外环路中段	250014	0531-8947040	刘建功
21	济南市土地管理局				
22	济南市征地办公室	济南市经六路36号	250001	0531-6910534	沙作兴
23	济南市土地交易估价所	济南市经六路36号	250001	0531-6925499	王玉志
24	济南市土地综合开发总公司	市中区玉涵路62号	250002	2531-2983177	芦永季
25	淄博市统一征地办公室	张店区人民西路60号	255032	0533-3185766-3638	王同顺
26	淄博市地产开发公司	张店区人民西路60号	255032	0533-3185766-3653	邢俊远
27	淄博市土地管理干部培训中心	张店区人民西路60号	255032	0533-3185766-3668	盖勇波
28	枣庄市地价评估所	枣庄市光明路	277102	0632-3328037	张明海
29	枣庄市土地勘测规划队	枣庄市光明路	277102	0632-3319094	王德彦
30	枣庄市城乡用地工作站	枣庄市光明路	277102	0632-3319095	皮士然
31	枣庄市土地收费管理所	枣庄市光明路	277102	0632-3328402	王树辉
32	东营市土地局规划站	东营市府前街146号	257091	0546-8334440	李振东
33	东营市土地局开发服务站	东营市府前街146号	257091	0546-8733081	孟宪华
34	东营市土地局估价所	东营市府前街146号	257091	0546-8336700	李宝军
35	东营市土地局劳动服务公司	东营市淄博路18号	257000	0546-8220578	李守信
36	烟台市土地利用规划站	烟台市芝罘区南沟街37号	764001	0535-6225274	王常志
37	烟台市地产估价事务所	烟台市芝罘区向善街2号	264001	0535-6217708	王兆生
38	威海市土地管理干部培训中心	威海市古寨东路158号	264200	0896-5819495	刘汉福
39	威海土地估价所	威海市海滨北路8号	264200	0896-5227077	王天敬
40	潍坊市土地评估交易所	潍坊市奎文区新华路9号	261041	0536-8271913	初加功
41	潍坊市勘察测绘研究院	潍坊市潍城区郭宅街22号	261021	0536-8320884	孟会山
42	潍坊市规划设计研究院	潍坊市潍城区郭宅街22号	261021	0536-8323755	杨 锋
43	潍坊市地产总公司	潍坊市奎文区新华路9号	261041	0536-8225094	刘晓军
44	潍坊市华园房地产开发公司	潍坊市奎文区健康路281号	261031	0536-822736	史秀正
45	济宁市土地勘测规划站	济宁市供销路北段	272117	0537-231302	朱庆忠
46	济宁市统一征地办公室	济宁市供销路北段	272117	0537-2331401	蔺 军
47	济宁市地价评估所	济宁市供销路北段	272117	0537-2321775	张君坤
48	济宁市地产交易所	济宁市供销路北段	272117	0537-2331402	李海平
49	济宁市土地开发复垦中心	济宁市供销路北段	272117	0537-2314512	吴西海
50	济宁市土地监察大队	济宁市供销路北段	272117	0537-2321867	许西斌
51	泰安市土地勘测规划站	泰安市东岳大街东段	271000	0538-8512503	刘昌梅
52	泰安市地产咨询中心	泰安市东岳大街东段	271000	0338-8518317	孙本奎
53	日照市统一征地办公室	兴海路50号	276800	0633-8223829	李济年
54	日照市地价所	兴海路50号	276800	0633-8231741	尹德利
55	日照市地产站	兴海路50号	276800	0633-8231743	郑培亮
56	日照市规划站	兴海路50号	276800	0633-8222458	尹德奎

序　号	机构名称	详细地址	邮政编码	电　话	负责人
57	日照档案馆	兴海路 50 号	276800	0633－8231742	华为正
58	滨州地区土地勘测规划站	滨州市黄河五路 498 号	256600	0543－3326023	林象琴
59	滨州地区地产估价事务所	滨州市黄河五路 498 号	256600	0543－3329699	连玉敏
60	德州市房地产开发服务中心	德州市青龙街 6 号	253000	0534－2347644	王占勇
61	菏泽地区土地估价所	菏泽市中华东路 41－1 号	274000	0530－5334684	孙　超
62	菏泽地区地产交易所	菏泽市中华东路 41－1 号	274000	0530－5334684	刁秀坤
63	莱芜市土地估价交易所	莱芜市莱城区城西街 115 号	271100	0634－6220472	赵春敬
64	莱芜市土地利用规划站	莱芜市莱城区城西街 115 号	271100	0634－6220443	韩子能
65	聊城地区土地估价所	聊城市振兴东路 12 号	252000	0635－8321672	张广忠
66	聊城地区土管局土地勘测规划站	聊城市振兴东路 12 号	252000	0635－8322049	王怀成
67	聊城地区地产交易所	聊城市振兴东路 12 号	252000	0635－8322049	闫怀民

河南省

序　号	机构名称	详细地址	邮政编码	电　话	负责人
1	河南省土地管理局	郑州市纬二路 3 号楼	450003	0371－5957441	蒋书铭
2	郑州市土地管理局	郑州市桐柏南路	450006	0371－8981574	刘国喜
3	洛阳市土地管理规划局	凯旋西路 21 号	471009	0379－3937156	刘振立
4	开封市土地房屋管理局	顺河区穆家桥 1 号	475000	0378－5954858	姚志翔
5	平顶山市土地管理局	矿工路北 53 号	467000	0375－2926957	刘学成
6	焦作市土地管理局	焦作市解放中路	454150	0391－2924783	张爱延
7	新乡市土地管理局	人民路政府北院	453000	0373－2024327	冯先礼
8	濮阳市土地管理局	金堤路 90 号	457000	0393－4415649	赵茂轩
9	安阳市土地管理局	永安街 4 号	455000	0372－5923552	许伯仁
10	许昌市土地管理局	前进路团结新村 8 号楼	461000	0374－2622129	陈明初
11	三门峡市土地管理局	文明路东段	472000	0398－2821731	任新堂
12	漯河市土地管理局	沙北泰山路南段	462000	0395－3133844	李麦惠
13	鹤壁市土地管理局	红旗街 45 号	456600	0392－2621460	杜学堂
14	南阳市土管理局	兴隆路 8 号	473000	0377－3122770	马凤鸣
15	商丘地区土地管理局	归德路 51 号	476000	0370－2514480	周俊杰
16	信阳地区土地管理局	东方红大道 240 号	464000	0376－6224927	詹志立
17	周口地区土地管理局	七一路东段行署南楼	466000	0394－8227633－3813	梁　祖
18	驻马店地区土地管理局	解放路西段	463000	0396－2914025	赵新记

湖北省

序　号	机构名称	详细地址	邮政编码	电　话	负责人
1	天门市土地管理局	天门市陆羽大道 28 号	431700	07261－223396	蔡燃青
2	仙桃市土地管理局	仙桃市仿古路	433000	07214－222426	鄢烈凤
3	潜江市土地管理局	潜江市园林办事处和平街 176 号	433100	07262－243040	田本锁
4	随州市土地管理局	随州市舜井道南端	441300	07202－223486	王宽民
5	孝感市土地管理局	孝感市文化东路	432100	0712－2825237	雷照金
6	襄樊市土地管理局	襄城西街 100 号	441021	0710－3511341	张礼廷
7	荆沙市土地管理局	荆沙市碧波路 34 号	434000	0716－219174	夏钧勤
8	黄冈地区土地管理局	黄州镇黄州大道 19 号	436100	0713－354039	张焕卿
9	十堰市土地管理局（注：原十堰市土地局与郧阳地区土地局合并而成）	十堰市文化路 3 号	442000	0719－662140	陈守明
10	鄂州市土地管理局	鄂州市文星大道 129 号	436000	0711－227425	包荣昌
11	黄石市土地管理局	黄石市市府路 229 号	435000	0714－227709	肖汉庆

序号	机构名称	详细地址	邮政编码	电话	负责人
12	天门市土地勘测规划院	天门市陆羽大道28号	431700	07261－221643	廖炳明
13	天门市国有土地管理站	天门市陆羽大道28号	431700	07261－223055	刘新平
14	天门市土地开发公司	天门市陆羽大道28号	431700	07261－223396	舒汝成
15	天门市土地监察大队	天门市陆羽大道28号	431700	07261－223396	王新华
16	天门市地价评估事务所	天门市陆羽大道28号	431700	07261－222033	文家斌
17	潜江市土地勘测规划院	潜江市横堤路	433100	07262－245328	王让金
18	潜江市地价评估事务所	潜江市园林办事处	433100	07262－242324	黄家美
19	潜江市土地开发利用中心	潜江市洞庭路	433100	07262－242027	刘绪松
20	潜江市土地监察大队	潜东市和平街176号	433100	07262－243040	万国富
21	仙桃市地产房产开发总公司	仙桃市仿古路	433000	07214－223266	赵志才
22	仙桃市土地估价事务所	仙桃市仿古路	433000	07214－224261	吴予舜
23	仙桃市土地监察大队	仙桃市仿古路	433000	07214－225444	龚庆海
24	仙桃市直属国土管理所	仙桃市仿古路	433000	07214－228796	韩训清
25	仙桃市土地勘测规划院	仙桃市仿古路	433000	07214－221473	陈西桃
26	襄樊市地产咨询中心	襄城西街100号	441021	0710－3517154	陈友生
27	襄樊市地价事务所	襄城西街100号	441021	0710－3524793	王凤花
28	襄樊市土地利用勘测规划队	襄城西街100号	441021	0710－3517034	秦志卿
29	随洲市土地勘测规划队	随州市舜井道南端	441300	07202－229094	邓克义
30	随州市地产开发公司	随州市舜井道南端	441300	07202－225645	杨桂仙
31	黄冈地区土地勘测规划队	黄州市黄州大道23号	436100	0713－355269	余荒良
32	黄冈地区地直国土管理分局	黄州市黄州大道21号	436100	0713－386912	翟　伟
33	黄冈地区黄州开发区土地管理分局	黄州市黄古楼街	436100	0713－359744	马　英
34	黄冈地区土地估价所	黄州市黄州大道19号	436100	0713－386069	蔡　春
35	黄冈地区地产公司	黄州市黄州大道19号	436100	0713－359559	曾亚伟
36	黄冈地区土地开发公司	黄州市古楼街	436100	0713－359734	马　英
37	黄冈地区大地综合服务公司	黄州市黄州大道19号	436100	0713－354006	陈东云
38	鄂州市土地勘测队	鄂州市文星大道129号	436000	0711－225267	彭伯尧
39	鄂州市征地事务所	鄂州市文星大道129号	436000	0711－227424	黄志德
40	鄂州市国有土地出让处	鄂州市文星大道129号	436000	0711－228402	吕从良
41	鄂州市土地估价事务所	鄂州市文星大道129号	436000	0711－228402	江光祥
42	鄂州市土地执法大队	鄂州市文星大道129号	436000	0711－227614	张维群
43	鄂州市地产交易中心	鄂州市文星大道129号	436000	0711－224777	黄国文
44	鄂州市土地管理局后勤服务中心	鄂州市文星大道129号	436000	0711－227614	杨启训
45	孝感市土地勘测规划院	孝感市文化东路	432100	0712－2823811	邱季涛
46	孝感市土地估价事务所	孝感市文化东路	432100	0712－2835216	肖　锋

湖南省

序号	机构名称	详细地址	邮政编码	电话	负责人
1	湖南省国土测绘管理局	长沙市五一中路69号	410011	0731－2214023	邓鸿璋
2	长沙市国土管理局	白沙路	410002	0731－5115691	李振尊
3	株洲市国土管理局	河西天台山路	412007	0733－824325	贺　捷
4	湘潭市国土管理局	车站路237号	411100	0732－262686	刘福全
5	衡阳市国土管理局	解放路63号	421001	0733－226687	戴宣宝
6	邵阳市国土管理局	城北路6号	422000	0739－325924	刘汉云
7	岳阳市国土管理局	南湖大道	414000	0730－224493	唐树林
8	常德市国土管理局	朗州水路	415000	0736－227571	李金成
9	益阳市国土管理局	康复路	413000	0737－225142	钟广成

序 号	机构名称	详细地址	邮政编码	电 话	负责人
10	张家界市国土管理局	市政府大院	416600	223048	胡国强
11	娄底地区国土管理局	乐坪东街行署大院	417000	0738－312384	晏福光
12	郴州市国土管理局	苏仙路40号	423000	0735－885005	丁 人
13	零陵地区国土管理局	中山北路43号	425000	07401－223472	唐际绍
14	怀化地区国土管理局	迎丰中路111号	418000	07402－233545	姚本钦
15	湘西自治州国土管理局	人民北路135号	416000	223920	舒沂庚
16	湖南省国土管理局征地拆迁事务所	长沙市文艺路乔庄1号	410011	0731－4441704	杨淑真
17	湖南省国土管理局土地规划设计事务所	长沙市文艺路乔庄1号	410011	0731－4414649	金勇章 于新民
18	湖南省国土管理局地价事务所、地产交易事务所	长沙市文艺路乔庄1号	410011	0731－4432609	吴跃民
19	湖南省国土管理局土地法律事务所	长沙市文艺路乔庄1号	410011	0731－2214145	张建军
20	湖南国发实业总公司	长沙市文艺路乔庄1号	410011	0731－4420512	滕建炳
21	长沙市国土局建设用地开发管理处	长沙市白沙路	410002	0731－5115611	沈富春
22	长沙市国土管理局地籍测绘队	长沙市白沙路	410002		周树林
23	长沙市国土管理局土地估价所	长沙市白沙路	410002	0731－5110504	朱智勋
24	株洲市国土管理局征地事务所	河西天台山路	412007	0732－829504	方克雄
25	株洲市国土管理局拆迁事务所	河西天台山路	412007		罗锡林
26	株洲市国土管理局资产管理所	河西天台山路	412007	0732－811117	李因圣
27	株洲市国土管理局劳服公司	河西天台山路	411100	0732－824756	方德祥
28	湘潭市国土管理局地籍测量队	大湖路4号	411100	0732－263284	何文跃
29	湘潭市国土管理局征地拆迁事务所	大湖路4号	411100	0732－224704	郑朝明
30	湘潭市国土管理局地价评估所	车站路237号	411100	0732－239724	许志良
31	湘潭市国土管理局地产管理所	车站路237号	411100	0732－239724	李瑞端
32	湘潭市国土管理局土地监察大队	车站路237号	411100	0732－239724	蔡炳乾
33	衡阳市国土管理局法规监察队	解放路63号	421001	0734－213553	朱水香
34	衡阳市国土管理局测量队	解放路63号	421001	0734－213554	王清云
35	衡阳市国土管理局法律顾问室	解放路63号	421001	0734－212182	董华坚
36	衡阳市国土管理局地价评估所	解放路63号	421001	0734－219732	黄绍君
37	衡阳市国土管理局国土开发事务所	解放路63号	421001	0734－213117	刘功恒
38	邵阳市国土管理局征地拆迁事务所	城北路6号	422000	0739－322674	邓新民
39	邵阳市国土管理局土地估价所	城北路6号	422000	0739－313536	朱启明
40	邵阳市国土管理局劳动服务公司	城北路6号	422000	0739－324423	张 彬
41	邵阳市国土管理局土地调查服务站	城北路6号	422000	0739－324423	彭启明
42	岳阳市国土管理局土地估价所	南湖大道	414000	0730－222229	彭锋华
43	岳阳市国土管理局征拆事务所	南湖大道	414000	0730－221081	赵爱国
44	岳阳市国土管理局土地监察大队	南湖大道	414000	0730－220924	王学汉
45	常德市国土管理局征拆事务所	朗州水路	415000	0736－223501	李迪伟
46	常德市国土管理局地价评估所	朗州水路	415000	0736－226436	吴家龙
47	益阳市国土管理局土地监察大队	康复路	413000	0737－225442	龚哲军
48	益阳市国土管理局地价评估所	康复路	413000	0737－225442	刘积时
49	益阳市国土管理局征地事务所	康复路	413000	0737－225342	贺远清
50	益阳市国土管理局测量队	康复路	413000	0737－225642	何步升
51	张家界市国土管理局征地拆迁办公室	市政府大院	416600	0744－227303	李远胜
52	张家界市国土管理局测绘管理站	市政府大院	416600	0744－223687	郑家珍
53	张家界市国土管理局地价评估所	市政府大院	416600	0744－225366	李跃明
54	张家界市国土管理局市地籍测绘队	市政府大院	416600	0744－227237	黄祖平
55	张家界市国土管理局市土地监察大队	市政府大院	416600	0744－223687	屈新章
56	娄底地区国土管理局干部培训中心	行署大院	417000	0738－313726	龚家升

序　号	机构名称	详细地址	邮政编码	电　话	负责人
57	娄底地区国土管理局地价评估事务所	行署大院	417000	0738－312591	吴崇舟
58	郴州地区国土管理局测绘队	苏仙路40号	423000	0735－226523	谭成标
59	零陵地区国土管理局土地事务所	中山北路43号	425000	07401－232949	
60	零陵地区国土管理局测绘队	中山北路43号	425000	07401－222630	王　作
61	怀化地区国土管理局测绘中心	迎丰中路111号	418000	07402－235943	李敦迪
62	湘西自治州国土管理局测绘管理站	人民北路135号	416000	0743－23920	成大牟
63	湘西自治州国土管理局地价评估所	人民北路135号	416000	0743－224665	罗德林
64	湘西自治州国土管理局征地拆迁事务所	人民北路135号	416000	0743－223052	邹斯波

广东省

序　号	机构名称	详细地址	邮政编码	电　话	负责人
1	广东省国土厅	广州市德政北路498号	510055	020－3841258	袁　征
2	广州市国土局房地产管理局	广州市豪贤路193号	510030	020－3331307	李维杰
3	深圳市规划国土局	深圳市福田区振兴路6号建艺大厦	518031	(0755－3231673	刘佳胜
4	珠海市国土局	珠海市吉大海滨南路	519015	0756－3352140	卢　体
5	汕头市国土房产局	汕头市长平路丹霞庄西区36幢	515041	(0754－8465080	罗仰鹏
6	佛山市国土局	佛山市大福路14号13号楼	528000	0757－3338162	梁汝森
7	韶关市国土局	韶关市武江区惠民南路	512026	0751－8777860	朱振宣
8	河源市国土局	河源市新市区长安路	517000	0762－3361615	何祯祥
9	梅州市国土局	梅州市江南彬芳大道北	514021	0753－2252501	曾运发
10	惠州市国土局	惠州市下埔路20号	516001	0752－2101097	何奕珊
11	汕尾市国土局	汕尾市通航路34号	516611	0660－3332644	陈义振
12	东莞市国土局	东莞市城区莞龙路金牛岭	511700	0769－2463518	黄满贵
13	中山市国土局	中山市石岐松苑路市政府大院四楼	528400	0760－8315909	罗仲熙
14	江门市国土局	江门市建设路82－6	529000	0750－3323123	宋天采
15	阳江市国土局	阳江市东风三路10号	529500	0662－3321277	江国瑞
16	湛江市国土局	湛江市赤坎南方路31号	524038	0759－3314044	杨卫东
17	茂名市国土局	茂名市迎宾路39号大院	525000	0668－2284109	宁其新
18	肇庆市国土局	肇庆市端州区康东北路七号	526020	0758－2824890	司徒石廉
19	云浮市国土局	云浮市玉皇路翠玉小区1号二楼	527300	0766－8837263	何树生
20	清远市国土局	清远市新城东五号区连江路国土大厦	511515	0763－3361965	
21	潮州市国土局	潮州市潮枫路77号旅游大厦六楼	521011	0768－2262632	陈赞亮
22	揭阳市国土局	揭阳市榕城进贡门毓秀路西6座	522000	0663－8623712	卓　奎
23	广东省国土厅航测大队	广州市环市东路468号	510075	020－7752479	周　一
24	广东省国土与测绘资料档案馆	环市东路468号	510075	020－7768351	
25	广东省地图出版社	广州市环市东路468号	510075	020－7752473	刘亚华
26	广东省国土厅测绘大队	广州市沙河伍仙桥	510500	020－7703807	刘祖定
27	广东省测绘产品质量监督检验站	广州市环市东路468号	510075	020－7752490	刘石森
28	广东省国土与测绘科学研究所	广州市环市东路468号	510075	020－7752474	林闻东
29	广东地产报社	广州市德政北路498号		020－3301093－3093	沈东流
30	广东省国土测绘成人中等专业学校	环市东路468号	510075	020－7757475	钟玉鸾
31	广东省土地开发中心	广州市环市东路468号	510075	020－7783784	蔡廷波
32	广东地产法律咨询服务中心			020－7772888－713	梁荫榕

序　号	机构名称	详细地址	邮政编码	电　话	负责人
33	广东省国土厅机关服务中心	广州市洼政北路498号	510055	020－3301093－3016	李德贵
34	广东省国土厅职工生活服务社	广州市环市东路468号	510075	020－	
35	广东南国实业公司	广州市环市东路468号	510075	020－7752496	吴世政
36	广东省测绘技术公司	广州市环市东路468号	510075	020－7752477	王道仁
37	广东省大地实业发展公司	广州市环市东路468号	510075	020－7659059	袁兴国
38	广东国润发展公司	广州市环市东路468号	510075	020－7775182－3317	何恭贵
39	广东省国土厅劳动服务总公司	广州市环市东路468号	510075	020－7763895	陈发赞
40	广东国汇地产顾问公司	广州市陵园西路"大上海"酒店328房	510055	020－3836600－328	谢朝恩
41	广东昆仑地产咨询服务公司	广州市环市东路468号大院	510075	020－7775182－3308	石新顺
42	广东省地价评估事务所	广州市寺右新马路10号后座二楼	510600	020－7752493	汤金明

广西壮族自治区

序　号	机构名称	详细地址	邮政编码	电　话	负责人
1	广西区土地管理局	南宁市民族大道24号	530022	0771－5864210	韦家国
2	南宁市土地管理局	南宁市鲤湾路12号	530022	0771－5872801	李宗泽
3	柳州市土地管理局	柳州市立新路49号	545001	0772－2825279	罗林宗
4	桂林市土地管理局	桂林市崇善路14号	541002	0773－2823771	陈　树
5	梧州市土地管理局	梧州市蝶山一路17号	543002	0774－3826263	刘柱芬
6	北海市土地管理局	北海市南海路129号	536000	0779－2050752	文泉源
7	防城港市土地管理局	防城港市中华路6号	535700	0770－2820105	刘镜法
8	钦州市土地管理局	钦州市向阳路3号	535000	0777－2825674	梁　湧
9	广西区地产总公司	南宁市民族大道74号	530022	0771－5855421	张良森
10	南宁市地价评估所	南宁市鲤湾路12号	530022	0711－5872801	魏凤君
11	柳州市地产公司	柳州市立新路49号	545001	0772－2825279	张德志
12	柳州市地价评估中心	柳州市立新路49号	545001	0772－2825279	李健平
13	柳州市土地勘测设计所	柳州市立新路49号	545001	0772－2825279	廖瑞旗
14	柳州市土地档案馆	柳州市立新路49号	545001	0772－2825279	李德彰
15	桂林市土地勘测技术服务站	桂林市崇善路14号	541002	0773－2823771	周国豪
16	桂林市地产公司	桂林市崇善路14号	541002	0773－2823771	石　陵
17	桂林市地价评估中心	桂林市崇善路14号	541002	0773－2823771	唐如霆
18	桂林土地档案馆	桂林市崇善路14号	541002	0773－2823771	廖福成
19	桂林市土地管理干部培训中心	桂林市崇善路14号	541002	0773－2823771	姚添恒
20	梧州市地价评估所	梧州市蝶山一路17号	543002	0774－3826263	庞醒明
21	梧州市地产公司	梧州市蝶山一路17号	543002	0774－3826263	黄亚明
22	梧州市出让转让管理处	梧州市蝶山一路17号	543002	0774－3826263	曾　洪
23	梧州市土地技术服务站	梧州市蝶山一路17号	543002	0774－3826263	黎　贤
24	北海市地产公司	北海市南海路129号	536000	0779－2050752	陈文良
25	北海市土地期权托管中心	北海市南海路129号	536000	0779－2050752	白江平
26	北海市地价评估中心	北海市南海路129号	536000	0779－2050752	曾达贤
27	北海市土地技术服务站	北海市南海路129号	536000	0779－2050752	冯兆河
28	北海市土地档案馆	北海市南海路129号	536000	0779－2020752	张均霞
29	防城港市地产评估所	防城港市中华路6号	535700	0770－2820105	周振新
30	防城港市勘测规划所	防城港市中华路6号	535700	0770－2820105	谭立雄
31	防城港市土地市场管理所	防城港市中华路6号	535700	0770－2820105	黄道均
32	钦州市地产公司	钦州市向阳路3号	535000	0777－2825674	胡百川
33	钦州市土地评估中心	钦州市向阳路3号	535000	0777－2825674	宁　德

序号	机构名称	详细地址	邮政编码	电话	负责人
	钦州市土地勘测规划所	钦州市向阳路3号	535000	0777－2825674	叶长干
34	钦州市土地交易所	钦州市向阳路3号	535000	0777－2825674	周毅兴

四川省

序号	机构名称	详细地址	邮政编码	电话	负责人
1	四川省国土局	四川成都市永兴巷15号	610012	028－6745335－4511	付应铨
2	成都市国土局	四川成都市人民西路18号	610015	028－6646063	李质耀
3	重庆市国土局	重庆市中区上曾家岩28号	630015	0811－3857018	高 群
4	绵阳市国土局	绵阳市南河路健安街2号	621000	0816－2225857	刘期益
5	遂宁市国土局	遂州南路工段56号	629000	08252－2226268	吴绍安
6	南充市国土局	南充市文化路27号	637000	0817－2224859	覃一民
7	泸州市国土局	泸州市大山坪市政府3号楼	646000	0830－3191713	韩光才
8	攀枝花市国土局	市中心广场	617000	0812－3333667	邓淅林
9	自贡市国土局	自贡市自井区安全巷70号	643000	0813－226043	何树荣
10	乐山市国土局	乐山市中区鼓楼街23号	614000	0833－2134119	周树清
11	内江市国土局	内江市中区翔龙路92号	641000	0832－2024710	王 平
12	德阳市国土局	德阳市河东开发区天山路	618000	0838－2500540	易传方
13	广元市国土局	广元市利州东路645号	628017	0839－225127	马洪碧
14	万县市国土局	万县市青羊宫106号	634000	0819－8224121	陈能贤
15	省国土勘测规划研究所	成都市抚琴西区金琴路	610031	028－7760943	雍国玮
16	省土地有偿使用地价事务所	成都市永兴巷	610012	028－6613486	隋太明
17	省土地交易咨询服务中心	成都市永兴巷15号	610012	028－6745335－5669	付运林
18	成都市地产交易所	成都市抚琴西路128号	610031	028－7750804	肖朝煜
19	重庆市土地估价所	重庆市中区上曾家岩28号	630015	0811－3852819－328	卢建辉
20	中外房地产报社	重庆市中区上曾家岩28号	630015	0811－3863628	高 群
21	重庆大华实业总公司	重庆市中区上曾家岩28号	630015	0811－3857076	李京生
22	重庆华达物业发展公司	重庆市中区上曾家岩28号	630015	0811－3852819－601	张衡保
23	绵阳市地产交易所	绵阳市南河路健安街2号	621000	0816－2225142	陈建德
24	攀枝花市国土局服务站	攀枝花市中心广场	617000	0812－3337309	龚定安
25	自贡市地价评估所	自贡市自井区安全巷70号	643000	0813－226838	邓定如
26	乐山市土地管理事务所	乐山市中区鼓楼街23号	614000	0833－2134996	李新全
27	德阳市国土勘测规划所	德阳市河东开发区天山路	618000		但 敏
28	万县市国土资源开发处	万县市青羊宫106号	634000	0819－8235907	陈元国
29	万县市国土局统征办	万县市青羊宫106号	634000	0819－8225299	冉茂清
30	广元上西土地综合开发公司	广元上西坝	628017	0839－227258	王成龙
31	广元市地价所	广元上西坝	628017	0839－223704	陈 勇
32	内江市统一征地办公室	内江市中区翔龙路92号	641000	0832－2025701	张万坤
33	内江市地价所	内江市中区翔龙路92号	641000	0832－2033640	朱顺英

陕西省

序号	机构名称	详细地址	邮政编码	电话	负责人
1	陕西省土地管理局	西安市莲湖区西北一路3号	710003	029－7224051	张宗良
2	西安市土地管理局	西安市环城南路东段2号	710054	029－7210065	王志钧
3	咸阳市土地管理局	咸阳市人民西路渠西	712000	0910－3312192	王孔义
4	宝鸡市土地管理局	宝鸡市经二路西段	721000	0917－226574	赵振宇
5	渭南市土地管理局	渭南市胜利街82号	714000	0913－2013595	张绪田
6	汉中市土地管理局	汉中市汉台区兴汉路	723000	0916－2210357	姚让咸
7	铜川市规划土地管理局	铜川市城区健康路	727000	0919－213866	张政民

序　号	机构名称	详细地址	邮政编码	电　话	责负人
2	厦门市土地交易所	厦门市湖滨南路闽南大厦19楼	361004	0592－5180055	周鲁闽
3	厦门市地价评估所	厦门市湖滨南路闽南大厦17楼	361004	0592－5180051	郭俊胜
4	厦门市测量队	厦门市蓼花路4号	361003	0592－2113880	刘恩信
5	厦门市房屋拆迁工程公司	厦门市湖滨南路闽南大厦18楼	361004	0592－5180050	苏文福

新疆生产建设兵团

序　号	机构名称	详细地址	邮政编码	电　话	负责人
1	新疆生产建设兵团土地管理局	新疆乌鲁木齐市光明路15号	830002	0991－2890256	张立才
2	农一师土地管理局	新疆阿克苏市	843000	0997－2123265	金武宁
3	农二师土地管理局	新疆库尔勒市	841000	0996－2022072	朱家璋
4	农三师土地管理局	新疆喀什市	844000	0998－229350	杨绥生
5	农四师土地管理局	新疆伊宁市	835000	0999－8120719	贾庆云
6	农五师土地管理局	新疆博乐市	833400	09093－223502－412	柳跃光
7	农六师土地管理局	新疆五家渠镇	831300	0994－5800127	夏存应
8	农七师土地管理局	新疆奎屯市	833200	0992－222842	马干臣
9	农八师土地管理局	新疆石河子市	832000	0993－2014010	张景旺
10	农九师土地管理局	新疆额敏县	834600	09003－341628	何文世
11	农十师土地管理局	新疆北屯镇	836000	09009－371310－6837	秦进木
12	乌鲁木齐农场管理局土地管理局	新疆乌鲁木齐市北京南路	830011	0991－3836405	吴芝郇
13	和田农场管理局土地管理局	新疆和田市	843000	09032－223375	徐国伟
14	哈密农场管理局土地管理局	新疆哈密市	839000	09022－233266	余庆顺
15	工程建筑第一师土地管理局	新疆乌鲁木齐市河滩北路57号	830002	0991－4843211－60512	沈占江
16	兵团直属团场土地管理分局	新疆吐鲁番市	830003	0995－662024	伍春华
17	兵团直属团场土地管理分局	新疆阜康市	831500	0994－3542124	杨序祥

全国部分土地估价及咨询机构名录

天津市

序号	机构名称	地址	邮政编码	电话	法人代表	资质级别
1	天津市地价评估事务所	和平区西康路60号	300070	022－3347680	王兵	A
2	天津市地价评估事务所东丽分所	东丽区跃进路40号	300300	022－4390412	王兵	A
3	天津市地价评估事务所津南分所	津南区体育场路	300350	022－8391205	王兵	A
4	天津市地价评估事务所西青分所	西青区营建路26号	300380	022－7393416	王兵	A
5	天津市地价评估事务所北辰分所	北辰区京津公路350号	300400	022－6391455	王兵	A
6	天津市地价评估事务所塘沽分所	塘沽区山东路西街8号	300450	022－5306142	王兵	A
7	天津市地价评估事务所汉沽分所	汉沽区府南街	300480	022－5693706	王兵	A
8	天津市地价评估事务所大港分所	大港区港北街	300270	022－5990306	王兵	A
9	天津市地价评估事务所开发区分所	开发区第一大街2号	300457	022－5201522	王兵	A
10	天津市地价评估事务所保税区分所	天津港保税区通大路61	300456	022－5701095	王兵	A
11	天津市地价评估事务所蓟县分所	蓟县鱼津北路	301900	022－9141041	王兵	A
12	天津市地价评估事务所武清分所	武清县雍阳西路西端	301700	022－9345211	王兵	A
13	天津市地价评估事务所宁河分所	宁河县广明路72号	301500	022－5593965	王兵	A
14	天津市地价评估事务所静海分所	静海县静海镇胜利路	301600	022－8940962	王兵	A
15	天津市地价评估事务所宝坻县分所	宝坻县四十米路	301800	022－924362	王兵	A

吉林省

序号	机构名称	地址	邮政编码	电话	法人代表	资质级别
1	和龙市土地估价所	和龙市文化街	133500	0433－4223403	黄德洙	B
2	汪清县土地估价所	汪清东路1号	133200	0433－8817054	肖袖成	B
3	敦化县土地估价所	敦化市民主街	133700	0433－6234810	解守臣	B
4	安图县土地估价所	明月镇九龙街	133600	0433－5823652	王建华	B
5	辽源市土地估价所	西宁大路103号	136200	0437－3229516	孙永军	B
6	吉林市土地估价所	吉林市天津街	132000	0432－2441211	林长河	B
7	大安市土地估价所	大安市人民路	131300	0436－224574	廉永谦	B
8	集安市土地估价所	团结西路15号	134000	0435－222278	代国军	B
9	桦甸市土地估价所	桦甸大街120号	132400	04423－224325	王子奇	B
10	长岭县土地估价所	长岭县长岭镇	131500	04467－222595	翟喜春	B
11	蛟河市土地估价所	蛟河市民主路19号	132500	04424－224914	李云学	B
12	双辽县土地估价所	双辽县辽河路34号	136400	04442－223663	张贵勤	B
13	乾安县土地估价所	乾安镇	131400	04468－220715	战福林	B
14	东丰县土地估价所	东丰县东丰镇通山街	136300	0437－6224559	康宝光	B
15	农安县土地估价所	农安县农安大路86号	130200	04413－229044	米国臣	B
16	长春市南关区土地估价所	南关区西四道街16号	130000	0431－8977794	李晓辉	B
17	靖宇县土地估价所	靖宇镇濛江路36号	135200	04457－224747	刘长顺	B
18	长白县土地估价所	长白镇长白大街17号	134400	04458－223796	吕同顺	B
19	前郭县土地估价所	前郭县前郭镇文化街	131100	0438－223768	辛　城	B
20	舒兰市土地估价所	舒兰市舒兰大街159号	132600	04425－8225172	宋亚军	B

山西省

序号	机构名称	地址	邮政编码	电话	负责人	资质级别
1	山西省地价评估咨询服务办公室	太原市漪汾街12号	030024	0351－6049704	郭仁亮	

序号	机构名称	地址	邮政编码	电话	负责人	资质级别
2	太原市土地估价事务所	太原市新建路249号	030002	0351-3082524	刘晓民	B
3	大同市地价评估咨询事务所	大同市土地局	037004	0352-2056338	陈大云	B
4	阳泉市地价评估事务所	阳泉市桃南东路36号	045000	0353-2021204	范秀明	B
5	长治市地价评估事务所	长治市延安北路	046000	0355-2022106	李文堂	B
6	晋城市地产估价所	晋城市建设南路83号	048000	0356-2024242	高国富	B

江苏省

序号	机构名称	地址	法人代表	资质级别
1	江苏省地价所	南京市北京西路43—8号	楼忠妙	A
2	江苏省金陵土地资产评估高新技术公司	南京市宁海路122号	陈国钧	A
3	南京大地地产评估咨询服务中心	南京市中山东路482号3楼	夏万年	A
4	南京市地价所	南京市珠江路260号	乔玉宽	A
5	徐州市地价评估事务所	徐州市青年路271号	赵法臣	B
6	溧阳市地价评估事务所	溧阳市燕山路	陈春贵	B
7	仪征市地价评估事务所	仪征市鼓楼西路38号	赵大金	B
8	苏州市地价所	苏州市竹辉路116号	史茂国	B
9	盐城市地价事务所	盐城市毓龙东路29号	蔡　强	B
10	如皋市地价评估事务所	如皋市如城镇宁海路	顾　建	B
11	姜堰市地价评估事务所	姜堰市太平路1号	钱忠星	B
12	邳州市土地评估事务所	邳州市运河镇青年东路278号	汤可忠	B
13	高邮市地价评估事务所	高邮市通湖路130号	王　槐	B
14	扬中市土地估价事务所	扬中市三茅镇扬子中路	李信龙	B
15	昆山市地价所	昆山市前进中路	俞素勤	B
16	扬州市地价评估事务所	扬州市汶河北路	王　和	B
17	张家港市土地估价所	张家港市杨舍镇官厅新村	刘　红	B
18	邗江县土地估价交易事务所	扬州市梅庄新村	沈少林	B
19	泰兴市土地估价所	泰兴市泰兴镇国庆桥东	黄建国	B
20	太仓市土地估价所	太仓市城厢镇向阳路8号	蔡国平	B
21	宜兴市土地估价所	宜兴市宜城镇荆溪南路	史科祥	B
22	南京市栖霞区地价所	南京市迈皋桥合班村1号	顾文贵	B
23	锡山市地价事务所	锡山市东亭桥镇东亭南路	吕金宝	B
24	镇江市地价事务所	镇江市中山东路35号	殷六发	B
25	新沂市土地评估事务所	新沂市市府路37号	王耀华	B
26	通州市地产评估事务所	通州市金沙镇大庆路	吴　彪	B
27	南通市崇川区地产评估事务所	南通市唐家花行53号	姜志清	B
28	靖江市土地评估作价事务所	靖江市江平路170号	刘明初	B
29	无锡市土地评估事务所	无锡市向阳路妙光苑7号	王莲珍	B
30	南通市土地市场服务中心	南通市青年西路15号	龚　礼	B
31	建湖县地价所	建湖县城建西路70号	徐建蔚	B
32	南京合众不动产代理公司	南京市进香河路28号	吴天宝	B
33	金坛市地价评估事务所	金坛市北戴巷241号	史志江	B
34	常州市土地估价所	常州市娑罗巷10号	徐建伟	B
35	江都市地价评估事务所	江都市老扬泰路	朱兰芳	B
36	吴县市地价所	苏州市吴中路	殷　华	B
37	连云港地价所	连云港市新浦朝阳路	韩宝安	B
38	海安县地产评估事务所	海安县海陵路17号	茆根明	B
39	泰州市地产事务所	泰州市东园290号	刘佰林	B

序 号	机构名称	地 址	法人代表	资质级别
40	高淳县地籍管理所	高淳县淳溪镇宝塔路 19 号	杨六和	B
41	大丰县土地估价事务所	大丰县大中镇新街 37 号	钱玉生	B
42	常熟市土地价所	常熟市海虞南路 47 号	刘永祥	B
43	武进市土地估价所	武进市湖塘镇县政府大院 3 号楼	张玉林	B
44	吴江市地价所	吴江市松陵镇湖滨路 20 号	汤产兴	B
45	丰县土地评估事务所	丰县工农南路 49 号	高 旭	B
46	射阳县土地评估事务所	射阳县合闸东路	孙日高	B
47	阜宁县地价所	阜宁县委大院内	朱中容	B
48	赣榆县地价所	赣榆县青口镇华中路	朱孔明	B
49	响水县地价事务所	响水县政府大院内	李信民	B
50	东海县地价事务所	东海县牛山北路 120 号	徐敏哲	B
51	江苏河海资产评估事务所	南京市西康路 1 号	胡维松	B
52	兴化市土地估价交易事务所	兴地市英武路 12 号楼	陈太隆	B
53	淮阴市土地估价事务所	淮阴市引河路	濮升恒	B
54	丹徒县地价事务所	镇江市中东路 338 号	高富根	B
55	金湖县土地估价所	金湖县健康路 93 号	李禄春	B
56	江苏信城地产评估咨询有限公司	南京市傅厚岗	王友龙	B
57	江阴市地价事务所	江阴市文化路	谢洪兴	B
58	盐城市郊区土地估价事务所	盐城市黄海中路 40 号	金国玉	B
59	六合县地价所	六合县延安北路 33 号	管穗强	B
60	句容市地价所	名容市华阳北路	邓国祥	B
61	东台市地价所	东台市鼓楼路 1 号	卢辉山	B
62	泗阳县土地估价事务所	泗阳县振兴路 1 号	浦月华	B
63	宿迁市土地估价所	宿迁市政府北院	徐洪彩	B
64	涟水县土地估价事务所	涟水县城	周士平	B
65	江宁县地价所	江宁县东山镇公园路 5 号	孙建宁	B
66	灌云县土地估价事务所	灌云县伊山镇	沙庆举	B

山东省

序 号	机构名称	地 址	邮政编码	电 话	法人代表	资质级别
1	山东省地产估价事物中心	济南市历下区东外环路中段	250014	0531－8947040	刘建功	A
2	济南市地产交易物业估价所	济南市经六路 36 号	250001	0531－6925499	杨继培	B
3	济南市历下区地产物业估价所	济南市历下区经十路（羊头峪）1 号	250014	0531－2965465	宋 民	B
4	济南市中区土地交易估价所	济南市办公街	250002	0531－2985972	李万任	B
5	济南市槐阴区地产物业估价所	槐阳区张庄路 321 号	250022	0531－5994134	董树芳	B
6	济南市天桥区地产交易物业估价所	济南市田庄路 6 号—2	250031	(0531－5934540	于 玮	B
7	济南市历城区地产交易物业估价所	历城区洪家楼七里河路 17 号	250100	0531－8901568	孙秉贵	B
8	章丘市地产交易物业估价所	章丘明水镇山泉路东首	250200	0531－3215025	马集祥	B
9	长清县地产交易物业估价所	长清县政府办公楼	250300	0531－7221067	杨北忠	B
10	平阴县土地估价交易所	平阴县土地管理局	250400	0531－7871771	张金真	B
11	济阳县地产物业估价交易所	济阳县城北一路 120 号	251400	0531－4211414	冯爱正	B
12	商河县地产物业估价交易所	商河县青年路西首	251600	0531－4880432	庞凤祥	B
13	青岛市土地估价所	青岛市沂水路 7 号甲	266001	0532－2865400	黄永贵	A
14	黄岛区土地估价所	海南岛路	266500	0532－6897094		B
15	城阳区土地估价所	城阳区正阳路	266109	0532－7891557		B

序号	机构名称	地址	邮政编码	电话	法人代表	资质级别
16	胶州市土地估价所	兰州东路189号	266300	0532－7213331		B
17	即墨市土地估价所	振华街	266200	0532－6162467		B
18	平度市土地估价所	郑州路北段	262800	0532－7364972		B
19	莱西市土地估价所	威海东路	266500	0532－8483958		B
20	枣庄市地价评估所	光明中路37号	277102	0632－3328037	张明海	B
21	枣庄薛城区土地估价事务所	临山东路53号	277000	0632－4413701	卜昭益	B
22	枣庄山亭区土地估价所	山亭新城府前东路	277200	0632－8811417	满宏学	B
23	枣庄市市中区土地估价事务所	振华路4号	277101	0632－3312901	马家臣	B
24	枣庄市峄城区土地估价所	宏学路北首	277300	0632－7711610	王金中	B
25	枣庄市台儿庄区地价评估所	林运路91号	277400	0632－6611716	刘景群	B
26	腾州市地价评估所	龙山路4号	277500	0632－5511020	孟昭忠	B
27	东营市土地估价交易所	东营市府前街146号	257091	0546－8336700	李宝军	B
28	广饶县土地评估价	广饶县城月河路4号	257300	0546－6441185	司继信	B
29	东营区土地资产评估所	东营市五台山路184号	257000	0546－8221520	马季芝	B
30	烟台市地产估价事务所	烟台芝罘区向善街2号	264001	0535－6217708	王兆生	B
31	烟台市芝罘区土地估价所	烟台芝罘区人民政府院内	264001	0535－6225354	邹仁宝	B
32	烟台福山区土地估价事务所	福山区土地管理局	265500	0535－6363307	鲍国富	B
33	烟台市牟平区估价事务所	牟平区土地管理局	264100	0535－4212415	刘元杰	B
34	莱州市地产估价事务所	莱州市土地管理局	261400	0535－2232115	李江成	B
35	龙口市土地估价事务所	龙口市土地管理局	265701	0535－8517395	王可涵	B
36	蓬莱市地价所	市物资大厦院内	265600	0535－5643130	王茂芳	B
37	莱阳市土地估价事务所	全水路1号	265200	0535－7211261	蓝　洪	B
38	招远市土地估价事务所	招远市土地管理局	265400	0535－8212390	姜学敬	B
39	栖霞市地产评估所	山城六路(土地局)	265300	0535－5212594	史本金	B
40	海阳县地产估价事务所	县政府院内	265100	0535－3223547	初彦祥	B
41	长岛县土地估价事务所	海滨路110号	265800	0535－3211445	张爽爽	B
42	威海市土地估价所	威海市海滨北路8号	264200	0896－5227077	王天敬	B
43	威海市环翠区土地估价事务所	威海市统一路350号	264200	0896－5227663	张　勇	B
44	威海荣城市土地估价所	荣城台上路	264300	0896－7561900	秦　峰	B
45	乳山市土地估价所	乳山市土地管理局	264500	0896－6652775	胡吉竹	B
46	潍坊市土地评估交易所	潍坊市奎文区新华路9号	261041	0536－8271932	初加功	B
47	潍坊市奎文区土地估价交易所	潍坊市奎文区莺飞路南段	261041	0536－8222158	贾洪伟	B
48	潍坊市潍城区土地估价交易所	潍坊奎潍城区东风西路中段	261011	0536－8317049	冯建新	B
49	潍坊市坊子区土地估价交易所	潍坊市坊子区西七路25号	261200	0536－7662546	唐乃顺	B
50	潍坊市寒亭区土地估价交易所	潍坊市寒亭区幸福路3号	261100	0536－7252849	李乃军	B
51	高密市土地评估交易所	高密市城南街中段	261500	0536－2322683	宿宗东	B
52	诸城市土地评估交易所	诸城市繁荣路47号	262200	0536－6213859	杨启章	B
53	昌邑市土地评估交易所	昌邑市石渠路南段	261300	0536－7211659	李君喜	B
54	安丘市土地评估交易所	安丘市兴安路中段	262100	0536－4221474	李希孔	B
55	临朐县土地评估交易所	临朐县新华路西段	262600	0536－3212781	倪化江	B
56	昌乐县土地评估交易所	昌乐县环城路81号	262400	0536－6222507	陈会欣	B
57	寿光市土地评估交易所	寿光市南关街中段	262700	0536－5223034	王存章	B
58	青州市地产评估事务所	青州市西环南路	262500	0536－3220337	王玉亭	B
59	济宁市地价评估所	市中区供销路	272117	0537－2321715	张建坤	B
60	兖州市地价评估所	兖州市城关镇	272000	0537－3412893	邓廷照	B
61	曲阜市地价评估所	曲阜市曲阜镇	273100	0537－4414263	孟一卿	B
62	邹城市地价评估所	邹城市城关镇	273500	0537－5344776	赵　东	B

序号	机构名称	地址	邮政编码	电话	法人代表	资质级别
63	微山县地价评估所	微山县夏镇	277600	0537－8222752	黄地荣	B
64	鱼台县土地估价仲裁所	鱼台县谷亭镇	272300	0537－6211497	胡道兴	B
65	金乡县土地估价交易所	金乡县昏城镇	272200	0537－8721638	宋春超	B
66	嘉祥县地价评估所	嘉祥县嘉祥镇	272400	0537－6822654	韩应锡	B
67	汶上县地价评估所	汶上县汶上镇	272501	0537－7212057	高庆祥	B
68	梁山县地价评估所	梁山县梁山镇	272600	0537－7321863	丁孝光	B
69	济宁市市中区地价所	市中区供销路	272117	0537－2312654	冯　伟	B
70	济宁市任城区地价所	市中区琵琶山路	272117	0537－2310484	程玉华	B
71	泰安市地产咨询中心	泰安市东岳大街东段	271000	0538－8518137	孙本奎	B
72	泰山区土地评估交易所	泰安市东湖路东首	271000	0538－8225738	陈广东	B
73	日照市地价所	日照市兴海路 50 号	276800	0633－8231741	尹德利	B
74	日照市东港区地价所	日照市萃园小区	276800	0633－822628	表洪文	B
75	日照开发区地价评估交易所	日照市天津路	276826	0633－8332347	潘星若	B
76	莒县土地估价事务所	莒县振兴路	276500	0633－6222375	胡建凯	B
77	五莲县地价所	文化路 33 号	262300	0633－5213800	王兴兰	B
78	滨州地区地产估价事务所	滨州市黄河五路 498 号	256600	0543—3329699	连玉敏	B
79	滨州市土地估价事物所	滨州市黄河三路 643—1 号	256600	0543—3321092	刘志刚	B
80	邹平县地产估价交易管理所	邹平县黄山三路东首	256200	0543—4322880	韩香荣	B
81	博兴县地价评估交易事务所	博兴县土地管理局	256500	0543—2321717	许国林	B
82	德州市地产咨询评估中心	德州市青龙街 6 号	253000	0534—2348740	葛汝清	B
83	德州市德城区地价评估事务所	德州市丰华街 158 号	253018	0534—2322152	张泽民	B
84	乐陵市地价评估所	乐陵市兴隆街 12 号	253600	0534—6321586	韩丕臣	B
85	禹城市地价评估所	禹城市建设路	251200	0543—7321566	杨素芳	B
86	陵县地价评估所	陵县陵南路	253500	0543—8221836	宋长顺	B
87	平原县地价评估所	平原莲花池路	253100	0543—4211726	梁延清	B
88	夏津县地价评估所	夏津县北城街	253200	0543—3261590	范振厚	B
89	武城县地价评估所	武城县振华路	253300	0543—6691510	赵其惠	B
90	齐河县地价评估所	齐河县府街 108 号	251100	0543—5321287	赵福亮	B
91	临邑县地价评估事物所	临邑县向阳东路	251500	0543—4321441	李淑梅	B
92	宁津县地价评估交易所	宁津县南环路	253400	0543—5222347	付炳伟	B
93	庆云县房地产评估事务所	庆云县文化路 41 号	253700	0534—3321371	梁守义	B
94	临沂市地产评估事务所	金雀山路 96 号	276001	0539—8314632	胡尊亭	B
95	郯城县地价评估事务所	建设路 30 号	276100	0539—6226342	何自建	B
96	苍山县地价评估事务所	泉山路 62 号	277700	0539—5211275	彭安国	B
97	平邑县地价评估地产事务所	板桥路 1 号	273300	0539—4212750	牛河海	B
98	费县地价评估事务所	中山村	273400	0539—5225519	周兴仓	B
99	蒙阴县地价评估事务所	蒙恬路 021 号	276200	0539—4272875	鞠方祥	B
100	沂水县地价评估中心	沂新路 346 号	276400	0539—2251515	陈成峰	B
101	沂南县地价评估所	祥和路	276300	0539—3221546	王成义	B
102	临沭县地价评估所	沭新路	276700	0539—6211668	李世军	B
103	莒南县地价评估所	新建路 412 号	276600	0539—7213029	徐恒太	B
104	菏泽地区土地估价事务所	菏泽中华东路 41—1 号	274000	0530—5337002	孙　超	B
105	定陶县土地估价事务所	学东路 A 段 139 号	274100	0530—2213505	马年为	B
106	成武县土地估价事务所	成武伯乐街 363 号	274200	0530—8622382	王　岭	B
107	单县土地估价事务所	单父路中段	274300	0530—4661715	刘培华	B
108	曹县土地估价事务所	南城路中段	274400	0530—3211007	陈保存	B
109	东明县土地估价事务所	沿河路 32 号	274500	0530—7211746	马　涛	B

序号	机构名称	地址	邮政编码	电话	法人代表	资质级别
110	鄄城县土地估价事务所	县城南人民路	274600	0530—2421244	李克锋	B
111	郓城县土地估价事务所	临城路西段	274700	0530—6522363	苑明龙	B
112	巨野县土地估价事务所	文苑路23号	274900	0530—8212062	魏洪宽	B
113	荷泽市土地估价事务所	曹州路南段	274000	0530—5626326	赵花军	B
114	聊城地区土地估价所	振兴东路12号	252056	0635—8321672	张广忠	B
115	聊城市土地估价所	东昌西路108号	252000	0635—8421154	刘宝顺	B
116	临清市土地估价所	新华路	252600	0635—2322632	付书学	B
117	冠县土地估价所	冠宜春西路82号	252500	0635—5231525	冯庆琪	B
118	莘县土地估价所	政府街146号	252400	0635—732249	虞海珍	B
119	阳谷县土地估价所	南环路75号	252300	0635—6361089	楚爱民	B
120	东阿县土地估价所	工业路北段	252200	0635－3284210	李夫恒	B
121	茌平县土地估价所	新政路186号	252100	0635—4271596	许　亮	B
122	高唐县土地评估所	银海路西段	251300	0635—3952837	赵　民	B
123	淄博市地价评估所	张店区人民西路60号	255032	0533—3185766	王同顺	A
124	淄博市地价交易所	张店区人民西路60号	255032	0533—3185766	王同顺	A
125	张店区土地估价所	张店新村西路152号	255000	0533—2181025	陈玉临	B
126	博山区土地估价所	博山区新博路	255200	0533—4483585	李建华	B
127	周村区土地估价所	周村新建西路34号	255300	0533—7180494	王　建	B
128	淄川区土地估价所	淄川般阳路8号	255100	0533—5181463	孙兆发	B
129	临淄区土地估价所	雪公路354号	255400	0533—6412997	史文华	B
130	桓台县土地估价所	桓台县索镇中心大街10号	256400	0533—8180141	徐维风	B
131	高青县土地估价所	高青县费河路99号	256300	0533—9662362	邹向明	B
132	沂源县土地估价所	沂源县胜利路29号	256100	0533—3241649	唐光岳	B
133	莱芜市土地估价交易所	莱芜市莱城西街115号	271100	0634—6220472	赵春敬	B
134	莱城区土地估价交易所	凤城西大街148号	271100	0634—6212342	吕宜宝	B
135	钢城区土地局土地估价交易所	钢城区土管局	271104	0634—6892180	亓卫川	B

河南省

序号	机构名称	地址	邮政编码	电话	法人代表	资质级别
1	安阳市地价评估事务所	安阳市东工路北段	455000	0372－229604	夏正荣	B
2	洛阳市地价评估咨询事务所	洛阳市唐宫西路8号	471000	0379－334204	张存州	B
3	新乡市土地估价所	新乡市人民路	453000	0373－224347	李鸿泰	B
4	鹤壁市地价评估事务所	前进路中段	456600	0392－2627219	杜学堂	B
5	驻马店地区地价评估事务所	驻马房市解放路	463000	0396－215199	黄崇高	B
6	信阳地区地价评估事务所	河南省信阳市	464000	0376－224927	何富堂	B
7	漯河市土地估价事务所	漯河市秦山路南段	462000	0395－333844	徐法林	B
8	浈阳市地价评估事务所	浈阳市金堤路93号	457000	03829－415382	范在法	B
9	平顶山市土地估价事务所	平顶山市民主街5号院	467000	0375－226957	曾照民	B
10	许昌市地价评估所	许昌市前进路	461000	0374－334178	徐德珍	B
11	南阳地区事务所	南阳市文化路50号	473055	0377－331508	任金玺	B
12	郑州市土地评估事务所	桐柏路南段	450006	0371－8982679	陆湛民	B
13	开封市土地管理事务所	开封市营广七号楼	475000	0378－550919	韩　洲	B
14	周口地区地产估价事务所	周口行署南六楼	466000	0394－222633－484	孙玉秀	B
15	三门峡市地价评估事务所	三门峡市文明路东段	472000	0398－221731	房瑞民	B
18	方城县土地评估交易管理所	方城县政府二院	473200	0377－232845	胡文增	B
19	淅川县土地评估事务所	淅川县政府院	474450	0377－212130	李淅宏	B

序号	机构名称	地址	邮政编码	电话	法人代表	资质级别
20	郾城县土地估评事务所	县土地局	462300	0395－61303	王炳欣	B
21	汝州市土地估价所	汝州市广城路10号	467500	0375－862723	郭长明	B
22	淮滨县土地评估事务所	城关南大街中段	464400	03866－661127	赵大功	B
23	巩义市土地评估事务所	巩义市园丁街	451250	03889－4351413	赵俊杰	B
24	罗山县土地估价事务所	县城关镇北隅东路	464200	0376－223658	韩显旺	B
25	驻马店市地产评估事务所	驻马店市健康路	463000	0396－213922	黄小年	B
26	新县土地估价事务所	新县城关沿河西路	465550	0377－686611	刘庆福	B
27	息县地价评估事务所	息县千佛庵西路75号	464300	03862－551916	陈法超	B
28	民权县土地估价事务所	县城府后街东段	476800	0753－882392	代玉智	B
29	孟津县地价评估事务所	县城环城路南	471100		张相卿	B
30	光山县地价评估事务所	县城关镇	465450	03864－72625	陈敦如	B
31	河南省土地勘测规划队	郑州市纬二路23号	450003	0375－5958225	任培祥	B
32	永城县地价评估事务所	县城关镇劳动街	476600	0307－22525	葛光强	B
33	潢川县地价评估事务所	潢川县城	465150	0377－331890	晏全志	B
34	新野县地价评估事务所	县政府街55号	473500	0377－222252	李亚明	B
35	上蔡县地价评估事务所	县政府楼	463800	0385－22710	王风英	B
36	原阳县土地估价所	县城关东街	453500	0375－21960	李文林	B
37	新密市土地估价所	新县城东大街	452370	0371－222216	靳海水	B
38	灵宝市地价评估事务所	市黄沙路南段	472500	0398－663566	董跃灵	B
39	夏邑县地价评估事务所	县环城路北	474600	0307－22731	彭　印	B
40	固始县地价评估事务所	固始城关	465250	03867－442128	夏何宜	B
41	信阳市地价评估事务所	信阳市	464000	0376－225515	吴新华	B
42	舞阳县土地估价事务所	县舞泉镇北京路	462400	0395－721467	张满群	B
43	临颖县土地估价事务所	临颖县人民路197号	462600	03812－61974	刘殿卿	B
44	汝县土地估价事务所	红旗路中段县政府院内	456750	0392－723143	刘振金	B
45	河南省财经学院土地经济研究所	市文化路80号	450002	0371－3941647	张履鹏	B
46	内乡县土地价评估事务所	县城西大街122号	474350	0377－333637	杨宏沙	B
47	林州市地价评估事务所	城关镇太行路48号	456550	0372－682938	宋金洲	B
48	河南大学土地科学研究所	开封市明伦街85号	475001	0378－558833－571	余明全	B
49	河南省科迪新技术开发中心	郑州市陇海中路64号	450052	0371－7446701	王国强	B
50	邓州市土地事务所	邓州市北环路	474150	0377－25789	李春风	B
51	周口市地产估价事务所	周口市大闸路南段	466000	0377－230401	张　洁	B
52	禹州市土地估价事务所	禹州市建设路西段北侧	452570	0374－8184944	万朝远	B
53	舞钢市土地估价事务所	市垭口温州路南端路西	462500	0375－822776	杨家俊	B
54	鲁山县地价评估事务所	老城大街北	467300	0375－552556	陈随文	B
55	遂平县地价评估事务所	县城南二环路	461300		魏富安	B
56	商丘市土地估价事务所	商丘市民主西路34号	476000	0370－224686	史庆军	B
57	郏县土地估价事务所	行政路西段路南	467100	0375－561217	岳巧枝	B
58	开封市郊区土地估价所	汴京路东段	475002	0378－2941583	李　琦	B
59	浚县土地估价事务所	浚县黄河路	456250	0392－522696	蔡清云	B
60	柘城县土地评估价事务所	柘城县中原大街	476200	0307－722276	楚满想	B
61	桐柏县土地估价所	城关镇淮滨路	474750	0377－22236	郑俊生	B
62	封丘县地价评估所	南城墙路	453300	0373－8293673	韩培良	B
63	孟县土地估价事务所	县土地局	454750	0391－8192659	杨敬先	B
64	西平县土地评估事务所	西平县西大街68号	462100	03815－222685	田耀德	B
65	偃师市地价评估事务所	商都东路72号	471900	0379－7711367	马宪锋	B
66	唐河县土地估价事务所	城关人民路	473400	0377－23190	黄世旭	B

序号	机构名称	地址	邮政编码	电话	法人代表	资质级别
67	安阳县土地评估事务所	安阳市园南路东段	455000	0372－268234	王家宜	B
68	修武县地产估价所	环城东路2号	454350	0391－7192397	冯秀琴	B
69	武陟县地价评估所	县城杂环路北段	454950	0391－7292637	王学锋	B
70	浢阳县土地价格评估事务所	国庆路东段路南	457002	03829－311874	李富磊	B
71	清丰县地价评估事务所	县城	457300	0393－721665	范　华	B
72	南乐县地价评估事务所	北关路南侧	457400	0393－621020	赵献超	B
73	信阳县地价评估事务所	平桥镇县府路	464100	0376－771317	孙世宣	B
74	范县地价评估事务所	东大街四号	453500	03829－552947	范道奇	B
75	台前县地价评估事务所	西环路中段东侧	457600	0393－2211190	武守忠	B
76	上街区土地评估事务所	上街区新建街	450041	0371－8921314	曹培林	B
77	汝阳县地价评估事务所	县城人民路东段	471200	0379－8211920	汪汝浩	B
78	虞城县地价评估事务所	城关镇人民路中段	476300	0307－4112822	张仁保	B
79	商城县地价评估事务所	城关镇防汛路	465350	03766－722404	李克敏	B
80	二七区金源土地估价所	汝沙东路	450052	0371－8982746	彭　红	B
81	登封市土地估价事务所	嵩阳路29号	452470	0371－72439	申巧珍	B
82	确山县地价评估事务所	解放路西段	463200	03014－7022694	仝新华	B
83	长葛市地价评估委员会地价评估事务所	文化路8号	461500	0374－6165831	李坤成	B
84	新郑土地估价事务所	中华北路	451100	0371－2693055	郭连召	B
85	荥阳市土地估价事务所	河阴路40号	450100	0371－4662213	张金箱	B
86	尉氏县地价评估事务所	建设路南段	452170	0387－7993429	李扶新	B
87	新安县地价评估事务所	慕容街东段	471800	0379－7262784	苏学春	B
88	温县地价评估事务所	民建路	454850	0391－6192862	田维平	B
89	伊川县土地估价地产交易事务所	县城酒石北路58号	471300	0379－8332430	逯小立	B
90	襄城县土地定级估价事务所	县东大街	461700	0375－7584670	王雪瑜	B
91	南召县地价评估事务所	城关镇中华路65号	474650	0377－6913325	褚新民	B
92	济源市土地估价事务所	天坛中路	454650	0391－6693262	陈晓才	B
93	叶县地价评估事务所	县城	467200	0375－8052554	李北欣	B
94	汤阴县地价评估事务所	城关镇西大街	456150	03821－6213172	田世富	B
95	宝丰县土地估价事务所	城关镇龙兴路	467400	0375－6522309	阿青乾	B
96	河南省天地技术开发公司	纬二路政广街一号	450003	0371－5954104	马守五	B

湖北省

序号	机构名称	地址	邮政编码	电话	法人代表	资质级别
1	黄州市土地估价事务所	黄州市黄州镇	436100	0713－385812	夏友元	
2	红安县土地估价事务所	红安县城关镇	431500	07233－242275	李建清	
3	麻城市土地估价事务所	麻城市城关镇	431600	07232－412753	曾新文	B
4	英山县土地估价事务所	英山县温泉镇	436700	07236－212602	段晓祺	
5	罗田县土地估价事务所	罗田县凤山镇	436600	07235－253732	张炳煊	
6	浠水县土地估价事务所	浠水县温泉镇	436200	07234－233615	吕成义	
7	蕲春县土地估价事务所	蕲春县漕河镇	436300	07237－222665	宋光锋	B
8	武穴市土地估价事务所	武穴市武家镇	436400	07239－223577	陆　凡	B
9	黄梅县土地估价事务所	黄梅县城关镇	436500	07238－324211	吴先放	B
10	黄冈地区土地估价所	黄州市黄州大道19号	436100	0713－386069	蔡　春	B
11	鄂州市土地价格评估事务所	鄂州市文星大道129号	436000	0711－228402	黎晓星	B

序号	机构名称	地址	邮政编码	电话	法人代表	资质级别
12	房县地价评估事务所	房县城关镇	442100	07293－225073	杨敬川	B
13	丹江口市地价评估事务所	丹江口市大坝一路	441900	07292－227072	龚先华	B
14	十堰市地价评估所郧县分所	郧县新郧南街	442500	07291－233250	胡国忠	B
15	十堰市地价评估所郧西县分所	郧西县城东小区路	442600	07297－228462	郑光明	B
16	十堰市地价评估所	十堰市文化路3号	442000	0719－667592	郑玉清	B
17	汉川县土地估价事务所	汉川县西湖路23号	432300	07222－8289375	刘　杰	B
18	广水市土地估价事务所	广水市广安路80号	432700	07226－6232360	韩厚宝	B
19	孝南区土地估价事务所	孝感市长征路72号	432100	0712－2822093	汪泽鹏	B
20	黄石市实地地价评估所	黄石市市府路229号	435000	0714－232044	李其如	B
21	天门市地价评估事务所	天门市陆羽大道28号	431700	07261－222023	文家斌	B
22	仙桃市土地估价事务所	仙桃市实验路	433000	07214－224261	吴予舜	B
23	襄樊市地价事务所	襄樊市襄城西街100号	441021	0710－352493	王凤英	B
24	襄樊市地产咨询中心	襄樊市襄城西街100号	441021	0710－3525698	张　俊	B
25	襄阳县地价事务所	襄阳县城关镇航空路	441000	0710－2812931	杨卫国	B
26	枣阳市地价事务所	枣阳市人民路	441200	0710－6223002	王华清	B
27	宜城市地价事务所	宜城市农工路2号	441400	0710－4212048	陈　刚	B
28	南漳县地价事务所	南漳县便河北路43号	441500	0710－5230258	刘友尼	B
29	保康县地价事务所	保康县河西路	441600	0710－5813386	童利仁	B
30	谷城县地价事务所	谷城县城关镇粉阳路24号	441700	0710－7236144	童明乐	B
31	老河口市地价事务所	老河口市北京路59号	441800	0710－8222820	陈建中	B
32	潜江市地价评估事务所	潜江市园林办事处	433100	07262－242324	董家美	B

广东省

序号	机构名称	电话	资质级别
1	广东省地价评估事务所		A
2	深圳国际房地产咨询股份有限公司		A
3	广东地产公司(粤财房地产评估事务所)		A
4	惠州市地产交易所	0752－2256918	
5	江门市地价评估事务所	0750－3330527	
6	世联房地产咨询服务(深圳)有限公司	0755－2231226	
7	南海市地产估价所	0757－6335413	
8	惠阳市地产交易所	0752－3369678	
9	惠东县地产交易所	0752－8837226	
10	新会市地价评估事务所	0750－6611223	
11	清远市地价评估所	0763－3331955	
12	江门市蓬江区地价评估事务所	0750－3322648	
13	韶关市地产评估所	0751－8766179	
14	中山市土地估价所	0760－3313948	
15	广东国汇地产顾问公司	020－3849030	
16	揭阳地产评估中心	0663－8617712	
17	廉江市地价评估事务所	0759－6626290	
18	番禺市土地评估事务所	020－4833302	
19	深圳市物业估价所	0757－3222736	
20	花都市地价评估所	020－6812354	
21	潮州市地价评估事务所	0768－268945	

序号	机构名称	电话	资质级别
22	深圳合络房地产建设测估有限公司	0755－3369234	
23	英德市地价评估所	0763－2258680	
24	汕头市土地房地产评估事务管理所	0754－8548280	
25	广州市海珠区土地房屋价格评估所	020－4448621	
26	新兴县地价评估事务所	07644－883198	
27	珠海市土地资产评估所	0756－3351125	
28	梅州市地价所	0753－2242516	
29	肇庆市地价评估事务所	0758－2825971	
30	阳江市地价评估事务所	0662－3221557	
31	佛山市土地估价交易所	0757－3326978	
32	广东省三水市地价评估所	0757－7730415	
33	大亚湾地产估价中心(更名)	0752－5579295	
34	翁源县地产评估事务所	0751－2875287	
35	台山市地价评估事务所	0750－5508213	
36	云浮市地价评估所	0766－8835168	
37	揭西县地价评估事务所	07648－5584770	
38	阳东县地价评估事务所	07640－6611699	
39	茂名市地价评估所	07683－2299996	
40	增城市土地房屋估价所	020－2753848	
41	广州市白云区房地产评估事务所	020－3869723	
42	乐昌市地价评估事务所	0751－5551941	
43	广东地产法律咨询服务中心	7772888－712	
44	连州市地价评估所	07639－6627779	
45	江门市江海区地价评估所	0750－3817751	
46	顺德市房地产评估所	0765－2220247	

四川省

序号	机构名称	地址	邮政编码	电话	法人代表	资质级别
1	四川省土地有偿使用地价事务所	成都市永兴巷	610012	028－6613486	隋太明	A
2	四川省土地交易咨询服务中心	成都市永兴巷15号	610012	028－6781412	付运林	
3	成都市地价评估事务所	抚琴西路128号	610031	028－7749692	杨建平	A
4	重庆市土地估价所	重庆市中区上曾家岩28号	630015	3876469	卢建辉	A
5	重庆西正地产咨询中心	重庆市中区上曾家岩28号	630015	4469	徐泽辉	

甘肃省

序号	机构名称	地址	邮政编码	电话	法人代表	资质级别
1	甘肃省土地估价事务所	兰州市城关区堆尖子66号	730000	0931－8422760	田水民	A
2	兰州规建土地咨询有限公司	城关区皋兰路	730000	0931－8489367	张守忠	B
3	陇南地区土地估价事务所		746000	0939－21680	王晓明	B
4	庆阳地区土地估价事务所		745000	0934－213566	高　峰	B
5	天水市土地估价事务所	天水市秦城区	741000	0938－213005	田永和	B

序　号	机构名称	地　址	邮政编码	电　话	法人代表	资质级别
6	兰州市土地估价事务所	兰州城关区	730000	0931－8463646	贺有利	B
7	崇信县土地估价事务所	崇信县	744200	09434－21193	信用泽	B
8	定西地区土地估价事务所		743000	0932－213499	顾兴泉	B
9	武威地区土地估价事务所	武威市	733000	0935－2215626	杜常才	B
10	张掖地区土地估价事务所	张掖市	734000	0936－215544	赵紫普	B
11	白银市土地估价事务所	白银市白银区	730900	09430－221545	王继葆	B
12	酒泉地区土地估价事务所	酒泉市	735000	0937－212571	赵得国	B
13	金昌市土地估价事务所	金昌市	737100	0935－8224417	张国俊	B
14	白银市平川区土地估价事务所	白银市平川区	730913	09466－22764	张学梅	B
15	嘉峪关市土地估价事务所		735100	09477－224878	龚占英	B

宁夏回族自治区

序　号	机构名称	地　址	邮政编码	电　话	法人代表	资质级别
1	宁夏土地估价事务所	银川市银宝南路	730002	0951－5044160	戴涌江	A
2	银川市土地估价所	银川市解放东街 57 号	750004	0951－6027061	董　亮	B

新疆维吾尔自治区

序　号	机构名称	地　址	邮政编码	电　话	法人代表	资质级别
1	阿克苏地区土地估价事务所	阿克苏市健康路 11－1 号	843000	0997－2124873	丁克昌	B
2	喀什市土地估价事务所	喀什市人民东路 154 号	844000	0998－222601	王小黎	B
3	阜康市土地估价所	阜康市阜兴街	831500		任庭礼	B
4	伊犁地区估价事务所	伊宁市飞机场路 55 号	835000	0999－8024557	吴荣镇	B
5	巴州尉犁县土地估价所	县土地建设环保局大楼	841500	0996－4022172	魏保堂	B
6	米泉县地产咨询服务中心	米泉县古牧地中路 99 号	831400	0994－5302395	王智国	B
7	哈密地区地产咨询评估中心	哈密市开山北路 3 号	839000	09022－233729	耿立业	B
8	伊宁市地价评估事务所	伊宁市滨河路港 23 号	835000	0999－8024106	刘明礼	B
9	巴州土地勘测设计队	库尔勒市文化路	841000	0996－2027472	胡耀成	B
10	乌鲁木齐泰仑科贸发展有限公司房地产评估部	乌鲁木齐市明德路 7 号	830002	0991－2820010－6214	王延伟	B
11	乌鲁木齐中心土地估价事务所	乌鲁木齐市和平南路 208 号 B_{4-1}	830002	0991－2830890	钱亦工	B
12	乌鲁木齐县房地产估价所	乌鲁木齐市和平北路 35 号	830002	0991－2819412	曹金声	B
13	乌鲁木齐市审计师事务所	乌鲁木齐市新华南路 16 号	830002	0991－2822867	刘焕英	B
14	吐鲁番地区土地估价事务所	吐鲁番市文化路	838000	0995－523320	李德兴	B
15	哈密市土地估价事务所	哈密市光明路人民公园北门	839000	09022－237070	赵光华	B

大连市

序　号	机构名称	地　址	邮政编码	电　话	法人代表	资质级别
1	大连市土地估价事务所	西岗区育仁巷 1 号	116011	0411－3626049	赵其良	A
2	旅顺口区土地估价事务所	旅顺口区红光街 7 号	116041	0411－6619832	贾爱芳	B

序号	机构名称	地址	邮政编码	电话	法人代表	资质级别
3	庄河市土地估价事务所	庄河市黄海大街二段	116400	0411－8611829	丛淑清	B
4	瓦房店市地价评估所	瓦房店市金銮路17号	116300	0411－5623142	姜建朋	B
5	金州区地价评估所	金州区斯大林路38号	116100	0411－7689269	马艺升	B

厦门市

序号	机构名称	地址	邮政编码	电话	法人代表	资质级别
1	厦门市地价评估所	厦门市湖滨南路闽南大厦17楼	361004	0592－5180051	郭俊胜	B级
2	厦门市仁达地产事务中心	厦门市湖滨南路闽南大厦19楼	361004	0592－5180053	闫旭东	A级

新疆生产建设兵团

序号	机构名称	地址	邮政编码	电话	法人代表	资质级别
1	兵团土地管理局土地(估价)事务所	新疆乌鲁木齐市光明路	830002	0991－2890255	王兴辉	A
2	兵团农四师土地(估价)事务所	新疆伊宁市	835000	0999－8120719	贾庆云	B
3	兵团农八师土地估价所	新疆石河子市	832000	0993－2013317	张景旺	B

1995年国内土地管理部分理论文章目录索引

序号	刊物名称	期号	篇名	作者
1.	《中国土地科学》	1995.1	建立社会主义集体土地市场体系及其运行模式	钟 毅 王 颢
2.	《中国土地科学》	1995.1	国有土地产权履行体制的研究	杨开忠 陶 然
3.	《中国土地科学》	1995.2	用地制度改革与企业转制	张小铁
4.	《中国土地科学》	1995.2	农村土地管理系统论	陈池波
5.	《中国土地科学》	1995.2	土地利用总体规划新思路新方法	徐日辉 曾德恩
6.	《中国土地科学》	1995.3	关于建设规范化地价评估管理体系的探讨	王俊国
7.	《中国土地科学》	1995.3	机构的垂直领导有利于土地的统一管理	陈 波
8.	《中国土地科学》	1995.3	农村集体土地市场模式探讨	饶怀德
9.	《中国土地科学》	1995.4	建立我国农用土地租赁使用制度问题浅析	刘群利
10.	《中国土地科学》	1995.4	土地资源配置:市场、政府与产权	范恒山
11.	《中国土地科学》	1995.5	土地监察的垂直领导势在必行	冠义林
12.	《中国土地科学》	1995.5	土地利用国策的核心是保护耕地	王家樑
13.	《中国土地科学》	1995.6	我国土地登记制度的欠缺及完善	林可敬
14.	《中国土地科学》	1995.6	对我国土地立法的思考	罗 明
15.	《中国土地科学》	1995.6	土地经济理论的核心是保护耕地	李秉濬
16.	《调查与探索》	1995.1	深化改革土地利用计划管理中几个问题的思考	彭德福
17.	《调查与探索》	1995.2	城市土地的经济评价与合理利用	周 斌
18.	《调查与探索》	1995.4	关于“收益还原法”的几个问题	李 铃
19.	《调查与探索》	1995.4	香港、新加坡公共住房土地供应制度及启示	马 腾
20.	《调查与探索》	1995.6	确立集体土地产权制度的法律思考	沈守愚
21.	《调查与探索》	1995.6	国有企业破产中有关土地资产的法律问题	张 璞
22.	《调查与探索》	1995.7	树立与市场经济相适应的土地管理思想	杨重光
23.	《调查与探索》	1995.10	论集体非农用地进入市场的管理	许 坚
24.	《调查与探索》	1995.11	建立现代企业制度与国有土地产权管理	田进生
25.	《调查与探索》	1995.11	浅谈“两法一条例”的关系	唐世力
26.	《中国房地产》	1995.2	实行权属登记发证制度、建立房地产产权保障法律体系	郑吉荣
27.	《中国房地产》	1995.2	建立军队住房物业管理体制的设想与对策	徐建国等
28.	《中国房地产》	1995.4	股份制企业土地使用权处置方式的分析与选择	高炳华
29.	《中国房地产》	1995.4	新加坡住宅建设的成功经验及启示	丁 巍 邓文超
30.	《中国房地产》	1995.6	房地产管理经济分析	曾祥瑞 王晓琴
31.	《中国房地产》	1995.7	论政府对城市土地管理的适度强化与城市规划	汝 莹
32.	《中国房地产》	1995.8	土地商品化的理论出路	高映珍
33.	《中国房地产》	1995.8	破产国有企业土地资产处置问题初探	郑 鸿
34.	《中国房地产》	1995.9	建立以市场为基础的土地出让金的思路	宁光杰
35.	《中国房地产》	1995.10	完善我国土地增值税的基本设想	刘宏乾
36.	《中国房地信息》	1995.1	于光远谈土地与市场	建 信
37.	《中国房地信息》	1995.7	土地增值税的原因及合理分享原则	廖显赤
38.	《中国房地信息》	1995.9	美国的住房现状及住房政策	抒 娴
39.	《中国房地信息》	1995.10	建立政策性金融住房体系	郑成新 周为民
40.	《上海土地》	1995.1	三资企业用地土地使用费的征收与管理	秦晓福等
41.	《上海土地》	1995.2	论我国的房地产产权制度	金束中
42.	《上海土地》	1995.3	集体土地的资产评估和有偿使用	孙仲彝
43.	《上海土地》	1995.5	论土地产权的流动与重组	徐洪林
44.	《上海土地》	1995.6	建设用地宏观控制的研究和探讨	郑正栋

序　号	刊物名称	期　号	篇　名	作　者
45.	《上海土地》	1995.6	农村集体土地所有者主体的确认与利益保障	韩红根
46.	《南方房地产》	1995.4	推行按揭贷款购房业务的必要性和可行性	潘伟堂
47.	《南方房地产》	1995.7	实行房地产增值税后的房地产开发经济分析	苏　光
48.	《南方房地产》	1995.8	发展我国房地产证券化的思考	金长宏
49.	《南方房地产》	1995.12	美国政府对住宅金融市场的调控	杨　力
50.	《不动产纵横》	1995.1	浅谈对土地投机的调控和引导	陈　玮
51.	《不动产纵横》	1995.1	我国土地制度总体框架构想	刘汉光
52.	《不动产纵横》	1995.2	住房按揭若干问题探讨	许涛峰
53.	《不动产纵横》	1995.2	从协调人地关系观点论我国土地资源的合理开发利用	刘书楷
54.	《不动产纵横》	1995.3	论完善我国农村土地承包制	周　诚
55.	《不动产纵横》	1995.3	房地产投机与法律约束	刘　超
56.	《不动产纵横》	1995.4	国有企业制度改革中土地资产问题研究	乔志敏
57.	《不动产纵横》	1995.4	对构建我国城市土地产权制度基本框架的设想	钟汉明
58.	《中国土地》	1995.1	论土地审批权与调控土地市场的内在联系	林可敬
59.	《中国土地》	1995.3	建立规范有序的土地市场	王永明
60.	《中国土地》	1995.5	试论划拨土地使用权入市的规划管理	张乃贵
61.	《中国土地》	1995.8	土地增值税的几点思考	鹿心社
62.	《中国土地》	1995.10	关于对农村集体非农建设用地流转的理解	秦海荣
63.	《中国土地》	1995.12	加强宏观调控、规范土地市场	汪冬莲　王业龙
64.	《中国地政》	1995.1	论地产业中的市场机制与政府调控	戚名琛
65.	《中国地政》	1995.3	论划拨土地使用权市场化	乔志敏
66.	《中国地政》	1995.9	论当前我国土地市场的价格管理	许　坚
67.	《中国地政》	1995.11	小城镇地改中的土地利用总体规划	张晓玲
68.	《中国地政》	1995.12	严格控制总量、才能规范市场	李　元
69.	《中国地政》	1995.12	试论市场在国家宏观调控下对城市土地配置的基础作用	戚名琛
70.	《中国地产市场》	1995.3	地产信息的网络化管理	网络中心
71.	《中国地产市场》	1995.6	浅议土地与法制	黄小虎
72.	《中国地产市场》	1995.6	浅谈土地使用权转让中的土地增值评估	高海明　陆善真
73.	《中国地产市场》	1995.6	中国现行土地增值税概述	柴　强
74.	《中国地产市场》	1995.7	浅谈土地使用权抵押的条件	宋鸿良
75.	《中国地产市场》	1995.8	农村土地产权股份化探索	李树超　钱海滨

1995 年度国家土地管理局科技进步奖获奖项目

一等奖(空缺)

二等奖(44 项)

序号	项目名称	主要完成人员	主要完成单位	获奖等级
1.	湖北省襄阳县土地资源调查	赵璧 陈定华 李宏超 庄继良 李云 欧阳莉 王鸿君 曾广才 尚效明 周志豪	湖北省襄阳县土地管理局	二等奖
2.	包头市土地利用现状调查市级汇总研究成果	郭宏祥 路智 刘炯 韩勇超 刘瑞刚 骆新生 许梅花 李云 吴文升 赵吉云	包头市城乡规划土地管理局 内蒙古测绘局 内蒙古土地勘测设计院	二等奖
3.	江苏省泗洪县土地利用现状调查	杨锋 武同然 程思文 刘澍 薛芳芳 王家抗 杨步兰 程福盛 孙伟 陈福华	泗洪县土地管理局	二等奖
4.	嘉兴市土地详查汇总与方法研究	郭建根 赵金观 俞法堂 沈金德 罗进荣 吴英 施晓红 苏志兴 沈慧生 吴仙华	浙江省嘉兴市土地管理局	二等奖
5.	台州市土地资源调查与土地资源信息系统建立研究	陈敏志 张瑞祖 沈掌雷 潘正海 刘长春 杨志明 吴宏海 黄炎 张文漪 王良锋	浙江省台州市土地管理局	二等奖
6.	综合运用先进技术进行天津市土地利用现状调查	康春旸 苗春虎 郭祖信 朱长海 张骥 刘昆华 何福渡 魏建华 刘丽萍 刘乃芳	天津市土地管理局	二等奖
7.	贵阳市土地利用现状调查市级汇总	阚建平 张锡田 官志明 肖昂 廖小朋 唐永彤 韩邦柱 廖继勇 金露斯 赵亚丽	贵州省贵阳市土地管理局	二等奖
8.	绵阳市土地利用现状调查与土地利用研究	李方国 汪小龙 刘前 廖京平 何阳芝 甘业绪 陈锋武 李明喜 舒晓军 汪晓芹	四川省绵阳市国土局 绵阳市土地勘测规划所 绵阳市国土规划办公室	二等奖
9.	渠县土地利用现状调查	雍国玮 周正林 蒲体信 李永全 雷孝荣 宋小明 王学碧 张石伟 蒲明建 朱键	四川省渠县国土局 四川省土地勘测规划研究所	二等奖
10.	大兴县土地利用现状调查	张广增 沈象仁 王树森 李启岭 殷凤芝 李天忠 国辉 常松林 门景明 桂登清	北京市大兴县土地管理局 北京市土地管理局	二等奖
11.	乌鲁木齐市基准地价评估	王建新 张永福 安放舟 李超英 高顺利 李晓东 张进 田集丽 周文君 孜比布拉	新疆乌鲁木齐市土地管理局 新疆大学地理系	二等奖
12.	古交市地产评估	张所地 王国教 闫玉牛 赵富生 周卫平 原铁忠 陈耀明 王贯一 张乃俊 杨金爱	古交市土地管理局	二等奖
13.	忻州市城区土地定级估价课题研究报告	杜宝财 赵俊英 李玉平 高凤翔 彭玉免 王江华 解建林 高启 李官平 王俊未	山西省忻州市土地管理局	二等奖
14.	肥城市城区土地定级估价与城镇地价预测及效率评价研究	王兴元 欧阳军 周玲玲 石炜 窦益湘 王健民 欧阳宝玲 张照选 刘涛 李瑞珍	山东省肥城市土地矿产管理局 山东省土地勘测规划院 山东省山东工业大学	二等奖
15.	昆山市土地资源保护和利用实践与研究	徐惠中 赵志军 刘国顺 陆宗元 朱虎根 何宪 徐宝英 张崇伦 汤志轩 林新华	江苏省昆山市土地管理局	二等奖

序号	项目名称	主要完成人员	主要完成单位	获奖等级
16.	无锡县城镇土地分等定级估价的实践与研究	孙兰珍 黄克龙 孙在宏 彭焕明 吕金宝 陆炳仁 陈一中 席永清 任建中 蒋 伟	江苏省无锡县土地管理局 江苏省金陵土地资产评估高新技术公司	二等奖
17.	余姚市土地估价研究	厉森生 徐森荣 冯友健 程尧洪 阮纬洲 朱培航 戚颖华 方文辉 李乐乐 周大成	浙江余姚市土地管理局 杭州大学 余姚市物价局	二等奖
18.	吉林市城区土地定级估价研究	王化东 朱喜君 林长河 孙学库 陈红兵 金晶玉 台培青 王敬山 纪晓华 田才年	吉林省吉林市土地管理局 吉林省土地管理信息中心	二等奖
19.	江油市城区土地定级估价研究	雍国玮 朱明仓 熊七七 范志华 白云升 许金富 冯明富 周友贵 刘德才 越世清	四川省江油市国土局 四川省国土勘测规划研究所	二等奖
20.	黑龙江省牡丹江市城区土地定级与基准地价测算	孙明远 刘书蓉 倪仰礼 王克强 洪广禄 吕务江 包育新 刘昭晖 李景才 宋宝亮	黑龙江省牡丹江市土地管理局 黑龙江省地产评估中心	二等奖
21.	北海市城市定级估价	李毅谟 洪亚敏 文 弟 陈增翠 孙 旭 刘宏武 劳裕莲 谢育智 赵青平 丁立宏	广西北海市土地管理局 广西壮族自治区地价评价估委员会办公室 北京经济学院不动产研究所	二等奖
22.	中国土地租税费体系研究	刘维新 谢经荣 王小映 李 彬	中国社会科学院财贸所 北京农业大学土地资源系	二等奖
23.	吉林省土地利用总体规划研究	魏季生 刘 健 宋亚岩 曲德川 孙 英 张殿军 续仲伟 郭海旭 袁 涛 贾 政	吉林省土地管理局 吉林省土地勘测规划院	二等奖
24.	四川省宜宾市土地利用总体规划	尹启后 童世明 刁承泰 狄宗勤 杨兴礼 赵德文 张明举 林 燕 戴宁玲 樊元洪	四川省宜宾市国土局 西南师范大学地理系	二等奖
25.	新疆维吾尔自治区土地利用总体规划	马光明 孙焕章 杨学文 贾长录 李 杰 闫迪臣 丰慧兰 史 华 王 朴 于海鸣	新疆土地管理局 新疆土地局土地勘测利用技术中心 中科院新疆分院地理所 新疆水利厅 新疆八一农学院 新疆生产建设兵团勘测设计二分院 中科院新疆生土所	二等奖
26.	进贤县土地利用总体规划	徐日辉 龚桂文 曾庆成 曾德恩 周宏伟 陈 瑜 徐海平 胡金生 周国圆 章海林	江西省进贤县土地管理局 江西省土地管理局 南昌市土地管理局	二等奖
27.	侯马市土地利用总体规划	武建祥 张爱梅 王建国 王朝义 许风林 李有德 马彦庆 董科年 周秀萍 张 涛	山西省侯马市土地管理局	二等奖
28.	龙岩地区土地利用总体规划	张辉雄 章溧斌 卢乃济 陈成昌 董祚继 陈江伟 邓红蒂 陈 莹 王 静 项家铀	福建省龙岩地区土地管理局 中国土地勘测规划院土地利用所	二等奖
29.	泰安市土地利用总体规划研究	韩俊华 修 峰 毕延伟 司桂荣 刘德田 刘登珠 李 红 陈永江 李孝铎 刘昌梅	山东省泰安市土地勘测规划站 泰安市土地管理局	二等奖
30.	河北省土地利用总体规划	齐中满 余宝林 杨荣禄 王 旭 杜敏海 李树玉 尚二明 步丰骥 李英进 闫恩林	河北省土地管理局地政管理处 河北省城乡规划设计研究院 省农科院土肥所 省科学院地理所 省土壤肥料测试中心 河北师大地理系 河北农大灰色系统工程研究室	二等奖

序 号	项目名称	主要完成人员	主要完成单位	获奖等级
31.	哈尔滨城市用地发展方向研究	王志刚 王寿鹰 宋宏伟 隋骊强 张安宁 张剑屏 刘 伟 王 娟 宋 雁 于凤林	黑龙江省哈尔滨市城市规划设计研究院 黑龙江省自然资源研究所 黑龙江省环境保护研究所	二等奖
32.	绥化市土地利用总体规划	牛成文 王弘光 刘锦成 王健民 燕洪涛 邓宗明 徐振发 李洪生 赵立福 刘明丽	黑龙省绥化市土地管理局 绥化行署土地管理局	二等奖
33.	“剥离－采矿－复垦”一体化复垦新工艺试验研究	赵继新 孙兆学 王修义 赵光礼 屈值明 裴卫东 徐天仇 刘仁芙 杨农朝 刘明松	山西铝厂 沈阳铝镁设计研究院	二等奖
34.	城市土地利用总体规划(鞍山)	宋宇江 孙荣第 姚海水 石有维 侯华昌 于云茂 邹连敏 马 立 聂 芳 张 辉	辽宁省鞍山市土地管理局 辽宁省土地利用规划院 鞍山市城乡规划设计院	二等奖
35.	制定《上海市土地勘测定界技术规定实施细则》	熊 旭 郑炜燮 朱国雄 陆大伟 储怡能 许新苗 王成忠 沈 磊 林 峰	上海市土地管理局资料中心	二等奖
36.	上海市静安区日常地籍成果	王 冠 钱厚德 陈康美 周维泉 姚亚明 许生龙 王 强 何增勤 汤宏生 唐 杰	上海市静安区规划土地管理局	二等奖
37.	城镇地籍资料更新技术研究	马亨灿 李相一 周洪兵 张良计 董珊玲 陈炳铨 杨 光 林 辉	福建省福州市土地管理局第五分局 福建省土地利用规划院	二等奖
38.	青岛市城区地籍调查研究	袁法治 官学满 黄克珂 陈之中 腾学进 田 健 郝鹏华 王新华 付 伦 倪海青	山东省青岛土地管理局	二等奖
39.	山东省滨州市城镇日常地籍管理建立与研究	杜莲英 张实臣 牟俊利 丛风显 陈树军 陈晓燕 王洪娥 张玉海 孙爱国 司元顺	山东省滨州市土地管理局	二等奖
40.	连云港市海州区城区地籍调查	徐洪宏 张伟贤 徐光万 邓兆竹 黄金森 谷胜玉 张顺荣 颜明世 朱礼智 张海明	江苏省连云港市海州区土地管理局	二等奖
41.	保定市城镇地籍管理信息系统	李健民 朱德海 杜英俊 杨永侠 甄保义 丁树义 李克萍 董燕萍 王亚西 金厚朴	河北省保定市土地管理局信息中心 北京农业大学信息管理系	二等奖
42.	天津市大港区地籍管理信息系统	何福渡 吴朝辉 耿子芝 苗青虎 杨景程 王 健 张 刚 刘丽萍 白艳霞 张志勇	天津市大港区规划土地管理局 天津市宏昊科技发展有限公司 天津市土地管理局	二等奖

序号	项目名称	主要完成人员	主要完成单位	获奖等级
43.	重庆市山地城镇地籍(动态)信息系统	陈龙飞 黄学轲 罗跃文 钱厚德 杨纯祖 李仕川 季金娥 聂尊贤 王浦 贾明福	重庆市江北区国土局 重庆市土地测绘大队 同济大学测量系	二等奖
44.	中芬合作数字工程试点研究	袁征 汤金明 王卫民 王英姝 卢均泰 刘绍增 谭福成 周乐君 李应洪 周税初	广东省国土厅 广东省三水市国土局	二等奖

三等奖(64项)

序号	项目名称	主要完成人员	主要完成单位	获奖等级
45.	湖北省长阳土家族自治县土地资源调查	江勇 白冬莲 陈绪木 田润生 黄祥清	湖北省长阳土家族自治县土地管理局	三等奖
46.	贵州省毕节市土地利用现状调查	吴道国 熊廷益 李晓英 刘军 李文彬	贵州省毕节市土地管理局	三等奖
47.	荷泽地区土地资源调查与研究	孙恒春 王尊秀 郭伦友 宋茂林 余庆	山东省荷泽地区土地管理局	三等奖
48.	蒙阴县土地资源调查(现状详查)	王业斌 李桂余 鞠佃庆 公茂景 王焕才	山东省蒙阴县土地矿产管理局 蒙阴县农业局	三等奖
49.	枣庄市土地资源调查市级汇总成果及应用	孙长安 蔡成合 陈伟 范君 王德彦	山东省枣庄市土地管理局	三等奖
50.	江苏省宿迁市土地利用现状调查	邹以铎 马宜銮 王昭明 徐洪彩 孙传忠	江苏宿迁市土地管理局	三等奖
51.	萧山市土地利用现状调查及研究	章鸣 黄明发 张成林 陈廷铮 陆良自	浙江省萧山市土地资源详查办公室萧山市农业区划办	三等奖
52.	永川市土地资源详查	苏邑科 叶公强 张丽春 蔡家德 郑沛然	四川省永川市国土房产管理局	三等奖
53.	兴文县土地利用现状调查	苏孝宽 王晋元 黄德礼 张道亨 郭毅	四川省兴文县国土局 四川省国土勘测规划研究所	三等奖
54.	安徽省宿州市土地利用现状调查	王之民 杨在德 李百芳 张从义 胡玉民	安徽省宿州市土地矿产资源管理局	三等奖
55.	北京市顺义县土地详查	宋德茂 谢书成 王连 刘贵存 吴建民	北京市顺义县房屋土地管理局 河北省地质矿产局测绘大队	三等奖
56.	湖南省城镇地价评估方法应用研究	吴跃民 陆国庆 林目轩 李昌军	湖南省地价评估事务所	三等奖
57.	株洲市城区土地定级估价	邓鸿璋 李鸿胜 吴跃民 李信儒 胡开富	湖南省地价评估事务所 株洲市国土管理局 湖南大学系统工程管理科学研究所	三等奖
58.	襄樊市市区基准地价评估报告	杨德军 闫夏清 张振华 胡向斌 郭玉田	湖北省襄樊市土地管理局 国家土地管理局不动产估价所	三等奖

序 号	项目名称	主要完成人员	主要完成单位	获奖等级
59.	荆门市城市土地定级估价	肖乃金 柴同庭 宋宏武 肖 勇 靳剑辉	湖北省荆门市土地管理局	三等奖
60.	榆次市城区土地估价	武承志 范易平 张永华 李美英 王定娥	山西省榆次市土地管理局	三等奖
61.	泰安市泰山区农用土地分等定级	马灵芝 彭 勇 熊文革 刘振民 王敦峰	山东省泰安市泰山区土地管理局	三等奖
62.	招远市城区土地定级估价研究	姜学敬 李凤堂 李进喜 范瑞彬 徐祝梅	云南省招远市土地管理局	三等奖
63.	青岛城区土地定级估价	袁本令 黄永贵 林增杰 邱丕槟 俞明轩	山东省青岛市土地管理局 中国人民大学土地管理系	三等奖
64.	济宁市城区土地定级估价研究	张建坤 张 艺 李建荣 赵方策 赵 冰	山东省济宁市土地管理局	三等奖
65.	河北省辛集市土地定级估价	刘寅卯 刘聚科 许满良 王玉杰 马运平	河北辛集市土地管理局 河北农业大学	三等奖
66.	河北省邢台市区土地定级估价	曾宪思 任宗豪 赵志田 王良群 郭寿慈	河北邢台市土地管理局 河北农大土地管理系	三等奖
67.	黑龙江省边远地区小城镇基准地价评估方法的研究	贲国建 刘兴山 蔡铁生 杨守彬 李军科	黑龙江省漠河县土地管理局 黑龙江省地产评估中心 黑龙江省大兴安岭地区行署土地管理局	三等奖
68.	无锡市市区土地定级估价	王云鹤 丁金荣 丁卜力 沈星耀 吴伟坤	江苏省无锡市土地管理局 江苏金陵土地资产评估高新技术公司	三等奖
69.	上虞市建制镇基准地价评估	周开建 龚志江 叶 青	浙江省上虞市土地资产评估中心	三等奖
70.	黄岩市城关镇土地定级估价研究	金小聪 蔡 爽 牟六梅 朱 焱 张翱翔	浙江省台州市黄岩区土地管理局 台州市黄岩区城关镇人民政府	三等奖
71.	松原市城区土地定级估价研究	王化东 张 强 陈红兵 朱喜君 王敬山	吉林省松原市土地管理局 吉林省土地管理信息中心	三等奖
72.	宗地地价模糊综合评估法的研究与应用	薛景岐 魏 苓 李一新 金 戳 黄大新	辽宁省阜新市土地管理局 阜新市人才交流中心	三等奖
73.	大竹县城区土地定级估价研究	唐瑜玲 徐元亮 赵绍成 邓忠建 唐明理	四川省大竹县国土局 达川地区地价评估事务所	三等奖
74.	富顺县城区土地估价研究	魏培富 朱明仓 张伟平 白云升 雍国玮	四川省富顺县国土局 四川省国土勘测规划研究所	三等奖
75.	都江堰市城区土地定级与基准地价评估	周介铭 湛洪举 杨天泰 何 伟 何晓林	四川省都江堰市国土局 四川师范大学地理系 成都久宇地理信息系统研究所 成都市国土局	三等奖
76.	上海市金山县土地利用总体规划	蔡永金 孙国权 徐其明 卫仲清 夏铜林	上海市金山县土地管理局	三等奖

序号	项目名称	主要完成人员	主要完成单位	获奖等级
77	上海市徐汇区合理利用土地资源的研究	刘海生 王韧 薛同建 施诚勇 陈宝华	上海市徐汇区规划土地局	三等奖
78.	株洲市土地资源开发利用研究	彭金生 谢升万 何爱莲 王明毫 王青峰	湖南省株洲市土地资源开发领导小组办公室	三等奖
79.	磐石县土地利用总体规划	李春 王凤阁 王泽民 张玉增 毕作成	吉林省磐石县土地矿产管理局	三等奖
80.	老河口市基本农田保护区规划研究	赵春生 刘世发 陈学恩 张旭东 张富强	湖北省老河口市土地管理局	三等奖
81.	山西省铁路建设节约用地研究	张保令 郭仁亮 刘天增 田晋中 王立章	山西省土地管理局建设用地审批处 国家土地管理局用地司 铁道部第一勘测设计院	三等奖
82.	土地潜力评价多维灰色评估模型应用研究	张爱梅 王卫新 丁永齐 王学萌 刘晶妹	山西省土地勘测规划设计院 山西省农业科学院综考科	三等奖
83.	山西省耕地后备资源评价与开发利用途径研究	张涛 武锦官 李新立 辛建军 兰仁德	山西省农科院农业资源综合考察研究所 山西省土地勘测规划设计院	三等奖
84.	福建沿海地区土地开发利用综合研究	陈佳源 倪希锴 吴幼恭 卢学礼 林忠	福建省土地规划利用规划院 福建师范大学地理研究所	三等奖
85.	鱼台县土地利用总体规划	王荣怀 陈遵友 王志军 马继奎 付玉秋	山东省鱼台县土地矿产管理局	三等奖
86.	兖州市土地利用总体规划研究	吴再奎 孙长水 杜秋丽 王洪秋 陈兴镇	山东省兖州市土地矿产管理局	三等奖
87.	山东省阳谷县土地利用总体规划	薛灵斌 张建英 武凤来 杨忠连 刘凡军	山东省阳谷县土地管理局	三等奖
88.	中国基本农田保护研究	何守成 展瑰琦 汪远品 华元春 夏早发	浙江省土地管理局 国家土地管理局规划司 贵州省土地勘测规划所 湖北省土地管理局 山西省土地管理局	三等奖
89.	舟山市基本农田保护区规划	何沈方 徐阿福 梁孟飞 李军海 金志友	浙江省舟山市农保办 舟山市土地管理局	三等奖
90.	煤矿塌陷地高效农业复垦模式研究	王清福 陈文忠 王振 秦玉龙 王善永	安徽省淮北市土地局 杜集区土地局 杜集区农水局 杜集区黄淮开发办 杜集区环保站	三等奖
91.	辉县市土地利用总体规划	程法新 张履珍 姚振瑞 翟山 崔成兴	河南省辉县市土地管理局 河南省土地勘测规划队	三等奖
92.	祁阳县土地利用总体规划	彭挺飞 唐夏连 吴德安 彭发校 段观阳	湖南省祁阳县国土管理局 湖南省祁阳县农业区划办	三等奖
93.	宝山区集镇、村庄地籍调查	武培航 金振国 朱鹤娟 徐金升 王志明	上海市宝山区规划土地管理局	三等奖

序号	项目名称	主要完成人员	主要完成单位	获奖等级
94.	德惠市农村日常地籍管理标准化研究	王　克　刘喜文　褚洪臣　李喜文　郭柏臣	吉林省德惠市土地管理局 长春市土地管理局	三等奖
95.	日常地籍管理模式研究(农村部分)	戈光富　钱圣国　尹家伦　马　昭　肖少华	湖北省武昌县土地管理局	三等奖
96.	湖北省潜江市城镇地籍调查	刘士权　田本锁　张家诗　徐振华　李忠良	湖北省潜江市土地管理局 潜江市勘测管理站	三等奖
97.	山东省阳谷县城区地籍调查	费利民　马士平　冯　宇　柴　华　曲振国	山东省阳谷县土地管理局	三等奖
98.	山东省郓城县城区地籍调查	张玉启　余　庆　张祥欣　张典华　张月冬	山东省郓城县土地管理局	三等奖
99.	山东省寿光市农村日常地籍管理建立与研究	李丰国　何玉成　方新启　王寿鹏　王华海	山东省寿光市规划国土矿产局	三等奖
100.	义乌市市区地籍调查	孟祖平　张黎明　王丰锦　陈正强　楼坚时	浙江省义乌市土地管理局	三等奖
101.	嘉兴市区地籍调查成果	赵金观　俞法堂　蔡建忠　苏志兴　沈金德	浙江省嘉兴市土地管理局 中国建材工业地质勘查中心陕西总队	三等奖
102.	东丽区(农村部分)日常地籍工作规范化系统化研究成果	刘玉生　刘广海　崔家颖　王明璋　王春英	天津市东丽区规划土地管理局 天津市东丽区建委 天津市土地局地籍处	三等奖
103.	锦州市太和区城镇地籍管理成果与研究	张学安　宋铁红　赵志国　陈继武　李文鑫	辽宁锦州市太和区土地管理局 东煤第五勘探公司地质测绘队	三等奖
104.	珠海市拱北数字化地籍调查测量	邓国英　彭万宁　尹绍康　邹平光	广东省珠海市国土局 广东省国土与测绘科学研究所 广东省国土厅工程测量队	三等奖
105.	城镇土地定级计算机辅助系统(ULC)	林木好　陈　为　何建农　陈济康　林炎新	福建省长乐市土地管理局 福州大学	三等奖
106.	宁波市城镇土地定级估价信息系统	严泰来　龚治平　朱德海　高海明　杨永侠	浙江省宁波市土地管理局 北京农业大学信息管理系	三等奖
107.	县市级地籍信息系统 CCIS 软件开发	张尧生　陈高波　来耀美　楼晓光　屠龙海	浙江省杭州下城区土管局 杭州飞时达电脑技术公司	三等奖
108.	城市地产评估信息系统	林增杰　鹿心社　俞明轩　廖永林　周明中	国家土地管理局地籍管理司 中国人民大学土地管理系	

图书在版编目(CIP)数据

中国土地年鉴 1996/《中国土地年鉴》编辑部编.
—北京:中国大地出版社,1996.12
ISBN 7-80097-126-0

Ⅰ.中… Ⅱ.中… Ⅲ.土地管理-中国-年鉴-1996
Ⅳ.F321.1-54

中国版本图书馆 CIP 数据核字(97)第 00329 号

中国土地年鉴
(1996)
责任编辑 申果元
中国大地出版社 出版发行
(100081 北京市海淀区大柳树路 21 号)
北京东方丝网印刷厂印制 新华书店发行所经销
1996 年 12 月第 1 版 1996 年 12 月北京第 1 次印刷
开本:787×1092 1/16 印张:27 插页 10
字数 710 千字 印数:0—2500 册
ISBN7-80097-126-0/Z·23

定价:118.00 元
大地版图书印、装错误可随时退换